全国高等职业教育道路与桥梁专业“十二五”规划教材

公路工程检测

主　编　王立军　周广宇　李旭丹
副主编　尹锡军　张晓战
主　审　栾建平　徐远明

黄河水利出版社
·郑州·

内 容 提 要

本书为全国高等职业教育道路与桥梁专业"十二五"规划教材之一。全书分基础知识、路基路面检测、桥梁工程检测三篇，共十七章，主要介绍了试验检测基础知识、试验检测数据处理、公路工程质量评定与竣（交）工验收、路基路面几何尺寸检测、路基路面压实度检测、路基路面承载能力和强度检测、水泥混凝土路面强度检测、路面平整度检测、路面抗滑性能检测、沥青路面渗水系数和车辙测试、公路技术状况评定、桥梁地基检测、桥梁基桩检测、桥梁结构及构件检测、桥梁载荷试验、桥梁全桥检查、桥梁技术状况评定。书中每章后附有实例和复习思考题。书末附有教学参考意见，供任课教师参考。同时为满足实训需要，还编写了配套用书《公路工程检测实训指导书》。

本书可作为道路与桥梁工程技术、公路监理、高等级公路维护与管理等专业的教材，也可作为公路工程施工、监理及试验检测人员的学习参考书。

图书在版编目（CIP）数据

公路工程检测/王立军，周广宇，李旭丹主编．—郑州：黄河水利出版社，2012.8 （2015.2 重印）

全国高等职业教育道路与桥梁专业"十二五"规划教材

ISBN 978-7-5509-0255-8

Ⅰ.①公… Ⅱ.①王… ②周… ③李… Ⅲ.①道路工程-检测-高等职业教育-教材 Ⅳ.①U41

中国版本图书馆 CIP 数据核字（2012）第 096886 号

策划编辑：贾会珍　电话：0371-66028027　E-mail：xiaojia619@162.com

出 版 社：黄河水利出版社

地址：河南省郑州市顺河路黄委会综合楼 14 层　邮政编码：450003

发行单位：黄河水利出版社

发行部电话：0371-66026940、66020550、66028024、66022620（传真）

E-mail：hhslcbs@126.com

承印单位：河南承创印务有限公司

开本：787 mm×1 092 mm　1/16

印张：27.75

字数：675 千字　印数：4 001—8 000

版次：2012 年 8 月第 1 版　印次：2012 年 8 月第 1 次印刷

印次：2015 年 2 月第 2 次印刷

定价：45.00 元（含实训指导书）

前　言

公路工程检测是高职高专道路与桥梁工程技术、公路监理、高等级公路维护与管理等专业重要的专业课程之一，是一门理论性和技能性较强的专业课，融试验检测基础理论、测试操作技能以及公路工程相关学科基础知识于一体。本书在编写过程中，首先，广泛调查了检测机构对检测人员知识、技能、能力、素质的要求，并征求了生产一线检测人员的意见，作为教材总体规划和教材编写大纲的制定的参考依据；其次，在编写思路上，坚持理论够用、注重实践、把应知应会的知识与技能讲通讲透；再次，按我国最新颁布的标准、规程及规范编写，书中附有大量的实际检测实例。

为方便教师教学和学生自学，每章都概括了内容简介、提出了知识目标与能力目标，同时为满足实训需要，还编写了配套用书《公路工程检测实训指导书》。本书可作为道路与桥梁工程技术、公路监理、高等级公路维护与管理等专业的教材，也可作为公路工程施工、监理及试验检测人员的学习参考书，具有较高的实用性和可操作性。

本书编写人员及分工如下：江西交通职业技术学院王立军负责教材总体规划，编制编写大纲，编写第一章、第二章、第三章、第十一章、第十七章；山东水利职业学院周广宇负责第二篇统稿，编写第六章、第七章；河南交通职业技术学院李旭丹负责第三篇统稿，编写第十章、第十二章、第十三章；许昌职业技术学院连叶编写第四章、第五章；山东交通职业技术学院尹锡军编写第八章、第九章，卢绪强编写第十四章；安徽水利水电职业技术学院张晓战编写第十五章；江西交通职业技术学院唐钱龙编写第十六章。

本书由王立军、周广宇、李旭丹担任主编，王立军负责全书统稿，由尹锡军、张晓战担任副主编，特邀江西省交通工程质量监督站栾建平先生（站长、教授级高工）和徐远明先生（试验检测中心主任、高工）担任主审，在审稿过程中，江西省交通工程质量监督站蒲华女士（资质科科长、高工）审阅了第一篇基础知识部分。三位审稿人认真审阅了本书，并提出了重大修改意见，使本书更加符合从事一线试验检测人员的知识与技能的需要。

由于编者水平有限及时间仓促，错误和遗漏在所难免，敬请广大读者批评指正。

编　者

2012 年 4 月

目 录

第三篇　桥梁工程检测

第一篇　基础知识

第一章　试验检测基础知识

内容简介

本章主要介绍了公路工程试验检测的目的和意义，试验检测活动、检测机构和检测人员的规定，工地试验室的设立与组建，试验检测数据记录表和检测报告的编制要求等基础知识。

知识目标

1. 了解：公路工程试验检测的目的和意义。
2. 熟悉：公路工程试验检测数据的报告，试验记录表及检测报告的编制要求。
3. 掌握：试验检测活动的规定，检测机构和检测人员等级、专业、类别的划分。

能力目标

1. 会进行工程质量评分与质量等级评定。
2. 会进行质量数据统计特征值计算。
3. 会进行可疑质量数据取舍。

第一节　概　述

公路工程试验检测，是指检测机构和检测人员根据国家有关法律、法规的规定，依据工程建设技术标准、规范、规程，对公路工程所用材料、构件、工程制品、工程实体的质量和技术指标等进行的试验、检验、检测，并作出评价的活动。

公路工程试验检测机构（简称检测机构），是指承担公路工程试验检测业务并对试验检测结果承担责任的机构。

公路工程试验检测人员（简称检测人员），是指经考试合格，具备相应公路工程试验检测知识、能力，并承担相应公路工程试验检测业务的专业技术人员。

一、公路工程试验检测的目的和意义

公路工程试验检测工作是公路建设施工技术管理中的一个重要组成部分，是现场施工控制、施工质量验收不可缺少的一个主要环节；是公路养护中科学评定公路技术状况和服务水平，编制公路养护规划和计划，考核养护工作质量的依据；同时还是开展公路科学研究的基础性工作。试验检测行业随公路建设和养护的发展而发展。通过试验检测能充分利用当

地原材料；能迅速推广应用新材料、新技术和新工艺，能用定量的方法科学地评定工程质量和各种材料与构件的质量。换言之，试验检测工作是研究新材料、新技术和新工艺的手段，是控制工程质量的保证，是评定工程质量的依据。公路工程试验检测工作对提高工程质量，加快工程进度，降低工程造价，推动公路工程施工技术进步起到了极为重要的作用。

二、公路工程试验检测活动的规定

公路工程试验检测活动应当遵循科学、客观、严谨、公正的原则，为工程建设提供客观、公正、真实、准确的试验检测数据和报告，且应遵守以下规定：

（1）取得《公路水运工程试验检测机构等级证书》（简称《等级证书》），同时按照《中华人民共和国计量法》的要求经过计量行政部门考核合格，通过计量认证的检测机构，可向社会提供试验检测服务。

（2）取得《等级证书》的检测机构在《等级证书》注明的项目范围内出具的试验检测报告，可以作为公路水运工程质量评定和工程验收的依据。

（3）公路水运工程质量事故鉴定、大型水运工程项目和高速公路项目验收的质量鉴定检测，质监机构应当委托通过计量认证并具有甲级或者相应专项能力等级的检测机构承担。

（4）取得《等级证书》的检测机构，可设立工地临时试验室，承担相应公路水运工程的试验检测业务，并对其试验检测结果承担责任。工程所在地省质检机构应当对工地临时试验室进行监督。

（5）检测机构应当严格按照现行有效的国家和行业标准、规范、规程独立开展检测工作，不受任何干扰和影响，保证试验检测数据客观、公正、准确。

（6）检测机构应当建立严密、完善、运行有效的质量保证体系，应当按照有关规定对仪器设备进行正常维护、定期检定与校准。

（7）检测机构在同一公路水运工程项目标段中不得同时接受业主、监理、施工等多方的试验检测委托。

（8）检测机构依据合同承担公路水运工程试验检测业务，不得转包、违规分包。

（9）检测人员考试的组织、实施由质监总站统一管理。

（10）检测机构的技术负责人应当由试验检测工程师担任。

（11）试验检测报告应当由试验检测工程师审核、签发。

（12）检测人员不得同时受聘于两家以上检测机构，不得借工作之便推销建设材料、构配件和设备。

三、公路工程试验检测主要依据的工程建设技术标准、规程、规范

技术标准主要有《公路工程技术标准》（JTG B01—2003）、《公路工程质量检验评定标准》（JTG F80/1—2004）、《公路技术状况评定标准》（JTG H20—2007）、《公路桥梁技术状况评定标准》（JTG/T H21—2011）等。

技术规程主要有《公路土工试验规程》（JTG E40—2007）、《公路工程沥青及沥青混合料试验规程》（JTG E20—2011）、《公路工程水泥及水泥混凝土试验规程》（JTG E30—2005）、《公路工程岩石试验规程》（JTG E41—2005）、《公路工程金属试验规程》（JTJ 055—83）、《公

路工程水质分析操作规程》(JTJ 056—84)、《公路工程无机结合料稳定材料试验规程》(JTG E51—2009)、《公路工程集料试验规程》(JTG E42—2005)、《公路路基路面现场测试规程》(JTG E60—2008)、《公路工程土工合成材料试验规程》(JTG E50—2006)等。

技术规范主要有《公路路基施工技术规范》(JTG F10—2006)、《公路路面基层施工技术规范》(JTJ 034—2000)、《公路沥青路面施工技术规范》(JTG F40—2004)、《公路水泥混凝土路面施工技术规范》(JTG F30—2003)等。

四、公路工程试验检测人员的素质能力要求

首先,试验检测人员应看懂图纸,吃透并领会设计文件;熟悉现行试验检测规程、施工技术规范;严格做好公路工程材料质量、施工控制参数、现场施工过程质量和分项工程验收四个环节的把关工作。

其次,试验检测人员应当熟悉检测任务,了解被检测对象和所用检测仪器设备的性能;掌握所从事检测项目的有关技术标准;了解误差理论、数理统计方面的知识,能独立进行数据处理工作;对检测工作、数据处理工作持严肃的态度,以数据为准,不受行政或其他方面影响的干扰。

第二节　检测机构及检测人员

一、检测机构等级、专业、类别的划分

检测机构等级是依据检测机构的公路水运工程试验检测水平、主要试验检测仪器设备及检测人员的配备情况、试验检测环境等基本条件对检测机构进行的能力划分。

(1)检测机构,按从事专业分为公路工程和水运工程两个专业。

(2)公路工程专业分为综合类和专项类两个类别。公路工程综合类设甲、乙、丙 3 个等级。公路工程专项类分为交通工程和桥梁隧道工程。

(3)水运工程专业分为材料类和结构类两个类别。水运工程材料类设甲、乙、丙 3 个等级。水运工程结构类设甲、乙 2 个等级。

(4)交通运输部质监总站负责公路工程综合类甲级、公路工程专项类和水运工程材料类及结构类甲级的等级评定工作。省质监站负责公路工程综合类乙、丙级和水运工程材料类乙、丙级及水运工程结构类乙级的等级评定工作。

(5)检测机构可以同时申请不同专业、不同类别的等级。

(6)检测机构被评为丙级、乙级后,须满 1 年且具有相应的试验检测业绩方可申报上一等级的评定。

二、检测人员等级、专业、类别的划分

检测人员按从事专业分为公路工程和水运工程 2 个专业,设试验检测工程师和试验检测员 2 个等级。从事公路、水运工程试验检测的人员应当通过考试取得上岗资格证书。本书主要讲述公路工程试验检测人员的有关知识。

三、公路工程工地试验室

公路工程工地试验室是为满足建设项目现场施工需要，完成施工过程中的试验检测工作，由施工单位、监理单位根据工程质量安全管理需要或合同约定，在工程现场自行设立的或委托第三方试验检测机构在工程现场设立的试验室；或由建设单位通过招标等方式直接委托第三方试验检测机构在工程现场设立的试验室。

按照设立单位不同，具体分为：①施工单位工地试验室，进行施工单位的取样检测；②监理单位工地试验室，见证或平行检验施工单位的试件；③建设单位工地试验室，抽样检验甲方供应和控制的材料。对于大型的建设项目，施工单位根据需要，还要设置中心试验室。

（一）工地试验室的设立

施工单位、监理单位应根据工程质量安全管理需要或合同约定，可在工程现场自行设立工地试验室，也可委托第三方试验检测机构设立工地试验室，设立工地试验室的母体均应具有相应的《等级证书》和《资质认定计量认证证书》（简称《计量认证证书》）。建设单位也可通过招标等方式直接委托具有《等级证书》和《计量认证证书》的第三方母体试验检测机构设立工地试验室，承担工程建设项目监理的全部或部分试验检测工作。

设立工地试验室的母体试验检测机构，应当在其等级证书核定的业务范围内，根据工程现场管理需要或合同约定，对工地试验室进行授权，并出具“公路水运工程工地试验室设立授权书”，授权内容包括工地试验室可开展的试验检测项目及参数、授权负责人、授权工地试验室的公章、授权期限等。

（二）工地试验室的组建

工地试验室经母体试验检测机构授权设立后即开始着手组建，流程如下。

1. 试验室规划建设

按照试验室开展的试验检测项目及参数业务范围的要求进行试验室的规划建设，确定试验操作区和试验办公区的功能划分，绘制试验室平面图，进行水电改造，试验台座安装，购买或调用仪器设备、办公家具、电脑等。

2. 仪器进场、安装调试、标定及建档

（1）仪器设备进场后安装调试，主要仪器都由具有资质的计量部门标定，小型仪器或者规范无强制性要求的，可以由试验室自校。

（2）仪器编号、建档，档案内容应包括仪器标定证书，仪器使用说明书，仪器设备管理记录等；仪器设定专门保管人，建立标志卡，谁负责这部分主要试验，谁就负责保养和维护仪器。

3. 试验人员进场、建档

（1）试验人员应定岗定员，持证（主要为试验检测员或试验检测工程师证）上岗，负责专门试验。一般工地试验室应配备 2 师 6 员，若条件允许还应增加试验工。试验检测工程师的资格证书里面，应该涵盖所有项目。

（2）试验人员应该建立档案，包括上岗资质（主要为试验检测员或试验检测工程师证）、身份证明、职称证、毕业证、个人简历，有的还应有岗位合同文书等材料。

4. 试验室登记备案

工地试验室设立实行登记备案制。经试验检测机构授权设立的工地试验室，在仪器设备、试验人员、环境条件等符合要求，具备了试验能力后，应当填写“公路水运工程工地试验

室备案登记表”,经建设单位初审后报送项目质监机构登记备案,质监机构对通过备案的工地试验室出具“公路水运工程工地试验室备案通知书”后,即可开展试验检测。

(三)工地试验室的工作

1. 按试验检测类别划分

(1)标准试验,如水泥混凝土配合比、沥青混合料配合比、土工标准试验等。

(2)原材料检验,各种施工中用到的原材料进场后必须先检验合格,然后才能使用。

(3)混合料检验,包括施工过程中的水泥混凝土、沥青混合料、砂浆、无机结合料、稳定材料等的质量检验。

(4)现场检测,按照施工工序,现场施工到一定阶段,试验室须进行试验检测,通过现场检测,可以反映出施工水平和施工信息,以进行下一道工序。

(5)外委试验,工地试验室在母体授权检测范围外无资质的项目,必须委托外检,即委托外部有资质的单位检测,称为外委检测。一般外委检测的材料有钢绞线、锚夹具、外加剂、粉煤灰、工字钢、防水卷材、止水带、土工格栅等。一般外委检测的工程实体有基桩、梁板等。

2. 按工作地点划分

(1)试验内业工作,即整个试验室的办公室和试验操作间的运作和维护工作。

办公室工作包括:①台账整理和登记:工地上各种信息的反馈登记,包括每日混凝土浇筑部位统计、桥梁进度形象表统计、进场原材料统计,以及桩检信息统计等;②各种资料的归档:仪器和人员档案归档,试验资料归档,各类信息卷宗目录填写、汇总等;③从进场开始,仪器设备的维护记录,主要仪器的周期标定(一般为一年),小型仪器的自检自校(参考自校记录和以前的记录),各搅拌站的拌和设施标定,梁场的千斤顶标定等;④各类函件的上报、收文登记等。

试验操作间工作包括:①混凝土标养室和水泥室养护箱的温湿度监控和记录、安全卫生维护、试件到期及时强度试验等;②留样室留样台账查看,清除过期水泥,及时登记各类样品信息。

(2)试验外业工作,主要是试验检测工作。

第三节　公路试验检测数据报告

公路试验检测数据报告作为试验检测工作最终成果的具体载体,其质量水平及共享程度无疑将直接影响到公路工程各个阶段的质量控制、数据分析与结果判定。如何提高数据报告的质量水平及共享程度已成为广大交通建设从业单位及人员广泛关注的重大现实问题,而数据报告格式编制的标准化将在很大程度上解决这一问题。

一、公路试验检测数据报告分类

公路试验检测数据报告分为公路试验检测试验记录(简称试验记录)和公路试验检测报告(简称检测报告)两种表格类型。

二、公路试验检测数据报告格式与要素

公路试验检测数据报告格式由标题区、表格区、落款区三部分组成,其中表格区按内容

又可分为检验对象信息区、检验对象属性区（仅用于检测报告）、检验数据区和附加声明区等。典型试验记录表与检测报告的格式见图1-1、图1-2。

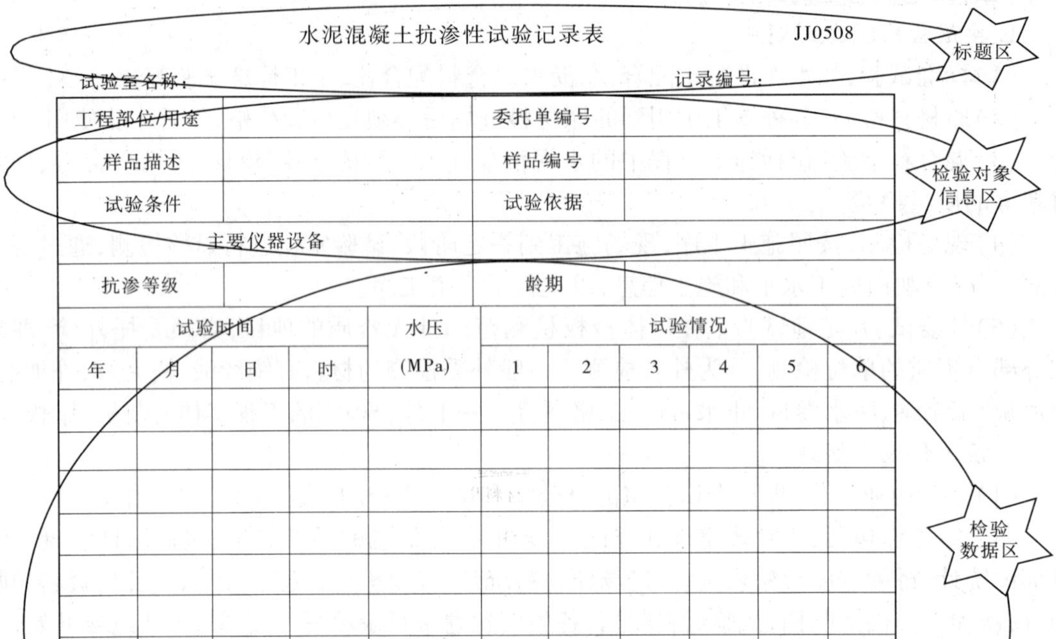

图1-1　典型试验记录表格格式

公路试验检测数据报告按内容属性，由管理要素和技术要素构成，其中管理要素包括标题区、落款区、检验对象信息区、附加声明区等内容，技术要素包括检验对象属性区、检验数据区等内容。

（一）管理要素

（1）标题区，又称“表头”，位于试验记录表/检测报告表格区外部上方，用于表征试验记录表/检测报告表格的属性信息。

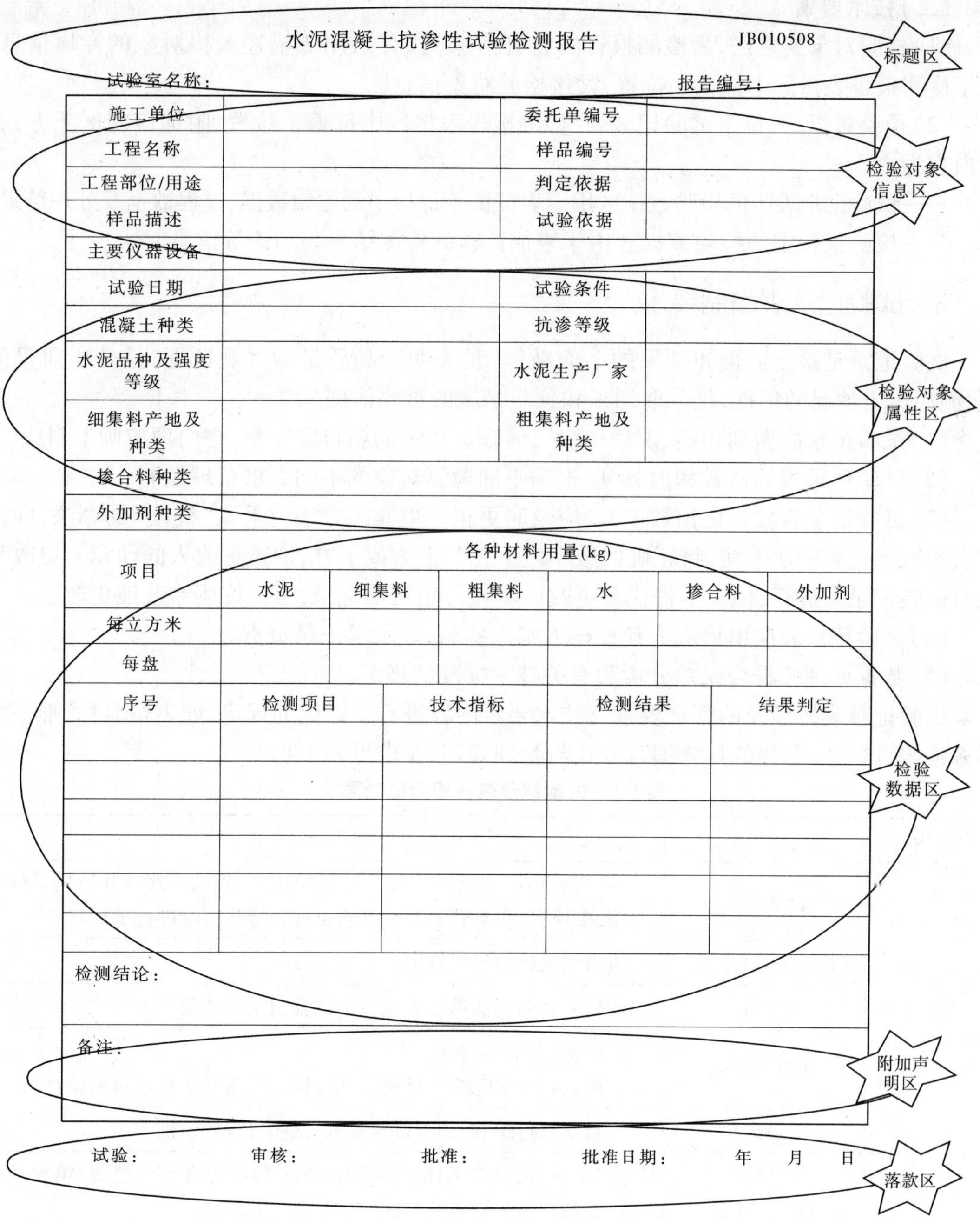

水泥混凝土抗渗性试验检测报告　　JB010508

试验室名称：　　　　报告编号：

施工单位		委托单编号	
工程名称		样品编号	
工程部位/用途		判定依据	
样品描述		试验依据	
主要仪器设备			
试验日期		试验条件	
混凝土种类		抗渗等级	
水泥品种及强度等级		水泥生产厂家	
细集料产地及种类		粗集料产地及种类	
掺合料种类			
外加剂种类			

项目	各种材料用量(kg)					
	水泥	细集料	粗集料	水	掺合料	外加剂
每立方米						
每盘						

序号	检测项目	技术指标	检测结果	结果判定

检测结论：

备注：

试验：　　审核：　　批准：　　批准日期：　　年　月　日

图 1-2　典型检测报告表格格式

(2)落款区,位于试验记录表/检测报告表格区外部下方,用于表征试验记录表/检测报告的签署信息。

(3)检验对象信息区,位于试验记录表/检测报告表格区的上部,用于表征被检对象信息及试验检测条件信息。

(4)附加声明区,又称备注,位于试验记录表/检测报告表格区的下部,用于描述整个试验过程中需补充说明的信息。

(二)技术要素

(1)检验对象属性区,为检测报告的专有信息(如有),用于描述被检对象的专属信息,位于检测报告表格区中部偏上位置,紧接检验对象信息区。

(2)检验数据区,位于试验记录表/检测报告表格区中部偏下位置,附加声明区上方,表征内容为:

——试验记录表中的检验数据区用于表征试验过程中的原始数据、过程数据及处理结果;

——检测报告中的检验数据区用于表征试验的检测结果与结论等信息。

三、试验记录表编制要求

试验记录是检测数据和结果的书面载体,是表明产品质量的客观证据,是分析质量问题、溯源历史情况的依据,是采取纠正和预防措施的重要依据。

(1)试验记录应做到如实、准确、完整、清晰。记录的项目应完整,空白项应画上斜线。

(2)试验记录表的格式和内容,应根据不同检测对象的不同要求合理编制。

(3)试验记录表发生记错数字时,应及时更正。更改的方法应采取"杠改"的办法,即在错误的数字上画一水平线,将正确的数字填写在其上方或下方,加盖更改人的印章。更改只能由试验记录人进行,他人不得代替更改。不允许用铅笔记录,不允许用涂改液更改。

(4)试验记录表应由检测人和校核人本人签名,以示对记录负责。

(5)数据处理应符合误差分析和有关技术标准的规定。

试验记录表所涉及的管理要素与技术要素内容进行了详细的规定,如表格名称、唯一性标志编码、试验室名称的具体编写方式与管理规定,要求见表1-1。

表1-1 试验记录表各要素编制要求

要素内容	信息明细	填写要求
标题区	表格名称	"项目名称"+"参数名称"+"试验记录表"的形式,同时对多测试方法、多项目、多参数等五种可能出现的特殊情况进行了规定
	唯一性标志编码	明确四段位的编码规则
	页码	仅当一页内无法完整表述整个试验记录时使用
	试验室名称	正确使用试验室名称 工地试验室名称应能反映出其母体试验室及工程项目的信息
	记录编号	试验室自行编制,用于试验参数、试验过程的识别
检验对象信息区	工程部位/用途	为二选一填写项,明确被检对象在工程中的具体位置时,填桩号;当指明数据报告结果的具体用途时,填相关信息
	委托单编号	试验室自行编制,用于表示委托任务的唯一性编号
	样品描述	描述样品结构、形状、颜色、数量等
	样品编号	试验室自行编制,用于区分每件独立样品的唯一性编号
	试验条件	试验时的环境条件
	试验依据	试验时所依据的现行有效的标准、规程或其他技术文件
	主要仪器设备	试验时所用主要仪器设备信息

续表 1-1

要素内容	信息明细	填写要求
检验数据区	原始观测项目	要求信息充分,以便在接近原始的情况下能够重复
	数据处理过程项目	保留数据处理过程、导出过程、数据修约等
	试验结果	给出测试结果,需要时给出相关图表结果
附加声明区	备注	试验检测过程的特殊声明、其他鉴证方签认、需补充说明的事项等
落款区	表格签署人信息	试验、校核人员签名
	试验日期	试验记录表的完成日期

四、检测报告编制要求

检测报告所涉及的管理要素与技术要素内容进行了详细的规定,要求见表 1-2。

表 1-2 检测报告各要素编制要求

要素内容	信息明细	填写要求
标题区	表格名称	由单一记录表导出的检测报告,其命名方式同记录表,仅将“试验记录表”变更为“试验检测报告”; 由多个记录表导出的检测报告,依据试验参数具体组成,优先以项目名称命名检测报告名称
	唯一性标志编码	明确四段位的编码规则
	页码	仅当一页内无法完整表述整个检测报告时使用
	试验室名称	正确使用试验室名称; 工地试验室名称应能反映出其母体试验室及工程项目的信息
	报告编号	试验室自行制定,用于试验检测报告的识别
检验对象信息区	施工单位	实施工程建造与安装的单位名称
	工程名称	本检测报告测试范围内建设项目的名称
	工程部位/用途	为二选一填写项,明确被检对象在工程中的具体位置时,填桩号;当指明数据报告结果的具体用途时,填相关信息
	委托单编号	试验室自行编制,用于表示委托任务的唯一性编号
	样品描述	描述样品结构、形状、颜色、数量等
	样品编号	试验室自行编制,用于区分每件独立样品的唯一性编号
	试验依据	试验时所依据的现行有效的标准、规程或其他技术文件,标准、规程填写完整编号
	主要仪器设备	试验时所用主要仪器设备信息
	判定依据	判定试验结果合格与否所依据的标准、规程或其他技术文件

续表 1-2

要素内容	信息明细	填写要求
检验数据区	检测项目	本报告包含的检测项目
	技术指标	判定依据中相应检测项目的要求
	检测结果	本检测项目的单向测试结果
	结果判定	本检测项目的单向结果的符合性判定
	检测结论	本检测报告所含测试项目的检测结果,应包含合格与否的判定
附加声明区	备注	试验检测过程的特殊声明、需补充说明的事项等
落款区	表格签署人信息	检测、审核和报告批准人签名
	批准日期	报告批准日期

复习思考题

1. 公路工程试验检测工作对公路建设、公路养护和公路科学研究有何意义?

2.《公路水运工程试验检测管理办法》中检测人员的定义是什么? 检测人员划分为哪些等级和专业?

3. 设立公路工程工地试验室的母体机构应当具备哪些基本条件? 如何对工地试验室授权? 授权的内容是什么?

4. 公路工程试验检测数据报告中试验记录表编制的要求有哪些?

第二章 试验检测数据处理

内容简介

本章主要介绍了试验检测过程中抽样检验的基础知识，质量数据的修约规则、统计特征及其表达方法，测量中误差的来源及其消除方法。

知识目标

1. 了解：抽样技术中批量、样本的基本概念，抽样检验的类型和评定方法。

2. 熟悉：随机抽样的方法，质量数据统计方法，质量数据常用表达方法。

3. 掌握：数值修约规则，数据统计特征值的基本概念，可疑数据的取舍方法。

能力目标

1. 会进行质量数据修约处理。

2. 会进行质量数据统计特征值计算。

3. 会进行可疑质量数据取舍。

第一节 抽样检验

一、总体与样本

在工程质量检验中，通过抽取总体中的一小部分个体加以检验，以了解和分析总体质量状况，这是工程质量检验的主要方法。除特殊项目外，大多工程质量检验采用抽样检验，这就涉及总体与样本的概念。

总体又称母体，是统计分析中所研究对象的全体，而组成总体的每个单元称为个体。

从总体中抽取一部分个体就是样本（又称子样），而组成样本的每一个个体，即为样品。例如，在沥青混合料拌和工地上需要确定某公司运来的一批沥青质量是否合格，从每一桶沥青中取两个试样，该批沥青有100桶，一共抽查了200个试样做试验，则这100桶沥青就称为总体，200个试样就是样本，上述200个试样中的某一个就是该样本中的一个样品。总体与样本的关系如图2-1所示。

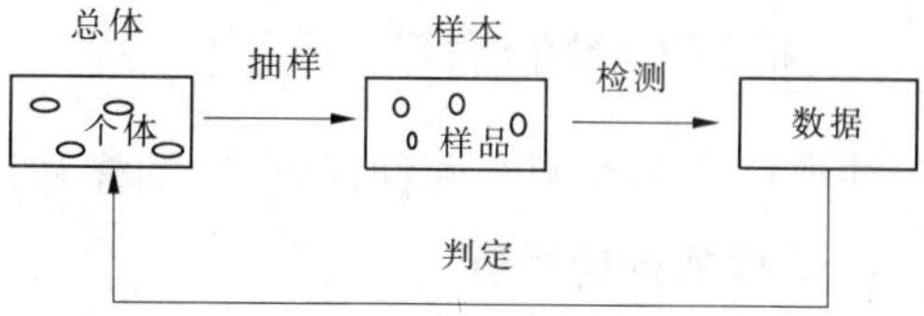

图2-1 总体与样本的关系

检验的基本意义在于：将用某种方法检验产品得出的结果与质量判定标准比较，判断出各个产品是“优良品”还是“不良品”，或者与产品“批”的判定标准作比较，判断出批是“合格批”还是“不合格批”。从此意义上说，检验分为对“各个产品”的检验和对“批”的检验两种情况，其检验过程如图2-2所示。

工程质量的评价是以试验检测数据为依据的，试验检测采集得到的原始数据具有类多、

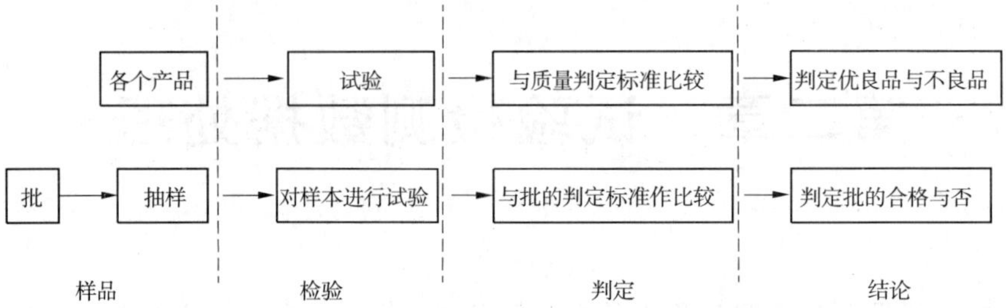

图 2-2　对各个产品和批的检验过程

量大等特点，有时杂乱无章，甚至还有错误。因此，必须对原始数据进行分析处理才能得到可靠的试验检测结果。

二、抽样技术中的基本概念

(一)单位产品

单位产品是为实施抽样检查的需要而划分的基本单位。有些产品可以自然划分，例如一只灯泡、一台电视机可以作为一个单位产品。有些产品则不可能自然划分，而根据抽样检查的需要划分，例如连续体的棉布，可以一尺布、一丈布甚至一匹布作为单位。对液态产品(如沥青)和散状产品(如水泥)，则可按包装单位划分，例如一桶沥青等。

(二)批

为实施抽样检查聚集起来的单位产品，称为检查批或批，它是抽样检查和判定的对象。一个批通常是由在基本稳定的生产条件下，在同一生产周期内生产出来的同形式、同等级、同尺寸以及同成分的单位产品构成的。该批包含的单位产品数，称为批量，通常用符号 N 表示。

(三)样本

从批中抽取用于检查的单位产品，称为样本单位，有时也称为样品。样本单位的全体，称为样本。样本中所包含的样本单位数，称为样本大小，通常用符号 n 表示。

三、抽样检验的类型和评定方法

抽样检验的类型有两种，即计数抽样和计量抽样。

(一)计数抽样检查

计数抽样检查包括计件(统计不合格品数)的抽样和计点(统计不合格数)的抽样。当以样本的不合格品数作为批合格的判定依据时，称为计件抽样检查；当以样本的不合格点数作为判定依据时，称为计点抽样检查。

(二)计量抽样检查

当以样本单位的计量特性值为判定依据时，称为计量抽样检查。它只适合于单位产品的质量特性以计量的方式表示的场合，且对每个质量特性要分别检查。计量抽样检查可以对批的平均值提出要求，也可以对批的不合格品率提出要求。对于后者，批的质量以计数的方法表示，但样本的质量仍以计量的方法表示。

四、随机抽样的方法

从检查批中抽取样本的方法称为抽样方法。抽样方法的正确性是指抽样的代表性和随机性。代表性反映样本与批质量的接近程度，而随机性反映检查批中单位产品被抽入样本纯属偶然，即由随机因素所决定。通常，只要不是有意识地抽取质量好或坏的产品，尽量从批的各部分抽样，都可以近似地认为是随机抽样。

由于抽样检验是以样本检验结果来推断批的好坏，故样本的代表性尤为重要。为使所抽取的样本能成为批的可靠代表，常采用如下方法。

（一）单纯随机取样

这是一种完全随机化的取样，它适用于对总体缺乏基本了解的场合。随机取样不同于随便取样，随机取样是利用随机表或随机数骰子等工具进行的取样，它可以保证总体每个样本出现的概率相同。

（二）分层取样

当批量或工序被分为若干层时，可从所有分层中按一定比例取样。例如，有两台拌和机同时拌制原材料相同的同强度等级混凝土，为了检验生产混凝土的质量特性，采用抽样方法时，应注意对两台拌和机分别取样，这样便于了解不同"层"的产品质量特性，研究各层造成不良品率的原因（见图 2-3），也可将甲、乙样品混合进行试验，了解混合样品的质量特性。

（三）两级取样

当物品堆积在一起构成批量时，由于许多货箱堆积在一起，按单纯随机取样相当麻烦。此时，可先对若干箱进行第一级随机取样，挑出部分箱物品，然后从已挑选出的箱中对物品进行随机取样，如图 2-4 所示。

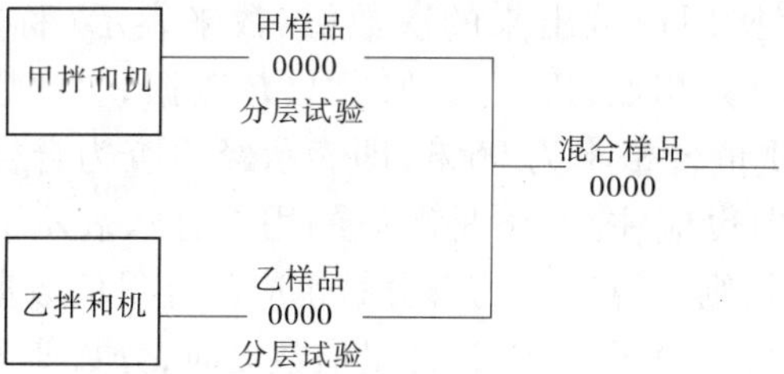

图 2-3　分层取样示意

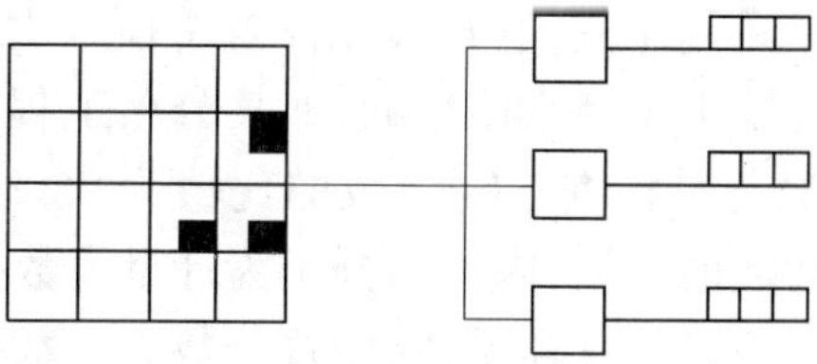

图 2-4　两级取样示意

（四）系统抽样

当对总体实行单纯随机取样有困难时，如连续作业时抽样、产品为连续体时的抽样（如测定公路路基的弯沉值）等，可采用一定间隔进行抽取的抽样方法，称为系统抽样或等距抽样。

例如，现要求测定 1 000 m 路基的弯沉值，由于路基是连续体，可采取每 20 m 或 50 m 测定一点（或两点）的办法作抽样测定。这时可用掷骰子或其他随机方法确定起点位置，如从 K0 +010 开始，然后分别测定 K0 +030、K0 +050…或 K0 +060、K0 +110…位置的弯沉值。

系统抽样还适合流水生产线上的取样，但应注意，当产品质量特性发生变化时，易产生较大偏差。

第二节　质量数据的修约规则

一、概述

工程质量控制、评价是以数据为依据的，质量控制中常说的“一切用数据说话”，就是要用数据来反映工序质量状况及判断质量效果。

质量数据的来源，主要是工程建设过程中的各种检验，即材料检验、工序检验、竣工验收检验，也包括使用过程中的必要检验。只有通过对它的收集、处理、分析，才能达到对生产施工过程的了解、掌握及控制。没有质量数据，就不可能有现代化的科学的质量控制。

质量数据就其本身的特性来说，可以分为计量值数据和计数值数据。

（一）计量值数据

计量值数据是可以连续取值的数据，表现形式是连续型的，如长度、厚度、直径、强度、化学成分等质量特征，一般都是可以用检测工具或仪器等测量（或试验）的。类似这些质量特征的测量数据，一般都带有小数，如长度为1.05 m、1.80 m等。

在工程质量检验中得出的原始检验数据大部分是计量值数据。

（二）计数值数据

有些反映质量状况的数据是不能用测量器具来度量的。为了反映或描述属于该类型内容的质量状况，而又必须用数据来表示时，便采用计数的办法，即用1、2、3…连续地数出个数或次数，凡属于这样性质的数据即为计数值数据。计数值数据的特点是不连续，并只能出现0、1、2…等非负的整数，不可能有小数。如不合格品数、不合格的构件数、缺陷的点数等。一般来说，以断定方法得出的数据和以感觉性检验方法得出的数据大多属于计数值数据。

计数值数据有两种表示方法：一种是直接用计数出来的次数、点数来表示（称P_n数据）；一种是把它们（P_n数据）与总检查次（点）数相比，用百分数表示（P数据）。P数据在工程检验中是经常使用的，如某分项工程的质量合格率为95%，即表示经检查为合格的点（次）数与总检查点（次）数的比值为95%。但也应注意，不是所有的用百分数表示的数据都是计数值数据，因为当分子为计量值数据时，则计算出来的百分数也应是计量值数据。

一般可以这样说，在用百分数表示数据时，当分子、分母为计量值数据时，分数值为计量值数据；当分子、分母为计数值数据时，分数值为计数值数据。

二、质量数据的修约规则

数据获得后，还涉及数据的定位问题，也就是出现了对规定精确程度范围之外的数字如何取舍的问题。在统计中，一般常用的数据修约规则如下：

（1）拟舍去的数字中，其最左面的第一位数字小于5时，则舍去，留下的数字不变。

例如，将38.144 3修约只留一位小数时，其拟舍去的数字中最左面的第一位数字是4，则舍去，结果成38.1。

（2）拟舍去的数字中，其最左面的第一位数字大于5时，则进1，即所留下的末位数字加1。

例如，将66.793 3修约只留一位小数时，其拟舍去的数字中最左面的第一位数字是9，则进1，结果成66.8。

(3)拟舍去的数字中,其最左面的第一位数字等于5,而后面的数字并非全部为0时,则进1,即所留下的末位数字加1。

例如,将34.150 8修约只留一位小数时,其拟舍去的数字中最左面的第一位数字是5,5后面的数字还有08,故应进1,结果为34.2。

(4)拟舍去的数字中,其最左面的第一位数字等于5,而后面无数字或全部为0时,所保留的数字末位数如为奇数(1、3、5、7、9)则进1,如为偶数(0、2、4、6、8)则舍去。

例如,将下列各数字修约只留一位小数时,其拟舍去的数字中最左面的第一位数字是5,5后面无数字,根据所留末位数的奇偶关系,结果为:

修约前	修约后
22.05	22.0(因为"0"是偶数)
22.15	22.2(因为"1"是奇数)
22.25	22.2(因为"2"是偶数)
22.35	22.4(因为"3"是奇数)

(5)拟舍去的数字并非单独的一个数字时,不得对该数值连续进行修约,而是对拟舍去最左面的第一位数字的大小,依照上述各条一次修约完成。

例如,将25.464 8修约成整数时,不应按25.464 8→25.465→25.46→25.5→26进行,而应按25.464 8→25进行修约。

上述数值修约规则(有时称之为"奇升偶舍法")与以往用的"四舍五入"法的区别在于,用"四舍五入"法对数值进行修约,很多修约后的数值均值偏大,用上述修约规则,进舍的状况具有平衡性,进舍误差也具有平衡性,若干数值经过这种修约后,修约值之和变大的可能性与变小的可能性是一样的。

为便于记忆,将上述规则归纳为以下几句口诀:

四舍六入五考虑,五后非零则进一,五后为零视奇偶,奇升偶舍要注意,修约一次要到位。

第三节　质量数据的统计特征

工程质量数据的统计特征量分为两类:一类表示统计数据的差异性,即工程质量的波动性,主要有极差、标准偏差、变异系数等;另一类表示统计数据的规律性,主要有算术平均值、中位数、加权平均值等。

一、算术平均值

算术平均值是表示一组数据集中位置最有用的统计特征量,经常用样本的算术平均值来代表总体的平均水平。样本的算术平均值用 $\bar{x}$ 表示。如果 n 个样本数据为 $x_1,x_2,\cdots,x_n$,那么,样本的算术平均值为

$$\bar{x} = \frac{1}{n}(x_1 + x_2 + \cdots + x_n) = \frac{1}{n}\sum_{i=1}^{n} x_i \tag{2-1}$$

【例2-1】　某路段沥青混凝土面层抗滑性能检测,摩擦系数的检测值(共10个测点)分别为57、55、60、54、49、56、52、61、58、59(摆值)。求摩擦系数的算术平均值。

解:由式(2-1)可知,摩擦系数的算术平均值为

$$\overline{F}_B = \frac{57+55+60+54+49+56+52+61+58+59}{10} = 56.1(\text{摆值})$$

二、加权平均值

加权平均值是将各数值乘以相应的单位数,然后加总求和得到总体值,再除以总的单位数,计算公式为

$$m = \frac{X_1g_1 + X_2g_2 + \cdots + X_ng_n}{g_1 + g_2 + \cdots + g_n} = \frac{\sum_{i=1}^{n} X_ig_i}{\sum_{i=1}^{n} g_i} \tag{2-2}$$

式中 m——加权平均值;

$X_1, X_2, \cdots, X_n$——各试验数据值;

$\sum Xg$——各试验数据值和它单位数的乘积的总和;

$\sum g$——各单位数的总和。

三、中位数

在一组数据 $x_1, x_2, \cdots, x_n$ 中,按其大小次序排序,以排在正中间的一个数表示总体的平均水平,称之为中位数,或称中值,用 $\tilde{x}$ 表示。n 为奇数时,正中间的数只有一个;n 为偶数时,正中间的数有两个,取这两个数的平均值作为中位数,即

$$\tilde{x} = \begin{cases} x_{\frac{n+1}{2}} & (n\text{ 为奇数}) \\ \frac{1}{2}\left(x_{\frac{n}{2}} + x_{\frac{n}{2}+1}\right) & (n\text{ 为偶数}) \end{cases} \tag{2-3}$$

【**例** 2-2】 检测值同例 2-1,求中位数。

解:检测值按大小次序排列为:61、60、59、58、57、56、55、54、52、49(摆值),由式(2-3)知,则中位数为

$$\tilde{F}_B = \frac{F_{B(5)} + F_{B(6)}}{2} = \frac{57+56}{2} = 56.5(\text{摆值})$$

四、极差

在一组数据中最大值与最小值之差,称为极差,记做 R

$$R = x_{\max} - x_{\min} \tag{2-4}$$

【**例** 2-3】 检测值同例 2-1,检测数据的极差为

$$R = F_{B\max} - F_{B\min} = 61 - 49 = 12(\text{摆值})$$

极差没有充分利用数据的信息,但计算十分简单,仅适用于样本容量较小($n<10$)的情况。

五、标准偏差

标准偏差有时也称标准离差、标准差或均方差,它是衡量样本数据波动性(离散程度)

的指标。在质量检验中,总体的标准偏差(σ)一般不易求得。样本的标准偏差 S 按式(2-5)计算

$$S = \sqrt{\frac{(x_1 - \bar{x})^2 + (x_2 - \bar{x})^2 + \cdots + (x_n - \bar{x})^2}{n - 1}} = \sqrt{\frac{\sum_{i=1}^{n}(x_i - \bar{x})^2}{n - 1}} \tag{2-5}$$

【例 2-4】 仍用例 2-1 的数据,求样本的标准偏差 S。

解:由式(2-5)可知,样本的标准偏差为

$$S = \sqrt{\frac{(x_1 - \bar{x})^2 + (x_2 - \bar{x})^2 + \cdots + (x_n - \bar{x})^2}{n - 1}}$$

$$= \sqrt{\frac{(57 - 56.1)^2 + (55 - 56.1)^2 + \cdots + (59 - 56.1)^2}{10 - 1}} = 4.41(\text{摆值})$$

六、变异系数

标准偏差是反映样本数据的绝对波动状况。当测量较大的量值时,绝对误差一般较大;当测量较小的量值时,绝对误差一般较小。因此,用相对波动的大小,即变异系数更能反映样本数据的波动性。

变异系数用 C_v 表示,是标准偏差 S 与算术平均值 $\bar{x}$ 的比值,即

$$C_v(\%) = \frac{S}{\bar{x}} \times 100\% \tag{2-6}$$

【例 2-5】 若甲路段沥青混凝土面层的摩擦系数算术平均值为 56.1(摆值),标准偏差为 4.26(摆值);乙路段沥青混凝土面层的摩擦系数算术平均值为 58.4(摆值),标准偏差为 4.38(摆值),则两路段的变异系数为

甲路段 $$C_{v甲} = \frac{S_甲}{\bar{x}_甲} \times 100\% = \frac{4.26}{56.1} \times 100\% = 7.59\%$$

乙路段 $$C_{v乙} = \frac{S_乙}{\bar{x}_乙} \times 100\% = \frac{4.38}{58.4} \times 100\% = 7.50\%$$

从标准偏差看,$S_甲 < S_乙$。但从变异系数分析,$C_{v甲} > C_{v乙}$,说明甲路段沥青混凝土面层的摩擦系数相对波动比乙路段沥青混凝土面层的大,面层抗滑稳定性较差。

第四节 可疑数据的取舍方法

工程质量常会发生波动情况。由于质量的波动,自然会引起质量检测数据的参差不齐,有时还会发现一些明显过大或过小的数据,这些数据为可疑数据。因此,在进行数据分析之前,应用数理统计法判别其真伪,并决定取舍。常用的方法如下。

一、拉依达法

当试验次数较多时,可简单地用 3 倍标准偏差($3S$)作为确定可疑数据取舍的标准。当某一测量数据(x_i)与其测量结果的算术平均值($\bar{x}$)之差大于 3 倍标准偏差时,用公式表示为

$$|x_i - \bar{x}| > 3S \tag{2-7}$$

则该测量数据应舍弃。

由于该方法以3倍标准偏差为判别标准,所以亦称3倍标准偏差法,简称3S法。

取3S的理由是:根据随机变量的正态分布规律,在多次试验中,测量值落在 $\bar{x}-3S$ 和 $\bar{x}+3S$ 之间的概率为99.73%,此范围之外的概率为0.27%,也就是说,在近400次试验中才能遇到一次,这种事件为小概率事件,出现的可能性很小,几乎是不可能的。因而,在实际试验中一旦出现,就认为该测量数据是不可靠的,应将其舍弃。

另外,当测量值与平均值之差大于2倍标准偏差(即 $|x_i-\bar{x}|>2S$)时,则该测量值应保留,但需存疑。当发现在生产(施工)、试验过程中,有可疑的变异时,该测量值则应予舍弃。

【例2-6】 试验室进行同配比的混凝土强度试验,其试验结果为($n=10$):25.8、25.4、31.0、25.5、27.0、24.8、25.0、26.0、24.5、23.0(MPa),试用3S法判别其取舍。

解:分析上述10个测量数据,$x_{min}=23.0$ MPa 和 $x_{max}=31.0$ MPa 最为可疑,故应首先判别 x_{min} 和 x_{max}。

经计算:$\bar{x}=25.8$ MPa,$S=2.1$ MPa

因

$$|x_{max}-\bar{x}|=|31.0-25.8|=5.2<3S=6.3$$

$$|x_{min}-\bar{x}|=|23.0-25.8|=2.8<3S=6.3$$

故上述测量数据均不能舍弃。

拉依达法简单方便,不需查表,但要求较宽,当试验检测次数较多或要求不高时可以应用;当试验检测次数较少时(如 $n<10$),在一组测量值中即使混有异常值,也无法舍弃。

二、肖维纳特法

进行 n 次试验,其测量值服从正态分布,以概率 $\frac{1}{2n}$ 设定一判别范围($-K_nS,K_nS$),当偏差(测量值 x_i 与其算术平均值 $\bar{x}$ 之差)超出该范围时,就意味着该测量值 x_i 是可疑的,应予舍弃。因此,肖维纳特法可疑数据舍弃的标准为

$$\frac{|x_i-\bar{x}|}{S}\geqslant K_n \tag{2-8}$$

式中 K_n——肖维纳特系数,与试验次数 n 有关,如表2-1所示。

表2-1 肖维纳特系数 K_n

n	K_n	n	K_n	n	K_n	n	K_n	n	K_n	n	K_n
3	1.38	8	1.86	13	2.07	18	2.20	23	2.30	50	2.58
4	1.53	9	1.92	14	2.12	19	2.22	24	2.31	75	2.71
5	1.65	10	1.96	15	2.13	20	2.24	25	2.33	100	2.81
6	1.73	11	2.00	16	2.15	21	2.26	30	2.39	200	3.02
7	1.80	12	2.03	17	2.17	22	2.28	40	2.49	500	3.20

【例2-7】 试验结果同例2-6,试用肖维纳特法进行判别。

解:查表2-1,当 $n=10$ 时,$K_n=1.96$。

对于测量值31.0,则有

$$\frac{|x_i-\bar{x}|}{S}=\frac{|31.0-25.8|}{2.1}=2.48>K_n=1.96$$

说明测量数据 31.0 是异常的，应予舍弃。这一结论与拉依达法的结果是不一致的。

对于测量值 23.0，则有

$$\frac{|x_i - \bar{x}|}{S} = \frac{|23.0 - 25.8|}{2.1} = 1.33 < K_n = 1.96$$

说明测量数据 23.0 是正常的，应予保留。这一结论与拉依达法的结果是一致的。

其他数据以此类推进行取舍。

肖维纳特法改善了拉依达法，但从理论上分析，当 $n \to \infty$，$K_n \to \infty$，此时所有异常值都无法舍弃。此外，肖维纳特系数与置信水平之间无明确联系，已逐渐被格拉布斯法所代替。

三、格拉布斯法

格拉布斯法假定测量结果服从正态分布，根据顺序统计量来确定可疑数据的取舍。例如，做 n 次重复试验，测得结果为 $x_1, x_2, \cdots, x_n$，而且 x_i 服从正态分布。

为了检验 $x_i(i=1,2,\cdots,n)$ 中是否有可疑值，可将 x_i 按其值由小到大顺序重新排列，得

$$x_{(1)} \leqslant x_{(2)} \leqslant \cdots \leqslant x_{(n)}$$

根据顺序统计原则，结出标准化顺序统计量 g：

$$\left.\begin{aligned} &\text{当最小值 } x_{(1)} \text{ 可疑时} \qquad g_{(1)} = \frac{\bar{x} - x_{(1)}}{S} \\ &\text{当最大值 } x_{(n)} \text{ 可疑时} \qquad g_{(n)} = \frac{x_{(n)} - \bar{x}}{S} \end{aligned}\right\} \tag{2-9}$$

式中　$\bar{x}$——测量值的算术平均值；

S——测量值的标准偏差。

根据格拉布斯法统计量的分布，在指定的显著性水平 β（一般 $\beta = 0.05$）下，求得临界值 $g_0(\beta, n)$，格拉布斯法的判别标准为

$$g \geqslant g_0(\beta, n) \tag{2-10}$$

则可疑值 $x_{(i)}$ 是异常的，应予舍去。其中 $g_0(\beta, n)$ 值列于表 2-2。

表 2-2　格拉布斯系数 $g_0(\beta, n)$

n	β		n	β		n	β	
	0.01	0.05		0.01	0.05		0.01	0.05
3	1.15	1.15	12	2.55	2.29	21	2.91	2.58
4	1.49	1.46	13	2.61	2.33	22	2.94	2.60
5	1.75	1.67	14	2.66	2.37	23	2.96	2.62
6	1.94	1.82	15	2.70	2.41	24	2.99	2.64
7	2.10	1.94	16	2.74	2.44	25	3.01	2.66
8	2.22	2.03	17	2.78	2.47	30	3.10	2.74
9	2.32	2.11	18	2.82	2.50	40	3.24	2.87
10	2.41	2.18	19	2.85	2.53	50	3.34	2.96
11	2.48	2.24	20	2.88	2.56	100	3.59	3.17

利用格拉布斯法每次只能舍弃一个可疑值。若有两个以上的可疑数据,应该一个一个地舍弃数据。舍弃第一个数据后,检测次数由 n 变为 $n-1$,以此为基础再判别第二个可疑数据是否应舍去。每次均值和标准偏差要重新计算,再决定取舍。

【例 2-8】 试用格拉布斯法判别例 2-6 测量数据的真伪。

解:(1)测量数据按从小到大次序排列如下

$$23.0,24.5,24.8,25.0,25.4,25.5,25.8,26.0,27.0,31.0$$

(2)计算数据特征量

$$\bar{x}=25.8\ \text{MPa},S=2.1\ \text{MPa}$$

(3)计算统计量

$$g_{(1)}=\frac{\bar{x}-x_{(1)}}{S}=\frac{25.8-23.0}{2.1}=1.33$$

$$g_{(10)}=\frac{x_{(10)}-\bar{x}}{S}=\frac{31.0-25.8}{2.1}=2.48$$

由于 $g_{(10)}>g_{(1)}$,首先判别 $x_{(10)}=31.0$。

(4)选定显著性水平 $\beta=0.05$,并根据 $\beta=0.05$ 和 $n=10$,由表 2-2 查得

$$g_0(0.05,10)=2.18$$

(5)判别。

由于 $g_{(10)}=2.48>g_0(0.05,10)=2.18$,所以 $g_{(10)}=31.0$ 为异常值,应予舍弃。与肖维纳特法结论是一致的。

仿照上述方法继续对余下的 9 个数据进行判别,经计算没有异常值。

第五节 质量数据的常用表达方法

通过试验检测获得一系列数据后,如何对这些数据进行深入的分析,以便得到各参数之间的关系,甚至用数学解析的方法,导出各参数之间的函数关系,这是数据处理的任务之一。

质量数据的表达方法通常有表格法、图示法和经验公式法等三种。

一、表格法

表格法指用表格来表示函数的方法,在自然科学和工程技术上用得特别多。在科学试验中,一系列测量数据都是首先列成表格,然后进行其他的处理。表格法简单方便,但要进行深入的分析,表格就不能胜任了。首先,尽管测量次数相当多,但它不能给出所有的函数关系;其次,从表格中不易看出自变量变化时函数的变化规律,而只能大致估计出函数是递增的、递减的或是周期性变化的等。列成表格是为了表示出测量结果,或是为了以后的计算方便,同时也是图示法和经验公式法的基础。

表格有两种:一种是试验检测数据记录表,另一种是试验检测结果表。

试验检测数据记录表是该项试验检测的原始记录表,它包括的内容应有试验检测目的、内容摘要、试验日期、环境条件、检测仪器设备、原始数据、测量数据、结果分析以及参加人员和负责人等。

试验检测结果表只反映试验检测结果的最后结论,一般只有几个变量之间的对应关系。试验检测结果表应力求简明扼要,能说明问题。

二、图示法

在自然科学和工程技术中，用图形来表示测量数据是最普遍的一种方法。图示法的最大优点是一目了然，即从图形中可非常直观地看出函数的变化规律，如递增性或递减性、最大值或最小值、是否具有周期性变化规律等。但是，从图形上只能得到函数变化关系，而不能进行数学分析。

图示法的基本要点为：

(1)在直角坐标系中绘制测量数据的图形时，应以横坐标为自变量，以纵坐标为对应的函数量。

(2)坐标纸的大小与分度的选择应与测量数据的精度相适应。分度过粗时，影响原始数据的有效数字，绘图精度将低于试验中参数测量的精度；分度过细时，绘图精度会高于原始数据的精度。

坐标分度值不一定自零起，可用低于试验数据的某数值作起点和高于试验数据的某数值作终点，曲线以基本占满全幅坐标纸为宜。

(3)坐标轴应注明分度值的有效数字和名称、单位，必要时还应标明试验条件，坐标的文字书写方向应与该坐标轴平行，在同一图上表示不同数据时应该用不同的符号加以区别。

(4)曲线平滑方法。测量数据往往是分散的，如果用短线连接各点得到的就不是光滑的曲线，而是折线。由于每一个测点总存在误差，按带有误差的各数据所描的点不一定是真实值的正确位置。根据足够多的材料数据，完全有可能作出一光滑曲线，决定曲线的走向时应考虑曲线尽可能通过或接近所有的点，但曲线不必强求通过所有的点，尤其是两端的点。当不可能时，则应移动曲线尺，顾及所绘制的曲线与实测值之间的误差的平方和最小。此时曲线两边的点数接近于相等。

三、经验公式法

测量数据不仅可用图形表示出函数之间的关系，而且可用与图形对应的一个公式来表示所有的测量数据，当然这个公式不可能完全准确地表达全部数据。因此，常把与曲线对应的公式称为经验公式，在回归分析中则称之为回归方程。

把全部测量数据用一个公式代替，不仅有紧凑扼要的优点，而且可以对公式进行必要的数学运算，以研究各自变量与函数之间的关系。

根据一系列测量数据，如何建立公式，建立什么形式的公式，这是首先需要解决的问题。

要使所建立的公式能正确表达测量数据的函数关系，往往不是一件容易的事情，在很大程度上取决于试验人员的经验和判断能力，而且建立公式的过程比较烦琐，有时还要多次反复才能得到与测量数据更接近的公式。

建立公式的步骤大致可归纳如下：

(1)描绘曲线。以自变量为横坐标，以函数量为纵坐标，将测量数据描绘在坐标纸上，并把数据点描绘成测量曲线(详见图示法)。

(2)对所描绘的曲线进行分析，确定公式的基本形式。

如果数据点描绘的基本上是直线，则可用一元线性回归方法确定直线方程。

如果数据点描绘的是曲线，则要根据曲线的特点判断曲线属于何种类型。判断时可参考现成的数学曲线形状加以选择，对选择的曲线则按一元线性回归方法处理。

如果很难判断测量曲线属何种类型，则可按多项式回归处理。

(3)曲线化直。如果测量数据描绘的曲线被确定为某种类型的曲线，则可先将该曲线方程变换为直线方程，然后按一元线性回归方法处理。

(4)确定公式中的常量。代表测量数据的直线方程或经曲线化直后的直线方程表达式为 $y = ax + b$，可根据一系列测量数据确定方程中的常量 a 和 b，其方法一般有图解法、端值法、平均法和最小二乘法等。

(5)检验所确定的公式的准确性，即用测量数据中自变量值代入公式计算出函数值，看它与实际测量值是否一致，如果差别很大，说明所确定的公式基本形式可能有错误，则应建立另外形式的公式。

复习思考题

1. 何谓单位产品、批及样品单位？试举例说明。

2. 抽样检验的类型有哪些？各自是如何进行测试结果评定的？

3. 随机抽样的方法有哪些？

4. 何谓总体与样本？试举例说明。

5. 质量数据的统计特征值有哪些？其物理意义是什么？

6. 请修约以下数据：35.344 2(保留两位小数)，241.501(保留整数)，55.35(保留一位小数)，119.999 8(保留三位小数)，411.055(保留两位小数)，116.687 5(保留两位小数)，110.355(保留两位小数)。

7. 对某路段沥青混凝土面层抗滑性能进行检测，摩擦系数的检测值(共 10 个测点)分别为：59、62、60、53、49、56、51、61、58、50。求摩擦系数的平均值、中位数、极差、标准偏差、变异系数。

8. 对某路段路基压实质量进行检测，压实度检测结果(%)为：96.2、95.4、94.8、98.1、96.6、95.6、97.0、95.9、95.0、97.5，请分别用拉依达法、肖维纳特法和格拉布斯法对上述数据进行取舍判别。

第三章　公路工程质量评定与竣(交)工验收

内容简介

本章主要介绍了新建和改建公路工程建设项目的划分、工程质量评分方法以及工程质量等级的评定方法,公路工程交工验收和竣工验收的条件、程序、内容以及工程质量评分及质量等级评定。

知识目标

1. 了解:单位、分部、分项工程的概念及划分方法,关键项目、规定极值等概念。

2. 熟悉:公路工程质量检验评定程序,分项工程质量检验内容,交工验收和竣工验收的条件、程序、内容。

3. 掌握:新建和改建公路工程质量评分方法以及工程质量等级的评定方法,交工验收和竣工验收工程质量评分及质量等级评定方法。

能力目标

1. 会进行新建和改建公路工程质量评分与质量等级评定。

2. 会进行交工验收和竣工验收工程质量评分及质量等级评定。

第一节　公路工程质量评定

为了加强公路工程质量管理,统一公路工程质量检验标准和评定标准,保证工程质量,制定了《公路工程质量检验评定标准》(JTG F80/1—2004)。

《公路工程质量检验评定标准》(JTG F80/1—2004)适用于四级及四级以上公路新建及改建工程的施工单位、工程监理单位、建设单位、质量检测机构和质量监督部门对公路工程质量的管理、监控和检验评定。检验是对检验项目中的性能进行量测、检查、试验等,并将结果与标准规定要求进行比较,以确定每项性能是否合格所进行的活动。评定是依据检验结果对工程质量进行评分并确定其等级的活动。

一、一般规定

根据建设任务、施工管理和质量检验评定的需要,应在施工准备阶段,按《公路工程质量检验评定标准》(JTG F80/1—2004)将建设项目划分为单位工程、分部工程和分项工程。

单位工程是指在建设项目中根据签订的合同,具有独立施工条件的工程。在单位工程中,应按结构部位、路段长度及施工特点或施工任务划分为若干个分部工程。在分部工程中,应按不同的施工方法、材料、工序及路段长度等划分为若干个分项工程。一般建设项目的工程划分见表3-1。

施工单位、工程监理单位和建设单位应按相同的工程项目划分进行工程质量的监控和管理。

表 3-1　一般建设项目的工程划分

单位工程	分部工程	分项工程
路基工程（每 10 km 或每标段）	路基土石方工程*①（1 ~ 3 km 路段）②	土方路基*，石方路基*，软土地基*，土工合成材料处治层*等
	排水工程（1 ~ 3 km 路段）	管节预制，管道基础及管节安装*，检查（雨水）井砌筑*，土沟，浆砌排水沟*，盲沟，跌水，急流槽*，水簸箕，排水泵站等
	小桥及符合小桥标准的通道*，人行天桥，渡槽（每座）	基础及下部构造*，上部构造预制、安装或浇筑*，桥面*，栏杆，人行道等
	涵洞、通道（1 ~ 3 km 路段）	基础及下部构造*，主要构件预制、安装或浇筑*，填土，总体等
	砌筑防护工程（1 ~ 3 km 路段）	挡土墙*，墙背填土，抗滑桩*，锚喷防护*，锥、护坡，导流工程，石笼防护等
	大型挡土墙*，组合式挡土墙*（每处）	基础*，墙身*，墙背填土，构件预制*，构件安装*，筋带，锚杆、拉杆，总体*等
路面工程（每 10 km 或每标段）	路面工程（1 ~ 3 km 路段）*	底基层，基层*，面层*，垫层，联结层，路缘石，人行道，路肩，路面边缘排水系统等
桥梁工程（特大、大中桥）	基础及下部构造*（每桥或每墩、台）	扩大基础，桩基*，地下连续墙*，承台，沉井*，桩的制作*，钢筋加工及安装，墩台身（砌体）浇筑*，墩台身安装，墩台帽*，组合桥台*，台背填土，支座垫石和挡块等
	上部构造预制和安装*	主要构件预制*，其他构件预制，钢筋加工及安装，预应力筋的加工和张拉*，梁板安装，悬臂拼装*，顶推施工梁*，拱圈节段预制，拱的安装，转体施工拱*，劲性骨架拱肋安装*，钢管拱肋制作*，钢管拱肋安装*，吊杆制作和安装*，钢梁制作*，钢梁安装，钢梁防护*等
	上部构造现场浇筑*	钢筋加工及安装，预应力筋的加工和张拉*，主要构件浇筑*，其他构件浇筑，悬臂浇筑*，劲性骨架混凝土*，钢管混凝土拱*等
	总体、桥面系和附属工程	桥梁总体*，桥面防水层施工，桥面铺装*，钢桥面铺装*，支座安装，搭板，伸缩缝安装，大型伸缩缝安装*，栏杆安装，混凝土护栏，人行道铺设，灯柱安装等
	防护工程	护坡，护岸*，导流工程*，石笼防护，砌石工程等
	引道工程	路基*，路面*，挡土墙*，小桥*，涵洞*，护栏等互通立交
互通正交工程	桥梁工程*（每座）	桥梁总体，基础及下部构造*，上部构造预制、安装或浇筑*，支座安装，支座垫石，桥面铺装*，护栏，人行道等
	主线路基路面工程*（1 ~ 3 km 路段）	见路基、路面等分项工程
	匝道工程（每条）	路基*，路面*，通道*，护坡，挡土墙*，护栏等

续表 3-1

单位工程	分部工程	分项工程
隧道工程	总体	隧道总体*等
	明洞	明洞浇筑,明洞防水层,明洞回填*等
	洞口工程	洞口开挖,洞口边仰坡防护,洞门和翼墙的浇(砌)筑,截水沟、洞口排水沟等
	洞身开挖	洞身开挖*,(分段)等
	洞身衬砌	(钢纤维)喷射混凝土支护,锚杆支护,钢筋网支护,仰拱,混凝土衬砌*,钢支撑,衬砌钢筋等
	防排水	防水层,止水带、排水沟等
	隧道路面	基层*,面层*等
	装饰	装饰工程
	辅助施工措施	超前锚杆,超前钢管等
环保工程	声屏障(每处)	声屏障
	绿化工程(1~3 km 路段或每处)	中央分隔带绿化,路侧绿化,互通立交绿化,服务区绿化,取弃土场绿化等
交通安全设施(每 20 km 或每路段)标段)	标志*(5~10 km 路段)	标志*
	标线、突起路标(5~10 km 路段)	标线*,突起路标等
	护栏*、轮廓标(5~10 km 路段)	波形梁护栏*,缆索护栏*,混凝土护栏*,轮廓标等
	防眩设施(5~10 km 路段)	防眩板、网等
	隔离栅、防落网(5~10 km 路段)	隔离栅、防落网等
机电工程	监控设施	车辆检测器,气象检测器,闭路电视监视系统,可变标志,光电缆线路,监控(分)中心设备安装及软件调测,大屏幕投影系统,地图板,计算机监控软件与网络等
	通信设施	通信管道与光电缆线路,光纤数字传输系统,数字程控交换系统,紧急电话系统,无线移动通信系统,通信电源等
	收费设施	入口车道设备,出口车道设备,收费站设备及软件,收费中心设备及软件,IC 卡及发卡编码系统,闭路电视监视系统,内部有线对讲及紧急报警系统,收费站内光、电缆及塑料管道,收费系统计算机网络等
	低压配电设施	中心(站)内低压配电设备,外场设备电力电缆线路等
	照明设施	照明设施
	隧道机电设施	车辆检测器,气象检测器,闭路电视监视系统,紧急电话系统,环境检测设备,报警与诱导设施,可变标志,通风设施,照明设施,消防设施,本地控制器,隧道监控中心计算机控制系统,隧道监控中心计算机网络,低压供配电等
房屋建筑工程	按其专业工程质量检验评定标准评定	

注:表内标注 * 者为主要工程,评分时给以 2 的权值;不带 * 者为一般工程,权值为 1。

施工单位应对各分项工程按《公路工程质量检验评定标准》(JTG F80/1—2004)所列基本要求、实测项目和外观鉴定进行自检,按“分项工程质量检验评定表”及相关施工技术规范提交真实、完整的自检资料,对工程质量进行自我评定。

工程监理单位应按规定要求对工程质量进行独立抽检,对施工单位检评资料进行签认,对工程质量进行评定。

建设单位根据对工程质量的检查及平时掌握的情况,对工程监理单位所做的工程质量评分及等级进行审定。

质量监督部门、质量检测机构可依据《公路工程质量检验评定标准》(JTG F80/1—2004)对公路工程质量进行检测评定。

二、工程质量评分

工程质量评分以分项工程为单元,采用100分制进行。在分项工程评分的基础上,逐级计算各相应分部工程、单位工程、合同段和建设项目评分值。

(一)分项工程质量评分

分项工程质量检验内容包括基本要求、实测项目、外观鉴定和质量保证资料四个部分。只有在其使用的原材料、半成品、成品及施工工艺符合基本要求的规定,且无严重外观缺陷和质量保证资料真实并基本齐全时,才能对分项工程质量进行检验评定。外观鉴定是对工程外在质量进行观察和必要的量测。

分项工程中,涉及结构安全和使用功能的,对安全、卫生、环境保护和公众利益起决定性作用的重要实测项目为关键项目(在文中以“△”标志),其合格率不得低于90%(属于工厂加工制造的交通工程安全设施及桥梁金属构件不低于95%,机电工程为100%),且检测值不得超过规定极值,否则必须进行返工处理。

分项工程中,除关键项目外的实测项目为一般项目。

实测项目的规定极值是指任一单个检测值都不能突破的极限值,不符合要求时该实测项目为不合格。

采用数理统计方法进行评定的关键项目,不符合要求时则该分项工程评为不合格。

分项工程的评分值满分为100分,按实测项目采用加权平均法计算。存在外观缺陷或资料不全时,须予减分。

$$\text{分项工程得分} = \frac{\sum(\text{检查项目得分} \times \text{权值})}{\sum \text{检查项目权值}}$$

权值,是对工程项目或检测指标根据其重要程度所赋予的数值。

$$\text{分项工程评分值} = \text{分项工程得分} - \text{外观缺陷减分} - \text{资料不全减分}$$

1. 基本要求检查

分项工程所列基本要求,对施工质量优劣具有关键作用,应按基本要求对工程进行认真检查。经检查不符合基本要求规定时,不得进行工程质量的检验和评定。

2. 实测项目计分

对规定检查项目采用现场抽样方法,按照规定频率和下列计分方法对分项工程的施工质量直接进行检测计分。

检查项目除按数理统计方法评定的项目外，均应按单点（组）测定值是否符合标准要求进行评定，并按合格率计分。

$$检查项目合格率(\%) = \frac{检查合格的点(组)数}{该检查项目的全部检查点(组)数}$$

$$检查项目得分 = 检查项目合格率 \times 100$$

3. 外观缺陷减分

对工程外表状况应逐项进行全面检查，如发现外观缺陷，应进行减分。对于较严重的外观缺陷，施工单位须采取措施进行整修处理。

4. 资料不全减分

分项工程的施工资料和图表残缺，缺乏最基本的数据，或有伪造涂改者，不予检验和评定。资料不全者应予减分，减分幅度可按《公路工程质量检验评定标准》（JTG F80/1—2004）第3.3.4条所列各款逐款检查，视资料不全情况，每款减1～3分。

（二）分部工程和单位工程质量评分

分项工程和分部工程分为一般工程和主要（主体）工程，分别给以1和2的权值。进行分部工程和单位工程评分时，采用加权平均值计算法确定相应的评分值。

$$分部(单位)工程评分值 = \frac{\sum[分项(分部)工程评分值 \times 相应权值]}{\sum 分项(分部)工程权值}$$

（三）合同段和建设项目工程质量评分

合同段和建设项目工程质量评分值按《公路工程竣（交）工验收办法》进行计算。

（四）质量保证资料

施工单位应有完整的施工原始记录、试验数据、分项工程自查数据等质量保证资料，并进行整理分析，负责提交齐全、真实和系统的施工资料和图表。工程监理单位负责提交齐全、真实和系统的监理资料。质量保证资料应包括以下六个方面：

（1）所用原材料、半成品和成品质量检验结果。

（2）材料配比、拌和加工控制检验和试验数据。

（3）地基处理、隐蔽工程施工记录和大桥、隧道施工监控资料。

（4）各项质量控制指标的试验记录和质量检验汇总图表。

（5）施工过程中遇到的非正常情况记录及其对工程质量影响分析。

（6）施工过程中如发生质量事故，经处理补救后，达到设计要求的认可证明文件等。

三、工程质量等级评定

工程质量等级评定分为合格与不合格，应按分项工程、分部工程、单位工程、合同段和建设项目逐级评定。

（一）分项工程质量等级评定

分项工程评分值不小于75分者为合格，小于75分者为不合格；机电工程、属于工厂加工制造的桥梁金属构件不小于90分者为合格，小于90分者为不合格。

评定为不合格的分项工程，经加固、补强或返工、调测，满足设计要求后，可以重新评定其质量等级，但计算分部工程评分值时按其复评分值的90%计算。

（二）分部工程质量等级评定

所属各分项工程全部合格，则该分部工程评为合格；所属任一分项工程不合格，则该分部工程评为不合格。

（三）单位工程质量等级评定

所属各分部工程全部合格，则该单位工程评为合格；所属任一分部工程不合格，则该单位工程评为不合格。

（四）合同段和建设项目质量等级评定

合同段和建设项目所含单位工程全部合格，其工程质量等级评为合格；所属任一单位工程不合格，则合同段和建设项目评为不合格。

四、公路工程质量评定实例

××至××高速公路 CP2 合同段（起讫桩号：K162 +300 ~ K190 +040）为路面标，共划分为 6 个单位工程。由江西省交通工程集团公司承建，下面以分项工程沥青混凝土面层（K162 +300 ~ K164 +000）为例说明分项工程质量检验评定，以分部工程路面工程（K162 +300 ~ K164 +000）为例说明分部工程质量检验评定，以单位工程路面工程（K162 +300 ~ K172 +000）为例说明单位工程质量检验评定，以 CP2 合同段为例说明合同段的工程质量评分和工程质量等级评定方法。

沥青混凝土面层基本要求：

（1）沥青混合料的矿料质量及矿料级配应符合设计要求和施工规范的规定。

（2）严格控制各种矿料和沥青用量及各种材料和沥青混合料的加热温度，沥青材料及混合料的各项指标应符合设计和施工规范要求。沥青混合料的生产，每日应做抽样试验、马歇尔稳定度试验。矿料级配、沥青含量、马歇尔稳定度等结果的合格率应不小于 90%。

（3）拌和后的沥青混合料应均匀一致，无花白、粗细料分离和结团成块现象。

（4）基层必须碾压密实，表面干燥、清洁、无浮土，其平整度和路拱度应符合要求。

（5）摊铺时应严格控制摊铺厚度和平整度，避免离析，注意控制摊铺和碾压温度，碾压至要求的密实度。

沥青混凝土面层实测项目见《公路工程质量检验评定标准》（JTG F80/1—2004）中沥青混凝土面层实测项目。

沥青混凝土面层外观鉴定：

（1）表面应平整密实，不应有泛油、松散、裂缝和明显离析等现象，对于高速公路和一级公路，有上述缺陷的面积（凡属单条的裂缝，则按其实际长度乘以 0.2 m 宽度，折算成面积）之和不得超过受检面积的 0.03%，其他公路不得超过 0.05%。不符合要求时每超过 0.03% 或 0.05% 减 2 分。半刚性基层的反射裂缝可不计做施工缺陷，但应及时进行灌缝处理。

（2）搭接处应紧密、平顺，烫缝不应枯焦。不符合要求时，累计每 10 m 长减 1 分。

（3）面层与路缘石及其他构筑物应密贴接顺，不得有积水或漏水现象。不符合要求时，每一处减 1 ~ 2 分。

分项工程、分部工程、单位工程、合同段的工程质量评分及工程质量等级评定分别见表 3-2 ~ 表 3-5。

表 3-2　分项工程质量检验评定

分项工程名称：沥青混凝土面层　　所属分部工程名称：路面工程　　所属建设项目：××至××高速公路

工程部位：K162 +300 ~ K164 +000　施工单位：江西省交通工程集团公司　监理单位：江西交通工程监理公司

基本要求	经检查：沥青混合料质量、矿料级配符合要求，加热温度、马歇尔稳定度符合要求，沥青混合料拌和均匀，碾压温度、摊铺、接缝均能满足要求								
实测项目	项次	检查项目		规定值或允许偏差	实测值或实测偏差（分）	质量评定			
						平均值、代表值	合格率（%）	权值	得分
	1△	压实度（%）		最大理论密度的92%	100		100	3	300
	2	平整度（mm）	0（mm）	1.2	100		100	2	200
			IRI（m/km）	2.0					
	3	弯沉值（0.01 mm）		符合设计要求	100		100	2	200
	4	渗水系数		300 mL/min	100		100	2	200
	5	抗滑	摩擦系数	符合设计要求	100		100	2	
			构造深度		100		100		200
	6△	厚度（mm）	代表值	总厚度：-5% *H* 上面层：-10% *H*	100		100	3	
			合格值	总厚度：-10% *H* 上面层：-20% *H*	100		100		300
	7	中线平面偏位（mm）		20	100		100	1	100
	8	纵断高程（mm）		±15	98		98	1	98
	9	宽度（mm）		±20	100		100	1	100
	10	横坡（%）		±0.3	100		100	1	100
	合计				99.9				

外观鉴定	面层与路缘石有一处不够密贴	减分	1	监理意见	评定合格
质量保证资料	齐全、完整	减分	0		
工程质量等级评定	合格	评分：	98.9	质量等级	合格

检验负责人：×××　　检测：×××　　记录：×××　　复核：×××　　××××年××月××日

注：*H* 为设计厚度。

表 3-3　分部工程质量检验评定

分部工程名称:路面工程　　所属单位工程:路面工程

所属建设项目:××至××高速公路　　工程部位:K162 +300 ~ K164 +000

建设单位:江西省交通厅××至××高速公路项目建设办公室

施工单位: 江西省交通工程集团公司　　监理单位:江西交通工程监理公司

施工单位	分项工程					说明
	工程名称	质量工程				
		实得分	权值	加权得分	等级	
江西省交通工程集团公司	K162 +300 ~ K164 +000 底基层	98.50	1	98.5	合格	
	K162 +300 ~ K164 +000 下基层	98.3	2	196.6	合格	
	K162 +300 ~ K164 +000 中基层	98.7	2	197.4	合格	
	K162 +300 ~ K164 +000 面层	98.90	2	197.8	合格	
	K162 +300 ~ K164 +000 路缘石	98.00	1	98.00	合格	
	K162 +300 ~ K164 +000 过渡板	97.10	1	97.10	合格	
	K162 +300 ~ K164 +000 路肩干砌片石	97.80	1	97.80	合格	
	K162 +300 ~ K164 +000 雨水井预制	98.00	1	98.00	合格	
	K162 +300 ~ K164 +000 雨水井安装	97.00	1	97.00	合格	
	K162 +300 ~ K164 +000 桥面防水层	99.00	1	99.00	合格	
	K162 +300 ~ K164 +000 路肩	98.70	1	98.70	合格	
加权平均得分	98.28	质量等级		合格		
评定意见	本分部工程所属的各分项工程质量全部合格					

检验负责人:×××　　计算:×××　　复核:×××　　××××年××月××日

表 3-4　单位工程质量检验评定

单位工程名称:路面工程　　所属建设项目:××至××高速公路

路线名称: 石城至吉安高速公路 CP2 标　　工程地点、桩号: K162 +300 ~ K172 +000

施工单位:江西省交通工程集团公司　　监理单位:江西交通工程监理公司

施工单位	分项工程					说明
	工程名称	质量工程				
		实得分	权值	加权得分	等级	
江西省交通工程集团公司	K162 +300 ~ K161 +000	98.28	2	196.56	合格	
	K164 +000 ~ K165 +600	98.11	2	196.22	合格	
	K165 +600 ~ K167 +000	98.62	2	197.24	合格	
	K167 +000 ~ K168 +840	98.04	2	196.08	合格	
	K168 +840 ~ K169 +798	98.08	2	196.16	合格	
	AK1 +238.367 ~ AK1 +728.101	98.71	2	197.42	合格	
	BK1 +223.222 ~ BK1 +548.893	98.86	2	197.72	合格	
	K169 +798 ~ K170 +943	98.7	2	197.4	合格	
	K170 +943 ~ K172 +000	98.25	2	196.5	合格	
加权平均得分	98.4	质量等级		合格		
评定意见	本单位工程所属的各分部工程质量全部合格					

检验负责人:×××　　计算:×××　　复核:×××　　××××年××月××日

表 3-5 建设项目(合同段)质量检验评定

项目名称:××至××高速公路　　　　路线名称:××至××高速公路 CP2 标

起讫桩号:K162+300~K190+040　　　　完工日期:2010.9.6

<table>
<tr><th rowspan="2">施工单位</th><th colspan="3">单位工程</th><th rowspan="2">说明</th></tr>
<tr><th>工程名称</th><th>实得分</th><th>投资额(元)</th></tr>
<tr><td>江西省交通工程集团公司</td><td>K162+300~K172+000</td><td>98.4</td><td>79 108 891</td><td></td></tr>
<tr><td>江西省交通工程集团公司</td><td>K172+000~K181+860</td><td>98.2</td><td>71 514 091</td><td></td></tr>
<tr><td>江西省交通工程集团公司</td><td>K181+860~K189+200</td><td>98.3</td><td>61 166 525</td><td></td></tr>
<tr><td>江西省交通工程集团公司</td><td>K180+400~K181+860 泰和北互通</td><td>98.5</td><td>28 275 167</td><td></td></tr>
<tr><td>江西省交通工程集团公司</td><td>K187+084~K187+274.47 石山隧道</td><td>98</td><td>585 254</td><td></td></tr>
<tr><td>江西省交通工程集团公司</td><td>K189+200~K190+040 泰和枢纽</td><td>98.7</td><td>20 842 869</td><td></td></tr>
<tr><td>质量等级</td><td>合格</td><td>加权平均分</td><td colspan="2">98.35</td></tr>
<tr><td>评定意见</td><td colspan="4">本合同段所属的各单位工程质量全部合格</td></tr>
</table>

检验负责人:×××　　计算:×××　　复核:×××　　××××年××月××日

第二节　公路工程竣(交)工验收

公路工程应按《公路工程竣(交)工验收办法》进行竣(交)工验收,未经验收或者验收不合格的,不得交付使用。

公路工程验收分为交工验收和竣工验收两个阶段。交工验收是检查施工合同的执行情况,评价工程质量是否符合技术标准及设计要求,是否可以移交下一阶段施工或是否满足通车要求,对各参建单位工作进行初步评价。竣工验收是综合评价工程建设成果,对工程质量、参建单位和建设项目进行综合评价。

一、交工验收

(一)公路工程交工验收工作应具备的条件

(1)合同约定的各项内容已完成。

(2)施工单位按交通部制定的《公路工程质量检验评定标准》(JTG F80/1—2004)及相关规定的要求对工程质量自检合格。

(3)监理工程师对工程质量的评定合格。

(4)质量监督机构按交通部规定的公路工程质量鉴定办法对工程质量进行检测(必要时可委托有相应资质的检测机构承担检测任务),并出具检测意见。

(5)竣工文件已按交通部规定的内容编制完成。

(6)施工单位、监理单位已完成本合同段的工作总结。

公路工程各合同段符合交工验收条件后,经监理工程师同意,由施工单位向项目法人提出申请,项目法人应及时组织对该合同段进行交工验收。

(二)交工验收程序

(1)施工单位完成合同约定的全部工程内容,且经施工自检和监理检验评定均合格后,提出合同段交工验收申请报监理单位审查。交工验收申请应附自检评定资料和施工总结报告。

(2)监理单位根据工程实际情况、抽检资料以及对合同段工程质量评定结果,对施工单位交工验收申请及其所附资料进行审查并签署意见。监理单位审查同意后,应同时向项目法人提交独立抽检资料、质量评定资料和监理工作报告。

(3)项目法人对施工单位的交工验收申请、监理单位的质量评定资料进行核查,必要时可委托有相应资质的检测机构进行重点抽查检测,认为合同段满足交工验收条件时应及时组织交工验收。

(4)对若干合同段完工时间相近的,项目法人可合并组织交工验收。对分段通车的项目,项目法人可按合同约定分段组织交工验收。

(5)通过交工验收的合同段,项目法人应及时颁发"公路工程交工验收证书"。

(6)各合同段全部验收合格后,项目法人应及时完成"公路工程交工验收报告"。

(三)交工验收的主要工作内容

(1)检查合同执行情况。

(2)检查施工自检报告、施工总结报告及施工资料。

(3)检查监理单位独立抽检资料、监理工作报告及质量评定资料。

(4)检查工程实体,审查有关资料,包括主要产品质量的抽(检)测报告。

(5)核查工程完工数量是否与批准的设计文件相符,是否与工程计量数量一致。

(6)对合同是否全面执行、工程质量是否合格作出结论,按交通主管部门规定的格式签署合同段交工验收证书。

(7)按交通部规定的办法对设计单位、监理单位、施工单位的工作进行初步评价。

(四)参加交工验收单位的主要职责

项目法人负责组织公路工程各合同段的设计、监理、施工等单位参加交工验收。路基工程作为单独合同段进行交工验收时,应邀请路面施工单位参加。拟交付使用的工程,应邀请运营、养护管理等相关单位参加。交通运输主管部门、公路管理机构、质量监督机构视情况参加交工验收。

项目法人负责组织各合同段参建单位完成交工验收工作的各项内容,总结合同执行过程中的经验,对工程质量是否合格作出结论。

设计单位负责检查已完成的工程是否与设计相符,是否满足设计要求。

监理单位负责完成监理资料的汇总、整理,协助项目法人检查施工单位的合同执行情况,核对工程数量,科学公正地对工程质量进行评定。

施工单位负责提交竣工资料,完成交工验收准备工作。

(五)交工验收工程质量评分及质量等级评定

施工合同段工程质量评分采用所含各单位工程质量评分的加权平均值。

$$\text{合同段工程质量评分值}=\frac{\sum(\text{单位工程质量评分值}\times\text{该单位工程投资额})}{\text{合同段总投资额}}$$

工程各施工合同段交工验收结束后,由项目法人对整个工程项目进行工程质量评定。工程质量评分采用各合同段工程质量评分的加权平均值。项目投资额原则上使用结算价,当结算价暂未确定时,可使用招标合同价,但在评分计算时应统一。

$$工程项目质量评分值 = \frac{\sum(合同段工程质量评分值 \times 该合同段投资额)}{\sum 施工合同段投资额}$$

交工验收工程质量等级评定分为合格和不合格。工程质量评分值大于等于75分的为合格,小于75分的为不合格。交工验收不合格的工程应返工整改,直至合格。交工验收提出的工程质量缺陷等遗留问题,由项目法人责成施工单位限期完成整改。

公路工程各合同段验收合格后,质量监督机构应向交通主管部门提交项目的检测报告。交通主管部门在15天内未对备案的项目交工验收报告提出异议,项目法人可开放交通进入试运营期。

二、竣工验收

(一)公路工程竣工验收应具备的条件

(1)通车试运营2年后。

(2)交工验收提出的工程质量缺陷等遗留问题已处理完毕,并经项目法人验收合格。

(3)工程决算已按交通部规定的办法编制完成,竣工决算已经审计,并经交通主管部门或其授权单位认定。

(4)竣工文件已按交通部规定的内容完成。

(5)对需进行档案、环保等单项验收的项目,已经有关部门验收合格。

(6)各参建单位已按交通部规定的内容完成各自的工作报告。

(7)质量监督机构已按交通部规定的公路工程质量鉴定办法对工程质量检测鉴定合格,并形成工程质量鉴定报告。

公路工程符合竣工验收条件后,项目法人应按照项目管理权限及时向交通主管部门申请验收。交通主管部门应当自收到申请之日起30日内,对申请人递交的材料进行审查,对于不符合竣工验收条件的,应当及时退回并告知理由;对于符合验收条件的,应自收到申请文件之日起3个月内组织竣工验收。

(二)竣工验收准备工作程序

(1)公路工程符合竣工验收条件后,项目法人应按照公路工程管理权限及时向相关交通运输主管部门提出验收申请。

(2)相关交通运输主管部门对验收申请进行审查,必要时可组织现场核查,审查同意后报负责竣工验收的交通运输主管部门。

(3)以上文件齐全且符合条件的项目,由负责竣工验收的交通运输主管部门通知所属的质量监督机构开展质量鉴定工作。

(4)质量监督机构按要求完成质量鉴定工作,出具工程质量鉴定报告,并审核交工验收对设计、施工、监理初步评价结果,报送交通运输主管部门。

(5)工程质量鉴定等级为合格及以上的项目,负责竣工验收的交通运输主管部门及时组织竣工验收。

(三)竣工验收的主要工作内容

(1)成立竣工验收委员会。

(2)听取项目法人、设计单位、施工单位、监理单位的工作报告。

(3)听取质量监督机构的工作报告及工程质量鉴定报告。

(4)检查工程实体质量,审查有关资料。

(5)按交通部规定的办法对工程质量进行评分,并确定工程质量等级。

(6)按交通部规定的办法对参建单位进行综合评价。

(7)对建设项目进行综合评价。

(8)形成并通过竣工验收鉴定书。

(四)参加竣工验收工作各方的主要职责

竣工验收委员会由交通运输主管部门、公路管理机构、质量监督机构、造价管理机构等单位代表组成。大中型项目及技术复杂工程,应邀请有关专家参加。项目法人、设计、施工、监理、接管养护等单位代表参加竣工验收工作,但不作为竣工验收委员会成员。

竣工验收委员会负责对工程实体质量及建设情况进行全面检查。按交通部规定的办法对工程质量进行评分,对各参建单位进行综合评价,对建设项目进行综合评价,确定工程质量和建设项目等级,形成工程竣工验收鉴定书。

项目法人负责提交项目执行报告及验收所需资料,协助竣工验收委员会开展工作。

设计单位负责提交设计工作报告,配合竣工验收检查工作。

监理单位负责提交监理工作报告,提供工程监理资料,配合竣工验收检查工作。

施工单位负责提交施工总结报告,提供各种资料,配合竣工验收检查工作。

(五)竣工验收工程质量评分及质量等级评定

竣工验收工程质量评分采取加权平均法计算,其中交工验收工程质量得分权值为0.2,质量监督机构工程质量鉴定得分权值为0.6,竣工验收委员会对工程质量评定得分权值为0.2。

工程质量评定得分大于等于90分的为优良,小于90分且大于等于75分的为合格,小于75分的为不合格。

(六)竣工验收建设项目综合评分

竣工验收委员会对项目法人及设计单位、施工单位、监理单位的工作进行综合评价。评定得分大于等于90分且工程质量等级优良的为好,小于90分且大于等于75分的为中,小于75分的为差。

竣工验收建设项目综合评分采取加权平均法计算,其中竣工验收工程质量得分权值为0.7,参建单位工作评价得分权值为0.3(项目法人占0.15,设计单位、施工单位、监理单位各占0.05)。

评定得分大于等于90分且工程质量等级优良的为优良,小于90分且大于等于75分的为合格,小于75分的为不合格。发生过重大及以上生产安全事故的建设项目综合评定等级不得评为优良。

负责组织竣工验收的交通主管部门对通过验收的建设项目按交通部规定的要求签发"公路工程竣工验收鉴定书"。通过竣工验收的工程,由质量监督机构依据竣工验收结论,按照交通部规定的格式对各参建单位签发工作综合评价等级证书。

三、公路工程竣(交)工验收实例

××公路新建工程,公路等级为山岭重丘区一级公路,计算行车速度60 km/h,桥梁设计荷载汽车—超20级,挂车—120。公路全长96 km,大桥2座/310 m,中桥18座/1 300 m,小桥14座,涵洞584道,防护及排水工程23万 m^3,警告标志277块,地名标志3块,里程碑232块,公路界碑1 558块,公路中心标线面积14 094 m^2,沿线设3个养护工区5个道班。

本项目组建了××公路建设项目办公室(简称项目办)对工程建设实行全面管理,工程项目划分为四个路基工程施工合同段(N1~N4 分别由 A、B、C、D 公司承建),两个路面施工合同段(N5、N6 分别由 E、F 公司承建),一个交通安全设施合同段(N7 由 G 公司承建)以及两个监理合同段(JL1、JL2),其中 JL1 负责 N1、N2 路基施工标段及 N5 路面施工标段的监理,JL2 负责 N3、N4 路基施工标段及 N6 路面施工标段和 N7 交通安全设施标段的监理。该项目于 2007 年 3 月 1 日开工修建,路基施工期为 18 个月,路面施工期为 9 个月。

下面以 N2 标段为例说明交工验收过程。

工程开工之前施工单位按照《公路工程质量检验评定标准》(JTG F80/1—2004)的附录 A 建设项目划分的原则,对本合同段单位工程、分部工程进行划分,其中 K10~K20 为一个路基单位工程。

(一)路基土方移交

2007 年 9 月,B 公司 × ×公路项目经理部完成 N2 合同段的 10 km(K10~K20)路基土石方工程,为了保证总工期,计划将该段路基土石方工程移交 E 公司进行 N5 路面标段的施工。同时,B 公司 × ×公路项目经理部完成该段路基土石方的工程质量自检,并收集、整理相关资料。B 公司将以上材料同该段路基土石方移交申请报项目法人并先报 JL1 监理标的路基监理工程师进行审查。

同时,JL1 监理标完成 K10~K20 路基土石方工程的工程质量评定。JL1 在接到 B 公司 × ×公路项目经理部提交的 K10~K20 路基土石方移交申请后,依据平时掌握的情况以及评定结果对申请报告提出明确的意见。如果同意,则由 B 公司向项目办提交路基土石方移交申请;如不同意,则由 B 公司 × ×公路项目经理部进行整改、完善,直到监理工程师同意申请。

项目办接到 K10~K20 路基土石方移交申请后,请求质量监督机构对该段路基的弯沉值和压实度进行检测。质量监督机构经过对该段路基的检测后,向项目办出具检测意见。

(二)合同段交工验收

2008 年 9 月 B 公司 × ×公路项目经理部完成 N2 合同段所有合同约定的工程,按照开工时划分的单位工程、分部工程、分项工程逐级进行评分,评定质量等级,完成自检报告和施工总结报告,并收集、整理交工验收时须完成的竣工文件,编排成册。B 公司 × ×公路项目经理部向项目办提出交工验收申请并先将以上材料随合同段交工申请报告一同送 JL1 进行审查。

同时,JL1 监理根据平时抽检的数据及时完成 N2 合同段的工程质量评分、等级评定,并按要求完成监理工作报告以及 N2 合同段监理单位竣工文件。

JL1 监理在接到 B 公司 × ×公路项目经理部提交的交工验收申请报告后,及时进行审查并出具审查意见。如果同意,则由 B 公司 × ×公路项目经理部向项目办提交交工验收申请;如不同意,则由 B 公司 × ×公路项目经理部进行整改、完善,直到监理工程师同意申请。

项目办在接到 B 公司 × ×公路项目经理部提交的 N2 合同段交工验收申请报告后,向质量监督机构提出工程质量鉴定申请,请求质量监督机构对本合同段工程质量进行检测。质量监督机构经过检测后,向项目办出具检测意见。× ×公路所有合同段施工完成后,形成 × ×公路工程质量检测报告,在 × ×公路试运营前提交交通厅建设处。

项目办在接到质量监督机构出具的工程质量检测意见后,根据平时掌握的情况对 B 公司 × ×公路项目经理部提交的 N2 合同段交工验收申请报告进行核查,核查后认为满足交工验收条件,确定组织交工验收时间。

2008 年 11 月 1 日项目办组织设计代表、监理单位、施工单位等主要人员进行 N2 合同段交工验收工作，检查了 N2 合同段的合同执行情况、资料及工程实体，作出合格结论，并向 B 公司 × ×公路项目经理部签发了合同段交工验收证书，另组织相关人员对设计单位、监理单位、施工单位的工作进行了初步评价。

2009 年 3 月 30 日 × ×公路所有合同段交工验收工作完成，并全部合格后，项目办对整个工程进行交工验收工程质量评定，形成项目交工验收报告，向交通厅备案，抄送质量监督机构。

2009 年 4 月 15 日前，交通厅根据质量监督机构提交的 × ×公路检测报告对 × ×公路交工验收报告进行核查，没有异议。项目办决定 × ×公路于 2009 年 4 月 20 日进入试运营。

项目办在 × ×公路进入试运营后，陆续申请对房建工程、机电工程、环保和档案等项目进行验收，并验收合格。决算已经审计，并通过认定。

2010 年 4 月项目办对交工验收提出的工程质量缺陷等问题进行验收，并验收合格。项目法人、设计单位、施工单位、监理单位均完成各自的工作报告。

（三）竣工验收

2011 年 1 月，项目办向质量监督机构提出申请，申请进行竣工质量鉴定检测。质量监督机构于 2011 年 3 月完成质量鉴定工作，并形成工程质量鉴定报告。

2011 年 1 月，项目办向交通厅提出申请，申请对 × ×公路进行竣工验收。2011 年 4 月交通厅批准，于 2011 年 4 月 15 日对 × ×公路进行竣工验收。

2011 年 4 月 15 日交通厅组织 × ×公路竣工验收。首先，成立竣工验收委员会。竣工验收委员会由交通厅、公路局、厅质监站、厅定额站、山南交通局、接管单位、特邀专家等组成，项目法人、设计单位、各监理单位以及施工单位代表均参加竣工验收工作。其次，竣工验收委员会听取参建单位的工作报告，听取质量监督机构的工程报告及工程质量鉴定报告，进行专业检查分组工作。各专业组现场检查工程实体质量，审查有关资料，形成检查意见。最后，竣工验收委员会对工程质量进行评分。

2011 年 4 月 16 日，竣工验收委员会对各参建单位进行综合评价，对建设项目进行综合评价，形成并通过竣工验收鉴定证书。随后，由交通厅建设处代表交通厅签发“ × ×公路工程竣工验收鉴定书”。

2011 年 4 月底，质量监督机构依据 × ×公路竣工验收结论，对各参建单位签发工作综合评价等级证书。

竣工验收通过后，项目办向有关单位移交档案资料。

复习思考题

1. 简述工程质量评分方法以及工程质量等级的评定方法。
2. 简述公路工程交工验收的程序、工程质量评分及质量等级评定方法。
3. 简述公路工程竣工验收工程质量评分及质量等级评定方法。

第二篇　路基路面检测

第四章　路基路面几何尺寸检测

内容简介

本章主要介绍了路基路面现场测试随机选点方法,路基路面取样方法,路基路面几何尺寸测试方法,路面厚度检测,路面错台测试。

知识目标

1. 了解:路基路面几何尺寸检测的具体项目。

2. 熟悉:路基路面几何尺寸检测常用方法及其特点。

3. 掌握:路基路面几何尺寸现场检测及测试结果的分析与处理。

能力目标

1. 会进行路基路面现场测试随机选点、路基路面几何尺寸检测、路面厚度检测、路面错台测试的操作。

2. 会进行路基路面几何尺寸及路面厚度的计算。

第一节　路基路面现场测试随机选点方法

对公路路基路面各个层次进行各种测定时,为了公正、合理地反映工程质量状况,现场测试选点的位置不应带有任何倾向性,应该根据随机取点的方法来确定测点断面、测点区间的具体位置。随机取样选点是按照数理统计原理,在路基路面现场测定时决定测定断面、测定区间、测点位置的方法。

随着计算机的普及,也可以采用 Excel 电子表格等软件或计算器中的随机函数代替模数来计算测点位置。

现场测试随机选点法需要的仪具及材料有:

(1)量尺:钢尺、皮尺等。

(2)硬纸片:编号从 1 ~ 28,共 28 块,每块大小 2.5 cm×2.5 cm,装在一个布袋中。

(3)骰子:2 个。

(4)其他:毛刷、粉笔等。

一、测定断面或测定区间的确定方法

检测路段是根据路基路面施工或验收、质量评定方法等有关规范规定需检测的路段,它

可以是一个作业段、一天完成的路段或路线全程。在路基路面工程检查验收时,通常以 1 km为一个检测路段。下面主要介绍测定断面的确定步骤(检测路段的确定与本方法相同)。

(1)将确定的测试路段划分为一定长度的区间或按桩号间距(一般为 20 m)划分若干个断面,将其编为第 n 个区间或第 n 个断面,其总的区间数或断面数为 T。

(2)从布袋中随机摸出一块硬纸片,硬纸片上的号数即为表 4-1 上的栏号,从 1 ~28 栏中选出该栏号的一栏。

表 4-1　取样随机数

栏号 1			栏号 2			栏号 3			栏号 4			栏号 5		
A	B	C	A	B	C	A	B	C	A	B	C	A	B	C
15	0.033	0.578	05	0.048	0.879	21	0.013	0.220	18	0.089	0.716	17	0.024	0.863
21	0.101	0.300	17	0.074	0.156	30	0.036	0.853	10	0.102	0.330	24	0.060	0.032
23	0.129	0.916	18	0.102	0.191	10	0.052	0.746	14	0.111	0.925	26	0.074	0.639
30	0.158	0.434	06	0.105	0.257	25	0.061	0.954	28	0.127	0.840	07	0.167	0.512
24	0.177	0.397	28	0.179	0.447	29	0.062	0.507	24	0.132	0.271	28	0.194	0.776
11	0.202	0.271	26	0.187	0.844	18	0.087	0.887	19	0.285	0.089	03	0.219	0.166
16	0.204	0.012	04	0.188	0.482	24	0.105	0.849	01	0.326	0.037	29	0.264	0.284
08	0.208	0.418	02	0.208	0.577	07	0.139	0.159	30	0.334	0.938	11	0.282	0.262
19	0.211	0.798	03	0.214	0.402	01	0.175	0.647	22	0.405	0.295	14	0.379	0.994
29	0.233	0.070	07	0.245	0.080	23	0.196	0.873	05	0.421	0.282	13	0.394	0.405
07	0.260	0.073	15	0.248	0.831	26	0.240	0.981	13	0.451	0.212	06	0.410	0.157
17	0.262	0.308	29	0.261	0.037	14	0.255	0.374	02	0.461	0.023	15	0.438	0.700
25	0.271	0.180	30	0.302	0.883	06	0.310	0.043	06	0.487	0.539	22	0.453	0.635
06	0.302	0.672	21	0.318	0.088	11	0.316	0.653	08	0.497	0.396	21	0.472	0.824
01	0.409	0.406	11	0.376	0.936	13	0.324	0.585	25	0.503	0.893	05	0.488	0.118
13	0.507	0.693	14	0.430	0.814	12	0.351	0.275	15	0.594	0.603	01	0.525	0.222
02	0.575	0.654	27	0.438	0.676	20	0.371	0.535	27	0.620	0.894	12	0.561	0.980
18	0.591	0.318	08	0.467	0.205	08	0.409	0.495	21	0.629	0.841	08	0.652	0.508
20	0.610	0.821	09	0.474	0.138	16	0.445	0.740	17	0.691	0.583	18	0.668	0.271
12	0.631	0.597	10	0.492	0.474	03	0.494	0.929	09	0.708	0.689	30	0.736	0.634
27	0.651	0.281	13	0.498	0.892	27	0.543	0.387	07	0.709	0.012	02	0.763	0.253
04	0.661	0.953	19	0.511	0.520	17	0.625	0.171	11	0.714	0.049	23	0.804	0.140
22	0.692	0.089	23	0.591	0.770	02	0.699	0.073	23	0.720	0.695	25	0.828	0.425
05	0.779	0.346	20	0.604	0.730	19	0.702	0.934	03	0.748	0.413	10	0.843	0.627
09	0.787	0.173	24	0.654	0.330	22	0.816	0.802	20	0.781	0.603	16	0.858	0.849
10	0.818	0.837	12	0.728	0.523	04	0.838	0.166	26	0.830	0.384	04	0.903	0.327
14	0.905	0.631	16	0.753	0.344	15	0.904	0.116	04	0.843	0.002	09	0.912	0.382
26	0.912	0.376	01	0.806	0.134	28	0.969	0.742	12	0.884	0.582	27	0.935	0.162
28	0.920	0.163	22	0.878	0.884	09	0.974	0.046	29	0.926	0.700	20	0.970	0.582
03	0.945	0.140	25	0.930	0.162	05	0.977	0.494	16	0.951	0.601	19	0.975	0.327

(3)按照测定区间数、断面数的频度要求确定测定断面的取样总数 n,依次找出与 A 列

中 01,02,…,n 对应的 B 列中的值,共 n 对对应的 A、B 值。当 $n>30$ 时应分次进行。

(4)将 n 个 B 值与总的区间数或断面数 T 相乘,四舍五入成整数,即得到 n 个断面的编号,与 A 栏的 1,2,…,n 对应。

(5)查断面编号对应的桩号,即为拟检测的断面。

【例 4-1】 按照有关规定,检查验收时拟从 K000 + 000 ~ K1 + 000 的 1 km 检测路段中选择 20 个断面测定路面宽度、高程、横坡等外形尺寸,断面确定方法如下:

(1)1 km 总长的断面数 $T=1\ 000/20=50$ 个,编号 1,2,…,50。

(2)从布袋中摸出一块硬纸片,其编号为 4,即使用随机数表的第 4 栏。

(3)从第 4 栏 A 列中挑出小于等于 20 所对应的 B 列数值,将 B 列值与 T 相乘,四舍五入得到 20 个编号,并得到 20 个断面的桩号,如表 4-2 所示。

表 4-2 路面宽度、高程、横坡检测断面随机选点计算

断面编号	4 栏 A 列	B 列	B 列值 × T	断面编号	桩号
1	18	0.089	4.45	4	K000 + 080
2	10	0.102	5.1	5	K000 + 100
3	14	0.111	5.55	5	K000 + 120
4	19	0.285	14.25	14	K000 + 280
5	01	0.326	16.3	16	K000 + 320
6	05	0.421	21.05	21	K000 + 420
7	13	0.451	22.55	22	K000 + 440
8	02	0.461	23.05	23	K000 + 360
9	06	0.487	24.35	24	K000 + 480
10	08	0.497	24.85	24	K000 + 500
11	15	0.594	29.7	29	K000 + 580
12	17	0.691	34.55	34	K000 + 680
13	09	0.708	35.4	35	K000 + 700
14	07	0.709	35.45	35	K000 + 720
15	11	0.714	35.7	35	K000 + 740
16	03	0.748	37.4	37	K000 + 760
17	20	0.781	39.05	39	K000 + 780
18	04	0.843	42.15	42	K000 + 840
19	12	0.884	44.2	44	K000 + 880
20	16	0.951	47.55	47	K000 + 940

二、测点位置确定方法

(1)从布袋中任意取出一块硬纸片,纸片上的号数即为表 4-1 中的栏号,从 1 ~ 28 栏中选出该栏号的一栏。

(2)按照测点数的频度要求(总的取样为 n),依次找出栏号的取样位置数,每个栏号均有 A、B、C 三列。根据检验数量 n(当 n 大于 30 时应分次进行),在所定栏号的 A 列找出等于所需取样位置数的全部数,如 01,02,…,n。

(3)确定取样位置的纵向距离,找出与 A 列中相对应的 B 列中的数值,以此数乘以检测区间的总长度,并加上该段的起点桩号,即得出取样位置距该段起点的距离或桩号。

(4)确定取样位置的横向间距,找出与 A 列中相对应的 C 列中的数值,以此数乘以检查路面的宽度,再减去宽度的一半,即得取样位置离路中心线的距离。如差值是正值(+),表示在中心线的右侧;如差值是负值(-),表示在中心线的左侧。

【例 4-2】 按照有关规定,检查验收时拟在 K000 +000 ~ K1 +000 的 1 km 检测路段中选择 6 个测点进行钻孔取样,检验有关的压实度、沥青用量和矿料级配等,钻孔位置确定方法如下:

(1)选定的随机数栏为栏号 3,即表 4-1 中的第 3 栏。

(2)栏号 3 从上至下小于等于 6 的数依次为 01、06、03、02、04、05。

(3)随机数表栏号 3 的 B 列中与这 6 个数相应的数分别为 0.175、0.310、0.494、0.699、0.838、0.977。

(4)取样路段长度 1 000 m,计算得出 6 个乘积(取样位置与该段起点的距离)分别为 175 m、310 m、494 m、699 m、838 m、977 m。

(5)随机数表栏号 3 的 C 列中与 A 列数值相应的数分别为 0.647、0.043、0.929、0.073、0.166、0.494。

(6)路面宽度为 10 m,计算得出 6 个乘积分别是 6.47 m、0.43 m、9.29 m、0.73 m、1.66 m、4.94 m。因此,6 个取样的横向位置分别是右 1.47 m、左 4.57 m、右 4.29 m、左 4.27 m、左 3.34 m、左 0.06 m。

计算结果列于表 4-3。

表 4-3 钻孔位置取样选点计算

测点编号	A 列	B 列	距起点距离(m)	桩号	C 列	距边缘距离(m)	距中心线位置(m)
1	01	0.175	175	K000 +175	0.647	6.47	右 1.47
2	06	0.310	310	K000 +310	0.043	0.43	左 4.57
3	03	0.494	494	K000 +494	0.929	9.29	右 4.29
4	02	0.699	699	K000 +699	0.073	0.73	左 4.27
5	04	0.838	838	K000 +838	0.166	1.66	左 3.34
6	05	0.977	977	K000 +977	0.494	4.94	左 0.06

第二节 路基路面取样方法

公路路基路面施工完成后,为检测其是否达到质量要求,需要对其进行现场相关测试,测试时的取样方法也决定了其工程质量是否能达到规定标准。

从路面上钻孔取样是近年来广泛采用的标准试验方法,对水泥混凝土面层、沥青混合料面层,或水泥、石灰、粉煤灰等无机结合料稳定基层取样,以测定其厚度、密度、材料级配或其他物理力学性质,通常用路面取芯钻机或路面切割机在现场钻取或切割路面的代表性试样。钻孔采取芯样的直径不宜小于最大集料粒径的3倍。

一、仪具与材料

(1)路面取芯钻机:牵引式(可用手推)或车载式,钻机由发动机或电力驱动,钻头直径根据需要确定,选用 ϕ100 mm 或 ϕ150 mm 的钻头,均有淋水冷却装置;对水泥混凝土面层及沥青混合料面层常采用 ϕ100 mm,对水泥、石灰等无机结合料稳定基层,细粒土可使用 ϕ100 mm,粗粒土可使用 ϕ150 mm。

(2)路面切割机:牵引式或手推式,由发动机或电力驱动,也可利用汽车动力由液压泵驱动,附金刚石锯片,有淋水冷却装置。

(3)台秤、盛样器或铁盘等。

(4)干冰。

(5)试样标签。

(6)其他:镐、铁锹、量尺(绳)、毛刷、硬纸及棉纱等。

二、方法与步骤

(一)准备工作

(1)测试路段的选定:可以是一个作业段、一天完成的路段,或按相关规范的规定选取一定长度的检测路段。

(2)按路基路面现场测试随机选点的方法确定取样位置。

(3)将取样位置清扫干净。

(二)取样步骤

(1)在取样地点的路面上,先用粉笔对钻孔位置作出标记或画出切割路面的大致面积,切割路面的面积根据取样目的和需要确定。

(2)用钻机在取样地点垂直对准路面放下钻头,牢固安放钻机,使其在运转过程中不得移动。

(3)开放冷却水,启动电动机,徐徐压下钻杆,钻取芯样,但不得使劲压下钻头。待钻透整个结构层后,上抬钻杆,拔出钻头,停止转动,不得使芯样损坏,取出芯样。沥青混合料或水泥混凝土芯样可用清水漂洗干净备用。

注:由于试验需要不能用冷水冷却时,应采用干钻孔。此时,为保护钻头,可先用干冰约3 kg 放在取样位置上,冷却路面约1 h,钻孔时通常以低温 CO_2 等冷却气体代替冷却水。

(4)用切割机切割时,将锯片对准切割位置,开放冷却水,启动电动机,徐徐压下锯片达到要求深度(厚度),仔细向前推进,到需要一定长度后抬起锯片,四面全部锯完后,用镐或铁锹仔细取出芯样,取得的路面试块应保持边角完整,颗粒不得散失。

(5)采取的路面混合料试样应整层取样,试样不得破碎。

(6)将钻取的芯样或切割的试块妥善放置在盛样器中,必要时用塑料袋封装。

(7)填写试样标签,一式两份,一份贴在试样上,一份作为记录备查,试样标签如图4-1所示。

试样编号:________________
路线或工程名称:________________
材料品种:________________
施工日期:________________
取样日期:________________
取样位置:　桩号:________　中心线左________m　右________m
取样人:________________
试样保管人:________________
备注:________________ (注明试样用途或试验结果等)

图4-1　试样标签图例

(8)对钻孔或切割的路面坑洞,应采用同类型材料填补压实。取样时留下的水分应用干净的棉纱等吸走,待干燥后再填补。

第三节　路基路面几何尺寸测试方法

一、路基路面实测项目与要求

依据规范规定,路基路面在施工过程中、交工验收期间及旧路调查中,都需要检测路基路面各部分的几何尺寸,保证其符合规范及规定要求。路基路面常见几何尺寸实测项目及要求见表4-4。其他路基路面几何尺寸实测项目的要求见《公路工程质量检验评定标准》(JTG F80/1—2004)。

二、仪具与材料

(1)长度量具:钢尺。

(2)经纬仪、精密水准仪、全站仪、塔尺。

(3)其他:粉笔等。

三、方法与步骤

(一)准备工作

(1)在路基或路面上准确恢复桩号。

(2)根据有关施工规范或工程质量检验评定标准的要求,按照随机取样的方法,在一个检测路段内选取测定的断面位置及里程桩号,在测定断面作上标记。通常将路面宽度、横坡、高程及中线偏位选取在同一断面位置,且宜在整数桩号上测定。

表 4-4　路基路面几何尺寸实测项目

结构名称	检查项目		规定值或容许偏差：高速公路、一级公路	规定值或容许偏差：其他公路	检查方法和频率	权值
土方路基	纵断高程(mm)		+10，-15	+10，-20	水准仪:每 200 m 测 4 个断面	2
	中线偏位(mm)		50	100	经纬仪:每 200 m 测 4 个点，弯道加 HY、YH 两点	
	宽度(mm)		符合设计要求		米尺:每 200 m 测 4 处	
	横坡(%)		±0.3	±0.5	水准仪:每 200 m 测 4 个断面	1
	边坡		符合设计要求		尺量:每 200 m 测 4 处	
石方路基	纵断高程(mm)		+10，-20	+10，-30	水准仪:每 200 m 测 4 个断面	2
	中线偏位(mm)		50	100	经纬仪:每 200 m 测 4 个点，弯道加 HY、YH 两点	
	宽度(mm)		符合设计要求		米尺:每 200 m 测 4 处	
	横坡(%)		±0.3	±0.5	水准仪:每 200 m 测 4 个断面	1
	边坡	坡度	符合设计要求		每 200 m 测 4 处	
		平顺度				
石灰土基层	纵断高程(mm)	基层	—	+5，-15	水准仪:每 200 m 测 4 个断面	1
		底基层	+5，-15	+5，-20		
	宽度(mm)		符合设计要求		尺量:每 200 m 测 4 处	
	横坡(%)	基层	—	±0.5	水准仪:每 200 m 测 4 个断面	
		底基层	±0.3	±0.5		
沥青混凝土面层	纵断高程(mm)		±15	±20	水准仪:每 200 m 测 4 个断面	1
	中线平面偏位(mm)		20	30	经纬仪:每 200 m 测 4 个点	
	横坡(%)		±0.3	±0.5	水准仪:每 200 m 测 4 个断面	
	宽度(mm)	有侧石	±20	±30	尺量:每 200 m 测 4 处	
		无侧石	不小于设计值			
水泥混凝土面层	中线平面偏位(mm)		20		经纬仪:每 200 m 测 4 个点	1
	路面宽度(mm)		±20		米尺:每 200 m 测 4 处	
	纵断高程(mm)		±10	±15	水准仪:每 200 m 测 4 个断面	
	横坡(%)		±0.15	±0.25	水准仪:每 200 m 测 4 个断面	

(3)根据道路设计的要求，确定路基路面各部分设计宽度的边界位置，在测定位置上用粉笔作上记号。

(4)根据道路设计的要求,确定设计高程的纵断面位置,在测定位置上用粉笔作上记号。

(5)根据道路设计的要求,在与中线垂直的横断面上确定成型后路面的实际中心线位置。

(6)根据道路设计的路拱形状,确定曲线与直线部分的交界位置及路面与路肩(或硬路肩)的交界处,作为横坡检验的基准;当有路缘石或中央分隔带时,以两侧路缘石边缘为横坡测定的基准点,用粉笔作上记号。

(二)路基路面纵断面高程的测试

纵断面高程检验的关键在于测定纵断高程的位置是否准确,按照道路设计标准测定纵断面位置。

纵断面高程测定应按下列步骤执行:

(1)将水准仪架设在路面平顺处调平,将塔尺竖立在中线的测定位置上,以路线附近的水准点高程作为基准,测记测定点的高程读数,以 m 表示,精确至 0.001 m。

(2)连续测定全部测点,并与水准点闭合。

按式(4-1)计算各个断面的实测高程 h_{1i} 与设计高程 h_{0i} 之差。

$$\Delta h = h_{1i} - h_{0i} \tag{4-1}$$

式中 h_{1i}——各断面的纵断面实测高程,m;

h_{0i}——各断面的纵断面设计高程,m;

Δh——各断面的路面实测高程与设计高程的差值,m。

(三)路基路面横坡测试

路基路面在中心线处建有路拱时,横坡的测定变得很困难,因为路拱是一个曲线,设计横坡则是指直线部分的横坡。测量时路基横坡是指路顶面的横坡,路面横坡是路面中心线与路面边缘高程之差对距离的比值。

对于无中央分隔带的公路路面,横坡是指路拱两侧直线部分的坡度;对于有中央分隔带的公路路面,横坡是指路面与中央分隔带交界处及路面边缘与路肩交界处两点的高程差与水平距离的比值,以%表示。其测定方法如下:

(1)有中央分隔带的路面:将水准仪架设在路面平顺处调平,将塔尺分别竖立在路面与中央分隔带分界的路缘带边缘 d_1 及路面与路肩交界处(或外侧路缘石边缘)的标记 d_2 处,d_1 与 d_2 两测点必须在同一横断面上,测量 d_1 和 d_2 处的高程,记录高程读数,以 m 表示,精确至 0.001 m。

(2)无中央分隔带的路面:将水准仪架设在路面平顺处调平,将塔尺分别竖立在路拱曲线与直线部分的交界位置 d_1,路面与路肩(或硬路肩)的交界位置 d_2 处,d_1 与 d_2 两测点必须在同一横断面上,测量 d_1 与 d_2 处的高程,记录高程读数,以 m 表示,精确至 0.001 m。

(3)用钢尺测量两测点的水平距离,以 m 表示,对高速公路及一级公路,精确至 0.005 m;对其他等级公路,精确至 0.01 m。

各测定断面的路面横坡 i_i 按式(4-2)计算,精确至一位小数。按式(4-3)计算实测横坡 i_{1i} 与设计横坡 i_{0i} 之差 Δi_i。

$$i_i = \frac{h_{d1} - h_{d2}}{B_i} \tag{4-2}$$

$$\Delta i_i = i_{1i} - i_{0i} \tag{4-3}$$

式中 h_{d1}、h_{d2}——各断面测点 d_1 与 d_2 处的高程读数,m;

i_{1i}——各测定断面的横坡(%);

B_i——各断面测点 d_1 与 d_2 之间的水平距离,m;

i_{0i}——各断面的设计横坡(%);

Δi_i——各断面的横坡与设计横坡的差值(%)。

(四)路基路面宽度及中线偏差测定

路基宽度是指行车道与路肩宽度之和,以 m 表示;路面宽度包括行车道、路缘带、变速车道、爬坡车道、硬路肩和紧急停车带的宽度,以 m 表示。其测定方法如下:

用钢尺沿中心垂直方向上水平量取路基路面各部分的宽度,以 m 表示,对高速公路及一级公路,精确至 0.005 m;对其他等级公路,精确至 0.01 m。测量时量尺应保持水平,不得将尺紧贴路面量取,也不得使用皮尺。

按式(4-4)计算各个断面的实测宽度 B_{1i} 与设计宽度 B_{0i} 之差,总宽度为路基路面各部分宽度之和

$$\Delta B = B_{1i} - B_{0i} \tag{4-4}$$

式中 B_{1i}——各断面的实测宽度,m;

B_{0i}——各断面的设计宽度,m;

ΔB——各断面的实测宽度与设计宽度的差值,m。

(五)路基路面中线偏位测试

路面中线偏位是指路面实际中心线偏离设计中心线的距离,以 mm 表示。中线偏位的测试方法如下:

(1)有中线坐标的道路:首先从设计资料中查出待测点 P 的设计坐标,然后用经纬仪对该设计坐标进行放样,并对放样点 P' 作好标记,量取 PP' 的长度,即为中线平面偏位 Δ_{CL},以 mm 表示。对高速公路及一级公路,精确至 5 mm;对其他等级公路,精确至 10 mm。

(2)无中线坐标的低等级道路:应首先恢复交点或转点,实测偏角和距离,然后采用链距法、切线支距法或偏角法等传统方法敷设道路中线的设计位置,量取设计位置与施工位置之间的距离,即为中线平面偏位 Δ_{CL},以 mm 表示,精确至 10 mm。

四、检测路段数据整理

依据实测记录,将路基路面几何尺寸检测结果汇总,计算一个评定路段内各测定断面的宽度、高程、横坡以及中线偏位的平均值、标准偏差、变异系数,但加宽及超高部分的测定值不参加计算。

五、检测报告

(1)以评定路段为单位列出桩号及宽度、高程、横坡以及中线偏位测定的记录,记录平均值、标准偏差、变异系数,注明不符合规范及设计要求的断面。

(2)在纵断面高程测试报告中应报告实测高程与设计高程的差值,低于设计高程为负,高于设计高程为正。

(3)在路面横坡测试报告中应报告实测横坡与设计横坡的差值,小于设计横坡为负,大于设计横坡为正。

第四节　路面厚度检测

在路面工程中，各个层次的厚度是和道路整体强度密切相关的。在路面设计中，不管是刚性路面，还是柔性路面，只有在保证厚度的情况下，路面的各个层次及整体的强度才能得到保证，严格控制各结构层的厚度，还能对路面的标高起到一定的控制作用，路面厚度是一个非常重要的指标。

路面各结构层厚度的检测一般与压实度同时进行，当用灌砂法进行压实度检查时，可量取挖坑灌砂深度，即为结构层厚度；当用钻芯取样法检查压实度时，可以直接量取芯样的高度即为结构层厚度。结构层厚度也可以采用水准仪量测法求得，即在同一测点量出结构层底面及顶面的高程，然后求其差值。这种方法无须破坏路面，测试精度高。目前，国内外还用短脉冲雷达、超声波等方法检测路面结构层厚度。

对于基层或砂石路面的厚度，可用挖坑法测定，沥青面层与水泥混凝土路面板的厚度应用钻孔法测定。

(1)抽检频率。

水泥混凝土面层，每200 m每车道检查2处；沥青混凝土、沥青碎石及沥青贯入式面层，每200 m每车道检查1处；水泥稳定粒料基层及石灰稳定土底基层，每200 m每车道检查1处。

(2)仪具与材料。

①挖坑用镐、铲、凿子、锤子、毛刷。

②取样用路面芯样钻机及钻头，冷却水，钻头直径50 mm、100 mm或150 mm。

③量尺：钢卷尺、钢板尺、卡尺。

④补坑材料：与检查层位的材料相同。

⑤补坑用具：夯、热夯、水等。

⑥其他：搪瓷盘、棉纱等。

一、挖坑法测定路面厚度

(1)根据现行规范的要求，随机取样决定挖坑检查的位置。如为旧路，该点有坑洞等显著缺陷或接缝时，可在其旁边检测。

(2)选一块约40 cm×40 cm的平坦表面作为试验地点，用毛刷将其清扫干净。

(3)根据材料坚硬程度，选择镐、铲、凿子等适当的工具，开挖这一层材料，直至层位底面。在便于开挖的前提下，开挖面积应尽量缩小，坑洞大体呈圆形，边开挖边将材料铲出，置于搪瓷盘中。

(4)用毛刷将坑底清扫，确认为坑底面下一层的顶面。

(5)将钢板尺平放横跨于坑的两边，用另一把钢尺或卡尺等量具在坑的中部位置垂直伸至坑底，测量坑底至钢板尺的距离，即为检查层的厚度，以mm表示，精确至1 mm。

二、钻孔取芯样法测定路面厚度

(1)根据现行规范的要求，随机取样决定挖坑检查的位置。如为旧路，该点有坑洞等显著缺陷或接缝时,可在其旁边检测。

(2)用路面取芯钻孔机钻孔,芯样的直径应为 100 mm。如芯样仅供测量厚度,不做其他试验,对沥青面层与水泥混凝土板也可用直径 50 mm 的钻头,当基层材料有可能损坏试件时,也可用直径 150 mm 的钻头,但钻孔深度必须达到层厚。

(3)仔细取出芯样,清除底面灰尘,找出与下层的分界面。

(4)用钢板尺或卡尺沿圆周对称的十字方向四处量取表面至上下层界面的高度,取其平均值,即为该层的厚度,精确至 1 mm。

三、短脉冲雷达测定路面厚度

目前,我国公路路面厚度测试常采用钻孔取芯样厚度的方法,对路面面层有一定的破坏作用,给路面造成损坏或留下后患。随着科学技术的发展,西方发达国家自 20 世纪 80 年代开始研究用短脉冲雷达检测路面面层厚度技术,并取得了成功。

短脉冲雷达测试系统,能在高速公路时速下,实时收集公路的雷达信息,然后将信息输入计算机程序内,在很短的时间里,计算机程序便会自动分析公路或桥面内各层厚度、含水量、空隙位置、破损位置及程度。短脉冲雷达测试系统是一种非接触、非破损的路面厚度测试技术,检测速度高,精度也较高,检测费用低廉。因此,它不仅适用于沥青路面或水泥混凝土路面各层厚度及总厚度测试、路面下空洞探测、路面下相对高含水量区域检测、路面下的破损状况检测,还可以用于检测桥面混凝土剥落状况,检测桥内混凝土与钢筋脱离状况,测试桥面沥青覆盖层的厚度。

短脉冲雷达测试适用于新建、改建路基路面工程质量验收和旧路加铺路面设计的厚度及各结构层布置情况调查。雷达发射的电磁波在路基路面层传播过程中会逐渐削弱、消散、层面反射。雷达最大探测深度是由雷达系统的参数以及路面材料的电磁属性决定的。对于材料过度潮湿或饱和以及有高含铁矿渣集料的路面不适合用短脉冲雷达测试。

(一)设备主要组成

雷达测试系统由雷达主机、雷达天线、距离测量轮、笔记本电脑等组成。

(二)测试系统技术要求和参数

(1)距离标定误差:≤0.1%。

(2)设备工作温度:0~40 ℃。

(3)最小分辨层厚:≤40 mm。

(4)系统测量精度要求:如表 4-5 所示。

表 4-5　系统测量精度要求

测量深度(cm)	测量误差(mm)	测量深度(cm)	测量误差(mm)
<10	±3	>25	±10
10~25	±5		

(5)天线:带宽能适应所选择的发射脉冲频率。通常,在检测路面厚度时宜选择使用 2.0 GHz的天线,在检测路基各结构层情况时宜选择使用 900 MHz 的天线。

(6)收发器:脉冲宽度≤1.0 ns,时间信号处理能力可以适应所需的测试深度。

(三)雷达检测厚度的基本原理

雷达检测公路路面面层厚度属于反射探测法。其基本原理是,不同的介质具有不同的介电常数,雷达向地下发射一定强度的高频电磁波,电磁波在地下传播的过程中遇到不同介电常数的界面时,一部分能量产生反射波,一部分能量继续向地下传播,如图 4-2 所示,雷达接收并记录这些反射信息。

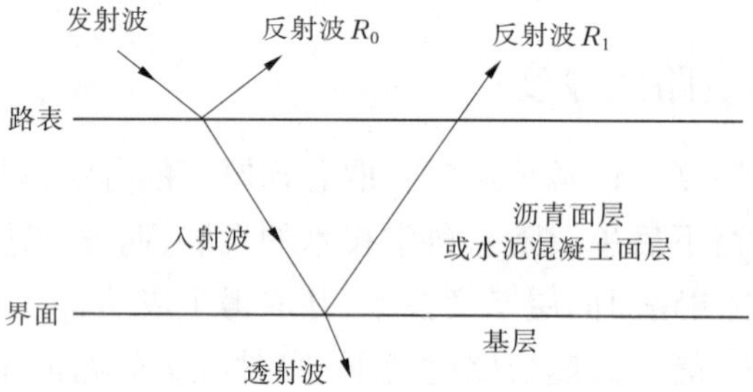

图 4-2　电磁波在路面面层中的反射

(四)计算原理

由于地下材料介质具有不同的介电常数,因此各种材料介质具有不同的电导性,电导性的差异影响了电磁波的传播速度。一般用式(4-5)计算电磁波在材料介质中的传播速度

$$v = \frac{c}{\sqrt{\varepsilon_r}} \tag{4-5}$$

式中　v——电磁波在材料介质中的传播速度;

c——电磁波在空气中的传播速度(即约等于光速,取 300 mm/ns);

ε_r——材料介质的介电常数。

根据电磁波在材料介质中的双程走时以及材料介质的相对介电常数,用式(4-6)确定面层厚度 T

$$T = \frac{\Delta t \times c}{2\sqrt{\varepsilon_r}} \tag{4-6}$$

式中　T——面层厚度,mm;

Δt——雷达所发射的电磁波在材料介质中的双程走时,ns。

为了准确反算出路面厚度,必须知道路面材料的介电常数,通常采用在路面上钻芯取样的方法。其方法是首先用雷达天线在需要标定芯样点的上方采样,然后钻芯,最后将芯样的真实厚度数据输入到计算机程序中,反算出路面材料的介电常数或者雷达波在材料中的传播速度;路面材料的介电常数会随集料类型、沥青产地、密度、湿度等而不同。测试过程中应根据实际情况增加芯样数量,以保证测试厚度的准确性。

四、路面结构层厚度评定

路面结构层厚度是关系公路工程质量和造价的重要指标,既不能给承包商提供偷工减料的机会,又要考虑正常施工条件下的厚度偏差情况,以确保公路工程质量合格和工程造价合理。因此,常采用平均值的置信下限作为否决指标,单点极值作为扣分指标。几种常用的路面结构层厚度的代表值与极值的允许偏差如表 4-6 所示。

表 4-6　几种常用的路面结构层厚度的代表值与极值的允许偏差

类型与层次		厚度(mm)				检查频率	权值
		代表值		合格值			
		高速公路、一级公路	其他公路	高速公路、一级公路	其他公路		
石灰土	基层	—	-10	—	-25	每 200 m 车道测 1 处	3
	底基层	-10	-12	-25	-30		
水泥稳定粒料	基层	-8	-10	-15	-20		
	底基层	-10	-12	-25	-30		
水泥混凝土面层		-5	-5	-10	-10	每 200 m 车道测 2 处	
沥青混凝土面层		总厚度:-5% H 上面层:-10% H	-8% H	总厚度:-10% H 上面层:-20% H	-15% H	双车道每 200 m 车道测 1 处	

计算一个评定路段检测的厚度的平均值、标准偏差、变异系数,并计算代表厚度。

厚度代表值为厚度的算术平均值的置信下限,即

$$h_L = \bar{h} - S\frac{t_\alpha}{\sqrt{n}} \tag{4-7}$$

式中　h_l——厚度代表值;

$\bar{h}$——厚度平均值;

S——标准偏差;

n——检查数量;

t_α——t 分布中随测点数和保证率(置信度 α)而变化的系数。

采用的保证率:高速公路和一级公路基层、底基层为 99%,面层为 95%;其他公路基层、底基层为 95%,面层为 90%。$t_\alpha/\sqrt{n}$ 值见表 4-7。

当厚度代表值大于等于设计厚度减代表值允许偏差时,则按单个检查值的偏差是否超过极值来评定合格率和计算应得分数;当厚度代表值小于设计厚度减去代表值允许偏差时,则厚度指标评为零分。

沥青面层一般按沥青铺筑层总厚度进行评定,但高速公路和一级公路多分 2 ~ 3 层铺筑,还应进行上面层厚度检查和评定。

【例 4-3】　某高速公路二灰稳定砂砾基层设计厚度为 18 cm,代表值允许偏差为 -8 mm,极值允许偏差为 -15 mm。评定路段厚度检测结果(12 个测点)分别为 17.5 cm、17.7 cm、18.2 cm、18.6 cm、18.1 cm、18.8 cm、17.6 cm、17.8 cm、19.1 cm、19.3 cm、17.4 cm、17.9

cm。试按保证率99%评定该路段的厚度是否合格,并计算实际得分。

表 4-7 $t_\alpha/\sqrt{n}$值

n	保证率			n	保证率		
	99%	95%	90%		99%	95%	90%
2	22.501	4.465	2.176	21	0.552	0.376	0.289
3	4.021	1.686	1.089	22	0.537	0.367	0.282
4	2.270	1.177	0.819	23	0.523	0.358	0.275
5	1.676	0.953	0.686	24	0.510	0.350	0.269
6	1.374	0.823	0.603	25	0.498	0.342	0.264
7	1.188	0.734	0.544	26	0.487	0.335	0.258
8	1.060	0.670	0.500	27	0.477	0.328	0.253
9	0.966	0.620	0.466	28	0.467	0.322	0.248
10	0.892	0.580	0.437	29	0.458	0.316	0.244
11	0.833	0.546	0.414	30	0.449	0.310	0.239
12	0.785	0.518	0.393	40	0.383	0.266	0.206
13	0.744	0.494	0.376	50	0.340	0.237	0.184
14	0.708	0.473	0.361	60	0.308	0.216	0.167
15	0.678	0.455	0.347	70	0.285	0.199	0.155
16	0.651	0.438	0.335	80	0.266	0.186	0.145
17	0.626	0.423	0.324	90	0.249	0.175	0.136
18	0.605	0.410	0.314	100	0.236	0.166	0.129
19	0.586	0.398	0.305	>100	$\frac{2.3265}{\sqrt{n}}$	$\frac{1.6449}{\sqrt{n}}$	$\frac{1.2815}{\sqrt{n}}$
20	0.568	0.387	0.297				

解:厚度平均值

$$\bar{h} = (17.5 + 17.7 + 18.2 + 18.6 + 18.1 + 18.8 + 17.6 + 17.8 + 19.1 + 19.3 + 17.4 + 17.9)/12 = 18.17\ (\text{cm})$$

标准偏差 $S = 0.64$ cm

查表4-7 得:$t_\alpha/\sqrt{n} = 0.785$

厚度代表值 h_L

$$h_L = \bar{h} - St_\alpha/\sqrt{n} = 18.17 - 0.64 \times 0.785 = 17.67(\text{cm})$$

因为 $h_L = 17.67\ \text{cm} > 18 - 0.8 = 17.2(\text{cm})$

所以该路段厚度代表值符合要求。

由于各厚度检测值 $h_i > 18 - 1.5 = 16.5(\text{cm})$

故厚度合格率为100%,实际得分为100×100% =100分。

第五节　路面错台测试

路面错台是路面常见的损坏形式，也是产生跳车的主要原因。路面错台的测试方法适用于测定路面、人工构造物端部接头、水泥混凝土路面或桥梁的伸缩缝，以及沥青混凝土路面的裂缝两侧沉降所造成的错台（台阶）高度，以评价路面行车的舒适性能，并作为计算维修工作量的依据。

一、仪具与材料

(1)皮尺。

(2)精密水准仪。

(3)3 m 直尺。

(4)其他：钢板尺或钢卷尺、粉笔等。

二、方法与步骤

(一)准备工作

在检测之前，应选择需要测定的部位断面，记录检测位置及桩号，并详细描述发生错台的原因。非经注明，错台的测定位置以行车道错台最大处纵断面为准，根据需要也可以其他代表性纵断面为测定位置。

(二)构造物端部接头处的错台

(1)将精密水准仪架在距构造物端部不远的路面平顺处并调平。

(2)从构造物端部无沉降或鼓包的断面位置起，沿路线纵向用皮尺量取一定距离，作为测点，在该处立起塔尺，测量高程。再向前量取一定距离，作为测点，测量高程。如此反复，直至无明显沉降的断面。无特殊需要时，从构造物端部起的 2 m 内，应每隔 0.2 m 量测 1 次，2～5 m 宜每隔 0.5 m 量测 1 次，5 m 以上可每隔 1 m 量测 1 次，由此得出沉降纵断面及最大沉降值，即最大错台高度 D_m，精确至 1 mm。

(三)水泥混凝土路面接缝、桥梁伸缩缝及沥青路面裂缝处的错台

对于水泥混凝土路面接缝、桥梁伸缩缝及沥青路面横向开裂造成的接缝错台和裂缝错台，可按上述方法用水准仪测定接缝或裂缝两侧一定范围内的道路纵断面，确定最大错台位置及高度 D_m，精确至 1 mm。

当发生错台变形的范围不足 3 m 时，可在错台最大位置沿路线纵向用 3 m 直尺架在路面上，其一端位于错台高出的一侧，另一端位于无明显沉降变形处，作为基准线。用钢板尺或钢卷尺每隔 0.2 m 量取路面与基准线之间高度 D，同时测记最大错台高度 D_m，精确至 1 mm。

三、数据处理与结果分析

以测定的错台读数 D 与各测点的距离绘成纵断面图作为测定结果，图中应标明相应断面的设计纵断面高程，最大错台的位置与高度 D_m，精确至 1 mm。

四、报告

测试报告应记录如下事项：

(1)路线名、测定日期、天气情况。

(2)测定地点、桩号路面及构造物概况。

(3)道路交通情况及造成错台的原因初步分析。

(4)最大错台高度 D_m 及错台纵断面图。

复习思考题

1. 拟从 K5 +000 ~ K6 +000 的检测路段中选择 6 个点检测压实度和结构层厚度，试确定测点的位置(随机抽样编号为 4，路面宽度为 10 m)。

2. 检测基层、砂石路面、沥青路面面层及水泥混凝土面层的厚度常采用什么方法？

3. 简述短脉冲雷达测定路面厚度的方法。

4. 某一级公路水泥稳定砂砾基层压实厚度检测值分别为 21.5 cm、22.6 cm、20.8 cm、19.8 cm、18.2 cm、21.6 cm、21.3 cm、21.8 cm、22.5 cm、23.3 cm、23.1 cm、22.4 cm、19.6 cm、19.7 cm、17.9 cm、22.7 cm，请按保证率 99% 计算其厚度的代表值，并进行评定。(已知：设计厚度为 19 cm，代表值允许偏差为 −8 mm，极值允许偏差为 −15 mm；$t_{0.95}/\sqrt{16}=0.438$，$t_{0.99}/\sqrt{16}=0.651$)

第五章 路基路面压实度检测

内容简介

本章主要介绍了路基路面压实度的概念,灌砂法、环刀法、核子密湿度仪法、钻芯法等路基路面现场压实度检测方法,路基路面压实度评定。

知识目标

1. 了解:路基路面压实度概念。
2. 熟悉:路基路面压实度检测方法及其特点。
3. 掌握:路基路面压实度现场检测及其数据处理与分析。

能力目标

1. 会进行路基路面现场测试随机选点灌砂法、环刀法、核子密湿度仪法、钻芯法等几种路基路面现场压实度检测方法的操作。
2. 会进行路基路面压实度评定。

第一节 概 述

一、压实度检测的目的意义

压实度是路基路面施工质量检测的关键指标之一,表征现场压实后的密实状况。压实度越高,密实度越大,材料整体性能越好。因此,在路基路面施工中,碾压工艺成为施工质量控制的关键工序。

对路基土、路面半刚性基层及粒料类柔性基层而言,压实度是指工地实际达到的干密度与室内标准击实试验所得的最大干密度的比值;对沥青面层、沥青稳定基层而言,压实度是指现场实际达到的密度与室内标准密度的比值。因此,压实度的测定主要包括室内标准密度(最大干密度)确定和现场密度试验。

二、路基土最大干密度和最佳含水量的确定

由于筑路材料结构层次等因素的不同,确定室内标准密度的方法也多样化,有些方法需在实践中进一步完善。以干密度为纵坐标,以含水量为横坐标,在普通直角坐标纸上绘制干密度与含水量的关系曲线,驼峰形曲线顶点的纵、横坐标分别为路基土的最大干密度和最佳含水量,即最大干密度是指在标准击实曲线(驼峰曲线)上最大的干密度值,该值对应的含水量即为最佳含水量。

根据路基土类别与性质的不同,路基土最大密度试验方法主要有击实法、振动台法和表面振动压实仪法,适用范围见表 5-1。

表 5-1　路基土最大干密度确定方法比较

试验方法	适用范围	土的粒组
轻型、重型击实法	①小试筒适用于粒径不大于 25 mm 的土； ②大试筒适用于粒径不大于 38 mm 的土	细粒土 粗粒土
振动台法	①本试验规定采用振动台法测定无黏性自由排水粗粒土和巨粒土(包括堆石料)的最大干密度； ②本试验方法适用于通过 0.074 mm 标准筛的土颗粒质量百分数不大于 15% 的无黏性自由排水粗粒土和巨粒土； ③对于最大颗粒粒径大于 60 mm 的巨粒土，因受试筒允许最大粒径的限制，宜按相似级配法的规定处理	粗粒土 巨粒土
表面振动压实仪法	同振动台法	粗粒土 巨粒土

三、路面基层混合料最大干密度和最佳含水量的确定

路面基层主要包括柔性基层和半刚性基层两类。柔性基层最大干密度的确定可参照粗粒土和巨粒土的振动台法。半刚性基层材料按照《公路工程无机结合料稳定材料试验规程》(JTG E51—2009)执行，用标准击实仪法求得，但当粒料含量高时(50% 以上)，由于击实筒空间的限制，现行方法就不能得出真正的最大干密度，若以此为准，按施工规范要求的压实度成型，所测得的强度和有关参数大小，据此进行设计，势必造成浪费。同样，如以此为准进行施工质量控制，必然要求太低，不能保证施工质量，因此需要寻求更科学的方法。下面介绍一种确定最大干密度和最佳含水量的方法，即理论计算法。

(一)石灰土、二灰稳定粒料

根据室内试验测得结合料的最大干密度 ρ_1 和集料的相对密度 γ，把已确定的结合料与集料的质量比换算为体积比 $V_1:V_2$，则可计算混合料的最大干密度 ρ_0 为

$$\rho_0 = V_1\rho_1 + V_2\rho_2 \tag{5-1}$$

石灰土、二灰稳定粒料的最佳含水量 ω_0 是结合料的最佳含水量 ω_1 和集料饱水裹覆含水量 ω_2 的加权值，可按下式计算

$$\omega_0 = \omega_1 A + \omega_2 B \tag{5-2}$$

式中　A、B——结合料和集料的质量百分比，以小数计。

饱水裹覆含水量是指把集料浸水饱和后取出，不擦去表面裹覆水时的含水量。除吸水率特别大的集料外，此值对砾石可取 3%，对碎石可取 4%。

(二)水泥稳定粒料

此类材料的最大干密度 ρ_0 与集料的最大干密度 ρ_G 和水泥硬化后的水泥质量有关，即

$$\rho_0 = \frac{\rho_G}{1 - \dfrac{(1+K)\alpha}{100}} \tag{5-3}$$

式中　ρ_0——集料在振动台上加载振动而得到的最大干密度，g/cm^3；

　　α——水泥含量（%）；

　　K——水泥水化时水的增量，视水泥品种不同而异，一般为水泥质量的10%～25%，以小数计。

水泥加水拌匀后，在105 ℃烘箱中烘干，称试验前水泥质量和烘干后硬化的水泥质量，即可求得水泥水化时水的增量。

因水泥中含有水化水，故用烘箱法不能正确测出水泥稳定粒料的最佳含水量。根据对比试验，水泥稳定粒料的最佳含水量 ω_0 由水泥的水化水、集料的饱水裹覆含水量和拌和水泥所需要的水（水灰比为0.5）三者组成，即

$$\omega_0 = (0.5 + K)\alpha + \omega_2 \frac{\alpha}{100} \tag{5-4}$$

式中　α——水泥含量（%）；

　　ω_2——集料饱水裹覆含水量（%），同式（5-2）中规定；

　　K——水泥水化时水的增量，以小数计，同式（5-3）中规定。

四、沥青混合料标准密度的确定

对于沥青混合料标准密度试验方法，我国仍以马歇尔击实法为主，有3个标准密度可供选择，即马歇尔击实试件成型密度、试验路段钻取芯样密度、沥青混合料最大理论密度。

第二节　灌砂法测定压实度

灌砂法适用于在现场测定基层（或底基层）、砂石路面及路基土的各种材料压实层的密度和压实度，但不适用于填石路堤等有大孔洞或大孔隙材料的压实度检测。

灌砂法是利用均匀颗粒的砂去置换试洞的体积，它是当前最通用的方法，很多工程都把灌砂法列为现场测定密度的主要方法。该方法可用于测试各种土或路面材料的密度，它的缺点是：需要挟带越多的量砂，而且称量次数越多，它的测试速度越慢。

用挖坑灌砂法测定密度和压实度时，应符合下列规定：

（1）当集料的最大粒径小于13.2 mm，测定层的厚度不超过150 mm时，宜采用 ϕ100 mm的小型灌砂筒测试。

（2）当集料的最大粒径等于或大于13.2 mm，但不大于31.5 mm，测定层的厚度不超过200 mm时，应用 ϕ150 mm的大型灌砂筒测试。

一、仪具与材料

本方法需要下列仪具与材料：

（1）灌砂筒：有大小两种，根据需要采用，形式和主要尺寸见图5-1、图5-2及表5-2。当尺寸与表中不一致，但不影响使用时，亦可使用。上部为储砂筒，储砂筒筒底中心有一圆孔，下部装一倒置的圆锥形漏斗，漏斗上端开口，直径与储砂筒的圆孔相同，漏

图5-1　灌砂筒、标定罐和基板实物图

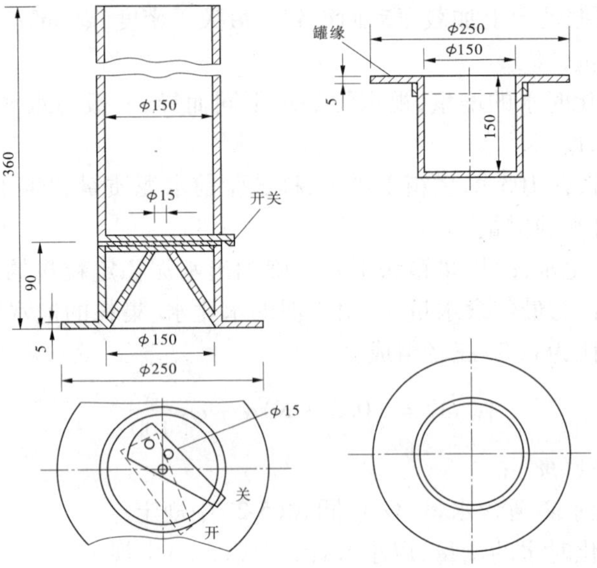

图 5-2　灌砂筒和标定罐　（单位:mm）

斗焊接在一块铁板上,铁板中心有一圆孔与漏斗上开口相接。在储砂筒筒底与漏斗顶端铁板之间设有开关。开关为一薄铁板,一端与筒底及漏斗铁板铰接在一起,另一端伸出筒身外。开关铁板上也有一个相同直径的圆孔。

表 5-2　灌砂筒的主要尺寸要求

结构		小型灌砂筒	大型灌砂筒
储砂筒	直径(mm)	100	150
	容积(cm^3)	2 120	4 600
流砂孔	直径(mm)	10	15
金属标定罐	内径(mm)	100	150
	外径(mm)	150	200
金属方盘基板	边长(mm)	350	400
	深(mm)	40	50
	中孔直径(mm)	100	150

注:如集料的最大粒径超过 31.5 mm,则应相应地增大灌砂筒和标定罐的尺寸,如集料的最大粒径超过 53 mm,灌砂筒和现场试洞的直径应为 200 mm。

(2)金属标定罐:用薄铁板制作的金属罐,上端周围有一罐缘。

(3)基板:用薄铁板制作的金属方盘,盘的中心有一圆孔。

(4)玻璃板:边长为 500 ~600 mm 的方形板。

(5)试样盘:小筒挖出的试样可用饭盒存放,大筒挖出的试样可用 300 mm×500 mm×40 mm 的搪瓷盘存放。

(6)天平或台秤:称量 10 ~15 kg ,感量不大于 1 g ,用于含水量测定的天平精度,对细粒土、中粒土、粗粒土宜分别为 0.01 g、0.1 g 、1.0 g 。

(7)含水量测定器具:如铝盒、烘箱等。

(8)量砂:粒径 0.30 ~0.60 mm 清洁干燥的均匀砂,一般为 20 ~40 kg ,使用前须洗净、烘干,并放置足够长的时间,使其与空气的湿度达到平衡。

(9)盛砂的容器:塑料桶等。

(10)其他:凿子、螺丝刀、铁锤、长把勺、长把小簸箕、毛刷等。

二、方法与步骤

按现行试验方法对检测对象试样用同种材料进行击实试验,得到最大干密度 ρ_c 及最佳含水量。

按规定选用适宜的灌砂筒。

按下列步骤标定灌砂筒下部圆锥体内砂的质量:

(1)在灌砂筒筒口高度上,向灌砂筒内装砂至距筒顶的距离为 15 mm 左右为止。称取筒内砂的质量 m_1,精确至 1 g,以后每次标定及试验都应该维持装砂高度与质量不变。

(2)将开关打开,使灌砂筒筒底的流砂孔、圆锥形漏斗上端开口圆孔及开关铁板中心的圆孔上下对准重叠在一起,让砂自由流出,并使流出砂的体积与工地所挖试坑内的体积相当(或等于标定罐的容积),然后关上开关。

(3)不晃动灌砂筒的砂,轻轻地将灌砂筒移至玻璃板上,将开关打开,让砂流出,直到筒内砂不再流出时,将开关关上,并细心地取走灌砂筒。

(4)收集并称量留在玻璃板上的砂或称量筒内的砂,精确至 1 g。玻璃板上的砂就是填满筒下圆锥体的砂(m_2)。

(5)重复上述测量三次,取其平均值。

按下列步骤标定量砂的松方密度 ρ_s(g/cm^3):

(1)用水确定标定罐的容积 V,准确至 1 mL。

(2)在储砂筒中装入质量为 m_1 的砂,并将灌砂筒放在标定罐上,将开关打开,让砂流出。在整个流砂过程中,不要碰动灌砂筒,直到灌砂筒内的砂不再流出时,将开关关闭。取下灌砂筒,称取筒内剩余砂的质量(m_3),精确至 1 g。

(3)按式(5-5)计算填满标定罐所需砂的质量 m_a(g)

$$m_a = m_1 - m_2 - m_3 \tag{5-5}$$

式中 m_a——标定罐中砂的质量,g;

m_1——装入灌砂筒内的砂的总质量,g;

m_2——灌砂筒下部圆锥体内砂的质量,g;

m_3——灌砂入标定罐后,筒内剩余砂的质量,g。

(4)重复上述测量三次,取其平均值。

(5)按式(5-6)计算量砂的松方密度 ρ_s

$$\rho_s = \frac{m_a}{V} \tag{5-6}$$

式中 ρ_s——量砂的松方密度,g/cm^3;

V——标定罐的体积,cm^3。

试验步骤如下:

(1)在试验地点,选一块平坦表面,并将其清扫干净,其面积不小于基板面积。

(2)将基板放在平坦表面上。若表面粗糙度较大,则将盛有量砂(m_5)的灌砂筒放在基板中间圆孔上。将灌砂筒的开关打开，让砂流入基板的中孔内，直到储砂筒内的砂不再流出时关闭开关。取下灌砂筒，并称量筒内砂的质量（m_6），精确至1 g。

（3）取走基板，并将留在试验地点的量砂收回，重新将表面清扫干净。

（4）将基板放回清扫干净的表面上（尽量放在原处），沿基板中孔凿洞（洞的直径与灌砂筒一致）。在凿洞的过程中，应注意不使凿出的材料丢失，并随时将凿松的材料取出装入塑料袋中，也可放在大试样盆内，不要使水分蒸发。试洞的深度应等于测定层厚度，但不得有下层材料混入，最后将洞内的试调深度全部凿松材料取出，对土基或基层，为防止试样盘内材料的水分蒸发，可分几次称取材料的质量，全部取出材料的总质量为 m_w，精确至1 g。

注：当需要检测厚度时，应先测量厚度后再进行这一步骤。

（5）从挖出的全部材料中取有代表性的样品，放在铝盒或洁净的搪瓷盘中，测定其含水量（ω，以%计）。样品的数量如下：用小灌砂筒测定时，对于细粒土，不少于100 g；对于各种中粒土，不少于500 g。用大灌砂筒测定时，对于细粒土，不少于200 g；对于各种中粒土，不少于1 000 g；对于粗粒土或水泥、石灰、粉煤灰等无机结合料稳定材料，宜将取出的全部材料烘干，且不少于2 000 g，称其质量（m_d），精确至1 g。

（6）将基板安放在试坑上，将灌砂筒安放在基板中间（储砂筒内放满砂到要求质量 m_1），使灌砂筒的下口对准基板的中孔及试洞，打开灌砂筒的开关，让砂流入试坑内，在此期间，应注意勿碰动灌砂筒。直到灌砂筒内的砂不再流出时，关闭开关，仔细取走灌砂筒，并称量筒内剩余砂的质量（m_4），精确至1 g。

（7）如清扫干净的平坦表面的粗糙度不大，也可省去步骤（2）和（3）的操作。在试洞挖好后，将灌砂筒直接对准放在试坑上，中间不需要放基板，打开筒开关，让砂流入试坑内，在此期间，应注意勿碰动灌砂筒。直到储砂筒内的砂不再流出时，关闭开关，仔细取走灌砂筒，并称量筒内剩余砂的质量（m_4'），精确至1 g。

（8）仔细取出试筒内的量砂，以备下次试验时使用。若量砂的湿度已发生变化或量砂中混有杂质，则应该重新烘干、过筛，并放置一段时间，使其与空气的湿度达到平衡后再用。

三、计算

（1）按式（5-7）或式（5-8）计算填满试坑所用的砂的质量 m_b（g）：

灌砂时，试坑上放有基板

$$m_b = m_1 - m_4 - (m_5 - m_6) \tag{5-7}$$

灌砂时，试坑上不放基板

$$m_b = m_1 - m_4' - m_2 \tag{5-8}$$

式中 m_b——填满试坑的砂的质量，g；

m_1——灌砂前灌砂筒内砂的质量，g；

m_2——灌砂筒下部圆锥体内砂的质量，g；

m_4、m_4'——灌砂后灌砂筒内剩余砂的质量，g；

$m_5 - m_6$——灌砂筒下部圆锥体内及基板和粗糙表面间砂的合计质量，g。

（2）按式（5-9）计算试坑材料的湿密度 ρ_w

$$\rho_w = \frac{m_w}{m_b} \times \rho_s \tag{5-9}$$

式中　m_w——试坑中取出的全部材料的质量，g；

ρ_s——量砂的松方密度，g/cm³。

（3）按式（5-10）计算试坑材料的干密度 ρ_d（g/cm³）

$$\rho_d = \frac{\rho_w}{1 + 0.01\omega} \tag{5-10}$$

式中　ω——试坑材料的含水量（%）。

（4）当为水泥、石灰、粉煤灰等无机结合料稳定土的场合时，可按式（5-11）计算干密度 ρ_d（g/cm³）

$$\rho_d = \frac{m_d}{m_b} \times \rho_s \tag{5-11}$$

式中　m_d——试坑中取出的稳定土的烘干质量，g。

（5）按式（5-12）计算施工压实度

$$K = \frac{\rho_d}{\rho_c} \times 100 \tag{5-12}$$

式中　K——测试地点的施工压实度（%）。

ρ_d——试样的干密度，g/cm³；

ρ_c——由击实试验得到的试样的最大干密度，g/cm³。

注：当试坑材料组成与击实试验的材料有较大差异时，可以试坑材料作标准击实，求取实际的最大干密度。

四、操作时的注意事项

灌砂法是施工过程中最常用的试验方法之一，为使试验做得准确，应注意以下几个环节：

（1）量砂要规则。量砂如果重复使用，一定要注意晾干，处理一致，否则影响量砂的松方密度。每换一次量砂，必须重测其松方密度。

（2）地表面处理要平整。只要表面凸出一点，就会使表面高出一个薄层，其体积就算到试坑中去。

（3）在挖坑时试坑周壁应竖直，避免出现上大下小或上小下大的情形，否则就会使检测密度偏大或偏小。

（4）灌砂时检测厚度应为整个碾压层厚，不能只取上部或者取到下一个碾压层中。

第三节　环刀法测定压实度

环刀法是测量现场密度的传统方法，适用于测定细粒土及无机结合料稳定细粒土的密度。但对无机结合料稳定细粒土，其龄期不宜超过2 d，且宜用于施工过程中的压实度检验。用环刀法测得的密度是环刀内土样所在深度范围内的平均密度，它不能代表整个碾压层的平均密度。因此，在用环刀法测定土的密度时，应使所得密度能代表整个碾压层的平均密度。

一、仪具与材料

(1)人工取土器:如图5-3所示,包括环刀、环盖、定向筒和击实锤系统(导杆、落锤、手柄)。环刀内径6~8 cm,高2~3 cm,壁厚1.5~2 mm。

(2)电动取土器:如图5-4所示,由底座、行走轮、立柱、齿轮箱、升降机构、取芯头等组成。

①底座:由底座平台(16)、定位销(15)、行走轮(14)组成。平台是整个仪器的支撑基础;定位销供操作时仪器定位用;行走轮供换点取芯时仪器近距离移动用,当定位时四只轮子可扳起离开地表。

②立柱:由立柱(1)与立柱套(11)组成,装在底座平台上,作为升降机构、取芯机构、动力和传动机构的支架。

③升降机构:由升降手轮(9)、锁紧手柄(8)组成,供调整取芯机构高低用。松开锁紧手柄,转动升降手轮,取芯机构即可升降,到所需位置时拧紧手柄定位。

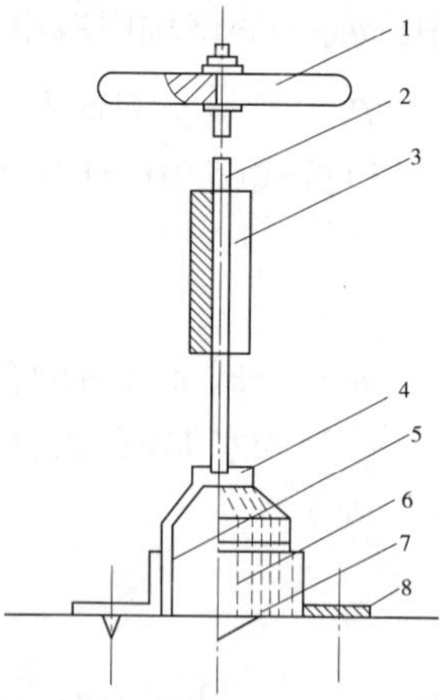

1—手柄;2—导杆;3—落锤;4—环盖;5—环刀;6—定向筒;7—定向筒齿钉;8—试验地面

图5-3 人工取土器

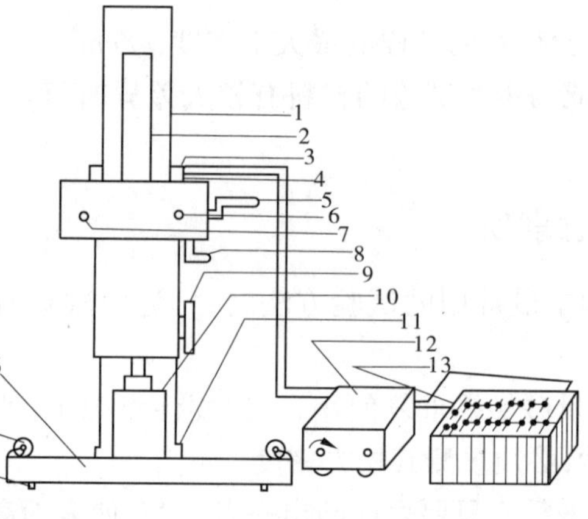

1—立柱;2—升降轴;3—电源输入;4—直流电机;5—升降手柄;6、7—电源指示;8—锁紧手柄;9—升降手轮;10—取芯头;11—立柱套;12—调速器;13—蓄电池;14—行走轮;15—定位销;16—底座平台

图5-4 电动取土器

④取芯机构:由取芯头(10)、升降轴(2)组成。取芯头为金属圆筒,下口对称焊接两个合金钢切削刀头,上端面焊有平盖,其上焊螺母,靠螺旋接于升降轴上。取芯头有三种规格,即50 mm×50 mm、70 mm×70 mm、100 mm×100 mm,取芯头为可换式,另配有相应的取芯套筒、扳手、铝盒等。

⑤动力和传动机构:主要由直流电机(4)、调速器(12)、齿轮箱组成,另配蓄电池(13)和充电器。当电机工作时,通过齿轮箱的齿轮将动力传给取芯机构,升降轴旋转,取芯头进入旋切工作状态。

电动取土器主要技术参数为:工作电压DC24 V(36 A·h),转速50~70 r/min,无级调速，整机质量约 35 kg。

(3) 天平：感量 0.1 g(用于取芯头内径小于 70 mm 样品的称量)，或 1.0 g(用于取芯头内径 100 mm 样品的称量)。

(4) 其他：镐、小铁锹、修土刀、毛刷、直尺、钢丝锯、凡士林、木板及测定含水量设备等。

二、方法与步骤

(1) 按有关试验方法对检测对象试样用同种材料进行击实试验，得到最大干密度及最佳含水量。

(2) 用人工取土器测定黏性土及无机结合料稳定细粒土密度的步骤：

①擦净环刀，称取环刀质量 m_2，精确至 0.1 g。

②在试验地点，将面积约 30 cm×30 cm 的地面清扫干净，并将压实层铲去表面浮动及不平整的部分，达到一定深度，使环刀打下后，能达到要求的取土深度，但不得扰动下层。

③将定向筒齿钉固定于铲平的地面上，顺次将环刀、环盖放入定向筒内且与地面垂直。

④将导杆保持垂直状态，用取土器落锤将环刀打入压实层中，至环盖顶面与定向筒上口齐平为止。

⑤去掉击实锤和定向筒，用镐将环刀及试样挖出。

⑥轻轻取下环盖，用修土刀自边至中削去环刀两端余土，用直尺检测，直至修平。

⑦擦净环刀外壁，用天平称取环刀及试样合计质量 m_1，精确 0.1 g。

⑧自环刀中取出试样，取具有代表性的试样，测定其含水量。

(3) 用人工取土器测定砂性土或砂层密度的步骤：

①如为湿润的砂土，试验时不需要使用击实锤和定向筒。在铲平的地面上，细心挖出一个直径较环刀外径略大的砂土柱，将环刀刃口向下，平置于砂土柱上，用两手平稳地将环刀垂直压下，直到砂土柱突出环刀上端约 2 cm。

②削掉环刀口上的多余砂土，并用直尺刮平。

③在环刀上口盖一块平滑的木板，一手按住木板，另一只手用小铁锹将试样从环刀底部切断，然后将装满试样的环刀转过来，削去环刀刃口上部的多余砂土，并用直尺刮平。

④擦净环刀外壁，称环刀与试样合计质量 m_1，精确至 0.1 g。

⑤自环刀中取具有代表性的试样，测定其含水量 ω。

⑥当干燥的砂土不能挖成砂土柱时，可直接将环刀压入或打入土中。

(4) 用电动取土器测定无机结合料细粒土和硬塑土密度的步骤：

①装上所需规格的取芯头。在施工现场取芯前，选择一块平整的路段，将四只行走轮打起，将四根定位销钉采用人工加压的方法压入路基土层中。松开锁紧手柄，旋动升降手轮，使取芯头刚好与土层接触，锁紧手柄。

②将电瓶与调速器接通，调速器的输出端接入取芯机电源插口。指示灯亮，显示电路已通；启动开关，电动机工作，带动取芯机构转动。根据土层含水量调节转速，操作升降手柄，上提取芯机构，停机，移开机器。由于取芯头圆筒外表面有几条螺旋状突起，切下的土屑排在筒外顺螺纹上旋抛出地表，因此将取芯套筒套在切削好的土芯立柱上，摇动即可取出样品。

③取出样品，立即按取芯套筒长度用修土刀或钢丝锯修平两端，制成所需规格土芯，如

拟进行其他试验项目，装入铝盒，送试验室备用。

④用天平称量土芯带套筒质量 m_1，从土芯中心部分取试样测定含水量 ω。

三、计算

(1)按式(5-13)、式(5-14)分别计算试样的湿密度 ρ_w 及干密度 ρ_d

$$\rho_w = \frac{4 \times (m_1 - m_2)}{\pi d^2 h} \tag{5-13}$$

$$\rho_d = \frac{\rho_w}{1 + 0.01\omega} \tag{5-14}$$

式中 ρ_w——试样的湿密度，g/cm³；

ρ_d——试样的干密度，g/cm³；

m_1——环刀或取芯套筒与试样的合计质量，g；

m_2——环刀或取芯套筒质量，g；

d——环刀或取芯套筒直径，cm；

h——环刀或取芯套筒高度，cm；

ω——试样的含水量(%)。

(2)按式(5-15)计算施工压实度

$$K = \frac{\rho_d}{\rho_c} \times 100 \tag{5-15}$$

式中 K——测试地点的施工压实度(%)。

ρ_d——试样的干密度，g/cm³；

ρ_c——由击实试验得到的试样的最大干密度，g/cm³。

四、报告

试验报告应报告土的鉴别分类、含水量、湿密度、干密度、最大干密度、压实度等。

第四节 核子密湿度仪测定压实度

核子密湿度仪法是利用放射性元素(通常是 γ 射线和中子射线)以散射法或直接透射法测定路基或路面材料的密度和含水量，并计算施工压实度。它是现场检测压实度较常用的一种方法，仪器按规定方法标定后，其检测结果可作为工程质量评定与验收的依据。该方法可检测土壤、碎石、土石混合物、沥青混合料和非硬化水泥混凝土等材料。

核子密湿度仪法属非破坏性检测，测量速度快，允许对同一测试位置进行重复测试，并监测密度和压实度的变化，以确定合适的碾压方法，以达到所要求的压实度。

一、仪具与材料

(1)核子密湿度仪：符合国家规定的关于健康保护和安全使用标准，密度的测定范围为 1.12～2.73 g/cm³，测定误差不大于 ±0.03 g/cm³，含水量的测定范围为 0～0.64 g/cm³，测定误差不大于 ±0.015 g/cm³，它主要包括下列部件：

①γ射线源:双层密封的同位素放射源,如铯 -137、钴 -60 或镭 -226 等;

②中子源:如镅(241) - 铍等;

③探测器:γ射线探测器,如 G - M 计数管,热中子探测器,如氦 -3 管;

④读数显示设备:如液晶显示器、脉冲计数器、数率表或直接计数表;

⑤标准计数块:密度和含氢量都均匀不变的材料块,用于检验仪器运行状况和提供检验计数的参考标准;

⑥钻杆:用于打测试孔以便插入探测杆;

⑦安全防护设备:符合国家规定要求的设备;

⑧刮平板、钻杆、接线等。

(2)细砂:0.15 ~ 0.3 mm。

(3)天平或台秤。

(4)其他:毛刷等。

二、方法与步骤

(一)测试方法

核子密湿度仪法用于测定沥青混合料面层的压实密度,以及测定硬化水泥混凝土等难以打孔材料的密度时,宜使用散射法;用于测定土基、基层材料或非硬化水泥混凝土等可以打孔材料的密度及含水量时,应使用直接透射法。

在表面用散射法测定时,所测定沥青面层的层厚应根据仪器性能确定的最大厚度。用于测定土基或基层材料的压实密度及含水量时,打洞后用直接透射法所测定的层厚不宜大于 30 cm。

(二)准备工作

(1)每天使用前或者对测试结果有怀疑时,按下列步骤用标准计数块测定仪器的标准值:

①进行标准值测定时的地点至少离开其他放射源 10 m 的距离,地面必须经压实且平整。

②接通电源,按照仪器使用说明书建议的预热时间,预热测定仪。

③在测定前,应检查仪器性能是否正常。将仪器在标准计数块上放置平稳,按照仪器使用说明的要求进行标准化计数,并且仪器标准化计数值必须符合要求。如标准读数超过仪器使用说明书规定的限界,应重复此项标准的测量,若第二次标准计数仍超出规定的限界,需视做故障并进行仪器检查。

(2)在进行沥青混合料压实层密度测定前,应用核子密湿度仪对钻孔取样的试件进行标定;测定其他材料密度时,宜与挖坑灌砂法的结果进行标定。标定的步骤如下:

①选择压实的路表面,与试验段测定时的条件一致,对纹理较大的路面必须用细砂填平,然后将仪器放置在测点上转动几下,或者在测试点上用刮平板平刮几下,以达到测试条件。按要求的测定步骤用核子密湿度仪测定密度,读数。

②在测定的同一位置用钻机钻孔法或挖坑灌砂法取样,量测厚度,按相关规定的标准方法测定材料的密度。

③对同一种路面厚度及材料类型,在使用前至少测定 15 处,求取两种不同方法测定的

密度的相关关系,其相关系数 R 应不小于 0.95。

(3)测试位置的选择:

①按照随机取样的方法确定测试位置,但距路面边缘或其他物体的最小距离不得小于 30 cm,核子密湿度仪距其他射线源不得少于 10 m。

②当用散射法测定时,应按图 5-5 的方法用细砂填平测试位置路表结构凸凹不平的空隙,使路表面平整,能与仪器紧密接触。

③当使用直接透射法测定时,应按图 5-6 的方法在表面上用钻杆打孔。在拟测试材料的表面打一个垂直的测试孔,测试孔要以插进探测杆后仪器在测点表面上不倾斜为准。孔深必须大于探测杆达到的测试深度,再按图 5-6 的方法将探测杆放下插入已打好的测试孔内,前后或左右移动仪器,使之安放稳固。

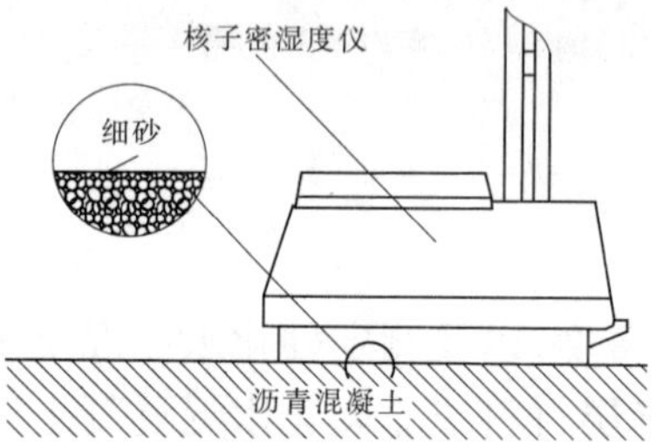

图 5-5 用细砂填平测试位置的方法

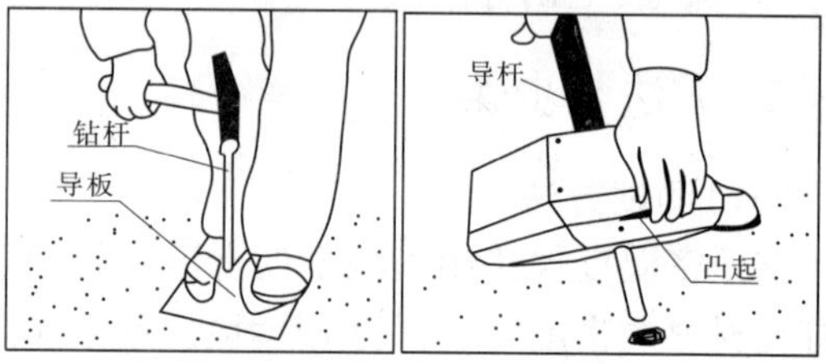

图 5-6 在路表面上打孔的方法

(4)按照规定的时间,预热仪器。

(三)测定步骤

(1)如用散射法测定,应按图 5-7 的方法将核子密湿度仪平稳地置于测试位置上。测点应随机选择,测定温度应与试验段测定时一致,一组不少于 13 点,取平均值,检测精度通过试验路段与钻孔试件比较评定。

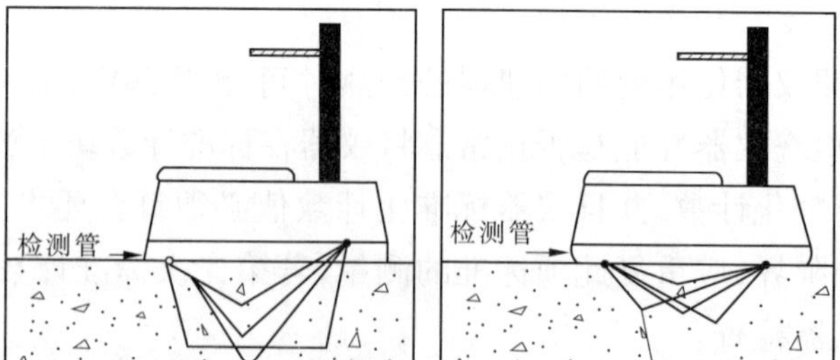

图 5-7 用散射法测定的方法

(2)如用直接透射法测定,应按图 5-8 的方法将放射源棒放下插入已预先打好的孔内。

(3)打开仪器,测试员退出仪器 2 m 以外,按照选定的测定时间进行测量,到达测定时间后,读取显示的各项数值,并迅速关机。

注:有关各种型号的仪器具体操作步骤略有不同,可按照仪器使用说明书进行。

(四)使用安全注意事项

(1)仪器工作时,所有人员均应退到距仪器 2 m 以外的地方。

(2)仪器不使用时,应将手柄置于安全位置,仪器应装入专用的仪器箱内,放置在符合核辐射安全规定的地方。

(3)仪器应经由在部门审查合格的专人保管,专人使用,从事仪器保管及使用的人员,应遵照有关核辐射检测的规定,不符合核防护规定的人员,不宜从事此项工作。

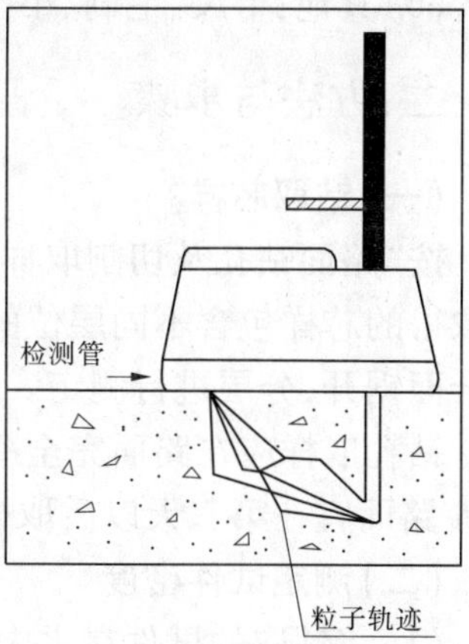

图 5-8　用直接透射法测定的方法

三、计算

按式(5-16)计算施工干密度和压实度

$$\rho_d = \frac{\rho_w}{1+\omega} \tag{5-16}$$

$$K = \frac{\rho_d}{\rho_0} \times 100 \tag{5-17}$$

式中　K——测试地点的施工压实度(%);

ω——试材的含水量(%);

ρ_w——试样的湿密度,g/cm^3;

ρ_d——由核子密湿度仪测定的压实沥青混合料的实际密度,g/cm^3,一组不少于 13 个点,取平均值;

ρ_0——沥青混合料的标准密度,g/cm^3,按照《公路沥青路面施工技术规范》(JTG F40—2004)规定选用。

四、报告

在测定路面密度及压实度的同时,应同时记录温度、材料类型、路面的结构层厚度及测试深度等数据和资料。

第五节　钻芯法测定沥青面层压实度

沥青混合料面层的施工压实度是指按规定方法采取的混合料试样的毛体积密度与标准密度之比,以百分率表示。对沥青混合料,国内外检验均以从压实的沥青路面上钻取的沥青混合料芯样试件的密度,来评定沥青面层的施工压实度。

一、仪具与材料

(1)路面取芯钻机。

(2)天平:感量不大于 0.1 g。

(3)水槽。

(4)吊篮。

(5)石蜡。

(6)其他:卡尺、毛刷、小勺、取样袋(容器)、电风扇。

二、方法与步骤

(一)钻取芯样

按“路面钻孔及切割取样方法”钻取路面芯样,芯样直径不宜小于100 mm。当一次钻孔取得的芯样包含不同层位的沥青混合料时,应根据结构组合情况用切割机将芯样沿各层结合面锯开,分层进行测定。

钻孔取样应在路面完全冷却后进行,对普通沥青路面通常在第二天取样,对改性沥青及SMA路面宜在第三天以后取样。

(二)测定试件密度

(1)将钻取的试件在水中用毛刷轻轻刷净黏附的粉尘。如试件边角有松散颗料,应仔细清除。

(2)将试件晾干或用电风扇吹干不少于24 h,直到恒重。

(3)按现行《公路工程沥青及沥青混合料试验规程》(JTG E20—2011)的沥青混合料试件密度试验方法测定试件密度ρ_s。通常情况下采用表干法测定试件的毛体积相对密度;对试件的吸水率小于0.5%且特别致密的沥青混合料,在施工质量检验时,允许采用水中重法测定表观相对密度;当试件的吸水率大于2%时,宜采用蜡封法测定试件的毛体积相对密度。

三、计算

(1)当计算压实度的标准密度采用每天试验室实测的马歇尔击实试件成型密度或试验路段钻孔取样密度时,沥青面层的压实度按式(5-18)计算

$$K = \frac{\rho_s}{\rho_0} \times 100 \tag{5-18}$$

式中 K——沥青面层某一测定部位的压实度(%);

ρ_s——沥青混合料芯样试件的实际密度,g/cm³;

ρ_0——沥青混合料的标准密度,g/cm³。

(2)当计算压实度的标准密度采用最大理论密度时,沥青面层的压实度应按式(5-19)计算

$$K = \frac{\rho_s}{\rho_t} \times 100 \tag{5-19}$$

式中 ρ_t——沥青混合料的最大理论密度,g/cm³。

四、试验检测中应注意的问题

压实度的大小取决于实测的压实密度,同时也与标准密度的大小有关。但原来对标准密度的规定并不统一,有些工程在压实度达不到要求时便重新进行马歇尔试验,调整标准密度,只要使标准密度小一些,压实度马上就提高了,即达到要求。如果再把不合格的数据随意舍弃,那么钻孔试件的压实度数据将失去价值。这样实际上是弄虚作假。为防止这种情况的发生,在进行检测时,应结合工程实际情况,采用相应的标准密度。

第六节　路基路面压实度评定

路基路面压实度以 1 ~3 km 长的路段为检验评定单元,按要求的检测频率及方法进行现场压实度抽样检查,求算每一测点的压实度 K_i。

压实度评定要点是:

(1)控制平均压实度的置信下限,以保证总体水平。

(2)规定单点极值不得超出规定值,防止局部隐患。

(3)规定扣分界限,以区分质量优劣。

检验评定路段的压实度代表值 K(算术平均值的置信下限)为

$$K = \overline{K} - S\frac{t_\alpha}{\sqrt{n}} \geqslant K_0 \tag{5-20}$$

式中　$\overline{K}$——检验评定路段内各测点压实度的平均值;

t_α——t 分布表中随测点数和保证率(或置信度 α)而变化的系数,高速公路、一级公路:基层、底基层为 99%,路基、路面面层为 95%,其他公路:基层、底基层为 95%,路基、路面面层为 90%;

S——检测值的均方差;

n——检测点数;

K_0——压实度标准值。

压实度评分方法如下:

(1)路基、基层和底基层:当 $K \geqslant K_0$ 且单点压实度全部大于或等于规定值减 2 个百分点时,评定路段的压实度可得规定满分;当 $K \geqslant K_0$ 且单点压实度全部大于或等于规定极值时,对于测定值低于规定值减 2 个百分点的测点,按其占总检查点数的百分率计算扣分值;当 $K < K_0$ 或某一单点压实度 K_i 小于规定极值时,该评定路段压实度为不合格,评分为零。

路堤施工段较短时,分层压实度要每点都符合要求,且实际样本数不少于 6 个。

(2)沥青面层:当 $K \geqslant K_0$ 且全部测点大于或等于规定值减 1 个百分点时,评定路段的压实度可得规定的满分;当 $K \geqslant K_0$ 时,对于测点值低于规定值减 1 个百分点的测点,按其占总检查点数的百分率计算扣分值;$K < K_0$ 时,该评定路段压实度为不合格,评分为零。

【例 5-1】　某二级公路土方路基工程进行交工验收,现测得某段的压实度值为:94.0%、97.2%、93.3%、97.1%、96.3%、90.4%、98.6%、97.8%、96.2%、95.5%、95.9%、96.8%,请对检测结果进行评定,并计算其得分值。(已知 K_0 =93%,规定极值为 88%,规定分为 30 分,保证率为 90%)

解:(1)经计算平均值 $\overline{K}$、标准偏差 S 为

$$\overline{K} = 95.76\%, \quad S = 2.25$$

(2)计算路段压实度代表值

$$K_L = \overline{K} - \frac{St_\alpha}{\sqrt{n}} = 95.76 - 0.393 \times 2.25 = 94.88\%$$

(3)判断压实质量。

因为 $K_L > K_0$，所以该段压实质量是合格的，且各个单点压实度 K_i 大于规定极值（88%）。

(4) 计算合格率。

大于 $(93-2)\% = 91\%$ 的点共 11 个点，故合格率 $= \frac{11}{12} = 91.7\%$。

(5) 计算得分值。

得分值 $= 30 \times 91.7\% = 27.51$（分）

复习思考题

1. 压实度检测的目的和意义是什么？

2. 路基路面压实度的常用检测方法有哪些？各适用于什么情况？

3. 如何确定量砂的密度？

4. 简述灌砂法测现场压实度的要点。

5. 某二级公路路基压实施工中，用灌砂法测定压实度，测得灌砂筒内量砂质量为 5 820 g，填满标定罐所需砂的质量为 3 885 g，测定砂锥的质量为 615 g，标定罐的体积为 3 035 cm^3，灌砂后称灌砂筒内剩余砂质量为 1 314 g，试坑挖出湿土质量为 5 867 g，烘干土质量为 5 036 g，由室内击实试验得最大干密度为 1.68 g/cm^3。试求该测点的压实度和含水量。

6. 新建高速公路路基施工中，对其中某一路段上路床压实质量进行检查，压实度检测结果分别为 98.6%、95.4%、93.0%、99.2%、96.2%、92.8%、95.9%、96.8%、96.3%、95.9%、92.6%、95.6%、99.2%、95.8%、94.6%、99.5%。请按保证率 95% 计算该路段的代表压实度，并进行分析评定。（已知 $t_{0.95}/\sqrt{16} = 0.533$）

第六章　路基路面承载能力和强度检测

内容简介

本章主要介绍了常见路基路面承载力测试方法及其特点，贝克曼梁法、自动弯沉仪法及其落锤式弯沉仪法测定路基路面弯沉值，土基现场 *CBR* 值的测试。

知识目标

1. 了解：常见路基路面承载力检测方法测试原理及其适用性。
2. 熟悉：三种测定路基路面弯沉值、室内 *CBR* 试验及土基 *CBR* 值测试过程。
3. 掌握：路基路面弯沉值测试及土基现场 *CBR* 值测试的方法。

能力目标

1. 会进行路基路面回弹弯沉、*CBR* 试验与土基现场 *CBR* 测试操作。
2. 会进行测试路段弯沉值计算与评定。

第一节　概　述

国内外普遍采用回弹弯沉值来表示路基路面的承载能力，回弹弯沉值越大，承载能力越小；反之则越大。回弹弯沉值在我国已广泛使用且有很多试验和研究成果，它不仅用于路面结构的设计（设计回弹弯沉值）、施工控制及施工验收中（竣工验收弯沉值），同时还用在旧路补强设计中。它是公路工程的一个基本参数。

一、弯沉值的几个概念

（一）弯沉值

弯沉值是指在规定的标准轴载作用下，路基或路面表面轮隙中心处产生的总垂直变形（总弯沉值），或垂直回弹变形值（回弹弯沉值），以 0.01 mm 为单位。通常所说的回弹弯沉值是指标准后轴载双轮组轮隙中心处的最大回弹弯沉值，在路表测试的回弹弯沉值可以反映路基、路面的综合承载能力。

（二）设计弯沉值

设计弯沉值是指根据设计年限内一个车道上预测通过的累计当量轴次、公路等级、面层和基层类型而确定的路面设计弯沉值。

（三）竣工验收弯沉值

当路面厚度计算以设计弯沉值为控制指标时，则竣工验收弯沉值小于或等于设计弯沉值；当厚度计算以层底拉应力为控制指标时，应根据拉应力计算所得的结构厚度，重新计算路面弯沉值，该弯沉值即为竣工验收弯沉值。

二、弯沉值测试方法

弯沉值的测试方法较多，目前用得最多的是贝克曼梁法，在我国已有成熟的经验，但由于受测试速度等因素的限制，各国都对快速连续或动态测定进行了研究。现在用的比较普遍的有法国洛克鲁瓦式自动弯沉仪，丹麦等国发明并几经改进形成的落锤式弯沉仪(FWD)，美国的振动弯沉仪等。现将常用的几种方法及各自的特点作简单的比较，如表6-1所示。

表6-1　常用几种弯沉测试方法比较

方法	特点
贝克曼梁法	传统方法，速度慢，静态测试，技术成熟，目前属于标准方法
自动弯沉仪法	利用贝克曼梁原理，快速连续，属于静态测试范畴，但测定的是总弯沉，因此使用时应用贝克曼梁法进行标定换算
落锤式弯沉仪法	利用重锤自由落下的瞬间产生的冲击荷载测定弯沉，属于动态弯沉，并能反算路面的回弹模量，快速连续，使用时应用贝克曼梁法进行标定换算

第二节　贝克曼梁测定路基路面回弹弯沉

贝克曼梁法利用杠杆原理制成杠杆式弯沉仪测定轮隙弯沉。它适用于测定各类路基、路面的回弹弯沉，用以评定其整体承载能力，供路面结构设计使用；测定的路基、柔性路面的回弹弯沉值可供交工和竣工验收使用；测定的路面回弹弯沉可为公路养护管理部门制订养路修路计划提供依据；沥青路面的弯沉值以标准温度20 ℃时为准，在其他温度(超过(20 ± 2)℃范围)测试时，对厚度大于5 cm的沥青路面，弯沉值应予温度修正。

一、仪具与材料

(一)标准车

双轴、后轴双侧4轮的载重车，其标准轴荷载、轮胎尺寸、轮胎间隙及轮胎气压等主要参数应符合表6-2的要求。测试车采用后轴10 t的BZZ-100的汽车。

表6-2　测定弯沉用的标准车参数

标准轴重等级	BZZ-100
后轴标准轴载 P(kN)	100 ±1
一侧双轮荷载(kN)	50 ±0. 5
轮胎充气压力(MPa)	0. 70 ±0. 05
单轮传压面当量圆直径(cm)	21. 30 ±0. 5
轮隙宽度	应能满足自由插入弯沉仪测头的测试要求

(二)路面弯沉仪

路面弯沉仪由贝克曼梁、百分表及表架组成。贝克曼梁由合金铝制成，上有水准泡，其前臂(接触路面)与后臂(装百分表)长度比为2∶1。弯沉仪长度有两种：一种长3. 6 m，前、后臂分别为2. 4 m和1. 2 m；另一种加长的弯沉仪长5. 4 m，前、后臂分别为3. 6 m和1. 8 m，其构造如图 6-1 所示。当在半刚性基层沥青路面或水泥混凝土路面上测定时，宜采用长度为 5.4 m 的贝克曼梁弯沉仪，并采用 BZZ-100 标准车。弯沉值采用百分表量得，也可用自动记录装置进行测量。

（三）接触式路表温度计

端部为平头，分度不大于 1 ℃。

（四）其他

皮尺、口哨、白油漆或粉笔、指挥旗等。

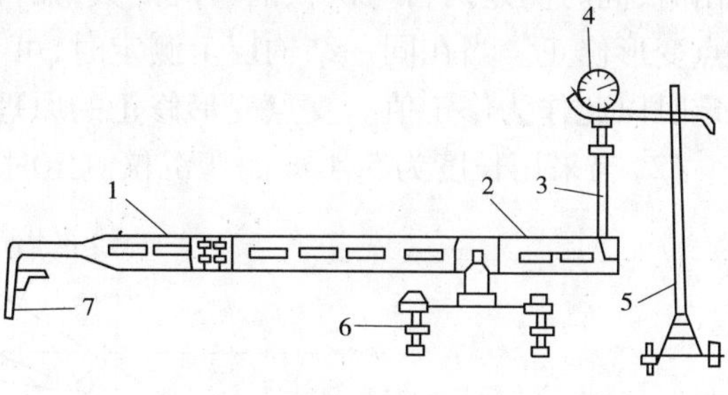

1、2—前后杠杆；3—立杆；4—百分表；5—表架；6—支座；7—测头

图 6-1　路面弯沉仪的构造

二、方法与步骤

（一）准备工作

（1）检查并保持测定用标准车的车况及刹车性能良好，轮胎符合规定充气压力。

（2）向汽车车槽中装载铁块等集料，并在地磅上称量后轴质量，符合要求的轴重规定。在汽车行驶及测定过程中，轴重不得变化。

（3）测定轮胎接地面积。在平整光滑的硬质路面上用千斤顶将汽车后轴顶起，在轮胎下方铺一张新的复写纸，轻轻落下千斤顶，即在方格纸印上轮胎印痕，用求积仪或数方格的方法测算轮胎接地面积，精确至 0.1 cm^2。

（4）检查弯沉仪百分表测量灵敏情况。

（5）当在沥青路面上测定时，用路表温度计测定试验时气温及路表温度（一天中气温不断变化，应随时测定），并通过气象台了解前 5 d 的平均气温（日最高气温与最低气温的平均值）。

（6）记录沥青路面修建或改建时材料、结构、厚度、施工及养护等情况。

（二）测试步骤

（1）在测试路段布置测点，其距离随测试需要而定。测点应在路面行车车道的轮迹带上，并用白漆或粉笔画上标记。

（2）将试验车后轮轮隙对准测点后 3 ~ 5 cm 的位置上。

（3）将弯沉仪插入汽车后轮之间的缝隙处，与汽车方向一致，梁臂不得碰到轮胎，弯沉仪测头置于测点上（轮隙中心前方 3 ~ 5 cm 处），并安装百分表于弯沉仪的测定杆上。将百分表调零，用手指轻轻叩打弯沉仪，检查百分表是否稳定回零。弯沉仪可以是单侧测定，也可以是双侧同时测定。

（4）测定者吹口哨发令指挥汽车缓缓前进，百分表随路面变形的增加而持续向前转动。当表针转动到最大值时，迅速读取初读数 L_1。汽车仍在继续前进，表针反向回转，待汽车驶出弯沉影响半径（约 3 m 以上）后，吹口哨或挥动指挥旗，汽车停止。待表针回转稳定后，读取终读数 L_2。汽车前进的速度宜为 5 km/ h 左右。

（三）弯沉仪的支点变形修正

（1）当采用长度为 3.6 m 的弯沉仪对半刚性基层沥青路面、水泥混凝土路面等进行弯沉测定时，有可能引起弯沉仪支座处变形，因此测定时应检验支点有无变形。此时应用另一台检验用弯沉仪安装在测定用弯沉仪的后方，其测点架于测定用弯沉仪的支点旁。当汽车开出时，同时测定两台弯沉仪的弯沉读数，如检验用弯沉百分表有读数，即应该记录并进行支点变形修正。当在同一结构层上测定时，可在不同位置测定 5 次，求取平均值，以后每次测定时以此作为修正值。支点变形修正的原理如图 6-2 所示。

（2）当采用长度为 5.4 m 的弯沉仪测定时，可不进行支点变形修正。

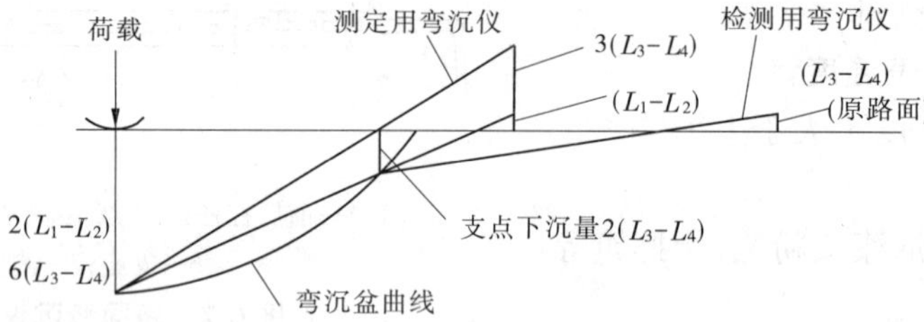

图 6-2　弯沉仪支点变形修正原理

三、结果计算及温度修正

路面测点的回弹弯沉值按下式计算

$$L_T = (L_1 - L_2) \times 2 \tag{6-1}$$

式中　L_T——在路面温度 T 时的回弹弯沉值，0.01 mm；

L_1——车轮胎中心临近弯沉仪测头时百分表的最大读数，0.01 mm；

L_2——汽车驶出弯沉影响半径后百分表的最终读数，0.01 mm。

当需要进行弯沉仪支点变形修正时，路面测点的回弹弯沉值按式（6-2）计算（适用于测定弯沉仪支座处有变形，但百分表架处路面已无变形的情况）

$$L_T = (L_1 - L_2) \times 2 + (L_3 - L_4) \times 6 \tag{6-2}$$

式中　L_3——车轮胎中心临近弯沉仪测头时检测用弯沉仪的最大读数，0.01 mm；

L_4——汽车驶出弯沉影响半径后检验用弯沉仪的最终读数，0.01 mm。

对沥青面层厚度大于 5 cm 的沥青路面，回弹弯沉值应进行温度修正，当沥青层厚度小于或等于 50 mm 或路表温度在（20 ± 2）℃范围内时，可不进行温度修正。温度修正及回弹弯沉的计算宜按下列步骤进行。

（1）测定时的沥青层平均温度按式（6-3）计算

$$T = \frac{T_{25} + T_m + T_e}{3} \tag{6-3}$$

式中　T——测定时沥青层平均温度，℃；

T_{25}——根据 T_0 由图 6-3 确定的路表下 25 mm 处的温度，℃；

T_m——根据 T_0 由图 6-3 确定的沥青层中间深度的温度，℃；

T_e——根据 T_0 由图 6-3 确定的沥青层底面处的温度，℃。

图 6-3 中 T_0 为测定时路表温度与测定前 5 d 日平均气温的平均值之和（℃），日平均气温为日最高气温与最低气温的平均值。

（2）采用不同基层的沥青路面弯沉值的温度修正系数 K，根据沥青层平均温度 T 及沥青层厚度分别由图 6-4 及图 6-5 求取。

（3）沥青路面回弹弯沉值按式（6-4）计算

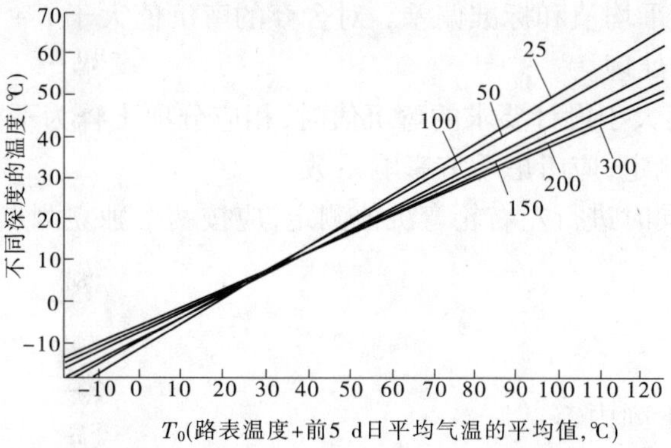

注:线上的数字为从路表下的不同深度,mm。

图 6-3　沥青层平均温度的确定

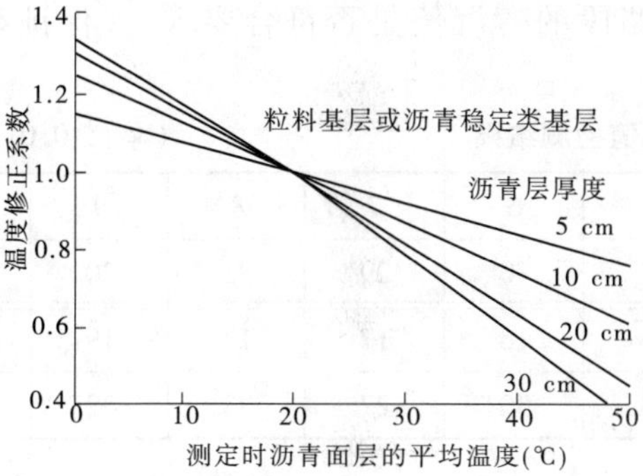

图 6-4　路面弯沉温度修正系数曲线(适用于粒料基层及沥青用于无机结合料稳定基层)

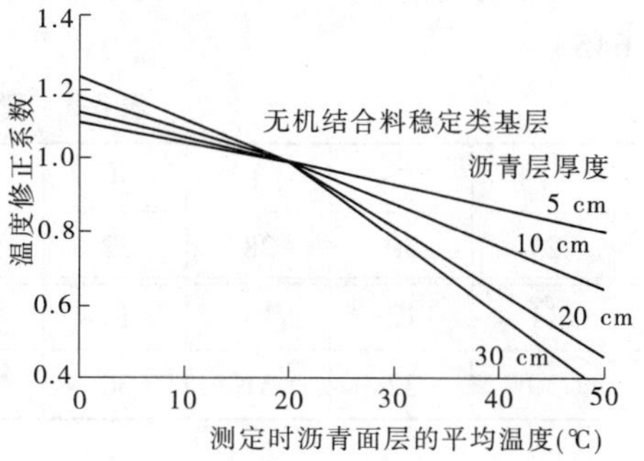

图 6-5　路面弯沉温度修正系数曲线(适用于稳定的半刚性基层)

$$L_{20} = L_T K \tag{6-4}$$

式中　K——温度修正系数;

L_{20}——换算为 20 ℃的沥青路面回弹弯沉值,0.01 mm;

L_T——测定时沥青面层内平均温度为 T 时的回弹弯沉值,0.01 mm。

四、结果评定

(1)按式(6-5)计算每一个评定路段的代表弯沉值

$$L_r = \overline{L} + Z_\alpha S \tag{6-5}$$

式中　L_r——一个评定路段的代表弯沉值,0.01 mm;

$\overline{L}$——一个评定路段内经各项修正后的各测点弯沉的平均值,0.01 mm;

S——一个评定路段内经各项修正后全部测点弯沉的标准偏差,0.01 mm;

Z_α——保证率系数,高速公路、一级公路,对于基层采用 $Z_\alpha = 2.0$,对于沥青混凝土面层采用 $Z_\alpha = 1.645$,二、三级公路,对于路基采用 $Z_\alpha = 1.645$,对于沥青混凝土面层采用 $Z_\alpha = 1.5$。

当路基和柔性基层、底基层的弯沉代表值不符合要求时,可将超出 $\overline{L} \pm (2 \sim 3) S$ 的弯沉特异值舍弃，重新计算平均值和标准偏差。对舍弃的弯沉值大于$\overline{L}+(2\sim3)S$的点，应找出其周围界限，进行局部处理。

(2)当弯沉代表值大于设计要求的弯沉值时，相应分项工程为不合格。

若在非不利季节测定，应考虑季节影响系数。

若用两台弯沉仪同时进行左右轮弯沉值测定，应按两个独立测点计，不能采用左右两点的平均值。

五、检测报告

检测报告应包括下列内容：

(1)弯沉测定表、支点变形修正值、测试时的路面温度及温度修正值。

(2)每一个评定路段的各测点弯沉的平均值、标准偏差及代表弯沉值。

【例6-1】 某新建高速公路竣工后，在不利季节测得某段路面的弯沉值如表6-3所示，路面设计弯沉值为40(0.01 mm)，试判断该路段的弯沉值是否符合要求。(保证率系数$Z_\alpha=1.645$)

表6-3 弯沉值检测结果 (单位:0.01 mm)

序号	1	2	3	4	5	6	7	8	9	10
L_i	29	30	28	32	31	30	29	31	30	28
序号	11	12	13	14	15	16	17	18	19	20
L_i	30	32	31	30	28	30	27	33	32	29

解:经计算:$\overline{L}=30(0.01\ \text{mm})$，$S=1.59(0.01\ \text{mm})$

代表弯沉值弯沉检测值的上波动界限为

$$L_r=\overline{L}+Z_\alpha S=30+1.645\times1.59=32.6<L_d=40(0.01\ \text{mm})$$

所以该路段的弯沉值满足要求。

第三节 自动弯沉仪测定路面弯沉

用自动弯沉仪在标准条件下每隔一定距离连续测试路面的总弯沉值，并计算总弯沉值的平均值。以此作为尚无坑洞等严重破坏的道路验收检查及旧路面强度的评价指标，可为路面养护管理系统提供数据，经过与贝克曼梁测定值进行换算后，也可以进行路面结构设计。

一、仪具与材料

自动弯沉仪测定车由承载车，测量机架及控制系统，位移、温度和距离传感器，数据采集和处理系统等基本部分组成，如图6-6所示。

自动弯沉仪的承载车辆应为单后轴、单侧双轮组的载重车，其标准条件参考贝克曼梁测定路基路面回弹弯沉试验方法中BZZ-100车型的标准参数(详见表6-2)。

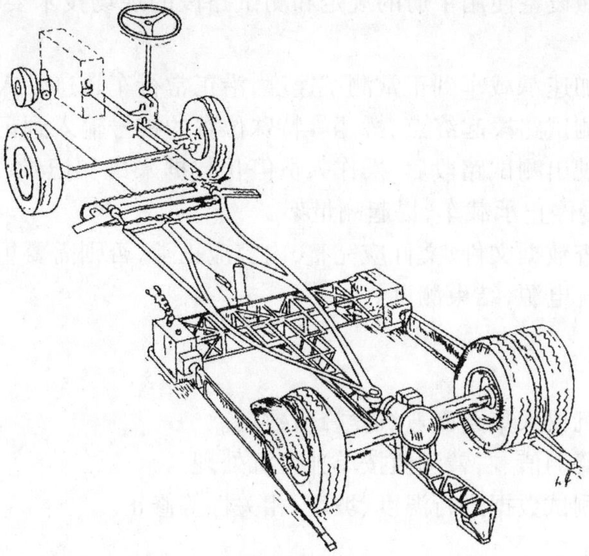

图 6-6　自动弯沉仪的测量机构

自动弯沉仪测试系统基本技术要求和参数如下：

(1)位移传感器分辨率：0.01 mm。

(2)位移传感器有效量程：≥3 mm。

(3)设备工作环境温度：0 ~60 ℃。

(4)距离标定误差：≤1%。

二、方法与步骤

(　)准备工作

(1)位移传感器标定。

每次测试之前必须按照设备使用手册规定的方法进行位移传感器的标定，记录标定数据并存档。

(2)检查承载车轮胎气压。

每次测试之前都必须检查后轴轮胎气压，应满足(0.70 ±0.5)MPa 的要求。

(3)检测承载车轮载。

一般每年检查一次，如果承载车因改装等改变了后轴载，也必须进行此项工作，后轴载满足(100 ±1)kN 的要求。

(4)检查测量架的易损部件情况，及时更换损坏部件。

(5)打开设备电源进行检查，控制面板功能键、指示灯、显示器等应正常。

(6)开动承载车试测 2 ~3 个步距，观察测试机构，测试机构应正常，否则需要调整。

(二)测试步骤

(1)测试系统在开始测试前需要通电预热，时间不少于设备使用手册要求，并开启工程警灯和导向标等警告标志。

(2)在测试路段前 20 m 处将测量架放落在路面上，并检查各机构的部件情况。

(3)操作人员按照设备使用手册的规定和测试路段的现场技术要求设置完毕所需的测试状态。

(4)驾驶员缓慢加速承载车到正常测试速度,沿正常行车轨迹驶入测试路段。

(5)测试人员将测试路段起终点、桥涵等特殊位置的桩号输入到记录数据中。

(6)当测试车辆驶出测试路段后,操作人员停止数据采集和记录,并恢复仪器各部分至初始状态,驾驶员缓慢停止承载车,提起测量架。

(7)操作人员检查数据文件,文件应完整,内容应正常,否则需要重新测试。

(8)关闭测试系统电源,结束测试。

三、计算

(1)采用自动弯沉仪采集路面弯沉盆峰值数据。

(2)数据组中左臂测值、右臂测值按单独弯沉处理。

(3)对原始弯沉测试数据进行温度、坡度、相关性等修正。

四、弯沉值的横坡修正

当路面横坡不超过4%时,不进行超高影响修正;当路面横坡超过4%时,超高影响的修正按照表6-4规定进行。

表6-4　弯沉值横坡修正

横坡范围	高位修正系数	低位修正系数
>4%	$\frac{1}{1-i}$	$\frac{1}{1+i}$

注:i为路面横坡(%)。

五、检测报告

测试报告中应该包括以下内容:

(1)弯沉的平均值、标准偏差、代表值,测试时的路面温度及温度修正值。

(2)自动弯沉仪测值与贝克曼梁测值的相关关系式及相关系数。

第四节　落锤式弯沉仪测定路基路面弯沉

用落锤式弯沉仪在标准质量的重锤落下一定高度发生的冲击荷载的作用下,测定路基或路面表面所产生的瞬时变形,即测定在动态荷载作用下产生的动态弯沉及弯沉盆,并可由此反算路基路面各层材料的动态弹性模量,作为设计参数使用。所测结果也可用于评定道路承载能力、调查水泥混凝土路面接缝的传力效果和探查路面板下的空洞等。

一、仪具与材料

落锤式弯沉仪,简称FWD,由荷载发生装置、弯沉检测装置、运算控制系统与车辆牵引系统等组成。其结构示意如图6-7所示。

(1)荷载发生装置。重锤的质量及落高根据使用目的与道路等级选择,荷载由传感器

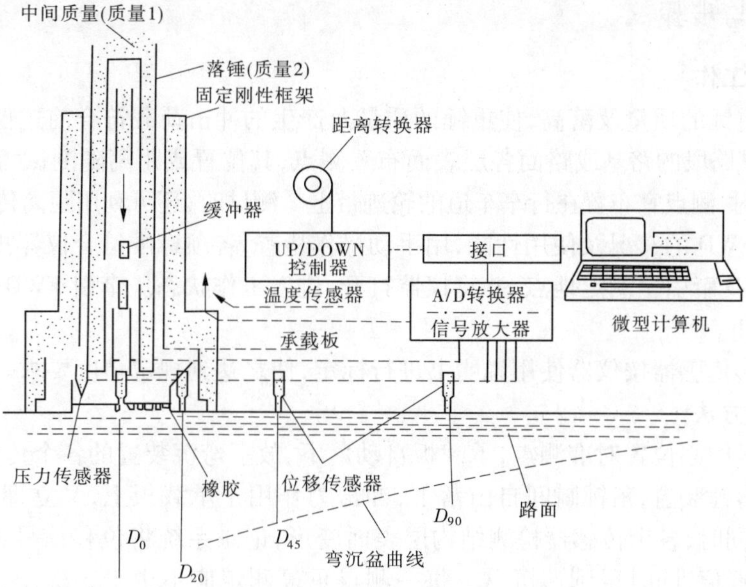

图 6-7　落锤式弯沉仪测量系统示意

测定,如无特殊需要,重锤的质量为(200 ± 10)kg,可采用产生(50 ± 2.5)kN 的冲击荷载。承载板宜为十字对称分开成 4 部分且底部固定有橡胶片的承载板。承载板的直径为 300 mm。

(2)弯沉检测装置。由一组高精度位移传感器组成,如图 6-8 所示,传感器可为差动变压器式位移计(LVDT)。自中心开始,承载板沿道路纵向设置,隔开一定距离布设一组传感器,传感器总数不少于 7 个,建议布置在 0 ~ 250 cm 范围内,必须包括 0 cm、30 cm、60 cm、90 cm 四点,其他根据需要及设备性能决定。

(3)运算及控制装置。能在冲击荷载作用的瞬间内,记录冲击荷载及各个传感器所在位置测点的动态变形。

(4)牵引装置。牵引 FWD 并安装有运算及控制装置的车辆。

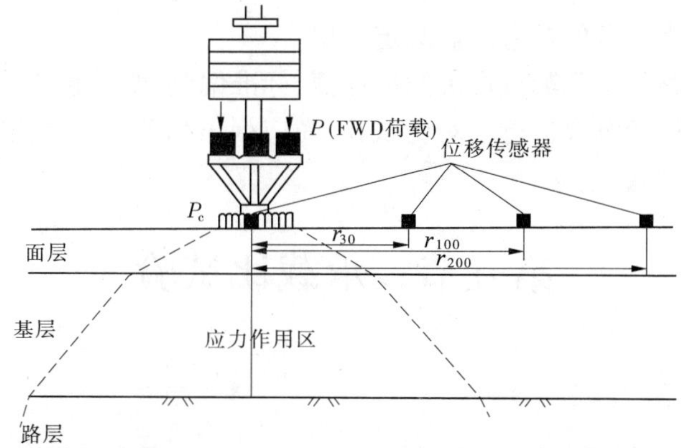

图 6-8　落锤式弯沉仪传感器布置及应力作用范围实例

二、方法与步骤

(一)准备工作

(1)调整重锤的质量及落高,使重锤的质量及产生的冲击荷载符合前述仪器的要求。

(2)在测试路段的路基或路面各层表面布置测点,其位置或距离随测试需要而定。当在路面表面测定时,测点宜布置在行车车道的轮迹带上。测试时,还可利用距离传感器定位。

(3)检查 FWD 的车况及使用性能,用手动操作检查,各项标准符合仪器规定要求。

(4)将 FWD 牵引至测定地点,并将仪器打开,进入工作状态。牵引 FWD 行驶的速度不宜超过 50 km/h。

(5)对位移传感器按仪器使用说明书进行标定,使之达到规定精度要求。

(二)测定方法

(1)承载板中心位置对准测点,承载板自动落下,放下弯沉装置的各个传感器。

(2)启动落锤装置,落锤瞬间自由落下,冲击力作用于承载板上,又立即自动提升至原来位置固定。同时,各个传感器检测结构层表面变形,记录系统将位移信号输入计算机,并得到路面弯沉峰值,同时得到弯沉盆。每一测点重复测定应不少于 3 次,除去第一个测定值,取以后几次测定值的平均值作为计算依据。

(3)提起传感器及承载板,牵引车向前移动至下一个测点,重复上述步骤,进行测定。

三、数据处理

(1)按桩号记录各测点的弯沉及弯沉盆数据,计算一个评定路段平均值、标准偏差、变异系数。

(2)当为调查水泥混凝土路面接缝的传力效果时,利用分别在接缝两边布置的位移传感器测定的测值差异及弯沉盆的形状,进行判断。

(3)当为探查路面板下的孔洞时,利用在不同位置测定的测值差异及弯沉盆的形状,进行判断。

四、检测报告

(1)各测点的最大弯沉值及弯沉盆测定数据。

(2)每一个评定路段全部测点弯沉的平均值、标准偏差、变异系数及代表弯沉值。

(3)如与贝克曼梁弯沉仪进行了对比试验,尚应列出相关关系式、相关系数和换算的回弹弯沉值。

第五节　承载比试验

一、概述

承载比试验又称加州承载比(California Bearing Ration,简称 CBR),由美国加利福尼亚州公路局首先提出来,是评定土基及路面基层材料强度的一种方法。由于该法简便,试验数据稳定,因而被许多国家采用。

所谓 *CBR* 值，是指试料贯入量达 2.5 mm 时，单位压力对标准碎石压入相同贯入量时标准荷载强度的比值。标准荷载强度是用高质量碎石材料由试验求得的。*CBR* 是表征路基土、粒料、稳定土强度的一种指标，采用标准碎石的承载能力为标准，以相对值的百分数表示 *CBR* 值。

为了合理地选择路基填料，确保路基的强度和稳定性，《公路路基设计规范》（JTG D30—2004）和《公路沥青路面设计规范》（JTG D50—2006）中规定了路基填料的最小强度（即 *CBR* 值）要求，详见表 6-5。特别强调的是，在路基施工之前，必须对所用填料进行 *CBR* 试验。

表 6-5　路基填料最小强度（*CBR*）值和最大粒径要求

填料应用部位（路床顶面以下深度，m）		填料最小强度（*CBR*）（%）			填料最大粒径（mm）
		高速公路、一级公路	二级公路	三级公路	
路堤	上路床（0～0.30）	8	6	5	100
	下路床（0.30～0.80）	5	4	3	100
	上路堤（0.80～1.50）	4	3	3	150
	下路堤（>1.50）	3	2	2	150
零填及挖方路基	0～0.30	8	6	5	100
	0.30～0.80	5	4	3	100

注：1. 表中强度是按《公路土工试验规程》（JTG E40—2007）规定的浸水 96 h 的 *CBR* 试验方法测定的。

2. 三、四级公路铺筑沥青混凝土和水泥混凝土路面时，应采用二级公路的规定。

3. 表中上、下路堤填料最大粒径 150 mm 的规定不适用于填石路堤和土石路堤。

二、室内 CBR 试验

（一）仪具与材料

（1）圆孔筛：孔径 38 mm、25 mm、20 mm 及 5 mm 筛各 1 个。

（2）重型标准击实仪器设备：试筒、夯锤等。

（3）贯入杆：端面直径 50 mm、长 100 mm 的金属柱。

（4）路面材料强度或其他载荷装置：能量不小于 50 kN。

（5）百分表、测力环、荷载板等。

（二）试验原理

试验时，按路基施工时的最佳含水量及压实度要求在试筒内制备试件；为了模拟材料在使用过程中的最不利状态，加载前泡水 4 昼夜；在浸水过程中及贯入试验时，在试件顶面施加承载板，以模拟路面结构对土基的附加应力；贯入试验中，材料的承载能力越高，对其压入一定贯入深度所需施加的荷载越大。

（三）试验步骤

（1）试验采用风干试料，按四分法备料。

（2）击实试验：求试料的最大干密度和最佳含水量。

（3）按最佳含水量制备试件。

(4)试件泡水4昼夜。

(5)贯入试验:加荷使贯入杆以1～1.25 mm/min的速度压入试件,记录不同贯入量及相应荷载,总贯入量应超过7 mm。

(6)绘制单位压力 P 与贯入量 L 关系曲线,必要时进行原点修正。

(7)从 $P \sim L$ 关系曲线上读取贯入量分别为2.5 mm和5.0 mm时所对应的单位压力 $P_{2.5}$(MPa)和 P_5(MPa)。

(四)成果处理

一般采用 $CBR_{2.5}$,如 $CBR_5 > CBR_{2.5}$,则试验要重做。如果结果仍然如此,则采用 CBR_5。

三、土基现场 *CBR* 值测试

所用试样的最大集料粒径不小于19.0 mm,最大不得超过31.5 mm。它适用于在公路现场测定各种土基材料的现场 *CBR* 值,同时也适合于基层、底基层砂类土、天然砂砾、级配碎石等材料 *CBR* 值的测定。

(一)仪具与材料

(1)荷重装置:装载有铁块或集料等重物的载重汽车,后轴重不小于60 kN,在汽车大梁的后轴之后设有一加劲横梁作反力架用。

(2)现场测试装置:如图6-9所示,由千斤顶(机械或液压)、测力计(测力环或压力表)及球座组成。千斤顶可使贯入杆的贯入速度调节成1 mm/min。测力计的容量不小于土基强度,测定精度不小于测力计量程的1/100。

(3)贯入杆:直径50 mm、长约200 mm的金属圆柱体。

(4)承载板:每块1.25 kg,直径150 mm,中心孔眼直径52 mm,不少于4块,并沿直径分为两个半圆块,如图6-10所示。

(5)贯入量测定装置:由图6-9中所示的平台及百分表组成,百分表量程20 mm,精度0.01 mm,数量2个,对称固定于贯入杆上,端部与平台接触,平台跨度不小于50 cm。此设备也可用两台贝克曼梁弯沉仪代替。

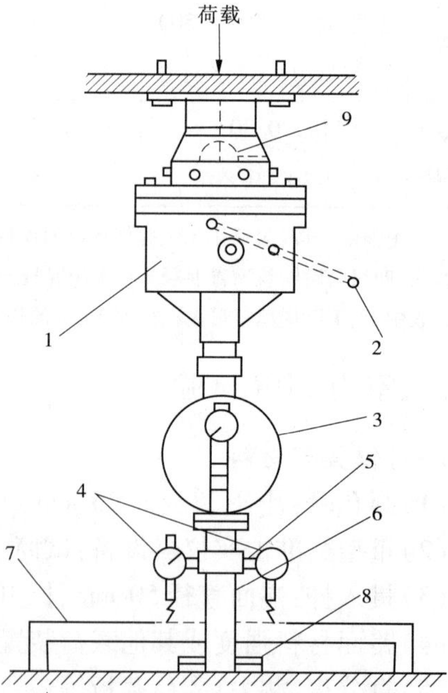

1—加载千斤顶;2—手柄;3—测力计;4—贯入量测定装置(百分表);5—百分表夹持具;6—贯入杆;7—平台;8—承载板;9—球座

图6-9 *CBR* 现场测试装置

(6)细砂:洁净干燥的细干砂,粒径为0.3～0.6 mm。

(7)其他:铁铲、盘、直尺、毛刷、天平等。

(二)方法与步骤

1.准备工作

(1)将试验地点直径约30 cm范围内的表面找平,用毛刷刷净浮土。如表面为粗粒土,应撒布少许洁净的干砂填平,但不能覆盖全部土基,避免形成一层。

(2)装置测试设备,按图6-9设置贯入杆及千斤顶,千斤顶顶在汽车后轴上且调节至高度适中,贯入杆应与土基表面紧密接触。

(3)安装贯入量测定装置,将支架平台、百分表(或两台贝克曼梁弯沉仪)按图6-9安装好。

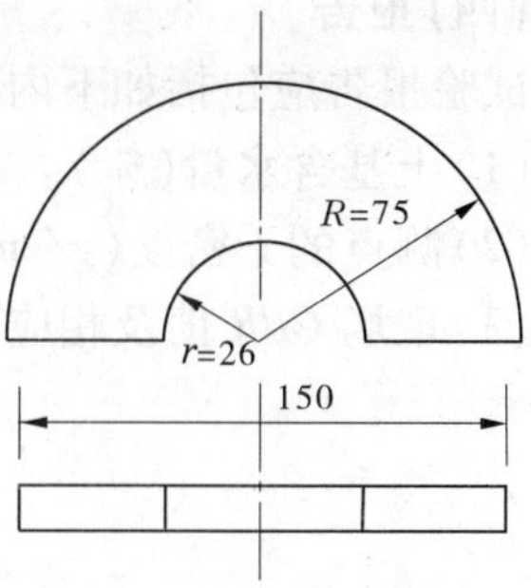

图6-10 荷载板 (单位:mm)

2. 测试步骤

(1)在贯入杆位置安放4块1.25 kg的分开成半圆的承载板(共5 kg)。

(2)贯入前,先在贯入杆上施加45 N荷载后,将测力计及贯入量百分表调零,记录初始读数。

(3)启动千斤顶,使贯入杆以1 mm/min的速度压入土基,当相应贯入量为0.5 mm、1.0 mm、1.5 mm、2.0 mm、2.5 mm、3.0 mm、4.0 mm、5.0 mm、6.5 mm、10.0 mm及11.5 mm时,分别读取测力计读数。根据情况,也可在贯入量达6.5 mm时结束试验。

用千斤顶连续加载,两个贯入量百分表及测力计均应在同一时刻读数。当两个百分表读数差值不超过平均值的30%时,以其平均值作为贯入量;当两个百分表读数差值超过平均值的30%时,应停止试验。

(4)卸除荷载,移去测定装置。

(5)在试验点下取样,测定材料含水量。取样数量如下:

最大粒径不大于4.75 mm,试样数量约120 g;

最大粒径不大于19.0 mm,试样数量约250 g;

最大粒径不大于31.5 mm,试样数量约500 g。

(6)在紧靠试验点旁边的适当位置,用灌砂法或环刀法等测定土基的密度。

(三)计算

(1)将贯入试验得到的各等级荷载数除以贯入断面面积(19.625 cm^2),得各级压强(MPa),绘制荷载压强—贯入量曲线,如图6-11所示。当图中曲线如2所示有明显下凹的情况时,应在曲线的拐弯处作切线延长并作贯入量修正,以与坐标轴相交的点O'作原点,得到修正后的荷载压强—贯入量曲线。

(2)从荷载压强—贯入量曲线上读取贯入量为2.5 mm及5.0 mm时的荷载压强,按公式计算现场*CBR*值。*CBR*值一般以贯入量2.5 mm时的测定值为准,当贯入量为5.0 mm时的*CBR*值大于2.5 mm时的*CBR*值时,应重新试验。如重新试验仍然如此,则以贯入量5.0 mm的*CBR*值为准。

$$CBR = \frac{P_1}{P_0} \times 100\% \qquad (6\text{-}6)$$

式中 P_1——荷载压强,MPa;

P_0——标准压强,当贯入量为2.5 mm时为7 MPa,当贯入量为5.0 mm时为10.5 MPa。

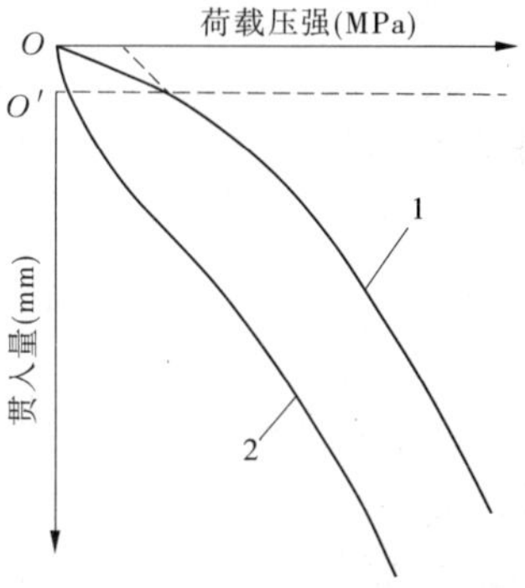

图6-11 荷载压强—贯入量关系曲线

(四)报告

试验报告应包括如下内容:

(1)土基含水量(%)。

(2)测点的干密度(g/cm^3)。

(3)现场 *CBR* 值及相应的贯入量。

复习思考题

1. 何谓弯沉值?说明其物理意义。

2. 弯沉值常用哪几种方法进行测定?简述各测定方法的特点。

3. 简述落锤式弯沉仪运用贝克曼梁弯沉仪标定换算的要点。

4. 何谓 *CBR*?简述土基现场 *CBR* 值测试要点。

5. 在某路段路基施工质量检查中,标准轴载测得20点的弯沉值分别为100、102、110、95、102、98、96、97、101、95、98、93、97、105、101、108、102、100、103、100(0.01 mm),该路段的弯沉值是否满足要求?(保证率系数 $Z_\alpha = 1.645$,设计弯沉值为106(0.01 mm))

第七章 水泥混凝土路面强度检测

内容简介

本章主要介绍了超声回弹法和钻芯法测定路面水泥混凝土强度以及水泥混凝土弯拉强度评定的方法。

知识目标

1. 了解:超声回弹法、钻芯法测试的基本概念及其原理。

2. 熟悉:超声回弹法、钻芯法测定路面水泥混凝土强度的方法。

3. 掌握:水泥混凝土弯拉强度评定。

能力目标

1. 会进行超声回弹法、钻芯法测定路面水泥混凝土强度。

2. 会进行水泥混凝土弯拉强度评定计算。

第一节 超声回弹法测定水泥混凝土路面抗弯强度

超声回弹法也称超声回弹综合法,是指采用超声仪和回弹仪,在结构混凝土同一测区分别测量声时值及回弹值,推算该测区混凝土强度的一种方法。该方法适用于视密度为1.9~2.5 t/m^3,板厚大于100 mm,龄期大于14 d,强度已达到设计抗压强度80%以上的水泥混凝土。当水泥混凝土出现以下情况之一时,则不适合采用该方法:

(1)隐蔽或外漏局部缺陷区。

(2)裂缝或微裂区(包括路面伸缩缝和工作缝)。

(3)路面角隅钢筋和边缘钢筋处,特别是超声波与钢筋方向相同时。

(4)距路面边缘小于10 cm的部位。

水泥混凝土路面的混凝土抗弯强度是标准条件下的梁式试件龄期28 d时的抗弯强度,适用于采用回弹仪、低频超声仪在现场对水泥混凝土路面按综合法进行快速检测,并利用测强曲线方程推算的混凝土强度。

特别注意:现场用超声回弹法测定不能代替试验室标准条件下的抗弯强度测定,该试验不适于作为仲裁试验或工程验收的最终依据。

一、仪具与材料

(1)超声波检测仪应满足以下要求:

①具有示波屏显示和手动游标测读功能的显示稳定的示波装置,声时可测量范围应为0.5~9 999 μs,测试精度为0.1 μs。

②数字显示稳定,声时显示调节在20~30 μs范围内时,2 h内声时显示漂移不得大于±0.2 μs。

③超声波在空气中传播的计算声速与实测声速值相比,误差不大于±0.5%。

(2)换能器:为厚度震动形式压电材料,频率在 50 ~ 100 kHz 范围内,实测频率与标称频率相差不超过 ±10%。

(3)耦合剂:采用易于变形、有较大的声阻、有较好黏性且不流淌的材料,通常采用黄蜡油,也可使用凡士林、蜡泥型料等。

(4)回弹仪:指针直读式的混凝土回弹仪,构造和主要零件见图 7-1,也可采用数字显示仪或自动记录式的回弹仪。

(5)手持砂轮。

(6)其他:油污清洗剂、毛刷、抹布等。

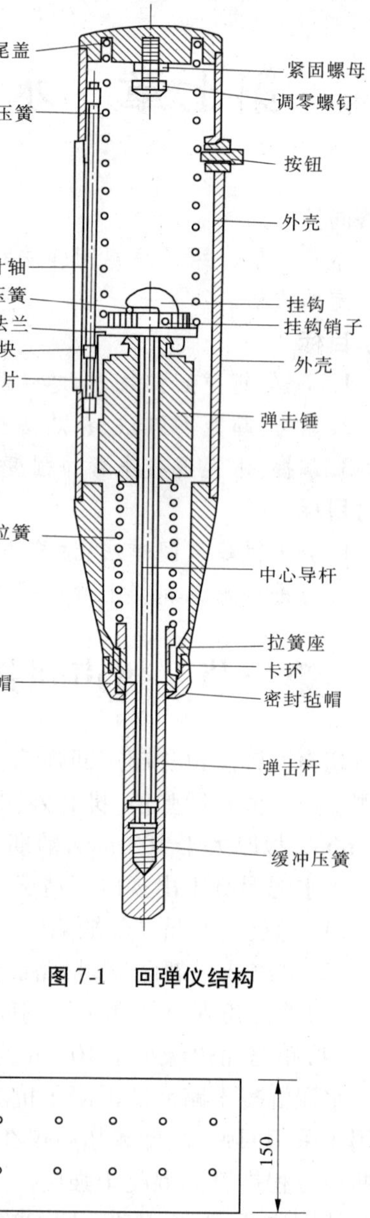

图 7-1　回弹仪结构

二、方法与步骤

(一)回弹仪率定试验

在每次测定前,回弹仪均应在钢砧上进行率定。率定时,钢砧应稳固地平放在刚度大的混凝土地坪上。回弹仪向下弹击时,弹击杆分 4 次旋转,每次旋转约 90°,弹击 3 ~ 5 次,取其中最后连续 3 次且读数稳定的回弹值的平均值作为率定值。如率定结果小且在规定的 80 ± 2 范围内,应对回弹仪有关零件清洗保养后再进行标定;如仍不合格,则应送检定单位检验后使用。

(二)测区和测点布置

(1)按规定随机选择的水泥混凝土板,将每一块水泥混凝土路面板作为一个试样,均匀布置 10 个测区,每个测区不宜小于 150 mm × 550 mm(见图 7-2),测试面应清洁、干净、平整,不得有蜂窝、麻面,对浮浆和油垢以及粗糙处应清洗或用砂轮片磨平,并擦净残留粉尘。

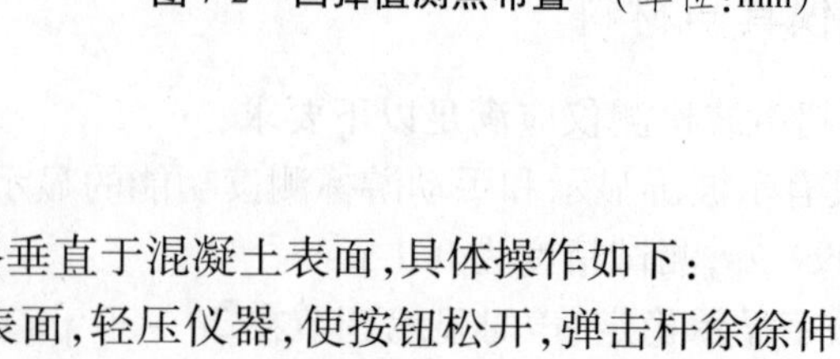

图 7-2　回弹值测点布置　(单位:mm)

(2)每个测区的测点宜在测区范围内均匀分布,但不得布置在气孔或外露石子上,相邻两测点的距离不宜小于 30 mm。

(三)回弹值的测定

在测试过程中,回弹仪的轴线应始终垂直于混凝土表面,具体操作如下:

(1)使回弹仪的弹击杆顶住混凝土表面,轻压仪器,使按钮松开,弹击杆徐徐伸出,并使挂钩挂上弹击锤。

(2)手持回弹仪对混凝土表面缓慢均匀施压,待弹击锤脱钩,冲击弹击杆后,弹击锤即带动指针向后移动到达一定位置，指针刻度线在刻度尺上的示值即为该点的回弹值。

(3)使用上述方法在混凝土表面依次读数并记录回弹值，如条件不利于读数，可按下按钮，锁住机芯，将回弹仪移至他处读数，精确至1个单位。

(4)使用完毕后应将弹击杆压入仪器内，经弹击后按下按钮锁锁住机芯，待下一次使用。

(四)声时值的测量

具体步骤如下：

(1)在进行回弹测试的同一测区内布置三条轴线，如图7-3所示，作为换能器布置区。

(2)在换能器放置处涂抹耦合剂。

(3)将换能器分别放置在轴线Ⅰ的1点及2点处，换能器与路面混凝土应充分接触，耦合良好，发射和接收两换能器直径与测轴线重合，边缘与测距相切。超声波振幅应调到规定振幅。测读声时 t_{11}，精确至0.1 μs。

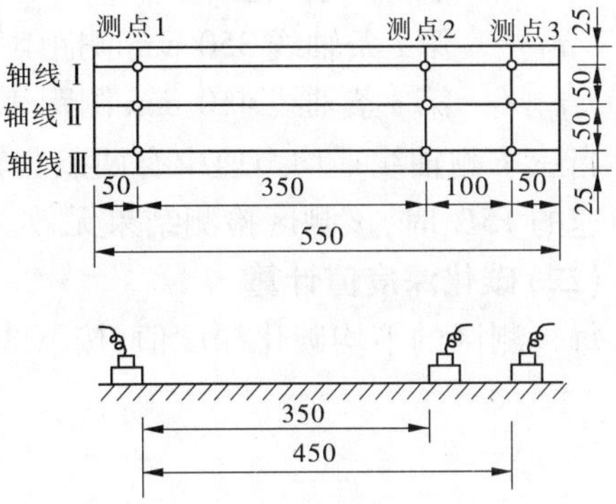

图7-3　换能器布置　(单位：mm)

(4)1点处的换能器不动，将放置在2点处的换能器移至3点处，再测读声时为 t_{12}，精确至0.1 μs。

(5)按上述方法测量轴线Ⅱ、Ⅲ，分别得声时为 t_{21}、t_{22}、t_{31}、t_{32}。

(五)碳化深度值测定

对龄期超过3个月的混凝土，回弹值测量完毕后，可在每个测区上选择一处测量混凝土的碳化深度值。当相邻测区的混凝土生产工艺条件相同，龄期基本相同时，则该测区测得的碳化深度值也可代表相邻测区的碳化深度值。

测量碳化深度值时，可用合适的工具在测区表面形成直径约为15 mm的孔洞(其深度略大于混凝土的碳化深度)，然后用吸耳球吹去孔洞中的粉末和碎屑(不得用液体冲洗)，并立即用浓度为1%的酚酞酒精溶液洒在孔洞内壁的边缘处。当已碳化与未碳化界限清楚时(未碳化部分变成紫红色)，用游标卡尺测量已碳化与未碳化交界面至混凝土表面的垂直距离1～2次，该距离即为混凝土的碳化深度值，每次测读精确至0.5 mm。

一个测区选择1～3处测量混凝土的碳化深度值。当相邻测区的混凝土质量或回弹值与它基本相同时，也可以代表相邻测区的碳化深度值。

三、计算

(一)超声波声速值计算

超声波声速值计算如下(精确至0.01 km/s)

$$v_{i1} = \frac{350}{t_{i1}} \tag{7-1}$$

$$v_{i2} = \frac{450}{t_{i2}} \tag{7-2}$$

$$v_i = \frac{v_{i1} + v_{i2}}{2} \tag{7-3}$$

$$v = \frac{v_1 + v_2 + v_3}{3} \tag{7-4}$$

式中 v_{i1}——第 i 条轴线 1 点与 2 点 350 mm 测距声速,km/s,$i=1,2,3$;

v_{i2}——第 i 条轴线 1 点与 3 点 450 mm 测距声速,km/s,$i=1,2,3$;

v_i——第 i 条轴线平均声速,km/s,$i=1,2,3$;

v——测区平均声速,km/s;

t_{i1}——第 i 条轴线 350 mm 测距声时,μs;

t_{i2}——第 i 条轴线 450 mm 测距声时,μs。

当三条测轴线平均声速中有两条测轴线平均声速与测区的平均声速之差都超过测区平均声速的 15%时,该测区检测结果无效。

(二)碳化深度值计算

每一测区的平均碳化深度值,按下式计算

$$\overline{L} = \frac{\sum_{i=1}^{n} L_i}{n} \tag{7-5}$$

式中 $\overline{L}$——测区的平均碳化深度值;

L_i——第 i 次测量的碳化深度值,mm;

n——测区的碳化深度值测点数。

如平均碳化深度值小于或等于 0.4 mm,按无碳化深度处理(即平均碳化深度值为 0);如平均碳化深度值大于或等于 6 mm,取 6 mm;对于新浇混凝土龄期不超过 3 个月者,可视为无碳化。

(三)回弹值计算

1.测区回弹值的计算

当回弹仪水平方向测试混凝土浇筑侧面时,应从每一测区的 16 个回弹值中剔除其中 3 个最大值和 3 个最小值,取余下的 10 个回弹值的平均值作为该测区的平均回弹值,取一位小数。

计算公式为

$$\overline{N}_S = \frac{\sum N_i}{10} \tag{7-6}$$

式中 $\overline{N}_S$——测区平均回弹值,精确至 0.1;

N_i——第 i 个测点的回弹值。

2.测试角度修正

当回弹仪非水平方向测试混凝土浇筑侧面时,应将测得的数据按式(7-7)进行修正,计算非水平方向测定的修正回弹值,如表 7-1 所示。

$$\overline{N} = \overline{N}_S + \Delta N \tag{7-7}$$

式中 $\overline{N}$——经非水平测定修正的测区平均回弹值;

$\overline{N}_S$——回弹仪实测的测区平均回弹值;

ΔN——由表 7-1 查出的不同测试角度的修正回弹值,精确至 0.1。

表 7-1 非水平方向测定的修正回弹值 ΔN

$\overline{N}_S$	与水平方向所成的角度							
	+90°	+60°	+45°	+30°	-30°	-45°	-60°	-90°
20	-6.0	-5.0	-4.0	-3.0	+2.5	+3.0	+3.5	+4.0
30	-5.0	-4.0	-3.5	-2.5	+2.0	+2.5	+3.0	+3.5
40	-4.0	-3.5	-3.0	-2.0	+1.5	+2.0	+2.5	+3.0
50	-3.5	-3.0	-2.5	-1.5	+1.0	+1.5	+2.0	+2.5

注：表中未列入的 $\overline{N}_S$ 可用内插法求得。

3. 碳化深度修正

按照式(7-6)、式(7-7)计算 $\overline{N}$ 后，还需根据式(7-8)对实测回弹值进行碳化深度修正计算

$$N' = 0.8795\overline{N} - 1.4443\overline{L} + 4.48 \tag{7-8}$$

式中 N'——修正后的测区回弹值，当 $\overline{L}=0$ 时，$N'=\overline{N}$；

$\overline{N}$——实测的测区平均回弹值；

$\overline{L}$——碳化深度平均值，mm。

(四)混凝土抗弯强度推算

1. 测强曲线方程的确定

建立专用测强曲线方程。取用与路面混凝土相同的原材料，设计几种不同水灰比的混凝土配合比(一般设计 4 种配合比，其中包括路面施工时的配合比)，对每种配合比成型 150 mm×150 mm×550 mm 的梁式试件(不少于 6 个)，在标准条件下养护 28 d 后，按上述方法进行超声及回弹检测，并按水泥混凝土试验规程进行抗弯强度试验，再用二元非线性方程按式(7-9)回归，确定回归系数，得出测强曲线方程，相对标准误差 e_r 应不大于 12%。

$$R_f = av^b e_r^c N \tag{7-9}$$

式中 R_f——混凝土抗弯强度，MPa；

v——超声声速，km/s；

N——修正后的回弹值；

a、b、c——回归系数；

e_r——相对标准误差(%)，按式(7-10)计算。

$$e_r = \sqrt{\frac{\sum\left(\frac{R'_{fi}}{R_{fi}} - 1\right)^2}{n-1}} \times 100 \tag{7-10}$$

式中 R'_{fi}——第 i 块试件实测抗弯强度，MPa；

R_{fi}——第 i 块试件由超声、回弹推算的抗弯强度，MPa；

n——试件数，按单块计。

2. 混凝土路面抗弯强度推定

以每一段中每一幅为一个单位作为抗弯强度评定对象。

评定抗弯强度第一条件值和第二条件值，按式(7-11)、式(7-12)计算。

$$R_{n1} = 1.18(\overline{R}_n - KS_n) \tag{7-11}$$

$$R_{n2} = 1.18(R_{fi})_{min} \tag{7-12}$$

以第一条件值及第二条件值中的小者作为混凝土抗弯强度评定值 R_n。

$$R_n = \min\{R_{n1}, R_{n2}\} \tag{7-13}$$

式中 R_{n1}——抗弯强度第一条件值，MPa，精确至 0.1 MPa；

R_{n2}——抗弯强度第二条件值，MPa，精确至 0.1 MPa；

S_n——抗弯强度标准差，MPa，按式(7-14)计算，精确至 0.1 MPa；

$$S_n = \sqrt{\frac{\sum (R_{fi})^2 - n(\overline{R}_n)^2}{n-1}} \tag{7-14}$$

$\overline{R}_n$——抗弯强度平均值，MPa，按式(7-15)计算，准确至 0.1 MPa；

$$\overline{R}_n = \frac{1}{2}\sum R_{fi} \tag{7-15}$$

R_{fi}——第 i 测区推算的抗弯强度，MPa；

$(R_{fi})_{min}$——所有推算的抗弯强度中的最小值，MPa；

n——测区数；

K——合格判定系数值，当 $n = 10 \sim 14$ 时，$K = 1.70$，当 $n = 15 \sim 24$ 时，$K = 1.65$，当 $n \geq 25$ 时，$K \approx 1.60$。

(五)报告

(1)水泥混凝土路面抗弯强度检测结果。

(2)水泥混凝土路面抗弯强度评定结果。

第二节　钻芯法测定水泥混凝土路面劈裂抗拉强度

钻孔取芯法是利用钻机，从结构混凝土中钻取芯样，以检测混凝土强度或观察混凝土内部质量的方法。由于它对结构混凝土造成局部损伤，因此是一个半破损的现场检测手段。

用钻芯法检测混凝土的强度、裂缝、接缝、分层、孔洞或离析等缺陷，具有直观、精度高等特点，但也有一定的局限性：

(1)钻芯时对结构造成局部损伤，因而钻芯位置的选择及钻芯数量等均受到一定限制，而且它所代表的区域也是有限的。

(2)钻芯机及芯样加工配套机具与非破损测试仪器相比，比较笨重，移动不方便，测试成本较高。

(3)钻芯后的孔洞要修补，尤其当钻断钢筋时，更增加了修补工作的难度。

水泥混凝土路面的强度控制指标主要是弯拉强度和劈裂强度，由于弯拉强度试验方法比较复杂，不适宜推广，现多用劈裂强度试验来代替。

一、仪具与材料

（一）钻芯机

常见的钻芯机（见图 7-4）有轻便型取芯机（钻芯直径 12 ~ 75 mm）、轻型钻机（钻芯直径 12 ~ 200 mm）、重型钻机（钻芯直径 200 ~ 450 mm）和超重型钻机（钻芯直径 330 ~ 700 mm）。

图 7-4　钻芯机

（二）芯样切割机

当检测混凝土强度时，应将芯样用切割机加工成具有一定尺寸的抗压试件。切割方式可分为两种类型：一种是圆锯片不移动，但工作台可以移动；另一种是锯片平行移动，工作台不移动。

（三）人造金刚石空心薄壁钻头

空心薄壁钻头主要由钢体和胎环部分组成。钢体一般由无缝钢管车制成。钻头的胎环由钢系、青铜系、钨系等冶金粉末和适量的人造金刚石浇铸成型。在胎环上加工若干排水槽（一般称水口），钻头的构造如图 7-5 所示。

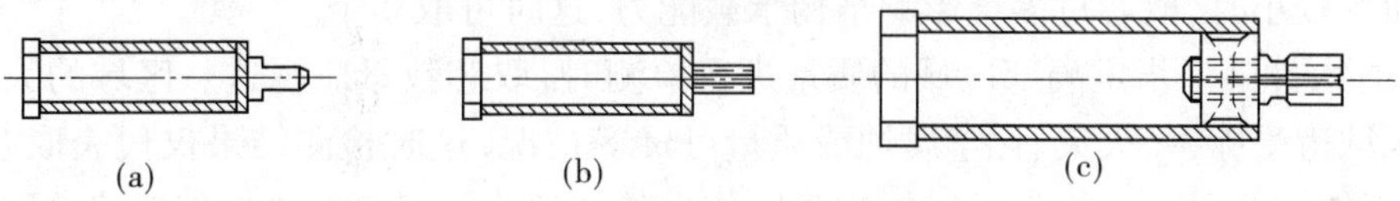

图 7-5　空心薄壁钻头构造示意

（四）压力试验机

压力试验机能够满足试件破坏吨位要求。

（五）劈裂夹具、木质三台板垫层

芯样劈裂抗拉试验装置示意见图 7-6。

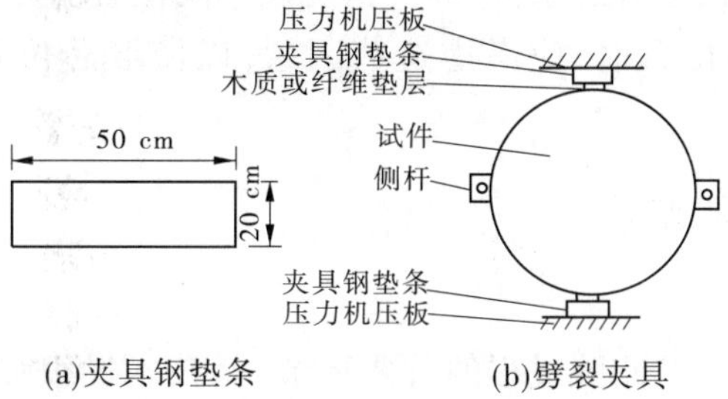

图 7-6　芯样劈裂抗拉试验装置示意

二、方法与步骤

（一）调查了解工程质量情况

（1）工程名称或代号，以及设计、施工、建设单位名称。

（2）结构或构件种类、外形尺寸及数量。

（3）混凝土强度等级、混凝土的成型日期、所用的水泥品种、粗集料粒径、砂石产地及配合比等。

(4)混凝土试块的抗压强度。

(5)结构或构件的现场质量状况以及施工或使用中存在的质量问题。

(6)有关的结构设计图和施工图。

(二)钻芯机具准备及钻头直径的选择

一般根据被测构件的体积及钻取部位确定钻芯的深度,据此选择合适的钻机及钻头,具体应根据检测的目的选择适宜尺寸的钻头。当钻取的芯样是为了进行抗压强度试验时,则芯样的直径与混凝土粗集料粒径之间应保持一定的比例关系。在一般情况下,芯样直径为粗集料的3倍。在钢筋过密或因取芯位置不允许钻取较大芯样的特殊情况下,钻芯直径可为粗集料的2倍。在工程中的梁、柱、板、基础等现浇混凝土结构中,一般使用粗集料的最大粒径为32 mm或40 mm,这样采用内径为100 mm或150 mm的钻头已可满足要求。

(三)芯样数量的确定

取芯的数量应视检测的要求而定。进行强度检测时,一般可分为以下两种情况:

(1)对单个构件进行强度检测时,在构件上的取芯个数一般不少于3个;当构件的体积或截面面积较小时,取芯过多会影响结构承载能力,这时可取2个。

(2)对构件某一指定局部区域的质量进行检测时,取芯数量应视这一区域的大小而定,如某一区域遭受冻害、火灾、化学腐蚀或质量可疑等情况,这时检测结果仅代表取芯位置的质量,而不能据此对整个构件或结构物强度作出整体评价。对于检查内部缺陷的取芯试验,更应视具体情况而定。

(四)取芯位置的选择

取芯时会对结构混凝土造成局部损伤,因此在选择芯样位置时要特别慎重。其原则是:应尽量选择在结构受力较小的部位;对于一些重要构件或者一些构件的重要区域,尽量不在这些部位取芯,以免对结构安全造成不利影响。

在一个混凝土构件中由于施工条件、养护情况及不同位置的影响,各部分的强度并不是均匀一致的。在选择钻芯位置时,应考虑这些因素,以使取芯位置混凝土的强度具有代表性。

三、钻取芯样与芯样加工

(一)芯样钻取

混凝土芯样的钻取是钻芯测强过程的首要环节,是技术性很强的一项工作。钻头和钻机的使用寿命以及工作效率,都与操作者的熟练程度和经验有关。因此,熟练地掌握操作技术,合理调节各部位装置,将会获得较好的钻取效果。

先将钻机安放稳固(钻机的稳固方法有配重法、真空吸附法、顶杆支撑法和膨胀螺栓法等)并调至水平后,安装好钻头,接通水源,启动电动机,然后操作加压手柄,使钻头慢慢接触混凝土表面。当混凝土表面不平时,下钻更应特别小心,待钻头入槽稳定后,方可适当加压进钻。

在钻进过程中应保持冷却水的畅通,水流量宜为3 ~5 L/mim,出口水温不宜过高。冷却水的作用:一是防止金刚石温度升高烧毁钻头;二是及时排除钻孔中产生的大量混凝土碎屑,以利于钻头不断切削新的工作面和减少钻头的磨损。水流量的大小与钻进速度和直径成正比,以料屑能快速排出,又不致四处飞溅为宜。当钻头钻至芯样要求长度后,退钻至离混凝土表面 20 ~ 30 mm 时停电停水,然后将钻头全部退出混凝土表面。如停电停水过早,则容易发生卡钻现象,尤其在深孔作业时更应特别注意。

移开钻机后,用带弧度的钢钎插入圆形槽并用锤敲击,此时由于弯矩的作用,芯样在底部与结构断离,然后将芯样提出。取出的芯样应及时编号,并检查外观质量情况,作好记录后,妥善保管,以备割成标准尺寸的芯样试件。

为了保证安全操作,取芯机操作人员必须穿戴绝缘鞋及其他防护用品。

(二)芯样加工

1. 芯样尺寸要求及测量方法

(1)平均直径:在钻芯过程中,由于受到钻机振动、钻头偏摆等因素的影响,沿芯样高度的任一直径方向芯样直径并不是均匀一致的,也就是说,同一芯样其直径有的部位大、有的部位小。为了方便地计算芯样的截面面积,故以平均直径为代表。测量平均直径(见图 7-7(d))用游标卡尺测量芯样中部,在互相垂直的两个位置上取其两次测量的算术平均值作为平均直径,测量精度为 0. 5 mm。

(2)芯样高度(见图 7-7(a)):抗压芯样试件高度用钢卷尺进行测量,精确至 1 mm;芯样高径比(h/d)宜为 1. 00,当芯样试件的实际高径比小于 0. 95 或大于 1. 05 时,相应的测试数据无效。

(3)端面平整度:芯样端面与立方体试块的侧面一样,是进行劈裂抗拉强度试验时的承压面,其平整度对强度影响很大。端面不平时,向上比向下引起的应力集中更为剧烈,强度会下降很大。因此,国内外标准对芯样端面平整度有严格要求。测量端面平整度(见图 7-7(b))是用钢板尺紧靠在芯样端面上,一面转动钢板尺,一面用塞尺测量与芯样之间的缝隙,在 100 mm 长度范围内不超过 0. 05 mm 为合格。

(4)垂直度:芯样两个端面应互相平行且应垂直于轴线。芯样端面与轴线间垂直度偏差过大,试验时会降低强度,其影响程度还与试验机的球座及试件的尺寸大小有关。大部分规定垂直度偏差不得超过 ±1°。垂直度测量(见图 7-7(c))方法是,用游标量角器分别测量两个端面与轴线间的夹角,在 90° ±2°时为合格,测量精度为 0. 1°。承压线凹凸不应大于 0. 25 mm。

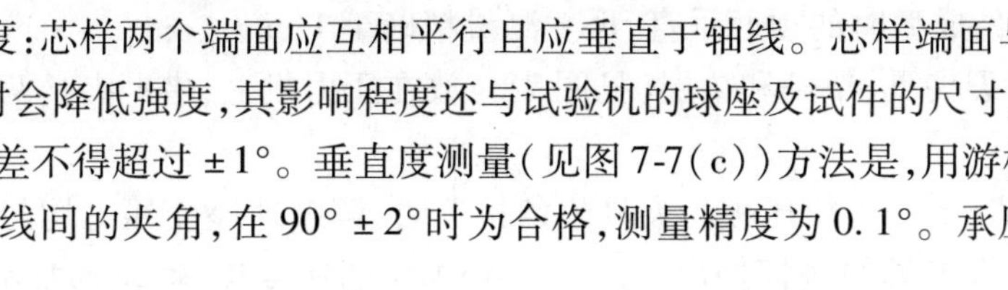

(a)测量高度　(b)测量平整度　(c)测量垂直度　(d)测量平均直径

图 7-7　芯样尺寸测量示意

2. 芯样切割加工与端面的修整

(1)芯样切割:采用切割机和人造金刚石圆锯片进行切割加工。芯样切割部位的选择和切割机操作正确，是保证芯样切割质量的重要环节。芯样加工时切除部分和保留部分应根据检测的目的确定。在一般情况下，应将影响强度试验的缺边、掉角、孔洞、疏松层、钢筋等部分切除，但是，在一些特殊情况下，如为了检测混凝土受冻或疏松层的强度，在切割加工中要注意保留这一部分混凝土。为了强度试验的方便，在满足试件尺寸要求的前提下，同一批试件应尽可能切割成同样的高度。

（2）芯样端面修整：芯样在锯切过程中，由于受到振动、夹持不紧或圆锯片偏斜等因素的影响，芯样端面的平整度及垂直度很难完全满足试件尺寸的要求。此时，需采用专用机具进行磨平或补平处理。芯样端面修整基本可分为两种方法：磨平法和补平法。磨平法是在磨平机的磨盘上撒上金刚石砂粒（或直接用金刚石磨轮）对芯样两端进行磨平处理，或采用金刚石车刀在车床上对芯样端面进行车光处理，直到平整度及垂直度达到要求。补平法是用补平材料对芯样端面进行修整，根据所用材料可分为硫黄、硫黄胶泥、硫黄砂浆、水泥净浆、水泥砂浆补平等。

芯样直径两端侧面测定钻取后芯样的高度及端面加工或端面加工后的高度，其尺寸差应在 0.25 mm 之内。

四、测定水泥混凝土路面劈裂抗拉强度

（一）芯样的钻取与试件加工

要求及方法同前所述，但芯样长度应与路面厚度相等。

（二）检查

（1）外观检查：对每个芯样应详细描述有关裂缝、接缝、分层、麻面或离析等不均匀性。

（2）测量：平均直径、高度、平整度及垂直度等。

（三）劈裂抗拉强度试验步骤

（1）试件从养护地点取出后，擦拭干净，测量尺寸，检查外观，在试件中部划出劈裂面位置线。劈裂面与试件成型时的顶面垂直，尺寸测量精确至 1 mm。

（2）将试件、劈裂夹具、垫条和垫层（见图 7-6）放在压力机上，借助夹具两侧杆将试件对中。

（3）开动压力机，当压力机压板与夹具垫条接近时，调整球座使压力均匀接触试件。当压力加到 5 kN 时，将夹具的侧杆抽出，以（60 ± 4）N/s 的速度连续、均匀加荷，直至试件劈裂，记下破坏荷载，精确至 0.01 kN。

（四）试验结果计算

芯样劈裂抗拉强度 R_{ct} 按下式计算

$$R_{ct} = \frac{2P}{A\pi} = \frac{2P}{\pi d_m L_m} \tag{7-16}$$

式中 R_{ct}——芯样劈裂抗拉强度，MPa，精确至 0.1 MPa；

P——极限荷载，N；

A——芯样劈裂面面积，m^2；

d_m——芯样截面的平均直径，mm；

L_m——芯样平均长度，mm。

第三节　水泥混凝土弯拉强度评定

水泥混凝土弯拉强度试验方法应使用标准小梁法或钻芯劈裂法，试件使用标准方法制作，标准养生时间28 d。按规范规定的检查频率进行检测，计算每组3个试件的平均值作为一个统计数据。

（1）当试件组数大于10组（即 $n>10$）时，平均弯拉强度合格判断式为

$$f_{cs} > f_r + K\sigma \tag{7-17}$$

式中　f_{cs}——混凝土合格判定平均弯拉强度，MPa；

f_r——设计弯拉强度标准值，MPa；

K——合格判定系数，如表7-2所示；

σ——强度标准差，MPa。

表7-2　合格判定系数 K 值

试件组数 n	11～14	15～19	≥20
K	0.75	0.70	0.65

（2）当试件组数为11～19组时，允许有一组最小弯拉强度小于 $0.85f_r$，但不得小于 $0.80f_r$。当试件组数大于20组时，其他公路允许有一组最小弯拉强度小于 $0.85f_r$，但不得小于 $0.75f_r$。高速公路和一级公路均不得小于 $0.85f_r$。

（3）当试件组数等于或少于10组（即 $n\leqslant10$）时，试件平均强度不得小于 $1.10f_r$，任一组强度均不得小于 $0.85f_r$。

（4）当标准小梁合格判定平均弯拉强度 f_{cs} 和最小弯拉强度 f_{min} 中有一个不符合上述要求时，应在不合格路段每千米每车道钻取3个以上 Φ150 mm的芯样，实测劈裂强度，通过各自工程的经验统计公式换算弯拉强度，其合格判定平均弯拉强度 f_{cs} 和最小值 f_{min} 必须合格，否则，应返工重铺。

在实测项目中，水泥混凝土弯拉强度评为不合格时相应分项工程评为不合格。

【例7-1】　某公路竣工验收时，为检验水泥混凝土路面施工质量是否达到设计要求，采用钻孔取芯法对其进行劈裂抗拉强度试验，其试验结果为（$n=11$）：28.0 MPa、31.5 MPa、26.5 MPa、27.8 MPa、27.5 MPa、25.5 MPa、25.0 MPa、28.8 MPa、27.5 MPa、31.0 MPa、32.5 MPa，该批混凝土强度是否合格？假设该设计配比混凝土强度为25 MPa。

解：经计算与查表知：$f_{cs}=28.33$ MPa，$\sigma=2.41$ MPa，$K=0.75$。

由式（7-17）知：

$$f_r + K\sigma = 25 + 0.75 \times 2.41 = 26.8\ (\text{MPa}) < f_{cs} = 28.33\ \text{MPa}$$

且

$$0.85f_r = 0.85 \times 25 = 21.25 \approx 21.2\ (\text{MPa}) < 25.0\ \text{MPa}$$

所以水泥混凝土路面抗拉强度评定为合格。

复习思考题

1. 简述用超声回弹法测定结构混凝土强度的基本原理。

2. 如何测定结构混凝土的碳化深度?

3. 简述芯样钻取的要点及注意事项。

4. 在试验室进行同配比的混凝土强度试验,其试验结果为($n=12$):23.0 MPa、31.0 MPa、26.0 MPa、24.8 MPa、27.0 MPa、25.5 MPa、25.4 MPa、25.8 MPa、24.5 MPa、25.0 MPa、27.5 MPa、26.5 MPa,该批混凝土强度是否合格?假设该设计配比混凝土强度为25 MPa。

第八章　路面平整度检测

内容简介

本章主要介绍了3 m直尺、连续式平整度仪、车载式颠簸累积仪及车载式激光平整度仪测定平整度的方法与步骤。

知识目标

1. 了解:平整度检测的测试方法及其特点。
2. 熟悉:平整度检测各种测试方法的测试要点。
3. 掌握:平整度检测数据的处理方法。

能力目标

1. 能进行3 m直尺法、连续式平整度仪法测平整度的检测操作。
2. 能进行3 m直尺法、连续式平整度仪法的检测数据计算与处理。

第一节　概　述

平整度是路面施工质量与服务水平的重要指标之一。它是指以规定的标准量规,间断地或连续地量测路表面的凸凹情况,即不平整度的指标。路面的平整度与路面各结构层次的平整状况有着一定的联系,即各层次的平整效果将累积反映到路面表面上,路面面层由于直接与车辆及大气接触,不平整的表面将会增大行车阻力,并使车辆产生附加振动作用。这种振动作用会造成行车颠簸,影响行车的速度和安全及驾驶的平稳和乘客的舒适,同时,振动作用还会对路面施加冲击力,从而加剧路面和汽车机件损坏和轮胎的磨损,并增大油耗。而且,不平整的路面会积滞雨水,加速路面的破坏。因此,平整度的检测与评定是公路施工与养护的一个非常重要的环节。

平整度的测试设备分为断面类及反应类两大类。断面类测试设备实际上是测定路面表面凸凹情况的,如最常用的3 m直尺及连续式平整度仪,还可用精确测定高程得到;反应类测试设备测定路面凸凹引起车辆振动的颠簸情况。反应类指标是司机和乘客直接感受到的平整度指标,因此它实际上是舒适性能指标,最常用的测试设备是车载式颠簸累积仪。现已有更新型的自动化测试设备,如纵断面分析仪、路面平整度数据采集系统测定车等。国际上通用国际平整度指数*IRI*衡量路面行驶舒适性或路面行驶质量,可通过标定试验得出*IRI*与标准偏差σ或单向累积值*VBI*之间的关系。本章仅介绍几种常见的平整度测试方法。

平整度测试方法比较见表8-1。

表8-1　平整度测试方法比较

方法	特点	技术指标
3 m直尺法	设备简单,结果直观,间断检测,工作效率低,反映凸凹程度	最大间隙h(mm)

续表 8-1

方法	特点	技术指标
连续式平整度仪法	设备复杂,连续测试,工作效率高,反映凸凹程度	标准偏差 σ(mm)
车载式颠簸累积仪法	设备复杂,连续测试,工作效率高,反映舒适性	单向累积值 *VBI*(cm/km)

第二节　3 m 直尺测定平整度

3 m 直尺测定法有单尺测定最大间隙及等距离(1.5 m)连续测定两种。两种方法测定的路面平整度有较好的相关关系。前者常用于施工质量控制与检查验收,单尺测定时要计算出测定段的合格率;等距离连续测定也可用于施工质量检查验收,要算出标准偏差,用标准偏差来表示平整程度。

3 m 直尺测定法用尺底距离路表面的最大间隙来表示路面的平整度,以 mm 计。它适用于测定压实成型的路基、路面各层表面的平整度,以评定路面的施工质量及使用质量;它也可用于路基表面成型后的施工平整度检测。

一、仪具与材料

(1)3 m 直尺:硬木或铝合金钢制,地面平直,长 3 m,如图 8-1 所示。

(2)楔形塞尺:木或金属制的三角形塞尺,有手柄。塞尺的长度与高度之比不小于 10,宽度不大于 15 mm,边部有高度标记,刻度精度不小于 0.2 mm,如图 8-2 所示。

(3)其他:皮尺或钢尺、粉笔等。

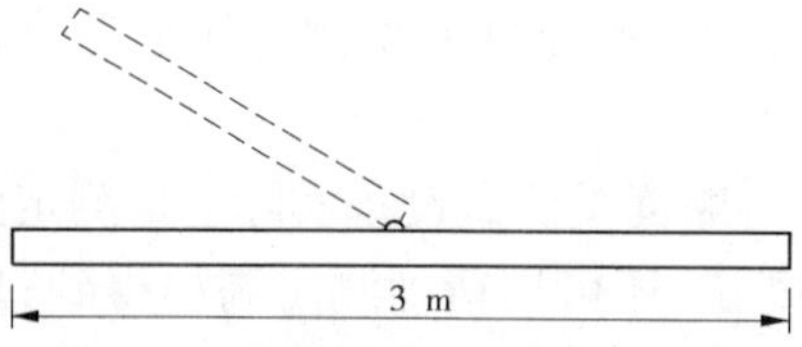

图 8-1　3 m 直尺

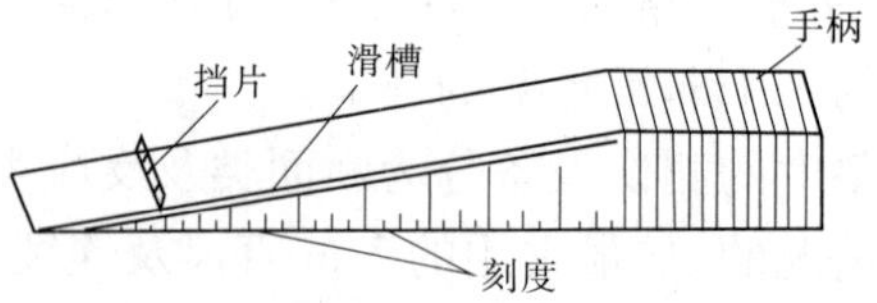

图 8-2　塞尺示意

二、方法与步骤

(一)准备工作

(1)选择测试路段。

(2)在测试路段路面上选择测试地点。

①当为施工过程中质量检测需要时,测试地点根据需要确定,可以单杆检测。

②当为路基、路面工程质量检查验收或进行路况评定需要时,应首尾相接连续测量 10 尺。除特殊需要外,应以行车道一侧车轮轮迹(距车道线 80 ~ 100 cm)带作为连续测定的标

准位置,如图 8-3 所示。

③对旧路面已形成车辙的路面,应取车辙中间位置为测定位置,用粉笔在路面上作好标记。

(二)测试步骤

(1)在施工过程中检测时,根据需要确定的方向,将 3 m 直尺摆在测试地点的路面上。

(2)目测 3 m 直尺底面与路面之间的间隙情况,确定间隙最大的位置。

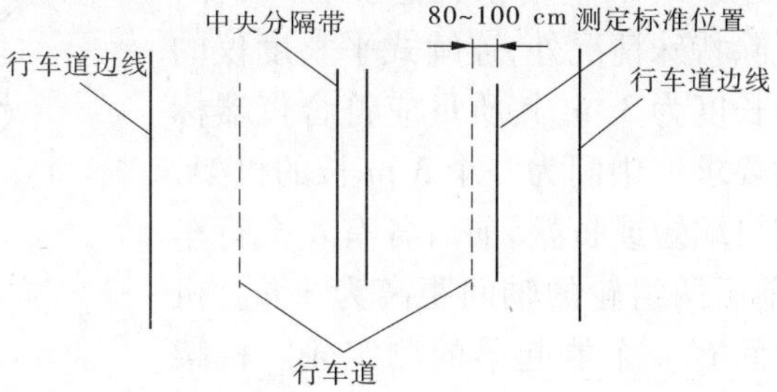

图 8-3　测点位置示意

(3)用有高度标线的塞尺塞进间隙处,量记最大间隙的高度(mm),精确至 0.2 mm,如图 8-4 所示。

(4)施工结束后检测时,每 1 处连续检测 10 尺,按上述(1)~(3)步骤测记 10 个最大间隙。

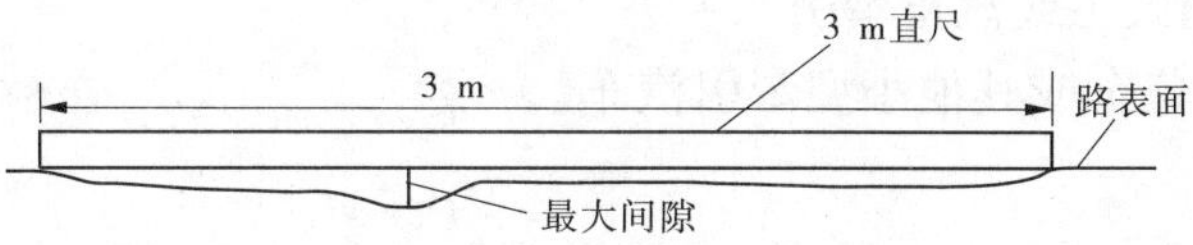

图 8-4　3 m 直尺测平整度示意

三、数据处理与评定

单尺检测路面的平整度计算,以 3 m 直尺与路面的最大间隙为测定结果,连续测定 10 尺,判断每个测定值是否合格,根据要求计算合格率,并计算 10 个最大间隙的平均值。

$$合格率(\%) = \frac{合格尺数}{总测尺数} \times 100 \tag{8-1}$$

单尺检测的结果应随时记录测试位置及检测结果。连续测定 10 尺时,应报告平均值、不合格尺数、合格率。

第三节　连续式平整度仪测定平整度

连续式平整度仪是近年来我国测定路面平整度的新型仪器,它通过测量路面不平整度的标准偏差 σ 来表示路面的平整度,以 mm 计,其主要优点是可以沿路面连续测量。它一般采用先进的微机处理技术,可自动计算、打印、显示路面平整度的标准偏差、正负超差等各项技术指标,并绘出路面平整度偏差曲线。

连续式平整度仪法适用于测定路表面的平整度,评定路面的施工质量和使用质量,不适用于在已有较多坑槽、破损严重的路面上测定。

一、仪具与材料

(1)连续式平整度仪。

连续式平整度仪构造如图8-5所示。除特殊情况外，连续式平整度仪的标准长度为3 m，其质量应符合仪器标准的要求。中间为一个3 m长的机架，机架可缩短或折叠，前后各有4个行车轮，前后两组轮的轴间距离为3 m。机架中间有一个能起落的测定轮。机架上装有蓄电池电源及可拆卸的检测箱，检测箱可采用显示、记录、打印或绘图等方式输出测试结果。测定轮上装有位移传感器、距离传感器等检测器，自动采集位移数据时，测定间距为10 cm，每一计算区间的长度为100 m，输出一次结果。当为人工检测、无自动采集数据及计算功能时，应能记录测试曲线。机架头装有一牵引钩及手拉柄，可用人工或汽车牵引。

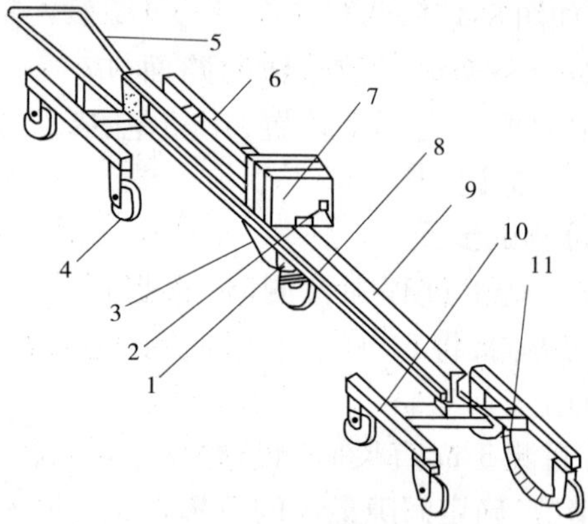

1—测量架；2—离合器；3—拉簧；4—脚轮；5—牵引架；6—前架；7—记录计；8—测定轮；9—纵梁；10—后架；11—软轴

图8-5　连续式平整度仪示意

（2）牵引车：小面包车或其他小型牵引汽车。

（3）皮尺或测绳。

二、方法与步骤

（一）准备工作

（1）选择测试路段。

（2）当为施工工程中质量检测需要时，测试地点根据需要确定；当为路面工程质量检查验收或进行路况评定需要时，通常以行车道一侧车轮轮迹带作为连续测定的标准位置。

（3）清扫路面测定位置处的杂物。

（4）检查仪器检测箱各部分是否完好、灵敏，并将各连接线接妥，安装记录设备。

（二）测试步骤

（1）将连续式平整度测定仪置于测试路段路面起点上。

（2）在牵引汽车的后部，将平整度的挂钩挂上后，放下测定轮，启动检测器及记录仪，随即启动汽车，沿道路纵向行驶，横向位置保持稳定，并检查平整度仪表上测定数字显示、打印、记录的情况。如遇检测设备中某项仪表发生故障，即须停止检测。牵引平整度仪的速度应保持匀速，速度宜为5 km/h，最大不得超过12 km/h。

（3）在测试路段较短时，亦可用人力拖拉平整度仪测定路面的平整度，但拖拉时应保持匀速前进。

三、数据处理与评定

（1）连续式平整度仪测定后，按每10 cm间距采集的位移值自动计算每100 m计算区间的平整度标准偏差（mm），还可记录测试长度（m）、曲线振幅大于某一定值（如3 mm、5 mm、8 mm、10 mm等）的次数、曲线振幅的单向（凸起或凹下）累积值及以3 m机架为基准的中点路面偏差曲线图，计算并打印。当为人工计算时，在记录曲线上任意设一基准线，每隔一定距离（宜为 1.5 m）读取曲线偏离基准线的偏离位移值 d_i。

（2）每一计算区间的路面平整度以该区间测定结果的标准偏差表示，按下式计算

$$\sigma_i = \sqrt{\frac{\sum d_i^2 - \frac{(\sum d_i)^2}{N}}{N-1}} \tag{8-2}$$

式中 σ_i——各计算区间的平整度计算值，mm；

d_i——以 100 m 为一个计算区间，每隔一定距离（自动采集间距为 10 cm，人工采集间距为 1.5 m）采集的路面凸凹偏差位移值，mm；

N——计算区间用于计算标准偏差的测试数据个数。

（3）计算每一个评定路段内各区间平整度标准偏差的平均值、标准偏差、变异系数及合格率。

四、检测报告

试验应列表报告每一个评定路段内各测定区间的平整度标准偏差，各评定路段平整度的平均值、标准偏差、变异系数及不合格区间数。

第四节　车载式颠簸累积仪测定平整度

用车载式颠簸累积仪测量车辆在路面上通行时后轴与车厢之间的单向位移累积值 *VBI*，表示路面的平整度，以 cm/km 计。本方法用于测定路面表面的平整度，评定路面的施工质量和使用期的舒适性，但不适用于在已有较多坑槽、破损严重的路面上测定。

车载式颠簸累积仪的工作原理是测试车以一定的速度（以 30 km/h 为宜，一般不超过 40 km/h），由于路面凸凹不平，引起汽车的激振，通过机械传感器可测量后轴同车厢之间的单向位移累积值 *VBI*。*VBI* 越大，说明路面的平整度越差，舒适性也越差。

一、仪具与材料

（一）测试系统组成

测试系统由承载车辆、距离测量装置、颠簸累积值测试装置和主控制系统组成，如图 8-6 所示。主控制系统对测试装置的操作实施控制，完成数据的采集、传输、存储与计算过程。

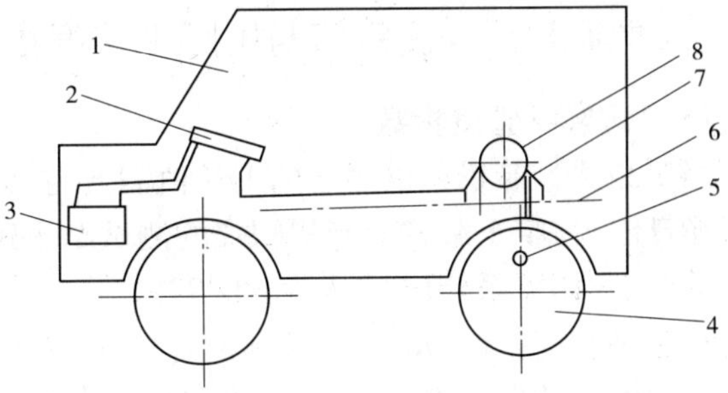

1—测试车；2—数据处理器；3—电瓶；4—后桥；5—挂钩；6—底板；7—钢丝绳；8—颠簸累积仪传感器

图 8-6　车载式颠簸累积仪安装示意

（二）测试系统基本技术要求和参数

（1）测试速度：30 ~ 80 km/h。

（2）最大测试幅值：±20 cm。

（3）垂直位移分辨率：1 mm。

（4）距离标定误差：<0.5%。

（5）系统工作环境温度：0 ~ 60 ℃。

（6）系统软件能够依据相关关系公式自动对颠簸累积值进行换算，间接输出国际平整

度指数 *IRI*。

二、方法与步骤

(一)准备工作

(1)测试车辆具备下列条件之一时,都应进行仪器测值与国际平整度指数 *IRI* 的相关性标定:相关系数 *R* 应不小于0.99,在正常状态下行驶超过20 000 km,标定的时间间隔超过1年,减震器、轮胎等发生更换或维修。

(2)检查测试车轮胎气压,应达到车辆轮胎规定的标准气压;车胎应清洁,不得黏附杂物;车上载重、人数以及分布应与仪器相关性标定试验时一致。

(3)距离测量系统需要现场安装的,根据设备操作手册说明进行安装,确保紧固装置安装牢固。

(4)检查测试系统,各部分应符合测试要求,不应有明显的可视性破损。

(5)打开系统电源,启动控制程序,检查系统各部分的工作状态。

(二)测试步骤

(1)测试开始之前应让测试车以测试速度行驶5~10 km,按照设备操作手册规定的预热时间对测试系统进行预热。

(2)测试车停在测试起点前300~500 m处,启动平整度测试系统程序,按照设备操作手册的规定和测试路段的现场技术要求设置完毕所需的测试状态。

(3)驾驶员在进入测试路段前应保持车速在规定的测试速度范围内,沿正常行车轨迹驶入测试路段。

(4)进入测试路段后,测试人员启动系统的采集和记录程序,在测试过程中必须及时准确地将测试路段的起终点和其他需要特殊标记点的位置输入测试数据记录中。

(5)当测试车辆驶出测试路段后,仪器操作人员停止数据采集和记录,并恢复仪器各部分至初始状态。

(6)操作人员检查数据文件,文件应完整,内容应正常,否则需要重新测试。

(7)关闭测试系统电源,结束测试。

三、颠簸累积仪测定值与国际平整度指数的相关关系

(一)国际平整度指数

当车载式颠簸累积仪测定的 *VBI* 值需要与其他平整度指标(如国际平整度指数 *IRI* 等)进行换算时,应将车载式颠簸累积仪的测试结果进行标定,即与相关的平整度仪测量结果建立相关关系,相关系数均不得小于0.99。

国际平整度指数 *IRI* 是一项标准化的平整度指标。它同反应类平整度测定系统类似,但是采用的是数学模型,模拟1/4车轮(即单轮,类似于拖车)以规定速度行驶在路面断面上,分析行驶距离内动态反应悬挂系的累积竖向位移量。标准的测定速度为80 km/h,其测定结果的单位为m/km。

为与其他平整度指数建立相关关系,选择的标定路段应符合下列要求:

(1)按照每段 *IRI* 值变化幅度不小于1.0的范围选择不少于4段不同平整度水平的路段,且有足够加速或减速长度的路段。根据实际测试道路 *IRI* 的分布情况,可以增加某些范

围内的标定路段。

(2)每路段长度不小于 300 m。

(3)每一段内的平整度应均匀,包括路段前 50 m 的引道。

(4)选择坡度变化较小的直线路段,路段交通量小,便于疏导。

(5)标定值选择在车道的正常行驶轮迹上进行,明确标出标定路段的轮迹、起终点。

(二)标定步骤

(1)距离标定。

①依据设备供应商建议的长度,选择坡度变化较小的平坦直线路段,标出起终点和行驶轨迹。

②标定开始之前应让测试车以测试速度行驶 5 ~ 10 km,按照设备操作手册规定的预热时间对测试系统进行预热。

③将测试车的前轮对准起点线,启动距离校准程序,然后令车辆沿着路段轨迹直线行驶,避免突然加速或减速,接近终点时,看指挥人员手势减速停车,确保测试车的前轮对准终点线,结束距离校准程序。重复此过程,确保距离传感器脉冲当量的准确性,应在允许误差范围之内。

(2)用颠簸累积仪按选定的测试速度测试每个标定路段的反应值,重复测试至少 5 次,取其平均值作为该路段的反应值。

(3)*IRI* 值的确定:以精密水准仪作为标准仪具,分别测量标定路段两个轮迹的纵断面高程,要求采样间隔为250 mm,高程测试精度为0.5 mm;然后用 *IRI* 标准计算程序对每个轮迹的纵断面测量值进行模型计算,得到该轮迹的 *IRI* 值。两个轮迹 *IRI* 值的平均值即为该路段的 *IRI* 值。

(三)试验数据处理

用数理统计的方法将各标定路段的 *IRI* 值和相应的颠簸累积仪测值进行回归分析,建立相关关系式,相关系数不得小于 0.99。

$$IRI = a + bVBI_v \tag{8-3}$$

式中 IRI——国际平整度指数,m/km;

VBI_v——测试速度为 v(km/h)时颠簸累积仪测得的颠簸累积值,cm/km;

a、b——回归系数。

四、检测报告

(1)报告应列表说明每一个评定路段内各测试区间的颠簸累积值 *VBI*、国际平整度指数 *IRI* 平均值和现场测试速度。

(2)试验结果与国际平整度指数等其他平整度指标建立的相关关系式、参数值、相关系数。

复习思考题

1. 常见测试路面平整度的方法有哪几种? 各有何特点?

2. 车载式颠簸累积仪、连续式平整度仪检测结果是什么? 它们能否互换?

3. 简述3 m直尺测定法测定路面平整度的主要步骤。

4. 某高速公路，用连续式平整度仪对其沥青混凝土路面面层作了测定，测得该路段的平整度标准偏差分别为0.48 mm、0.47 mm、0.49 mm、0.51 mm、0.64 mm、1.81 mm(桥头伸缩缝)、1.24 mm(桥头伸缩缝)、0.67 mm、0.52 mm、0.54 mm、0.57 mm、0.97 mm，试判断路面面层平整度是否合格。(平整度规定值为1.2 mm)

第九章　路面抗滑性能检测

内容简介

本章主要介绍了路面构造深度检测，路面摩擦系数检测，路面横向力系数检测。

知识目标

1. 了解：路面抗滑性能检测的测试方法及其特点。
2. 熟悉：路面抗滑性能各种测试方法的测试要点。
3. 掌握：路面抗滑性能检测及其数据的处理方法。

能力目标

1. 会进行路面抗滑性能测试操作。
2. 会进行路面抗滑性能检测数据计算与分析。

第一节　概　述

路面抗滑性能是指车辆轮胎受到制动时沿表面滑移所产生的力。通常，抗滑性能被看做是路面的表面特性，并用轮胎与路面间的摩阻系数来表示。表面特性包括路表面微观构造和宏观构造，影响抗滑性能的因素有路面表面特性、路面潮湿程度和行车速度。

路表面微观构造是指集料表面的粗糙度，它随车轮的反复磨耗而渐被磨光。通常采用石料磨光值（*PSV*）表征抗磨光的性能。微观构造在低速（30～50 km/h 以下）时对路表抗滑性能起决定作用。而高速时起主要作用的是宏观构造，它是由路面外露集料间形成的构造，功能是使车轮下的路面水迅速排除，以避免形成水膜。路表面宏观构造由构造深度表征。

抗滑性能测试方法有构造深度测试法（手工铺砂仪法、电动铺砂仪法、激光构造深度仪法）、制动距离法、摆式仪法、偏转轮拖车法（横向力系数测试法）等。各方法的特点和测试指标如表 9-1 所示。

表 9-1　路面抗滑性能测试方法比较

测试方法	测试指标	原理	特点及适用范围
制动距离法	摩阻系数 f	以一定速度在潮湿路上行驶的四轮小车或轻货车，当 4 个轮被制动时，测试车辆减速滑移到停止的距离，运用动力学原理，算出摩阻系数	测试速度快，必须中断交通
摆式仪法	摩阻摆值 *BPN*	摆式仪的摆锤底面装一橡胶滑块，当摆锤从一定高度 h 自由下摆时，滑块同试验表面接触。由于两者间的摩阻作用损耗部分能量，摆锤只能回摆到一定高度。表面摩阻力越大，回摆高度越小（即摆值越大）	定点测量，原理简单，不仅可用于室内测量，而且可用于野外测试沥青路面及混凝土路面的抗滑值

续表 9-1

测试方法	测试指标	原理	特点及适用范围
手工铺砂仪法、电动铺砂仪法	构造深度 *TD*（mm）	将已知体积的砂摊铺在所要测试路表面的测点上，量取摊平覆盖的面积。砂的体积与所覆盖平均面积的比值，即为构造深度	定点测量，原理简单，便于携带，结果直观。它适用于测定沥青路面及水泥混凝土路面的构造深度，以及评定路表面的宏观粗糙度、排水性能及抗滑性能
激光构造深度仪法	构造深度 *TD*（mm）	中子源发射的许多光束，照射到路表面的不同深度处，用 200 多个二极管接收返回的光束，利用二极管被点亮的时间差算出所测路面的构造深度	测试速度快，适用于测定沥青路面干燥表面的构造深度，以及评价路面抗滑及排水能力，但不适用于多坑槽、显著不平整或裂缝过多的路段
摩阻系数测试车测定路面横向力系数	横向力系数 *SFC*	测试车安装有试验轮胎，它们对车辆行驶方向偏转一定的角度，汽车以一定速度在潮湿路面上行驶，试验轮胎受到侧向摩阻力作用。此摩阻力除以试验轮上的载重，即为横向力系数	测试速度快，用于标准的摩阻系数测试车测定沥青或水泥混凝土路面的横向力系数，结果作为竣工验收或使用期评定路面抗滑能力的依据

《公路沥青路面设计规范》（JTG D50—2006）中规定：在设计高速公路、一级公路的沥青混凝土路面面层时，应选用抗滑、耐磨石料，其磨光值应大于 42。沥青路面面层抗滑性能指标有：

（1）摩阻系数。高速公路、一级公路宜在竣工后第一个夏季采用摩阻系数测定车，以（50 ± 1）km/h 的车速测定横向力系数（*SFC*）。

（2）宏观构造深度。路面在竣工后第一个夏季用铺砂法或激光构造深度仪法测定。

（3）一般于第一个夏季测定沥青面层横向力系数或摆值、路面宏观构造深度。

沥青路面抗滑性能应符合表 9-2 的要求。其他公路的沥青表面未作具体要求。

表 9-2　沥青路面抗滑性能标准

公路等级	竣工验收值		
	横向力系数 *SFC*	摩阻摆值 *BPN*	构造深度 *TD*（mm）
高速公路、一级公路	≥54	≥45	≥0.55

对于水泥混凝土路面抗滑标准用构造深度表示：

（1）对高速公路、一级公路，构造深度 *TD* 不小于 0.7 mm 且不大于 1.1 mm；特殊路段不小于 0.8 mm 且不大于 1.2 mm。

（2）对其他公路，一般路段构造深度 *TD* 不小于 0.5 mm 且不大于 1.0 mm；特殊路段不小于 0.6 mm 且不大于 1.1 mm。

上述抗滑标准仅为设计阶段的抗滑标准。公路在养护过程中，也有养护的具体标准。鉴于路面抗滑性能测试方法较多，下面仅介绍常见的试验方法。

第二节　路面构造深度检测

一、手工铺砂法测定路面构造深度

路面的宏观构造深度是指一定面积的路表面凹凸不平的开口孔隙的平均深度，它是影响抗滑性能的重要因素之一。本方法适用于测定沥青路面及水泥混凝土路面表面构造深度，用以评定路面的宏观粗糙度、路面表面的排水性能及抗滑性能。构造深度的检测频率按每 200 m 一处。

（一）仪具与材料

（1）人工铺砂仪：由量砂筒、推平板组成。

①量砂筒：一端是封闭的，内径 20 mm，外径 26 mm，总高 90 mm，容积为（25 ± 0.15）mL，可通过称量砂筒中水的质量以确定其容积 V，并调整其高度，使其容积符合要求，如图 9-1 所示。

②推平板：推平板应为木制或铝制，直径 50 mm，底面粘贴一层厚 1.5 mm 的橡胶片，上面有一圆柱把手，如图 9-2 所示。

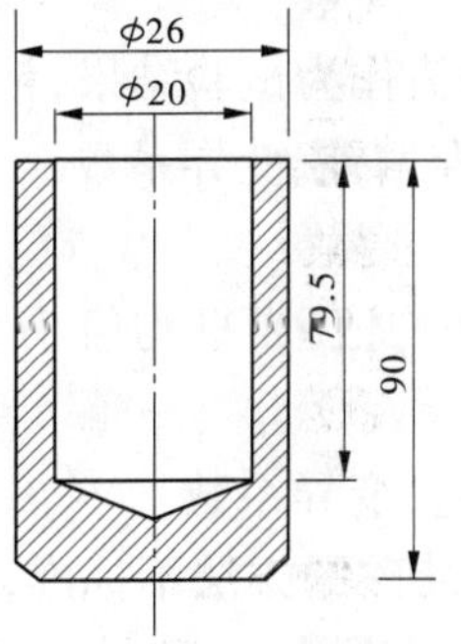

图 9-1　量砂筒　（单位：mm）

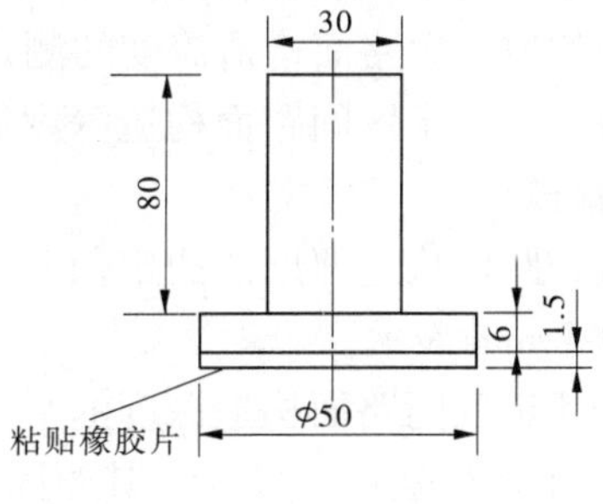

图 9-2　推平板　（单位：mm）

③刮平尺：可用 30 cm 钢尺代替。

（2）量砂：足够数量的干燥洁净的匀质砂，粒径为 0.15 ~ 0.3 mm。

（3）量尺：钢板尺、钢卷尺，或采用将直径换算成构造深度作为刻度单位的专用的构造深度尺。

（4）其他：装砂容器（小铲）、扫帚或毛刷、挡风板等。

（二）方法与步骤

1. 准备工作

（1）量砂准备：取洁净的细砂晾干、过筛，取 0.15 ~ 0.3 mm 的砂置于适当的容器中备用。量砂只能在路面上使用一次，不宜重复使用。回收砂必须经干燥、过筛处理后方可使用。

(2)对测试路段按随机取样选点的方法，确定测点所在横断面的位置。测点应选在行车道的轮迹带上，距路面边缘不应小于 1 m。

2. 测试步骤

(1)用扫帚或毛刷将测点附近的路面清扫干净，面积不小于 30 cm×30 cm。

(2)用小铲装砂沿筒向圆筒中注满砂，手提圆筒上方，在硬质路面上轻轻地叩 3 次，使砂密实，补足砂面用钢尺一次刮平。不可直接用量砂筒装砂，以免影响量砂密度的均匀性。

(3)将砂倒在路面上，用底面粘有橡胶片的推平板，由里向外重复做摊铺运动，稍稍用力将砂细心地、尽可能地向外摊开；使砂填入凹凸不平的路表面的空隙中，尽可能将砂摊成圆形，并不得在表面上留有浮动余砂。注意：摊铺时不可用力过大或向外推挤。

(4)用钢板尺测量所构成圆的两个垂直方向的直径，取其平均值，精确至 5 mm。

(5)按以上方法，同一处平行测定不少于 3 次，3 个测点均位于轮迹带上，测点间距 3 ~ 5 m。该处的测定位置以中间测点的位置表示。

(三)计算

(1)路面表面构造深度测定结果按下式计算

$$TD = \frac{1\,000V}{\frac{\pi D^2}{4}} = \frac{31\,831}{D^2} \tag{9-1}$$

式中 TD——路面表面构造深度，mm；

V——砂的体积，25 cm^3；

D——推平砂的平均直径，mm。

(2)每一处均取 3 次路面构造深度的测定结果的平均值作为试验结果，精确至 0.1 mm。

(3)计算每一个评定区间路面构造深度的平均值、标准偏差、变异系数。

(四)检测报告

(1)逐点报告路面构造深度的测定值及 3 次测定的平均值，当平均值小于 0.2 mm 时，试验结果以 <0.2 mm 表示。

(2)每一个评定区间路面构造深度的平均值、标准偏差、变异系数。

一般认为手工铺砂法误差较大。其原因有很多，例如装砂的方法不标准，以前不少人直接用量筒到装砂的筒中装砂，致使量筒中的砂紧密程度不一样，影响砂量；还有摊砂用的推平板不标准，以前的方法中橡胶片厚 1.5 ~ 2.5 mm，材料有用钢的，也有用木板的。为克服手工铺砂法使用不统一、测量不准的缺点，可采用电动铺砂法和激光法。

二、电动铺砂法测定路面构造深度

本方法适用于测定沥青路面及水泥混凝土路面表面构造深度，用以评定路面表面的宏观粗糙度及路面表面的排水性能和抗滑性能。

(一)仪具与材料

(1)电动铺砂仪：利用可充电的直流电源将量砂通过砂漏铺设成宽度 5 cm、厚度均匀一致的器具，如图 9-3 所示。

(2)量砂：足够数量的干燥洁净的匀质砂，粒径为 0.15 ~ 0.3 mm。

(3)标准量筒：容积 50 mL。

(4)玻璃板:面积大于铺砂器,厚 5 mm。

(5)其他:直尺、扫帚、毛刷等。

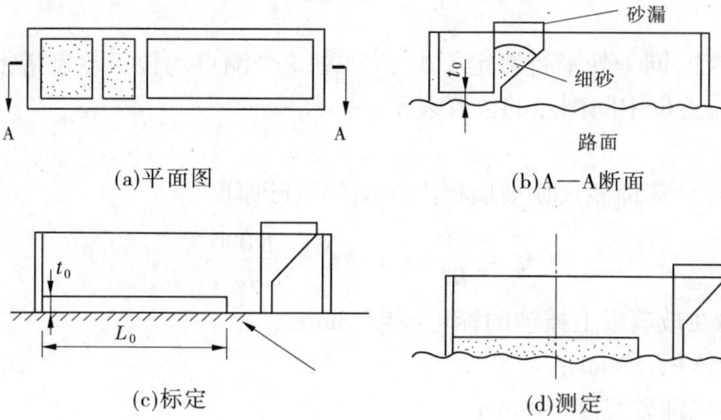

图 9-3　电动铺砂仪

(二)方法与步骤

1. 准备工作

(1)量砂准备:取洁净的细砂,晾干,过筛,取粒径为 0.15 ~ 0.3 mm 的砂置于适当的容器中备用。量砂只能在路面上使用一次,不宜重复使用。

(2)对测试路段按随机取样选点的方法,确定测点所在横断面的位置,测点应选在行车道的轮迹带上,距路面边缘不应小于 1 m。

2. 电动铺砂器标定

(1)将铺砂器平放在玻璃板上,将砂漏移至铺砂器端部。

(2)使灌砂漏斗口和量筒口大致齐平。通过漏斗向量筒中缓缓注入准备好的量砂至高出量筒成尖顶状,用直尺沿筒口一次刮平,其容积为 50 mL。

(3)使漏斗口与铺砂器砂漏上口大致齐平。将砂通过漏斗均匀倒入砂漏,前后移动漏斗,使砂的表面大致齐平,但不得用任何其他工具刮动砂。

(4)开动电动马达,使砂漏向另一端缓缓运动,量砂沿砂漏底部铺成宽 5 cm 的带状(见图 9-4),待砂全部漏完后停止。

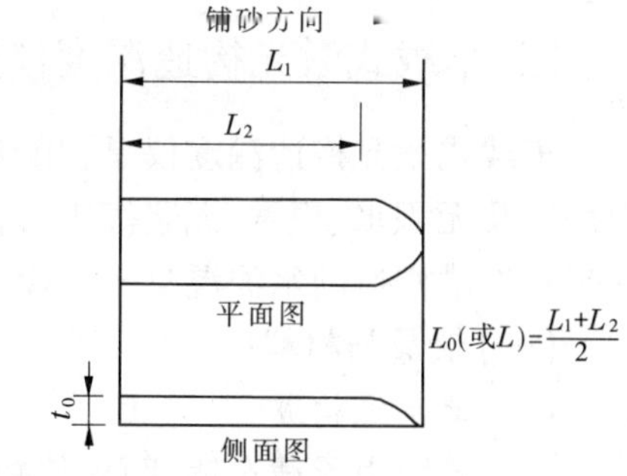

L_0—玻璃板上 50 mL 量砂摊铺的长度(mm);

L—路面上 50 mL 量砂摊铺的长度(mm)

图 9-4　确定 L 及 L_0 的方法

(5)L_1 及 L_2 的平均值决定量砂的摊铺长度 L_0,精确至 1 mm。

$$L_0 = (L_1 + L_2)/2 \tag{9-2}$$

(6)重复标定 3 次,取平均值确定 L_0,精确至 1 mm。标定应在每次测试前进行,用同一种量砂,由同一试验员测试。

3. 测试步骤

(1)将测试地点用毛刷刷净,面积大于铺砂仪。

(2)将铺砂仪沿道路纵向平稳地放在路面上,将砂漏移至端部。

(3)按上述电动铺砂器标定(2)~(5)相同的步骤,在测试地点摊铺50 mL量砂,量取摊铺长度 L_1 及 L_2。由式(9-3)计算 L,精确至1 mm。

$$L = \frac{L_1 + L_2}{2} \tag{9-3}$$

(4)按以上方法,同一处平行测定不少于3次,3个测点均位于轮迹带上,测点间距3~5 m,该处的测定位置以中间测点的位置表示。

(三)计算

(1)按式(9-4)计算铺砂仪在玻璃板上摊铺的量砂厚度 t_0。

$$t_0 = \frac{V}{BL_0} \times 1\,000 = \frac{1\,000}{L_0} \tag{9-4}$$

式中 t_0——量砂在玻璃板上摊铺的标定厚度,mm;

V——量砂体积,50 mL;

B——铺砂仪铺砂宽度,50 mm。

(2)按式(9-5)计算路面构造深度 TD。

$$TD = \frac{L_0 - L}{L} t_0 = \frac{L_0 - L}{LL_0} \times 1\,000 \tag{9-5}$$

式中 TD——路面的构造深度,mm。

(3)每一处均取3次路面构造深度的测定结果的平均值作为试验结果,精确至0.1 mm。

(4)计算每一个评定区间路面构造深度的平均值、标准偏差、变异系数。

(四)检测报告

(1)列表逐点报告路面构造深度的测定值及3次测定的平均值;当平均值小于0.2 mm时,试验结果以 <0.2 mm表示。

(2)每一个评定区间路面构造深度的平均值、标准偏差、变异系数。

三、车载式激光构造深度仪测定路面构造深度

车载式激光构造深度仪是智能化仪器,可用于新建、改建路面工程质量验收和无严重破损病害及无积水、积雪、泥浆等正常行车条件下的测定,可连续采集路面构造深度,但不适用于带有沟槽构造的水泥混凝土路面构造深度的测定。

(一)仪具与材料

1.测试系统构成

测试系统由承载车辆、距离传感器、激光传感器和主控制系统组成。主控制系统对测试装置的操作实施控制,完成数据采集、传输、存储与计算过程。

2.设备承载车要求

根据设备供应商的要求选择测试系统承载车辆。

3.测试系统基本技术要求和参数

(1)测试速度:≥50 km/h。

(2)采样间隔:≤10 mm。

(3)传感器测试精度:0.1 mm。

(4)距离标定误差:<0.1%。

(5)系统工作环境温度:0 ~60 ℃。

(二)方法与步骤

1. 准备工作

(1)设备安装到承载车上以后进行相关性标定试验。

(2)根据设备操作手册的要求对测试系统各传感器进行校准。

(3)距离测量装置需要现场安装的,根据设备操作手册说明进行安装,确保机械紧固装置安装牢固。

(4)测试系统各部分应符合测试要求,不应有明显的可视性破损。

(5)打开系统电源,启动控制程序,检查各部分的工作状态。

2. 测试步骤

(1)按照设备操作手册规定的预热时间对测试系统预热。

(2)测试车停在测试起点前 50 ~100 m 处,启动测试系统程序,按照设备操作手册的规定和测试路段的现场技术要求设置完毕所需的测试状态。

(3)驾驶员应按照设备操作手册要求的测试速度范围驾驶测试车,避免急加速和急减速,急弯路段应放慢车速,沿正常行车轨迹驶入测试路段。

(4)进入测试路段后,测试人员启动系统的采集和记录程序,在测试过程中必须及时准确地将测试路段的起终点和其他需要特殊标记的位置输入测试数据记录中。

(5)当测试车辆驶出测试路段后,测试人员停止数据采集和记录,并恢复仪器各部分至初始状态。

(6)检查测试数据文件,文件应完整,内容应正常,否则需要重新测试。

(7)关闭测试系统电源,结束测试。

(三)激光构造深度仪测值与铺砂法构造深度值相关关系对比试验

(1)选择构造深度分别在 0 ~0.3 mm、0.3 ~0.55 mm、0.55 ~0.8 mm、0.8 ~1.2 mm 范围的 4 个各长 100 m 的试验路段。试验前将路面清扫干净,并在起终点作上标记。

(2)在每个试验路段上沿一侧行车轮迹用铺砂法测试至少 10 点的构造深度值,并计算平均值。

(3)驾驶测试车以 30 ~50 km/h 的速度驶过试验路段,并且保证激光构造深度仪的激光传感器探头沿铺砂法所测构造深度的行车轮迹运行,计算试验路段的构造深度平均值。

(4)建立两种方法的相关关系式,要求相关系数 R 不小于 0.97。

(四)检测报告

构造深度检测报告应包括以下内容:

(1)路段构造深度平均值、标准偏差。

(2)激光构造深度仪测值与铺砂法构造深度值在选定测试条件下的相关关系式及相关系数。

第三节　路面摩擦系数检测

一、摆式仪测定路面抗滑值试验

本方法适用于以摆式摩擦系数测定仪(摆式仪)测定沥青路面及水泥混凝土路面的抗

滑值,用以评定路面在潮湿状态下的抗滑能力。

(一)仪具与材料

(1)摆式仪(见图 9-5):摆及摆的连接部分总质量为(1 500 ± 30)g,摆动中心至摆的重心距离为(410 ±5) mm,测定时摆在路面上滑动长度为(126 ±1) mm,摆上橡胶片端部距摆动中心的距离为 508 mm,橡胶片对路面的正向静压力为(22.2 ±0.5)N。

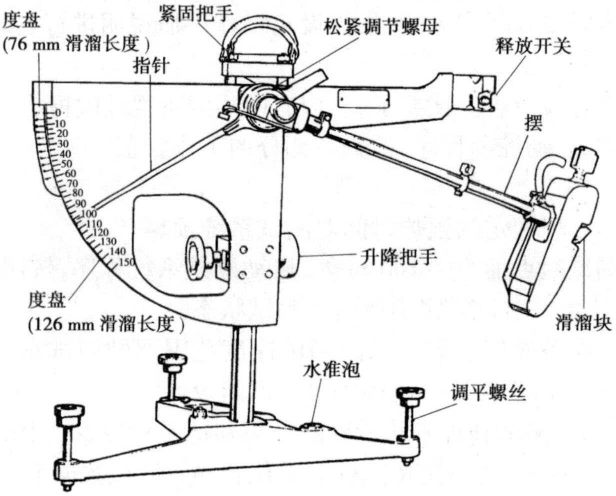

图 9-5　摆式仪构造示意

(2)橡胶片:用于测定路面抗滑值时的尺寸为 6.35 mm ×25.4 mm ×76.2 mm,橡胶质量应符合标准的要求。当橡胶片使用后,端部在长度方向上磨损超过 1.6 mm 或边缘在宽度方向上磨损超过 3.2 mm,或有油污染时,即应更换新橡胶片;新橡胶片应先在干燥路面上测 10 次后再用于测试。橡胶片的有效使用期为 1 年。

(3)标准量尺:长 126 mm。

(4)洒水壶。

(5)橡胶刮板。

(6)路面温度计:分度不大于 1 ℃。

(7)其他:皮尺式钢卷尺、扫帚、粉笔等。

(二)方法与步骤

1. 准备工作

(1)检查摆式仪的调零灵敏情况,并定期进行仪器的标定。当用于路面工程检查验收时,仪器必须重新标定。

(2)对测试路段按随机取样方法,确定测点所在横断面位置。测点应选在行车车道的轮迹带上,距路面边缘不应小于 1 m,并用粉笔作出标记。测点位置宜紧靠铺砂法测定构造深度的测点位置,并与其对应。

2. 测定步骤

(1)仪器调平。

①将仪器置于路面测点上,并使摆的摆动方向与行车方向一致。

②转动底座上的调平螺丝,使水准泡居中。

(2)调零。

①放松上、下两个紧固把手，转动升降把手，使摆升高并能自由摆动，然后旋紧紧固把手。

②将摆向右运动，按下安装于悬臂上的释放开关，使摆上的卡环进入开关槽，放开释放开关，摆即处于水平位置，并把指针抬至与摆杆平行处。

③按下释放开关，使摆向左带动指针摆动，当摆达到最高位置后下落时，用左手将摆杆接住，此时指针应指向零。若不指向零，可稍旋紧或放松摆的调节螺母，重复本项操作，直至指针指向零。调零允许误差为 ±1*BPN*。

(3)校核滑动长度。

①用扫帚扫净路面表面，并用橡胶刮板清除摆动范围内路面上的松散粒料。

②让摆自由悬挂，提起摆头上的举升柄，将底座上垫块置于定位螺丝下面，使摆头上的滑溜块升高，放松紧固把手，转动立柱上升降把手，使摆缓缓下降。当滑块上的橡胶片刚刚接触路面时，即将紧固把手旋紧，使摆头固定。

③提起举升柄，取下垫块，使摆向右运动。然后，手提举升柄使摆慢慢向左运动，直至橡胶片的边缘刚刚接触路面。在橡胶片的外边摆动方向设置标准尺，标准尺的一端正对准该点。再用手提起举升柄，使滑溜块向上抬起，并使摆继续运动至左边，使橡胶片返回落下再一次接触地面，橡胶片两次同路面接触点的距离应在 126 mm(即滑动长度)左右。若滑动长度不符合标准，则升高或降低仪器底座正面的调平螺丝来校正，但需调平水准泡，重复此项校核直至滑动长度符合要求，而后，将摆和指针置于水平释放位置。

校核滑动长度时应以橡胶片长边刚刚接触路面为准，不可借摆力量向前滑动，以免标定的滑动长度过长。

(4)用喷壶的水浇洒测试路面，并用橡胶刮板刮除表面泥浆。

(5)再次洒水，并按下释放开关，使摆在路面滑过，指针即可指示出路面的摆值。但第一次测定，不作记录。当摆杆回落时，用左手接住摆，右手提起举升柄使滑溜块升高，将摆向右运动，并使摆杆和指针重新置于水平释放位置。

(6)重复(5)的操作测定 5 次，并读记每次测定的摆值，即 *BPN*，5 次数值中最大值与最小值的差值不得大于 3*BPN*。如差数大于 3*BPN*，应检查产生的原因，并再次重复上述各项操作，至符合规定为止。取 5 次测定的平均值作为每个测点路面的抗滑值(即摆值)，取整数，以 *BPN* 表示。

(7)在测点位置上用路表温度计测记潮湿路面的温度，精确至 1 ℃。

(8)按以上方法，同一处平行测定不少于 3 次，3 个测点均位于轮迹带上，测点间距 3 ~ 5 m。该处的测定位置以中间测点的位置表示。每一处均取 3 次测定结果的平均值作为试验结果，精确至 1*BPN*。

(三)数据处理与评定

抗滑值的温度修正：当路面温度为 T 时测得的值为 BPN_T，必须换算成标准温度 20 ℃的摆值 BPN_{20}。

$$BPN_{20} = BPN_T + \Delta BPN \tag{9-6}$$

式中 BPN_{20}——换算成标准温度 20 ℃的摆值；

BPN_T——路面温度为 T 时测得的摆值；

ΔBPN——温度修正值，按表 9-3 采用。

表 9-3　温度修正值

温度 T(℃)	0	5	10	15	20	25	30	35	40
温度修正值 ΔBPN	-6	-4	-3	-1	0	+2	+3	+5	+7

(四)检测报告

检测报告应包括以下内容：

(1)测试日期、测点位置、天气情况、洒水后潮湿路面的温度，并描述路面类型、外观、结构类型等。

(2)列表逐点报告路面抗滑值的测定值 BPN_T、经温度修正后的 BPN_{20} 及 3 次测定的平均值。

(3)每一个评定路段路面抗滑值的平均值、标准偏差、变异系数。

二、单轮式横向力系数测试系统测定路面摩擦系数

当测定轮与行车方向成一定角度且以一定速度行驶时，轮胎与潮湿路段之间摩擦阻力与接触面积的比值称为路面横向力系数，代号 SFC，无量纲。

以标准的摩擦系数测定车测定沥青路面或水泥混凝土路面的横向力系数，测试结果可作为竣工验收或使用期评定路面抗滑能力的依据。

(一)仪具与材料

1. 测试系统构成

测试系统由承载车辆、距离测试装置、横向力测试装置、供水装置和主控制系统组成，如图 9-6 所示。主控制系统除实施对测试装置和供水装置的操作控制外，同时还控制数据的传输、记录与计算等环节。

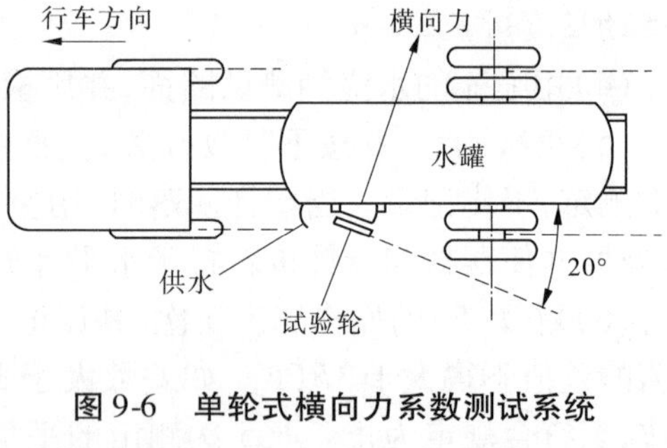

图 9-6　单轮式横向力系数测试系统

2. 设备承载车基本技术要求和参数

横向力系数测试系统的承载车辆应为能够固定和安装测试、储供水、控制和记录等系统的载货车底盘，具有在水罐满载状态下最高车速大于 100 km/h 的性能。

3. 测试系统技术要求和参数

(1)测试轮胎类型：光面天然橡胶充气轮胎。

(2)测试轮胎规格：3. 00/20。

(3)测试轮胎标准气压：(350 ± 20) kPa

(4)测试轮偏置角：19. 5° ~ 21°。

(5)测试轮静态垂直标准荷载：(2. 00 ± 20) N。

(6)拉力传感器非线性误差：<0. 05%。

(7)拉力传感器有效量程：0 ~ 2 000 N。

(8)距离标定误差：<2%。

（二）方法与步骤

1. 准备工作

（1）每个测试项目开始前或连续测试超过 1 000 km 后必须按照设备使用手册规定的方法进行测试系统的标定，记录标定数据并存档。

（2）检查测试车轮胎气压，应达到车辆轮胎规定的标准气压。

（3）检查测试轮胎磨损情况，当其直径比新轮胎减小达 6 mm（也即胎面磨损 3 mm）以上或有明显磨损裂纹时，必须立即更换新轮胎。更换的新轮胎在正式测试前应试测 2 km。

（4）检测测试轮气压，应达到（0.35 ±0.02）MPa 的要求。

（5）检查测试轮固定螺栓应拧紧。将测试轮放到正常测试时的位置，其应能够沿两侧滑柱上下自由升降。

（6）根据测试里程的需要向水罐加注清洁测试用水。

（7）检查洒水口出水情况和洒水位置是否正常；洒水位置应在测试轮触地面中点沿行驶方向前方（400 ±50）mm 处，洒水宽度为中心线两侧各不小于 75 mm。

（8）将控制面板电源打开，检查各项控制功能键、指示灯和技术参数选择状态，应正常。

2. 测定步骤

（1）正式开始测试前，首先应按设备操作手册规定的时间要求对系统进行通电预热。

（2）进入测试路段前应将测试轮胎降至路面上预跑约 500 m。

（3）按照设备操作手册的规定和测试路段的现场技术要求设置完毕所需的测试状态。

（4）驾驶员在进入测试路段前应保持车速在规定的测试速度范围内，沿正常行车轨迹驶入测试路段。

（5）进入测试路段后，测试人员启动系统的采集和记录程序。在测试过程中必须及时准确地将测试路段的起终点和其他需要特殊标记点的位置输入测试数据记录中。

（6）当测试车辆驶出测试路段后，仪器操作人员停止数据采集和记录，提升测量轮并恢复仪器各部分至初始状态。

（7）操作人员检查数据文件，文件应完整，内容应正常，否则需要重新测试。

（8）关闭测试系统电源，结束测试。

（三）*SFC* 的修正

1. *SFC* 的速度修正

测试系统的标准测试速度范围规定为（50 ±4）km/h，其他速度条件下测试的 *SFC* 值必须通过式（9-7）转换至标准速度下的等效 *SFC* 值。

$$SFC_{标} = SFC_{测} - 0.22(v_{标} - v_{测}) \tag{9-7}$$

式中 $SFC_{标}$——标准测试速度下的等效 *SFC* 值；

$SFC_{测}$——现场实际测试速度条件下的 *SFC* 测试值；

$v_{标}$——标准测试速度，取值 50 km/h；

$v_{测}$——现场实际测试速度，km/h。

2. *SFC* 值的温度修正

测试系统的标准现场测试地面温度范围为（20 ±5）℃，在其他地面温度条件下，由于测试轮胎的弹性和路面本身的抗滑性能会发生变化，因而测试的 *SFC* 值必须通过表 9-4 转换至标准温度下的等效 *SFC* 值。系统测试要求地面温度控制在 8 ~60 ℃范围内。

表 9-4　*SFC* 值温度修正

温度(℃)	10	15	20	25	30	35	40	45	50	55	60
修正	-3	-1	0	+1	+3	+4	+6	+7	+8	+9	+10

(四)不同类型摩擦系数测试设备间相关关系对比试验

1. 基本要求

不同类型摩擦系数测试设备的测值应换算成 *SFC* 值后使用,所以制动式摩擦系数测试设备和其他类型横向力式测试设备在使用时必须和 SCRIM 系统进行对比试验,建立测试结果与 SCRIM 系统测值(*SFC* 值)的相关关系。

2. 试验条件

(1)按 *SFC* 值 0~30、30~50、50~70、70~100 的范围选择 4 段不同摩擦系数的路段,路段长度可为 100~300 m。

(2)对比试验路段地面应清洁干燥,地面温度应在 10~30 ℃范围内,天气条件宜为晴天无风。

3. 试验步骤

(1)测试系统和需要进行对比试验的其他类型设备分别按操作手册规定的程序准备就绪。

(2)两套设备分别以 40 km/h、50 km/h、60 km/h、70 km/h、80 km/h 的速度在所选择的 4 种试验路段上各测试 3 次,3 次测试的平均值的绝对差值不得大于 5,否则重测。

(3)两套试验设备设置的采样频率差值不应超过一倍,每个试验路段的采样数据量不应少于 10 个。

4. 试验数据处理

(1)分别计算出每种速度下各路段 3 次测试结果的总平均值和标准偏差,超过 3 倍标准偏差的值应予以舍弃。

(2)用数理统计的回归分析方法建立试验设备测值与速度的相关关系式,相关系数 R 不得小于 0.95。

(3)建立不同速度下试验设备测值 *SFC* 的相关关系式,相关系数 R 不得小于 0.95。

(五)路面横向力摩擦系数评定

横向力摩擦系数使用代表值进行工程质量评定,按路面 *SFC* 的设计或验收标准值评定路面抗滑合格与否。

SFC 代表值为 *SFC* 算术平均值的置信下限,即

$$SFC_{\gamma} = \overline{SFC} - \frac{t_{\alpha}}{\sqrt{n}}S \tag{9-8}$$

式中 SFC_{γ}——*SFC* 代表值;

$\overline{SFC}$——*SFC* 平均值;

S——标准偏差;

n——数据个数;

t_{α}——t 分布表中随测点数和保证率(或置信度)而变化的系数,采用的保证率:高速

公路、一级公路为95%，其他公路为90%。

当 *SFC* 代表值大于设计值或验收标准时，按单个 *SFC* 值计算合格率；当 *SFC* 代表值小于设计值或标准值时，相应分项工程评为不合格。

复习思考题

1. 测试路面抗滑性能的常用方法有哪几种？各方法的测试指标、测试原理、特点及适用范围是什么？

2. 为什么要测试路面横向力系数？如何进行评定？

3. 如何采用摆式仪、电动铺砂仪检测路面抗滑性能？

4. 用摆式仪测定某高速公路沥青路面的摩擦值（路面温度为30 ℃），其测定结果如表9-5所示，试计算该路面的摩阻摆值，并评定该路面抗滑性是否合格。

表9-5　测定结果

测点桩号	测定平行值（*BPN*）				
	1	2	3	4	5
K3 +310	52	51	53	52	51
K3 +315	53	54	55	55	54
K3 +320	52	53	53	55	54

第十章　沥青路面渗水系数和车辙测试

内容简介

本章主要介绍了沥青路面渗水系数和车辙测试的方法、步骤及试验数据的处理与计算。

知识目标

1. 了解：沥青路面渗水系数、车辙测试原理。
2. 熟悉：沥青路面渗水系数的测定方法与步骤。
3. 掌握：沥青路面渗水系数与车辙测试过程。

能力目标

1. 会进行沥青路面渗水性能与车辙性能检测的操作。
2. 会进行沥青路面渗水系数、车辙深度检测的数据处理与计算。

第一节　沥青路面渗水系数测试

水通过路面裂缝、结构层粒料间的空隙渗入沥青路面内部，在行车荷载的作用下，沥青路面会出现唧浆、网裂、坑洞等多种破坏现象，导致基层软化、沥青面层开裂、松散等病害，使沥青路面整体强度下降。在多雨地区，应特别重视路面结构层的水稳定性和面层的透水性问题。

路面渗水系数是指在规定的条件下，单位时间内渗入路面结构中水的体积，用 C_w 表示，单位为 mL/min。

一、仪具与材料

本方法需要下列仪具与材料：

(1)路面渗水仪：形状及尺寸如图 10-1 所示，上部盛水量筒由透明有机玻璃制成，容积 600 mL，上有刻度，在 100 mL 及 500 mL 处有粗标线，下方通过 ϕ10 mm 的细管与底座相接，中间有一开关。量筒通过支架连接，底座下方开口内径 150 mm，外径 220 mm，仪器附压重铁圈两个，每个质量约 5 kg，内径 160 mm。

(2)水筒及大漏斗。

(3)秒表。

(4)密封材料：防水腻子、油灰或橡皮泥。

(5)其他：水、粉笔、塑料圈、刮刀、扫帚等。

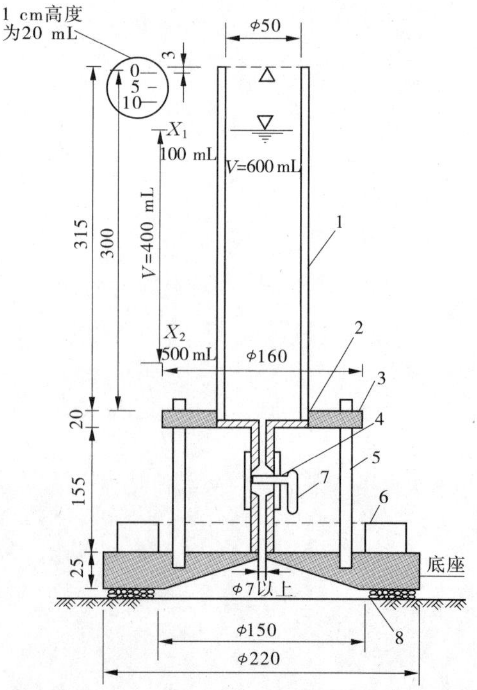

1—透明有机玻璃筒；2—螺纹连接；3—顶板；4—阀；5—立柱支架；6—压重铁圈；7—把手；8—密封材料

图 10-1　渗水仪结构　(单位：mm)

二、方法与步骤

(一)准备工作

(1)在测试路段的行车道路面上,按《公路路基路面现场测试规程》(JTG E60—2008)中公路路基路面现场测试随机选点方法确定测试位置,每一个检测路段应测定5个测点,并用粉笔画上测试标记。

(2)试验前,首先用扫帚清扫表面,并用刷子将路面表面的杂物刷去。杂物的存在一方面会影响水的渗入,另一方面也会影响渗水仪和路面或者试件的密封效果。

(二)试验步骤

(1)将塑料圈置于试件中央或者路面表面的测点上,用粉笔分别沿着塑料圈的内侧和外侧画上圈,在外环和内环之间的部分就是需要用密封材料进行密封的区域。测试步骤如图10-2~图10-4所示。

如果在密封区域内发现有构造深度较大的部位,必须先用密封剂对这些部位的纹理深度进行填充,以防止渗水试验时水通过这些表面纹理渗出而影响试验结果(见图10-5)。对较大的纹理进行处理后,再用密封剂对环状密封区域进行处理,用刮刀将密封剂均匀地涂抹在此区域内的试件表面上,用刮刀刮平,可以防止渗水仪压上去后密封剂被挤到内圈而改变渗水面积(见图10-6)。

图10-2　塑料圈放在试验位置处

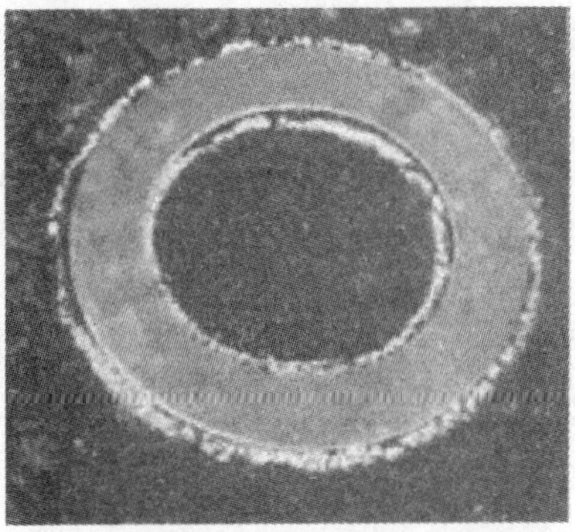

图10-3　用粉笔沿塑料圈内侧和外侧画上圈

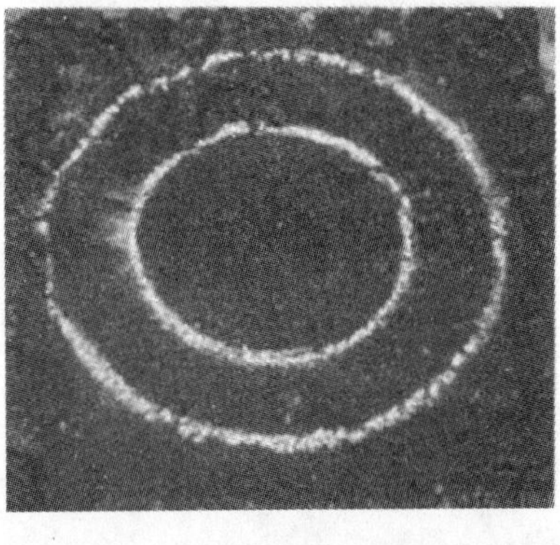

图10-4　内环和外环之间为密封区域

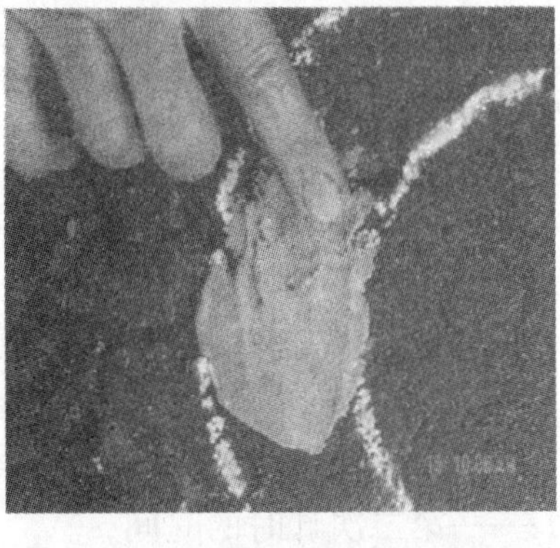

图10-5　局部部位填充密实处理

(2)用密封材料对环状密封区域进行密封处理,注意不要使密封材料进入内圈。如果密封材料不小心进入内圈,必须用刮刀将其刮走。然后将搓成拇指粗细的条状密封材料摞在环状密封区域的中央，并且摆成一圈，如图 10-7 所示。

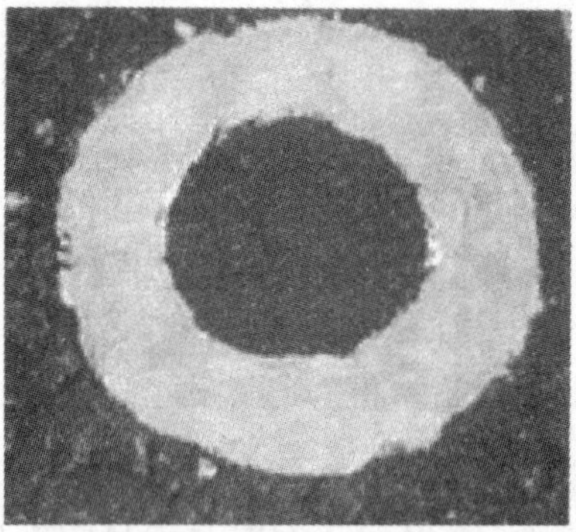

图 10-6　密封剂刮平处理后图形

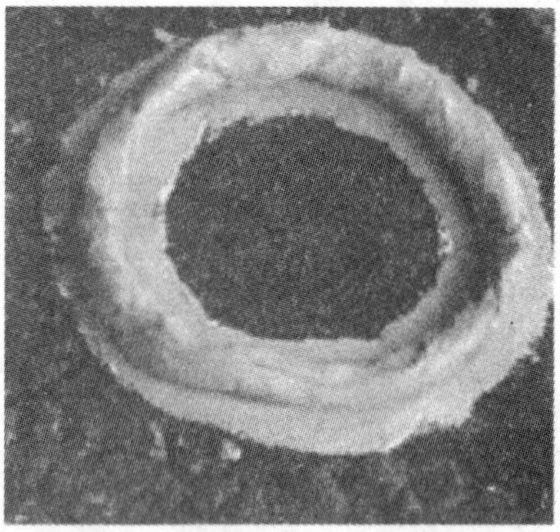

图 10-7　密封材料外部密封处理

(3)将渗水仪放在试件或者路面表面的测点上，注意使渗水仪的中心尽量和圆环中心重合，然后略微使劲将渗水仪压在条状密封材料表面，再将配重加上，以防压力水从底座与路面间流出。

(4)将开关关闭，向量筒中注满水，然后打开开关，使量筒中的水流出，排出渗水仪底部内的空气，当量筒中水面下降速度变慢时，用双手轻压渗水仪，使渗水仪底部的气泡全部排出。关闭开关，并再次向量筒中注满水。

(5)将开关打开，待水面下降至 100 mL 刻度时，立即启动秒表开始计时，每间隔 60 s，读记仪器管的刻度一次，至水面下降至 500 mL 时为止。在测试过程中，如水从底座与密封材料间渗出，说明底座与路面密封不好，应移至附近干燥路面处重新操作。当水面下降速度很慢，则测定 3 min 的渗水量即可停止；如果水面下降速度较快，在不到 3 min 的时间内达到了 500 mL 刻度线，则记录达到 500 mL 刻度线的时间；若水面下降至一定程度后基本保持不动，说明基本不透水或根本不透水，在报告中注明。

(6)按以上步骤在同一个检测路段选择 5 个测点测定渗水系数，取其平均值作为检测结果。

三、计算

计算时以水面从 100 mL 下降至 500 mL 所需的时间为标准，若渗水时间过长，也可以采用 3 min 通过的水量计算

$$C_w = \frac{V_2 - V_1}{t_2 - t_1} \times 60 \tag{10-1}$$

式中　C_w——路面渗水系数，mL/min；

V_1——第一次计时的水量，mL，通常为 100 mL；

V_2——第二次计时的水量，mL，通常为 500 mL；

t_1——第一次计时的时间，s；

t_2——第二次计时的时间，s。

四、报告

现场检测，每一个检测路段应测定 5 个测点，计算其平均值作为检测结果。若路面不透

水，在报告中注明渗水系数为0。

当渗水较快，水面从100 mL降至500 mL的时间不很长时，中间也可不读数，如果渗水太慢，则从水面降至100 mL时开始，测记3 min即可中止试验；若水面基本不动，说明路面不透水，则在报告中注明即可。

第二节　沥青路面车辙测试

车辙是路面经汽车反复行驶产生流动变形、磨损、沉陷后，在车行道行车轨迹上产生的纵向带状辙槽，车辙深度以mm计，车辙面积以m^2计。车辙的控制指标，国内没有统一指标，国外以车辙深度作为评价指标。

一、仪具与材料

可选用下列仪具与材料：

（1）路面横断面仪，如图10-8所示。其长度不小于一个车道宽度，横梁上有一个位移传感器，可自动记录横断面形状，测试间距小于20 cm，测试精度1 mm。

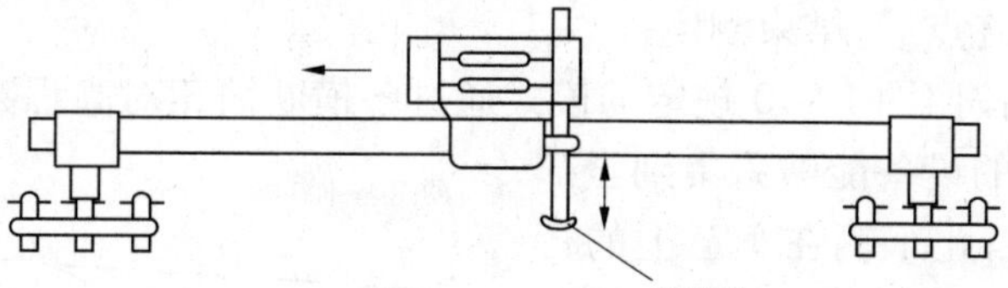

图10-8　路面横断面仪

（2）激光或超声波车辙仪，包括多点激光或超声波车辙仪、线激光车辙仪和线扫描激光车辙仪等类型，通过激光测距技术或激光成像和数字图像分析技术得到车道横断面相对高程数据，并按规定模式计算车辙深度。

要求激光或超声波车辙仪有效测试宽度不小于3.2 m，测点不少于13点，测试精度1 mm。

（3）路面横断面尺，如图10-9所示。横断面尺为硬木或金属制直尺，刻度间距5 cm，长度不小于一个车道宽度。顶面平直，最大弯曲不超过1 mm。两端有把手及高度为10～20 cm的支脚，两支脚的高度相同。

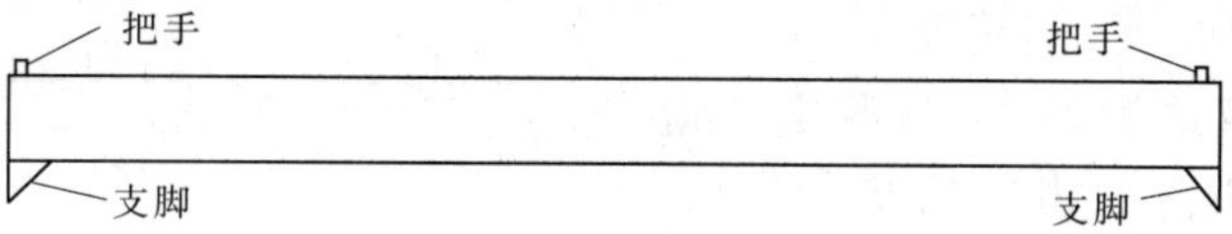

图10-9　路面横断面尺

（4）量尺：钢板尺、卡尺、塞尺，量程大于车辙深度，刻度至1 mm。

（5）其他：皮尺、粉笔等。

二、方法与步骤

（一）确定车辙测定的基准测量宽度

（1）对高速公路及一级公路，以发生车辙的一个车道两侧标线宽度中点到中点的距离为基准测量宽度。

(2)对二级及二级以下公路,有车道区画线时,以发生车辙的一个车道两侧标线宽度中点到中点的距离为基准测量宽度;无车道区画线时,以形成车辙部位的一个设计车道宽度作为基准测量宽度。

(二)确定车辙测定的间距

以一个评定路段为单位,用激光车辙仪连续检测时,测定断面间隔不大于10 m。用其他方法非连续测定时,在车道上每隔50 m作为一测定断面,用粉笔画上标记进行测定。根据需要也可按《公路路基路面现场测试规程》(JTG E60—2008)中随机选点方法在行车道上随机选取测定断面,在特殊需要的路段如交叉口前后可予以加密。

(三)各种仪器的测定方法

(1)采用激光或超声波车辙仪的测试步骤如下:

①将检测车辆就位于测定区间起点前。

②启动并设定检测系统参数。

③启动车辙和距离测试装置,开动测试车沿车道轮迹位置且平行于车道线平稳行驶,测试系统自动记录出每个断面和距离数据。

④到达测定区间终点后,结束测定。

⑤系统处理软件按照图10-10规定的模式通过各横断面相对高程数据计算车辙深度。

传感器数量较多的设备能够采集到全部计算控制点的高程,因此车辆在车道上的行驶位置对测试结果的影响不大;但传感器数量少的设备,必须保证车辆严格在行车轨迹上行驶,否则将导致传感器与车辙计算控制点错位,采集不到控制点高程数据,进而计算出错误的车辙深度。

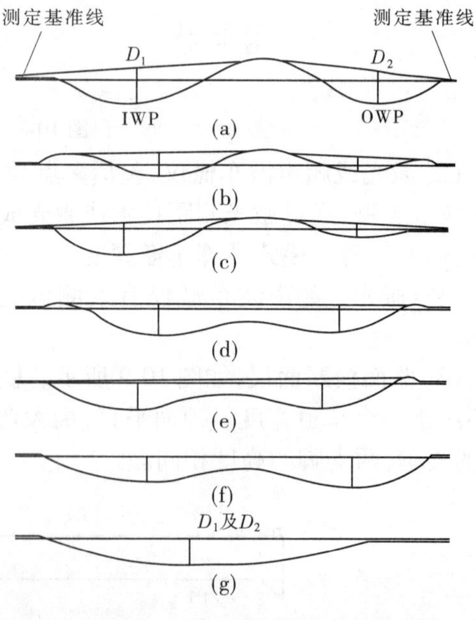

注:IWP、OWP表示内侧轮迹带及外侧轮迹带。

图10-10　不同形状、不同程度的路面车辙示意

(2)采用路面横断面仪的测试步骤如下:

①将路面横断面仪就位于测定断面上,方向与道路中心线垂直,两端支脚立于测定车道的两侧边缘,记录断面桩号。

②调整两端支脚高度,使其等高。

③移动横断面仪的测量器,从测定车道的一端移到另一端,记录出断面形状。

(3)采用横断面尺的测试步骤如下:

①将横断面尺就位于测定断面上,两端支脚置于测定车道两侧。

②沿横断面尺每隔20 cm一点,用量尺垂直立于路面上,平视测记横断面尺顶面与路面之间的距离,精确至1 mm。如断面的最高处或最低处明显不在测定点上,应加测该点距离。

③记录测定读数,绘出断面图,最后连接成圆滑的横断面曲线。

④横断面尺也可用线绳代替。

⑤当不需要测定横断面,仅需要测定最大车辙时,亦可用不带支脚的横断面尺架在路面上,由目测确定最大车辙位置,用尺量取。

三、计算

测定结果计算整理:

(1)根据断面线按图 10-10 的方法画出横断面图及顶面基准线,通常为其中一种形式。

(2)在图 10-10 上确定车辙深度 D_1 及 D_2,读至 1 mm。以其中最大值作为断面的最大车辙深度。

(3)求取各测定断面最大车辙深度的平均值,作为该评定路段的平均车辙深度。

(4)由于造成车辙的原因不同(沥青混合料推挤流动、压密、路基压实、沉降)以及车轮横向分布的不同,车辙形状是不同的。断面图概括了不同形状及不同程度的车辙。

世界各国采用的车辙深度计算方法有所不同。例如,美国以两条车辙中部最高点与车辙最低点的两个高差的平均值作为测试断面的车辙深度,这种模式只要测横断面上 3 点的高程即可;而我国将车辙分为图 10-10 所示的 7 种形式,先通过控制点画出基准线,再以车辙最低点到基准线的距离作为车辙深度,并且只取同一断面上的最大深度作为测试结果。

四、报告

测试报告应记录下列事项:

(1)采用的测定方法。

(2)路段描述,包括里程桩号、路面结构及横断面、使用年限、交通情况等。

(3)各测定断面的横断面图。

(4)各测定断面的最大车辙深度表。

(5)各评定路段的最大车辙深度及平均车辙深度。

(6)根据测定目的应记录的其他事项或数据。

复习思考题

1. 简述车辙试验步骤。
2. 简述车辙测试的试验仪器的种类。
3. 简述沥青路面渗水系数测试的试验步骤。

第十一章　公路技术状况评定

内容简介

本章主要介绍了在用公路损坏类型,在用公路技术状况的评价指标、检测与调查方法、计算方法、评定要求等。

知识目标

1. 了解:公路损坏类型。
2. 熟悉:公路技术状况的评价指标、评定要求。
3. 掌握:公路技术状况等级、公路技术状况的检测与调查方法、计算方法。

能力目标

1. 会进行公路技术状况的检测与调查。
2. 会进行公路技术状况评定。

第一节　概　述

为加强公路养护管理工作,科学评定公路技术状况和服务水平,科学编制公路养护规划和计划,科学考核养护工作质量,都要进行公路技术状况的检测和评定工作。

公路技术状况检测和评定工作的依据是《公路技术状况评定标准》(JTG H20—2007),同时还应遵守国家和行业其他相关标准、规范的规定。

公路技术状况检测和评定工作应遵循客观、科学和高效的原则,积极采用先进的检测和评价手段,保证检测与评定结果准确可靠。

一、公路技术状况标准

公路技术状况用公路技术状况指数 *MQI*(Maintenance Quality Indicator)和相应分项指标表示,*MQI* 和相应分项指标的值域为 0 ~ 100。公路技术状况指数 *MQI* 包含两层含义:对公路技术状况的客观描述和对公路养护质量及管理水平的科学评价。

公路技术状况分为优、良、中、次、差五个等级。公路技术状况等级按表 11-1 规定的标准确定。

表 11-1　公路技术状况评定标准

评价等级	优	良	中	次	差
MQI 及各级分项指标	≥90	≥80,<90	≥70,<80	≥60,<70	<60

二、公路损坏类型

公路技术状况包含路面、路基、桥隧构造物和沿线设施四部分评价内容,其中路面包括沥青路面、水泥混凝土路面和砂石路面。

(一)沥青路面损坏

沥青路面损坏分为11类21项。

1. 龟裂

轻:初期裂缝,裂区无变形、无散落,缝细,主要裂缝宽度在2 mm以下,主要裂缝块度为0.2~0.5 m,损坏按面积计算。

中:龟裂的发展期,龟裂状态明显,裂缝区有轻度散落或轻度变形,主要裂缝宽度为2~5 mm,部分裂缝块度小于0.2 m,损坏按面积计算。

重:龟裂特征显著,裂块较小,裂缝区变形明显、散落严重,主要裂缝宽度大于5 mm,大部分裂缝块度小于0.2 m,损坏按面积计算。

2. 块状裂缝

轻:缝细,裂缝区无散落,裂缝宽度在3 mm以内,大部分裂缝块度大于1.0 m,损坏按面积计算。

重:缝宽,裂缝区有散落,裂缝宽度在3 mm以上,主要裂缝块度为0.5~1.0 m,损坏按面积计算。

3. 纵向裂缝

纵向裂缝为与行车方向基本平行的裂缝。

轻:缝细,裂缝壁无散落或有轻微散落,无支缝或有少量支缝,裂缝宽度在3 mm以内,损坏按长度计算,检测结果要用影响宽度(0.2 m)换算成面积。

重:缝宽,裂缝壁有散落、有支缝,主要裂缝宽度大于3 mm,损坏按长度计算,检测结果要用影响宽度(0.2 m)换算成面积。

4. 横向裂缝

横向裂缝为与行车方向基本垂直的裂缝。

轻:缝细,裂缝壁无散落或有轻微散落,裂缝宽度在3 mm以内,损坏按长度计算,检测结果要用影响宽度(0.2 m)换算成面积。

重:缝宽,裂缝贯通整个路面,裂缝壁有散落并伴有少量支缝,主要裂缝宽度大于3 mm,损坏按长度计算,检测结果要用影响宽度(0.2 m)换算成面积。

5. 坑槽

轻:坑浅,有效坑槽面积在0.1 m^2以内(约0.3 m×0.3 m),损坏按面积计算。

重:坑深,有效坑槽面积大于0.1 m^2(约0.3 m×0.3 m),损坏按面积计算。

6. 松散

轻:路面细集料散失、脱皮、麻面等表面损坏,损坏按面积计算。

重:路面粗集料散失、脱皮、麻面、露骨,表面剥落,有小坑洞,损坏按面积计算。

7. 沉陷

大于10 mm的路面局部下沉为沉陷。

轻:深度为10~25 mm,正常行车无明显感觉,损坏按面积计算。

重:深度大于25 mm,正常行车有明显感觉,损坏按面积计算。

8. 车辙

车辙为轮迹处深度大于10 mm的纵向带状凹槽(辙槽)。

轻:辙槽浅,深度为 10 ~ 15 mm,损坏按长度计算,检测结果要用影响宽度(0.4 m)换算成面积。

重:辙槽深,深度 15 mm 以上,损坏按长度计算,检测结果要用影响宽度(0.4 m)换算成面积。

9. 波浪拥包

轻:波峰波谷高差小,高差为 10 ~ 25 mm,损坏按面积计算。

重:波峰波谷高差大,高差大于 25 mm,损坏按面积计算。

10. 泛油

泛油指路面沥青被挤出或表面被沥青膜覆盖形成发亮的薄油层,损坏按面积计算。

11. 修补

龟裂、坑槽、松散、沉陷、车辙等的修补面积或修补影响面积(裂缝修补按长度计算,影响宽度为 0.2 m)。

(二)水泥混凝土路面损坏

水泥混凝土路面损坏分为 11 类 20 项。

1. 破碎板

轻:板块被裂缝分为 3 块以上,破碎板未发生松动和沉陷,损坏按板块面积计算。

重:板块被裂缝分为 3 块以上,破碎板有松动、沉陷和唧泥等现象,损坏按板块面积计算。

2. 裂缝

板块上只有一条裂缝,裂缝类型包括横向、纵向和不规则的斜裂缝等。

轻:裂缝窄,裂缝处未剥落,缝宽小于 3 mm,一般为未贯通裂缝,损坏按长度计算,检测结果要用影响宽度(1.0 m)换算成面积。

中:边缘有碎裂,裂缝宽度为 3 ~ 10 mm,损坏按长度计算,检测结果要用影响宽度(1.0 m)换算成面积。

重:缝宽,边缘有碎裂并伴有错台出现,缝宽大于 10 mm,损坏按长度计算,检测结果要用影响宽度(1.0 m)换算成面积。

3. 板角断裂

裂缝与纵横接缝相交,且交点距板角小于或等于板边长度一半的损坏称为板角断裂。

轻:裂缝宽度小于 3 mm,损坏按断裂板角的面积计算。

中:裂缝宽度 3 ~ 10 mm,损坏按断裂板角的面积计算。

重:裂缝宽度大于 10 mm,断角有松动,损坏按断裂板角的面积计算。

4. 错台

接缝两边出现的高差大于 5 mm 的损坏为错台。

轻:高差小于 10 mm,损坏按长度计算,检测结果要用影响宽度(1.0 m)换算成面积。

重:高差 10 mm 以上,损坏按长度计算,检测结果要用影响宽度(1.0 m)换算成面积。

5. 唧泥

板块在车辆驶过后,接缝处有基层泥浆涌出,损坏按长度计算,检测结果要用影响宽度(1.0 m)换算成面积。

6. 边角剥落

沿接缝方向的板边碎裂和脱落，裂缝面与板面成一定角度。

轻：浅层剥落，损坏按长度计算，检测结果要用影响宽度(1.0 m)换算成面积。

中：中深层剥落，接缝附近水泥混凝土有开裂，损坏按长度计算，检测结果要用影响宽度(1.0 m)换算成面积。

重：深层剥落，接缝附近水泥混凝土多处开裂，深度超过接缝槽底部，损坏按长度计算，检测结果要用影响宽度(1.0 m)换算成面积。

7. 接缝料损坏

由于接缝的填缝料老化、剥落等，接缝内已无填料，接缝被砂、石、土等填塞。

轻：填料老化，不泌水，但尚未剥落脱空，未被砂、石、泥土等填塞，损坏按长度计算，检测结果要用影响宽度(1.0 m)换算成面积。

重：1/3 以上接缝出现空缝或被砂、石、土填塞，损坏按长度计算，检测结果要用影响宽度(1.0 m)换算成面积。

8. 坑洞

板面出现有效直径大于 30 mm、深度大于 10 mm 的局部坑洞，损坏按坑洞或坑洞群所涉及的面积计算。

9. 拱起

横缝两侧的板体发生明显抬高，高度大于 10 mm，损坏按拱起所涉及的板块面积计算。

10. 露骨

板块表面细集料散失、粗集料暴露或表层松疏剥落，损坏按面积计算。

11. 修补

裂缝、板角断裂、边角剥落、坑洞和层状剥落的修补面积或修补影响面积(裂缝修补按长度计算，影响宽度为 0.2 m)。

(二)砂石路面损坏

砂石路面损坏分为 6 类。

1. 路拱不适

路拱过大或过小。过大将降低行车安全性，过小将使路面雨水不能及时排出。路拱不适程度根据经验确定，按长度计算，检测结果要用影响宽度(3.0 m)换算成面积。

2. 沉陷

路面表面的局部凹陷称为沉陷，按面积计算。

3. 波浪搓板

波浪搓板指峰谷高差大于 30 mm 的搓板状纵向连续起伏，按面积计算。

4. 车辙

车辙指轮迹处深度大于 30 mm 的纵向带状凹槽(辙槽)，按长度计算，检测结果要用影响宽度(0.4 m)换算成面积。

5. 坑槽

坑槽指路面上深度大于 30 mm、直径大于 0.1 m 的坑洞，按面积计算。

6. 露骨

露骨指黏结料和细集料散失，主集料外露，按面积计算。

(四)路基损坏

路基损坏分为8类。

1.路肩边沟不洁

路肩边沟不洁指路肩(包括土路肩、硬路肩和紧急停车带)和边沟(包含边坡)有杂物、油渍、垃圾及堆积物。按行车方向的长度计算,每1 m扣0.5分。

2.路肩损坏

路肩损坏指路肩上出现的各种损坏。沥青路面的损坏类型和权重见表11-2,水泥混凝土路面的损坏类型和权重见表11-3,砂石路面的损坏类型和权重见表11-4。

表11-2 沥青路面的损坏类型和权重

类型(i)	损坏名称	损坏程度	权重(w_i)	计量单位
1	龟裂	轻	0.6	面积(m^2)
2		中	0.8	
3		重	1.0	
4	块状裂缝	轻	0.6	面积(m^2)
5		重	0.8	
6	纵向裂缝	轻	0.6	长度(m)(影响宽度:0.2 m)
7		重	1.0	
8	横向裂缝	轻	0.6	长度(m)(影响宽度:0.2 m)
9		重	1.0	
10	坑槽	轻	0.8	面积(m^2)
11		重	1.0	
12	松散	轻	0.6	面积(m^2)
13		重	1.0	
14	沉陷	轻	0.6	面积(m^2)
15		重	1.0	
16	车辙	轻	0.6	长度(m)(影响宽度:0.4 m)
17		重	1.0	
18	波浪拥包	轻	0.6	面积(m^2)
19		重	1.0	
20	泛油	轻	0.2	面积(m^2)
21	修补	重	0.1	面积(m^2)

表 11-3　水泥混凝土路面的损坏类型和权重

类型(i)	损坏名称	损坏程度	权重(w_i)	计量单位
1	破碎板	轻	0.8	面积 (m^2)
2		重	1.0	
3	裂缝	轻	0.6	长度(m) (影响宽度:1.0 m)
4		中	0.8	
5		重	1.0	
6	板角断裂	轻	0.6	面积 (m^2)
7		中	0.8	
8		重	1.0	
9	错台	轻	0.6	长度(m) (影响宽度:1.0 m)
10		重	1.0	
11	唧泥		1.0	长度(m) (影响宽度:1.0 m)
12	边角剥落	轻	0.6	长度(m) (影响宽度:1.0 m)
13		中	0.8	
14		重	1.0	
15	接缝料损坏	轻	0.4	长度(m) (影响宽度:1.0 m)
16		重	0.6	
17	坑洞		1.0	面积 (m^2)
18	拱起		1.0	面积 (m^2)
19	露骨		0.3	面积 (m^2)
20	修补		0.1	面积 (m^2)

表 11-4　砂石路面的损坏类型和权重

类型(i)	损坏名称	权重(w_i)	计量单位
1	路拱不适	0.1	长度(m) (影响宽度:3.0 m)
2	沉陷	0.8	面积 (m^2)
3	波浪搓板	1.0	面积 (m^2)
4	车辙	1.0	长度(m) (影响宽度:0.4 m)
5	坑槽	1.0	面积 (m^2)
6	露骨	0.8	面积 (m^2)

轻:路肩轻度损坏包括表11-2和表11-3规定的所有轻、中度损坏,砂石路面损坏按轻度处理。所有损坏均按损坏的实际面积计算,每1 m^2 扣1分,累计面积不足1 m^2 按1 m^2 计算。

重:路肩重度损坏包括表11-2和表11-3规定的所有重度损坏。所有重度损坏均按损坏的实际面积计算,每1 m^2 扣2分,累计面积不足1 m^2 按1 m^2 计算。

3. 边坡坍塌

挖方路段边坡坍塌,损坏按处和行车方向的长度(m)计算。长度小于或等于5 m为轻度损坏,长度在5~10 m之间为中度损坏,长度大于10 m为重度损坏。

4. 水毁冲沟

填方路段边坡由于雨水冲刷形成的冲沟,损坏按处和冲刷深度计算。深度小于或等于0.2 m为轻度损坏,深度在0.2~0.5 m之间为中度损坏,深度大于0.5 m为重度损坏。

5. 路基构造物损坏

路基构造物损坏包括挡墙等圬工体断裂、沉陷、倾斜、局部坍塌、松动和较大面积勾缝脱落,损坏按处和长度(m)计算。长度小于或等于5 m为轻度损坏,长度在5~10 m之间为中度损坏,长度大于10 m为重度损坏。

6. 路缘石缺损

路缘石丢失或损坏,按行车方向上的长度计算,每1 m扣4分。

7. 路基沉降

路基沉降指深度大于30 mm的沉降,损坏按处和长度(m)计算。长度小于5 m为轻度损坏,长度在5~10 m之间为中度损坏,长度大于10 m为重度损坏。

8. 排水系统淤塞

轻:边沟、排水沟、截水沟等排水系统淤积,损坏按长度计算,每1 m扣1分,累计长度不足1 m按1 m计算。

重:边沟、排水沟和截水沟等排水系统全截面堵塞,损坏按处计算,每处扣20分。

(五)桥隧构造物损坏

桥隧构造物包括桥梁、隧道和涵洞三类,桥隧构造物损坏按相应规范评定技术等级,按技术等级扣分。

1. 桥梁技术等级

桥梁技术等级采用《公路桥涵养护规范》(JTG H11—2004)规定的等级评定方法。规定一、二类桥梁不扣分,三类桥梁每处扣40分,四类桥梁每处扣70分,五类桥梁每处扣100分,同时直接将 *MQI* 设为最低值。

2. 隧道技术等级

隧道技术等级采用《公路隧道养护技术规范》(JTG H12—2003)规定的等级评定方法。规定S类隧道(无异常)不扣分,B类隧道(有异常)每处扣50分,A类隧道(有危险)每处扣100分,同时直接将 *MQI* 设为最低值。

3. 涵洞技术等级

涵洞技术等级采用《公路桥涵养护规范》(JTG H11—2004)规定的等级评定方法。规定好、较好类涵洞不扣分,较差类涵洞每处扣40分,差类涵洞每处扣70分,危险类涵洞每处扣100分,同时直接将 *MQI* 设为最低值。

(六)沿线设施损坏

沿线设施损坏分为5类。

1. 防护设施缺损

防护设施(防撞护栏、防落网、声屏障、中央分隔带活动护栏和防眩板等)缺少、损坏或损坏修复后部件尺寸和安装质量达不到规范的技术要求。损坏按处和长度(m)计算。

轻:长度小于或等于4 m,每缺损一处扣10分。

重:长度大于4 m,每缺损一处扣30分。

2. 隔离栅损坏

隔离栅损坏后修复不及时或修复质量达不到规范的技术要求。损坏按处计算,每缺损一处扣20分。

3. 标志缺损

各种交通标志(指示标志、警告标志、禁令标志、里程牌、轮廓标、百米标等)残缺、位置不当或尺寸不规范、颜色不鲜明、污染、可变信息板故障等。损坏按处计算,其中,轮廓标和百米标每3个损坏算1处,累计损坏不足3个按1处计算,每处扣20分。

4. 标线缺损

标线(含凸起路标)缺少或损坏,损坏按长度(m)计算。每缺损10 m扣1分,累计长度不足10 m按10 m计算,评定时不考虑车道数量的影响。

5. 绿化管护不善

树木、花草枯萎或缺树,虫害未及时防治,绿化带未及时修剪或有杂物,路段应绿化而未绿化。损坏按长度(m)计算,每10 m扣1分,累计长度不足10 m按10 m计算。

三、公路技术状况评价指标

公路技术状况评价包含路面、路基、桥隧构造物和沿线设施四部分内容。评价指标见图11-1,各指标值域均为0~100。

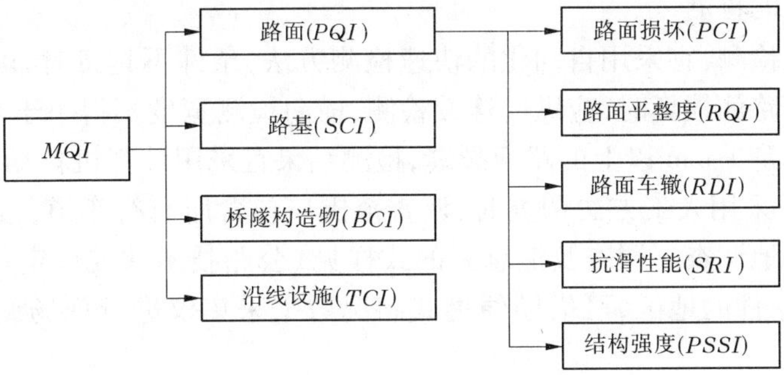

图11-1 公路技术状况评价指标

图11-1中各符号含义如下:

MQI——公路技术状况指数;

PQI——路面使用性能指数(Pavement Quality or Performance Index);

SCI——路基技术状况指数(Subgrade Condition Index);

BCI——桥隧构造物技术状况指数(Bridge,Tunnel and Culvert Condition Index);

TCI——沿线设施技术状况指数(Traffic-facility Condition Index);
PCI——路面损坏状况指数(Pavement Surface Condition Index);
RQI——路面行驶质量指数(Riding Quality Index);
RDI——路面车辙深度指数(Rutting Depth Index);
SRI——路面抗滑性能指数(Skidding Resistance Index);
PSSI——路面结构强度指数(Pavement Structure Strength Index)。

第二节　公路技术状况检测与调查

一、检测与调查内容

公路技术状况检测与调查包括路面、路基、桥隧构造物和沿线设施四部分内容。路面检测包括路面损坏、平整度、车辙、抗滑性能和结构强度五项指标,其中,路面结构强度为抽样检测指标。桥隧构造物调查包括桥梁、隧道和涵洞三类构造物。

二、检测与调查单元

(1)公路技术状况检测以1 000 m路段为基本检测或调查单元。

(2)公路技术状况数据按上行方向(桩号递增方向)和下行方向(桩号递减方向)分别检测。二、三、四级公路可不分上下行。

(3)采用快速检测方法检测路面使用性能评定所需数据时,每个检测方向至少检测一个主要行车道。

三、检测与调查方法

(一)路面检测

1.路面损坏状况检测

路面损坏状况检测,宜采用自动化的快速检测方法,条件不具备时,可人工检测。采用快速检测设备检测路面损坏时,应纵向连续检测,横向检测宽度不得小于车道宽度的70%。检测设备应能够分辨1 mm以上的路面裂缝,检测结果宜采用计算机自动识别,识别准确率应达到90%以上。采用人工方法调查时,调查范围应包含所有行车道,按表11-2~表11-4规定的损坏类型实地调查。调查及汇总表的式样见《公路技术状况评定标准》(JTG H20—2007)附录A。有条件的地区,可借助便携式路况数据采集仪进行现场调查、汇总、计算与评定。

2.路面平整度检测

路面平整度宜采用快速检测设备,可结合路面损坏和车辙一并检测。单独检测路面平整度时,宜采用高精度的断面类检测设备。条件不具备的三、四级公路,路面平整度可采用3 m直尺人工检测,检测结果按表11-5评定。

3.路面车辙检测

路面车辙宜采用快速检测设备,可结合路面损坏和路面平整度一并检测。根据断面数据计算路面车辙深度(*RD*),计算结果应以10 m为单位长期保存。

表 11-5 路面平整度人工评定标准

技术等级	优	良	中	次	差
RQI	≥90	≥80，<90	≥70，<80	≥60，<70	<60
3 m 直尺(mm)	≤10	>10，≤12	>12，≤15	>15，≤18	>18
颠簸程度	无颠簸，行车平稳	有轻微颠簸，行车尚平稳	有明显颠簸，行车不平稳	严重颠簸，行车很不平稳	非常颠簸，行车非常不平稳

4. 路面抗滑性能检测

路面抗滑性能宜采用基于横向力系数的路面抗滑性能检测设备或其他具有可靠数据标定关系的自动化检测设备。路面抗滑性能检测数据(横向力系数)应以 20 m 为单位长期保存。

5. 路面结构强度检测

路面结构强度宜采用自动检测设备检测。自动检测时，宜采用具有可靠数据标定关系的自动化检测设备，检测结果应能换算成我国相关技术规范规定的回弹弯沉值。弯沉检测数据应以 20 m 为单位长期保存。当采用贝克曼梁法检测时，检测数量应不小于 20 点/(km · 车道)。抽样检测时，检测范围可控制在养护里程的 20% 以内。

(二) 路基、桥隧构造物和沿线设施调查

公路技术状况评定所需要的路基、桥隧构造物和沿线设施数据，应按相应的损坏类型实地调查。调查及汇总表的式样见《公路技术状况评定标准》(JTG H20—2007)附录 A。有条件的地区，可借助便携式路况数据采集仪进行现场调查、汇总、计算与评定。

四、检测与调查频率

公路技术状况评定所需数据的最低检测与调查频率按表 11-6 的规定执行。

表 11-6 最低检测与调查频率

检测内容			不同评价指标的检测频率				
			路面损坏(*PCI*)	路面平整度(*RQI*)	抗滑性能(*SRI*)	路面车辙(*RDI*)	结构强度(*PSSI*)
路面(*PQI*)	沥青	高速、一级公路	1 年 1 次	1 年 1 次	2 年 1 次	1 年 1 次	抽样检测
		二、三、四级公路	1 年 1 次	1 年 1 次			
	水泥混凝土	高速、一级公路	1 年 1 次	1 年 1 次			
		二、三、四级公路	1 年 1 次	1 年 1 次			
	砂石		1 年 1 次				
路基(*SCI*)			1 年 1 次				
桥隧构造物(*BCI*)			采用最新桥梁、隧道、涵洞技术状况评定结果				
沿线设施(*TCI*)			1 年 1 次				

第三节　公路技术状况评定

一、评定要求

公路技术状况评定以 1 000 m 路段长度为基本评定单元。

二、公路技术状况指数 *MQI* 确定

公路技术状况指数 *MQI* 按式(11-1)计算。

$$MQI = w_{PQI}PQI + w_{SCI}SCI + w_{BCI}BCI + w_{TCI}TCI \tag{11-1}$$

式中　w_{PQI}——*PQI* 在 *MQI* 中的权重,取值为 0.70;

w_{SCI}——*SCI* 在 *MQI* 中的权重,取值为 0.08;

w_{BCI}——*BCI* 在 *MQI* 中的权重,取值为 0.12;

w_{TCI}——*TCI* 在 *MQI* 中的权重,取值为 0.10。

(一)路面使用性能指数(*PQI*)

沥青路面使用性能评价包含路面损坏、平整度、车辙、抗滑性能和结构强度五项技术内容。其中,路面结构强度为抽样评定指标,单独计算与评定,评定范围根据路面大中修养护需求、路基的地质条件等自行确定。

水泥混凝土路面使用性能评价包含路面损坏、平整度和抗滑性能三项技术内容;砂石路面使用性能评价只包含路面损坏一项技术内容。

路面使用性能指数 *PQI* 按式(11-2)计算。

$$PQI = w_{PCI}PCI + w_{RQI}RQI + w_{RDI}RDI + w_{SRI}SRI \tag{11-2}$$

式中　w_{PCI}——*PCI* 在 *PQI* 中的权重,按表 11-7 取值;

w_{RQI}——*RQI* 在 *PQI* 中的权重,按表 11-7 取值;

w_{RDI}——*RDI* 在 *PQI* 中的权重,按表 11-7 取值;

w_{SRI}——*SRI* 在 *PQI* 中的权重,按表 11-7 取值。

表 11-7　*PQI* 分项指标权重

路面类型	权重	高速、一级公路	二、三、四级公路
沥青路面	w_{PCI}	0.35	0.60
	w_{RQI}	0.40	0.40
	w_{RDI}	0.15	—
	w_{SRI}	0.10	—
水泥混凝土路面	w_{PCI}	0.50	0.60
	w_{RQI}	0.40	0.40
	w_{SRI}	0.10	—

1. 路面损坏状况指数(*PCI*)

路面损坏用路面损坏状况指数(*PCI*)评价,按式(11-3)、式(11-4)计算。

$$PCI = 100 - a_0 DR^{a_1} \tag{11-3}$$

$$DR = 100 \times \frac{\sum_{i=1}^{i_0}(w_i A_i)}{A} \tag{11-4}$$

式中 DR——路面破损率(Pavement Distress Ratio),为各种损坏的折合损坏面积之和与路面调查面积的百分比(%);

A_i——第 i 类路面损坏的面积,m^2;

A——调查的路面面积(调查长度与有效路面宽度之积,m^2);

w_i——第 i 类路面损坏的权重,沥青路面按表 11-2 取值,水泥混凝土路面按表 11-3 取值,砂石路面按表 11-4 取值;

a_0——模型参数,沥青路面采用 15. 00,水泥混凝土路面采用 10. 66,砂石路面采用 10. 10;

a_1——模型参数,沥青路面采用 0. 412,水泥混凝土路面采用 0. 461,砂石路面采用 0. 487;

i——考虑损坏程度(轻、中、重)的第 i 项路面损坏类型;

i_0——包含损坏程度(轻、中、重)的损坏类型总数,沥青路面取 21,水泥混凝土路面取 20,砂石路面取 6。

2. 路面行驶质量指数(RQI)

路面平整度用路面行驶质量指数(RQI)评价,按式(11-5)计算。

$$RQI = \frac{100}{1 + a_0 e^{a_1 IRI}} \tag{11-5}$$

式中 IRI——国际平整度指数,m/km;

a_0——模型参数,高速公路和一级公路采用 0. 65,其他等级公路采用 0. 58。

a_1——模型参数,高速公路和一级公路采用 0. 026,其他等级公路采用 0. 018 5。

3. 路面车辙深度指数(RDI)

路面车辙用路面车辙深度指数(RDI)评价,按式(11-6)计算。

$$RDI = \begin{cases} 100 - a_0 RD & (RD \leqslant RD_a) \\ 60 - a_1(RD - RD_a) & (RD_a < RD \leqslant RD_b) \\ 0 & (RD > RD_b) \end{cases} \tag{11-6}$$

式中 RD——车辙深度,mm;

RD_a——车辙深度参数,采用 20 mm;

RD_b——车辙深度限值,采用 35 mm;

a_0——模型参数,采用 2. 0;

a_1——模型参数,采用 4. 0。

4. 路面抗滑性能指数(SRI)

路面抗滑性能用路面抗滑性能指数(SRI)评价,按式(11-7)计算。

$$SRI = \frac{100 - SRI_{min}}{1 + a_0 e^{a_1 SFC}} + SRI_{min} \tag{11-7}$$

式中 SFC——横向力系数;

SRI_{min}——标定参数,采用 35. 0;

a_0——模型参数,采用 28.6;

a_1——模型参数,采用 -0.105。

5. 路面结构强度指数($PSSI$)

路面结构强度用路面结构强度指数($PSSI$)评价,按式(11-8)和式(11-9)计算。

$$PSSI = \frac{100}{1 + a_0 e^{a_1 SSI}} \tag{11-8}$$

$$SSI = \frac{l_d}{l_0} \tag{11-9}$$

式中 SSI——路面结构强度系数,为路面设计弯沉值与实测代表弯沉值之比;

l_d——路面设计弯沉值,mm;

l_0——实测代表弯沉值,mm;

a_0——模型参数,采用 15.71;

a_1——模型参数,采用 -5.19。

(二)路基技术状况指数(SCI)

路基技术状况用路基技术状况指数(SCI)评价,按式(11-10)计算。

$$SCI = \sum_{i=1}^{8} [w_i(100 - GD_{iSCI})] \tag{11-10}$$

式中 GD_{iSCI}——第 i 类路基损坏的总扣分,最高分值为 100,按表 11-8 的规定计算;

w_i——第 i 类路基损坏的权重,按表 11-8 取值;

i——考虑损坏程度(轻、中、重)的第 i 项路基损坏类型。

表 11-8 路基损坏扣分标准

类型(i)	损坏名称	损坏程度	计量单位	单位扣分	权重(w_i)
1	路肩边沟不洁		m	0.5	0.05
2	路肩损坏	轻	m^2	1	0.10
		重		2	
3	边坡坍塌	轻	处	20	0.25
		中		30	
		重		50	
4	水毁冲沟	轻	处	20	0.25
		中		30	
		重		50	
5	路基构造物损坏	轻	处	20	0.10
		中		30	
		重		50	
6	路缘石缺损		m	4	0.05
7	路基沉降	轻	处	20	0.10
		中		30	
		重		50	
8	排水系统淤塞	轻	m	1	0.10
		重	处	20	

(三)桥隧构造物技术状况指数(BCI)

桥梁、隧道和涵洞技术状况用桥隧构造物技术状况指数(BCI)评价,按式(11-11)计算。

$$BCI = \min(100 - GD_{iBCI}) \tag{11-11}$$

式中 GD_{iBCI}——第 i 类构造物损坏的总扣分,最高分值为100,按表11-9的规定计算;

i——构造物类型(桥梁、隧道或涵洞)。

表11-9　桥隧构造物扣分标准

类型	项目	技术状况评定等级	计量单位	单位扣分	说明
1	桥梁	一、二	座	0	采用《公路桥涵养护规范》(JTG H11—2004)的评定方法,五类桥梁所属路段的 $MQI=0$
		三		40	
		四		70	
		五		100	
2	隧道	S:无异常	座	0	采用《公路隧道养护技术规范》(JTG H12—2003)的评定方法,危险隧道所属路段的 $MQI=0$
		B:有异常		50	
		A:有危险		100	
3	涵洞	好、较好	道	0	采用《公路桥涵养护规范》(JTG H11—2004)的评定方法,危险涵洞所属路段的 $MQI=0$
		较差		40	
		差		70	
		危险		100	

(四)沿线设施技术状况指数(TCI)

沿线设施技术状况用沿线设施技术状况指数(TCI)评价,按式(11-12)计算。

$$TCI = \sum_{i=1}^{5}[w_i(10 - GD_{iTCI})] \tag{11-12}$$

式中 GD_{iTCI}——第 i 类设施损坏的总扣分,最高分值为100,按表11-10的规定计算;

w_i——第 i 类设施损坏的权重,按表11-10取值;

i——设施的损坏类型。

表11-10　沿线设施扣分标准

类型	损坏名称	损坏程度	计量单位	单位扣分	权重(w_i)	说明
1	防护设施缺损	轻	处	10	0.25	
		重		30		
2	隔离栅损坏		处	20	0.10	
3	标志缺损		处	20	0.25	
4	标线缺损		m	0.1	0.20	
5	绿化管护不善		m	0.1	0.20	每10 m扣1分,不足10 m按10 m计算

三、综合评定

（一）路段 *MQI*

路段 *MQI* 按式（11-1）计算。对非整千米的路段，除 *PQI* 外，*SCI*、*BCI* 和 *TCI* 三项指标的实际扣分均应换算成整千米值（扣分 × 基本评定单元长度/实际路段长度）。桥隧构造物评价结果（*BCI*）计入桥隧构造物所属路段。存在五类桥梁、危险隧道、危险涵洞的路段，$MQI = 0$。

（二）路线 *MQI*

路线技术状况评定时，应采用路线所包含的所有路段 *MQI* 算术平均值作为该路线的 *MQI* 值。

（三）等级评定

按表 11-1 的规定确定公路技术状况等级。按《公路技术状况评定标准》（JTG H20—2007）附录 A 表 A-8 格式统计 *MQI* 及分项指标的优、良、中、次、差的长度及比例。

四、应注意的问题

（1）在沥青路面损坏类型中，车辙深度大于 10 mm 的才能够算做路面损坏。

（2）路面结构强度为抽样检测指标，单独进行计算和评定，评价指标 *MQI* 的计算中没有涉及此指标。

（3）在 *PQI* 的计算中，沥青路面包括五项内容，水泥混凝土路面包含三项内容，砂石路面仅包含路面损坏一项内容。

（4）所有基于快速检测设备的原始检测数据包括横向力系数、车辙、路面平整度、路面损坏都应该尽可能以高密度（10 ~ 20 m）长期保存。

（5）对不同等级公路应该确定合适的检测方法和频率，采用先进设备和人工采集相结合的方式。

（6）明确《公路技术状况评定标准》（JTG H20—2007）的用途：评定路况、科学决策、指导生产。

（7）整合不同单位、不同检测手段得到的检测数据，并进行有效的数据共享、分析。

（8）对公路技术状况评定应制订合理的工作流程和工作程序。

复习思考题

1. 简述沥青路面损坏类型。
2. 在用公路技术状况的评价指标包括哪四方面内容？
3. 简述公路技术状况指数 *MQI* 的计算方法。

第三篇　桥梁工程检测

第十二章　桥梁地基检测

内容简介

本章主要介绍了桥梁地基的质量检验项目及检验方法，桥梁地基承载力的检测方法等。

知识目标

1. 了解：桥梁地基的定义、质量检验项目及检验方法。

2. 熟悉：各种地基承载力检测方法的适用范围。

3. 掌握：圆锥动力触探、标准贯入试验、载荷试验的检测原理、操作步骤、数据处理、结果应用。

能力目标

会利用动力触探试验、标准贯入试验及承载板试验等三种方法确定地基承载力。

第一节　概　述

一、桥梁地基的定义

地基是指承受结构物荷载作用的土体、岩体。地基是建筑物的重要组成部分。

凡是基础直接建造在未经加固的天然地层上时，这种地基称为天然地基。若天然地基较软弱，需先经过人工加固，再修建基础，这种地基称为人工地基。

二、质量检验项目

地基的检验应包括下列内容：

(1)检验基底平面位置、尺寸大小、基底标高是否符合设计要求，偏差值是否在现行相关规定的允许范围以内。

(2)检测基底的地质情况和承载力是否与设计资料相符。

(3)检查基底处理和排水情况是否符合《公路桥涵施工技术规范》(JTG/T F50—2011)的要求。

(4)检查施工记录及有关试验资料。

(5)检验地基经加固、处理后的效果是否达到设计要求。

三、检验方法

按桥梁大小、地基土质复杂情况(如溶洞、断层、软弱夹层、易溶盐等)及结构对地基有无特殊要求,可采用以下方法检查:

(1)桥涵地基检验,可采用直观或触探方法,必要时可进行土质试验。

(2)大、中桥和地基土质复杂、结构对地基有特殊要求的地基检验,一般采用触探和钻探(钻深至少 4 m)取样做土工试验,或按设计要求进行载荷试验。

(3)特大桥按设计要求处理。

第二节　桥梁地基承载力检测

一、地基承载力概述

地基承载力指地基在同时满足变形和强度两个条件下,单位面积所能承受的最大荷载的能力。在荷载作用下,地基要产生变形。随着荷载的增大,地基变形逐渐增大,初始阶段地基土中应力处在弹性平衡状态,具有安全承载能力。当荷载增大到地基中开始出现某点或小区域内各点在其某一方向平面上的剪应力达到土的抗剪强度时,该点或小区域内各点就发生剪切破坏而处在极限平衡状态,土中应力将发生重分布。这种小范围的剪切破坏区,称为塑性区。地基小范围的极限平衡状态大都可以恢复到弹性平衡状态,地基尚能趋于稳定,仍具有安全的承载能力。但此时地基变形稍大,必须验算变形的计算值不允许超过允许值。当荷载继续增大,地基出现较大范围的塑性区时,将显示地基承载力不足而失去稳定。此时地基达到极限承载力。

二、确定地基承载力的方法

(1)原位测试法:是一种通过现场直接测试确定承载力的方法。包括静力触探试验、动力触探试验、标准贯入试验、载荷试验、旁压试验等,其中以载荷试验法为最可靠的基本的原位测试法。

(2)理论公式法:是根据土的抗剪强度指标计算理论公式确定承载力的方法。

(3)规范表格法:是根据室内试验指标、现场测试指标或野外鉴别指标,通过查规范所列表格得到承载力的方法。规范不同(包括不同部门、不同行业、不同地区的规范),其承载力不会完全相同,应用时需注意各自的使用条件。

(4)当地经验法:是一种基于地区的使用经验,进行类比判断确定承载力的方法,它是一种宏观辅助方法。

本书主要讲述现场直接测试确定承载力的方法——原位测试法,其中动力触探试验、标准贯入试验、载荷试验是最为常用的地基承载力方法。

三、动力触探试验(DPT)

(一)概述

动力触探试验的工作原理是利用一定的落锤能量将与触探杆相连接的探头打入土中,

根据打入的难易程度(表示为贯入度或贯入阻力)来判断土的工程性质。一般用于确定各类土的容许承载力,还可用于查明土层在水平和垂直方向上的均匀程度,确定桩基持力层的位置和预估单桩承载力。此方法具有以下优点:

(1)设备简单,且坚固耐用。

(2)操作及测试方法容易,一学就会。

(3)适用性广,砂土、粉土、砾石土、软岩、强风化岩石及黏性土均可(如CPT不适用的砾石土等,可选用DPT)。

(4)快速,经济,能连续测试土层。

(5)有些动力触探,可同时取样,观察描述。

(6)应用历史悠久,积累的经验丰富,使用广泛。

触探指标定义为每贯入一定深度所需的锤击数。轻型动力触探以每贯入0.30 m的锤击数N_{10}表示;重型和超重型动力触探以每贯入0.10 m所需的锤击数$N_{63.5}$和N_{120}表示,也可用动贯入阻力作为触探指标。

(二)试验适用范围与目的

1.适用范围

动力触探试验适用于强风化、全风化的硬质岩石,各种软质岩石及各类土。

2.目的

(1)定性评价:评定场地土层的均匀性,查明土洞、滑动面和软硬土层界面,确定软弱土层或坚硬土层的分布,检验评估地基土加固与改良的效果。

(2)定量评价:确定砂土的密实度、粉土和黏性土的状态、土的强度和变形参数,评价地基土的承载力或单桩承载力。

(三)动力触探的分类

动力触探测试可分为两大类:圆锥动力触探和标准贯入试验。

根据锤击能量,圆锥动力触探的类型可分为轻型、重型和超重型三种。轻型动力触探适用于一般黏质土及素填土;重型动力触探适用于中、粗砾砂和碎石土;超重型动力触探适用于卵石、砾石类土。

(四)测试原理

动力触探的基本原理可以用能量平衡法来分析,能量平衡示意见图12-1。

对于一次锤击作用下的功能转换,按能量守恒原理其关系可写成

$$E_m = E_k + E_c + E_f + E_p + E_e \tag{12-1}$$

式中 E_m——穿心锤下落能量;

E_k——锤与触探器碰撞时损失的能量;

E_c——触探器弹性变形所消耗的能量;

E_f——贯入时用于克服杆侧壁摩阻力所消耗的能量;

E_p——由于土的塑性变形而消耗的能量;

E_e——由于土的弹性变形而消耗的能量。

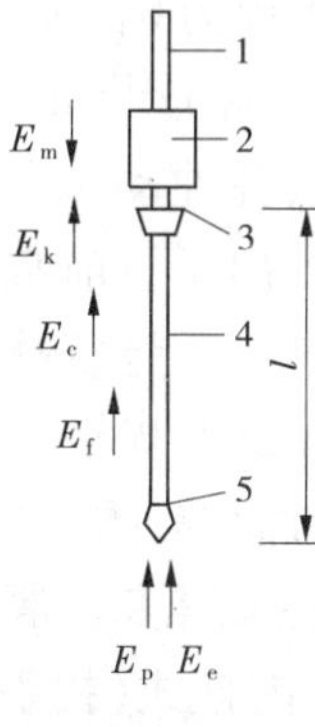

1—导杆;2—穿心锤;3—锤座;4—探杆;5—探头

图12-1 DPT能量平衡示意

(五)圆锥动力触探

1. 调查与资料收集

(1)岩土工程勘察资料。

(2)受检地基设计资料。

(3)受检地基施工记录。

2. 制订检测方案

方案的主要内容包括工程概况、检测依据、检测方法、抽检方案、检测原理、检测程序及试验检测条件等,必要时可针对检测方案中的细节同委托方或设计方共同研究确定。

3. 圆锥动力触探试验的仪具与设备

动力触探使用的设备包括动力设备和贯入系统两大部分。动力设备的作用是提供动力源,为便于野外施工,多采用柴油发动机;对于轻型动力触探也有采用人力提升方式的。贯入系统是动力触探的核心,由穿心锤、探杆和探头组成。

根据所用穿心锤的质量将动力触探试验分为轻型、中型、重型和超重型等种类。动力触探类型及相应的探头和探杆规格见表12-1。

表12-1 常用动力触探类型及规格

类型	锤质量(kg)	落距(cm)	探头规格		探杆外径(mm)	触探指标(贯入一定深度的锤击数)	说明
			锥角(°)	底面面积(cm^2)			
轻型	10	50	60	12.6	25	贯入30 cm锤击数N_{10}	工民建勘察规范等推荐英国BS规程
	10	30	45	4.9	12	贯入10 cm锤击数N_{10}	
中型	28	80	60	30	33.5	贯入10 cm锤击数N_{28}	工民建勘察规范推荐
重型	63.5	76	60	43	42	贯入10 cm锤击数$N_{63.5}$	岩土工程勘察规范推荐
超重型	120	100	60	43	60	贯入10 cm锤击数N_{120}	水电部土工试验规程推荐

在各种类型的动力触探中,轻型适用于一般黏性土及素填土,特别适用于软土;重型适用于砂土及砾砂土;超重型适用于卵石、砾石类土。穿心锤的质量之所以不同,是由于自然界土类千差万别。锤重,动能大,可击穿硬土;锤轻,动能小,可击穿软土,又能得到一定锤击数,使测试精度提高。现场测试时应根据地基土的性质选择适宜的动力触探类型。

虽然各种动力触探试验设备的质量相差悬殊,但其仪器设备的形式却大致相同。图12-2示出了目前常用的机械式动力触探中的轻型动力触探仪的贯入系统,它包括了穿心锤、导向杆、锤垫、触探杆和探头五个部分。其他类型的贯入系统在结构上与此类似,差别主要表现在细部规格上。轻型动力触探使用的落锤质量小,可以使用人力提升的方式,故锤体结构相对简单;重型和超重型动力触探的落锤质量大,使用时需借助机械脱钩装置,故锤体结构要复杂得多。常用的机械脱钩装置(提引器)的结构各异,但基本上可分为两种形式:

(1)内挂式(提引器挂住重锤顶帽的内缘而提升),它是利用导向杆缩径,使提引器内活动装置(钢球、偏心轮或挂钩等)发生变位,完成挂锤、脱钩及自由下落的往复过程。

(2)外挂式(提引器挂住重锤顶帽的外缘而提升),它是利用上提力完成挂锤,靠导向杆顶端所设弹簧锥套或凸块强制挂钩张开,使重锤自由下落。

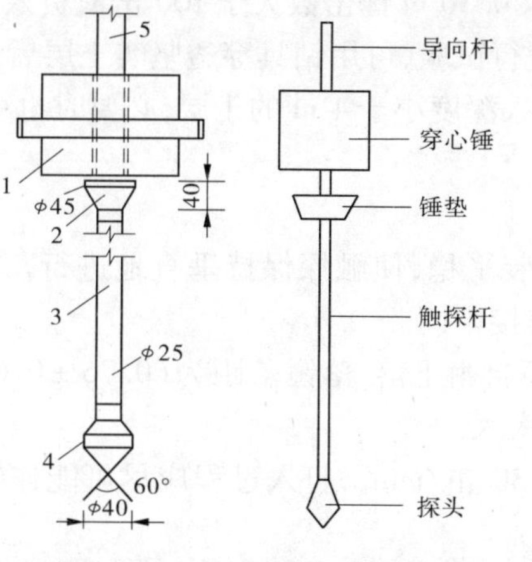

1—穿心锤;2—钢砧与锤垫;3—触探杆;4—圆锥探头;5—导向杆

图 12-2　轻型动力触探仪　(单位:mm)

(3)探头的尺寸见图 12-3 和图 12-4。国际上使用的探头规格较多,而我国的常用探头直径约 5 种,锥角基本上只有 60°一种。

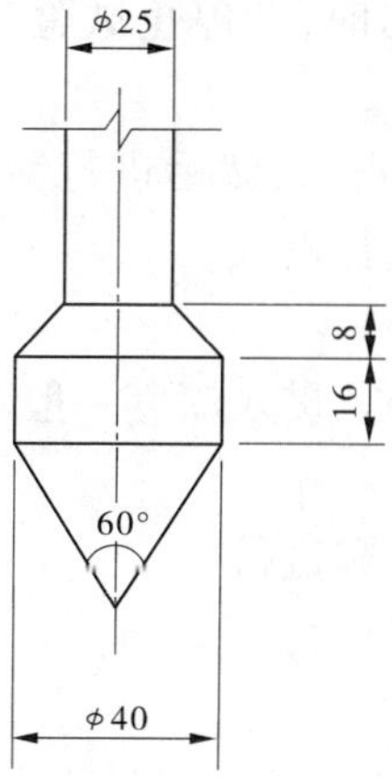

图 12-3　轻型动力触探探头

(单位:mm)

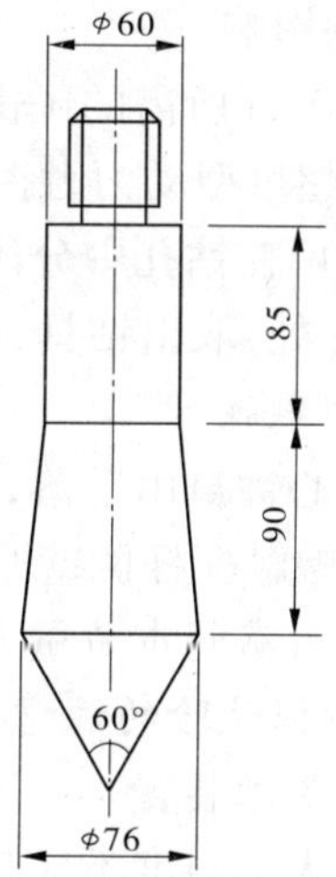

图 12-4　重型、超重型动力触探探头

(单位:mm)

(4)重型和超重型动力触探探头直径的最大允许磨损尺寸为 2 mm,探头尖端的最大允许磨损尺寸为 5 mm。

重型和超重型动力触探的锤座直径应小于 100 mm,并不大于锤底面直径的一半。锤座、导向杆与触探杆的轴中心必须成一直线。锤座和导向杆的总质量不应超过 30 kg。

4. 动力触探法检测黏性土地基承载力的测试程序与要求

1)轻型动力触探

(1)先用轻便钻具钻至试验土层标高以上 0.3 m 处,然后对所需试验土层进行连续触探。

(2)试验时,穿心锤落距为(0.50±0.02)m,记录每打入 0.30 m 所需的锤击数。

(3)如想取样,则需把触探杆拔出,换钻头进行取样。

(4)遇坚硬土层,当贯入0.30 m锤击数大于100击或贯入0.15 m大于50击时,即可停止试验。如需对下卧土层进行试验,可用钻具穿透坚实土层后再贯入。

(5)本试验一般用于贯入深度小于4 m的土层,必要时也可在贯入4 m后,用钻具清孔后继续贯入2 m。

2)重型动力触探

(1)试验前将触探架安装平稳,使触探保持垂直地进行。垂直度的最大偏差不得超过2%。触探杆应保持平直,连接牢固。

(2)贯入时,应使穿心锤自由下落,落锤落距为(0.76±0.02)m。地面上触探杆的高度不宜过高,以免倾斜与摆动太大。

(3)锤击速率宜为15~30击/min。打入过程应尽可能连续,所有超过5 min的间断都应在记录中予以注明。

(4)及时记录每贯入0.10 m所需的锤击数。其方法是:可在触探杆上每隔0.10 m画出标记,然后直接(或用仪器)记录锤击数;也可以记录每一阵击的贯入度,然后换算为每贯入0.10 m所需的锤击数。

(5)对于一般砂、圆砾和卵石,触探深度不宜超过12~15 m,超过该深度时,需考虑触探杆的侧壁摩阻力的影响。

(6)每贯入0.1 m所需的锤击数连续三次超过50击时,即停止试验。如需对土层继续进行试验,可改用超重型动力触探。

(7)本试验也可在钻孔中分段进行。一般可先进行贯入,然后进行钻探,直至动力触探所及深度以上1 m处,取出钻具,将触探器放入孔内再进行贯入。

3)超重型动力触探

(1)贯入时穿心锤自由下落,落距为(1.00±0.02)m。贯入深度一般不宜超过20 m,超过该深度时,需考虑触探杆侧壁摩阻力的影响。

(2)其他步骤可参照本节重型动力触探(1)~(6)步骤进行。

5. 圆锥动力触探试验的注意事项

(1)采用自动落锤装置。

(2)触探杆最大偏斜度不应超过2%,锤击贯入应连续进行,同时防止锤击偏心、探杆倾斜和侧向晃动,保持探杆垂直度;锤击速率宜为15~30击/min。

(3)每贯入1 m,宜将探杆转动一圈半;当贯入深度超过10 m时,每贯入20 cm宜转动探杆一次。

(4)对轻型动力触探,当$N_{10}>100$或贯入15 cm的锤击数超过50击时,可停止试验;对重型动力触探,当连续三次$N_{63.5}>50$时,可停止试验或改用超重型动力触探。

6. 测试数据处理

1)检查核对现场记录

在每个动探孔完成后,应在现场及时核对所记录的击数、尺寸是否有错漏,项目是否齐全。核对完毕后,在记录表上签上记录者的名字和测试日期。

2)实测击数的校正

A. 轻型动力触探

(1)轻型动力触探不考虑锤击数修正,根据每贯入30 cm的实测击数绘制$N_{10}\sim h$曲线图。

(2)根据每贯入 30 cm 的锤击数对地基土进行力学分层,然后计算每层实测击数的算术平均值。

按式(12-2)计算每层实测击数的算术平均值

$$N'_{10} = \frac{1}{n}\sum_{i=1}^{n} N_{10} \tag{12-2}$$

式中 N'_{10}——N_{10}的算术平均值;

N_{10}——实测锤击数;

n——参加统计的测点数。

对于轻型动力触探为每贯入 30 cm 的锤击数,对于重型、超重型动力触探为每贯入 10 cm 的锤击数。

B. 中型动力触探

贯入时,应记录一阵击的贯入量及相应锤击数(一般黏性土,20 ~ 30 cm 为一阵击;软土,3 ~5 击为一阵击),并按式(12-3)换算为每贯入 10 cm 的实测击数,再按式(12-4)进行杆长击数校正。

$$N_{28} = \frac{n \times 10}{S} \tag{12-3}$$

$$N'_{28} = \alpha N_{28} \tag{12-4}$$

式中 N_{28}——相当于贯入 10 cm 时的实测锤击数,击/10 cm;

n——每阵击的锤击数;

S——每阵击时相应的贯入量,cm;

N'_{28}——校正后的击数,击/10 cm;

α——杆长校正系数,见表 12-2。

表 12-2 中型动力触探杆长校正系数

l	≤1	2	3	4	5	6	8	10	12	15
α	1.00	0.96	0.90	0.85	0.83	0.81	0.78	0.76	0.75	0.74

注:l 为探杆长度,m。

C. 重型、超重型动力触探

铁路动力触探相关技术规范中规定,实测击数应按杆长校正。而重型圆锥动力触探、超重型圆锥动力触探试验锤击数应视杆长按下列规定进行修正。

(1)圆锥动力触探确定碎石土密度或其他指标时,实测锤击数 $N_{s,63.5}$ 按下式修正

$$N_{63.5} = \alpha_1 \times N_{s,63.5} \tag{12-5}$$

式中 $N_{63.5}$——修正后的重型动力触探锤击数,击/10 cm;

α_1——修正系数,按表 12-3 取值;

$N_{s,63.5}$——实测重型圆锥动力触探锤击数,击/10 cm。

(2)用超重型圆锥动力触探确定碎石土密度或其他指标时,实测锤击数 $N_{s,120}$ 按下式修正

$$N_{120} = \alpha_2 \times N_{s,120} \tag{12-6}$$

式中 N_{120}——修正后的超重型动力触探锤击数,击/10 cm;

α_2——修正系数,按表 12-4 取值;

$N_{s,120}$——实测超重型圆锥动力触探锤击数,击/10 cm。

表 12-3 重型圆锥动力触探锤击数修正系数 α_1

杆长(m)	$N_{s,63.5}$								
	5	10	15	20	25	30	35	40	≥50
2	1.00	1.00	1.00	1.00	1.00	1.00	1.00	1.00	
4	0.96	0.95	0.93	0.92	0.90	0.89	0.87	0.86	0.84
6	0.93	0.90	0.88	0.85	0.83	0.81	0.79	0.78	0.75
8	0.90	0.86	0.83	0.80	0.77	0.75	0.73	0.71	0.67
10	0.88	0.83	0.79	0.75	0.72	0.69	0.67	0.64	0.61
12	0.85	0.79	0.75	0.70	0.67	0.64	0.61	0.59	0.55
14	0.82	0.76	0.71	0.66	0.62	0.58	0.56	0.53	0.50
16	0.79	0.73	0.67	0.62	0.57	0.54	0.51	0.48	0.45
18	0.77	0.70	0.63	0.57	0.53	0.49	0.46	0.43	0.40
20	0.75	0.67	0.59	0.53	0.48	0.44	0.41	0.39	0.36

表 12-4 超重型圆锥动力触探锤击数修正系数 α_2

杆长(m)	$N_{s,120}$											
	1	3	5	7	9	10	15	20	25	30	35	40
1	1.00	1.00	1.00	1.00	1.00	1.00	1.00	1.00	1.00	1.00	1.00	1.00
2	0.96	0.92	0.91	0.90	0.90	0.90	0.90	0.89	0.89	0.88	0.88	0.88
3	0.94	0.88	0.86	0.85	0.84	0.84	0.84	0.83	0.82	0.82	0.81	0.81
5	0.92	0.82	0.79	0.78	0.77	0.77	0.76	0.75	0.74	0.73	0.72	0.72
7	0.90	0.78	0.75	0.74	0.73	0.72	0.71	0.70	0.68	0.68	0.67	0.66
9	0.88	0.75	0.72	0.70	0.69	0.68	0.67	0.66	0.64	0.63	0.62	0.62
11	0.87	0.73	0.69	0.67	0.66	0.66	0.64	0.62	0.61	0.60	0.59	0.58
13	0.86	0.71	0.67	0.65	0.64	0.63	0.61	0.60	0.58	0.57	0.56	0.55
15	0.86	0.69	0.65	0.63	0.62	0.61	0.59	0.58	0.56	0.55	0.54	0.53
17	0.85	0.68	0.63	0.61	0.60	0.60	0.57	0.56	0.54	0.53	0.52	0.50
19	0.84	0.66	0.62	0.60	0.58	0.58	0.56	0.54	0.52	0.51	0.50	0.48

3)绘制动力触探击数沿深度分布曲线

以杆长校正后的击数为横坐标,以贯入深度为纵坐标绘制曲线图。因为采集的数据表示每贯入某一深度的锤击数,故曲线图一般绘制成沿深度方向的直方图。在某一地区进行多次勘测实践后,就可以建立起当地土类与锤击数的关系。

《岩土工程勘察规范》(GB 50021—2001)对于动力触探的曲线绘制和试验成果作了如下规定:

(1)单孔动力触探应绘制动力触探击数与深度曲线或动贯入阻力与深度曲线,进行力学分层。

(2)计算单孔分层动探指标,应剔除超前或滞后影响范围内及个别指标异常值。

(3)当土质均匀,动探数据离散性不大时,可取各孔分层平均动探值,用厚度加权平均法计算场地分层平均动探值。

(4)当动探数据离散性大时,宜采用多孔资料或与钻探资料及其他原位测试资料综合分析。

(5)根据动力触探指标和地区经验,确定砂土孔隙比、相对密度,粉土、黏性土状态,土的强度、变形参数,地基土承载力和单桩承载力等设计参数;评定场地均匀性,查明土坡、滑动面、层面,检验地基加固与改良效果。

4)测试成果整理

(1)求锤击数 N:如土层不太硬,并能较容易地贯穿 0.30 m 的试验段,则取贯入 0.30 m 的锤击数 N。如土层很硬,不宜强行打入,可用下式换算相应于贯入 0.30 m 的锤击数 N。

$$N = \frac{0.3n}{\Delta S} \tag{12-7}$$

式中 n——所选取的贯入深度的锤击数;

ΔS——对应锤击数 n 的贯入深度,m。

(2)绘制 $N \sim h$ 关系曲线。

7. 记录表格

本试验记录格式参考实训指导书。

8. 试验结果应用

(1)根据 $N_{63.5}$ 估计碎石土的密实度,如表 12-5 所示,适用于平均粒径小于等于 50 mm 且最大粒径不超过 100 mm 的卵石、碎石、圆砾、角砾。表 12-5 内 $N_{63.5}$ 为经修正后锤击数的平均值。

表 12-5 碎石土的密实度

重型圆锥动力触探锤击数 $N_{63.5}$	密实度
$N_{63.5} \leqslant 5$	松散
$5 < N_{63.5} \leqslant 10$	稍密
$10 < N_{63.5} \leqslant 20$	中密
$N_{63.5} > 20$	密实

(2)根据 $N_{63.5}$ 估计天然地基的容许承载力 $[\sigma_0]$,如表 12-6 所示。

(3)根据 N_{10} 估计天然地基的容许承载力 $[\sigma_0]$,如表 12-7 和表 12-8 所示。

根据轻型动力触探试验确定承载力时应按下式修正锤击数。

$$N_{10} = \overline{N} - 1.645\sigma \tag{12-8}$$

表 12-6　$N_{63.5}$与地基容许承载力的关系

$N_{63.5}$	3	4	5	6	8	10	12	14	16
$[\sigma_0]$(kPa)	140	170	200	240	320	400	480	540	600
$N_{63.5}$	18	20	22	24	26	28	30	35	40
$[\sigma_0]$(kPa)	660	720	780	830	870	900	930	970	1 000

表 12-7　黏性土地基容许承载力

N_{10}	15	20	25	30
$[\sigma_0]$(kPa)	105	145	190	230

表 12-8　素填土地基承载力标准值(黏性土和粉土组成的素填土)

N_{10}	15	20	30	40
$[\sigma_0]$(kPa)	85	115	135	160

(六)标准贯入试验(SPT)

标准贯入试验是采用质量为63.5 kg的穿心锤,以76 cm的自由落距,将一定规格尺寸的标准贯入器在孔底预打入土中15 cm,然后开始记录锤击数,将标准贯入器再打入土中30 cm,用此30 cm的锤击数作为标准贯入试验的指标。标准贯入试验是国内外广泛应用的一种现场原位测试手段。该试验方法方便经济,不仅用于砂土,也可用于黏性土的测试。标准贯入锤击数N,可用于判定砂土的密实度、黏性土的稠度、地基土的容许承载力、砂土的振动液化势、桩基承载力等,也是检验地基处理效果的重要手段。

1. 目的与适用范围

标准贯入试验的目的是用测得的标准贯入锤击数N判断砂土的密实度或黏性土的稠度,以确定地基土的容许承载力;评定砂土的振动液化势和估计单桩的承载力,并可确定土层剖面和取扰动土样进行一般物理性试验。

标准贯入试验主要适用于一般黏性土、粉土和砂土,不适用于软塑—流塑的软土。

2. 试验仪具与材料

标准贯入试验设备主要由标准贯入器、触探杆和穿心锤等部件组成,如表12-9所示。

(1)标准贯入器:标准规格的圆筒形探头是由两个半圆管合成的取土器。

(2)落锤(穿心锤):质量63.5 kg,自由落距76 cm,应配有自动落锤装置。

(3)触探杆:外径42 mm的钻杆。

(4)锤垫:承受锤击钢垫,附导向杆,两者总质量以不超过30 kg为宜。

3. 试验方法

标准贯入试验的设备和测试方法在世界上已基本统一。按水电部土工试验规程的规定,其测试程序和相关要求如下:

(1)用钻具钻至试验土层标高以上0.15 m处,清除残土。清孔时,应避免试验土层受到扰动。当在地下水位以下的土层中进行试验时,应使孔内水位保持高于地下水位,以免出现涌砂和塌孔,必要时,应下套管或用泥浆护壁。

表 12-9　各部分结构尺寸

落锤		锤的质量(kg)	63.5
		落距(cm)	76
贯入器	对开管	长度(mm)	>500
		外径(mm)	51
		内径(mm)	35
	管靴	长度(mm)	50~76
		刃口角度(°)	18~20
		刃口单刃厚度(mm)	1.6
钻杆		直径(mm)	42
		相对弯曲	<1/1 000

(2)贯入前应拧紧钻杆接头,将贯入器放入孔内,避免冲击孔底,注意保持贯入器、钻杆、导向杆连接后的垂直度。孔口宜加导向器,以保证穿心锤中心施力。贯入器放入孔内后,应测定贯入器所在深度,要求残土厚度不大于 0.1 m。

(3)将贯入器以每分钟击打 15~30 次的频率,先打入土中 0.15 m,不计锤击数;然后开始记录每打入 0.10 m 及累计 0.30 m 的锤击数 N,并记录贯入深度与试验情况。若遇密实土层,锤击数超过 50 击时,不应强行打入,并记录 50 击的贯入深度。

(4)旋转钻杆,然后提出贯入器,取贯入器中的土样进行鉴别、描述记录,并测量其长度。将需要保存的土样仔细包装、编号,以备试验之用。

(5)重复(1)~(4)步骤,进行下一深度的标准贯入测试,直至所需深度。一般每隔 1 m 进行一次标准贯入试验。

4. 注意事项

(1)须保持孔内水位高出地下水位一定高度,以免塌孔;保持孔底土处于平衡状态,不使孔底发生涌砂变松,影响 N 值。

(2)下套管不要超过试验标高。

(3)须缓慢地下放钻具,避免孔底土的扰动。

(4)细心清除孔底浮土,孔底浮土应尽量少,其厚度不得大于 10 cm。

(5)如钻进中需取样,则不应在锤击法取样后立刻做标准贯入试验,而应继续钻进一定深度(可根据土层软硬程度而定)后再做标准贯入试验,以免人为增大 N 值。

(6)钻孔直径不宜过大,以免加大锤击时探杆的晃动。钻孔直径过大时,可减少 N 50%,建议钻孔直径上限为 100 mm,以免影响 N 值。

(7)若遇比较密实的土层,贯入深度不足 30 cm 的锤击数已达 50 击时,应终止试验,并记录实际贯入深度 ΔS,按下式换算成相当于 30 cm 的标准贯入试验锤击数 N

$$N = 30 \times \frac{50}{\Delta S} \tag{12-9}$$

式中　N——换算成贯入 30 cm 的锤击数;

ΔS——50 击时的贯入度,cm。

(8)标准贯入试验和圆锥动力触探测试方法的不同点，主要是不能连续贯入，每贯入 0.45 m 必须提钻一次，然后换上钻头进行回转钻进至下一试验深度，重新开始试验。另外，标准贯入试验不宜在含有碎石的土层中进行，只宜用于黏性土、粉土和砂土中，以免损坏标准贯入器的管靴刃口。

5. 试验数据整理

(1)标准贯入试验数据整理时，以下资料应当齐全，包括钻孔孔径、钻进方式、护孔方式、落锤方式、地下水位及孔内水位(或泥浆高程)、初始贯入度、预打击数、试验标准贯入击数、记录深度、贯入器所取扰动土样的鉴别描述等。

(2)由于钻杆的弹性压缩会引起能量损耗，钻杆过长时传入贯入器的动能降低，因而减少每击的贯入深度，亦即提高了锤击数，所以需要根据杆长对锤击数进行修正。

$$N = \alpha N_0 \tag{12-10}$$

式中 N_0——实际记录的锤击数；

α——修正系数，按钻杆长度由表 12-10 选用；

N——修正后的锤击数。

表 12-10 标准贯入试验钻杆长度修正系数

钻杆长度(mm)	3	6	9	12	15	18	21
α	1.00	0.92	0.86	0.81	0.77	0.73	0.70

(3)绘制标准贯入试验锤击数 N 与深度 H 的关系曲线，或在地质剖面图上，标出试验深度处的 N 值，如图 12-5 所示。

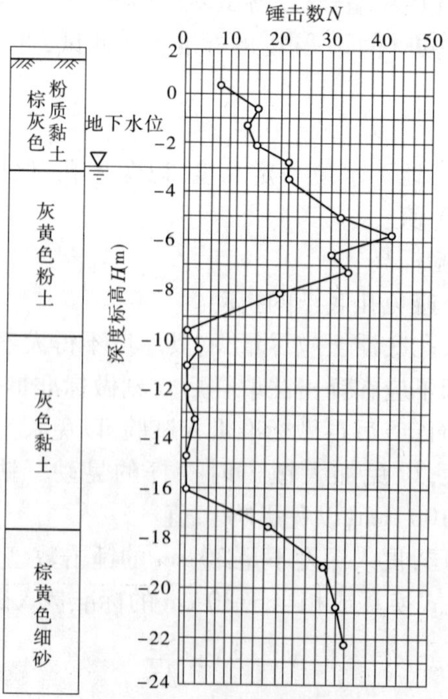

图 12-5 $N \sim H$ 关系曲线

(4)结合钻探及其他原位试验,依据 N 值在深度上的变化,对各土层的 N 值进行统计,统计时要剔除个别异常值。

6. 记录表格

本试验记录格式参考配套的实训指导书。

7. 试验结果的应用

关于标准贯入试验国内外已积累了大量的实践资料,给出了砂性土和黏性土一些物理性质和标准贯入试验锤击数的经验关系,可供工程中使用。

(1)根据 N 估计砂土的密实度,如表 12-11 所示。

表 12-11　砂土的密实度

标准贯入试验锤击数 N	密实度
$N \leqslant 10$	松散
$10 < N \leqslant 15$	稍密
$15 < N \leqslant 30$	中密
$N > 30$	密实

(2)根据标准贯入试验锤击数 N 估计天然地基的容许承载力 $[\sigma_0]$,如表 12-12 和表 12-13所示。

根据标准贯入试验确定承载力时应按下式修正锤击数

$$N = \overline{N} - 1.645\sigma \tag{12-11}$$

表 12-12　砂土地基容许承载力 $[\sigma_0]$　　(单位:kPa)

土类	N			
	10	15	30	50
中、粗砂	180	250	340	500
粉、细砂	140	180	250	340

表 12-13　一般黏性土和老黏性土的容许承载力 $[\sigma_0]$　　(单位:kPa)

N	3	5	7	9	11	13	15	17	19	21	23
$[\sigma_0]$	120	160	200	240	280	320	360	420	500	580	660

(3)根据标准贯入试验锤击数 N 估计黏性土的状态,如表 12-14 所示(冶工部武汉勘察公司资料)。

表 12-14　N 与黏性土稠度状态的关系

N	<2	2~4	4~7	7~18	18~35	>35
液性指数 I_L	$I_L > 1$	$0.75 < I_L \leqslant 1$	$0.5 < I_L \leqslant 0.75$	$0.25 < I_L \leqslant 0.5$	$0 < I_L \leqslant 0.25$	$I_L \leqslant 0$
稠度状态	流塑	软塑	可塑	可塑—硬塑	硬塑	坚硬

（4）根据标准贯入试验锤击数 N 估计土的内摩擦角 φ，见表 12-15。

表 12-15　N 值与土的内摩擦角 φ 的关系

研究者	N 值				
	<4	$4\sim10$	$10\sim30$	$30\sim50$	>50
Peck	$<28.5°$	$28.5°\sim30°$	$30°\sim36°$	$36°\sim41°$	$>41°$
Meyerhof	$<30°$	$30°\sim35°$	$35°\sim40°$	$40°\sim45°$	$>45°$

8. 注意问题

（1）标准贯入试验孔采用回转钻进，并保持孔内水位略高于地下水位。当孔壁不稳定时，可用泥浆护壁，钻至试验标高以上 15 cm 处，清除孔底残土后再进行试验。

（2）重视钻进工艺及清孔质量，对贯入器开始贯入 15 cm 的锤击数也予以记录，以判断孔底是否有残土或土的扰动程度。

（3）采用自动脱钩的自由落锤法进行锤击，并减小导向杆与锤间的摩阻力，避免锤击时的偏心和侧向晃动，保持标准贯入器、探杆、导向杆连接后的垂直度，锤击速率应小于 30 击/min。

（4）对试验段（即贯入 15～45 cm 部分）要求测定每锤击一次后的累积贯入量。一次贯入量不足 2 cm 时，记录每贯入 10 cm 的锤击数。绘制锤击数与累积贯入量的关系曲线，以分析土层是否均匀，最后选取 30 cm 试验段的锤击数作为 N 值记录下来。

（5）标准贯入试验锤击数 N 值，可对砂土、粉土、黏性土的物理状态，土的强度、变形参数、地基承载力、单桩承载力，砂土和粉土的液化，成桩的可能性等作出评价。应用 N 值时是否修正和如何修正，应根据建立统计关系时的具体情况确定。

（七）测试精度影响因素

动力触探测试的设备和测试方法多种多样，影响其试验成果精度的因素很多，归结起来可以分为两大类，即土层及测试机制方面的影响和设备类型及测试方法的影响。

1. 动力触探的有效锤击能量

动力触探的锤击能量，即穿心锤重量（Q）与落距（H）的乘积。锤击能量，除用于克服土对触探头的贯入阻力外，还消耗于锤与锤垫的碰撞、探杆的弹性变形、探杆与孔壁土的摩擦及人拉绳或钢丝绳对锤自由下落的阻力等。用于克服土对触探头阻力的锤击能量为有效锤击能量，只占整个锤击能量的一部分。有效锤击能量的大小是影响动力触探成果 N 值的最主要因素。目前，最好的办法是在触探头或锤垫上安装测试能量的传感器，直接测定有效锤击能量，即所谓的电测动力触探。

由于影响有效锤击能量的因素较多，且影响程度时大时小，所以动力触探的锤击数含有较大误差，离散性大，再现性差。如果能够把有效锤击能量直接和锤击数建立起相关关系，则动力触探的试验精度将会大幅度提高。探头的单位动贯入阻力 R_d 和锤击数成正比关系，因此可以用探头的动贯入阻力作为动力触探的成果，评价土的工程性质。

动力触探探头大小、穿心锤重量等差别较大，可以用动贯入阻力将各种动力触探做归一化处理，即可相互通用。

2. 动力触探测试设备和测试方法的标准化

目前，各国所用动力触探设备的种类很多，很不统一，只有少数国家对一种或几种动力触探设备和测试方法做了统一。

在测试设备和测试方法的标准化方面，落锤技术比较关键，人力牵引的锤击数要小于自动落锤的锤击数。自动落锤的锤击数再现性好，结果可靠。

当前，自动落锤装置在国内外均受到重视。自动落锤不受绳索阻力的影响，锤击数再现性好，结果较可靠。但应注意的是，如采用人力牵引落锤，在应用人力牵引落锤的锤击数资料时，应予修正（参考人力牵引落锤与自动落锤的锤击数之间的关系）。

3. 动力触探设备贯入能力的影响

动力触探设备贯入能力是由锤重、落距、探头截面面积及形状等因素决定的。在实际勘测工作中，应根据不同勘察目的和地层，选用不同贯入能力的动力触探设备；否则，探测成果精度不佳。

在软土地区勘察时，如果用重型动力触探设备，往往锤击数小于1，精度很差；采用轻型动力触探设备，则效果好，具有较好的敏感性，能较好地反映软土强度的变化。

在砾石层中，用重型或超重型动力触探设备效果较好。

贯入能力不同，适宜的贯入深度也不同。一般认为，最佳的最大贯入深度，轻型动力触探为6～10 m，重型为14～25 m，超重型为40 m。

4. 探杆长度的影响

关于探杆长度的影响，世界各国看法很不一致。许多国家认为没有影响，探杆长度不必进行校正。其原因是：随测试深度的增加，探杆重量增加，其影响是减少锤击数，但随着深度的增加，探杆和孔壁之间的摩擦力和土的侧向压力也增加了，其影响是增加锤击数。因此，两者的影响可部分抵消，不必对探杆长度进行校正。只有我国和日本的个别规范规定，须对探杆长度进行校正。

通过标准贯入测试，发现真正传输给杆件系统的锤击能量有很大差异，它受机具设备、钻杆接头的松紧、落锤方式、导向杆的摩擦及其他偶然因素等的支配。

国内对标准贯入测试锤击数的修正是通过对杆长的修正来实现的，其理论依据是牛顿碰撞理论。杆件系统质量不得超过锤重2倍，限制标准贯入测试深度小于21 m，但实际使用深度已远超过21 m，最大达100 m。通过实测杆件的锤击应力波，发现锤击传输给杆件的能量变化远大于杆长变化时能量的衰减，故建议不考虑杆长修正。但考虑到过去建立的N值与土的物理力学性质指标、承载力的经验关系，所用N值均经杆长修正，而抗震规范评定砂土、粉土液化时，对N值又不作修正。因此，在实际应用时，按具体岩土工程问题，参照有关规范，考虑是否作杆长修正。

5. 钻进方式的影响

在标准贯入测试中，要在测试前钻孔，其钻进方式和质量对N值有较大影响。规定不允许冲击钻进的，原因是冲击钻进会使测试土层受压而使N值增大，因而必须采用回转钻进。在砂层中钻进必须采用泥浆护壁，以保持孔壁稳定；否则，测试时锤击探杆探头的振动很易使孔壁坍塌，产生埋钻事故。钻进时应注意：

（1）须保持孔内水位高出地下水位一定高度，以免塌孔，保持孔底土处于平衡状态，不使孔底发生涌砂变松，影响N值。

（2）下套管不要超过试验标高。

（3）须缓慢地下放钻具，避免孔底土的扰动。

(4)细心清除孔底浮土,孔底浮土应尽量少,其厚度不得大于 10 cm。

(5)如钻进中需取样,则不应在锤击法取样后立刻做标准贯入试验,而应继续钻进一定深度(可根据土层软硬程度而定)后再做标准贯入试验,以免人为增大 N 值。

(6)钻孔直径不宜过大,以免加大锤击时探杆的晃动。钻孔直径过大时,可减少 N 50%,建议钻孔直径上限为 100 mm,以免影响 N 值。

6. 土的深度(土的有效上覆压力)的影响

随着贯入深度的增加,土的有效上覆压力和侧压力都会增加,都会增大贯入阻力,增大锤击数。很多人对此进行了研究,并对锤击数进行了深度影响校正。如在判定砂土振动液化势时,常采用 Seed 等所建议的标准贯入击数深度影响修正公式

$$N'_{63.5} = C_N N_{63.5}$$

$$C_N = 1 - 1.25\lg\sigma'_{v0} \tag{12-12}$$

式中 $N'_{63.5}$——修正后的标准贯入击数;

$N_{63.5}$——实测的标准贯入击数;

C_N——修正系数;

σ'_{v0}——实测深度处土的有效上覆压力,kPa。

7. 探杆偏斜影响

实践表明,触探杆的偏斜会增加探杆与孔壁的摩擦,减小有效锤击能量,对锤击数也有较大影响,因此应保证探头、探杆、导向杆的垂直度,防止锤击偏心及侧向晃动等。防治措施有:锤垫离地面不宜太高;孔口加导向器;用窄长木板顶住钻机扶持钻(探)杆,以减少探杆晃动或偏斜。《岩土工程勘察规范》(GB 50021—2001)规定:触探杆最大偏斜度不应超过 2%,锤击贯入应连续进行,同时应防止锤击偏心、触探杆倾斜及侧向晃动;锤击速率宜为 15 ~ 30 击/min。

四、载荷试验

载荷试验相当于在工程原位进行的缩尺原型试验,即模拟建筑物地基土的受荷条件,比较直观地反映地基土的变形特性。该法具有直观和可靠性高的特点,在原位测试中占有重要地位,往往成为其他方法的检验标准。载荷试验的局限性在于费用较高、周期较长和压板的尺寸效应。

(一)试验目的与适用范围

载荷试验是确定地基承载力的最主要方法。载荷试验按试验深度分为浅层载荷试验和深层载荷试验,按承压板形状分为平板载荷试验和螺旋板载荷试验,按载荷性质分为静力载荷试验和动力载荷试验。浅层平板载荷试验适用于地表浅层地基土(包括各种填土和碎石土)。深层平板载荷试验适用于埋深等于或大于 3 m 和地下水位以上的地基土。螺旋板载荷试验适用于深层地基土或地下水位以下的地基土。载荷试验可适用于各种地基土,特别适用于各种填土及含碎石的土。这里主要介绍浅层平板静力载荷试验。

试验目的是确定地基的承载力和变形特性,螺旋板载荷试验尚可估算地基土的固结系数。

载荷试验是在保持地基土的天然状态下,在一定面积的刚性承压板上向地基土逐级施加荷载,并观测每级荷载下地基土的变形,它是测定地基土的压力与变形特性的一种原位测

试方法。测试所反映的是承压板下 1.5 ~ 2.0 倍承压板直径或宽度范围内，地基土强度、变形的综合性状，如图 12-6 所示。

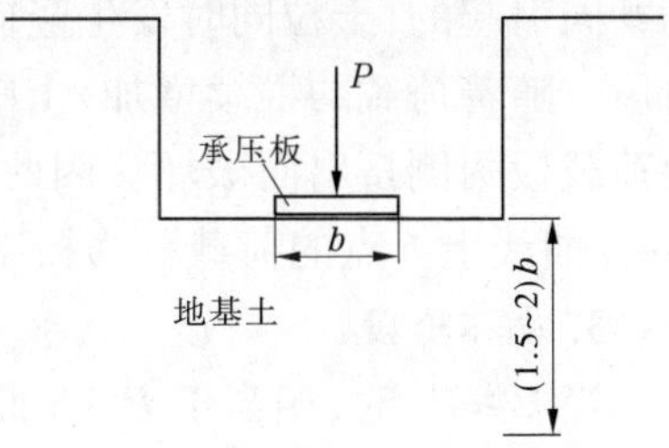

图 12-6 浅层平板静力载荷试验示意

(二)试验原理

浅层平板静力载荷测试(PLT)，简称载荷测试，它是模拟建筑物基础工作条件的一种测试方法，起源于 20 世纪 30 年代的苏、美等国。其方法是：在保持地基土的天然状态下，在一定规格的方形或圆形承压板上向地基土逐级施加荷载，每级荷载增量持续时间相同或接近，测记每级荷载作用下荷载板沉降量的稳定值，加载至总沉降量为 25 mm，或达到加载设备的最大容量为止，然后卸载，记录土的回弹值，持续时间应不小于一级荷载增量的持续时间。根据试验记录绘制荷载 P 和沉降量 S 的关系曲线(见图 12-7)，分析研究地基土的强度与变形特性，求得地基土容许承载力与变形模量等力学数据。

地基在荷载作用下达到破坏状态的过程可以分为三个阶段(见图 12-8)。

1. 直线变形阶段

当 $P \leqslant P_r$(称为临塑荷载或比例界限)时，相当于 $P \sim S$ 曲线上的 Oa 段，$P \sim S$ 曲线接近于直线，土中各点的剪应力均小于土的抗剪强度，土体处于弹性平衡状态。这一阶段荷载板的沉降主要是由土中孔隙的减少引起的，土颗粒主要是竖向变位，且随时间渐趋稳定而土体压密，所以也称压密阶段。曲线上相应于 a 点的荷载称为比例界限 P_r。

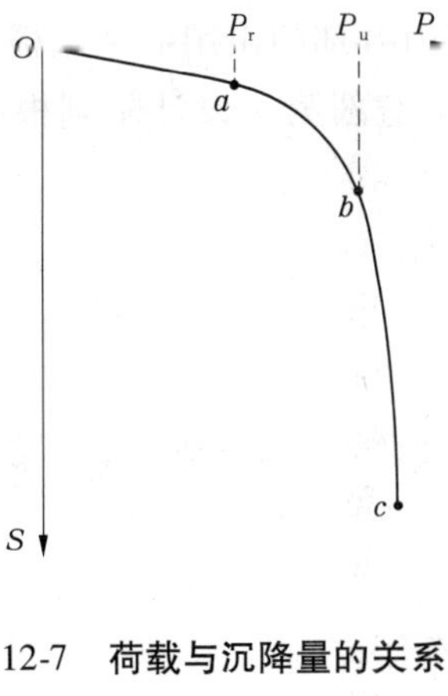

图 12-7 荷载与沉降量的关系曲线

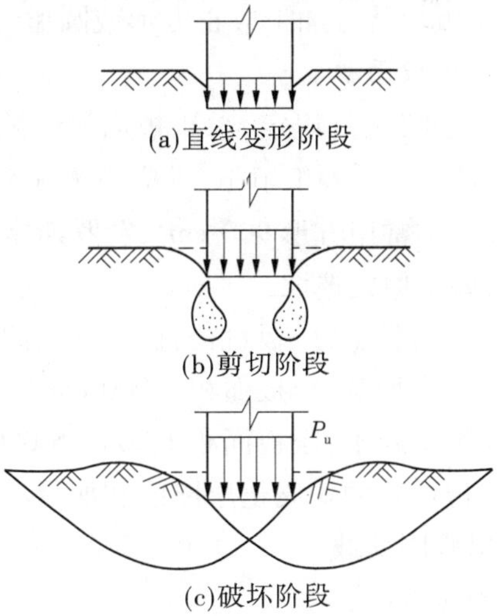

图 12-8 荷载作用下的地基变形三阶段

2. 剪切阶段

当 $P_r < P < P_u$(称为极限荷载)时，相当于 $P \sim S$ 曲线上的 ab 段。这一阶段 $P \sim S$ 曲线已不再保持线性关系，沉降的增长率 $\dfrac{\Delta S}{\Delta P}$ 先随荷载的增加而增大。在这个阶段，除土体的压密外，在承压板边缘已有小范围局部土体的剪应力达到或超过了土的抗剪强度，并开始使周围土体发生剪切破坏(产生塑性变形区)；土体的变形是由土中孔隙的压缩和土颗粒剪切移

动共同引起的，土粒同时发生竖向变位和侧向变位，且随时间不易稳定，故称之为局部剪切阶段。随着荷载的继续增加，土中塑性区的范围也逐步扩大，直到土中形成连续的滑动面，由荷载板两侧挤出而破坏。因此，剪切阶段也是地基中塑性区的发生及发展阶段。相应于 $P \sim S$ 曲线上 b 点的荷载称为极限荷载 P_u。

3. 破坏阶段

当 $P \geqslant P_u$ 时，相当于 $P \sim S$ 曲线上的 bc 段。当荷载超过极限荷载后，荷载板急剧下沉，即使不增加荷载，沉降也不能稳定，同时土中形成连续的滑动面，发生整体剪切破坏，土从承压板下挤出，在承压板周围土体发生隆起及环状或放射状裂隙，故称之为破坏阶段。该阶段，在滑动土体范围内各点的剪应力达到或超过土体的抗剪强度；土体变形主要由土颗粒剪切变位引起，土粒主要发生侧向移动，且随时间不能达到稳定，地基土失稳而破坏。

(三)试验设备

平板载荷试验因试验土层软硬程度、压板大小和试验面深度等不同，采用的测试设备也很多。除早期常用的压重加荷台试验装置外，目前国内采用的试验装置，大体可归纳为由承压板、加荷系统、反力系统、观测系统四部分组成。各部分机能是：加荷系统控制并稳定加荷的大小，通过反力系统反作用于承压板，承压板将荷载均匀传递给地基土，地基土的变形由观测系统测定。

1. 承压板类型和尺寸

承压板可用混凝土、钢筋混凝土、钢板、铸铁板等制成，多以肋板加固的钢板为主，要求压板具有足够的刚度，不破损、不挠曲，压板底部光平，尺寸和传力重心准确，搬运和安置方便。承压板形状可加工成正方形或圆形，其中圆形压板受力条件较好，使用最多。

2. 承压板面积

我国勘察规范规定，承压板面积一般宜采用 0.25 ~ 0.50 m^2，对均质密实的土，可采用 0.1 m^2，对软土和人工填土，不应小于 0.5 m^2。但各国和国内各部门采用的承压板面积不尽相同，如日本常用方形 900 cm^2，俄罗斯常用 0.5 m^2，我国铁道部第一设计院则根据自己的经验，按如下原则选取：

(1)碎石类土，压板直径宜大于碎、卵石最大粒径的 10 倍。

(2)岩石地基，压板面积 1 000 cm^2。

(3)细颗粒土，压板面积 1 000 ~ 5 000 cm^2。

(4)视试验的均质土层厚度和加荷系统的能力、反力系统的抗力等确定，以确保载荷试验能得出极限荷载。

3. 加荷系统

加荷系统是指通过承压板对地基施加荷载的装置，大体有：

(1)压重加荷装置。

一般将规则方正或条形的钢锭、钢轨、混凝土件等重物，依次对称放置在加荷台上，逐级加荷，此类装置费时费力且控制困难，已很少采用。

(2)千斤顶加荷装置。

根据试验要求，采用不同规格的手动液压千斤顶加荷，并配备不同量程的压力表或测力计控制加荷值。

4. 反力系统

一般,反力系统由主梁、平台、堆载体(锚桩)等构成。

5. 量测系统

量测系统包括基准梁、位移计、磁性表座、油压表(测力环)。

机械类位移计可采用百分表,其最小刻度 0.01 mm,量程一般为 5 ~ 30 mm,为常用仪表。电子类位移计一般具有量程大、无人为读数误差等特点,可以实现自动记录和绘图。油压表一般为机械式,人工测读。

测试用的仪表均需定期标定,一般一年标定一次或维修后标定,标定工作原则上送到具有相应资质的计量局或专业厂进行。

(四)设备的现场布置

当场地尚未开挖基坑时,需在研究的土层上挖试坑,坑底标高与基底设计标高相同。如在基底压缩层范围内有若干不同性质的土层,则对每一土层均应挖一试坑,坑底达到土层顶面,在坑底放置刚性压板。试坑宽度不小于压板宽度的 3 倍。

加荷稳压装置包括承压板、千斤顶及稳压器等,反力装置常用平台堆载或地锚(见图 12-9);当试坑较深时,反力也可由基槽承担(见图 12-10)。

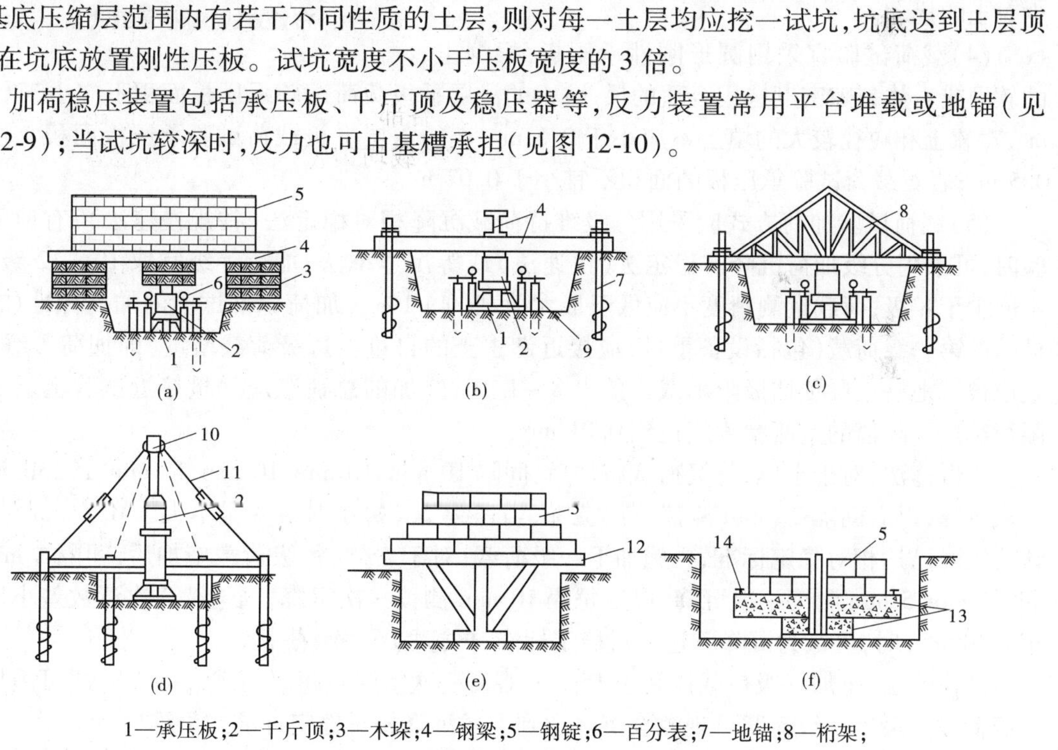

1—承压板;2—千斤顶;3—木垛;4—钢梁;5—钢锭;6—百分表;7—地锚;8—桁架;
9—立柱;10—分力帽;11—拉杆;12—载荷台;13—混凝土;14—测点
(a) ~ (d) 为千斤顶加载方式,(e) 和 (f) 为重物加载方式

图 12-9 常见的载荷试验反力与加载布置方式

设备安装时应确保荷载板与地基表面接触良好且反力系统和加荷系统的共同作用力与承压板中心在一条垂线上。当对试验的要求较高时,可在加荷系统与反力系统之间安设一套传力支座装置,它是借助球面、滚珠等,调节反力系统与加荷系统之间的力系平衡,使荷载始终保持竖直传力状态。

(五)试验步骤

(1)载荷试验应布置在有代表性的地点,每个场地不宜少于 3 个,正式加荷前,将试验面打扫干净,以观测地面变形,将百分表的指针调至接近于最大读数位置;当场地内岩体不均时，应适当增加。浅层平板载荷试验应布置在基础底面标高处。

(2)浅层平板载荷试验的试坑宽度或直径不应小于承压板宽度或直径的 3 倍，以消除侧向土自重引起的超载影响；深层平板载荷试验的试井直径应等于承压板直径；当试井直径大于承压板直径时，紧靠承压板周围土的高度不应小于承压板直径。

(3)试坑或试井底的岩土体应避免扰动，保持其原状结构和天然湿度，并在承压板下铺设不超过 20 mm 的砂垫层找平，尽快安装试验设备；螺旋板头入土时，应按每转一圈下入一个螺距进行操作，以减少对土的扰动。

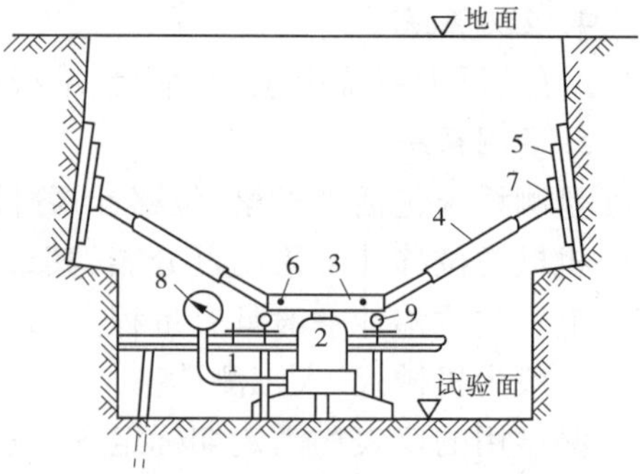

1—承压板；2—千斤顶；3—支承板；4—斜撑杆；5—斜撑板；6、7—销钉；8—压力表；9—千分表

图 12-10 常见的载荷试验反力与加载布置方式(基槽承载式)

(4)载荷试验宜采用圆形刚性承压板，根据土的软硬或岩体裂隙密度选用合适的尺寸；土的浅层平板载荷试验承压板面积不应小于 0. 25 m^2，对软土和粒径较大的填土不应小于 0. 5 m^2；土的深层平板载荷试验承压板面积宜选用 0. 5 m^2；岩石载荷试验承压板的面积不宜小于 0. 07 m^2。

(5)载荷试验加荷方式应采用分级维持荷载沉降相对稳定法(常规慢速法)；有地区经验时，可采用分级加荷沉降非稳定法(快速法)或等沉速率法；加荷等级宜取 10 ~ 12 级，并不应少于 8 级，荷载量测精度不应低于最大荷载的 ±1%。加荷标准试验的加荷标准如下：试验的第一级荷载(包括设备重量)应接近卸去土的自重。每级荷载增量(即加荷等级)一般取被试地基土层预估极限承载力的 1/8 ~ 1/10；施加的总荷载应尽量接近试验土层的极限荷载。沉降值的量测精度应达到 0. 01 mm。

①慢速法：对于土体，每级荷载施加后，间隔 10 min、10 min、10 min、15 min、15 min 测读一次沉降，以后间隔 30 min 测读一次沉降，当连续 2 h 每小时沉降量不大于 0. 1 mm 时，可认为沉降已达相对稳定标准，再施加下一级荷载；对于岩体，每级荷载施加后，间隔 1 min、2 min、2 min、5 min 测读一次沉降，以后每隔 10 min 测读一次沉降，当连续 3 次读数差小于等于 0. 01 mm 时，可认为沉降已达相对稳定标准，再施加下一级荷载。

②快速法：每加一级荷载按间隔 15 min 观测一次沉降。每级荷载维持 2 h，即可施加下一级荷载。最后一级荷载可观测至沉降达到上述沉降相对稳定标准或仍维持 2 h。

③等沉降速率法：控制承压板以一定的沉降速率沉降，测读所施加的与沉降相应的荷载，直至试验达到破坏阶段。

(6)按规定逐级加荷和记录百分表读数，达到沉降稳定标准后再施加下一级荷载。承压板的沉降可采用百分表、沉降传感器或电测位移计量测，其精度不应低于 ±0. 01 mm。

(7)一般在加荷五级或已能定出比例界限点后，注意观测地基土产生塑性变形使压板周围地面出现裂纹和土体侧向挤出的情况，记录并描绘地面裂纹形状(放射状或环状、长短粗细)及出现时间。

(8)试验过程的各级荷载要始终确保稳压，百分表行程接近零值时应再加下一级荷载前调整，并随时注意平台上翘、锚桩拔起、撑板上爬、撑杆倾斜、坑壁变形等不安全因素，及时采取处置措施，必要时可终止试验。

(9)试验点附近应有取土孔提供土工试验指标,或其他原位测试资料,试验后,应在承压板中心向下开挖取土,并描述 2 倍承压板直径(或宽度)范围内土层的结构变化。

(10)当出现下列情况之一时,可终止试验:

①承压板周边的土体出现明显侧向挤出,周边岩土出现明显隆起或径向裂缝持续发展;

②本级荷载的沉降量急剧增大(大于前级荷载沉降量的 5 倍),$P\sim S$ 曲线出现明显陡降;

③在某级荷载下 24 h 沉降速率不能达到相对稳定标准;

④总沉降量与承压板直径(或宽度)之比超过 0.06。

(11)当需要卸载观测回弹时,每级卸荷量可为加荷量的 2 倍,历时 1 h,每隔 15 min 观测一次。荷载完全卸除后,继续观测 3 h。

(六)试验数据的处理及试验成果的整理

1. 原始读数的计算复核

对位于承压板上百分表的现场记录读数,求取其平均值,计算出各级荷载下各观测时间的累计沉降量,对于监测地面位移的百分表,分别计算出各地面百分表的累计升降量。确认无误后,可以绘制所需要的各种实测曲线,供进一步分析之用。

2. 异常数据处理

大量实测结果表明,当地基土的均匀性尚可且测试过程正常时,测试得出的主要曲线($P\sim S$ 曲线)是比较光滑的。所谓异常数据,是指背离这一规律性的数据,例如 $P\sim S$ 曲线上的某一点背离曲线很多,或随着加载的进行压板变形过小甚至产生反方向的位移,油压表或百分表的读数产生跳跃等。最好的办法是防止出现异常数据。其措施是仪器仪表的保养维修、定期标定并经常检查,试验过程中要经常观察,及时发现问题,尽早排除设备故障,同时,压板的选择、基准梁的选择安装等都非常重要。

在资料分析阶段发现个别点据异常时,只要不对结果的判释有太大的影响,可以将其舍去。

若测试中的异常点过多,则该次试验为不合格,应重新进行试验。

3. 曲线绘制

一般地,地基静载荷试验主要应绘制 $P\sim S$ 曲线,根据需要,还可绘制各级荷载作用下的沉降和时间之间的关系曲线以及地面变形曲线。

完整的 $P\sim S$ 曲线包含了 3 个阶段,如图 12-11 所示。

$0A$ 段为弹性阶段,曲线特征为近似线性,基本上反映了地基土的弹性性质,A 点为比例界限,对应的荷载称为临塑荷载。

AB 段为塑性发展阶段,曲线特征为曲率加大,表明地基土由弹性过渡到弹塑性,并逐步进入破坏阶段。

BC 段为破坏阶段,曲线特征为产生陡降段,C 点对应的荷载称为破坏荷载,在该级荷载作用下压板的沉降通常不能稳定或总体位移太大,C 点荷载的前一级荷载(不一定是 B 点)称为极限荷载。

若绘出的 $P\sim S$ 曲线的直线段不通过坐标原点,可按直线段的趋势确定曲线的起始点,以便对 $P\sim S$ 曲线进行修正。

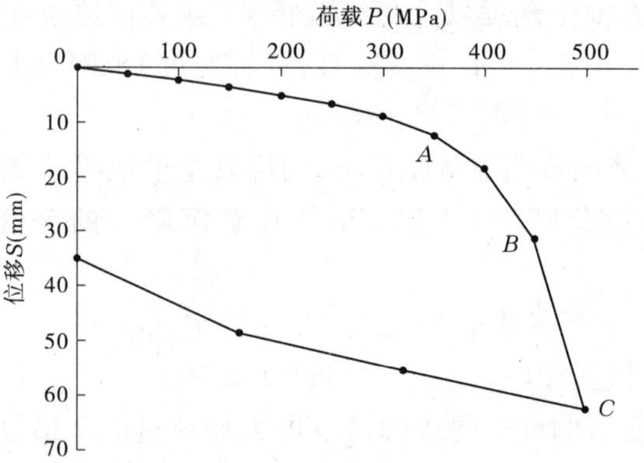

图 12-11　某地基静载荷试验的荷载—位移曲线($P \sim S$ 曲线)

4. 曲线特征值的确定

$P \sim S$ 曲线的三段:$0A$ 线段(压实阶段)、AB 线段(剪变阶段)、BC 线段(破坏阶段)。

$P \sim S$ 曲线具有两个特征值:比例界限值、极限荷载值。

特征值的确定方法如下:

(1)当 $P \sim S$ 曲线具有明显的直线段及转折点时,一般将转折点所对应的压力定为比例界限值,将曲线陡降段的渐近线和横坐标的交点定为极限荷载值。

(2)当曲线无明显直线段及转折点时(一般为中、高压缩性土),可用下述方法确定比例界限值。

①在一级荷载压力下,其沉降增量 ΔS_n 超过前一级荷载压力下的沉降增量 ΔS_{n-1} 的 2 倍(即 $\Delta S_n \leqslant 2\Delta S_{n-1}$)的点所对应的压力,即为比例界限值。

②$\lg P \sim \lg S$(或 $P \sim \dfrac{\Delta S}{\Delta P}$)曲线上的转折点所对应的压力即为比例界限值。其中,ΔP 为荷载增量,ΔS 为相应的沉降增量。

5. 地基土的变形模量 E_0

土的变形模量是指土在单轴受力、无侧限情况下的应力与应变之比。

在 $P \sim S$ 曲线上,开始一段呈直线,即认为荷载较小时,土体是线弹性的,因而可利用弹性理论公式求得土的变形模量。下式适用于同一层位的均匀地基。

当承压板位于地表时

$$E_0 = \omega(1 - \mu^2)\frac{Pb}{S} \tag{12-13}$$

式中　b——承压板的宽度或直径;

P——$P \sim S$ 曲线上 a 点所对应的压力;

S——$P \sim S$ 曲线上 a 点所对应的沉降量;

ω——沉降影响系数,刚性的方形承压板取 0.886,刚性的圆形承压板取 0.785;

μ——地基土的泊松比,应通过试验测定,如表 12-16 所示。

当承压板位于地表以下时

$$E_0 = \omega I_1(1 - \mu^2)\frac{Pb}{S} \tag{12-14}$$

式中　I_1——深度修正系数，当承压板埋深 $h \leqslant b$ 时，$I_1 \cong 1-0.27\dfrac{h}{b}$，否则 $I_1 \cong 0.5+0.23\dfrac{b}{h}$。

表 12-16　土的泊松比 μ 值（侧膨胀系数）

土的种类和状态		μ
碎石类土		0.15 ~ 0.20
砂土		0.20 ~ 0.25
粉土		0.25
粉质黏土	坚硬状态	0.25
	可塑状态	0.30
	软塑或流动状态	0.35
黏土	坚硬状态	0.25
	可塑状态	0.35
	软塑或流动状态	0.42

6. 地基承载力的确定

根据现场载荷试验所确定的 $P \sim S$ 曲线，可以按下述方法确定地基承载力基本值 f_0：

（1）当 $P \sim S$ 曲线有明显的比例界限点 a 时，取 $f_0 = P_r$。

（2）当 $P \sim S$ 曲线上的 a、b 两点能确定，且 $P_u < 2P_r$ 时，取 $f_0 = P_u/2$。

（3）当 $P \sim S$ 曲线上的 a、b 两点不能准确确定时，可按地基变形来确定 f_0。一般情况下，对低压缩性土和砂土，可取沉降量 $S = (0.01 \sim 0.015)b$ 所对应的压力 P 作为 f_0；对中、高压缩性土，可取沉降量 $S = 0.02b$ 所对应的压力 P 作为 f_0。

（七）影响载荷试验成果精度的主要因素

载荷测试方法比较简单，成果也比较可靠，但费时、费力，应深入分析其影响因素，消除不利影响，使测试成果精度符合要求。影响载荷测试成果的主要因素有以下几方面。

1. 承压板尺寸

不同的承压板尺寸对试验土层的沉降量和极限压力值均有一定影响。载荷测试研究结果表明，在不超过直线变形阶段的荷载作用下，当承压板边长或直径（b）小于某值时，S（沉降量）与 b 成反比；当 b 大于某值时，S 与 b 成正比。

由于载荷测试是模拟基础工作条件的一种试验方法，基础宽度一般均超过 30 cm，因而承压板不宜过小。但是，如承压板面积过大，势必所加总荷载也随之增大，这又增加了测试的困难。在大多数情况下，用面积为 1 000 ~ 5 000 cm^2 的承压板进行试验，所获得的成果是可靠的。

2. 沉降稳定标准

每级压力下的沉降稳定标准不同，则所观测的沉降量及所得出的 $P \sim S$ 曲线和变形模量等也不相同。为了消除这种影响，就要统一稳定标准。在载荷试验中，广泛应用的是相对稳定法，即每施加一级荷载，待沉降速率达到相对稳定后再加下一级荷载。有的规程在规定相对稳定标准的同时，还提出了在不同土层中观测时间的附加规定。如每级荷载下的观测时间，对软黏性土，应不小于 24 h；对一般黏性土，应不小于 8 h；对碎石土、砂土、老黏性土，应不小于 4 h。

如果按上述标准做一个载荷试验，所需时间少则 2 d，多则 10 d 以上。试验周期长是载荷试验的主要缺点。为了改变这种状况，对可塑至坚硬状态的黏性土、砂类土、碎石类土可采用快速法，即自每级加荷操作历时（按经验估算）的一半开始，每隔 15 min 观测一次，每级荷载保持 2 h。按 10 级荷载计算，做一个载荷试验只需 20 h，不足 1 d。一些单位的实践和研究表明，按快速法经外推计算的成果，可用于评价地基的容许承载力。

3. 承压板埋深

承压板埋深应与基础埋深一致，这样求出的地基容许承载力等才比较符合实际。相同面积的承压板，埋深不同，所求出的 $P \sim S$ 曲线上的比例界限值也不一样。根据土力学基础埋深原理，一般来讲，埋深越浅，$P \sim S$ 曲线的比例界限值越小。埋深如过大，会增加试验的困难。

4. 地基土的均匀性

载荷测试的影响深度一般为 1.5 ~2 倍承压板宽度（或直径）。在这个影响深度内，土层的时代、成因、类型及含水量一般应是相同的。只有这样，载荷测试成果才能反映同一土层的真实指标（土的工程性质），达到载荷测试的目的。

如果建筑场地土层较多，又都是重要建筑物的持力层，则要分层做载荷测试。如果土层较薄，达不到 2 倍承压板宽度（直径）的厚度，所求出的载荷测试成果就很难应用，满足不了基础设计的需要。这时，就要考虑采用符合要求的小承压板或做其他类型的试验，以满足设计要求。

复习思考题

1. 桥梁地基质量检验项目有哪些？

2. 地基承载力确定方法有哪些？

3. 动力触探有哪几种类型？各适用于什么样的土层？标准贯入适用于什么样的地层条件？

4. 用动力触探怎样确定单桩极限承载力？

5. 影响动力触探试验测试精度的因素包括什么？在工程中怎样处理？

6. 载荷试验的测试精度影响因素是什么？在工程中应怎样考虑这些因素？

第十三章　桥梁基桩检测

内容简介

本章主要介绍了桥梁基础的分类和质量检验项目，以及桥梁基桩完整性和承载力的检测，包括检测方法、试验原理、测试步骤、数据处理分析与判定等。

知识目标

1. 了解：基桩工程常见的质量问题。

2. 熟悉：高应变动测法的试验步骤、数据分析与判定，钻芯法检测基桩完整性的试验步骤、数据分析与判定。

3. 掌握：低应变反射波法和超声波法检测基桩完整性的试验步骤、数据分析与判定，单桩竖向抗压承载力测试的试验步骤、数据分析与应用。

能力目标

1. 会利用反射波法检测预制桩的完整性，以及利用声波透射法检测灌注桩的完整性。

2. 会进行基桩竖向抗压承载力测试与分析。

第一节　概　述

基础是指将结构所承受的各种作用传递到地基上的结构组成部分，是建筑物的重要组成部分。

一、桥梁基础的分类

桥梁基础按基础的刚度、埋置深度、构造形式和施工方法等有多种分类方法。

(一)按基础的刚度分类

按基础的刚度也即按受力后基础的变形情况，桥梁基础分为刚性基础和柔性基础两种，如图 13-1 所示。受力后不发生挠曲变形的基础称刚性基础，一般可用强度不高的材料(如浆砌块石、片石混凝土等)做成。这种基础不需要钢材，但圬工体积较大，且支承面积受到一定限制，如图 13-1(a)所示。受力后容许发生挠曲变形的基础称柔性基础或弹性基础，通常用钢筋混凝土做成。由于钢筋可以承受较大的弯拉应力和剪应力，所以当基础荷载较大而地基承载力较低时，可采用这种基础。如图 13-1(b)所示的柔性扩大基础，能大幅度扩大基础底面面积，减小基底压应力，适应地基承载力的要求。

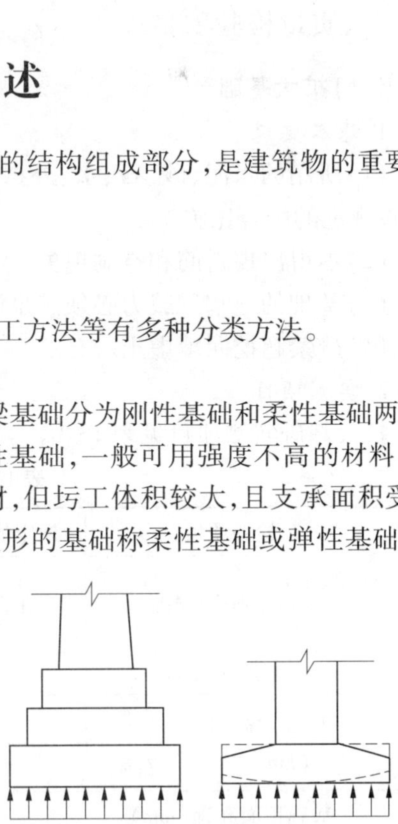
(a)　(b)

图 13-1　刚性基础与柔性基础

(二)按基础的埋置深度分类

按基础的埋置深度不同，桥梁基础分为浅基础和深基础两种。埋置深度小于 5 m 的基础称为浅基础，适用于浅层地基的承载力较大的情况。

浅基础施工较简单，通常从地面用明挖法开挖基坑后，直接在基坑底面上砌筑基础。当基础的埋置深度大于5 m时，就不宜采用上述方法，而是需要用特殊的施工手段和相应的基础形式，如桩基础、沉井基础、管柱基础、沉箱基础等，这类基础都属于深基础。

（三）按构造形式分类

对桥梁墩台基础来说，可归纳为实体式基础和桩柱式基础两类。当整个基础都由圬工材料筑成时称为实体式基础。其特点是基础整体性好，但自重较大，所以对地基承载力要求较高，如图13-2（a）所示。实体式基础多属刚性基础。由单根或多根基桩支承盖梁及上部结构的基础称桩柱式基础，如图13-2（b）所示。这种基础比其他深基础能省很多圬工材料，整个基础的重量也较轻，且可把荷载传递或分散到深层土中，因此对地基强度的要求比实体基础要低一些。

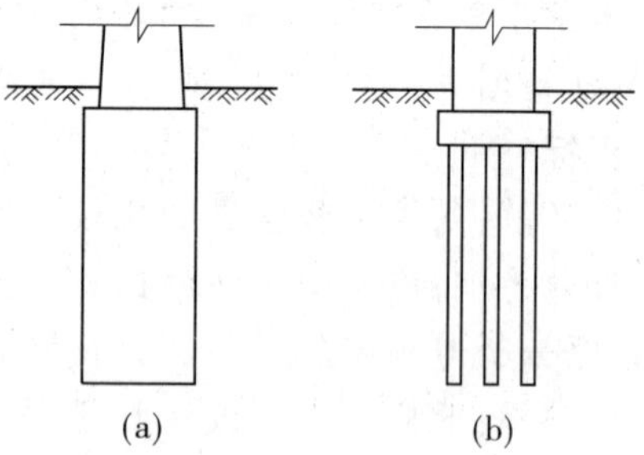

图13-2　实体式基础与桩柱式基础

桥梁基础除上述几种类型外，还可根据不同地质和水文条件而采用一些组合型基础结构。如中国杭州钱塘江桥正桥7～15号墩基础，是在沉箱下接木桩；南京长江桥正桥2号墩和3号墩，则是钢沉井套预应力混凝土管柱基础。

二、质量检验项目

（一）扩大基础

1. 基本要求

（1）所用的水泥、砂、石、水、外掺剂及混合材料的质量和规格必须符合有关规范的要求，按规定的配合比施工。

（2）不得出现露筋和空洞现象。

（3）基础的地基承载力必须满足设计要求。

（4）严禁超挖回填虚土。

2. 实测项目

扩大基础实测项目见表13-1。

表13-1　扩大基础实测项目

项次	检查项目		规定值或允许偏差	检查方法和频率	权值
1△	混凝土强度（MPa）		在合格标准内	按《公路工程质量检验评定标准》（JTG F80/1—2004）附录D检查	3
2	平面尺寸（mm）		±50	尺量：长、宽各检查3处	2
3△	基础底面高程（mm）	土质	±50	水准仪：测量5～8点	2
		石质	+50，－200		
4	基础顶面高程（mm）		±30	水准仪：测量5～8点	1
5	轴线偏位（mm）		25	全站仪或经纬仪：纵、横各检查2点	2

3. 外观鉴定

混凝土表面平整，无明显施工接缝，不符合要求时减 1 ~ 3 分。

（二）钻孔灌注桩

1. 基本要求

（1）桩身混凝土所用的水泥、砂、石、水、外掺剂及混合材料的质量和规格必须符合有关规范的要求，按规定的配合比施工。

（2）成孔后必须清孔，测量孔径、孔深、孔位和沉淀层厚度，确认满足设计或施工技术规范要求后，方可灌注水下混凝土。

（3）水下混凝土应连续灌注，严禁有夹层和断桩。

（4）嵌入承台的锚固钢筋长度不得低于设计规范规定的最小锚固长度。

（5）应选择有代表性的桩用无破损法进行检测，重要工程或重要部位的桩宜逐根进行检测。设计有规定或对桩的质量有怀疑时，应采取钻取芯样法对桩进行检测。

（6）凿除桩头预留混凝土后，桩顶应无残余的松散混凝土。

2. 实测项目

钻孔灌注桩实测项目见表 13-2。

表 13-2　钻孔灌注桩实测项目

<table>
<tr><th>项次</th><th colspan="3">检查项目</th><th>规定值或允许偏差</th><th>检查方法和频率</th><th>权值</th></tr>
<tr><td>1△</td><td colspan="3">混凝土强度（MPa）</td><td>在合格标准内</td><td>按《公路工程质量检验评定标准》（JTG F80/1—2004）附录 D 检查</td><td>3</td></tr>
<tr><td rowspan="3">2△</td><td rowspan="3">桩位（mm）</td><td colspan="2">群桩</td><td>100</td><td rowspan="3">全站仪或经纬仪：每桩检查</td><td rowspan="3">2</td></tr>
<tr><td rowspan="2">排架桩</td><td>允许值</td><td>50</td></tr>
<tr><td>极值</td><td>100</td></tr>
<tr><td>3△</td><td colspan="3">孔深（m）</td><td>不小于设计</td><td>测绳量：每桩测量</td><td>3</td></tr>
<tr><td>4△</td><td colspan="3">孔径（mm）</td><td>不小于设计</td><td>探孔器：每桩测量</td><td>3</td></tr>
<tr><td>5</td><td colspan="3">钻孔倾斜度（mm）</td><td>1% 桩长，且不大于 500</td><td>用测壁（斜）仪或钻杆垂线法：每桩检查</td><td>1</td></tr>
<tr><td rowspan="2">6△</td><td rowspan="2">沉淀厚度（mm）</td><td colspan="2">摩擦桩</td><td>符合设计规定，设计未规定时按施工规范要求</td><td rowspan="2">沉淀盒或标准测锤：每桩检查</td><td rowspan="2">2</td></tr>
<tr><td colspan="2">支承桩</td><td>不大于设计规定</td></tr>
<tr><td>7</td><td colspan="3">钢筋骨架底面高程（mm）</td><td>±50</td><td>水准仪：测每桩骨架顶面高程后反算</td><td>1</td></tr>
</table>

3. 外观鉴定

（1）桩的质量有缺陷，但经设计单位确认仍可用时，应减 3 分。

（2）桩顶面应平整，桩柱连接处应平顺且无局部修补，不符合要求时减 1 ~ 3 分。

（三）挖孔桩

1. 基本要求

（1）桩身混凝土所用的水泥、砂、石、水、外掺剂及混合材料的质量和规格必须符合有关规范的要求，按规定的配合比施工。

(2)挖孔达到设计深度后，应及时进行孔底处理，必须做到无松渣、淤泥等扰动软土层，使孔底情况满足设计要求。

(3)嵌入承台的锚固钢筋长度不得小于设计规范规定的最小锚固长度。

2. 实测项目

挖孔桩实测项目见表 13-3。

表 13-3　挖孔桩实测项目

<table>
<tr><th>项次</th><th colspan="3">检查项目</th><th>规定值或允许偏差</th><th>检查方法和频率</th><th>权值</th></tr>
<tr><td>1△</td><td colspan="3">混凝土强度(MPa)</td><td>在合格标准内</td><td>按《公路工程质量检验评定标准》(JTG F80/1—2004)附录 D 检查</td><td>3</td></tr>
<tr><td rowspan="3">2△</td><td rowspan="3">桩位(mm)</td><td colspan="2">群桩</td><td>100</td><td rowspan="3">全站仪或经纬仪：每桩检查</td><td rowspan="3">2</td></tr>
<tr><td rowspan="2">排架桩</td><td>允许值</td><td>50</td></tr>
<tr><td>极值</td><td>100</td></tr>
<tr><td>3△</td><td colspan="3">孔深(m)</td><td>不小于设计</td><td>测绳量：每桩测量</td><td>3</td></tr>
<tr><td>4△</td><td colspan="3">孔径(mm)</td><td>不小于设计</td><td>探孔器：每桩测量</td><td>3</td></tr>
<tr><td>5</td><td colspan="3">孔的倾斜度(mm)</td><td>0.5%桩长，且不大于 200</td><td>垂线法：每桩检查</td><td>1</td></tr>
<tr><td>6</td><td colspan="3">钢筋骨架底面高程(mm)</td><td>±50</td><td>水准仪测骨架顶面高程后反算：每桩检查</td><td>1</td></tr>
</table>

3. 外观鉴定

(1)无破损检测桩的质量有缺陷，但经设计单位确认仍可用时，应减 3 分。

(2)桩顶面应平整，桩柱连接处应平顺且无局部修补，不符合要求时减 1 ~ 3 分。

三、检验方法

检测工作包括：施工前的检测，目的是为设计及施工方案提供校核、修改依据；施工中的检测，目的是监督施工过程，保证施工质量，达到设计要求；施工后的检测，目的是对施工质量进行验收、评估和为质量问题的处理提供依据。

根据检测的目的，可采用不同的检测方法，如表 13-4 所示。

表 13-4　基桩检测方法及检测目的

检测方法	检测目的	检测时间
各类成孔检测法	孔径、垂直度、沉渣厚度	成孔后立即检测
单桩竖向抗压静载试验	确定单桩竖向抗压极限承载力； 判定竖向抗压承载力是否满足设计要求； 通过桩身内力及变形测试，测定桩侧、桩端阻力； 验证高应变法的单桩竖向抗压承载力检测结果	桩身混凝土强度达到设计要求； 休止期：砂土，7 d；粉土，10 d；非饱和黏性土，15 d；饱和黏性土，25 d

续表 13-4

检测方法	检测目的	检测时间
单桩竖向抗拔静载试验	确定单桩竖向抗拔极限承载力； 判定竖向抗拔承载力是否满足设计要求； 通过桩身内力及变形测试，测定桩的抗拔摩阻力	同单桩竖向抗压静载试验
单桩水平静载试验	确定单桩水平临界和极限承载力，推定土抗力参数； 判定水平承载力是否满足设计要求； 通过桩身内力及变形测试，测定桩身弯矩和挠曲	同单桩竖向抗压静载试验
钻芯法	检测灌注桩桩长、桩身混凝土强度、桩底沉渣厚度；判定或鉴别桩底岩土性状，判定桩身完整性类别	28 d 以上
低应变法	检测桩身缺陷及其位置，判定桩身完整性类别。受桩长、桩径限制，多用于中小型桩	混凝土强度达到设计强度的 70%，约 14 d
高应变法	判定单桩竖向抗压承载力是否满足设计要求； 检测桩身缺陷及其位置，判断桩身完整性类别； 分析桩侧和桩端土阻力	同静载试验
静动法	确定桩竖向抗压极限承载力	同静载试验
声波透射法	检测灌注桩桩身混凝土的均匀性、桩身缺陷及其位置，判定桩身完整性类别。不受桩长、桩径限制，多用于大中型桩	混凝土强度达到设计强度的 70%，约 14 d；或达到一定的强度
动力触探法	现场检测水泥搅拌桩桩身强度； 现场检测碎石桩桩身密实性	水泥搅拌桩：7 d 或 7 d 以内； 碎石桩：成桩后
取样试件试验	检测混凝土是否达到设计要求的强度等级	28 d

第二节　桥梁基桩完整性检测

桩基础是建筑物的一种主要基础形式，按照不同的分类方法可把桩基础分为若干类。按照施工方法分类，可把桩基分为预制桩和灌注桩。

预制桩：是在工厂或施工现场制成的各种材料、各种形式的桩（如木桩、混凝土方桩、预应力混凝土管桩、钢桩等），通过锤击、静压或振动等方法将桩打入、压入或振入土中。建筑施工领域采用的预制桩主要是混凝土预制桩和钢桩两大类。

灌注桩：在施工现场的桩位上，通过机械钻孔或人工挖掘等方法形成桩孔，然后在孔内下入钢筋笼，灌注混凝土，形成钢筋混凝土灌注桩。灌注桩按成孔方法不同，可分为钻孔灌注桩、沉管灌注桩、人工挖孔灌注桩等。

一、桩基工程常见的质量问题

桩基工程是隐蔽工程，施工难度大，技术要求高，许多情况还是水下灌注混凝土，容易出现质量问题。

（一）混凝土预制桩

混凝土预制桩大多用柴油锤、蒸汽锤或自由落锤打入土中。打桩过程容易发生以下质量问题：

（1）打桩时选用的锤垫和桩垫不合适。垫层过软会降低锤击能量的传递，打入困难；垫层过硬会增大锤击应力，容易击碎桩头。一般最大锤击应力不容许超过混凝土抗压强度的65%。

（2）打桩的拉应力易引起桩身开裂。打桩拉应力的产生及大小与桩尖土的特性、桩侧土阻力分布、入土深度、锤偏心程度和垫层特性有关。若桩较长，桩尖土质较差，锤击入射压力应力波从桩尖反射为拉力波，最大拉应力大多发生在打桩初期桩身中部一定范围，一般为0.3~0.7倍桩长位置；当桩尖土质较坚硬，入射波在桩尖的反射仍为压力波时，压力波传至桩顶，此时锤已回跳离开桩顶，应力波因而就从自由桩顶反射形成拉力波，这时最大拉应力一般发生在桩的上部。当拉应力超过混凝土抗拉强度时，混凝土将开裂。

（3）桩锤选用不合适，桩将难以打至预定设计标高或不满足贯入度要求。

（4）桩头钢筋网片设置、配筋不符合要求或桩顶混凝土保护层过厚，桩顶不平，桩身混凝土强度等级低于设计要求等，打桩时都易击碎桩头。

（5）桩距设计不合理，或打桩次序安排不合理，往往导致打桩时将邻近桩挤压折断。

（6）桩在运输、起吊过程中，支点和吊点的选择、配置不合理，导致桩身断裂。

（7）桩尖遇到硬土层、孤石或障碍物，因锤击次数过多，冲击能量过大，引起桩身破裂或折断。

（二）沉管灌注桩

沉管灌注桩分为锤击沉管、振动沉管和压力沉管三种工艺。这种桩质量不够稳定，施工故障率高。其主要问题有：

（1）锤击或振动过程的振动力向周围土体扩散，沉管周围的土体以垂直振动为主，而一定距离后的土层水平振动大于垂直振动，再加上侧向挤土作用，极易振断初凝的邻桩。软硬土层交界处尤为严重。

（2）若管距小于3倍桩径，沉管过程可能会使地表土体隆起，从而在邻桩桩身产生一竖向拉力，使初凝混凝土拉裂。

（3）拔管速度过快，管内混凝土灌注高度过低，不足以产生一定的排挤压力，在淤泥层易产生缩颈。

（4）地层存在有承压水的砂层，砂层上又覆盖有透水性差的黏土层时，孔中灌注混凝土后，由于动水压力作用，沿桩身至桩顶出现冒水现象，冒水桩一般都会演变成断桩。

（5）振动沉管采用活瓣桩尖时，活瓣张开不灵活，混凝土下落不畅，引起断桩或混凝土密实度差的现象时有发生。当桩尖持力层为透水性良好的砂层时，若沉管和混凝土灌注不及时，易从活瓣的合缝处渗水，稀释桩尖部分的混凝土，使得桩端阻力丧失。

（6）预制桩尖混凝土质量不满足要求，沉管时被击碎塞入桩管内，拔管至一定高度后，桩尖下落且被孔壁卡住，桩身的下段无混凝土，产生俗称的“吊脚桩”。

（7）钢筋笼埋设高度控制不准。

（三）冲、钻孔灌注桩

在地下水位较高的场地进行灌注桩施工时，成孔方法有冲抓式、旋挖式、冲击式、回转式和潜钻式等。成孔过程采用就地造浆或制备泥浆护壁，以防止孔壁坍塌。混凝土灌注采取带隔水栓的导管水下灌注混凝土工艺。灌注过程操作不当容易出现以下问题：

(1)由于停电或其他原因，灌注混凝土没有连续进行，间断一定时间后，隔水层凝固，形成硬壳，后续混凝土无法下灌，只好拔出导管，一旦泥浆进入管内必然形成断桩。而如用增大管内混凝土压力等办法冲破隔水层，形成新的隔水层，破碎的老隔水层混凝土必将残留在桩身中，造成桩身局部混凝土低劣。

(2)水下灌注混凝土的桩径不宜小于600 mm。桩径过小，由于导管和钢筋笼占据一定空间，加上孔壁摩擦作用，混凝土上升不畅，容易堵管，形成断桩或使钢筋笼上浮。

(3)泥浆护壁成孔，对不同土层，应配制不同密度的泥浆，否则孔壁容易坍塌。

(4)用正循环法清孔时，应根据孔的深浅，控制洗孔时间或孔口泥浆密度。清孔时间过短，孔底沉渣太厚，将影响桩端承载力发挥。

(5)混凝土和易性不好时，易产生离析现象。

(6)导管连接处漏水时将形成断桩。

(四)人工挖孔灌注桩

在地下水丰富的场地采用人工挖孔灌注桩容易发生以下质量问题：

(1)地下水渗流严重的土层，易使土壁崩塌，土体失稳塌方。

(2)土层出现流砂现象或有动水压力时，护壁底部土层会突然失去强度，泥土随水急速涌出，产生管涌，使护壁与土体脱空，或引起孔形不规则。

(3)挖孔时，如果边挖边抽水，地下水位下降时，护壁易受到下沉土层产生的负摩擦作用，使护壁受到拉力，产生环向裂缝，护壁所受的周围土压力不均匀时，又将产生弯矩和剪力作用，易引起垂直裂缝。而桩制作完毕，护壁和桩身混凝土结为一体，护壁是桩身的一部分，护壁裂缝破损或错位必将影响桩身质量和侧阻力的发挥。

(4)孔较深时，若没有采用导管灌注混凝土，混凝土从高处自由下落易产生离析。

(5)在孔底水不易抽干或未抽干情况下灌注混凝土，桩尖混凝土将被稀释，降低桩端承载力。

二、基桩完整性检测方法

目前，基桩完整性检测的常见方法有钻芯法、低应变法、高应变法和超声波法等。

(一)钻芯法

钻芯法是直接从桩身混凝土中钻取芯样，以测定桩身混凝土的质量和强度，检查桩底沉渣和持力层情况，并测定桩长。钻芯法是一种微破损或局部破损的检测方法，具有科学、直观、实用等特点，但检测能力受桩的长径比等因素制约，不能对预制桩和钢桩的成桩质量进行检测。

(二)低应变法

低应变法指在桩顶面实施低能量的瞬态或稳态激振，使桩在弹性范围内做弹性振动，并由此产生应力波的纵向传播，同时利用波动和振动理论对桩身的完整性作出评价的一种检测方法，主要包括应力反射波法、机械阻抗法、水电效应法等。其中，反射波法物理意义明确、测试设备轻便简单、检测速度快、成本低，适用于工程桩大面积普查，是基桩质量(完整性)普查的良好手段。

(三)高应变法

高应变法是通过在桩顶实施重锤敲击,使桩产生的动位移量级接近常规静载试桩的沉降量级,以便使桩周岩土阻力充分发挥,通过测量和计算判定单桩竖向抗压承载力是否满足设计要求及对桩身完整性作出评价的一种检测方法。它主要包括锤击贯入试桩法、波动方程法和静动法等,其中波动方程法是我国目前常用的高应变检测方法。高应变动力试桩物理意义较明确,检测准确度相对较高,但检测成本高,受测试人员水平和桩土相互作用模型等问题的影响,这种方法在某些方面仍有较大的局限性。

(四)超声波法

超声波法指通过在桩身预埋声测管(钢管或塑料管),将声波发射、接收换能器分别放入2根声测管内,管内注满清水作为耦合剂,换能器可置于同一水平面或保持一定高差,进行声波发射和接收,使声波在混凝土中传播,通过对声波传播时间、波幅、声速及频率等物理量的测试与分析,对桩身完整性作出评价的一种检测方法。该方法一般不受场地限制,测试精度高,在缺陷的判断上较其他方法更全面,检测范围可覆盖全桩长的各个横截面,但由于需要预埋声测管,抽样的随机性差,且对桩身直径有一定的要求,检测成本也相对较高。

三、预制桩完整性检测

(一)低应变反射波法

低应变反射波法是目前国内外使用最广泛的一种基桩无损检测方法,它借一维弹性波理论对实测桩顶速度或加速度响应信号的时、频域特征进行分析来判定被检桩的桩身完整性,其中包括桩身存在的缺陷位置及其影响程度、桩端与持力层的结合状况。

1. 试验目的

本方法通过分析实测桩顶速度响应信号的特征来检测桩身的完整性,判断桩身缺陷位置及影响程度,判断桩端嵌固情况。

2. 适用范围

低应变反射波法适用于混凝土灌注桩和预制桩等刚性材料桩的桩身完整性检测。

根据目前的仪器精度及检验经验,一般认为,低应变反射波法检测桩身质量时桩的长度不宜太长,桩径不宜过大。

使用本方法时,被检桩的桩端信号应能有效识别。

对于超长桩的检测,最大有效检测深度小于实际桩长时,会测不到桩底反射信号,但在有效检测长度内存在的缺陷还是能检测出来的。

低应变反射波法不适用于检测及推算桩的承载力,因为低能量的激振不能充分发挥桩周土阻力,也不适用于推算桩身混凝土强度等级。

3. 抽检数量

桩身完整性检测的抽检数量应综合考虑工程的重要性、抗震设防等级、地质条件、成桩工艺、检测目的、施工水平,以及承台下的桩的数量等情况。

《建筑基桩检测技术规范》(JGJ 106—2011)对此作了如下具体的规定:

(1)柱下三桩或三桩以下的承台抽检桩数不得少于1根。

(2)设计等级为甲级,或地质条件复杂、成桩质量可靠性较低的灌注桩,抽检数量不应少于总桩数的30%,且不得少于20根;其他桩基工程的抽检数量不应少于总桩数的20%,

且不得少于 10 根。

(3)地下水位以上且终孔后桩端持力层已通过校验的人工挖孔桩,以及单节混凝土预制桩,抽检数量可适当减少,但不宜少于总桩数的 10%,且不宜少于 10 根。

《公路工程基桩动测技术规程》(JTG/T F81-01—2004)对桩检测数量的规定如下:公路工程基桩应进行 100% 的完整性检测,各种方法的选定应具有代表性和满足工程检测的特定要求。

4. 检测仪器与设备

低应变反射波法检测桩身完整性原理清楚,检测设备相对也比较简单。目前,国内在这方面使用的测桩仪器品种很多,仪器的主要组成部分基本相同,即信号采集及处理仪、传感器、激振设备和专用附件。低应变检测仪器操作流程见图 13-3。

1)信号采集及处理仪

信号采集及处理系统应具有现场显示、记录、存储和分析功能。

信号采集及处理仪的选择应符合下列规定:

(1)数据采集装置的模 - 数(A/D)转换器的位数不低于 12 bit。

(2)采样间隔宜为 10 ~500 μs,可调。

(3)单通道的采样点不少于 1 024 点。

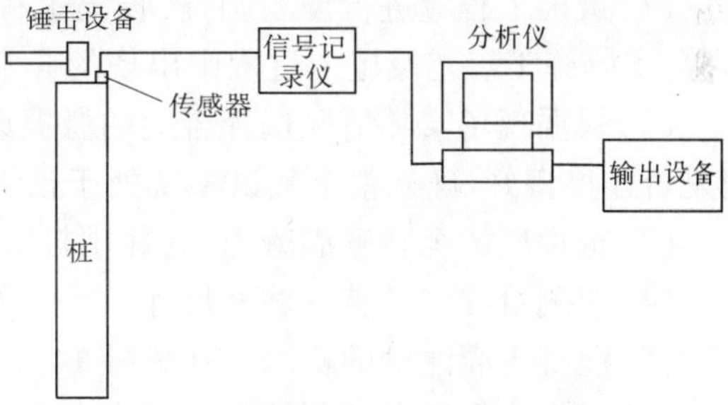

图 13-3 低应变检测仪器操作流程

(4)放大器增益宜大于 60 dB,可调,线性度良好,其频响范围应满足 5 ~5 000 Hz。

2)传感器

目前,反射波法测桩中使用较普遍的是压电晶体式加速度传感器,也有使用磁电式速度传感器的,主要用于接收桩顶被激发后加速度(或速度)波在不同波阻抗界面的反射信号。选用传感器要根据桩型尺寸、激振力、桩 - 土体系的条件,使应力波与可能出现的频率和振幅大小相匹配。一般来讲,加速度传感器灵敏度高,谐振频率大,其测试精度就高,特别对距桩顶较近处有缺陷或桩身有微小裂缝的桩,使用加速度传感器更为合适。磁电式速度传感器固有频率相对较低,安装谐振频率变化较大,且易产生自身振荡,一般情况下其测试精度不如加速度传感器,但其具有低频、宽脉冲的特性可测试较深的缺陷。

传感器的性能应符合下列规定:

(1)传感器宜选用压电式加速度传感器或磁电式速度传感器,频响曲线的有效范围应覆盖整个测试信号的频带范围。

(2)加速度传感器的电压灵敏度应大于 100 mV/g,电荷灵敏度应大于 20 pC/g,上限频率不应小于 5 kHz,安装谐振频率不应小于 6 kHz,量程应大于 100 g。

(3)速度传感器的固有谐振频率不应大于 30 Hz,灵敏度应大于 200 mV/(cm · s),上限频率不应小于 1. 5 kHz,安装谐振频率不应小于 1. 5 kHz。

3)激振设备

根据桩型和检测目的,宜选择不同材质和质量的力锤或力棒,以获得所需的激振频率和能量。

瞬态激振设备应包括能激发宽脉冲和窄脉冲的力锤和锤垫。力锤可装有力传感器。稳态激振设备应包括激振力可调、扫频范围为10～2 000 Hz的电磁式稳态激振器。

低应变反射波法测试时使用的激振设备有手锤(钢质、铜质、工程塑料或尼龙)、带有测力传感器的力锤、力棒等。锤的大小应根据桩长、桩周土阻力大小及缺陷位置、缺陷程度等情况选择使用。若桩比较长,或桩周土阻力较大,用小锤不易得到桩底反射信号,难以检测出桩深部的缺陷或两处以上的缺陷,可使用质量较大或刚度较小的锤,此时的冲击波脉冲较宽,且以低频成分为主,在传播过程中应力波衰减较慢;反之,若要检测距桩顶较近的缺陷或微裂缝,可使用质量较小或刚度较大的锤击装置,此时冲击波脉冲相对较窄,且高频成分多,浅部缺陷的反射容易识别。一般情况下,同一台仪器应备几种不同的力锤和锤垫,根据现场具体情况分别使用。

5. 试验准备工作

(1)被检工程应进行现场调查,收集工程地质资料、基桩设计图纸和施工记录、监理日志等,了解施工工艺及施工过程中出现的异常情况。

(2)根据现场实际情况选择合适的激振设备、传感器及检测仪,检查测试系统各部分之间是否连接良好,确认整个测试系统处于正常工作状态。

(3)桩顶应凿至新鲜混凝土面,并用打磨机将测点和激振点磨平。

(4)应测量并记录桩顶截面尺寸。

(5)混凝土灌注桩的检测宜在成桩14 d以后进行。

(6)打入或静压式预制桩的检测应在相邻桩打完后进行。

6. 现场测试

在桩顶选择好位置,用牛油或胶泥等黏结材料安装固定好传感器。检测过程中要求做到传感器不产生滑动、信号线不抖动,不能用手扶持传感器和信号线,并保证传感器安装平面与桩的中心轴线垂直。用手锤敲击桩顶,激起的纵向应力波以波速 c 由桩顶沿桩身向桩底传播,当桩身阻抗发生变化(如断桩、缩颈、裂缝等)时,部分应力波在阻抗变化处向上发生反射,其余以透射波的形式继续向桩底传播,在桩底反射后又沿桩身向上传播,这些向上传播的应力波被安装在桩顶上的加速度(或速度)传感器接收,由专用计算机通过A/D转换并被积分成速度信号存储起来。试验人员根据测得的速度时域曲线进行各种处理分析,最终对桩身完整性和桩身混凝土质量作出判断。

(1)传感器安装应符合下列规定:

①传感器的安装可采用石膏、黄油、橡皮泥等耦合剂,黏结应牢固,并与桩顶面垂直。

②对混凝土灌注桩,传感器宜安装在距桩中心1/2～2/3半径处,且距离桩的主筋不宜小于50 mm。当桩径不大于1 000 mm时,不宜少于2个测点;当桩径大于1 000 mm时,不宜少于4个测点。

③对混凝土预制桩,当边长不大于600 mm时不宜少于2个测点;当边长大于600 mm时不宜少于3个测点。

④对预应力混凝土管桩不应少于2个测点。

(2)激振时应符合下列规定:

①混凝土灌注桩、混凝土预制桩的激振点宜在桩顶中心部位;预应力混凝土管桩的激振点和传感器安装点与桩中心连线的夹角不应小于45°。

②激振锤和激振参数宜通过现场对比试验选定。短桩或浅部缺陷桩的检测宜采用轻锤

短脉冲激振；长桩、大直径桩或深部缺陷桩的检测宜采用重锤宽脉冲激振，也可采用不同的锤垫来调整激振脉冲宽度。

③采用力棒激振时，应自由下落；采用力锤敲击时，应使其作用力方向与桩顶面垂直。

(3)传感器安装点、锤击点布置如图13-4所示。

(4)检测工作应遵守下列规定：

①采样频率和最小的采样长度应根据桩长和波形分析确定。

②各测点的重复检测次数不应少于3次，且检测波形具有良好的一致性。

③当干扰较大时，可采用信号增强技术进行重复激振，提高信噪比；当信号一致性差时，应分析原因，排除人为和检测仪器等干扰因素，重新检测。

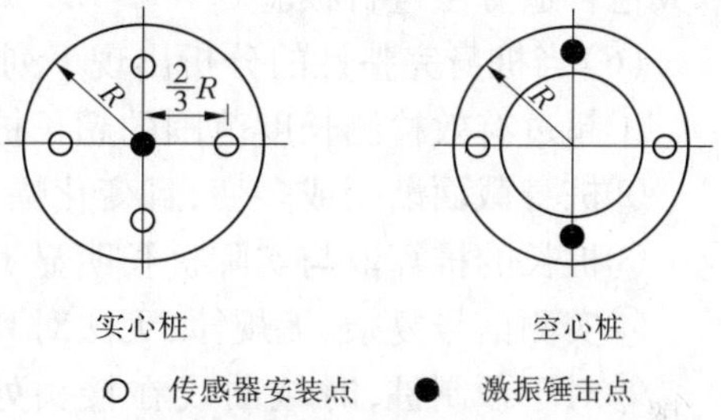

图13-4 传感器安装点、锤击点布置示意

④对存在缺陷的桩应改变检测条件重复检测，相互验证。

7. 检测数据分析与判定

(1)桩身完整性分析宜以时域曲线为主，辅以频域分析，并结合施工情况、岩土工程勘察资料和波形特征等因素进行综合分析判定。

(2)桩身波速平均值的确定：

①当桩长已知，桩端反射信号明显时，选取相同条件下不少于5根Ⅰ类桩的桩身波速，按下式计算其平均值

$$c_m = \frac{1}{n}\sum_{i=1}^{n} c_i \tag{13-1}$$

$$c_i = \frac{2L \times 1\ 000}{\Delta T} = 2L\Delta f \tag{13-2}$$

式中 c_m——桩身波速平均值，m/s；

c_i——第i根桩的桩身波速计算值，m/s；

L——完整桩桩长，m；

ΔT——时域信号第一峰与桩端反射波峰间的时间差，ms；

Δf——幅频曲线桩端相邻谐振峰间的频差，Hz，计算时不宜取第一峰与第二峰；

n——基桩数量，$n \geq 5$。

②当桩身波速平均值无法按①确定时，可根据本地区相同桩型及施工工艺的其他桩基工程的测试结果，并结合桩身混凝土强度等级与实践经验综合确定。

(3)桩身缺陷位置应按下式计算

$$x = \frac{1}{2\ 000}\Delta t_x c = \frac{1}{2}\frac{c}{\Delta f_x} \tag{13-3}$$

式中 x——测点至桩身缺陷之间的距离，m；

Δt_x——时域信号第一峰与缺陷反射波峰间的时间差，ms；

Δf_x——幅频曲线所对应缺陷的相邻谐振峰间的频差，Hz；

c——桩身波速，m/s，无法确定时用c_m值替代。

(4)混凝土灌注桩采用时域信号分析时，应结合有关施工和岩土工程勘察资料，正确区

分由扩径处产生的二次同相反射与因桩身截面渐扩后急速恢复至原桩径处的一次同相反射，以避免对桩身完整性的误判。

(5)对于嵌岩桩，当桩端反射信号为单一反射波且与锤击脉冲信号同相时，应结合岩土工程勘察和设计等有关资料以及桩端同相反射波幅的相对高低来推断嵌岩质量，必要时采取其他合适方法进行核验。

(6)当桩身完整性的分析出现下列情况之一时，宜结合其他检测方法：

①超过有效检测长度范围的超长桩，其测试信号不能明确反映桩身下部和桩端情况。

②桩身截面渐变或多变，且变化幅度较大的混凝土灌注桩。

③桩长的推算值与实际桩长明显不符，且又缺乏相关资料加以解释或验证。

④实测信号复杂、无规律，无法对其进行准确的桩身完整性分析和评价。

⑤对于预制桩，时域曲线在接头处有明显反射，但又难以判定是断裂错位还是接桩不良。

(7)桩身完整性类别应按下列原则判定：

①Ⅰ类桩。桩端反射较明显，无缺陷反射波，振幅谱线分布正常，混凝土波速处于正常范围。

②Ⅱ类桩。桩端反射较明显，但有局部缺陷所产生的反射信号，混凝土波速处于正常范围。

③Ⅲ类桩。桩端反射不明显，可见缺陷二次反射波信号，或有桩端反射，但波速明显偏低。

④Ⅳ类桩。无桩端反射信号，可见因缺陷引起的多次强反射信号，或按平均波速计算的桩长明显短于设计桩长。

8. 编制检测报告

检测报告应符合《公路工程基桩动测技术规程》(JTG/T F81-01—2004)的规定，参考格式见配套的实训指导书，并应包括下列内容：

(1)工程概述。

(2)岩土工程条件。

(3)检测方法、原理、仪器设备和过程叙述。

(4)相关的施工记录。

(5)桩身混凝土波速值。

(6)桩身完整性描述，包括缺陷位置、性质及类别。

(7)时域曲线图，并注明桩底反射位置。

(8)桩位编号及平面布置示意图，地质柱状图。

(9)时域信号时段所对应的桩身长度标尺、指数或线性放大的范围及倍数，或幅频信号曲线分析的频率范围，桩底或桩身缺陷对应的相邻谐振峰间的频差。

(10)必要的说明和建议，比如对扩大或验证检测的建议。

(二)高应变动测法

当桩顶受到强烈的轴向锤击力作用时，波将由上而下地在桩身和地基中传播，两者之间由于阻抗的显著差别而会被激发出较大的塑性相对位移和地基对桩身的阻力。高应变动测法就是根据桩顶实测的力和振动速度信号，通过波动理论反分析来推算桩身阻抗、应力和桩侧土阻力分布、桩端阻力等工程力学性指标，并由此推定被检桩的完整性、轴向抗压极限承载力，或选择桩型和桩长（统称为试打桩），监控桩锤工作效率和在打桩施工过程中桩身承受的最大锤击应力（统称为打桩监测）。

1. 试验目的

试验目的包括：确定单桩竖向抗压承载力是否满足设计要求；检测桩身缺陷及其位置，判断桩身完整性类别；分析测桩和桩端土阻力。

2. 适用范围

本方法适用于检测混凝土灌注桩、预制桩和钢桩的单桩竖向抗压极限承载力和桩身完整性；监测混凝土预制桩和钢桩打入时桩身应力和锤击能量传递比，为选择沉桩工艺参数及桩长选择提供依据。

进行单桩的竖向抗压极限承载力检测应具有相同条件下的动－静试验对比资料和现场工程实践经验。

超长桩、大直径扩底桩、嵌岩桩和 $Q \sim S$ 曲线具有缓变型特征的大直径灌注桩，不宜采用本方法进行单桩的竖向抗压极限承载力检测。

3. 检测仪器与设备

检测系统包括信号采集及分析仪、传感器、激振设备和贯入度测量仪等。

（1）信号采集器和传感器的性能应符合下列规定：

①信号采样点数不应少于 1 024 点，采样间隔宜取 100 ~ 200 μs。当用曲线拟合法推算被检桩的极限承载力时，信号记录长度应确保桩端反射后不小于 20 ms 或达到 5 L/c。

②信号采集器的采样频率应可调，其模－数转换精度不应低于 12 bit，通道之间的相位差不应大于 50 μs。

③力信号宜采用工具式应变传感器测量，其安装谐振频率应大于 2 kHz，在 1 000 με 范围内的非线性误差不应超过 ±1%。

④速度信号宜采用压电式加速度传感器测量，其安装谐振频率应大于 10 kHz，且在 1 3 000 Hz 范围内灵敏度变化不超过 ±5%，在冲击加速度量程范围内非线性误差不超过 ±5%。

⑤传感器的灵敏度系数应计量检定。

（2）激振设备应符合下列规定：

①激振宜采用由铸铁或铸钢整体制作的自由落锤。锤体应材质均匀、形状对称、底面平整，高径比不得小于 1。

②当采取自由落锤安装加速度传感器的方式实测锤击力时，重锤应整体铸造，且高径比应在 1.0 ~ 1.5 范围内。

③检测单桩竖向抗压承载力时，激振锤的质量不得小于基桩极限承载力的 1.2%。

（3）桩的贯入度应采用精密仪器测定。

4. 试验准备工作

测试前应首先进行现场调查，包括测试场地的条件、成桩（或沉桩）后的间歇时间及安全问题等。对混凝土预制桩和钢桩，一般不进行加固，若桩顶破损严重，对不能承受锤击的桩头则需进行修复或加固处理。混凝土灌注桩一般应进行桩顶加固：凿除顶部原有强度较低的混凝土，将桩接长至试验所需高度，接长部分的混凝土强度应高于原桩身混凝土强度

1～2级；为防止锤击时桩顶出现纵向裂缝，宜在加固段四周设置钢套箍或在顶部设置2～3层钢筋网片。有条件时也可用环氧砂浆加固桩顶。顶部接长部分的形状和面积应与原桩身相同，这样可以避免界面反射波的干扰。

应详细了解桩型尺寸、桩长和有关地质资料，以便选择合适的冲击设备。

传感器的安装应符合规范规定，如图13-5所示。

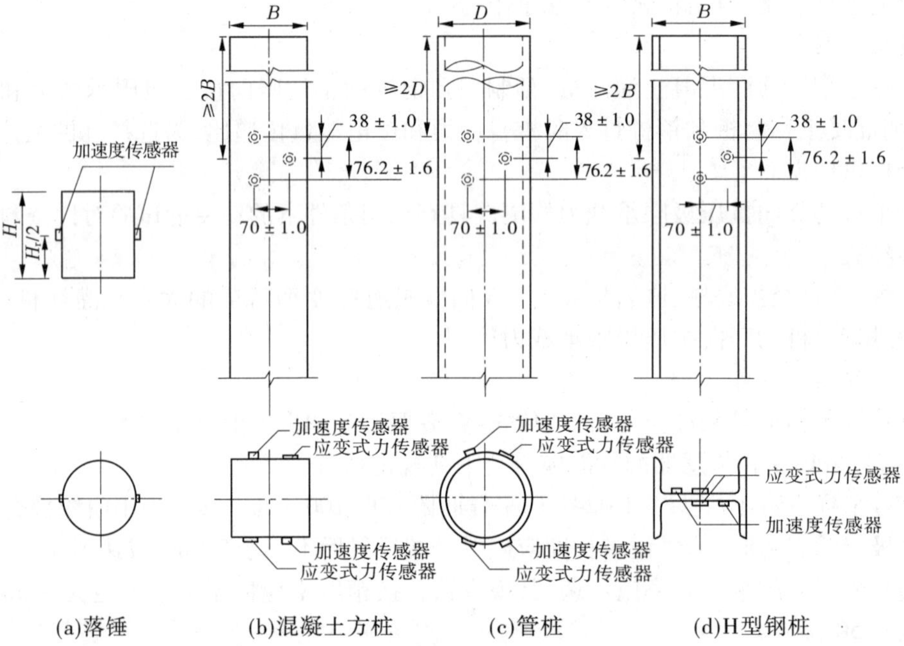

图13-5　传感器安装示意　（单位：mm）

5．现场测试

正式试验前应仔细检查仪器并正确设定有关参数。新购置的传感器可按厂家提供的标定参数设定，使用后重新标定过的传感器应按最近一次的标定值。

(1)检测混凝土预制桩和钢桩的极限承载力的最短休止期应满足下列条件：砂土7 d，粉土10 d，非饱和黏性土15 d，饱和黏性土25 d。

(2)检测混凝土灌注桩的极限承载力时，其桩身混凝土强度等级应达到设计要求，且应满足第(1)条规定的最短休止期。

(3)检测前的桩头处理应符合下列规定：

①桩顶面应平整，桩头高度应满足安装锤击装置和传感器的要求，锤重心应与桩顶对中。

②加固处理桩头时应满足下列要求：

第一，新接桩头顶面应平整且垂直于被检桩轴线，侧面应平直，截面面积应与被检桩相同，所用混凝土的强度应高于被检桩的强度。

第二，被检桩主筋应全部接至新接桩头内，并设置间距不大于150 mm的箍筋及上下间距不大于120 mm的2～3层钢筋网片。

(4)检测时在桩顶面应铺设锤垫。锤垫宜由10～30 mm厚的木板或胶合板等匀质材料制作,垫面略大于桩顶面积。

(5)传感器的安装应符合下列规定:

①桩顶下两侧面应对称安装加速度传感器和应变式力传感器各1只,其与桩顶的距离不应小于1.5倍的桩径或边长。传感器安装面应平整,所在截面的材质和尺寸与被检桩相同。

②应变式力传感器与加速度传感器的中心应位于同一水平线上,同侧两种传感器间的水平距离不宜大于100 mm。传感器的中轴线应与桩的轴线保持平行。

③在安装应变式力传感器时,应对初始应变进行监测,其值不得超过规定的限值。

(6)被检桩基本参数的设定应符合下列规定:

①测点以下桩长和截面面积可根据设计文件或施工记录提供的数据设定。

②桩身材料质量密度宜按表13-5取值。

表13-5　桩身材料质量密度 ρ　(单位:kg/m^3)

混凝土灌注桩	混凝土预制桩	预应力混凝土管桩	钢桩
2 400	2 450 ~ 2 500	2 550 ~ 2 600	7 850

③桩身平均波速可结合本地经验或按同场地同类型已检桩的平均波速初步设定,现场检测完成后应按本节"二、高应变动测法检测数据分析与判定"中(1)中②条予以调整。

④传感器安装位置处的桩身截面面积应按实际直径或边长计算确定,波速的设定宜综合考虑材料的设计强度和龄期的影响。

⑤桩身材料的弹性模量应按下式计算

$$E = \rho c^2 \tag{13-4}$$

式中　E——桩身材料弹性模量,Pa;

c——桩身波速,m/s;

ρ——桩身材料质量密度,kg/m^3。

(7)激振应符合下列要求:

①采用自由落锤为激振设备时,宜重锤低击,锤的最大落距不宜大于2.0 m。

②对于斜桩,应采用相应的打桩机械或类似装置沿桩轴线激振。

③实测桩的单击贯入度应确认与所采集的振动信号相对应。用于推算桩的极限承载力时,桩的单击贯入度不得低于2 mm且不宜大于6 mm。

④检测桩的极限承载力时,锤击次数宜为2 ~ 3击。

(8)检测桩身完整性和承载力时,应及时分析实测信号质量、桩顶最大锤击力和动位移、贯入度以及桩身最大拉(压)应力、桩身缺陷程度及其发展情况等,并由此综合判定本次采集信号的有效性。每根被检桩的有效信号数不应少于2组。

(9)出现下列情况之一时,采集的信号不得作为有效信号:

①传感器安装处混凝土开裂或出现严重的塑性变形,使力信号最终未归零。

②信号采集后发现传感器已有松动或损坏现象。

③锤击严重偏心,一侧力信号呈现严重的受拉特征。

(10)试打桩用于评价其承载力时,应按桩端进入的土层逐一进行测试;当持力层较厚时,应在同一土层中进行多次测试。

(11)桩身锤击应力监测应包括桩身最大锤击拉应力和最大锤击压应力两部分。桩身锤击拉应力宜在预计桩端进入软土层或桩端穿过硬土层进入软夹层时测试;桩身锤击压应力宜在桩端进入硬土层或桩侧土阻力较大时测试。

6. 检测数据分析与判定

(1)锤击信号选取与调整应符合下列规定:

①分析被检桩的承载力时,宜在第一击和第二击实测有效信号中选取能量和贯入度较大者。

②桩身波速平均值可根据已知桩长、力和速度信号上的桩端反射波时间或下行波上升沿的起点到上行波下降沿的起点之间的时差确定。

③传感器安装位置处原设定波速可不随调整后的桩身平均波速而改变。确有合理原因需作调整时,应对传感器安装处桩身的弹性模量按式(13-4)重新设置,且应对原实测力信号进行修正。

④当力和振动速度信号的上升沿重合性差时,应分析原因,不得随意调整。

(2)推算被检桩的极限承载力前,应结合工程地质条件和设计参数,利用实测信号特征对桩的荷载传递性状、桩身缺陷程度和位置及连续锤击时缺陷的逐渐扩大或闭合情况进行定性判别。

(3)采用实测曲线拟合法推算被检桩的极限承载力时,应符合下列规定:

①采用的桩和土的力学模型应能分别反映被检桩和地基土的物理力学性状;在各计算单元中,所用土的弹性极限位移不应超过相应桩单元的最大计算位移。

②曲线拟合时间段长度在$t_1+\frac{2L}{c}$后的延续时间不应小于20 ms或$3\frac{L}{c}$中的较大值。

③分析所用的模型参数应在岩土工程的合理范围内,可根据工程地质和施工工艺条件进行桩身阻抗变化或裂隙拟合。

④拟合曲线应与实测曲线基本吻合,贯入度的计算值应与实测值基本一致,且整体曲线的拟合质量系数宜控制在合适的范围之内。

(4)采用凯司法推算单桩的极限承载力时,应符合下列规定:

①只适用于桩侧和桩端土阻力均已充分发挥的摩擦型桩。

②用于混凝土灌注桩时,桩身材质、截面应基本均匀。

③单桩轴向抗压极限承载力可按下列公式计算

$$Q_{uc}=\frac{1}{2}\left\{(1-J_c)[F(t_1)+ZV(t_1)]+(1+J_c)\left[F\left(t_1+\frac{2L}{c}\right)-ZV\left(t_1+\frac{2L}{c}\right)\right]\right\} \tag{13-5}$$

$$Z=\frac{EA}{c} \tag{13-6}$$

式中 Q_{uc}——单桩轴向抗压极限承载力,kN;

J_c——凯司法阻尼系数;

t_1——速度信号第一峰对应的时刻,ms;

$F(t_1)$——t_1时刻的锤击力,kN;

$V(t_1)$——t_1时刻的振动速度,m/s;

Z——桩身截面力学阻抗，kN·s/m；

A——桩身截面面积，m^2；

L——测点以下桩长，m；

其他符号意义同前。

④J_c 应根据基本相同条件下桩的动－静载对比试验结果确定，或由不少于 50% 被检桩的曲线拟合结果推算，但当其极差相对于平均值大于 30% 时不得使用。

(5)对于等截面桩，测点下第一个缺陷可根据桩身完整性系数 β 值按表 13-6 判定，其位置 x 按下式计算

$$x = \frac{c(t_x - t_1)}{2\,000} \tag{13-7}$$

式中 x——测点至桩身缺陷之间的距离，m；

c——桩身波速；

t_1——速度信号第一峰对应的时刻，ms；

t_x——缺陷反射峰对应的时刻，ms。

表 13-6 桩身完整性判断

类别	β 值	类别	β 值
Ⅰ	$0.95<\beta\leq1.0$	Ⅲ	$0.6\leq\beta<0.8$
Ⅱ	$0.8\leq\beta\leq0.95$	Ⅳ	$\beta<0.6$

(6)出现下列情况之一时，应按工程地质和施工工艺条件，采用实测曲线拟合法或其他检测方法综合判定桩身完整性：

①桩身有扩径、截面渐变或多变的混凝土灌注桩。

②桩身存在多处缺陷。

③力和速度曲线在上升沿或峰值附近出现异常，桩身浅部存在缺陷或波阻抗变化复杂的桩。

(7)试打桩分析时，桩端持力层的判定应综合考虑岩土工程勘察资料，并应对推算的单桩极限承载力进行复打校核。

(8)桩身最大锤击拉应力和桩身最大锤击压应力可分别按下列公式计算：

①桩身最大锤击拉应力

$$\sigma_t = \frac{1}{2A}\max\left[ZV\left(t_1 + \frac{2L}{c}\right) - F\left(t_1 + \frac{2L}{c}\right) - ZV\left(t_1 + \frac{2L-2x}{c}\right) - F\left(t_1 + \frac{2L-2x}{c}\right)\right] \tag{13-8}$$

式中 σ_t——桩身最大锤击拉应力，kPa；

x——测点至计算点之间的距离，m；

L——完整桩桩长，m；

其他符号意义同前。

②桩身最大锤击压应力

$$\sigma_p = \frac{F_{max}}{A} \tag{13-9}$$

式中 σ_p——桩身最大锤击压应力,kPa;

F_{max}——实测最大锤击力,kN;

其他符号意义同前。

(9)桩锤实际传递给桩的能量可按下列公式计算

$$E_n = \int_0^T FV\mathrm{d}t \tag{13-10}$$

式中 E_n——桩锤传递给桩的实际能量,J;

T——采样结束的时刻,s;

F——桩顶锤击力信号,N;

V——桩顶实测振动速度信号,m/s。

7. 编制检测报告

检测报告格式应符合《公路工程基桩动测技术规程》(JTG/T F81-01—2004)的规定,参考格式见配套的实训指导书,并应包括下列内容:

①实测力和速度信号曲线及由加速度信号经两次积分后得到的桩顶位移信号曲线;拟合曲线、模拟的静荷载—沉降曲线、土阻力和桩身阻抗沿深度的变化曲线。

②凯司法中所取定的 J_c 值。

③试打桩和打桩监控所采用的桩锤和锤垫类型,监测得到的锤击数、桩侧和桩端阻力、桩身锤击拉(压)应力、能量传递比等随入土深度的变化关系。

④试桩附近的地质柱状图及土的物理力学性能指标。

四、灌注桩完整性检测

(一)低应变反射波法

具体内容同"三、预制桩完整性检测"。

(二)高应变动测法

具体内容同"三、预制桩完整性检测"。

(三)超声波法

超声波法检测混凝土灌注桩的混凝土质量是超声检测混凝土质量的一项具体应用。该法是在检测混凝土缺陷技术的基础上发展起来的。其方法是在桩的混凝土灌注前沿桩的长度方向平行预埋若干根检测用声测管,作为超声发射和接收换能器的通道,通过水的耦合,超声波从一根声测管中发射,在另一根声测管中接收,或在单孔中发射并接收,测出超声波穿过被测混凝土介质时的各项声学参数,并按超声测缺原理分析混凝土的质量。由于超声波在混凝土中遇到缺陷时会产生绕射、反射和折射,因而到达接收换能器的声时、波幅及主频发生改变。超声波法就是利用这些声波特征参数来判别桩身的完整性的。

超声波法检测混凝土灌注桩的混凝土质量具有以下优点:①检测细致,结果准确可靠;②不受桩长、桩径限制;③无盲区,声测管埋到什么部位就可检测什么部位,包括桩顶低强区和桩底沉渣厚度;④无须桩顶露出地面即可检测,方便施工;⑤可估算混凝土强度。正因如此,虽然该方法需预埋声测管,费用较高,但仍然得到广泛采用,特别是桥梁、高塔、高层建筑的大型、特大型灌注桩的检测。

1. 试验目的

试验目的包括:检测灌注桩桩身混凝土的均匀性、桩身缺陷及其位置和影响程度,判定桩身完整性类别。

2. 适用范围

本方法适用于直径不小于 800 mm 的混凝土灌注桩的完整性检测,它包括跨孔透射法和单孔折射法。对跨孔透射法,当桩径较小时,声测管间距也较小,其测试误差相对较大,同时预埋声测管可能引起附加的灌注桩施工质量问题。因此,《公路工程基桩动测技术规程》(JTG/T F81-01—2004)规定:声波透射法只适用于桩径不小于 800 mm 的灌注桩。单孔折射法是根据公路桥梁对基桩的质量要求,检测钻芯孔孔壁周围的混凝土质量时采用的方法。

3. 检测方法

根据声测管埋置的不同情况,可以有如下三种检测方法。

1)双孔检测

在桩内预埋两根以上的管道,把发射探头和接收探头分别置于两根管道中(见图 13-6),检测时超声脉冲穿过两管道之间的混凝土。这种检测方法的实际有效范围为超声脉冲从发射换能器到接收换能器所穿过的范围。

随着两换能器沿桩的纵轴方向同步升降,使超声脉冲扫过桩的整个纵剖面,从而得到各项声参数沿桩的纵剖面的变化数据。为了扩大在桩横截面上的有效检测控制面积,必须将声测管合理布置。双孔测量时,根据两探头相对高程的变化,可分为平测、斜测、扇形扫测等方式,如图 13-6 所示,在检测时视实际需要灵活掌握。

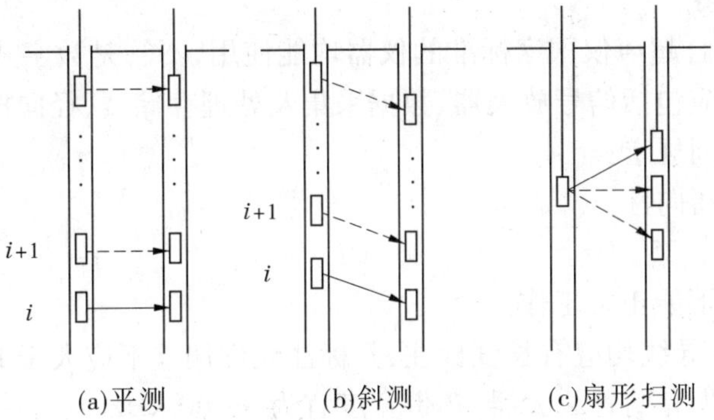

图 13-6　平测、斜测和扇形扫测示意

2)单孔检测

在某种特殊情况下,只有一个孔道可供检测使用,例如在钻孔取芯后需进一步了解芯样周围混凝土的质量,以扩大取芯检测后的观察范围,这时可利用此法(见图 13-7(a))。将一发双收一体型换能器放置在一个孔中,中间以隔声材料隔离。这时声波从水中及混凝土中分别绕射到接收换能器,接收信号为从水及混凝土等不同声通路传播而来的信号的叠加,分析这一叠加信号,测出不同声通路的声参数,即可分析孔道周围混凝土的质量。

运用这一检测方法时,必须运用信号分析技术,排除管中的混响干扰,当孔道中有钢质套管时,不能用此法检测。

3)桩外孔检测

当桩的上部结构已施工,或桩内未预埋管道时,可在桩外的土基中钻孔作为检测通道。检测时在桩顶上放置一较强功率的低频探头,向下沿桩身发射超声脉冲,接收探头从桩外孔

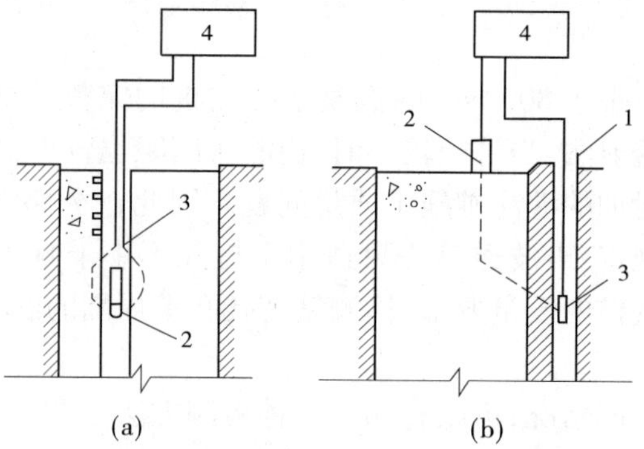

1—声测管;2—发射探头;3—接收探头;4—超声波检测仪

图 13-7　单孔检测和桩外孔检测

中慢慢放下,超声脉冲沿桩身混凝土向下传播,并穿过桩与测孔之间的土层,进入接收探头,逐点测出声时、波高等系数作为判断依据(见图 13-7(b))。这种方式的可测深度受仪器发射功率的限制,一般只能测到 10 m 左右。

以上三种方式中,双孔检测是桩基超声脉冲检测的基本形式,其他两种方式在检测和结果分析上都比较困难,只能作为特殊情况下的补救措施。

4. 检测仪器与设备

(1)超声仪:凡符合超声仪国家标准的仪器均能使用,不管是数字式超声仪还是模拟式超声仪。检测仪系统应包括信号放大器、数据采集及处理存储器、径向振动换能器等。径向振动换能器应符合下列规定:

①径向水平面无指向性。

②谐振频率宜大于 25 kHz。

③在 1 MPa 水压下能正常工作。

④收、发换能器的导线均应有长度标注,其标注允许偏差不应大于 10 mm。

⑤接收换能器宜带有前置放大器,频带宽度宜为 5 ~ 60 kHz。

⑥单孔检测采用一发双收一体型换能器,其发射换能器至接收换能器的最近距离不应小于 30 cm,两接收换能器的间距宜为 20 cm。

(2)声波发射应采用高压阶跃脉冲或矩形脉冲,其电压最大值不应小于 1 000 V,且分档可调。

(3)接收放大器与数据采集器应符合下列规定:

①接收放大器的频带宽度为 5 ~ 200 kHz,增益不应小于 100 dB,放大器的噪声电压有效值不大于 2 μV;波幅测量范围不小于 80 dB,测量误差小于 1 dB。

②计时显示范围应大于 2 000 μs,精度优于 0.5 μs,计时误差不应大于 2%。

③采集器模 - 数转换精度不应低于 8 bit,采样频率不应小于 10 MHz,最大采样长度不应小于 32 KB。

5. 准备工作

(1)声测管的埋设应符合下列规定:

①当桩径不大于 1 500 mm 时,应埋设 3 根管;当桩径大于 1 500 mm 时,应埋设 4 根管。

声测管埋设示意见图 13-8。

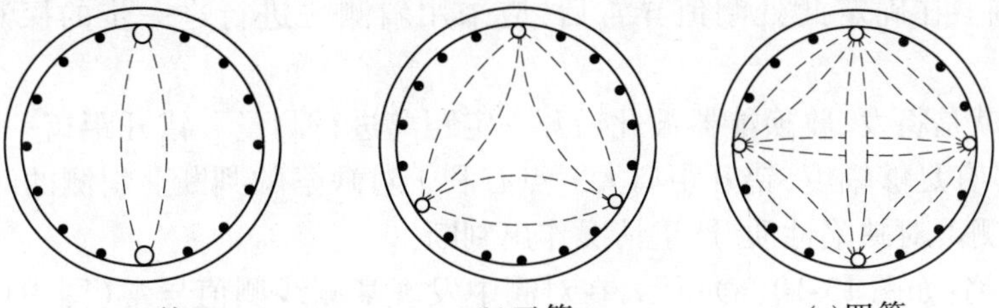

图 13-8　声测管埋设示意

②声测管宜采用金属管,其内径应比换能器外径大 15 mm,管的连接宜采用螺纹连接,且不漏水。

③声测管应牢固焊接或绑扎在钢筋笼的内侧,且互相平行、定位准确,并埋设至桩底,管口宜高出桩顶面 300 mm 以上。

④声测管管底应封闭,管口应加盖。

⑤声测管的布置以路线前进方向的顶点为起始点,按顺时针旋转方向进行编号和分组,每两根编为一组。

(2)检测前的准备应符合下列规定:

①了解灌注桩有关技术资料及施工情况,了解桩的类型、尺寸、标高、成孔方法及工艺,地质资料,有关的设计参数,混凝土参数,混凝土施工工艺、过程及施工中出现的问题等。

②被检桩的混凝土龄期应大于 14 d。

③声测管内应灌满清水,且保证畅通。

④标定超声波检测仪发射至接收的系统延迟时间 t_0。

⑤准确量测声测管的内、外径和两相邻声测管外壁间的距离,量测精度为 ±1 mm。

⑥取芯孔的垂直度误差不应大于 0.5%,检测前应进行孔内清洗。

6. 现场检测

1)常规对测

如图 13-9 所示,将发、收换能器分别置于两个声测管中,从管顶(或管底)开始,以一定间距同步升降发、收换能器,进行等高度的逐点对测。对于测试间距,各测试规程有不同要求。

测试中通常采用自动测读模式。当探头升到指定测点,观察自动判读线正确地对准首波起点和波谷(峰)后,再按下确认、存储键进行测读。当测量中受到干扰或接收信号弱,自动判读线来回跳动或未能对准首波起点和波谷(峰)时,必须启动手动测量模式进行手动测读。

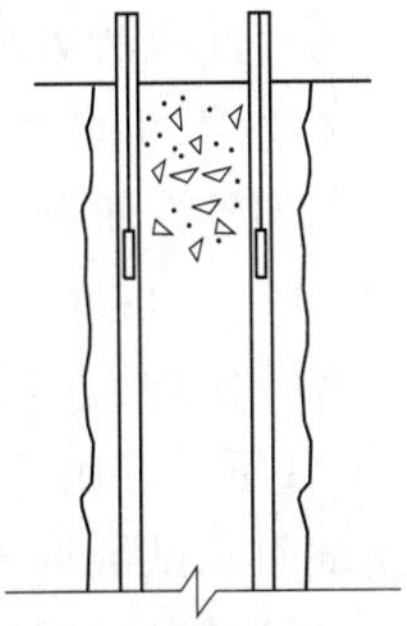

图 13-9　灌注桩检测

一对声测管测完后,再转到另一对声测管测量。

测试的参数包括声时、振幅和主频率,重点是声时和振幅,必要时也可注意观察和记录波形的变化。

2)重点部位的加密测量和斜测

当在常规的对测中发现某测点测值异常时,首先在该测点上下加密测点，即以 10 ~ 20 cm 的间距测量。一方面验证常规对测的结果，另一方面可以借此确定异常部位的范围。在确定此处测值异常后，应采用斜测法进行进一步的探测，如图 13-10 所示。

所谓斜测，就是将发、收换能器彼此错开一定距离进行测量。错开距离一般为 1 ~ 2 m，如果测试中信号有足够幅度，错开距离大一点有利于对缺陷的判断。斜测的间距宜为 10 ~ 20 cm。通过斜测可对缺陷性质、严重情况作出判断。

（1）局部缺陷：如图 13-10（a）所示，在对测中发现某测线测值异常（图中用实线表示），进行斜测，在多条斜测线中，如果仅有一条测线（实线）测值异常，其余皆正常，则可以判断这只是一个局部的缺陷，位置就在两条实线的交点处。

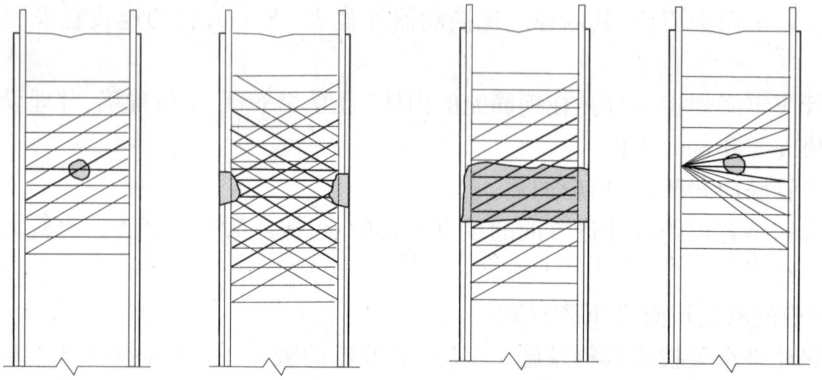

图 13-10　灌注桩的斜交叉测量

（2）缩颈或声测管附着泥团：如图 13-10（b）所示，在对测中发现某（些）测线测值异常（实线），进行斜测。如果斜测线中通过异常对测点发收处的测线测值异常，而穿过两声测管连线中间部位的测线测值正常，则可判断桩中心部位是正常混凝土，缺陷应出现在桩的边缘或声测管附近，有可能是缩颈或声测管附着泥团。当某根声测管陷入缺陷包围时，由它构成的两个测试面在该高程处都会出现异常测值。

（3）层状缺陷（断桩）：如图 13-10（c）所示，在对测中发现某（些）测线测值异常（实线），进行斜测。如果斜测线中除通过异常对测点发收处的测线测值异常外，所有穿过两声测管连线中间部位的测线测值均异常，则可判定该两声测管间缺陷是连成一片的。如果 3 个测试面均在此高程处出现这样情况，当不是在桩的底部，则可判定是整个断面的缺陷，如夹泥层或疏松层，即断桩。

说到整个桩断面的缺陷，这里有个例外的情况需要注意。如果上述情况出现在桩的底部，则往往是桩底沉渣所造成的。但在判断沉渣高度时，有时会遇到这样的情况：孔底沉渣如果有一定厚度，当混凝土从浇注导管冲出时，有可能将沉渣挤向四周，形成锅底形状，如图 13-11所示。由于声测管被分布于孔边沿的沉渣所包裹，在这些高程上对测时也会出现 3 个测试面测试数据异常低下的情况，由于在桩的底部，斜测布点数量有限，在判断沉渣厚度时，如果遇到这种情况，有可能将沉渣厚度判为图 13-11 中的 h。

斜测分两面斜测和一面斜测，最好进行两面斜测，以便相互印证，特别是像图 13-10（b）

那种缩颈或声测管附着泥团的缺陷，两面斜测可以避免误判。

(4)扇形扫描测量：为减少换能器升降次数，作为一种辅助手段，也可扇形扫描测量，如图 13-10(d)所示，一只换能器固定某高程不动，另一只换能器逐点移动，测线呈扇形。需要注意的是，在扇形测量中测距是各不相同的，虽然波速可以计算，相互比较，但振幅测值却没有可比性，只能根据相邻测点测值的突变来发现测线是否遇到缺陷。

测试中还要注意声测管接头的影响。当换能器正好位于接头处时，有时接头会使声学参数测值明显降低，特别是振幅测值。其原因是接头处存在空气夹层，强烈反射声波能量。遇到这种情况，判断的方法是：将换能器移开 10 cm，若测值立刻正常，反差极大，则往往属于这种情况。另外，通过斜测也可作出判断。

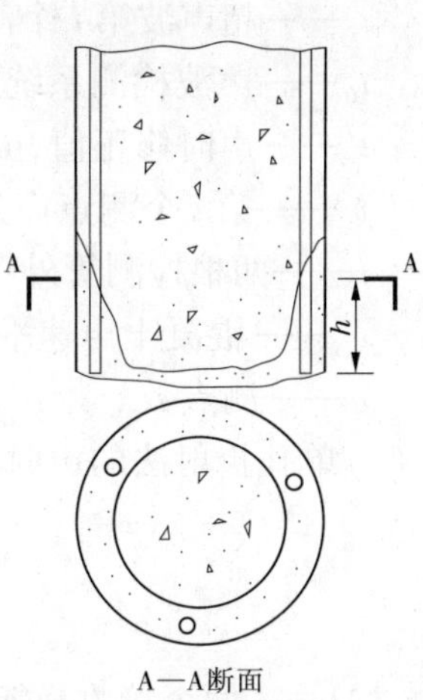

图 13-11　桩底沉渣情况

3)检测方法的要求

(1)测点间距不宜大于 250 mm。发射换能器与接收换能器应以相同标高同步升降，其累计相对高差不应大于 20 mm(平测)，或保持固定高差同步升降(斜测)，并随时校正。

(2)在对同一根桩的检测过程中，声波发射电压和仪器设置参数应保持不变。

(3)将多根声测管以两根为一个检测剖面进行全组合，分别对所有检测剖面完成检测。

(4)对于声时值和波幅值出现异常的部位，应采用水平加密、等差同步或扇形扫测等方法进行细测，结合波形分析确定桩身混凝土缺陷的位置及其严重程度。

7. 检测数据分析与判定

(1)声时修正值可按下式计算

$$t' = \frac{D - d}{v_t} + \frac{d - d'}{v_w} \tag{13-11}$$

式中　t'——声时修正值，μs；

D——声测管外径，mm；

d——声测管内径，mm；

d'——换能器外径，mm；

v_t——声测管壁厚度方向声速值，km/s；

v_w——水中的声速值，km/s。

(2)声时、声速和声速平均值应按下列公式计算，并绘制声速—深度曲线、波幅—深度曲线。

$$t = t_i - t_0 - t' \tag{13-12}$$

$$v_i = \frac{l}{t} \tag{13-13}$$

$$v_m = \sum_{i=1}^{n} \frac{v_i}{n} \tag{13-14}$$

式中　t——声时值，μs；

t_i——超声波第 i 个测点声时值，μs；

t_0——声波检测系统延迟时间，μs；

t'——声时修正值，μs；

v_i——第 i 个测点声速值，km/s；

l——两根检测管外壁间的距离，mm；

v_m——混凝土声速平均值，km/s；

n——测点数。

（3）单孔折射法的声时、声速值应按下列公式计算

$$\Delta t = t_2 - t_1 \tag{13-15}$$

$$v_i = \frac{h}{\Delta t} \tag{13-16}$$

式中　Δt——两个接收换能器间的声时差，μs；

t_1——近道接收换能器声时，μs；

t_2——远道接收换能器声时，μs；

v_i——第 i 个测点声速值，km/s；

h——两个接收换能器间的距离，mm。

（4）桩身混凝土缺陷应根据下列方法综合判定。

①声速判据。

当实测混凝土声速值低于声速临界值时应将其作为可疑缺陷区。

$$v_i < v_D \tag{13-17}$$

式中　v_i——第 i 个测点声速值，km/s；

v_D——声速临界值，km/s。

声速临界值为正常混凝土声速平均值与 2 倍声速标准偏差之差，即

$$v_D = \bar{v} - 2\sigma_v \tag{13-18}$$

$$\bar{v} = \sum_{i=1}^{n} \frac{v_i}{n} \tag{13-19}$$

$$\sigma_v = \sqrt{\sum_{i=1}^{n} \frac{(v_i - \bar{v})^2}{n-1}} \tag{13-20}$$

式中　$\bar{v}$——正常混凝土声速平均值，km/s；

σ_v——正常混凝土声速标准偏差；

v_i——第 i 个测点声速值，km/s；

n——测点数。

当检测剖面 n 个测点的声速值普遍偏低且离散性很小时，宜采用声速低限值判据。即实测混凝土声速值低于声速低限值时，可直接判定为异常。

$$v_i < v_L \tag{13-21}$$

式中　v_i——第 i 个测点声速值，km/s；

v_L——声速低限值，km/s。

声速低限值应由预留同条件混凝土试件的抗压强度与声速对比试验结果，结合本地区实际经验确定。

②波幅判据。

用波幅平均值减 6 dB 作为波幅临界值,当实测波幅低于波幅临界值时,应将其作为可疑缺陷区。

$$A_D = A_m - 6 \tag{13-22}$$

$$A_m = \sum_{i=1}^{n} \frac{A_i}{n} \tag{13-23}$$

式中 A_D——波幅临界值,dB;

A_m——波幅平均值,dB;

A_i——第 i 个测点相对波幅值,dB;

n——测点数。

③PSD 判据。

采用斜率法作为辅助异常判据,当 PSD 值在某测点附近变化明显时,应将其作为可疑缺陷区。

$$PSD = \frac{(t_i - t_{i-1})^2}{z_i - z_{i-1}} \tag{13-24}$$

式中 t_i——第 i 个测点声时值,μs;

t_{i-1}——第 $i-1$ 个测点声时值,μs;

z_i——第 i 个测点深度,m;

z_{i-1}——第 $i-1$ 个测点深度,m。

(5)对于混凝土声速和波幅值出现异常并判为可疑缺陷区的部位,应按要求确定桩身混凝土缺陷的位置及影响程度。

(6)对支承桩或嵌岩桩,宜同时采用低应变反射波法检测桩段的支承情况。

(7)桩身完整性类别判定:

①Ⅰ类桩。各声测剖面每个测点的声速、波幅均大于临界值,波形正常。

②Ⅱ类桩。某一声测剖面个别测点的声速、波幅略小于临界值,但波形基本正常。

③Ⅲ类桩。某一声测剖面连续多个测点或某一深度桩截面处的声速、波幅小于临界值,PSD 值变大,波形畸变。

④Ⅳ类桩。某一声测剖面连续多个测点或某一深度桩截面处的声速、波幅明显小于临界值,PSD 值突变,波形严重畸变。

8. 编制检测报告

检测报告应符合《公路工程基桩动测技术规程》(JTG/T F81-01—2004)的规定,参考格式见配套的实训指导书,并应包括下列内容:

(1)工程名称、地点,委托方、建设、勘察、设计、监理和施工单位。

(2)检测目的,检测依据,检测数量,检测日期等。

(3)地质条件描述。

(4)受检桩的桩号、桩位和相关施工记录。

(5)检测方法、原理、仪器设备和过程叙述。

(6)声测管布置图,并应包括每根被检桩各剖面的声速—深度、波幅—深度曲线及各自的临界值,声速、波幅的平均值,桩身缺陷位置及程度的分析说明。

(7)与检测内容相应的检测结论。

(8)必要的说明和建议,比如对扩大或验证检测的建议。

(四)钻芯法

钻芯法是检测现浇混凝土灌注桩的成桩质量的一种有效手段,不受场地限制,特别适用于大直径混凝土灌注桩。钻芯法不仅可以直观测试灌注桩的完整性,而且能够检测桩长、桩底沉渣厚度以及桩底岩土层的性状,还是检验灌注桩桩身混凝土强度的可靠方法,这些检测内容是其他方法无法替代的。在各种桩身完整性检测方法中,钻芯法最为直观可靠。但该法取样部位有局限性,只能反映钻孔范围内的小部分混凝土质量,存在较大的盲区,容易以点带面,造成误判或漏判。钻芯法对查明大面积的混凝土疏松、离析、夹泥、孔洞等比较有效,而对局部缺陷和水平裂缝等判断就不一定十分准确。另外,钻芯法还存在设备庞大、费工费时、价格昂贵的缺点。因此,钻芯法不宜用于大批量检测,而只能用于抽样检查,或作为对无损检测结果的验证手段。实践经验表明,采用钻芯法和超声法联合检测、综合判定的办法评定大直径灌注桩的质量,是十分有效的办法。

1. 试验目的

(1)验证桩身完整性,即桩身材料密实性和连续性,如桩身混凝土胶结状况、有无气孔、松散或断桩等,判定桩身完整性类别。

(2)检测桩身混凝土强度是否符合设计要求。

(3)检测桩底沉渣厚度是否符合设计或规范的要求。

(4)检测桩底持力层的岩土性状(强度)和厚度是否符合设计或规范要求。

(5)检测施工记录桩长是否真实。

2. 适用范围

本方法适用于检测混凝土灌注桩的桩长、桩身混凝土强度、桩底沉渣厚度和桩身完整性,判定或鉴别桩底持力层岩土性状。

3. 检测仪器与设备

(1)钻机。钻机应具有足够的刚度、操作灵活、固定和移动方便,并应有水冷却系统。混凝土灌注桩芯样的钻取宜采用液压操纵的钻机,钻机应配备单动双管钻具以及相应的孔口管、扩孔器、卡簧、扶正稳定器和可捞取松软渣样的钻具,设备参数应符合以下规定:①额定最高转速不低于 790 r/min;②转速调节范围不少于 4 挡;③额定配用压力不低于 1.5 MPa;④钻杆应顺直,直径宜为 50 mm;⑤水泵的排水量应为 50 ~ 160 L/min,泵压为 1.0 ~ 2.0 MPa。

(2)钻头。应根据混凝土设计强度等级选用合适粒度、浓度、胎体硬度的金刚石钻头,且外径不宜小于 100 mm。钻头胎体不得有肉眼可见的裂纹、缺边、少角、倾斜及喇叭口变形。

(3)锯切机。锯切芯样试件用的锯切机应具有冷却系统和牢固夹紧芯样的装置,配套使用的金刚石圆锯片应有足够刚度。

(4)芯样试件端面的补平器和磨平机应满足芯样制作的要求。

4. 现场检测

(1)每根受检桩的钻芯孔数和钻孔位置宜符合下列规定:

①桩径小于 1.2 m 的桩钻 1 孔,桩径为 1.2 ~ 1.6 m 的桩钻 2 孔,桩径大于 1.6 m 的桩钻 3 孔。

②当钻芯孔为 1 个时，宜在距桩中心 10 ~ 15 cm 的位置开孔；当钻芯孔为 2 个或 2 个以上时，开孔位置宜在距桩中心(0. 15 ~ 0. 25)D 内均匀对称布置。

对桩端持力层的钻探，每根受检桩不应少于 1 孔，且钻探深度应满足设计要求。

(2)钻机设备安装必须周正、稳固、底座水平。钻机立轴中心、天轮中心(天车前沿切点)与孔口中心必须在同一铅垂线上。应确保钻机在钻芯过程中不发生倾斜、移位，钻芯孔垂直度偏差不大于 0. 5%。

(3)当桩顶面与钻机底座的距离较大时，应安装孔口管，孔口管应垂直且牢固。

(4)在钻进过程中，钻孔内循环水流不得中断，应根据回水含砂量及颜色调整钻进速度。

(5)提钻卸取芯样时，应拧卸钻头和扩孔器，严禁敲打卸芯。

(6)每回次进尺宜控制在 1. 5 m 内；钻至桩底时，应采取适宜的钻芯方法和工艺钻取沉渣并测定沉渣厚度，并采用适宜的方法对桩端持力层岩土性状进行鉴别。

(7)钻取的芯样应由上而下按回次顺序放进芯样箱中，芯样侧面上应清晰标明回次数、块号、本回次总块数，并应按规范要求的格式(参考格式见配套的实训指导书)及时记录钻进情况和钻进异常情况，对芯样质量做初步描述。

(8)在钻芯过程中，应按规范要求的格式(参考格式见配套的实训指导书)对芯样混凝土、桩底沉渣以及桩端持力层做详细编录。

(9)钻芯结束后，应对芯样和标有工程名称、桩号、钻芯孔号、芯样试件采取位置、桩长、孔深、检测单位名称的标示牌的全貌进行拍照。

(10)当单桩质量评价满足设计要求时，应采用 0. 5 ~ 1. 0 MPa 压力，从钻芯孔孔底往上用水泥浆回灌封闭；否则应封存钻芯孔，留待处理。

5. 芯样试件截取与加工

(1)截取混凝土抗压芯样试件应符合下列规定：

①当桩长为 10 ~ 30 m 时，每孔截取 3 组芯样；当桩长小于 10 m 时，每孔可取 2 组芯样；当桩长大于 30 m 时，每孔截取芯样不少于 4 组。

②上部芯样位置距桩顶设计标高不宜大于 1 倍桩径或 1 m，下部芯样位置距桩底不宜大于 1 倍桩径或 1 m，中间芯样宜等间距截取。

③缺陷位置能取样时，应截取 1 组芯样进行混凝土抗压试验。

④当同一基桩的钻芯孔数大于 1 个，其中 1 孔在某深度存在缺陷时，应在其他孔的该深度处截取芯样进行混凝土抗压试验。

(2)当桩端持力层为中、微风化岩层且岩芯可制作成试件时，应在接近桩底部位截取一组岩石芯样；如遇分层岩性，宜在各层取样。

(3)每组芯样应制作 3 个芯样抗压试件。芯样试件应按下述内容进行加工和测量。

①应采用双面锯切机加工芯样试件，加工时应将芯样固定，锯切平面垂直于芯样轴线。在锯切过程中应淋水冷却金刚石圆锯片。

②锯切后的芯样试件，当不能满足平整度及垂直度要求时，应选用以下方法进行端面加工：

ⅰ. 在磨平机上磨平。

ⅱ. 用水泥砂浆(或水泥净浆)或硫黄胶泥(或硫黄)等材料在专用补平装置上补平。水泥砂浆(或水泥净浆)补平厚度不宜大于 5 mm,硫黄胶泥(或硫黄)补平厚度不宜大于 1.5 mm。

补平层应与芯样结合牢固,受压时补平层与芯样的结合面不得提前破坏。

③试验前,应对芯样试件的几何尺寸做下列测量:

ⅰ. 平均直径。用游标卡尺测量芯样中部,在相互垂直的两个位置上,取两次测量的算术平均值,精确至 0.5 mm。

ⅱ. 芯样高度。用钢卷尺或钢板尺进行测量,精确至 1 mm。

ⅲ. 垂直度。用游标量角器测量两个端面与母线的夹角,精确至 0.1°。

ⅳ. 平整度。用钢板尺或角尺紧靠在芯样端面上,一面转动钢板尺,一面用塞尺测量与芯样端面之间的缝隙。

④试件有裂缝或有其他较大缺陷、芯样试件内含有钢筋以及试件尺寸偏差超过下列数值时,不得用做抗压强度试验:

ⅰ. 芯样试件高度小于 $0.95d$ 或大于 $1.05d$(d 为芯样试件平均直径)。

ⅱ. 沿试件高度任一直径与平均直径相差达 2 mm 以上。

ⅲ. 试件端面的不平整度在 100 mm 长度超过 0.1 mm。

ⅳ. 试件端面与轴线的不垂直度超过 2°。

ⅴ. 芯样试件平均直径小于 2 倍表观混凝土粗集料最大粒径。

6. 芯样试件抗压强度试验

(1)芯样试件制作完毕可立即进行抗压强度试验。

(2)混凝土芯样试件的抗压强度试验应按现行国家标准《普通混凝土力学性能试验方法》(GB/T 50081—2002)的有关规定执行。

(3)抗压强度试验后,若发现芯样试件平均直径小于 2 倍试件内混凝土粗集料最大粒径,且强度值异常,该试件的强度值不得参与统计平均。

(4)混凝土芯样试件抗压强度应按下式计算

$$f_{cu} = \xi \frac{4P}{\pi d^2} \tag{13-25}$$

式中 f_{cu}——混凝土芯样试件抗压强度,MPa,精确至 0.1 MPa;

P——芯样试件抗压试验测得的破坏荷载,N;

d——芯样试件的平均直径,mm;

ξ——混凝土芯样试件抗压强度折算系数,应考虑芯样尺寸效应、钻芯机械对芯样扰动和混凝土成型条件的影响,通过试验统计确定,当无试验统计资料时,宜取为 1.0。

(5)桩底岩芯单轴抗压强度试验可按现行国家标准《建筑地基基础设计规范》(GB 50007—2011)附录 J 执行。

7. 检测数据分析与判定

(1)混凝土芯样试件抗压强度代表值应按 1 组 3 块试件强度值的平均值确定。同一受检桩同一深度部位有 2 组或 2 组以上混凝土芯样试件抗压强度代表值时,取其平均值为该桩该深度处混凝土芯样试件抗压强度代表值。

(2)受检桩中不同深度位置的混凝土芯样试件抗压强度代表值中的最小值为该桩混凝

土芯样试件抗压强度代表值。

(3)应根据芯样特征、岩石芯样单轴抗压强度试验、动力触探或标准贯入试验结果,综合判定桩端持力层岩土性状。

(4)桩身完整性类别应结合钻芯孔数、现场混凝土芯样特征、芯样单轴抗压强度试验结果,按表13-7的规定和表13-8的特征进行综合判定。

表13-7　桩身完整性分类

桩身完整性类别	分类原则
Ⅰ类桩	桩身完整
Ⅱ类桩	桩身有轻微缺陷,不会影响桩身结构承载力的正常发挥
Ⅲ类桩	桩身有明显缺陷,对桩身结构承载力有影响
Ⅳ类桩	桩身存在严重缺陷

表13-8　桩身完整性判定

类别	特征
Ⅰ	混凝土芯样连续、完整、表面光滑、胶结好、集料分布均匀、呈长柱状、断口吻合,芯样侧面仅见少量气孔
Ⅱ	混凝土芯样连续、完整、胶结较好、集料分布基本均匀、呈柱状、断口基本吻合,芯样侧面局部见蜂窝麻面、沟槽
Ⅲ	大部分混凝土芯样胶结较好,无松散、夹泥或分层现象,但有下列情况之一: 芯样局部破碎且破碎长度不大于10 cm; 芯样集料分布不均匀; 芯样多呈短柱状或块状; 芯样侧面蜂窝麻面、沟槽连续
Ⅳ	钻进很困难; 芯样任一段松散、夹泥或分层; 芯样局部破碎且破碎长度大于10 cm

(5)成桩质量评价应按单桩进行。当出现下列情况之一时,应判定该受检桩不满足设计要求:

①桩身完整性类别为Ⅳ类的桩。

②受检桩混凝土芯样试件抗压强度代表值小于混凝土设计强度等级的桩。

③桩长、桩底沉渣厚度不满足设计或规范要求的桩。

④桩端持力层岩土性状(强度)或厚度未达到设计或规范要求的桩。

(6)钻芯孔偏出桩外时,仅对钻取芯样部分进行评价。

(7)试验记录表格。

钻芯法检测的现场操作记录和芯样记录表格,参考格式见配套的实训指导书。

第三节　桥梁基桩承载力检测

桩基是一种应用十分广泛的基础形式,如何正确评价桩的承载能力,选择合理的设计参数是一个关系到桩基是否安全与经济的重要问题。随着高新技术的应用,为进一步探索桩的作用机制提供了条件。

现有确定基桩承载力的方法有两类,一类是静载荷试验,另一类是各种桩的动测方法。由于桩的承载条件不同,桩的承载力可分为竖向承载力(包括竖向抗压承载力和抗拔承载力)和横向(水平)承载力。桩的静载荷试验是获得桩轴向抗压、抗拔以及横向承载力的最基本、最可靠的方法,其他各种测定方法(如静力触探、动测法等)的成果,都必须与静载荷试验相比较,才能判明其准确性。国内外规范一致规定,重要工程都应通过静载荷试验。因此,一般对特大桥和地质复杂的大中桥试桩,应采用静载荷试验确定单桩承载力。

桩的破坏包括桩身材料破坏和地基土的强度破坏。

(1)桩身的材料破坏。

灌注桩在轴向抗压试验中,桩体的破坏包括:水泥用量不足、不密实、漏浆、离析等致使混凝土强度不足引起的破坏;因缩颈、错位、断桩、夹泥等成桩畸形引起的破坏。预制桩则会在地基浅部屈曲,桩头由于无网筋或箍筋间距过大,加载后桩头出现沿主筋方向的竖向裂缝。钢管桩则会出现压屈破坏。

在单桩横向静载荷试验中,当混凝土桩最大弯矩断面受拉区混凝土退出工作时,钢筋发生屈服,或钢桩在该断面最大应力达到屈服应力,桩体材料强度达到极限状态而破坏。

(2)桩的地基土强度破坏。

桩顶轴向受压区周围地基土破坏时,在桩周围土体形成一个近似圆柱形的剪切破坏面,桩端下滑动土体的滑动线一般不会延伸至地面。对于黏性土层中的桩而言,表示荷载 Q 与沉降 S 的 $Q\sim S$ 曲线出现陡降,相应于曲线拐点处的荷载即为桩的极限荷载。对于持力层为砂土或粉土中的打入桩而言,$Q\sim S$ 曲线呈缓变型,从 $Q\sim S$ 曲线上难以确定单桩极限承载力。在这种情况下,一般根据上部构筑物的允许沉降来确定桩的极限承载力。各行业规程都有明确规定,一般规定桩顶沉降值为 40 ~ 60 mm 时的相应荷载为桩的极限承载力。桩在极限荷载下,其总侧阻力发挥充分,总端阻力则可能发挥充分(陡降型 $Q\sim S$ 曲线),或部分得到发挥(缓变型 $Q\sim S$ 曲线)。对于承受侧向荷载的桩,随着侧向荷载的增加,桩侧土塑性区也逐渐扩大加深,而一般单桩横向承载力是受周围土横向位移所制约的。

一、试验前的准备工作

(1)试桩的桩顶如有破损或强度不足,应将破损和强度不足段凿除后,修补平整。

(2)做静推试验的桩,如为空心桩,则应在直接受力部位填充混凝土。

(3)做静压、静拔试验的桩,为便于在原地面处施加荷载,在承台底面以上部分或局部冲刷线以上部分设计不能考虑的摩擦力应予扣除。

(4)做静压、静拔试验的桩,桩身需通过尚未固结新近沉积的土层或湿陷性黄土、软土等土层对桩侧产生向上的负摩擦力部分,应在桩表面涂设涂层,或设置套管等予以消除。

(5)在冰冻季节试桩时,应将桩周围的冻土全部融化,其融化范围:静压、静拔试验时,离试桩周围不小于 1 m；静推试验时，不小于 2 m。融化状态应保持到试验结束。

(6)在结冰的水域做试验时，桩与冰层间应保持不小于 100 mm 的间隙。

二、单桩竖向抗压静载荷试验(静压试验)

单桩竖向抗压静载荷试验，就是采用接近于竖向抗压桩实际工作条件的试验方法。荷载作用于桩顶，桩顶产生位移(沉降)，可得到单根试桩 $Q \sim S$ 曲线，还可获得每级荷载下桩顶沉降随时间的变化曲线，当桩身中埋设量测元件时，还可以直接测得桩侧各土层的极限摩阻力和端承力。

(一)试验目的

单桩竖向抗压静载荷试验的目的：用来确定单桩的竖向抗压极限承载力；判断竖向抗压承载力是否满足设计要求；当在桩身埋设有测量桩身应力、应变、桩底反力的传感器或位移杆时，可以测定桩的分层侧阻力和端阻力或桩身截面的位移量；验证高应变法的单桩竖向抗压承载力检测结果。

(二)试验方法

静载荷试验的方法主要与试验要求有关，国内外采用的试验方法主要有慢速维持荷载法、快速维持荷载法、等贯入速率法、循环加卸载法。在工程中惯用慢速维持荷载法，若设计无特殊要求，用单循环加载试验。

(三)试桩选取

试桩可以在已打好的工程桩中选定，也可专门设置与工程桩相同的试桩。

(四)抽样数量

一个工程中应取多少根桩进行静载荷试验，各个部门规范没有统一。《建筑地基基础设计规范》(GB 50007—2011)规定：检验桩数不得少于同条件下总桩数的 1%，且不得少于 3 根。《建筑基桩检测技术规范》(JGJ 106—2003)规定：同条件下的试桩数量不应少于 3 根，且不宜少于总桩数的 1%，当工程桩总数在 50 根以内时，不应少于 2 根。《港口工程基桩静载荷试验规程》(JTJ 255—2002)规定：当总桩数少于 500 根时，试验桩不应少于 2 根，总桩数每增加 500 根，试验桩数宜相应增加 1 根。《公路桥涵施工设计规范》(JTJ 041—2011)规定：施工阶段的试桩数量宜根据设计要求和工程地质条件确定，且不宜少于 2 根。

实际测试时，可根据工程具体情况参考相关规范进行。

(五)试桩间歇时间

从预制桩打入和灌注桩成桩到开始试验的时间间隔，在满足桩身强度达到设计要求的前提下：对于砂类土，不得少于 7 d；对于一般黏性土，不得少于 15 d；对于黏土与砂交互的土层可取中间值；对于淤泥或淤泥质土，不得少于 25 d。

(六)试验仪器设备

静载荷试验设备主要由主梁、次梁、锚桩或压重等反力装置，千斤顶、油泵加载装置，压力表、压力传感器或荷重传感器等荷载测量装置，百分表或位移传感器等位移测量装置组成。

1. 试验加载装置

单桩竖向抗压静载荷试验一般采用单台或多台同型号同规格千斤顶并联加载，千斤顶的合力中心应与桩轴线重合。千斤顶加载反力装置可根据现有条件选用下列三种形式之一。

1）锚桩横梁反力装置

锚桩横梁反力装置能提供的反力，应不小于预估最大试验荷载的1.3～1.5倍（《公路桥涵施工技术规范》（JTG/T F50—2011）规定），锚桩至少需要4根。用灌注桩作锚桩时，其钢筋笼要通长配置。如用预制长桩，要加强接头的连接。锚桩按抗拔桩的规定计算确定，并应对试验过程中锚桩上拔力进行监测。横梁的刚度、强度与锚桩拉筋断面在试验前要进行验算，试验布置如图13-12所示。在大承载力桩试验中，横梁自重很大，需要以其他工程桩作支撑点，且基准梁应放在其他工程桩上较为稳妥。该方案不足之处是进行大吨位灌注桩试验时无法随机抽样。

2）堆重平台反力装置

堆载材料一般为铁锭、混凝土块或砂袋，堆载重力不得小于预估试桩破坏荷载的1.2倍。堆载最好在试验前一次加上，并均匀稳固放置于平台上，如图13-13所示。在软土地基上大量堆载将引起地面较大下沉，基准梁要支撑在其他工程桩上，并远离沉降影响范围。作为基准梁的工字钢应尽量长些，但其高跨比宜大于1/40。堆载的优点是可对试桩随机抽样，适合不配筋或少配筋的桩。

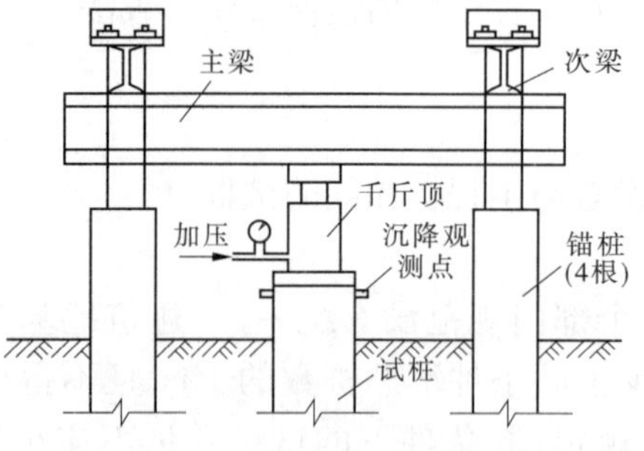

图13-12　锚桩横梁反力装置示意

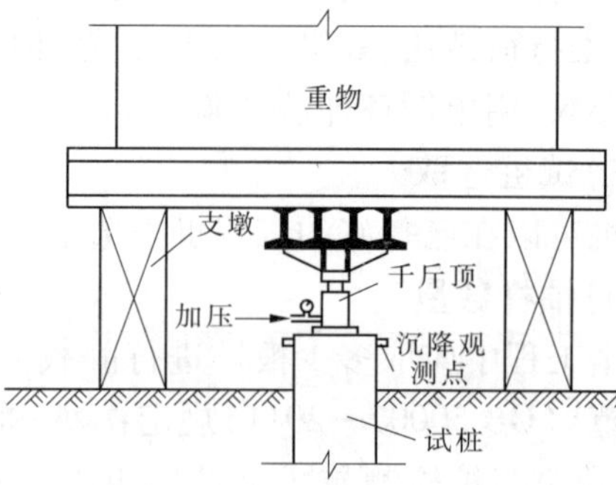

图13-13　堆重平台反力装置示意

3）锚桩堆重联合反力装置

当试桩最大加载量超过锚桩的抗拔能力时，在锚桩上或横梁上配重，由锚桩与堆载共同承受千斤顶反力。

静载荷试验加载反力装置可根据现场条件选择锚桩横梁反力装置、压重平台反力装置、锚桩压重联合反力装置、地锚反力装置等。具体应符合以下规定：

（1）加载反力装置能提供的反力不得小于最大加载量的1.2倍。

（2）应对加载反力装置的全部构件进行强度和变形验算。

（3）应对锚桩抗拔力（地基土、抗拔钢筋、桩的接头）进行验算；采用工程桩作锚桩时，锚桩的数量应不少于4根，并应检测锚桩上拔量。

（4）压重施加于地基的压应力不宜大于地基承载力特征值的1.5倍，有条件时宜利用工程桩作为堆载支点。

（5）压重宜在检测前一次加足，并均匀稳固地放置于平台上。

（6）千斤顶应严格进行物理对中。多台千斤顶并联加载时，其上、下部应设置足够刚度的钢垫箱，并使千斤顶合力通过试桩中心。

2. 荷载测量装置

荷载测量可采用以下两种形式：一是通过放置在千斤顶上的荷重传感器直接测定；二是通过并联于千斤顶油路的压力表或压力传感器测定油压，根据千斤顶率定曲线换算荷载。传感器的测量误差应不大于1%，压力表精度应优于或等于0.4级。

目前，市场上用于静载荷试验的油压表的量程主要有25 MPa、40 MPa、60 MPa、100 MPa，应根据千斤顶的配置和最大试验荷载要求，合理选择油压表。试验用压力表、油泵、油管在最大加载时的压力不应超过仪器规定工作压力的80%。

3. 沉降测量装置

测量仪表必须精确，一般使用1/20 mm光学仪器或力学仪表。支承仪表的基准架应有足够的刚度和稳定性。基准梁的一端在其支承上可以自由移动，不受温度影响而引起上拱或下挠。沉降测量一般采用百分表或电子位移计，设置在桩的2个正交直径方向，对称安装4个，小直径桩可安装2个或3个。沉降测定平面离开桩顶的距离不应小于0.5倍桩径。固定和支承百分表的夹具和横梁在构造上应确保不受气温、振动及其他外界因素的影响而发生竖向变位。为了防止堆载引起的地面下沉影响测读精度，应用水准仪对基准梁系统进行监控。

各行业部门对试桩、锚桩和基准桩之间的中心距离有不同规定，交通部门《公路桥涵施工技术规范》(JTG/T F50—2011)的规定如表13-9所示。

表13-9　基准桩中心至试桩、锚桩中心(或压重平台支承边)的距离

反力系统	基准桩与试桩	基准桩与锚桩(或压重平台支承边)
锚桩承载梁反力装置	$\geqslant 4d$	$\geqslant 4d$
压重平台反力装置	$\geqslant$2.0 m	$\geqslant$2.0 m

注：表中为试桩的直径或边长 $d \leqslant 800$ mm的情况；若试桩直径 $d > 800$ mm，基准桩中心至试桩中心(或压重平台支承边)的距离不宜小于4.0 m。

(七)试验准备工作

1. 桩头处理

1) 预制桩

预制桩和预应力管桩，如果未进行截桩处理，桩头质量正常，单桩设计承载力合理，可不进行处理。预应力管桩，尤其是进行了截桩处理的预应力管桩，可采用填芯处理，填芯高度 h 一般为1～2 m，可放置钢筋，也可不放钢筋，填芯用的混凝土宜按C25～C30配制，也可用特制夹具箍住桩头。

2) 灌注桩

灌注桩桩头处理应先凿掉桩顶部的松散破碎层和低强度混凝土，露出主筋，冲洗干净桩头后再浇筑桩帽。

2. 系统检查

在所有试验设备安装完毕之后，应进行一次系统检查。其方法是对试桩施加一较小的荷载进行预压，其目的是消除整个量测系统和被检桩本身由于安装、桩头处理等人为因素造成的间隙而引起的非桩身沉降，排除千斤顶和管路中的空气，检查管路接头、阀门等是否漏油等。如一切正常，卸载至零，待百分表显示的读数稳定后，记录百分表初始读数，即可开始进行正式加载。

(八)试验步骤

1.加载方法

加载方法一般采用慢速维持荷载法,即逐级加载,每级荷载达到相对稳定后,再加下一级荷载,直到试桩破坏,然后卸载到零。我国沿海软土地区也较多采用快速维持荷载法,即每隔 1 h 加一级荷载。快速维持荷载法所得的极限荷载所对应的沉降值比慢速维持荷载法的值偏小百分之十几。

另外,还有多循环加卸载法(每级荷载达到相对稳定后卸载到零)及等贯入速率法。等贯入速率法的加荷速率常取 0.5 mm/min,加载至总贯入量为 50 ~ 70 mm,或荷载不再增大为止。

2.慢速维持荷载法

1)加载要求

进行单桩竖向抗压静载荷试验时,试桩的加载应满足以下要求:

(1)对于以桩身承载力控制极限承载力的工程桩试验,加载至设计承载力的 1.5 ~ 2.0 倍。

(2)对于嵌岩桩,当桩顶沉降量很小时,最大加载量不应小于设计承载力的 2 倍。

(3)当堆载为反力时,堆载重力应不小于试桩预估极限承载力的 1.2 倍。

(4)加载重心应与试桩轴线相一致。

2)荷载分级

加载时应分级进行,使荷载传递均匀,无冲击。在加载过程中,荷载不能超过每级的规定值。按试桩的预计最大试验加载量等分为 10 ~ 15 级进行逐级等量加载,亦可将沉降变化较小的第一、二级加载合并,预估的最后一级加载和在试验过程中提前出现临界破坏的那一级荷载亦可分成两次加载,这对判定极限承载力精度将有所帮助。

3)测读桩沉降的间隔时间

(1)下沉未达到稳定状态不得进行下一级加载。

(2)每级加载的观测时间规定为:每级加载完毕后,每隔 15 min 观测一次;累计 1 h 后,每隔 30 min 观测一次。

4)稳定标准

每级加载下沉量,在下列时间内如不大于 0.1 mm 即可认为稳定:

(1)桩端下为巨粒土、砂类土、坚硬黏质土,最后 30 min。

(2)桩端下为半坚硬的细粒土,最后 1 h。

5)加载终止条件

(1)总位移量大于或等于 40 mm,本级荷载的下沉量大于或等于前一级荷载下沉量的 5 倍时,加载即可终止。取此终止时荷载小一级的荷载为极限荷载。

(2)总位移量大于或等于 40 mm,本级荷载加上后 24 h 未达稳定,加载即可终止。取此终止时荷载小一级的荷载为极限荷载。

(3)巨粒土、密实砂类土以及坚硬的黏质土中,总下沉量小于 40 mm,但荷载已大于或等于设计荷载设计规定的安全系数,加载即可终止。取此时的荷载为极限荷载。

(4)施工过程中的检验性试验,一般加载应继续到桩的 2 倍设计荷载为止。如果桩的总沉降量不超过 40 mm，以及最后一级加载引起的沉降不超过前一级加载引起的沉降的 5 倍，则该桩可以停止试验。

6）卸载规定

(1) 卸载应分级进行，每级卸载量为加载增量的 2 倍。卸载后隔 15 min 测读一次，读两次后，隔 0.5 h 再读一次，即可卸下一级荷载。

(2) 卸载到零后，至少在 2 h 内每 30 min 观测一次，如果桩尖下为砂类土，则开始 30 min 内，每 15 min 观测一次；如果桩尖下为黏质土，第一小时内，每 15 min 观测一次，全部卸载后，隔 3 ~4 h 再读一次。

（九）试验记录

(1) 为了便于应用与统计，所有的试验数据应及时填写记录（参考格式见配套的实训指导书），并应对成桩和试验过程中出现的异常现象作必要说明。

(2) 绘制有关试验成果曲线，一般绘制 $Q \sim S$（按整个图形比例横：竖 =2:3取 Q、S 的坐标比例）、$S \sim \lg t$、$S \sim \lg Q$ 曲线以及其他进行辅助分析所需的曲线。图 13-14 是最典型的 $Q \sim S$曲线。

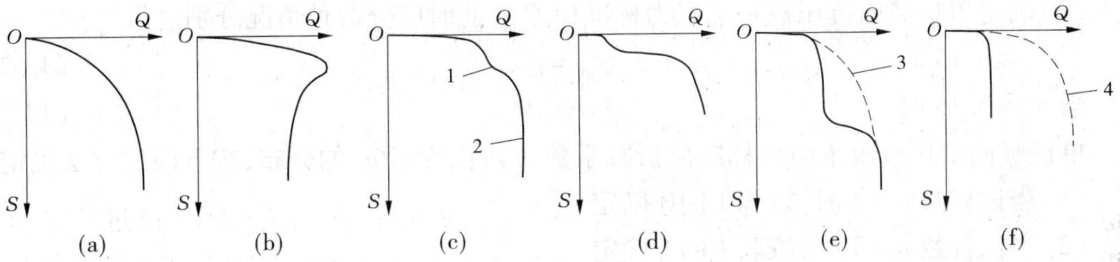

(a) 软至半硬黏土中或松砂中的摩擦桩；(b) 硬黏土中的摩擦桩；(c) 桩端支承在软弱而有孔隙的岩石上；(d) 桩端开始离开了坚硬岩石，当被试验荷载压下后又重新支承在岩石上；(e) 桩身的裂缝被试验的下压荷载闭合；(f) 桩身混凝土被试验荷载剪断

1—桩端下岩石结构的破损；2—岩土的总剪切破坏；3、4—正常曲线

图 13-14　典型的单桩竖向抗压静载荷试验曲线

（十）单桩竖向极限承载力的确定

1. 试桩竖向极限承载力的确定

在工程实践中，除遵循有关的规范规程外，可参照下列标准确定极限承载力：

(1) 当 $Q \sim S$ 曲线的陡降段明显时，取相应于陡降段起点的荷载。

(2) 对于缓变型 $Q \sim S$ 曲线，一般可取 $S = 40 \sim 60$ mm 所对应的荷载。

(3) 对于细长桩（$L/D > 80$，L 为长度，D 为直径）和超长桩（$L/D > 100$），一般可取桩沉降 $S = 2QL/(3E_cA_p) + 20$ mm 所对应的荷载或取 $S = 60 \sim 80$ mm 所对应的荷载。

(4) 取 $S \sim \lg t$ 曲线尾部出现明显向下弯曲处荷载的前一级荷载。

(5) 对于摩擦型灌注桩，取 $S \sim \lg Q$ 曲线出现陡降直线段的起始点所对应的荷载值。

(6) 对于大直径钻孔灌注桩，取桩端沉降 $S_b = 0.025D$ 所对应的荷载为极限荷载，国内建议取 $S = (0.03 \sim 0.06)D$（大桩径取低值，小桩径取高值）所对应的荷载为极限承载力。

(7) 当桩顶沉降量尚小，但因受荷条件的限制而提前终止试验时，其极限承载力一般应取最大加荷值；在桩身材料破坏的情况下，其极限承载力可取破坏荷载前一级的荷载值。

2. 单桩竖向抗压极限承载力标准值的确定

单桩竖向抗压极限承载力的标准值应根据试桩位置、实际地质条件、施工情况等综合确定，当各试桩条件基本相同时，单桩竖向抗压极限承载力标准值可按下面的方法确定。

(1)计算试桩结果的统计特征值，其方法是：

①确定正常条件下几根试桩的极限承载力实测值 Q_{ui}。

②计算几根试桩实测极限承载力平均值 Q_{um}

$$Q_{um} = \frac{1}{n}\sum_{i=1}^{n} Q_{ui} \tag{13-26}$$

③计算每根试桩的极限承载力实测值与平均值之比 a_i

$$a_i = \frac{Q_{ui}}{Q_{um}} \tag{13-27}$$

④按下式计算 a_i 的标准偏差 S_n

$$S_n = \sqrt{\sum_{i=1}^{n} \frac{(a_i - 1)^2}{n - 1}} \tag{13-28}$$

(2)确定单桩竖向抗压极限承载力标准值 Q_{uk}，此时应分两种情况分别进行

当 $S_n \leqslant 0.15$ 时 $$Q_{uk} = Q_{um} \tag{13-29}$$

当 $S_n > 0.15$ 时 $$Q_{uk} = \lambda Q_{um} \tag{13-30}$$

单桩竖向抗压极限承载力标准值折减系数 λ 可由变量 a_i 的分布，按下面的方法确定：

(1)当试桩数 $n=2$ 时，按表 13-10 确定。

(2)当试桩数 $n=3$ 时，按表 13-11 确定。

表 13-10 单桩竖向抗压极限承载力折减系数 $\lambda(n=2)$

$a_2 - a_1$	0.21	0.24	0.27	0.30	0.33	0.36	0.39	0.42	0.45	0.48	0.51
λ	1.00	0.99	0.97	0.96	0.94	0.93	0.91	0.90	0.90	0.88	0.85

表 13-11 单桩竖向抗压极限承载力折减系数 $\lambda(n=3)$

a_2	$a_3 - a_1$							
	0.30	0.33	0.36	0.39	0.42	0.45	0.48	0.51
0.84	—	—	—	—	—	—	0.93	0.92
0.92	0.99	0.98	0.98	0.97	0.96	0.95	0.94	0.93
1.00	1.00	0.99	0.98	0.97	0.96	0.95	0.93	0.92
1.08	0.98	0.97	0.95	0.97	0.93	0.91	0.90	0.88
1.16	—	—	—	—	—	—	0.86	0.84

(3)当试桩数 $n \geqslant 4$ 时，按下式计算

$$A_0 + A_1\lambda + A_2\lambda + A_3\lambda + A_4\lambda = 0 \tag{13-31}$$

$$A_0 = \sum_{i=1}^{n-m} a_i^2 + \frac{1}{m}(\sum_{i=1}^{n-m} a_i)^2 \tag{13-32}$$

$$A_1 = -\frac{2n}{m}\sum_{i=1}^{n-m} a_i \tag{13-33}$$

$$A_2 = 0.127 - 1.127n + \frac{n^2}{m} \tag{13-34}$$

$$A_3 = 0.147(n-1) \tag{13-35}$$

$$A_4 = -0.042(n-1) \tag{13-36}$$

取 $m=1,2,\cdots$ 满足式(13-31)的 λ 即为所求。

(十一)编写检测报告

检测报告应包括以下信息:

(1)工程名称、地点,委托方,建设、勘察、设计、监理和施工单位。

(2)检测目的,检测依据,检测数量,检测日期等。

(3)地质条件描述。

(4)受检桩的桩号、桩位和相关施工记录。

(5)检测方法、原理、仪器设备和过程叙述。

(6)受检桩的检测数据,实测与计算分析曲线、表格和汇总结果。

(7)与检测内容相应的检测结论。

(8)必要的说明和建议,比如对扩大或验证检测的建议。

三、单桩竖向抗拔静载荷试验(静拔试验)

高耸建(构)筑物往往承受较大的水平力,导致部分桩承受上拔力,多层地下室的底板也会承受较大的水浮力,而抗拔桩是重要的措施。迄今为止,桩基础上拔承载力的计算还没有从理论上得以很好解决,现场原位抗拔试验就显得相当重要。

(一)试验目的

试验目的包括:通过单桩竖向抗拔静载荷试验确定单桩竖向极限抗拔承载力;判断竖向抗拔承载力是否满足设计要求;通过桩身内力及变形测试,测定桩的抗拔摩阻力。

(二)试验时间

一般可在复打规定的"休止"时间以后进行;对于钻(挖)孔灌注桩,须待灌注的混凝土强度达到设计要求的强度后才可进行。静拔试验也可在静压试验后进行。

(三)试验仪器设备

1. 试验加载装置

单桩竖向抗拔静载荷试验示意如图 13-15 所示,可采用油压千斤顶加载。千斤顶的反力装置一般由两根锚桩和承载梁组成,试桩和承载梁用拉杆连接,将千斤顶置于两根锚桩之上,顶推承载梁,引起试桩上拔,应尽量利用工程桩为反力锚桩。若用灌注桩作为锚桩,宜沿桩身通长配筋,以免出现桩身的破损。

2. 测试仪表、元件

荷载可用并联于千斤顶上的高精度压力表测定油压,并根据率定曲线核算荷载;也可用放置在千斤顶上的应力环、压力传感器直接测定。上拔量一般用百分表量测,其布置方法与

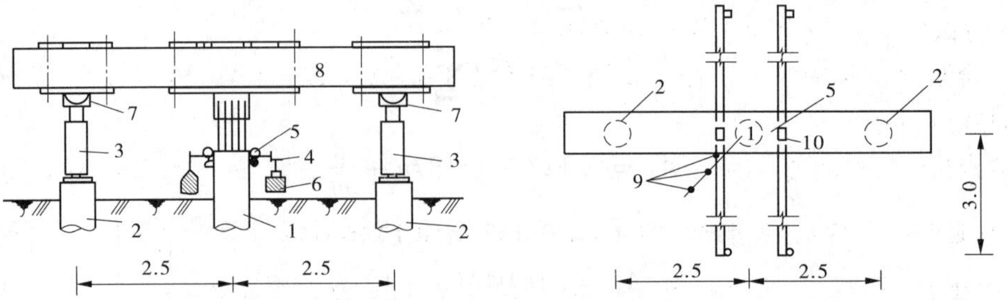

1—试桩;2—锚桩;3—液压千斤顶;4—表座;5—测微表;6—基准;7—球铰;
8—反力梁;9—地面变形测点;10—10 cm×10 cm 薄铁板

图 13-15 单桩竖向抗拔静载荷试验示意 （单位:m）

单桩抗压试验相同。桩身量测元件与单桩抗压试验相同。

(四)试验方法

1. 试验要求

试桩应按最大加载力计算桩身钢筋,且钢筋应沿桩身通长布置。从成桩到开始试验的间隔:在桩身强度达到设计要求的前提下,对于砂类土,不应少于 10 d;对于粉土和黏性土,不应少于 15 d;对于淤泥或淤泥质土,不应少于 25 d。

2. 加载和卸载方式

抗拔试验一般采用慢速维持荷载法进行。施加的静拔力必须作用于桩的中轴线上。加载应均匀、无冲击。每级加载量不大于预计最大荷载的 1/10 ~ 1/15,达到相对稳定后加下一级荷载,直到试桩破坏,然后逐级卸载到零。可结合工程桩实际受荷情况采用多循环加载法,即每级荷载上拔量达到相对稳定后卸载到零,然后加下一级荷载。

3. 变形观测

进行单桩竖向抗拔静载荷试验时,除要对试桩的上拔量进行观测外,还应对桩周围地面土的变形情况以及桩身外露部分裂缝开展情况进行观测记录。试桩的上拔量观测,应在每级加荷后间隔 5 min、10 min、15 min 各测读一次,以后每隔 15 min 测读一次;累计 1 h 后每隔 30 min 观测一次。每次测读值均记录在试验记录表中。

下沉未达稳定不得进行下一级加载。

4. 上拔稳定标准

单桩竖向抗拔静载荷试验上拔量相对稳定标准应以 1 h 内的变形量不超过 0.1 mm,并连续出现两次为准,即可认为稳定。

5. 加载终止

试验过程中,当出现下列情况之一时,即可终止加载:

(1)桩顶荷载为桩受拉钢筋总极限承载力的 0.9 倍。

(2)在某级荷载作用下,桩顶上拔位移量为前级荷载作用下的 5 倍。

(3)建筑部门试桩的累计上拔量超过 100 mm,桥桩的累计上拔量超过 25 mm。

(五)试验记录

所有试验观测数据应及时填写记录。

(六)试验资料整理

单桩竖向抗拔静载荷试验试验报告的资料整理应包括以下一些内容:

(1)单桩竖向抗拔静载荷试验概况、试验记录、汇总,可参照配套的实训指导书中表格形式,并对试验过程中出现的异常现象作补充说明。

(2)绘制单桩竖向抗拔静载荷试验上拔荷载(U)和上拔量(Δ)之间的 $U \sim \Delta$ 曲线以及 $\Delta \sim \lg t$曲线。

(3)当进行桩身应力、应变量测时,尚应根据量测结果整理出有关表格,绘制桩身应力、桩侧阻力随桩顶上拔荷载的变化曲线;必要时绘制桩土相对位移 $\Delta' \sim \frac{U}{U_u}$($U_u$ 为桩的竖向抗拔极限承载力)曲线,以了解不同入土深度对抗拔桩破坏特征的影响。

(七)确定单桩竖向抗拔承载力

对于陡变型 $U \sim \Delta$ 曲线,取陡升起始点荷载为极限承载力;对于缓变型 $U \sim \Delta$ 曲线,根据上拔量和 $\Delta \sim \lg t$ 曲线变化综合判定,一般取 $\Delta \sim \lg t$ 曲线尾部弯曲的前一段荷载为极限承载力。

(八)编写检测报告

检测报告应包括以下信息:

(1)工程名称、地点,委托方,建设、勘察、设计、监理和施工单位。

(2)检测目的,检测依据,检测数量,检测日期等。

(3)地质条件描述。

(4)受检桩的桩号、桩位和相关施工记录。

(5)检测方法、原理、仪器设备和过程叙述。

(6)受检桩的检测数据,实测与计算分析曲线、表格和汇总结果。

(7)与检测内容相应的检测结论。

(8)必要的说明和建议,比如对扩大或验证检测的建议。

复习思考题

1. 简述低应变反射波法检测桩基完整性的基本原理。
2. 低应变反射波法检测桩基完整性时,现场检测前应做哪些准备工作?
3. 超声波法检测桩基完整性时,对预埋声测管有哪些要求?
4. 简述超声波法检测桩基完整性时,现场检测主要步骤。
5. 简述超声波法检测桩基完整性时,检测前应做的准备工作。
6. 桩基静载荷试验对测量位移装置有哪些要求? 对测量基准点有何要求?

第十四章　桥梁结构及构件检测

内容简介

本章主要介绍了结构混凝土强度的检测及其评定方法，桥梁结构混凝土表面及其内部缺陷的检测，混凝土结构钢筋位置及保护层厚度的检测，并结合预制成品梁（板）的质量检验，加强对桥梁结构及其构件的检测学习。

知识目标

1. 了解：混凝土强度检测的类型及成品梁（板）的质量检测项目。
2. 熟悉：结构混凝土内部缺陷和裂缝检测的基本方法。
3. 掌握：无损检测结构混凝土强度的方法和结果评价。

能力目标

1. 进行结构混凝土强度检测操作。
2. 进行桥梁结构及构件的质量缺陷数据处理计算。

第一节　结构混凝土强度检测

一、结构混凝土强度检测方法

结构混凝土强度的检测方法可分为无损检测、半破损检测和破损检测。破损法以不影响结构的承载力为前提，在结构或构件上直接进行局部破坏性试验，或在直接钻取的芯样上进行破坏试验，其主要方法有钻芯法、拔出法等。此类方法较直观可靠，测试结果易为人们接受，但对混凝土结构造成局部破坏，不宜大范围检测且费用较高，因而受到限制。非破损法以混凝土强度与某些物理量之间的相关性为基础，检测时在不影响结构或构件混凝土任何性能的前提下测试这些物理量，然后根据相关关系推算被测混凝土的强度值。其主要方法有回弹法、超声法、超声回弹综合法等。回弹法所用仪器简单、操作方便、费用低廉，同时适于大范围检测，在有严格的测强曲线的条件下，其测试精度较高。下面介绍回弹法检测混凝土的强度。

二、回弹法检测结构混凝土强度

回弹法在我国使用已达50余年，而且使用越用越广泛，这不仅因为回弹法简便、灵活，也由于我国已解决了回弹法使用精度不高和不能普遍推广的一些关键问题。

（一）回弹法的基本原理

回弹法是采用回弹仪的弹簧驱动重锤，通过弹击杆弹击混凝土表面，并以重锤被反弹回来的距离（称回弹值，指反弹距离与弹簧初始长度之比）作为强度相关指标来推算混凝土强度的一种方法。检测结果可作为试块强度的参考，不宜作为仲裁试验或工程验收的最终依据，但回弹法广泛应用于对结构混凝土强度的质量普查。

(二)回弹法检测混凝土强度的原则

回弹法检测混凝土强度是对常规检验的一种补充，当对构件怀疑，例如，试件与结构中混凝土质量不一致，对试件的检验结果有怀疑或供检验用的试件数量不足时，可采用回弹法检测，并将检测结果作为处理混凝土质量问题的一个主要依据。

另外，在施工阶段，如构件拆模、预应力张拉或移梁、吊装，可用回弹法评估混凝土强度。回弹法的使用前提是被测结构或构件混凝土的内外质量基本一致。因此，当混凝土表层与内部质量有明显差异，例如遭受化学腐蚀或火灾、硬化期间遭受冻伤等或内部存在缺陷时，不能用回弹法评定混凝土强度。

(三)混凝土回弹仪

1. 回弹仪的构造

回弹仪的类型有重型、中型、轻型和特轻型。一般工程使用最多的是中型回弹仪。根据读数形式的不同，回弹仪可划分为直读式、自计式、带电脑自动记录及处理数字功能回弹仪。

2. 中型回弹仪的技术要求

(1)水平弹击时，弹击锤脱钩的瞬间，回弹仪的标准能量应为 2.207 J。

(2)弹击锤与弹击杆碰撞的瞬间，弹击锤起跳点应位于指示刻度尺上 0 处。

(3)在洛氏硬度 *HRC* 为 60 ±2 的钢砧上，回弹仪的率定值为 80 ±2。

(4)使用环境温度为 -4 ~40 ℃。

3. 回弹仪的率定方法

回弹仪在工程检测前后，应在钢砧上做率定试验，并应符合下列要求：回弹仪率定试验宜在干燥、室温 5 ~35 ℃的条件下进行。率定时，钢砧应稳固地平放在刚度大的物体上。测定回弹值时，取连续向下弹击 3 次的稳定回弹值的平均值。弹击杆应分 4 次旋转，每次旋转宜为 90°。弹击杆每旋转一次的率定平均值应为 80 ±2。

4. 回弹仪的校验

回弹仪具有下列情况之一时，应由法定部门按照国家现行标准《混凝土回弹仪检定规程》对回弹仪进行校验。

(1)新回弹仪启用前。

(2)超过检定有效期限(半年)。

(3)累计弹击次数超过 6 000 次。

(4)经常规保养后钢砧率定值不合格。

(5)遭受严重撞击或其他损害。

5. 回弹仪的保养方法

当回弹仪的弹击次数超过 2 000 次，或对检测值有怀疑以及在钢砧上的率定值不合格时，应对回弹仪进行保养。常规保养应符合下列规定：

(1)使弹击锤脱钩后取出机芯，然后卸下弹击杆，取出里面的缓冲压簧，并取出弹击锤、弹击拉簧和拉簧座。

(2)清洗机芯各零部件，重点清洗中心导杆、弹击锤和弹击杆的内孔与冲击面，清洗后应在中心导杆上涂抹薄薄的钟表油，其他零部件均不得抹油。

(3)应清理机壳内壁，卸下刻度尺，并应检查指针，其摩擦力应为 0.5 ~0.8 N。

(4)不得旋转尾盖上已定位紧固的调零螺丝。

(5)不得自制或更换零部件。

(6)保养后应对回弹仪进行率定试验。回弹仪使用完毕后应使弹击杆伸出机壳,清除弹击杆、杆前端球面,以及刻度尺表面和外壳上的污垢、尘土。回弹仪不用时,应将弹击杆压入仪器内,经弹击后方可按下按钮锁住机芯,将回弹仪装入仪器箱,平放在干燥阴凉处。

(四)检测方法

在正常情况下,混凝土强度的检验与评定应按现行国家标准《混凝土结构工程施工质量验收规范》(GB 50204—2002)及《混凝土强度检验评定标准》(GB/T 50107—2010)执行。但是,当出现标准养护试件或同条件试件数量不足或未按规定制作试件,或所制作的标准试件或同条件试件与所成型的构件在材料用量、配合比、水灰比等方面有较大差异,已不能代表构件的混凝土质量,或标准试件或同条件试件的试压结果不符合现行标准、规范规定的对结构或构件的强度合格要求,并且对该结果持有怀疑时,总之,当结构中混凝土实际强度有检测要求时,可以考虑采用回弹法来检测,检测结果可作为评价混凝土质量的一个依据。其一般检测步骤如下。

1. 收集基本技术资料

收集的基本技术资料包括:

(1)工程名称及设计、施工、监理(或监督)和建设单位名称。

(2)结构或构件名称、外形尺寸、数量及混凝土强度等级。

(3)水泥品种、强度等级、安定性、厂名,砂石种类、粒径,外加剂或掺合料品种、掺量,混凝土配合比等。

(4)施工时材料计量情况,模板、浇筑、养护情况及成型日期等。

(5)必要的设计图纸和施工记录。

(6)检测原因。

2. 抽样数量及适用范围

结构或构件混凝土强度检测可采用下列两种方式,其适用范围及结构或构件数量应符合下列规定:

(1)单个检测,适用于单个结构或构件的检测。

(2)批量检测,适用于在相同的生产工艺条件下,混凝土强度等级相同,原材料、配合比、成型工艺、养护条件基本一致且龄期相近的同类结构或构件。按批进行检测的构件,抽检数量不得少于同批构件总数的30%且构件数量不得少于10件。抽检构件时,应随机抽取并使所选构件具有代表性。

3. 选择符合规定的测区

(1)每一结构或构件测区数量不应少于10个,对某一方向尺寸小于4.5 m且另一方向尺寸小于0.3 m的构件,其测区数量可适当减少,但不应少于5个。

(2)测区离构件端部或施工缝边缘的距离不宜大于0.5 m,且不宜小于0.2 m。

(3)测区应选在使回弹仪处于水平方向检测混凝土浇筑侧面。当不能满足这一要求时,可使回弹仪处于非水平方向检测混凝土构件的浇筑侧面、表面或底面。

(4)测区宜选在构件的两个对称可测面上,也可选在一个可测面上,且应均匀分布。在构件的重要部位及薄弱部位必须布置测区,并应避开预埋件。

(5)测区的面积不宜大于0.04 m^2。

(6)检测面应为原状混凝土表面,并应清洁、平整,不应有疏松层、浮浆、油垢、涂层以及蜂窝、麻面,必要时可用砂轮清除疏松层和杂物,且不应有残留的粉末和碎屑。

(7)对弹击时产生颤动的薄壁、小型构件应进行固定。

(8)结构或构件的测区应标有清晰的编号,必要时应在记录纸上画出测区布置示意图和描述外观质量。

4. 回弹值测量

(1)回弹仪的操作。将弹击杆顶住混凝土的表面,轻压仪器,松开按钮,弹击杆徐徐伸出。使仪器对混凝土表面缓慢均匀施压,待弹击锤脱钩冲击弹击杆后即回弹,带动指针向后移动并停留在某一位置上,即为回弹值。继续顶住混凝土表面并在读取和记录回弹值后,逐渐对仪器减压,使弹击杆自仪器内伸出。重复进行上述操作,即可测得被测构件或结构的回弹值。操作中注意仪器的轴线应始终垂直于混凝土构件的检测面,缓慢施压,准确读数,快速复位。

(2)测点宜在测区范围内均匀分布,相邻两测点的净距不宜小于 20 mm;测点距外露钢筋、预埋件的距离不宜小于 30 mm。测点不应在气孔或外露石子上,同一测点只应弹击一次。每一测区应记取 16 个回弹值,每一测点的回弹值读数估读至 0.1。

5. 碳化深度值测量

(1)回弹值测量完毕后,应在有代表性的位置上测量碳化深度值,测点数不应少于构件测区数的 30%,取其平均值作为该构件每测区的碳化深度值。当碳化深度值大于 2.0 mm 时,应在每一测区测量碳化深度值。

(2)采用合适的工具在测区表面形成直径约 15 mm 的孔洞,其深度大于预估的混凝土碳化深度。除净孔洞中的粉末和碎屑,不得用水冲洗。首先用浓度为 1% 的酚酞酒精溶液滴在孔洞内壁的边缘处,其次用深度测量工具测量已碳化与未碳化混凝土交界面到混凝土表面的垂直距离,测量不少于 3 次,取其平均值。每次读数精确至 0.5 mm。

(五)回弹值计算和测区混凝土强度的确定

1. 计算测区平均回弹值

当用回弹仪在水平方向上测试混凝土浇筑侧面时,应从每一测区的 16 个回弹值中剔除 3 个最大值和 3 个最小值,取余下的 10 个回弹值的平均值作为该测区的平均回弹值,取一位小数,计算公式如下

$$\overline{N}_s = \frac{\sum_{i=1}^{n} N_i}{10} \qquad (14\text{-}1)$$

式中 $\overline{N}_s$——测区平均回弹值,计算结果精确至 0.1;

N_i——第 i 个测点的回弹值。

2. 测区回弹值修正

1)测试角度修正

当用回弹仪在非水平方向上测试混凝土浇筑侧面时,应将测得的数据按式(14-2)进行测试角度修正。测试角度按图 14-1 所示选用。

$$\overline{N}_a = \overline{N}_s + \Delta N_a \qquad (14\text{-}2)$$

式中 $\overline{N}_a$——经非水平测定修正后的测区平均回弹值；

ΔN_a——不同测试角度的修正回弹值，如表 14-1 所示；

其他符号意义同前。

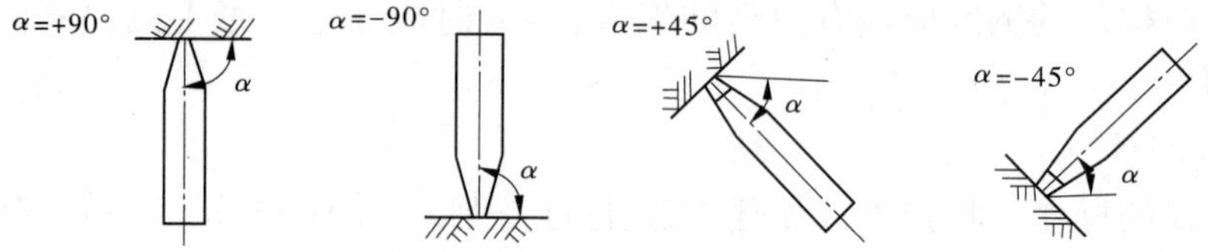

图 14-1 测试角度

表 14-1 非水平方向测定的修正回弹值

$\overline{N}_s$	与水平方向所成的角度							
	+90°	+60°	+45°	+30°	-30°	-45°	-60°	-90°
20	-6.0	-5.0	-4.0	-3.0	+2.5	+3.0	+3.5	+4.0
30	-5.0	-4.0	-3.5	-2.5	+2.0	+2.5	+3.0	+3.5
40	-4.0	-3.5	-3.0	-2.0	+2.0	+2.0	+2.5	+3.0
50	-3.5	-3.0	-2.5	-1.5	+1.5	+1.5	+2.0	+2.5

注：表中未列入的值，可用内插法求得。

2）测试面修正

当用回弹仪在水平方向上测试混凝土浇筑表面或底面时，应先进行角度的修正，然后进行浇筑面修正，具体按下式进行修正

$$\overline{N}_{ma} = \overline{N}_a + \Delta N_m \tag{14-3}$$

式中 $\overline{N}_{ma}$——回弹仪测混凝土浇筑表面或底面时测区的平均回弹值；

ΔN_m——不同浇筑面的修正回弹值，见表 14-2。

表 14-2 不同浇筑面的修正回弹值

$\overline{N}_s$	ΔN_m	
	浇筑表面修正值	浇筑底面修正值
20	+2.5	-3.0
25	+2.0	-2.5
30	+1.5	-2.0
35	+1.0	-1.5
40	+0.5	-1.0
45	0	-0.5
50	0	0

注：1. $\overline{N}_s$ 小于 20 或大于 50 时，均分别按 20 或 50 查表。

2. 表中有关混凝土浇筑表面的修正系数，是指一般原浆抹面的修正值。

3. 表中有关混凝土浇筑底面的修正系数，是指构件底面与侧面采用同一类模板在正常浇筑情况下的修正值。

4. 表中未列入的值，可用内插法求得。

3. 测区碳化深度的计算

每一测区的平均碳化深度值按下式计算

$$\bar{L} = \frac{\sum_{i=1}^{n} L_i}{n} \tag{14-4}$$

式中 $\bar{L}$——测区的平均碳化深度值,计算至0.5 mm;

L_i——第 i 次测量的碳化深度值,mm;

n——测区的碳化深度测量次数。

如平均碳化深度值小于或等于0.4 mm,按无碳化深度处理(即平均碳化深度为0);如大于或等于6 mm,取6 mm;对于新浇混凝土龄期不超过3个月者,可视为无碳化。

4. 测区混凝土强度值的确定

结构或构件第 i 个测区混凝土强度换算值,根据每一测区的回弹平均值及碳化深度值,查阅全国统一测强曲线(《回弹法检测混凝土抗压强度技术规程》(JGJ/T 23—2001))得出,当有地区测强曲线或专用测强曲线时,混凝土强度换算值应按地区测强曲线或专用测强曲线换算得出。未列入的测区混凝土强度值可用内插法求得。对于泵送混凝土还应符合下列规定:

(1)当碳化深度值不大于2.0 mm时,每一测区混凝土强度换算值应按表14-3修正。

表14-3 泵送混凝土测区强度换算值的修正值

碳化深度值(mm)	抗压强度值(MPa)				
0.0、0.5、1.0	f_{cu}^{c}	≤40.0	45.0	50.0	55.0~60.0
	K	+4.5	+3.0	+1.5	0.0
1.5、2.0	f_{cu}^{c}	≤30.0	35.0	40.0~60.0	
	K	+3.0	+1.5	0.0	

(2)当碳化深度值大于2.0 mm时,可采用同条件试件或钻取混凝土芯样进行修正。

5. 结构或构件混凝土强度计算

(1)结构或构件测区混凝土强度平均值可根据各测区混凝土强度换算值计算。当测区数为10个及以上时,应计算强度标准偏差。平均值及标准偏差应按下列公式计算

$$m_{f_{cu,min}^{c}} = \frac{1}{n}\sum_{i=1}^{n} f_{cu,i}^{c} \tag{14-5}$$

$$S_{f_{cu}^{c}} = \sqrt{\frac{\sum_{i=1}^{n}(f_{cu,i}^{c})^2 - n(m_{f_{cu,min}^{c}})^2}{n-1}} \tag{14-6}$$

式中 $m_{f_{cu,min}^{c}}$——结构或构件测区混凝土强度换算值的平均值,MPa,精确至0.1 MPa;

$f_{cu,i}^{c}$——第 i 个测点混凝土强度换算值;

n——测区数,对于单个评定的结构或构件,取一个试件的测区数,对于抽样评定的结构或构件,取抽检试样测区数之和;

$S_{f_{cu}^{c}}$——构件混凝土强度标准偏差,MPa,精确至0.1 MPa。

(2)结构或构件混凝土强度推定值($f_{cu,e}$)应按下列公式确定。

①用回弹法检测的混凝土结构(或构件),多属重要结构,应用数理统计法进行评定。

ⅰ.当该结构或构件的测区数 $n<10$ 时

$$f_{cu,e}=f_{cu,min}^{c} \tag{14-7}$$

式中 $f_{cu,min}^{c}$——构件中最小的测区混凝土换算值。

ⅱ.当该结构或构件的测区混凝土强度值中出现小于 10.0 MPa 的值时

$$f_{cu,e}<10.0\ \text{MPa} \tag{14-8}$$

ⅲ.当该结构或构件的测区数 $n\geqslant10$ 或按批量检测时,应按下列公式计算

$$f_{cu,e}=m_{f_{cu}^{c}}-1.645S_{f_{cu}^{c}} \tag{14-9}$$

②对批量检测的构件,当该批构件混凝土强度标准偏差出现下列情况之一时,则该批构件应全部按单个构件检测:

ⅰ.当该批构件混凝土强度平均值小于 25 MPa 时

$$S_{f_{cu}^{c}}>4.5\ \text{MPa} \tag{14-10}$$

ⅱ.当该批构件混凝土强度平均值不小于 25 MPa 时

$$S_{f_{cu}^{c}}>5.5\ \text{MPa} \tag{14-11}$$

(六)回弹法测强的误差范围和减小误差的方法

回弹法测强的影响因素比较多,如水泥品种、粗集料品种、成型方法、模板种类、养护方法、湿度、保护层厚度、混凝土龄期、测试时的大气温度、测试技术等均会有不同的影响。对回弹法测强误差的估计,一般采用在试验室内通过试块测试制定测强相关曲线,然后按试验值进行最小二乘法回归分析时所得的标准偏差及离散系数,作为测定误差,或以验证实测试验误差作为测定误差。

减小误差的方法是:可采用同条件试块或钻取混凝土芯样进行修正,试块或钻取芯样数目不应少于 6 个。钻取芯样时每个部位应钻取一个芯样,计算时,测区混凝土强度换算值应乘以修正系数。修正系数应按下列公式计算:

(1)当有同条件试块时

$$\eta=\frac{1}{n}\sum_{i=1}^{n}\frac{f_{cu,i}}{f_{cu,i}^{c}} \tag{14-12}$$

(2)当有混凝土芯样时

$$\eta=\frac{1}{n}\sum_{i=1}^{n}(f_{cor,i}/f_{cu,i}^{c}) \tag{14-13}$$

式中 η——修正系数,精确至 0.01;

$f_{cor,i}$——第 i 个混凝土芯样试件抗压强度值,精确至 0.1 MPa;

$f_{cu,i}^{c}$——对应于第 i 个试件或芯样部位回弹值和碳化深度值的混凝土强度换算值;

$f_{cu,i}$——第 i 个混凝土立方体试件(边长为 150 mm)的抗压强度值,精确到 0.1 MPa;

n——试件数。

(七)注意问题

(1)回弹法测强的误差比较大,因此对比较重要的构件或结构物强度检测必须慎重使用。

(2)符合下列条件的混凝土才能采用全国统一测强曲线进行测区混凝土强度换算。

①混凝土采用的材料、拌和用水符合现行国家有关标准；

②不掺外加剂或仅掺非引气型外加剂；

③采用普通成型工艺；

④采用符合现行国家标准《混凝土结构工程施工质量验收规范》（GB 50204—2002）规定的钢模、木模及其他材料制作的模板；

⑤自然养护或蒸汽养护出池后经自然养护 7 d 以上，且混凝土表层为干燥状态；

⑥龄期为 14 ~1 000 d；

⑦抗压强度为 10 ~ 60 MPa。

（3）当有下列情况之一时，测区混凝土强度值不得按全国统一测强曲线进行测区混凝土强度换算，但可制定专用测强曲线或通过试验进行修正，专用测强曲线的制定方法见《回弹法检测混凝土抗压强度技术规程》（JGJ/T 23—2001）。

①粗集料最大粒径大于 60 mm；

②特种成型工艺制作的混凝土；

③检测部位曲率半径小于 250 mm；

④潮湿或浸水混凝土。

（4）当构件混凝土抗压强度大于 60 MPa 时，可采用标准能量大于 2.207 J 的混凝土回弹仪，并应另行制定检测方法及专用测强曲线进行检测。

（5）批量检测的条件是：在相同的生产工艺条件下，混凝土强度等级相同，原材料、配合比、成型工艺、养护条件基本一致且龄期相近的同类结构或构件。按批进行检测的构件，抽检数量不得少于同批构件总数的 30% 且构件数量不得少于 10 件。抽检构件时，应随机抽取并使所选构件具有代表性。

（八）检测报告

检测报告应包括：测区混凝土平均回弹值，测强曲线，回弹值与抗压强度的关系、相关系数，各测区的抗压强度推定结果，推定的混凝土抗压强度平均值、标准偏差、变异系数。

第二节　结构混凝土缺陷检测

一、混凝土结构物缺陷的产生原因和检测方法

（一）混凝土结构物缺陷的产生原因

在混凝土结构物的施工及使用过程中，往往会造成一些缺陷和损伤，形成这些缺陷和损伤的原因是多种多样的。一般而言，主要有四方面的原因：其一是施工原因，例如振捣不足，钢筋网过密而集料最大粒径选择不当，模板漏浆等所造成的内部孔洞、不密实区、蜂窝及保护层不足、钢筋外露等；其二是由于混凝土非外力作用形成的裂缝，例如在大体积混凝土中因水泥水化热积蓄过多，在凝固及散热过程中的不均匀收缩而造成的温度裂缝，混凝土干缩及碳化收缩所造成的裂缝；其三是长期在腐蚀介质或冻融作用下由表及里的层状疏松；其四是受外力作用所产生的裂缝，例如因龄期不足即行吊装而产生的吊装裂缝等。

这些缺陷和损伤往往会严重影响结构物的承载能力和耐久性，因此是事故处理、施工验收、旧有建筑物安全性鉴定、进行维修和补强设计时必须检测的项目。

（二）混凝土结构物缺陷的检测方法

混凝土缺陷的检测往往采取无损检测的手段，确定混凝土内部缺陷的存在位置、大小。一般有超声波法和射线法两大类，其中射线法因穿透能力有限，以及操作中需解决人体防护等问题，在我国使用较少。目前，最有效的检测方法是超声波法。

二、超声波检测技术

超声波法是混凝土无损检测技术中一项十分重要的检测方法，检测范围非常广泛，既可以检测混凝土的强度，又可以检测混凝土裂缝、混凝土均匀性、混凝土综合面质量、混凝土中不密实区和孔洞、混凝土破坏层厚度和混凝土弹性参数等，其探测距离已达 20 m，是一种极具生命力的检测方法。

（一）超声波法的基本原理

超声波法的基本原理是利用超声波在技术条件相同（指混凝土原材料、配合比、龄期和测试距离一致）的混凝土中传播的时间（或速度）、接收波的振幅和频率等声学参数的变化，来判断混凝土的缺陷。因为超声波传播速度的快慢与混凝土的密实程度有直接关系，对于技术条件相同的混凝土来说，声速高则混凝土密实，相反则混凝土不密实。首先，当有孔洞、裂缝等缺陷存在时，破坏了混凝土的整体性，由于空气的声阻抗率远小于混凝土的声阻抗率，超声波遇到蜂窝、孔洞或裂缝等缺陷时，会在缺陷界面发生反射和散射，因此传播的路程会增大，测得的声时会延长，声速会降低。其次，在缺陷界面超声波的声能衰减，其中频率较高的部分衰减更快，因此接收信号的波幅明显降低，频率明显减小或频率谱中高频成分明显减少。再次，经缺陷反射或绕过缺陷传播的超声波信号与直达信号之间存在相位差，叠加后相互干扰，致使接收信号的波形发生畸变。根据上述原理，在实际测试中，可以利用混凝土声学参数测量值和相对变化综合分析，判别混凝土缺陷的位置和范围，或者估算缺陷的尺寸。

（二）超声波检测设备

1. 超声波仪

超声波仪是超声波检测的基本装置。它的作用是产生重复的电脉冲去激励发射换能器，发射换能器发射的超声波经耦合进入混凝土，在混凝土中传播后被接收换能器所接收并转换成电信号，电信号被送至超声波仪，经放大后显示在波屏上。超声波仪除产生电脉冲，接收、显示超声波外，还具有测量超声波有关参数，如声传播时间，接收波振幅、频率等功能。

目前，工程中应用的主要是智能型超声波仪，其基本工作原理和组成总体框图如图 14-2 所示，主要由计算机（主机）、高压发射系统、程控放大系统、数据采集及传输系统、电源系统五大部分组成。其工作原理为：高压发射电路在主机控制下，产生高压脉冲，通过发射换能器转换为声波信号作自动增益调整达到设定状态，经数据采集转换为数字信号，并将其高速地送入主机系统，然后在主机系统控制下进行波形显示、声参量的判读和存储，或者对所存储的声参量进行分析处理等。

2. 超声换能器

超声换能器是混凝土超声波检测设备的重要组成部分，因为超声波的产生与接收是通过它来实现的。超声换能器的原理是通过声能与电能的相互转换产生和接收超声波的。发射换能器是将电能转化成声能，即产生并发射超声波，超声波在混凝土中传播后，被接收换

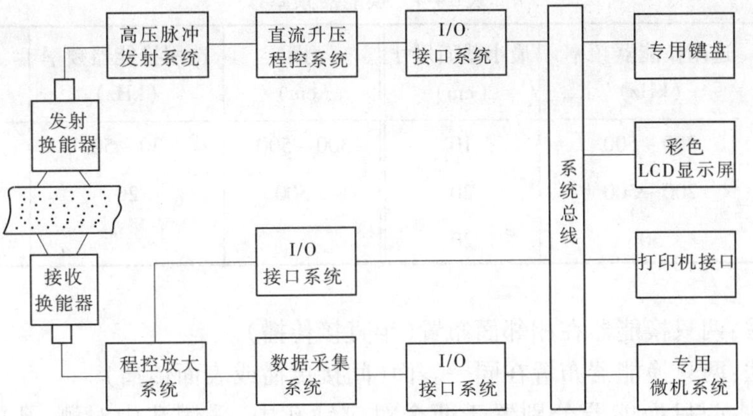

图 14-2　超声波仪组成总体框图

能器接收并将超声能量转换为电能,转换后的电信号送到主机进行处理。混凝土的超声换能器一般应用压电体材料的压电效应实现与声能的相互转换,因此常称为压电换能器。

在混凝土超声检测中,应根据结构的尺寸及检测目的来选择换能器。平面换能器用于一般的表面对测和平测;径向换能器(增压式、圆环式、一发双收式)则用在需钻孔检测或灌注桩声测管中检测等场合及水下检测。由于超声波在混凝土中衰减较大,为了使其传播距离增加,混凝土超声检测时多使用频率在 200 kHz 以下的低频率超声波。

三、测前准备工作

(一)测前应掌握和取得的资料

(1)工程和结构名称。

(2)混凝土原材料品种和规格。

(3)混凝土浇筑和养护情况。

(4)结构尺寸和配筋施工图。

(5)结构外观资料及存在的问题。

(二)对检测面的要求

测取混凝土表面应清洁、平整,必要时可用砂轮磨平或用高强度等级快凝砂浆抹平。换能器应通过耦合剂与结构表面接触,耦合层中不得夹泥沙或空气。

(三)测点间距

普通的测点间距宜为 200 ~ 500 mm(平测法除外),对出现可疑数据的区域,应加密布点进行细测。

(四)换能器频率选择

换能器频率选择参照表 14-4 进行。

(五)接收换能器的布置方法

接收换能器检测出最早到达的脉冲分量。这一分量通常是纵向振动的前缘。尽管所传播的最大能量的方向是垂直发射换能器的表面,但是可能在其他的一些方向检测到通过混凝土传播的脉冲。因此,可以按图 14-3 来布置两只换能器,以测量脉冲速度。

(1)直测法:两只换能器对面布置(直接传播)。

表 14-4　换能器频率

测距(cm)	选用换能器频率(kHz)	最小截面尺寸(cm)	测距(cm)	选用换能器频率(kHz)	最小截面尺寸(cm)
10 ~ 20	200 ~ 500	10	300 ~ 500	30 ~ 50	30
20 ~ 100	200 ~ 500	20	>500	20	50
100 ~ 300	50	20			

(2)斜测法:两只换能器在相邻面布置(半直接传播)。

(3)平测法:两只换能器布置在同一表面(间接传播或表面传播)。

(4)钻孔法:两只换能器分别置于两个对应钻孔中,采用孔中对测、孔中斜测和孔中平测。

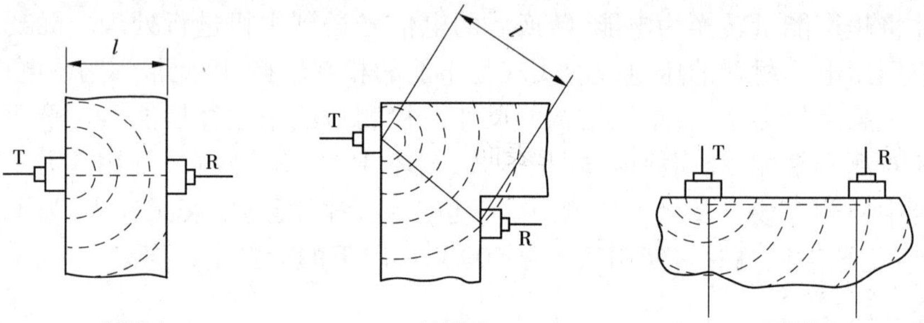

(a)直测法　(b)斜测法　(c)平测法

图 14-3　换能器布置方式

四、混凝土相对均匀性检测

构建内部或各构件之间的混凝土不均匀性可引起脉冲速度的差异,这种差异又和质量的差别相联系。脉冲速度的测量为研究匀质性提供了手段。

(一)适用要求

需要了解结构混凝土各部位的相对均匀性。

(二)检测要求

(1)被检测的部位具有相对平行的测试面。

(2)测点在被检测部位均匀布置,测点的间距一般为 200 ~ 500 mm。

(3)布置测点时,应避开与声波传播方向一致的主钢筋。

(三)检测方法

(1)在检测部位的测试面上画间距为 200 ~ 500 mm 的网格并编号。

(2)用钢卷尺测量两只换能器之间的距离,误差不应超过 ±1%。

(3)逐点测量声时值 $t_1,t_2,t_3,\cdots,t_n$。

(四)数据处理判定

(1)各测点的混凝土声速值应按下式计算

$$v_i = \frac{l_i}{t_{ci}} \tag{14-14}$$

(2)各测点混凝土声速的平均值和离散系数按下式分别计算

$$m_v = \frac{1}{n}\sum_{i=1}^{n} v_i \tag{14-15}$$

$$c_v = \frac{s_v}{m_v} \tag{14-16}$$

(3)根据声速的标准偏差和离散系数的大小,可以比较相同测距的同类结构或各部位混凝土质量均匀性的优劣。

(五)注意问题

(1)构件上各点声速值波动变化反映了混凝土质量的波动变化,因此用声速统计的声速均方差及偏差系数也反映了均匀性。但是由于混凝土的声速与其强度之间并非为线性关系,以声速统计的值和以强度统计的值标准不一致,因此只能作为混凝土均匀性的相对比较,而不能用于均匀性等级的评定。

(2)当具有超声测强曲线时,可先计算出测点混凝土强度值,然后进行匀质性评价。

五、混凝土表面损伤层检测

冻害、高温或化学腐蚀会引起混凝土表面层损伤。检测混凝土表面损伤层厚度时,被测部位和测点的确定应满足下列要求:

(1)根据构件的损伤情况和外观质量选取有代表性的部位布置测位。

(2)构件被测部位表面应平整并处于自然干燥状态,且无接缝和饰面层。

(3)检测时,为保证检测结果的可靠性,宜做局部破损验证。

(一)测试方法

用超声法检测混凝土表面损伤层厚度的方法大致有两种:一是单面平测法,二是逐层穿透法。

(1)单面平测法。此法可应用于仅有一个可测表面的结构,也可应用于损伤层位于两个对应面上的结构或构件。如图14-4所示,将发射换能器T置于测试面某一点保持不动,再将接收换能器R以测距 l_i = 30 mm、60 mm、90 mm…依次置于各点,读取相应的声时值 t_i。每一测位的测点数不得少于6个,当损伤层厚度较厚时,应适当增加测点数;当构件的损伤层厚度不均匀时,应适当增加测位数量。

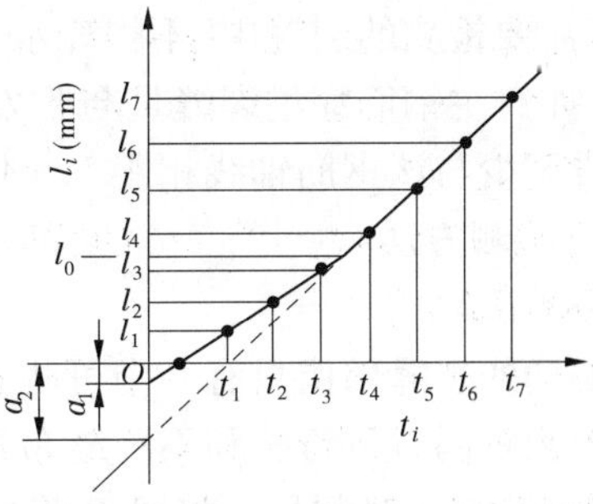

图14-4 采用单面平测法检测损伤层厚度示意

(2)逐层穿透法。在损伤结构的一对平行表面上,分别钻出一对不同深度的测试孔,孔径为50 mm左右,然后用直径小于50 mm的平面式换能器,分别在不同深度的一对测孔中进行测试,读取声时值和测试距离,并计算其声速值。或者在结构同一位置先测一次声速,然后凿开一定深度的测孔,在孔中测一次声速,再将测孔增加一定深度,再测声速,直至两次测得的声速之差小于2%或接近最大值时,如图14-5所示。

表层损伤层平测法检测时,宜选用30 ~ 50 kHz的低频厚度振动式换能器。

（二）数据处理及判断

（1）当采用单面平测时，将各测点的声时测值 t_i 和相应的测距值 l_i 绘制"时—距"坐标图。如图 14-4 所示，由图可求得声速改变所形成的转折点，该点前、后分别表示损伤和未损伤混凝土的 l 与 t 相关直线，用回归分析方法分别求出损伤、未损伤混凝土 l 与 t 的回归直线方程：

损伤混凝土 $l_f = a_1 + b_1 t_f$ （14-17）

未损伤混凝土 $l_a = a_2 + b_2 t_a$ （14-18）

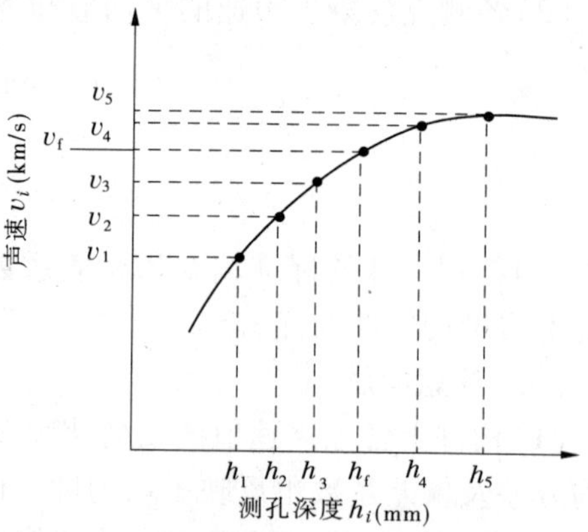

图 14-5 采用逐层穿透法检测损伤厚度的曲线

式中 l_f、l_a——拐点前、后各测点的距离，mm；

t_f、t_a——拐点前、后各测点的声时，μs；

a_1、b_1、a_2、b_2——回归系数，即损伤和未损伤混凝土直线的截距和斜率。

（2）采用单面平测法检测的损伤层厚度 h_f(mm)可按下式进行计算

$$l_0 = (a_1 b_2 - a_2 b_1)/(b_2 - b_1) \quad (14\text{-}19)$$

$$h_f = l_0/2\sqrt{(b_2 - b_1)/(b_2 + b_1)} \quad (14\text{-}20)$$

（3）当采用逐层穿透法检测时，可将每次测量的声速值(v_i)和测孔深度值(h_i)绘制"$v \sim h$"曲线，如图 14-5 所示。声速趋于基本稳定时的测孔深度，便是混凝土损伤层的厚度 h_f。

六、混凝土表面浅裂缝检测

（一）适用情况

混凝土表面浅裂缝检测适用于结构混凝土开裂深度小于或等于 500 mm 的情况。

（二）检测要求

（1）需要检测的裂缝中，不得充水、充泥浆。

（2）如有主钢筋穿过裂缝且与收发换能器的连线大致平行，布置测点时应使收发换能器的连线至少与该钢筋轴线相距 1.5 倍的裂缝预计深度。

（三）检测方法

1. 平测法

当结构的裂缝部位只有一个可测表面时，可采用平测法。平测时应在裂缝的被测部位以不同的测距同时按跨缝和不跨缝布置测点进行声时测量，其测试步骤应为：

（1）不跨缝声时测量。将 T、R 换能器置于裂缝同一侧，以两个换能器内边缘间距(l)等于 100 mm、150 mm、200 mm、250 mm、…分别读取声时值(t_i)，绘制"时—距"坐标图，见图 14-6，用统计的方法求出两者的关系式。

测距与声时的理论关系为

$$l'_i = a + bt_i \quad (14\text{-}21)$$

考虑仪器设备的声时修正，每测点超声波实际传播的距离应为

$$l_i = l'_i + |a| \quad (14\text{-}22)$$

式中 l_i——第 i 点的超声波实际传播距离，mm；

l'_i——第 i 点的 R、T 换能器内边缘间距，mm；

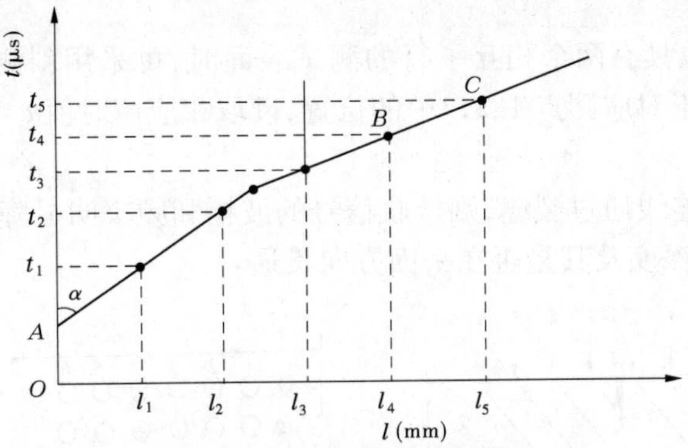

图 14-6 “时—距”坐标图

a——“时—距”图中 t' 轴的截距或回归直线方程的常数项，mm；

b——不跨缝平测的混凝土声速值，即为

$$v = \frac{(l'_n - l'_1)}{(t'_n - t'_1)} \quad (\text{km/s}) \tag{14-23}$$

$$v = b \quad (\text{km/s}) \tag{14-24}$$

式中 l'_n、l'_1——第 n 点和第 1 点的距离，mm；

t'_n、t'_1——第 n 点和第 1 点的声时值，μs。

（2）跨缝声时测量。如图 14-7 所示，将 T 和 R 换能器对称置于裂缝同一侧，两换能器中心连线垂直于裂缝走向，以两个换能器内边缘间距（l'）等于 100 mm、150 mm、200 mm、250 mm、300 mm…分别读取声时值（t_i^0），同时观察首波相位的变化。

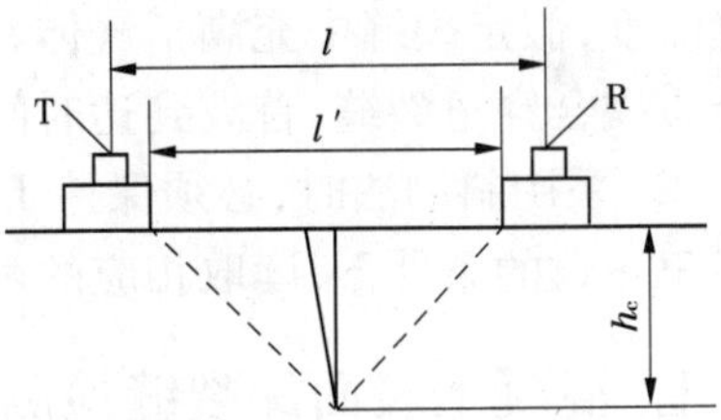

图 14-7 跨缝声时测量示意

（3）平测法检测。裂缝深度按下式计算

$$h_{ci} = \frac{l_i}{2}\sqrt{\left(\frac{t_i^0 v}{l_i}\right)^2 - 1} \tag{14-25}$$

$$m_{bc} = \frac{1}{n}\sum_{i=1}^{n} h_{ci} \tag{14-26}$$

式中 l_i——不跨缝平测时第 i 点的超声波实际传播距离，mm；

h_{ci}——第 i 点的计算裂缝深度值，mm；

t_i^0——第 i 点跨缝平测的声时值，μs；

m_{bc}——各测点计算裂缝深度的平均值，mm；

n——测点数。

（4）裂缝深度的确定方法如下：

①三点平均值法。跨缝测试在某测点发现首波反相时，用该测点及其相邻测点的声时测量值分别计算，取此三点的平均值作为该裂缝的深度。

②平均值加剔除法。当跨缝测量难以发现首波反相时，可先求出各测点计算裂缝深度的平均值 m_{bc}，再将各测距 l_i 与 m_{bc} 比较，如 $l_i < m_{bc}$ 和 $l_i > 3m_{bc}$，剔除其深度值，然后取余下 h_{ci} 的平均值，作为该裂缝的深度值（h_c）。

2. 双面斜测法

当结构的裂缝部位具有两个相互平行的测试表面时，可采用斜测法检测（见图 14-8）。将 T、R 换能器分别置于对应测点 1、2、3…的位置，读取相应声时值 t_i 和波幅值 A_i 及主频率值 f_i。

如 T、R 换能器的连线通过裂缝，则接收信号的波幅和频率明显降低。根据波幅和频率的突变，可以判定裂缝深度及其是否在平面方向贯通。

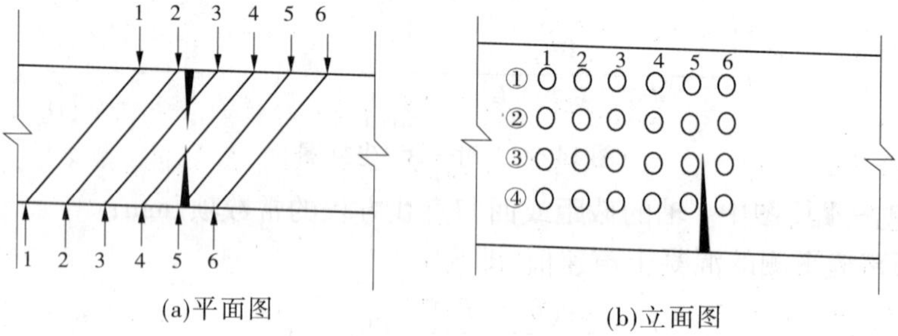

图 14-8 斜测裂缝测点布置示意

3. 注意问题

（1）当需要检测的裂缝中有水或泥浆时，上述检测方法不能使用。因为以声时推算浅裂缝深度，假定裂缝中充满了气体，声波绕过裂缝末端传播。若裂缝有水或泥浆，则声波经水介质耦合穿过裂缝，首波到达时间不反映裂缝深度。

（2）采用斜测法时，必须保持 T、R 换能器的连线通过和不通过裂缝的测试距离相等，在倾斜角一致的条件下，读取相应的声时、波幅和频率值。

七、混凝土表面深裂缝检测

（一）适用条件

混凝土表面深裂缝检测适用于大体积混凝土，预计开裂深度大于 500 mm 的情况。

（二）检测要求

（1）允许在裂缝两旁钻测试孔。

（2）裂缝中不得充水或泥浆。

（3）孔径应比换能器直径大 5 ~ 10 mm。

（4）孔深应至少比裂缝预计深度深 700 mm，经测试，如浅于裂缝深度，则应加深钻孔。

（5）对应的两个测试孔，必须始终位于裂缝两侧，其轴线应保持平行。

（6）两个对应测试孔的间距宜为 2 000 mm，同一结构的各对应测孔间距应相同。

（7）如图 14-9 所示，宜在裂缝一侧多钻一个较浅的孔，测试无缝混凝土的声学参数，供对比判别之用。

（8）孔中粉末、碎屑应清理干净。

（三）检测方法

（1）选用频率为 20 ~ 60 kHz 的径向振动式换能器，并在其接线上作出等距离标志（一般间隔 100 ~ 500 mm）。

（2）测试前应先向测试孔中注满清水，然后将 T、R 换能器分别置于裂缝两侧的对应孔

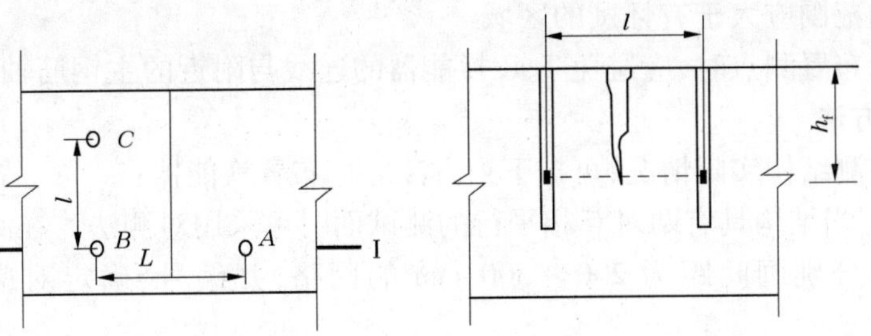

(a)平面图(*C*为比较孔)　　(b) Ⅰ—Ⅰ剖面图

图 14-9　钻孔测裂缝深度示意图

中,以相同高程等间距地从上至下同步移动,逐点读取声时、波幅和换能器所处的深度。

(四)裂缝深度判断

以换能器所处深度(h)与对应的波幅(A)绘制 $h \sim A$ 坐标图(见图 14-10)。随着换能器的下移,波幅逐渐增大,当换能器下移至某一位置后,波幅达到最大值并基本稳定,该位置所对应的深度便是裂缝深度 h_c。

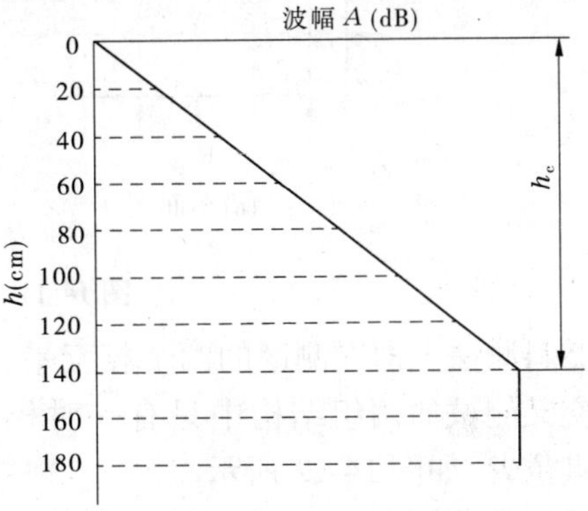

图 14-10　$h \sim A$ 坐标图

(五)注意的问题

(1)向测孔中灌的水必须是清水,无悬浮泥沙。

(2)测点间距宜为 20 cm 左右,深度大的裂缝测量间距可适当大一些,换能器上下移动到位后,使其处于钻孔中心,为此换能器应套上橡皮的“扶正器”再置于钻孔中使用。

(3)当放置 T、R 换能器的测孔之间的混凝土质量不均匀或者存在不密实区和孔洞时,将使 $h \sim A$ 曲线偏离原来趋向,此时应注意识别和判断,以免产生误判。

(4)由于大体积混凝土本身存在较大的体积变形,当温度升高而膨胀时,其裂缝变窄甚至完全闭合。结构混凝土在外力作用下,其受压区的裂缝也会产生类似变化,在这种情况下进行超声检测,难以正确判断裂缝宽度。因此,最好在气温较低的季节或结构卸荷状态下进行裂缝检测。

(5)当有主钢筋穿过裂缝且靠近一对测孔,T、R 换能器又处于该钢筋的高度时,大部分超声波将沿钢筋传播到接收换能器,波幅值难以反映裂缝的存在,检测时应注意判别。

(6)当裂缝中充满水时,绝大部分超声波经水穿过裂缝传播到接收换能器,使得有无裂缝的波幅值无明显差异,难以判断裂缝深度。因此,检测时被测裂缝中不应填充水或泥浆。

八、不密实区和孔洞检测

(一)适用情况

当结构混凝土因振动不够、漏浆或十字架空等原因造成混凝土局部区域呈蜂窝状、孔洞等缺陷时。

(二)检测要求

(1)被测部位应具有一对(或两对)相互平行的测试面。

（2）测区的范围应大于有怀疑的区域。

（3）在测区布置测点时，应避免 T、R 换能器的连线与附近的主钢筋轴线平行。

（三）检测方法

（1）根据被测结构实际情况，可按下列方法之一布置换能器：

①对测法。当结构具有两对互相平行的测试面时可采用对测法。在测区的两对相互平行的测试面上，分别画间距为 200 ~ 300 mm 的网格，并编号、确定对应的测点位置，如图 14-11 所示。

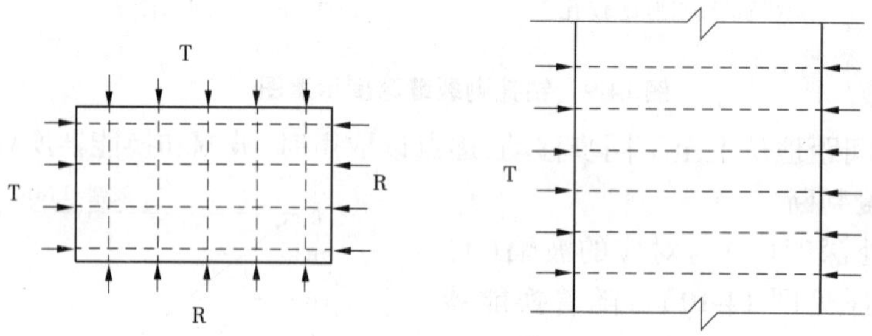

(a)平面图　　(b)立面图

图 14-11　对测法换能器布置

②斜测法。即在测区的两个相互平行的测试面上，分别画出交叉测试的两组结构中只有一对相互平行的测试面时可测点位置，如图 14-12 所示。

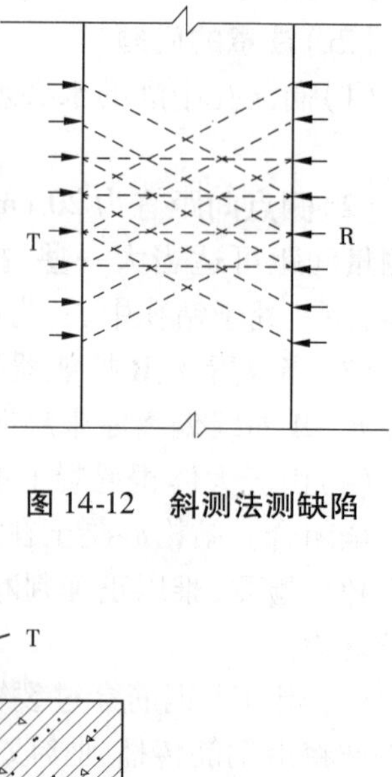

图 14-12　斜测法测缺陷

③钻孔或预埋管法。当结构的测试距离较大时，为了提高测试灵敏度，可在测区适当位置钻出平行于侧面的测试孔（见图 14-13）。测孔直径宜比换能器直径大 5 ~ 10 mm，预埋管或钻孔间距宜为 2 ~ 3 mm，其深度视测试需要而定。检测时可用两个径向振动式换能器分别置于两测孔中进行测试，或用一个径向振动式换能器分别置于测孔中或平行于测孔的侧面进行测试。结构侧面采用厚度振动式换能器，用黄油耦合。测孔中有用径向振动式换能器，用水耦合。

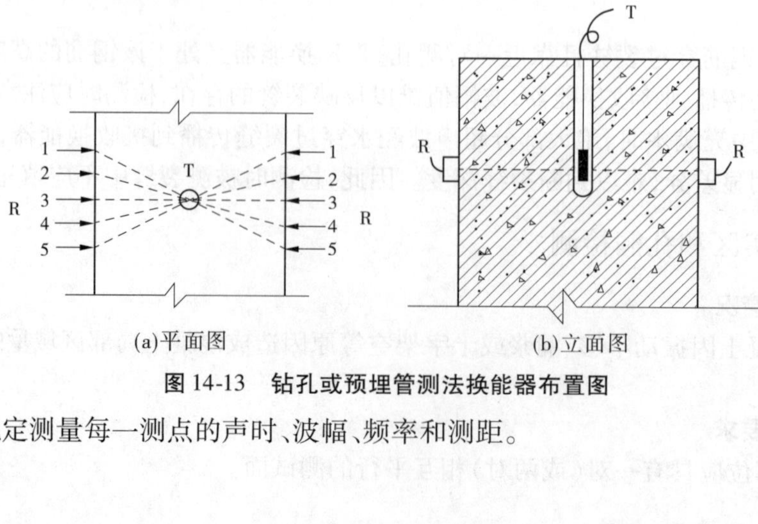

(a)平面图　　(b)立面图

图 14-13　钻孔或预埋管测法换能器布置图

（2）按规定测量每一测点的声时、波幅、频率和测距。

(四)数据处理与判断

(1)测区混凝土声时(或声速)、波幅、频率测量值的平均值(m_x)和标准偏差(S_x)应按下式计算

$$m_x = \frac{1}{n}\sum_{i=1}^{n} x_i \tag{14-27}$$

$$S_x = \sqrt{\frac{\sum_{i=1}^{n} x_i^2 - nm_x^2}{n-1}} \tag{14-28}$$

式中 x_i——第 i 点的声时(或声速)、波幅、频率的测量值;

n——测区参与统计的测点数。

(2)测区中的异常数据可按以下方法判别:

①将测区各测点的声时值由小至大按顺序排列,即 $x_1 \leqslant x_2 \leqslant \cdots \leqslant x_n \leqslant x_{n+1} \cdots$,将排在后面明显偏大的数据视为可疑数据,再将这些可疑数据中最小的一个(假定为 x_n)连同其数据计算出 m_x 及 S_x 值,并算出异常情况的判断值(x_0)。

$$x_0 = m_x - \lambda_1 S_x \tag{14-29}$$

式中 λ_1——异常值判定系数,应按表 14-5 取值。

表 14-5 统计数的个数 n 与对应的 λ_1、λ_2 和 λ_3 的值

n	20	22	24	26	28	30	32	34	36	38
λ_1	1.65	1.69	1.73	1.77	1.80	1.83	1.86	1.89	1.92	1.94
λ_2	1.25	1.27	1.29	1.31	1.33	1.34	1.36	1.37	1.38	1.39
λ_3	1.05	1.07	1.09	1.11	1.12	1.14	1.16	1.17	1.18	1.19
n	40	42	44	46	48	50	52	54	56	58
λ_1	1.96	1.98	2.00	2.02	2.04	2.05	2.07	2.09	2.10	2.12
λ_2	1.41	1.42	1.43	1.44	1.45	1.46	1.47	1.48	1.49	1.49
λ_3	1.20	1.22	1.23	1.25	1.26	1.27	1.28	1.29	1.30	1.31

把 x_0 值与可疑数据中最大值(x_n)相比较,如 x_n 大于或等于 x_0,则 x_n 及排在其后的各声时值均为异常值;当 x_n 小于 x_0 时,应再将 x_{n+1} 放进去重新进行统计计算和判别。

②将测区各测点的波幅、频率按由大到小的顺序排列,即 $x_1 \geqslant x_2 \geqslant \cdots \geqslant x_n \geqslant x_{n+1} \cdots$,将排在后面明显小的数据视为可疑数据,再将这些可疑数据中最大的一个(假定为 x_n)连同其前面的数据计算出 m_x 及 S_x 值,并算出异常情况的判断值(x_0)。

当测区中某些测点被判为异常值时,可结合异常测点的分布,按下式进一步判别其相邻测点是否异常

$$x_0 = m_x - \lambda_2 S_x \quad 或 \quad x_0 = m_x - \lambda_3 S_x \tag{14-30}$$

式中的 λ_2、λ_3 按表 14-5 取值。当测点布置为网格状时取 λ_2,当单排布置测点时取 λ_3。

(3)当测区中某些测点的声时值(或声速值)、波幅值(或频率值)被判为异常值时,可结合异常测点的分布及波形状况确定混凝土内部存在不密实区和孔洞的范围。

(五)孔洞尺寸估算方法

当判定缺陷是孔洞时,可按以下的方法估算其尺寸。

如图 14-14 所示，设检测距离为 l，孔洞中心（在另一对测试面上声时最长的测点位置）距一个测试面的垂直距离为 l_k，声波在孔洞附近无缺陷混凝土中传播的时间平均值为 m_{ta}，绕孔洞传播的时间（孔洞处的最大声时）为 t_h，孔洞半径为 r。

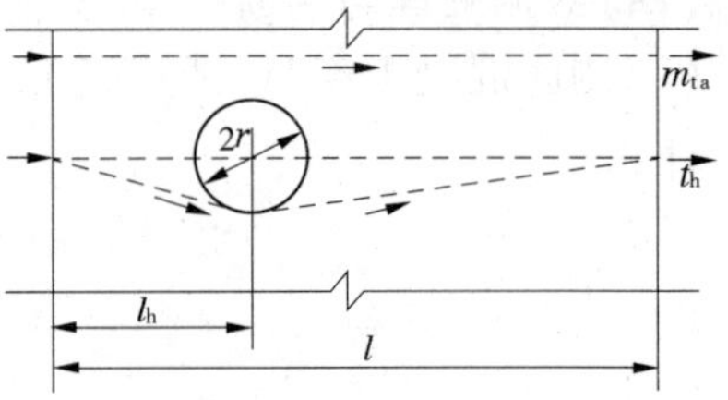

图 14-14　孔洞尺寸估算原理

根据 l_h/l 值和 $(t_h - m_{ta})/m_{ta} \times 100\%$ 值，查表 14-6孔洞半径 r 与测距 l 的比值，再计算孔洞半径 r。

如被测部位只有一对可供测试的表面，孔洞半径可用下式计算

$$r = \frac{1}{2}\sqrt{\left(\frac{t_h}{m_{ta}}\right)^2 - 1} \tag{14-31}$$

式中　r——孔洞半径，mm；

l——T、R 换能器之间的距离，mm；

t_h——缺陷处的最大声时值，μs；

m_{ta}——无缺陷区的平均声时值，μs。

表 14-6　孔洞半径 r 与测距 l 的比值

y	x												
	0.05	0.08	0.10	0.12	0.14	0.16	0.18	0.20	0.22	0.24	0.26	0.28	0.30
0.10(0.9)	1.42	3.77	6.26	—	—	—	—	—	—	—	—	—	—
0.15(0.85)	1.00	2.56	4.06	5.97	8.39	—	—	—	—	—	—	—	—
0.2(0.8)	0.78	2.03	3.18	4.62	6.36	8.44	10.9	13.9	—	—	—	—	—
0.25(0.75)	0.67	1.72	2.69	3.90	5.34	7.03	8.98	11.2	13.8	16.8	—	—	—
0.3(0.7)	0.60	1.53	2.40	3.46	4.73	6.21	7.91	9.38	12.0	14.4	17.1	20.1	23.6
0.35(0.65)	0.55	1.41	2.21	3.19	4.35	5.70	7.25	9.00	10.9	13.1	15.5	18.1	21.0
0.4(0.6)	0.52	1.34	2.09	3.02	4.12	5.39	6.84	8.48	10.3	12.3	14.5	16.9	19.8
0.45(0.55)	0.50	1.30	2.03	2.92	3.99	5.22	6.62	8.20	9.95	11.9	14.0	16.3	18.8
0.5	0.50	1.28	2.02	2.89	3.94	5.16	6.55	8.11	9.84	11.8	13.3	16.1	18.6

注：表中 $x = (t_h - m_{ta})/m_{ta} \times 100\%$，$y = l_h/h$。

（六）注意问题

（1）一般情况下，用波幅、频率和声时的差异来判别不密实区和孔洞等缺陷较为有效。

（2）若耦合条件保证不了测幅稳定，则波幅值不能作为统计法的判据。

（3）有时由于一个构件的整体质量差，各测点的声速、波幅测量值的标准偏差较大，如按上述判据易产生漏判，此时，可利用一个同条件（混凝土的材料、龄期、配合比及配筋相同，测距一致）混凝土的声速、波幅的平均值和标准偏差来判别。

九、混凝土结合面质量检测

用超声法检测两次浇筑的混凝土结合面的质量时，应先查明结合面的位置及走向，明确

被测部位及范围。若构件的被测部位具有声波垂直或斜穿结合面的测试条件,可采用对测法与斜测法进行检测。换能器的具体布置方法如图 14-15 所示。

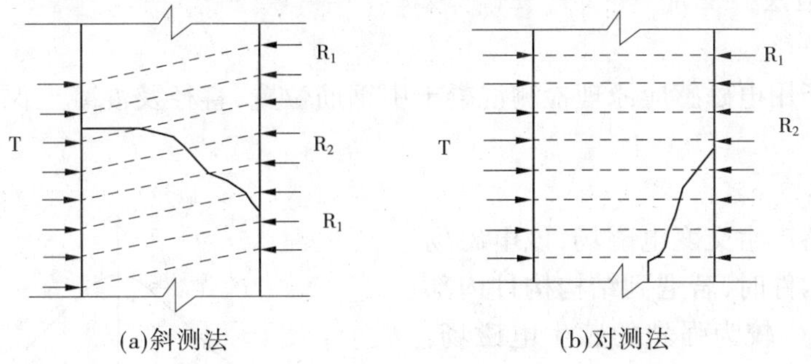

图 14-15　混凝土结合面质量检测示意

(一)测点布置

(1)使测试范围覆盖全部结合面或有怀疑的部位。

(2)各对 $T-R_1$(声波传播不经过结合面)和 $T-R_2$(声波传播经过结合面)换能器连线的倾斜角测距应相等。

(3)测点间距应根据被测结构尺寸结合面的外观质量情况确定,一般为 100 ~ 300 mm,间距过大,易造成缺陷漏检。

(二)声时、波幅和主频率测量

按布置好的测点分别测出各点的声时、波幅和主频率。

(三)数据处理及判定

(1)将同一测位各点声速、波幅和主频率分别按数理统计进行计算。

(2)当测点数无法满足统计法判断条件时,可将 $T-R_2$ 的声速、波幅等声学参数与 $T-R_1$ 进行比较,若 $T-R_2$ 声学参数比 $T-R_1$ 显著偏低,则该点可判为异常测点。

(3)当通过结合面的某些测点的数据被列为异常数据,并查明无其他因素影响时,可判定混凝土结合面在该部位结合不良。

第三节　结构混凝土钢筋位置及保护层厚度检测

一、钢筋位置及保护层厚度检测的目的及意义

钢筋绑扎是混凝土结构工程的中间工序、隐蔽工程 ,《混凝土结构工程施工质量验收规范》(GB 50204—2002) 指出:钢筋的混凝土保护层厚度关系到结构的承载力、耐久性、防火等性能,必须抽取一定数量的梁、板类构件进行钢筋保护层厚度的测试作为结构实体检验的一项内容。

结构钢筋扫描技术主要有电磁感应法钢筋保护层厚度测试仪和混凝土雷达仪两大类,且均已收入建设部新标准《混凝土中钢筋检测技术规程》(JGJ/T 152—2008)中。

二、检测原理及仪器

(一)电磁感应法

1. 定义

电磁感应法指用电磁感应原理检测混凝土中钢筋位置、直径及混凝土保护层厚度的方法。

2. 检测原理

仪器的传感器产生交变电磁场,该电磁场作用于被测结构构件时,若遇到结构构件内部的金属介质,则产生较为强烈的感生电磁场,仪器传感器接收到感生电磁场并将其转化为电信号,从而可以判断钢筋的位置、保护层厚度和钢筋直径等,如图 14-16 所示。

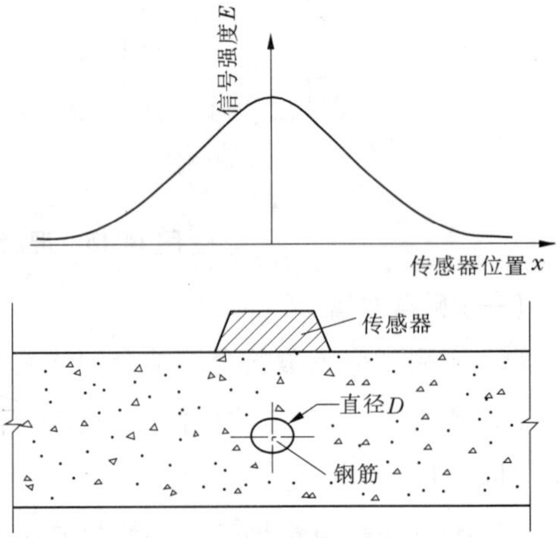

图 14-16　电磁感应法检测原理

当传感器位于钢筋正上方时接收信号最强,因此通过传感器在被测钢筋上方移动时接收信号的强弱可以判断钢筋的位置。从检测技术考虑,信号峰值的判断只能在接收信号越过峰值后出现下降趋势的时候才能判断,所以钢筋位置的自动判定是在传感器越过了钢筋正上方后才能肯定,这种现象被称为钢筋扫描的滞后效应。

目前,仪器实现变换检测模式的方法一般有以下两种:一种是正交测量法,传感器置于被测钢筋上方,在与钢筋平行和垂直的方向上各测量一次,通过所测得的信号强弱差异,经分析得出钢筋直径。该方法因传感器需要改变位置,引入了两次测量误差。另一种是内部切换法,当传感器置于钢筋正上方时,仪器自动切换传感器的测量状态,进行两次测量,得出钢筋直径。该方法不需要变换传感器位置,减少了人为操作带来的测量误差,比较快捷方便。

(二)雷达法

1. 定义

雷达法是指通过发射和接收到的毫微秒级电磁波来检测混凝土中钢筋位置、混凝土保护层厚度的方法。

2. 检测原理

雷达法检测原理如图 14-17 所示。

雷达法检测具有如下技术特点:

(1)对混凝土有很强的穿透能力,可测较大深度。

(2)可实现非接触探测,可作实时检测,探测速度快。

(3)通过减小波长和增大频率宽度,实现高分辨率的探测。

三、检测技术

(一)一般规定

(1)不适用于含有铁磁性原材料的混凝土中钢筋的检测。

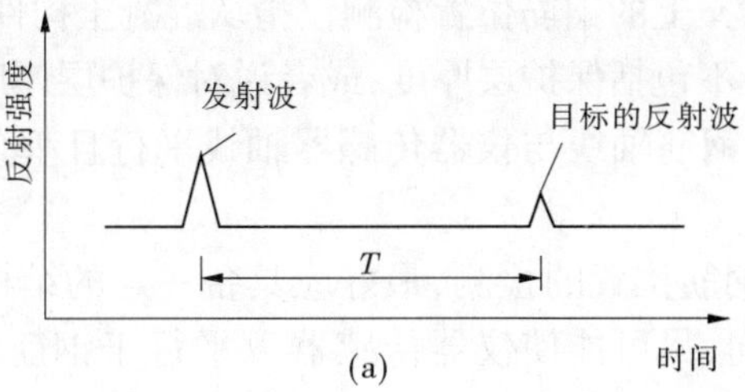

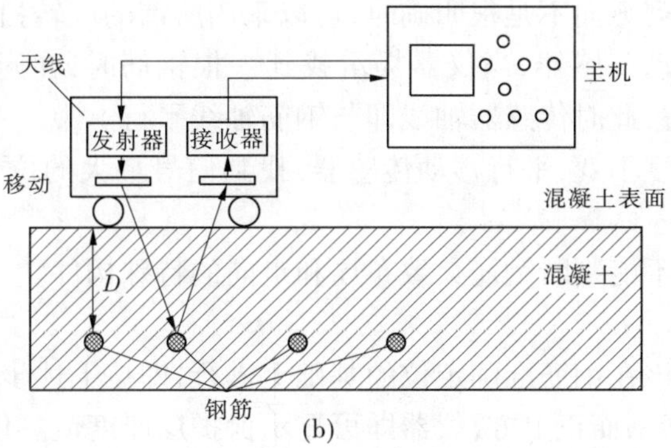

图 14-17　雷达法检测原理

(2)根据钢筋设计资料,确定检测区域钢筋的可能分布状况,选择适当的检测面。检测面应清洁、平整,并避开金属预埋件。

(3)对于具有饰面层的构件,应清除饰面层后在混凝土面上进行检测。

(4)钻孔、剔凿的时候不得损坏钢筋,实测采用游标卡尺,量测精度为 0.1 mm。

(二)仪器性能要求

检测前应采用校准试件进行校准,当混凝土保护层厚度为 10 ~ 50 mm 时,混凝土保护层厚度检测的允许误差为 ±1 mm,钢筋间距检测的允许误差为 ±3 mm。

仪器应定期进行校准,正常情况下,仪器校准有效期为一年。发生下列情况之一时,应对仪器进行校准:

(1)新仪器启用前。

(2)检测数据异常,无法进行调整。

(3)经过维修或更换主要零配件(如探头、天线等)。

(三)影响测量准确度的因素

(1)外加磁场的影响,应予避免。

(2)混凝土若具有磁性,测量值需加以修正。

(3)钢筋品种对测量值有一定影响,主要是高强钢筋需加以修正。

(4)不同的布筋状况、钢筋间距会影响测量值,当 $D/S<3$ 时需修正测量值。其中,D 为钢筋净间距(mm),即钢筋边缘至边缘的间距;S 为保护层厚度,即钢筋边缘至保护层表面的最小距离(mm)。

(四)电磁感应法

1. 钢筋位置检测

严格意义上的钢筋位置应该是指由钢筋三维方向的坐标所确定的位置,包含了钢筋排列方式和保护层厚度。但一般意义上的钢筋位置检测仅指从混凝土构件表面经过仪器扫描检测确认钢筋排列方向、轴线位置,不包括保护层厚度,或者说对保护层厚度的精度要求不高。

对于一定深度的钢筋,当钢筋轴线与仪器传感器轴线平行且垂直距离最小时,传感器的响应信号最强。

对于混凝土结构构件中钢筋位置的检测,最好应具备一定的结构知识,并结合设计图纸等资料判断构件中钢筋的走向,尽可能使仪器传感器以平行于钢筋轴线的方向扫描。扫描中应尽可能避开垂直方向的钢筋,以免干扰。

当对结构中钢筋排列方向不是很明确时,可以采用所谓的旋转扫描法,其步骤如下:

首先沿直线匀速移动传感器,当仪器提示找到一根钢筋时,在附近位置左右旋转传感器,找到信号最大的位置,此时传感器轴线即与钢筋轴线平行。

然后保持传感器角度不变,平行移动传感器,找到信号最大的位置,即是钢筋的准确位置。

旋转扫描法适用于不能判断钢筋大致布局和走向的特殊构件。

2. 保护层厚度检测

保护层厚度检测应该在钢筋准确定位的基础上进行,即按上述步骤,确定钢筋轴线位置后,将传感器平行放置于钢筋正上方,仪器即可显示保护层厚度值。仪器显示的保护层厚度值是钢筋深度和直径的函数,因此为准确测得保护层厚度,还应该在仪器上准确设置钢筋直径。保护层厚度测量的准确程度还受相邻钢筋、混凝土原材料(主要是集料)是否含铁磁性物质、钢筋材质等因素的影响,其中相邻钢筋的影响最大。

3. 操作步骤

(1)检测前,应对仪器进行预热和调零。在检测过程中,应适时核查仪器的零点状态。

(2)进行钢筋位置检测前,宜结合设计资料了解钢筋布置状况。检测时,应避开钢筋接头和绑扎丝,钢筋间距应满足仪器的要求。探头在检测面上移动,直到仪器保护层厚度示值最小,此时探头中心线与钢筋轴线应重合,在相应位置做好标记。按上述步骤将相邻的其他钢筋位置逐一标出。

(3)钢筋位置确定后进行保护层厚度的检测:

①设定仪器量程范围及钢筋直径,沿被测钢筋轴线选择相邻钢筋影响较小的位置,并应避开钢筋接头和绑扎丝,读取保护层厚度检测值。在每根钢筋的同一位置重复检测1次,读取数值。

②当同一处读取的2个保护层厚度值相差大于1 mm时,该组检测数据无效,并应查明原因,在该处重新进行检测;如2个保护层厚度值相差仍大于1 mm,则应该更换检测仪器或采用钻孔、剔凿的方法核实。

注:大多数仪器要求钢筋直径已知方能准确检测保护层厚度,此时仪器必须按照钢筋实际直径对应进行设置。

③当实际保护层厚度值小于仪器最小示值时,应采用在探头下附加垫块的方法进行检测。垫块对仪器检测结果不应产生干扰,表面应光滑平整,其各方向厚度值偏差不应大于0.1 mm。所加垫块厚度 C_0 在计算保护层厚度时应予扣除。

(4)检测钢筋间距时,应将设计间距相同的连续相邻钢筋一一标出,不得遗漏,并不宜少于7根钢筋,然后量测所有相邻钢筋的间距 s_i,并记录其间隔数。

(5)遇到下列情况之一时,应选取不少于30%的已测钢筋且不应少于6处(当实际检测数量不到6处时应全部抽取),采用钻孔、剔凿等方法验证:①认为相邻钢筋对检测结果有影响;②钢筋实际直径未知或有异议;③钢筋实际根数、位置与设计有较大偏差;④在构件饰面层未清除的情况下检测钢筋保护层厚度;⑤钢筋以及混凝土材质与校准试件有显著差异。

(五)雷达法

检测的时候必须根据被测结构中钢筋的排列特点,使雷达仪天线垂直于被测钢筋移动。仪器天线将接收的信号转换成被测部位的断面图,直观地显示被测钢筋的影像,然后可以将检测结果打印出来或者利用仪器所配置的软件进行分析,可以得到被测部位断面中的钢筋间距、深度等参数。

雷达法检测的操作步骤如下:

(1)根据被测结构或构件中钢筋的排列方向,雷达仪探头或天线沿垂直于被测钢筋轴线方向扫描,仪器采集并记录下被测部位的反射信号,经过适当处理后,仪器可显示被测部位的断面图像,根据钢筋的反射波位置来确定钢筋间距 s_i 和保护层厚度值。

(2)检测钢筋间距时,应将设计间距相同的连续相邻钢筋一一标出,不得遗漏,并不宜少于7根钢筋,然后量测所有相邻钢筋的间距 s_i,并记录其间隔数。

(3)遇到下列情况之一时,应选取不少于30%的已测钢筋且不应少于6处(当实际检测数量不到6处时应全部抽取),采用钻孔、剔凿等方法验证:

①认为相邻钢筋对检测结果有影响;

②钢筋实际根数、位置与设计有较大偏差或无资料可参考;

③混凝土含水量较高;

④饰面层电磁性能与混凝土有较大差异;

⑤钢筋以及混凝土材质与校准试件有显著差异。

四、检测数据处理

(一)钢筋保护层厚度

1. 抽样方法

对于梁类、板类构件,应各抽取构件数量的2%且不少于5个构件进行检验;当有悬挑构件时,抽取的构件中悬挑梁类、板类构件所占比例均不宜小于50%。

结构部位应由监理(建设)、施工等各方根据结构构件的重要性共同选定。

2. 检测部位

对于梁类构件,应对全部纵向受力钢筋的保护层厚度进行检验;对于板类构件,应抽取不少于6根纵向受力钢筋的保护层厚度进行检验;对于每根钢筋,应在有代表性的部位测量1点。

3. 检测方法

可采用非破损或者局部破损的方法,也可采用非破损方法并用局部破损方法进行校准。检测误差不应大于1 mm。

4. 指标要求

纵向受力钢筋的允许偏差,对梁类构件为 -7 ~ 10 mm,对板类构件为 -5 ~ 8 mm。

5. 结果评定

对于梁类、板类构件，纵向受力钢筋的保护层厚度应分别进行验收，符合下列要求可按合格验收：

(1)全部钢筋保护层厚度检验的合格点率不小于90%时，判定为合格。

(2)全部钢筋保护层厚度检验的合格点率小于90%但不小于80%时，可再抽取同样数量的构件进行检验，同时两次抽样总和计算的合格点率必须不小于90%，才能判定为合格。

(3)每次抽样检验结果中不合格点的最大偏差均不应大于规范允许偏差的1.5倍。对于梁类构件，也就是说，不能超过 -10.5 ~ 15 mm；对于板类构件，不能超过 -7.5 ~ 12 mm。

(二)钢筋位置检测

钢筋位置检测主要是为了了解其间距，如楼板中纵向受力钢筋间距是影响其承载能力的重要因素。钢筋间距的计算相对较为简单，可以根据一定长度内有几根钢筋(几个间隔)来计算平均间距，如钢筋分布不均匀，最好将所测部位的钢筋分布以绘图形式记录下来，并记录每根钢筋间距，以便整改。

第四节　预制成品梁(板)的质量检验

为了检验钢筋混凝土和预应力钢筋混凝土单片成品梁的实际承载能力，以及校核在设计荷载下梁的强度、刚度及抗裂性能，针对理论极限状态的计算结果，对单梁进行加载试验，确定单梁的承载能力是否满足设计要求，从而确保整桥的承载能力。

一、试验梁的选择与设计施工资料收集

(一)试验梁的选择方法

1. 随意抽样法

随意抽样法适用于大批生产的梁(做鉴定性试验)，抽样数量一般占每批产量的1% ~ 5%。抽样是任意选择的，不能故意选择。这样抽样试验的结果，可以反映出梁的设计与施工中的普遍问题，具有较好的代表性。

2. 典型抽样法

典型抽样法适用于生产数量不多、施工质量差别较大的情况，一般选择质量最差的一片梁进行试验，若该片梁合格，则其余的梁就可以认为合格了。此外，对于存在某些重大缺陷的梁，在按规定进行补救后，也应进行试验，以检验其承载能力。

(二)试验梁设计、施工资料的收集

1. 设计资料

设计资料主要包括设计标准、设计主要荷载类型、结构特点、桥梁设计图纸、桥梁计算书及设计原始资料等。

2. 施工资料

施工资料包括材料试验报告、钢筋骨架验收记录、阶段施工质量检查验收记录、竣工图纸及各项施工记录。

在收集和分析试验梁的各项资料的同时，还应对梁体的几何尺寸、材料状况、施工质量、表面缺陷等进行认真细致的检查。

二、梁板试验检测仪器操作与调试

(一)梁板试验常用检测仪器

1. 常用仪器

梁板试验需要量测的项目有结构的应变、位移、挠度、沉降和裂缝等,应选择适当的仪器进行量测。常用量测仪器有应变仪、应变计(应变片)、百分表、千分表、位移计、精密水准仪、测微器、全站仪和裂缝宽度观测仪。

2. 仪器选择

梁板试验时,量测仪表的精度应不大于预计量测值的5%。机械式仪表具有安装使用方便、迅速、读数可靠的优点,但需要加设观测脚手架,而且需要的试验人员较多;电测仪表安装测试比较费事,影响测试精度的因素也很多,但测试、记录较方便、安全。应根据预计的量测值并考虑仪表的设置和观测条件来选择适用的仪表。

(二)梁板试验常用检测仪器的操作与调试

1. 电阻应变仪的操作与调试

正确地操作和使用电阻应变仪,是获取准确试验数据的关键步骤,为此必须做好下列工作:

(1)操作前的准备工作及注意事项。选好电阻应变仪的安放位置,尽量远离各种电磁干扰源,如大功率电动机、电焊机和高压线等。

(2)电阻应变仪要接地良好,注意模拟信号地线、数字信号地线以及电源地线之间的隔离。

(3)电阻应变仪所有电源必须稳定可靠,输入电压(220 V)的变化范围应保持在-10% ~ +5%之内。

(4)测点的连接导线尽量远离电源线,以免交变电源的干扰耦合到连接导线内,对测点信号造成干扰,影响测量精度。

(5)必须固定好连接测点与电阻应变仪的导线,不允许随风摆动,以免导线的电阻变化,影响测量精度。

(6)补偿片与工作片必须规格相同,补偿片贴在与被测试件材料相同且不受力的试件上(补偿块),并且有补偿片的试件应与被测试件放置一起,使它们处于同一温度场。

(7)再次确认前期准备工作的质量,如电阻应变片对地的绝缘电阻,电阻应变片及连接导线是否开路或短路等。

(8)将测点连接线接入电阻应变仪,进行扫描,观察是否所有测点均可调整平衡,对不能平衡的重要测点,应及时查找原因,采取措施补救。

2. 百分表的操作与调试

(1)百分表的基本构造见图14-18。

(2)使用方法。

使用时,百分表装在表座上(目前大都采用磁性表座,见图14-19),表架安装在专门搭设的临时支架上,支架应具有一定的刚度,并与被测结构物分开。

将测杆触头抵在测点上,借助弹簧的使用,使其接触紧密。当测点沿(或背向)测杆方向发生位移时,推动(或放松)测杆,使测杆的平齿带动小齿轮,小齿轮又和与它同轴的大齿

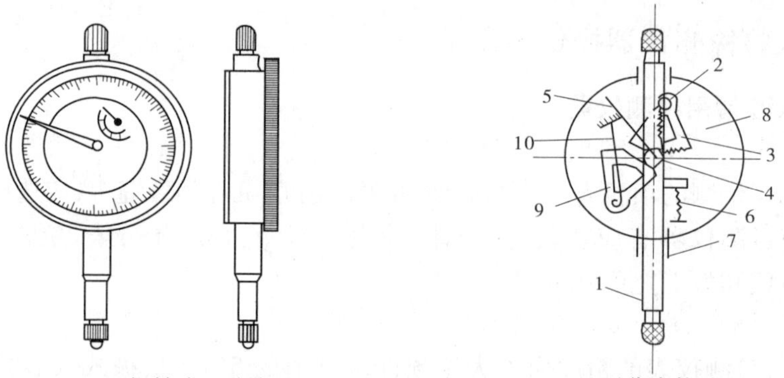

(a)机械式百分表　　　　　　　　　　(b)百分表构造图

1—测杆;2—小齿轮;3、9—扇形齿轮;4—中央齿轮;
5—长针;6—弹簧;7—轴颈;8—躯体;10—螺旋形弹簧

图 14-18　百分表的基本构造

轮一起转动,最后使指针齿轮和指针旋转,经过一系列放大之后,便在表盘上指示出位移值。

3. 用位移计测挠度与变位

用位移计测挠度或某点的位移时,要注意位移的相对性,位移计的定点(表壳)和动点(测杆)必须分别和相对位移的两点连接。

位移计可装在各种表架上,通常用颈箍夹住表的轴颈,也可用其他方式将表壳或轴颈固定在某一个点,测杆可直接顶住试件测点。

图 14-19　百分表安装

应用位移计量挠度与变位时,应注意下列问题:

(1)作为固定位移计的不动点支架必须有足够的刚性。采用磁性或万能百分表架时,表架连杆不可挑出太长。因为位移计测杆顶住测点时,有一定的反力压在连杆上,如果连杆或支架的柔性较大,就会在该压力作用下产生变形。这样,当结构变形时,仪表就不动或跳动,反映不出测点的真正位移值。

(2)位移计测杆与所量测的位移方向完全一致。测点表面需经一定处理,如在混凝土、木材等表面粘贴小块玻璃片或金属薄片等,以避免结构变形后,由于测点垂直于百分表测杆方向的位移,而使位移计产生误差。这种误差有时会很大。如果上述方式还不足以消除误差,则不应将位移测杆直接顶住测点,而须采用其他方式。

(3)位移计使用前后要仔细检查测杆上下活动是否灵活,原因是灰尘落入或表架颈拧得过紧等都会影响杆上下运动的灵活性。

4. 裂缝宽度观测仪

一般地,检查裂缝出现的方法是借助于放大镜用肉眼观察,裂缝出现后,裂缝宽度可采用读数显微镜量测。读数显微镜是由光学透镜与游标刻度玻片等组成的复合仪器,其最小刻度值要求不大于 0.05 mm。另外,也有用印刷有不同宽度线条的裂缝标准宽度板(裂缝卡)与裂缝对比量测;或用一组具有不同标准厚度的塞尺进行试插对比,刚好插入裂缝的塞尺厚度,即裂缝宽度。后两种方法比较粗略,但能满足一般测试要求。

三、梁板试验检测现场准备工作

(一)试验梁的基本情况

了解试验梁的桥名、设计长度、梁号、混凝土设计强度等级,业主、施工单位、监理单位、设计单位,并记录。

(二)摆梁的加载装置

1. 龙门吊吊配载梁加载装置摆梁

对预制场采用龙门吊吊梁的桥,可用龙门吊吊配载梁加载,一片梁自重不够时可用两片,在试验梁 $L/2$ 截面两侧横向对称放置两根分配梁,分配梁为钢轨,间距 1.0 m,其作用是使 $L/2$ 截面受纯弯矩作用,分配梁上沿梁纵向放置钢轨,在钢轨上放置千斤顶及荷载传感器,反顶配重梁。梁加载装置示意如图 14-20 所示。

需准备的辅助材料:短钢轨 2 根,2 m 长枕木 6 根,橡胶支座 4 块,支承刚性主梁的垫块若干。

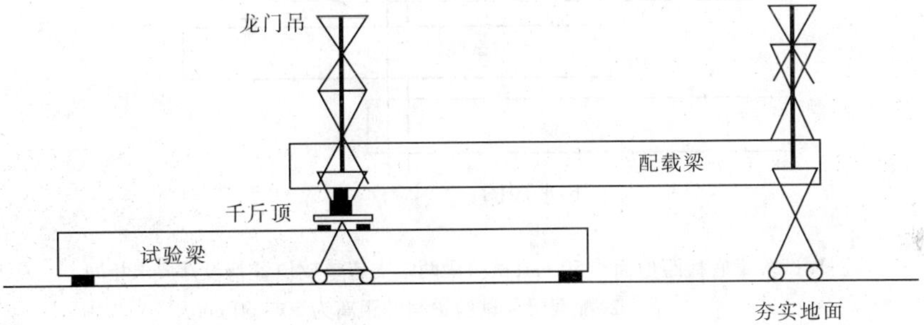

图 14-20　用龙门吊吊配载梁加载装置示意

2. 堆载法加载装置摆梁

在试验前准确称量堆载物重,在跨中左右一定范围内按某一力加载。具体堆载布置示意见图 14-21。

3. 用预制梁配载加载装置摆梁

需准备辅助材料:6 m 长刚性钢梁 1 根(亦可由 3 根 45 型或 50 型钢轨组成),2 m 长的枕木 8 根,橡胶支座 4 块。在试验梁跨中顶面放置方钢(或钢轨)作分配梁,再在分配梁上放置千斤顶及荷载传感器,反顶加载横主梁(由工字钢、钢轨或贝雷架等组成),并用钢丝绳拴住配载梁端吊钩(无吊钩可兜梁底),两片梁重量不够时可补堆其他重物,形成扁担式加载装置。本方法最好在预制场进行,不宜在已架好的桥梁上进行,加载装置

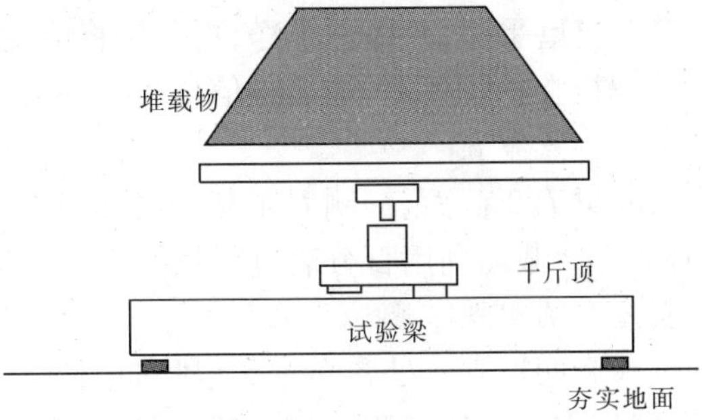

注:1. 试验梁底板距地面约 50 cm,试验梁两端支座垫放位置与设计要求相同。
2. 加载主梁中点位于试验梁中点正上方,且与试验梁平行。
3. 次梁放在主梁上方,且与主梁垂直;堆载完成后主梁距试验梁顶的距离为 70 cm。

图 14-21　堆载法加载装置示意

见图 14-22。

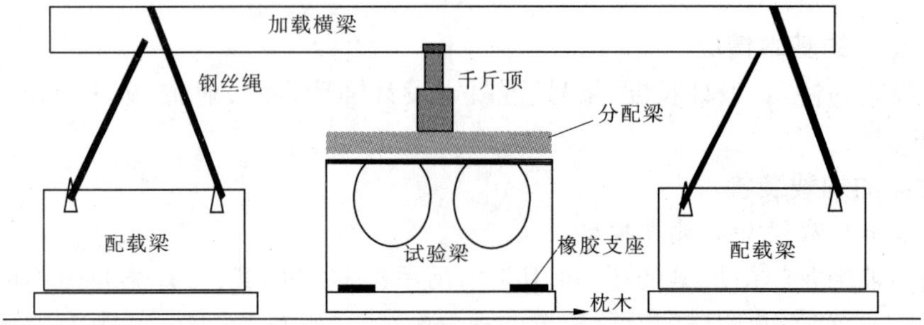

(a)立面图

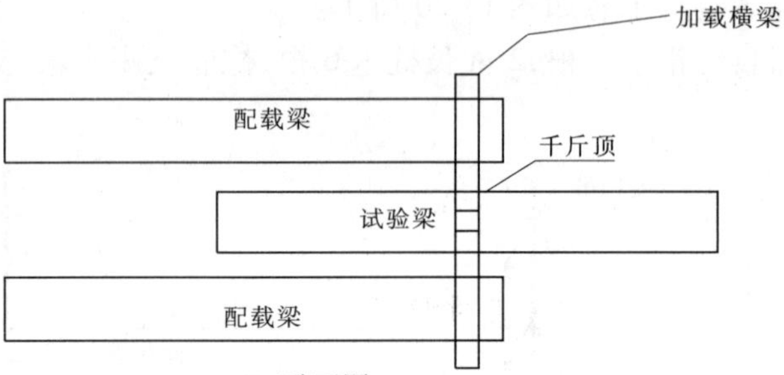

(b)平面图

注:1. 试验梁底板距地面约 50 cm,试验梁两端支座垫放位置与设计要求相同。

2. 配载梁与试验梁间的距离为 50 ~ 60 cm。

图 14-22　用预制梁配载加载装置示意

(三)测点布置

1. 应变测点布置

在试验梁底 *L*/2 截面处布置 2 个混凝土应变测点,在试验梁 *L*/2 截面处腹板布置 6 个混凝土应变测点,共布置 8 个应变测点检测混凝土应变。

将测点打磨平整,并擦洗干净,再分别将应变片护铜板粘贴在测点位置,然后将应变片和信号线焊接在护铜板上,最后将信号线另一头与电阻应变仪连接、编号。

2. 挠度测点布置

在试验梁 *L*/2 截面、一侧 *L*/4 截面各布置 2 根竖向测试标尺,利用精密水准仪检测挠度,同时在 *L*/2 截面利用百分表进行核对。

3. 支座沉陷测点布置

在试验梁两端支座处各布置 2 根竖向测试标尺,利用精密水准仪检测支座沉陷。具体测点布置示意见图 14-23。

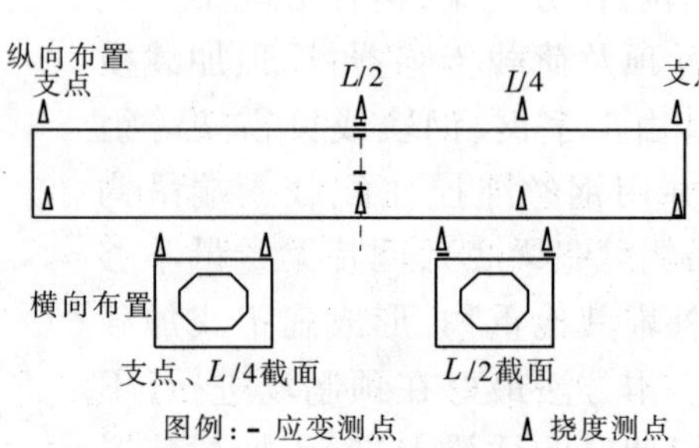

图 14-23　测点布置示意

(四)电阻应变片的贴片技术

电阻应变片的粘贴是应变电测技术中的一个关键环节,粘贴质量的好坏直接影响测量结果。贴片技术包括应变片选择、试件表面处理、贴片、固化及防潮处理、焊接导线、质量检查等技术。

1. 应变片选择

用放大镜检查应变片有无缺陷和破损。同批试验选用灵敏系数和阻值相同的应变片，采用兆欧表或万用表对其阻值进行测量，保证误差不大于0.5 Ω。

2. 试件表面处理

先初步画出贴片的位置，用砂布或打磨机将贴片位置打磨平整，混凝土表面无浮浆、麻面与气泡，必要时涂底胶（如66 胶水），待固化后再次打磨。在打磨平整的部位准确地画出测点的纵、横中心及贴片方向。

3. 贴片

用砂纸以45°方向将打磨平整的部位再次进行打磨，然后用镊子夹脱脂棉球蘸取无水酒精（或丙酮），将贴片位置轻轻擦洗干净。用手握住应变片引出线，在其背面均匀涂抹一层502 胶水，然后放在测点上，调整应变片的位置，使其准确定位。在应变片上覆盖小片玻璃纸，用手轻轻滚压，挤出多余的胶水和气泡。注意不要使应变片位置移动。用手指轻按1 ~2 min，待胶水初步固化后，即可松手。粘贴质量好的应变片，应胶层均匀、位置准确。

4. 固化及防潮处理

干燥才能固化。对于气温较高、相对湿度较低的短期试验，可用自然干燥，时间一般1 ~2 d。人工干燥12 h 后，用红外线灯烘烤，温度不要高于50 ℃，还要避免温度骤热，烘干到绝缘电阻符合要求时为止。

根据实际环境要求，应变片有时需要进行防潮处理（例如可用703 胶水涂抹在应变片上，切勿将胶水粘到应变片引出线上）和防止机械损伤。

5. 应变片与电阻应变仪的连接

在连接之前首先将信号线两端编号，然后将护铜板用502 胶水粘贴到应变片引出线一侧，注意保持适当的距离，再用电烙铁分别将引出线和信号线一端焊接在护铜板上。焊接完毕，将电阻应变仪与静态电阻预调平衡箱连接，信号线与静态电阻预调平衡箱连接，调试电阻应变仪及静态电阻预调平衡箱。

四、梁板加载与试验测试

（一）试验荷载

试验荷载的确定，包括荷载图式、荷载大小和加载程序三个方面。

1. 荷载图式

试验荷载图式最好能与设计计算的荷载图式相同，这样就可以使试验梁的工作情况与设计相符。但在试验中荷载量较大时，为了简化试验装置及便于试验进行，有时也采用与设计不同的荷载图式。但这种荷载图式必须与设计荷载图式等效，才能保证不因荷载图式的改变而影响梁的工作和试验结果的分析。

2. 荷载大小

荷载大小应根据试验目的来确定。非破坏性试验的荷载量，可按控制设计的弯矩值推算。若需进行超载试验，可乘以适当的超载系数。对于预应力混凝土梁，还要考虑试验时尚未完成的预应力损失对梁体构成的抵抗力矩的作用。若进行破坏性试验，则在加载量达到设计吨位后,仍应继续加载到梁体破坏或不能再使用时为止。

3. 加载程序

加载程序是指试验中荷载与时间的关系。如加载速度、间歇时间、分级荷载量的大小及加卸载循环次数等。只有正确地确定荷载程序,才能正确地反映梁的承载能力与变形性质。

由于混凝土在首次受力时的变形与荷载关系是不稳定的,所以在正式试验前,必须通过预载,使结构进入正常工作状态。同时,通过预载还可对整个试验装置进行检验,以保证试验的正常进行。预载的最大加载量可与设计加载量相同。

一般试验中加、卸载分级进行。加载时每级量可取总加载量的 20% ~30%,卸载时每级量可取 50%,也可一次卸载。每级荷载间应有足够的间歇时间,以便正确地测定梁在各级荷载下的变形情况。钢筋混凝土梁的荷载间歇时间一般不少于 10 min。在保持恒载比较困难的情况下,为避免仪器指针不稳定,间歇时间可以缩短,但不宜少于 3 ~5 min。当加载量达到设计加载量后,应有足够的满载时间,一般不少于 30 min。若达到规定满载间歇时间,梁的变形仍有较显著的发展,则应延长满载间歇时间至变形稳定为止。若在 3 倍的满载间歇时间后,变形仍有较明显的发展,则认为该梁不合格。为了正确测定梁的残余变形,卸荷后应有足够的零载时间,然后观测残余变形。零载时间可取 1.5 倍的满载间歇时间,为了解变形的恢复情况,在零载时间内也应经常观测读数。

综上所述,加载可分三个阶段进行:

(1)预载阶段加载程序为:$0 \to 10\ \text{kN} \to 0.5P \to P \to 0$。

(2)设计荷载阶段加载程序为:$0 \to 10\ \text{kN} \to 0.2P \to 0.4P \to 0.6P \to 0.8P \to P \to 0.5P \to 0$,循环次数少于两次。

(3)开裂荷载阶段加载程序为:$0 \to 10\ \text{kN} \to 0.25P \to 0.5P \to 0.75P \to P \to (P_{裂} - 30\ \text{kN}) \to P_{裂} \to P \to 0.5P \to 0$。

第二次循环为:$0 \to 10\ \text{kN} \to P \to P_{裂} \to 0$,以后每级增加 $0.2P$,直至出现裂缝。

(二)观测项目及量测仪器

预应力混凝土简支梁单片梁载荷试验的观测项目主要有如下几种。

1. 挠度

梁在各级荷载下的挠度,不仅可以反映出梁的刚度、梁的弹性和非弹性变形,而且还能反映出梁体在荷载下的整体工作状况。挠度观测是梁的静载荷试验的主要测量项目。在缺乏必要的测量仪器的情况下,梁的静载荷试验也可仅取挠度观测这一项。

梁的挠度可用精密水准仪和百分仪测定。测点一般可设置在跨中、支点和四分点处,对较大跨径的梁在八分点处应增设测点。

试验时,应量测构件跨中位移和支座沉陷。对宽度较大的构件,应在每一截面的两边或两肋布置测点,并取其量测结果的平均值作为该处的位移。

2. 跨中断面沿梁高混凝土应变的测定

在荷载作用下,简支梁中断面沿梁高混凝土正应变的分布情况,是验证设计计算的合理性与正确性的重要指标。测点可沿梁高等距离布置,也可布置成外密里疏,以便比较准确地测定较大的应变力。

测量梁体混凝土应变的测点数,一般不少于 5 ~7 个。如梁的高度比较大,测点还应增加。因为有了较多的测点,就能准确地测定出中性轴的位置。

引伸仪的标距不宜太小,一般要大于混凝土粗集料粒径的2~4倍,一般引伸仪的标距为15~20 cm。

3. 裂缝出现的观测

梁体混凝土在荷载的作用下出现的裂缝能直接反映出梁的抗裂性能。将第一条裂缝出现的开裂荷载与设计的抗裂荷载加以比较,就可以知道梁的抗裂安全度的大小。因此,及时发现受拉区出现第一条裂缝时的开裂荷载是十分重要的。

如在试验过程中,某处应变计的示值跳跃式地增长,表示梁体混凝土在该处开裂;与此同时,相邻的应变计示值往往会下降。

观察裂缝出现可采用放大镜。若试验中未能及时观察到正截面裂缝的出现,也可取荷载—挠度曲线上的转折点(曲线第一弯段两端点切线的交点)的荷载值作为梁体的开裂荷载实测值。

4. 裂缝宽度的观测

裂缝宽度可采用精度为0.05 mm的刻度放大镜等仪器进行观测,一般只需测量几条严重的裂缝尺寸。对正截面裂缝,应量测受拉主筋处的最大裂缝宽度;对斜截面裂缝,应量测腹部裂缝的最大裂缝宽度。当确定受拉主筋处的裂缝宽度时,应在梁的侧面量测。

(三)加载实施

试验前,填好电阻应变仪应变观测记录表及挠度观测记录表,画出示意图。试验时,检查试验梁是否有裂缝并用智能裂缝宽度观测仪进行量测和记录,然后进行80%加载量的预压消除塑性变形,使梁内材料协同工作,试验加载分四级(50%、80%、90%、100%)、卸载分两级(50%、0)进行。逐级加载,观测应变值、挠度值,读数稳定后,记录应变值、挠度值。

在每级荷载下出现的裂缝或原有裂缝的开展,都要在结构上标明,用软铅笔在离裂缝1~3 mm处平行地描绘出裂缝的走向、长度和宽度,并注明荷载吨位,试验结束时,根据结构上的裂缝绘出裂缝开展图。

加载过程中应对结构控制点位移(或应变)、结构整体行为或薄弱部位破损实行监控,随时向指挥人员汇报,随时将控制点实测数值与计算结果比较,如实测值超过计算值较多,应暂停加载,查明原因后再决定是否继续加载。

在发生下列情况时应终止加载:

(1)控制测点应力值已达到或超过用弹性理论按规范安全条件反算的控制应力值。

(2)控制测点应变或挠度超过规范允许值。

(3)由于加载,使结构裂缝的长度、宽度急剧增加,新裂缝大量出现,缝宽超过允许值的裂缝大量增多,对结构使用寿命造成较大的影响。

(4)拱桥加载时沿跨长方向的实测挠度曲线分布规律与计算值相差过大,或实测挠度值超过计算值过多。

(5)发生其他损坏,影响桥梁的承载力或正常使用。

在每一级加载试验过程中及时拍照,收集影响资料。试验结束,检查、整理和收集仪器设备。

五、试验结果分析与检测报告的编写

(一)试验资料的整理和试验结果处理

1.资料整理

(1)根据原始记录整理或计算出各观测项目的相应值。

(2)找出各观测项目的有代表性的数值。

(3)将上述有代表性的数值用图或表的形式列出,并与理论值进行比较。

2.结果处理

(1)在设计荷载作用下,各梁跨中测点实测挠度与计算挠度的比较。

(2)根据跨中实测挠度值,推算出混凝土实际弹性模量。

(3)几次加载后,列出梁的残余挠度值,并在备注中说明梁的弹性恢复性能。

(4)绘制梁的挠度—荷载关系曲线。

参照梁的挠度—荷载关系曲线,就可以推断梁在各级荷载作用下的工作状况。通过梁的实测最大挠度与跨径的比值,就可以鉴定出梁的刚度是否满足设计要求。

(5)绘制梁在各加载阶段跨中断面的荷载—混凝土正应变关系曲线,找出梁截面实测中性轴位置,分析梁的工作状况,并通过实测各点应变与计算应力换算应变的比较,说明梁的强度是否满足设计要求。

(6)试验过程中,将观测到的梁在各荷载作用下各测点的挠度连成曲线,得出梁在各级荷载作用下的挠度曲线。

(7)在裂缝观测记录中,找出梁的实测开裂荷载(第一条裂缝出现时的荷载),并计算出实际抗裂弯矩 $M_{抗裂}$。梁的实测抗裂安全度用下式计算

$$K_{实测} = \frac{M_{抗裂}}{M_{设计}} \tag{14-32}$$

式中 $K_{实测}$——梁的实测抗裂安全度;

$M_{抗裂}$——梁的实测抗裂弯矩;

$M_{设计}$——梁的设计抗裂弯矩。

若梁的实测抗裂安全度大于或等于设计安全度,说明梁的抗裂安全度满足设计要求;反之则不安全。

(8)对允许出现裂缝的构件,其裂缝宽度的检验结果应符合规范的要求。

(二)试验报告的编写

试验报告的内容有:

(1)试验的原因和目的。

(2)梁在试验前的状况。

(3)试验方法。

(4)梁在试验后的状况。

(5)试验结果及其整理分析。

(6)技术结论。

(7)附录,包括试验方案和全部试验资料、原始记录等。

复习思考题

1. 简述回弹仪法测结构混凝土强度的试验步骤。
2. 试述结构混凝土内部缺隐检测的基本方法。
3. 试述结构混凝土内部裂缝检测的基本方法。
4. 简述无损检测结构混凝土强度的方法和结构评价方法。

第十五章　桥梁载荷试验

内容简介

本章主要介绍桥梁载荷试验的目的和意义，桥梁载荷试验的组织设计及承载力评估的方法；桥梁静载荷试验的主要操作步骤、控制要点及结果评定；桥梁动载荷试验的原理、操作程序及结果评定；通过工程实例详细介绍桥梁载荷试验的操作程序及成果处理。

知识目标

1. 了解：桥梁载荷试验的目的和基本意义。

2. 熟悉：桥梁载荷试验与承载力评定的相关设计、试验规范及规程。

3. 掌握：桥梁静载荷试验和动载荷试验的主要操作程序和注意事项。

能力目标

1. 在桥梁静载荷试验中确定加载和测试“控制断面”，加载效率计算，加、卸载的分级，终止试验条件，测试内容、方法，测点布置，仪器选配；挠度、应力（应变）、裂缝等数据处理及曲线绘制等操作。

2. 桥梁动载荷试验试验方法、测试内容、测点布置、仪器选用，振型、频率和阻尼三个动力特性参数的测试和分析，动挠度、动应力（应变）的测试方法和数据处理等操作。

第一节　概　述

桥梁载荷试验是一项复杂而细致的工作，技术含量高，涉及面广。应在桥梁调查和检核计算的基础上确定试验项目，仔细地考虑试验的全过程，预计可能出现的问题并明确处理方法，制订切实可行的试验计划，保证试验工作的顺利进行。载荷试验是要弥补桥梁调查和检核计算中的不足，使桥梁承载能力鉴定工作进一步深化。

桥梁载荷试验的目的是对新建桥梁竣工验收和运营桥梁进行承载力评定，检测桥梁整体受力性能是否满足设计和标准规范要求，是评定桥梁运营载荷等级最直接、最有效的办法。

一、桥梁载荷试验的类别

（一）静载荷试验

桥梁结构的静载荷试验是将静止的荷载作用在桥梁上的指定位置，然后对桥梁结构的静力位移、静力应变、裂缝等参量进行测试，从而对桥梁结构在荷载作用下的工作性能及使用能力作出评价。

（二）动载荷试验

桥梁结构的动载荷试验是利用某种激振方法激起桥梁结构的振动，然后测定其固有频率、阻尼比、振型、动力冲击系数和行车响应等参量，从而判断桥梁结构的整体刚度和行车性能。

二、桥梁载荷试验的基本任务

(一)桥梁结构静载荷试验的基本任务

(1)测定挠度,可以了解结构的刚度并分析结构的弹性和非弹性性质。挠度的不正常发展还能说明结构中的局部现象。

(2)测定转角可以用来分析超静定结构。

(3)控制断面的最大应变和应变沿断面的分布规律是我们推断结构极限强度的重要指标。

(二)桥梁结构动载荷试验的基本任务

(1)测定动荷载的动力特性,即引起结构产生振动的作用力的数值、方向、频率和作用规律。

(2)测定结构的动力特性,即结构或构件的自振频率、阻尼特性及固有振型(模态)等。

(3)测定结构在动荷载作用下的强迫振动响应,如振幅、动应变、冲击系数及疲劳性能等。

(4)疲劳性能试验,主要测定结构或构件的疲劳性能。

大多数情况下,第(4)项内容一般只在试验室对桥梁构件进行疲劳试验。在现场,只对准备拆除的桥梁进行疲劳试验,但可对现有桥梁在运营车辆荷载作用下的疲劳性能进行长期观测。

三、桥梁荷载试验的工作阶段

一般桥梁荷载试验可大致分为试验设计、试验准备、试验实施和试验结果的分析与总结等四个阶段。

(一)试验设计阶段

(1)研究试验目的,了解试验任务,收集有关资料,确定试验方法等。

(2)确定试验的性质和规模。

(3)确定试验参数,决定试件的外形及尺寸。

(4)进行试件的设计与制作。

(5)确定加载方法和设计支承系统。

(6)选定量测项目及量测方法。

(7)根据具体情况写出试验大纲。

(二)试验准备阶段

(1)试件的制作。

(2)试件的尺寸与质量检查。

(3)试件的安装与就位。

(4)安装加载设备。

(5)设备仪表的率定。

(6)做辅助试验(常和正式试验穿插进行)。

(7)仪表的安装、连线、调试。

(8)记录表格的设计准备。

(9)通过计算结构内力进行判断和控制加载(加载应力估计)。

(三)试验实施阶段

这是整个试验过程的中心环节,应按照规定的加载顺序和量测顺序进行。

(1)确定基本加载方案,如破坏与否、试验周期的长短。

(2)荷载图式的选择,如是集中荷载还是均布荷载。

(3)加载顺序的确定,如是直接加载还是分级加载,按几个循环进行。

(4)观测注意点和测点布置。

(四)试验结果分析阶段

(1)数据整理阶段,整理原始测试资料,进行数据分析。

(2)数据处理和试验结论,对试验现象和规律作出解释,将试验结果和理论值比较,分析产生差异的原因,并做出结论,写出试验总结报告,提出新问题和进一步研究计划。

第二节　桥梁静载荷试验

桥梁结构的静载荷试验可以分为上部结构试验和下部结构试验。上部结构有梁桥、拱桥、刚构桥、斜拉桥、悬索桥等各种体系,下部结构包括桥墩、桥台、基础三个部分。按照技术上可行、经济上合理的原则,它们之间可以组合成各式各样的桥梁结构形式。为了能够较为客观地反映桥梁结构的工作性能,桥梁检测一般采用实桥现场检测。对于桥梁结构来说,静荷载通常是指缓慢行驶到桥上的指定荷重级别的车辆荷载。当试验现场条件受限制时,有时也以施加荷重(如堆置铸铁块、水泥、预制块件、水箱等)或者以液压千斤顶等方式来模拟某一等级的车辆荷载。

一、静载荷试验的目的

(一)新建桥梁

(1)检验桥梁设计施工质量。

(2)判定桥梁结构的实际承载力。

(3)验证桥梁结构的设计理论和设计方法。

(二)旧桥

(1)确定桥梁结构的承载能力及营运条件。

(2)分析桥梁病害原因及其变化规律。

(三)桥梁静载荷试验主要解决问题

(1)检验桥梁结构的设计与施工质量,验证结构的安全性与可靠性。对于大、中跨度桥梁,都要求在竣工之后,通过试验来具体鉴定其工程质量的可靠性,并将试验报告作为评定工程质量优劣的主要依据之一。

(2)验证桥梁结构的设计理论与计算方法,充实与完善桥梁结构的计算理论与施工技术,积累科学技术资料。随着交通事业的不断发展,采用新结构、新材料、新工艺的桥梁结构日益增多,这些桥梁在设计、施工中必然会遇到一些新问题,其设计计算理论或设计参数需要通过桥梁试验予以验证或确定,在大量试验检测数据积累的基础上,逐步建立或完善这类桥梁的设计理论与计算方法。

(3)掌握桥梁结构的工作性能,判断桥梁结构的实际承载能力。目前,我国已建成了数十万座各种形式的桥梁,在使用过程中,有些已不能满足通行荷载的要求,有些由于各种原因而产生不同程度的损伤与破坏,有些由于设计或施工的问题本来就存在各种缺陷。对于这些桥梁,通常要采用试验的方法,来确定其承载能力和使用性能,并由此确定限载方案或加固改造方案,特别是对于那些原始设计施工资料不全的既有桥梁,为了确定其承载能力与使用条件,静载荷试验是必不可少的。

二、静载荷试验仪器设备及选择

桥梁静载荷试验时,需要量测结构的反力、应变、位移、倾角和裂缝等物理量,应选择适当的仪器进行量测。常用的量测仪器有百分表、千分表、位移计、应变计(应变片)、应变仪、精密水准仪、经纬仪、全站仪、倾角仪和刻度放大镜等。这些测试仪器按其工作原理可分为机械测试仪器、电测仪器、光测仪器等。机械式仪器具有安装与使用方便、迅速和读数可靠的优点,但需要搭设观测脚手架,而且需用试验人员较多,观测读数费时,不便于自动记录。电测仪表安装调试比较麻烦,影响测试精度的因素也较多,但测试和记录均较方便,便于数据自动采集记录。载荷试验应根据测试内容和量测值的大小选择仪器,试验前应对测试值进行理论分析估计,以便选择仪器的精度和量测范围。静载荷试验常用仪表及适用量测范围见表 15-1。

表 15-1 静载荷试验常用仪表及适用量测范围

量测内容	仪表名称	最小分划值	适用量测范围	说明
应变	千分表	2×10^{-6}	$50\times10^{-6}\sim2\,000\times10^{-6}$	需配附件
	杠杆引伸仪	2×10^{-6}	$50\times10^{-6}\sim200\times10^{-6}$	需配附件
	手持应变仪	5×10^{-6}	$100\times10^{-6}\sim20\,000\times10^{-6}$	需配表脚
	电阻应变仪	1×10^{-6}	$50\times10^{-6}\sim5\,000\times10^{-6}$	需贴电阻片
位移或挠度	千分表	0.001 mm	0.1 ~ 0.8 mm	需配表座及吊架
	百分表	0.01 mm	0.3 ~ 8 mm	需配表座及吊架
	百分表(长标距)	0.01 mm	0.3 ~ 25 mm	需配表座及吊架
	挠度计	0.1 mm	>1 mm	需配表座及钢丝
	精密水准仪	0.1 mm	>2 mm	需配特制水准尺
	电阻应变位移计	0.01 mm	0.3 ~ 25 mm	需配表座
	经纬仪	0.5 mm	>2 mm	需配短尺
倾角	水准式倾角仪	2.5″	20″ ~ 1°	需固定支架
裂缝	刻度放大镜	0.05 mm	0.05 ~ 5 mm	需搭脚手架

(一)试验仪器性能指标

(1)量程。它是测试仪器所能测量的最大至最小的量测范围。

(2)刻度值。它是测试仪器指示或显示装置所能指出的最小测量值。

(3)精度。它是测试仪器的指示值与被测值的符合程度。误差越小,精度越高。

(4)分辨率。它是当某一输入量从某个非零值开始缓慢变化,使仪器指示值发生变化的最小输入值。

(5)灵敏度。它是测试仪器输出值(仪器指示值)与输入值(被测量值)之比。

(6)滞后。它是仪器在测量范围内,从起始值到最大值来回输出中的最大偏差值或该值与最大量程的百分比。

(二)机械式仪表量测装置

机械式仪表量测装置一般由机械式仪表即百分表(位移计)、千分表、挠度仪和引伸仪等与适当的夹具和连接装置组成(见图15-1),直接量测结构物在荷载作用下的位移和应变。

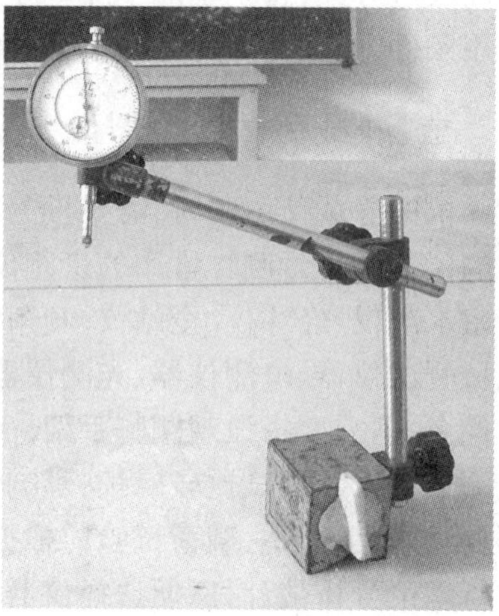

图15-1　机械式仪表量测装置

机械式仪表量测装置一般主要包括以下几种。

1. 接触式位移量测装置

百分表的工作原理,就是利用齿轮转动机构所检测位置的位移值放大,并将检测的直线往复运动转换成指针的回旋转动,以指示其位移数值。百分表的分辨度为0.01 mm,通常量程为5 mm或10 mm,百分表表盘见图15-2,百分表构造见图15-3。

千分表结构与百分表(位移计)构造基本相同,只是多了一对齿轮使灵敏度提高了10倍,其分辨度为0.001 mm,量程为1 mm或3 mm。它们与其他附属装置配套后可用于量测位移、应变、力及倾角等。

图15-2　百分表表盘

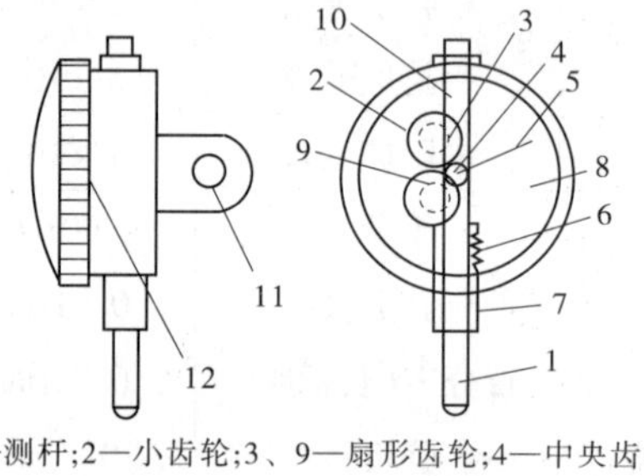

1—测杆;2—小齿轮;3、9—扇形齿轮;4—中央齿轮;
5—长杆;6—弹簧;7—轴颈;8—躯体;
10—平齿;11—孔环;12—表盘

图15-3　百分表构造

2. 张线式位移量测装置

张线式位移量测装置由百分表、挠度计与张线钢丝等组成,张线钢丝直径为0.3～0.5 mm,一端接在桥梁结构的测点上,另一端悬吊重物,位移计(百分表)通过夹具和钢丝相连。结构受载产生位移引起钢丝移动,钢丝可带动位移计移动,随指针转动位移计可测出位移变化值。

3. 机械式应变量测装置

机械式应变量测装置采用特制的夹具将位移计安放在结构表面测定应变,具有精度高、量程大的特点。当应变值范围很大或需要用大标距测定应变时,采用机械式应变量测装置是非常合适的。粘贴是最常用的固定方式,在混凝土结构上贴夹具时,应先将混凝土表面用砂轮打磨,除去泥灰,再用细砂布磨光,用丙酮等擦净,随后用胶黏剂将夹具按选定的标距粘上,待胶黏剂固化后,即可安装位移计量测。

4. 手持式应变仪

本仪器适用于量测各种建筑结构在长时间过程中的变形,无论是构件制作过程中变形的测量,还是结构在试验过程中变形的观察,均可采用本仪器。手持式应变仪结构简单、量程大,不受环境变化的影响,携带方便,因此它特别适用于野外和现场长期连续观测结构的应变变形。其主要结构组成有金属支架、位移计(百分表或千分表)、伸缩调整部分等,外形见图 15-4,结构见图 15-5。

图 15-4　YB25 手持式应变仪

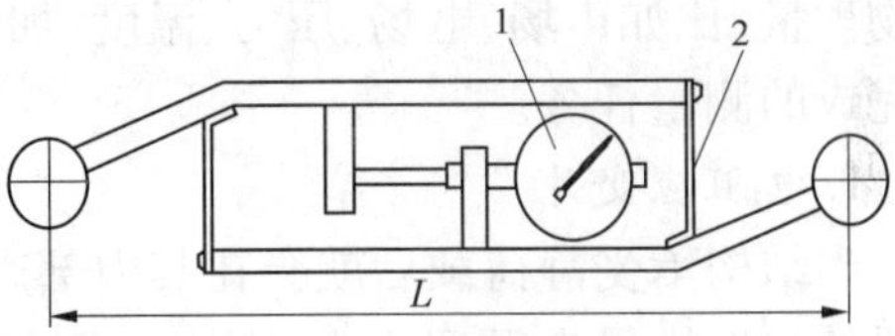

1—百分表盘;2—弹簧片

图 15-5　手持式应变仪

原理:手持式应变仪是一种机械式应变测量仪器,有一标准针距尺,采用精密低膨胀合金制成,当环境温度变化较大时,针距长度可以认为是不变化的。每次测量前,都必须在标准针距尺上标读,然后在实物上测读,比较两者之间的差数。在使用该仪器时应注意以下几点:

(1)使用时不宜过分用拉力或压力给冲击力,以免位移计或连接弹簧片受损。

(2)为减小误差,在测试过程中不宜更换试验员或调转测试方向。

(3)试验中切忌用手接触仪器金属支架,应握持手柄,减少人体温度影响造成的误差。

(4)测读时重复 N 次,以减少误差的产生。

5. 机械式转角量测装置

水准管式倾角仪的工作原理是利用高灵敏度的水准管来测定结构节点、截面或支座处转角。这种仪器的优点是尺寸小,精度高,使用简便;缺点是受外界温度影响很大,且不宜受阳光暴晒,以免水准管爆裂。

(三)电测式量测装置

静载荷试验所用的电测式量测装置主要是指由传感器(电阻应变片)、应变计等测试元件将结构位移或应变等机械量转换成电信号,通过放大和接收装置将电信号又以机械量值给出量测值的一种量测系统。这种量测装置基本上由三部分组成,即传感器、放大量测、指示记录。

电阻应变测量方法是将应变转换成电信号进行量测的方法,简称电测法。电测法的基本原理是:将电阻应变片(简称应变片)粘贴在被测构件的表面,当构件发生变形时,应变片随着构件一起变形,应变片的电阻值将发生相应的变化,通过电阻应变测量仪器(简称电阻应变仪),可测量出应变片中电阻值的变化,并换算成应变值,或输出与应变成正比的模拟电信号(电压或电流),用记录仪记录下来,也可用计算机按预定的要求进行数据处理,得到所需要的应变或应力值。

电测法具有灵敏度高的特点,应变片质量轻、体积小,且可在高(低)温、高压等特殊环境下使用,测量过程中的输出量为电信号,便于实现自动化和数字化。电测方法能高效率、准确地量测结构表面、内部各部位的变形和其他参数的变化,可以远距离操纵并自动记录。因此,电测技术在桥梁荷载试验中获得了广泛的应用。

近几年来,传感器朝着灵敏、精确、适应性强、小巧和智能化方向发展,而光纤传感器以其优异的性能备受青睐。光纤传感技术是20世纪70年代中期发展起来的一门新技术,它是伴随着光纤及光通信技术的发展而逐步形成的。光纤传感器是把光纤传感技术应用于测量领域的一种传感器件,它与传统的传感器相比具有一系列的优点,如灵敏度高、耐腐蚀、电绝缘、防爆性好、抗电磁干扰、光路可挠曲、易于与计算机连接、便于遥测等,可以用来测量多种物理量,比如声场、电场、压力、温度、加速度和角速度等,另外还可以完成现有测量技术难以完成的测量任务。

1. 电阻应变片

当结构承受静荷载后就会在其内部产生应力。可由测得结构受力后的应变乘以该结构材料的弹性模量来得到应力,而由电测仪器来实测出应变。显然,电测仪器必须引入一电量,而应变并不是电量,则需一转换元件,将应变转换为电量。这一转换元件即是电阻应变片,如图15-6、图15-7所示。

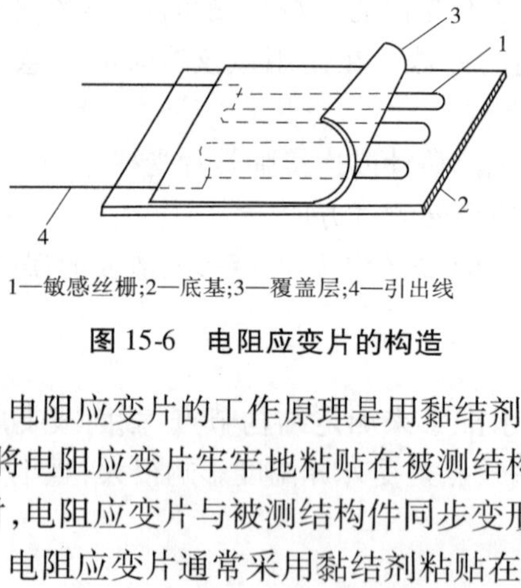

1—敏感丝栅;2—底基;3—覆盖层;4—引出线

图15-6 电阻应变片的构造

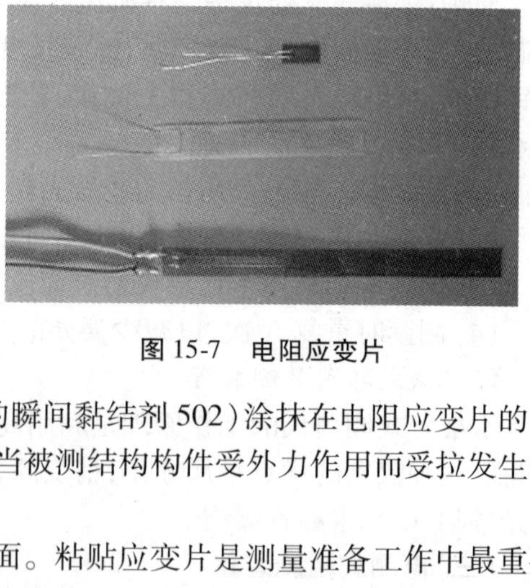

图15-7 电阻应变片

电阻应变片的工作原理是用黏结剂(如常见的瞬间黏结剂502)涂抹在电阻应变片的背面,将电阻应变片牢牢地粘贴在被测结构构件上,当被测结构构件受外力作用而受拉发生变形时,电阻应变片与被测结构件同步变形。

电阻应变片通常采用黏结剂粘贴在构件的表面。粘贴应变片是测量准备工作中最重要的一个环节。在测量中,构件表面的变形通过黏结层传递给应变片。显然,只有黏结层均匀、牢固、不产生蠕滑,才能保证应变片如实地再现构件表面的变形。应变片的粘贴由手工操作,一般按如下步骤进行:

(1)选片:检查、分选应变片。

(2)定位:处理构件的测点表面。

(3)贴片:粘贴应变片。

(4)干燥固化:加热烘干、固化。

(5)应变片的防护:检查应变片的电阻值,测量绝缘电阻。

(6)引出导线。

实际测量中,应变片可能处于多种环境中,有时需要对粘贴好的应变片采取相应的防护措施,以保证其安全可靠。一般在应变片粘贴完成后,根据需要可用石蜡、纯凡士林、环氧树脂等对应变片的表面进行涂覆保护。

2. 电阻应变仪

电阻应变仪(见图 15-8)是把电阻应变量测系统中放大与指示(记录、显示)部分组合在一起的量测仪器,主要由振荡器、量测电路、放大器、相敏检波器和电源等部分组成,把应变仪输出的信号进行转换、放大、检波以及指示或记录。

图 15-8　电阻应变仪

(四)光测式量测装置

光测式量测装置主要包括精密水准仪、经纬仪、全站仪、光电式挠度仪和刻度放大镜等仪器。

在静载荷试验过程中,桥梁结构的空间变位是结构评估所必需的重要量测数据。对于搭设支架困难的情况(或为了与机械式、电测式位移计对比),采用精密水准仪、经纬仪或全站仪和光电式挠度仪可更方便地观测桥梁结构控制截面处的变位(竖直、水平两方向)、桥轴线的偏离、桥梁主跨径的相对变化等重要量测值。有关各种测量仪器的使用方法详见各自的操作说明书。刻度放大镜一般用于桥梁结构表面最大裂缝宽度的观测,方法较为简便。

(五)仪器选择的一般原则

(1)所用仪器仪表数据采集设备应是经过计量检定的。

(2)选择仪器仪表应从试验的实际需要出发,选用的仪器仪表应满足测试精度的要求,一般要求不大于预计测量值的 5%。

(3)在选用仪器仪表时,既要注意环境条件,又要避免盲目地追求精度,应根据实际情况,慎重比较和选择,采用既符合要求又简易的量测装置。

(4)量测仪器仪表的型号、规格,在同一试验中种类愈少愈好,尽可能选用同一类型或规格的仪器仪表。

(5)仪器仪表应当有足够的量程,以满足测试的需要。

三、静载荷试验方法及过程

桥梁静载荷试验在具体实施前应充分做好载荷试验计划,计划的主要内容包括以下五个方面:

(1)准备工作。

(2)试验目的。

(3)加载方案与实施。

(4)测点布置与观测。

(5)加载控制与安全措施。

(一)准备工作

桥梁结构的考察与试验准备阶段是桥梁检测顺利进行的必要前提。施工和理论计算的关系十分密切，现代桥梁的发展对结构试验技术、试验组织与准备工作提出了更高的要求。静载荷试验正式进行之前的准备工作主要包括以下几方面。

1. 试验孔（或墩）的选择

对多孔桥梁中跨径相同的桥孔（或墩）可选1～3孔具有代表性的桥孔（或墩）进行加载试验。选择时应综合考虑以下因素：

（1）该孔（或墩）计算受力最不利。

（2）该孔（或墩）施工质量较差、缺陷较多或病害较严重。

（3）该孔（或墩）便于搭设脚手架，便于设置测点或便于实施加载。

选择试验孔的工作应与制订计划前的调查工作结合进行。

2. 搭设脚手架和测试支架

脚手架和测试支架应分开搭设，互不影响。脚手架和测试支架应有足够的强度、刚度和稳定性。脚手架要保证工作人员的安全、方便操作。测试支架要满足仪表安装的需要，不因自身变形影响测试的精度，同时还应保证试验时不受车辆和行人的干扰。脚手架和测试支架的设置要因地制宜、就地取材，便于搭设和拆卸，一般采用木支架或建筑钢管支架。当桥下净空较大、不便搭设固定脚手架时，可考虑采用轻便活动吊架，如图15-9～图15-11所示。

图15-9　固定脚手架

晴天或多云天气下进行加载试验时，阳光直射下的应变测点应设置遮挡阳光的设备，以减小温度变化造成的观测误差；雨季进行加载试验时，则应准备仪器、设备等的防雨设施，以备不时之需。

桥下或桥头用活动房或帐篷搭设临时试验室安放数据采集仪等仪器，并供测试人员临时办公和看管设备之用。

图15-10　移动式支架

图15-11　水面船只支架

3. 试验加载位置的放样和卸载位置的安排

静载荷试验前应在桥面上对加载位置进行放样，以便于加载试验的顺利进行。如加载工况较少，时间允许，可在每次工况加载前临时放样。如加载工况较多，则应预先放样，且用不同颜色的标志区别不同加载工况时的荷载位置。

静载荷试验前荷载卸载的安放位置应预先安排。卸载位置的选择既要考虑加卸载方便,离加载位置近一些,又要使安放的荷载不影响试验孔(或墩)的受力,一般可将荷载安放在桥台后一定距离处。对于多孔桥,如有必要,将荷载停放在桥孔上,一般应停放在距试验孔较远处,以不影响试验观测为准。

4. 其他准备工作

加载试验的安全设施、供电照明设施、通信设施、桥面交通管制等工作应根据载荷试验的需要进行准备。

(二)静载荷试验加载方案与实施

1. 加载试验项目的确定

为了满足鉴定桥梁承载力的要求,试验荷载工况的选择应反映桥梁结构的最不利受力状态,简单结构可选1~2个工况,复杂结构可适当多选几个工况,但不宜过多。在进行各荷载工况布置时,可参照截面内力(或变形)影响线进行,一般设两三个主要荷载工况,同时可根据试验桥梁结构体系的具体情况再设若干个附加荷载工况,但主要荷载工况必须予以保证。表15-2列出了常见桥型的试验荷载工况。

表15-2 常见桥型的试验荷载工况

序号	桥型		内力或位移控制截面
1	简支梁桥	主要	(1)跨中截面最大正弯矩和挠度; (2)支点截面最大剪力
		附加	(1)$L/4$截面最大正弯矩和挠度; (2)墩台最大垂直力
2	连续梁桥、连续刚构	主要	(1)跨中截面最大正弯矩和挠度; (2)内支点截面最大负弯矩; (3)$L/4$截面最大弯矩和挠度
		附加	(1)端支点截面的最大剪力; (2)$L/4$截面最大弯剪力; (3)墩台最大垂直力; (4)连续刚构固结墩墩身控制截面的最大弯矩
3	悬臂梁桥、T形刚构	主要	(1)锚固跨跨中最大正弯矩和挠度; (2)支点最大负弯矩; (3)挂梁跨中最大正弯矩和挠度
		附加	(1)支点最大剪力; (2)挂梁支点截面或悬臂端截面最大剪力
4	拱桥	主要	(1)拱顶截面最大正弯矩和挠度、拱脚截面最大负弯矩; (2)刚架拱上弦杆跨中最大正弯矩
		附加	(1)拱脚最大水平推力; (2)$L/4$截面最大正、负弯矩及其最大正、负挠度绝对值之和; (3)刚架拱斜腿根部截面最大负弯矩
5	刚架桥(包括框架、斜腿刚构和刚架-拱式组合体系)	主要	(1)跨中截面最大正弯矩和挠度; (2)结点截面的最大负弯矩
		附加	柱脚截面最大负弯矩、最大水平推力

续表 15-2

序号	桥型		内力或位移控制截面
6	钢桁桥	主要	(1)跨中、支点截面的主桁杆件最大内力; (2)跨中截面的挠度
		附加	(1)$L/4$ 截面的主桁杆件最大内力和挠度; (2)桥面系结构构件控制截面的最大内力和变位; (3)墩台最大垂直力
7	斜拉桥与悬索桥	主要	(1)主梁最大挠度; (2)主梁控制截面最大内力; (3)索塔塔顶水平变位; (4)主缆最大拉力,斜拉索最大拉力
		附加	(1)主梁最大纵向漂移; (2)主塔控制截面最大内力; (3)吊索最大拉力

此外,对桥梁施工中的薄弱截面或缺陷修补后的截面,或者旧桥结构损坏部位、比较薄弱的桥面结构,可以专门进行荷载工况设计,以检验该部位或截面对结构整体性能的影响。

使用车辆加载而又未安排动载荷试验项目时,可在静载荷试验项目结束后,将加载车辆(若为多辆车,则相应地进行排列)沿桥长慢速行驶一趟,以全面了解荷载作用于桥面不同部位时结构的承载状况。

2. 加载时截面内力的控制

1)控制荷载的确定

为了保证载荷试验的效果,必须先确定试验的控制荷载。桥梁需要鉴定承载能力的荷载主要有以下几种:汽车和人群(标准设计荷载),挂车或履带车(标准设计荷载),需通行的特殊重型车辆。分别计算以上几种荷载对结构控制截面产生的内力(或变形)的最不利值,进行比较,取其中最不利者对应的荷载作为控制荷载。因为挂车和履带车不计冲击力,所以动载荷试验以汽车荷载作为控制荷载。载荷试验应尽量采用与控制荷载相同的荷载,而组成控制荷载(标准设计荷载)的车辆是由营运车辆统计而得的概率模型。由于客观条件的限制,实际采用的试验荷载与控制荷载有差别,为了保证静载荷试验效果,在选择试验荷载的大小和加载位置时采用静载荷试验效率 η_q,进行控制。按理论计算或检测的控制截面的最不利工作条件布置荷载,使控制截面达到最大试验效率。

2)静载荷试验效率

静载荷试验荷载效率定义为:试验荷载作用下被检测部位的内力(或变形计算值)与包括动力扩大效应在内的标准设计荷载作用下同一部位的内力(或变形计算值)的比值称荷载效率,用 η_q 表示。其取值可采用 0.8 ~ 1.05,当桥梁的调查、检算工作比较完善而又受加载设备能力所限时,η_q 值可采用低限;当桥梁的调查、检算工作不充分,尤其是缺乏桥梁计算资料时,η_q 值应采用高限。总之,应根据前期工作的具体情况来确定。一般情况下,η_q 值不宜小于 0.95。

载荷试验宜选择温度稳定的季节和天气进行。当温度变化对桥梁结构内力影响较大时,应选择温度内力较不利的季节进行载荷试验,否则应考虑适当增大静载荷试验效率 η_q

来弥补温度影响对结构控制截面产生的不利内力。

当控制荷载为挂车或履带车而采用汽车荷载加载时，考虑到汽车荷载的横向应力增大系数较小，为了使截面的最大应力与控制荷载作用下截面最大应力相等，可适当增大静载荷试验效率。

3）加载分级与控制

为了加载安全和了解结构应变和变位随试验荷载增加的变化关系，对桥梁载荷试验中各主要荷载工况的加载应分级进行，而且一般安排在开始的几个加载程序中执行，附加工况一般只设置最大内力加载程序。

分级控制原则：一是当加载分级较为方便时，可按最大控制截面内力荷载工况将荷载均分为4～5级。二是当使用超重车加载，车辆称重有困难时，也可分成3级加载。三是当桥梁的调查和验算工作不充分或桥况较差时，应尽量增多加载分级。如限于条件，加载分级较少，应注意每级加载时，车辆荷载应逐辆缓缓驶入预定加载位置，必要时可在加载车辆未到达预定加载位置前分次对控制测点进行读数监控，以确保试验安全。四是在安排加载分级时，应注意加载过程中其他截面内力也应逐渐增加，且最大内力不应超过控制荷载作用下的最不利内力。五是根据具体条件决定分组加载的方法，最好每级加载后卸载，也可逐级加载，当达到最大荷载后再逐级卸载。

车辆荷载加载分级的方法：一是逐渐增加加载车数量，二是先上轻车后上重车，三是加载车位于内力影响线的不同部位，四是加载车分次装载重物。

加载稳定时间控制：为控制加、卸载稳定时间，应选择一个控制观测点，每级加载（或卸载）后立即测读一次，计算其与加载（或卸载）前测读值之差值 S_g，然后每隔2 min测读一次，计算2 min前后读数的差，并按下式计算相对读数差值 m

$$m = \frac{\Delta S}{S_g} \tag{15-1}$$

当 m 值小于1%或小于量测仪器的最小分辨值时即认为结构基本稳定，可进行各测点读数。主要控制截面最大荷载工况对应的荷载在桥上稳定时间不少于5 min，对尚未投入营运的新桥应适当延长加载稳定时间。

加、卸载的时间选择：为了减少温度变化对试验造成的影响，加载试验时间以晚上22:00至早晨6:00为宜。尤其是在采用重物直接加载，加、卸载周期比较长的情况下只能在夜间进行试验。对于采用车辆等加、卸载迅速的试验方式，当夜间试验照明等有困难时亦可安排在白天进行试验，但在晴天或多云的天气下进行加载试验时每个加卸载周期所花费的时间不宜超过20 min。

加载分级的计算：根据各荷载工况的加载分级，按弹性阶段计算结构各测点在不同荷载等级下的计算变位（或应变），以便对加载试验过程进行分析和控制。计算采用的材料弹性模量，已做材料试验的用实测值，未做材料试验的可按规范规定取值。

4）加载设备的选择

静载荷试验加载设备可根据加载要求及具体条件选用，一般有可行式车辆加载（见图15-12）和重物直接加载两种加载方式。

（1）可行式车辆加载。可选用装载重物的汽车或平板车，也可就近利用施工机械车辆。选择装载的重物时，要考虑车厢能否容纳得下，装载是否方便。装载的重物应放置稳妥，以避免车辆行驶时因摇晃而改变重物的位置。采用车辆加载优点很多,如便于调运和加载布置、加卸载迅速等。采用汽车荷载既能做静载荷试验,又能做动载荷试验,这是目前较常采用的一种方法。

图 15-12　可行式车辆加载

(2)重物直接加载。一般可按控制荷载的着地轮迹先搭设承载架,再在承载架上堆放重物或设置水箱进行加载。如加载仅为满足控制截面内力的要求,也可采取直接在桥面堆放重物(图 15-13为重物实现均布荷载的加载方式)或设置水箱的方法加载。承载架的设置和加载物的堆放应安全、合理,能按要求分布加载质量,并不使加载设备与桥梁结构共同承载而形成卸载现象。重物直接加载准备工作量大,加卸载所需周期一般较长,交通中断时间亦较长,且试验时温度变化对测点的影响较大,因此宜安排在夜间,如图 15-14 所示。

图 15-13　重物加载示意

此外,其他一些加载方式也可根据加载要求因地制宜地采用。

5)加载重物的称量

加载重物的称量一般有称量法、体积法和综合法三种。

图 15-14　堆载重物加载

(1)称量法。当采用重物直接在桥上加载时,可将重物化整为零称重后按逐级加载要求分堆置放,以便加载取用。当采用车辆加载时,可将车辆逐辆驶上称重台进行称重。如没有现成可供利用的称重台,可自制专用称重台进行称重。

(2)体积法。如采用水箱加载,可通过测量储水的体积来换算储水的重力。

(3)综合法。首先根据车辆出厂规格确定空车轴重(注意考虑车辆零配件的更换和添减,汽油、水、乘员重力的变化),再根据装载重物的重力及重心将其分配至各轴。装载物最好采用规则外形的物体整齐码放或采用松散均匀材料(如砂子等)在车厢内摊铺平整,以便准确确定其重心位置。

可根据不同的加载方法和具体条件选用以上几种方法对所加重物进行称量,但无论采用何种确定加载物重力的方法,均应做到称重准确可靠,其称量误差最大不得超过5%。最好能采用两种称重方法互相校核。

(三)测点布置与观测

1.测点布设的原则

(1)在满足条件的前提下,各试验项目的测点数量和布置必须是充分和足够的;同时测点宜少不宜多,不要盲目设置测点,这样可以不浪费人力和仪器设备,还会使试验目的突出。

(2)测点位置要具有代表性,以便于分析和计算。

(3)为保证量测数据的可靠性,应该布置一定数量的校核性测点。

(4)测点的布置应有利于试验时操作和测读且安全和方便。安装在结构上的附着式仪表在荷载达到正常使用荷载的1.2~1.5倍时应该拆除,以免结构突然破坏,使仪表受损。

2. 测点布设

1)挠度测点的布置

一般情况下,对挠度测点的布设要求能够测量结构的竖向挠度、侧向位移和扭转变形,应能给出受检跨及相邻跨的挠度曲线和最大挠度。每跨一般需布设3~5个测点,如图15-15所示。挠度测试结果应考虑支点下沉修正,应观测支座下沉量、墩台的沉降、水平位移与转角、连拱桥多个墩台的水平位移等。有时为了验证计算理论,需要实测控制截面挠度的纵向和横向影响线。对较宽的桥梁或偏载应取上下游平均值或分析扭转效应。

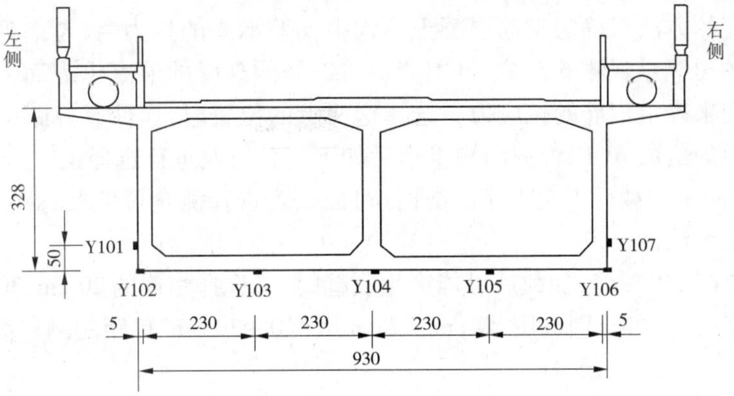

图 15-15　挠度测点布置示意　(单位:cm)

2)结构应变测点的布设

应力应变测点的布设应能测出内力控制截面沿竖向、横向的应力分布状态。对组合构件应测出组合构件的结合面上下缘应变。梁的每个截面的竖向测点沿截面高度应不少于5个,包括上下缘和截面突变处,应能说明平截面假定是否成立,如图15-16所示。横向截面抗弯应变测点应布设在截面横桥向应力可能分布较大的部位,沿截面上下缘布设,横桥向设置一般不少于3处,以控制最大应力的分布,宽翼缘构件应能给出剪力滞效应的大小。对于箱形断面,顶板和底板测点应布设"十"字应变花,而腹板测点应布设45°应变花,T形断面下翼缘可用单向应变片。对于公路钢桥,如是钢板梁结构则应全断面布置测点,测点数量以能测出应力分布为原则;钢桁梁应给出构件轴向力和次应力等。此外,一般还应实测控制断面的横向应力增大系数;当结构横向联系构件质量较差、连接较弱时,则必须测定控制断面的横向应力增大系数。简支梁跨中截面横向应力增大系数的测定,既可采用观测跨中沿桥宽方向应变变化的方法,也可采用观测跨中沿桥宽方向挠度变化的方法来进行计算,或用两种方法互相校验。

3)混凝土结构应变测点的布设

对于预应力混凝土结构,应变测点可用长标距(5×150 mm)应变片构成应变花贴在混凝土表面,而对部分预应力或钢筋混凝土结构,受拉区则应测受拉钢筋的拉应变,可凿开混凝土保护层,直接在钢筋上设置拉应力测点,但在试验结束后必须修复保护层。当采用测定

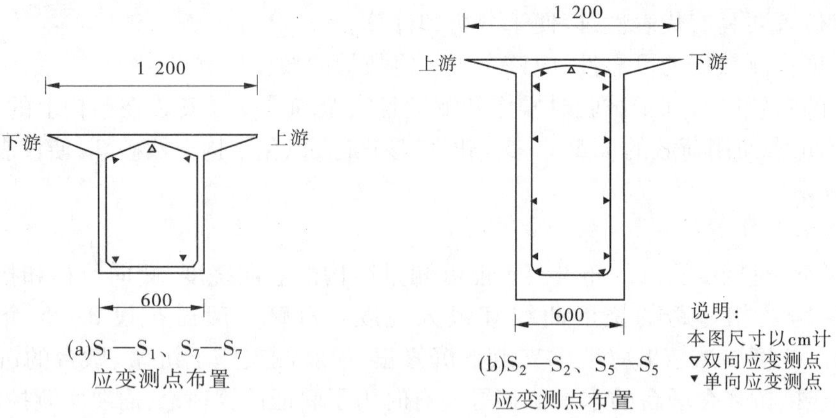

图 15-16　结构应变测点布设示意　（单位：mm）

混凝土表面应变的方法来确定钢筋混凝土结构中钢筋承受的拉力时，考虑到混凝土表面已经有可能产生的裂缝对观测的影响，可用测定与钢筋同高度的混凝土表面上一定间距的两点间的平均应变来确定钢筋的拉应力。选择这两点的位置时，应使其标距大致等于裂缝的间距或裂缝间距的倍数，可以根据结构受力后如下三种情况进行选择：

(1)预计混凝土加载后不会产生裂缝时，可以任意选择测定位置及标距，但标距不应小于4倍混凝土最大粒径。

(2)加载前未产生裂缝，加载后可能产生裂缝时，可选择相连的20 cm、30 cm两个标距。当加载后产生裂缝时，可分别选用20 cm、30 cm或(20 + 30)cm标距的测点读数来适应裂缝间距。

(3)加载前已经产生裂缝，为避免加载后产生新裂缝的影响，可根据裂缝间距选择测点位置及标距。为提高测试精度，也可增大标距，跨越两条以上的裂缝，但测点在裂缝间的相对位置仍应不变。

4)剪切应变测点的布设

对于剪切应变测点，一般采取设置应变花的方法进行观测。为了方便，对于梁桥的剪应力也可在截面中性轴处主应力方向设置单一应变测点来进行观测。梁桥的实际最大剪应力截面应设置在支座附近而不是支座上。具体设置位置如下：从梁底支座中心起向跨中作与水平线成45°的斜线，此斜线与截面中性轴高度线的交点即为梁最大剪应力位置。可在这一点沿最大压应力或最大拉应力方向设置应变测点，距支座最近的加载点则应设置在45°斜线与桥面的交点上。

5)温度测点的布设

选择与大多数测点较接近的部位设置1～2处气温观测点，此外可根据需要在桥梁主要测点部位设置一些构件表面温度测点，尤其对于温度敏感的大跨径索支承体系桥梁，宜沿跨径长度方向多设置一些温度测点。

6)常用桥梁的主要测点布置

主要测点的布置不宜过多，但要保证观测质量，一般情况下，对主要测点的布置应能控制结构的最大应力(或应变)和最大挠度(或位移)。

(1)简支梁桥：跨中挠度，支点沉降，跨中截面应变。

(2)连续梁桥:跨中挠度,支点沉降,跨中和支点截面应变。

(3)悬臂拱桥:悬臂端部挠度,支点沉降,支点截面应变。

(4)拱桥:跨中与 $l/4$ 处挠度,拱顶、$l/4$ 处和拱脚截面应变。

(5)斜拉桥:主梁中孔跨中挠度,支点沉降,跨中截面应变,塔顶纵桥向最大水平位移,塔脚截面应变。

(6)悬索桥:加劲梁跨中与 $l/8$ 和 $3l/8$ 处挠度,支点沉降,跨中与 $l/8$ 和 $3l/8$ 处截面应变,塔顶纵桥向最大水平位移,塔脚截面应变。

(7)组合体系桥:根据组合体系所呈现的主要力学特征,结合上述各类桥梁的主要测点布置综合确定测点位置。

3. 基本观测内容

(1)结构的最大挠度和扭转变位,包括桥梁上、下游两侧的挠度差及水平位移等。

(2)结构控制截面最大应力(应变),包括混凝土表面应力和最外缘钢筋应力等。

(3)支点沉降,墩台位移与转角,活动支座的变位等。

(4)桁架结构支点附近杆件及其他细长杆件的稳定性。

(5)裂缝的出现和扩展,包括初始裂缝的出现,裂缝的宽度、长度、间距、位置、方向和性状,以及卸载后的闭合状况。

(6)温度变化对结构控制截面测点应力和变位的影响。

(7)桥跨结构挠度沿桥长或沿控制截面桥宽的分布。

(8)结构构件控制截面应变分布图,要求沿截面高度分布不少于 5 个应变测试点,包括最边缘和截面突变处的测点。

(9)控制截面的挠度、应力(或应变)的纵向影响线和横向影响线。

(10)行车道板跨中和支点截面挠度或应变影响面。

(11)组合构件的结合面上、下缘应变。

(12)支点附近结构斜截面的主拉应力。

(13)控制断面的横向应力增大系数。

(四)加载控制与安全措施

试验指挥人员在加载试验过程中应随时掌握各方面情况,对加载进行控制。既要取得良好的试验效果,又要确保人员、仪表设备及桥梁的安全,避免不应有的损失。

1. 加载的控制

应严格按设计的加载程序进行加载,荷载的大小、截面内力的大小都应由小到大逐渐增加,并随时做好停止加载和卸载的准备。

2. 测点的观测

对加载试验的控制点应随时观测,随时计算并将计算结果报告试验指挥人员,如实测值超过计算值较多,则应暂停加载,待查明原因后再决定是否继续加载。试验人员如发现其他测点的测值有较大的反常变化也应查找原因,并及时向试验指挥人员报告。

3. 加载过程的观察

加载过程中应指定人员随时观察结构各部位可能产生的新裂缝,注意观察构件薄弱部位是否有开裂、破损,组合构件的结合面是否有开裂、错位,支座附近混凝土是否开裂,横隔板的接头是否拉裂,结构是否产生不正常的响声,加载时墩台是否发生摇晃现象等。如发生这些情况,应报告试验指挥人员,以便采取相应的措施。

4. 终止加载控制条件

当发生下列情况时应中途终止加载:

(1)控制测点应力值已达到或超过用弹性理论按规范安全条件反算的控制应力值。

(2)控制测点变位(或挠度)超过规范允许值。

(3)由于加载,结构裂缝的长度、宽度急剧增加,新裂缝大量出现,缝宽超过允许值的裂缝大量增多,对结构使用寿命造成较大的影响。

(4)拱桥加载时,沿跨长方向的实测挠度曲线分布规律与计算值相差过大,或实测挠度超过计算值过多。

(5)发生其他损坏,影响桥梁承载能力或正常使用。

试验荷载加载控制分析是一项相当严肃的重要工作,试验人员务必认真对待,仔细观测并对比分析,严格按照加载控制条件实施。

四、试验数据分析

(一)理论分析与计算

在确定了桥梁静载荷试验方案后,应该进行桥梁全桥跨的理论分析与计算。理论分析与计算是加载方案、观测方案及试验桥跨性能评价的基础。因此,理论分析与计算应采用先进的计算手段和工具,以使计算结果准确可靠。一般地,理论分析与计算包括试验桥跨的设计内力验算和试验荷载效应计算两个方面。

设计内力验算是按照试验桥梁的设计图纸与设计荷载,选取合理的计算图式,按照设计规范,运用结构分析方法,采用专用桥梁计算软件或通用分析软件,计算出桥梁结构的设计内力。一般地,由于恒载已作用在桥梁结构上,设计内力验算是指活载内力计算,即按照《公路桥涵设计通用规范》(JTG D60—2004)计算出汽车、挂车、人群荷载所产生的各控制截面最不利活载内力,或按照《城市桥梁设计荷载标准》(CJJ 77—98)计算由城市-A级荷载、城市-B级荷载所产生的各控制截面最不利活载内力。控制截面最不利活载内力计算的一般方法是先求出该截面的内力影响线或影响面,利用影响线或影响面并根据加载车道数、冲击系数及车道折减系数计算出该截面的最不利活载内力。此外,对于存在病害或缺陷的桥梁,还应按照《公路桥涵设计通用规范》(JTG D60—2004)进行内力组合,根据规范方法验算控制截面的荷载反应强度,以确保试验时桥梁结构的安全。控制截面的荷载效应是试验观测的主要部位,把握住控制截面,就可以较为确切地了解试验桥梁承载能力和工作性能。

试验荷载效应计算是在设计内力验算结果的基础上,确定加载位置、加载等级以及在试验荷载作用下的结构反应。试验荷载效应计算主要以荷载横向分布理论为基础,将空间结构的分析转化为纵、横两个正交方向的平面问题分析,这种分析方法称为荷载横向分布法。一般,桥梁是由若干根沿横向并列的主梁组成的,这些横梁之间以一定的方式互相联结。当桥面上某处受到荷载作用时,荷载通过主梁之间的联结也会使其他各主梁产生效应。或者说,荷载以不同的比例沿桥梁的横向分布在各个主梁上。在某种荷载下,我们把荷载沿横向某个主梁的分布程度用横向分布系数 m 来表示,很显然,此时该主梁所分担的荷载部分就可以表示为 m 与荷载的乘积,若该主梁受到的荷载大小已知,则可求解该主梁单片梁的内力。这种方法具有概念明确、计算简便的优点,但其分析精度取决于所采用的横向分布理论的适用性和准确性，适合于结构简单桥型（如简支梁桥等）。对于结构复杂的大跨径桥梁，如斜拉桥、悬索桥等，就必须采用空间模型来模拟实际的空间桥梁结构，并且在得到影响面后直接进行空间加载。

（二）试验数据的整理与分析

1. 试验资料的修正

1）测值修正

根据各类仪表的标定结果进行测试数据的修正，如考虑机械式仪表校正系数，电测仪表率定系数、灵敏系数，电阻应变观测的导线电阻影响等。当这类因素对测值的影响小于1%时，可不予修正。

2）温度影响修正

温度对测试的影响比较复杂。结构构件的各部位不同的温度变化、结构的受力特性、测试仪表或元件的温度变化、电测元件的温度敏感性及自补偿性等均对测试精度造成一定的影响，对这些影响进行逐项分析是困难的。一般可采用综合分析的方法来进行温度影响修正，即利用加载试验前进行的温度稳定观测数据，建立温度变化（测点处构件表面温度或空气温度）和测点测值（应变和挠度）变化的线性关系，然后按下式进行温度修正计算

$$S = S' - \Delta t K_t \tag{15-2}$$

式中 S——温度修正后的测点加载测值变化；

S'——温度修正前的测点加载测值变化；

Δt——相应于 S' 观测时间段内的温度变化，℃；

K_t——空载时温度上升 1 ℃时测点测值变化量。

$$K_t = \frac{\Delta S}{\Delta t_1} \tag{15-3}$$

式中 ΔS——空载时某一时间段内测点测值变化量；

Δt_1——相应于 ΔS 同一时间段内温度变化量。

温度变化量的观测对应变宜采用构件表面温度，对挠度宜采用气温。温度修正系数 K 应采用多次观测的平均值，如测值变化与温度变化关系不明显则不能采用。

由于温度影响修正比较困难，一般不进行这项工作，而采取缩短加载时间、选择温度稳定性较好的时间进行试验等办法，尽量减小温度对测试精度的影响。

3）支点沉降影响的修正

当支点沉降量较大时，应修正其对挠度值的影响，修正量 C 可按下式计算

$$C = \frac{l - x}{l}a + \frac{x}{l}b \tag{15-4}$$

式中 C——测点的支点沉降影响修正量；

l——A 支点到 B 支点的距离；

x——挠度测点到 A 支点的距离；

a——A 支点沉降量；

b——B 支点沉降量。

2. 各测点变位与应变的计算

根据量测数据计算如下：

总变位(或总应变)

$$S_t = S_l - S_i \tag{15-5}$$

弹性变位(或弹性应变)

$$S_e = S_l - S_u \tag{15-6}$$

残余变位(或残余应变)

$$S_p = S_t - S_e = S_u - S_i \tag{15-7}$$

式中 S_i——加载前测值;

S_l——加载达到稳定时测值;

S_u——卸载后达到稳定时测值。

引入相对残余变位(或应变)的概念来描述结构整体或局部进入塑性工作状态的程度。相对残余变位(或应变)按下式计算

$$S'_p = \frac{S_p}{S_t} \times 100\% \tag{15-8}$$

式中 S'_p——相对残余变位(或应变);

其他符号意义同前。

3.应力计算

根据测量到的测点应变,当结构处于线弹性工作状态时,可以利用应力应变关系计算测点的应力。

1)单向应力状态

单向应力状态的应力计算公式为

$$\sigma = E\varepsilon \tag{15-9}$$

2)平面应力状态

(1)当主应力方向已知时

$$\sigma_1 = \frac{E}{1-\nu^2}(\varepsilon_1 + \nu\varepsilon_2) \tag{15-10}$$

$$\sigma_2 = \frac{E}{1-\nu^2}(\varepsilon_2 + \nu\varepsilon_1) \tag{15-11}$$

式中 E——构件材料的弹性模量;

ν——构件材料的泊松比;

ε_1、ε_2——方向相互垂直的主应变;

σ_1、σ_2——方向相互垂直的主应力。

(2)当主应力方向未知时,需用应变花测量其应变,计算主应力。应变花的常见形式为直角形(见图15-17(a))或等边形(见图15-17(c)),由三个应变片组成;也可以增加校核片,布置为扇形(见图15-17(d))和伞形(见图15-17(e))。采用图15-17中的五种应变花时测点主应力可以表示为

$$\sigma_1 = \frac{E}{1-\nu}A + \frac{E}{1-\nu}\sqrt{B^2 + C^2} \tag{15-12}$$

$$\sigma_2 = \frac{E}{1-\nu}A - \frac{E}{1-\nu}\sqrt{B^2 + C^2} \tag{15-13}$$

$$\tau_{\max} = \frac{E}{1+\nu}\sqrt{B^2 + C^2} \tag{15-14}$$

$$\varphi_0 = \frac{1}{2}\arctan\frac{C}{B} \tag{15-15}$$

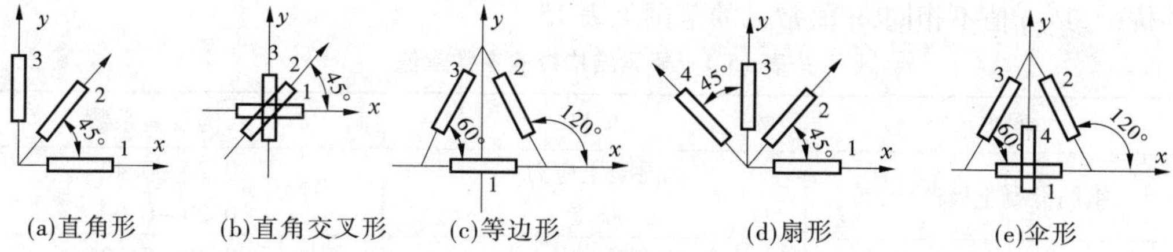

图 15-17 常用的应变花的形式

其中:参数 A、B、C 由应变花的形式而定,上面五种形式应变花的参数见表 15-3。

表 15-3 应变花参数

测量平面上点主应变时应变计的布置		A	B	C
应变花名称	应变花形式			
45°直角应变花	图 15-17(a)、(b)	$\frac{\varepsilon_0+\varepsilon_{90}}{2}$	$\frac{\varepsilon_0-\varepsilon_{90}}{2}$	$\frac{2\varepsilon_{45}-\varepsilon_0-\varepsilon_{90}}{2}$
60°等边三角形应变花	图 15-17(c)	$\frac{\varepsilon_0+\varepsilon_{60}+\varepsilon_{120}}{3}$	$\varepsilon_0-\frac{\varepsilon_0+\varepsilon_{60}+\varepsilon_{120}}{3}$	$\frac{\varepsilon_{60}-\varepsilon_{120}}{\sqrt{3}}$
伞形应变花	图 15-17(e)	$\frac{\varepsilon_0+\varepsilon_{90}}{2}$	$\frac{\varepsilon_0-\varepsilon_{90}}{2}$	$\frac{\varepsilon_{60}-\varepsilon_{120}}{\sqrt{3}}$
扇形应变花	图 15-17(d)	$\frac{\varepsilon_0+\varepsilon_{45}+\varepsilon_{90}+\varepsilon_{135}}{4}$	$\frac{\varepsilon_0-\varepsilon_{90}}{2}$	$\frac{\varepsilon_{135}-\varepsilon_{45}}{2}$

五、荷载试验成果分析与承载力评定

为了评定结构整体受力性能,需对桥梁荷载试验结果与理论分析值比较,以检验新建桥梁是否达到设计要求的荷载标准,或判断旧桥的承载能力。比较时可以将结构位移、应变等试验值与理论计算值列表进行比较,对结构在最不利荷载工况作用下主要控制测点的位移、应力的实测值与理论分析值,要分别绘出荷载位移($P\sim\Delta$)曲线、荷载应力($P\sim\sigma$)曲线,并绘出最不利荷载工况作用下位移沿结构(纵、横向)分布曲线和控制截面应变(沿高度)分布图,绘制结构裂缝分布图(对裂缝编号注明长度、宽度、初裂荷载以及裂缝发展情况)。

(一)结构工作状况评定分析

1. 结构校验系数

为了量化,以及描述试验值与理论分析值比较的结果,此处引入结构校验系数,计算式为

$$\eta = \frac{S_e}{S_s} \tag{15-16}$$

式中 S_s——试验荷载作用下的理论计算变位(或应变)值;

其他符号意义同前。

S_e 与 S_s 的比较可用实测的横截面平均值与计算值比较，也可考虑荷载横向不均匀分布而选用实测最大值与考虑横向增大系数的计算值进行比较。横向增大系数最好采用实测值，如无实测值也可采用理论计算值。

结构校验系数是评定结构工作状况，确定桥梁承载能力的一个重要指标。不同结构形式的桥梁，其 η 值不相同，η 值常见的范围见表 15-4。

表 15-4　桥梁结构校验系数常值

梁别	项目	结构校验系数
钢筋混凝土板桥	混凝土应力	0.20～0.40
	挠度	0.20～0.90
钢筋混凝土梁桥	混凝土应力	0.40～0.80
	挠度	0.50～0.90
	钢筋应力	0.55～0.65
预应力混凝土桥	混凝土应力	0.60～0.90
	挠度	0.70～1.00
圬工拱桥	应力	0.70～1.00
	挠度	0.80～1.00

一般要求 $\eta \leqslant 1$，η 值越小，说明结构的安全储备越大，但 η 值不宜过大或过小，η 值过大可能说明组成结构的材料强度较低，结构各部分联结性能较差，刚度较低等；η 值过小可能说明组成结构材料的实际强度及弹性模量较大，梁桥的混凝土铺装及人行道等与主梁共同受力，支座摩擦力对结构受力的有利影响，以及计算理论或简化的计算图式偏于安全等。另外，试验加载物的称量误差、仪表的观测误差等对 η 值也有一定的影响。

2. 横向增大系数

横向增大系数一般由实测的变位（或应变）最大值与横向各测点平均值之比求得，即

$$\xi = \frac{S_{emax}}{\overline{S}_e} \tag{15-17}$$

式中　S_{emax}——试验荷载作用下量测的最大弹性变位（或应变）值；

$\overline{S}_e$——试验荷载作用下横桥向各测点的弹性变位（或应变）值的平均值。

主要测点在控制荷载工况下的横向增大系数，反映了桥梁结构荷载横向不均匀分布的程度及横向联结的工作状况。ξ 值越小，说明荷载横向分布越均匀，横向联结构造越可靠；ξ 值越大，说明荷载横向分布越不均匀，横向联结越薄弱，结构受力越不利。

3. 实测值与理论值的关系曲线

由于理论的变位（或应变）一般按线性关系计算，所以如测点实测弹性变位（或应变）与理论计算值成正比，其关系曲线接近于直线，说明结构处于良好的弹性工作状况。

4. 相对残余变位（或应变）

测点在控制加载程序时的相对残余变位（或应变）S_p/S_t 越小，说明结构越接近弹性工作状况，一般要求 S_p/S_t 不大于 20%。当 S_p/S_t 大于 20% 时，应查明原因，如确系桥梁强度不足，应在评定时酌情降低桥梁的承载能力。

（二）结构的强度及稳定性

当荷载试验项目比较全面时，可采用荷载试验主要挠度测点的校验系数 η 来评定结构的强度和稳定性。

对于一般新建桥梁，在荷载试验后尚无桥梁检算系数可供查用。为了评定的需要，可借用《公路旧桥承载能力鉴定方法》中荷载试验后的旧桥检算系数 Z_2，按式(15-18)或式(15-19)对桥梁结构抗力效应予以提高或折减后检算。

对于旧桥，根据《公路旧桥承载能力鉴定方法》采用 Z_1 值检算不符合要求，但采用 Z_2 值根据式(15-18)或式(15-19)检算符合要求时，可评定桥梁承载能力满足检算荷载要求。

对于砖石和混凝土桥

$$S_d(\gamma_{s0}\Psi\sum\gamma_{s1}Q) \leqslant R_d\left(\frac{R^i}{\gamma_m},\alpha_k\right)\times Z_2 \tag{15-18}$$

$$S_d(\gamma_g G,\gamma_q\sum Q) \leqslant \gamma_b R_d\left(\frac{R_c}{\gamma_c},\frac{R_s}{\gamma_s}\right)\times Z_2 \tag{15-19}$$

式中，各参数的物理意义详见《公路旧桥承载能力鉴定方法》。

根据 η 值由表 15-5 查取 Z_2 的取值范围，再根据下列条件确定 Z_2 值。符合下列条件时，Z_2 值可取高限；否则应酌减，直至取低限：

(1)加载内力与总内力(加载内力 + 恒载内力)的比值较大，荷载试验效果较好。

(2)实测值与理论值线性关系较好，相对残余变位(或应变)较小。

(3)桥梁结构各部位无损伤，风化、锈蚀、裂缝等较轻微。

表 15-5　经过载荷试验的桥梁检算系数 Z_2 值

η	Z_2	η	Z_2
0.4 及以下	1.20 ~ 1.30	0.8	1.00 ~ 1.10
0.5	1.15 ~ 1.25	0.9	0.97 ~ 1.07
0.6	1.10 ~ 1.20	1.0	0.95 ~ 1.05
0.7	1.05 ~ 1.15		

注：1. η 值应经校核确保计算及实测无误。

2. η 值在表列之间时可内插。

3. 当 η 值大于 1 时，应查明原因，如确系结构本身强度不够，应适当降低检算承载能力。

η 值应取控制截面内力最不利荷载工况时最大挠度测点进行计算。对梁桥，可采用跨中最大正弯矩荷载工况时的跨中挠度；对拱桥，检算拱顶截面时，可采用拱顶最大正弯矩荷载工况时的跨中挠度；检算拱脚截面时，可采用拱脚最大负弯矩荷载工况时 $l/4$ 截面处挠度；验算 $l/4$ 截面时则可用上述两者平均值；如已安排 $l/4$ 截面最大正、负弯矩荷载工况，则可采用该荷载工况时 $l/4$ 截面挠度。但拱桥在采用 η 值根据表 15-5 进行检算时，应不再另行考虑拱上建筑的联合作用。

（三）结构刚度

在试验荷载作用下，主要测点挠度校验系数 η 应不大于 1。各点的挠度不超过《公路圬工桥涵设计规范》(JTJ D61—2005)、《公路钢筋混凝土及预应力混凝土桥涵设计规范》(JTG D62—2004)和《公路桥涵钢结构及木结构设计规范》(JTJ 025—86)规定的允许值。

(1)如控制荷载为标准计算活载，则不计冲击力的挠度允许值，如表 15-6 所示。

表 15-6　标准计算活载作用下桥跨结构的挠度限值

桥梁类型	计算活载挠度限值	
圬工拱桥	一个桥跨范围内正、负挠度的最大绝对值之和不大于 $l/100$	
钢筋混凝土与预应力混凝土桥	梁桥主跨跨中	$l/600$
	梁桥主梁悬臂端	$l_1/300$
	桁架、拱	$l/800$
	斜拉桥预应力混凝土主梁	$l/500$
	悬索桥预应力混凝土加劲梁	$l/500$
钢桥	简支或连续桁架	$l/800$
	简支或连续板梁	$l/600$
	斜拉桥钢主梁	$l/400$
	悬索桥钢加劲梁	$l/400$

注：1. l 为简支梁的计算跨径，桁架、拱的计算跨径，斜拉桥的中跨计算跨径，悬索桥的中跨计算跨径；l_1 为悬臂端长度。

2. 在试验荷载下，如一个桥跨范围内有正、负挠度，则上述允许值为正、负挠度的最大绝对值之和的限值。

（2）如控制荷载为标准验算荷载，则上述允许值可提高 20%。

（四）裂缝及扩展情况的评定分析

（1）在试验荷载作用下，绝大部分裂缝的高度不应超过设计计算值，裂缝间距接近或大于设计计算值，裂缝扩展很快趋于稳定，不允许出现典型受力临界裂缝。

（2）在试验荷载作用下，裂缝扩展宽度不应超过设计标准的许可值，并且卸载后其扩展宽度应闭合到设计标准许可值的 1/3。

（3）在试验荷载作用下，绝大部分裂缝宽度不应大于表 15-7 规定的允许值，试验荷载卸除后，所有裂缝宽度不应大于表 15-7 规定的允许值。

表 15-7　裂缝限值

结构类型	裂缝种类			允许最大缝宽（mm）	其他要求
钢筋混凝土梁	主筋附近竖向裂缝			0.25	
	腹板斜向裂缝			0.30	
	组合梁结合面			0.50	不允许贯通结构面
	横隔板与梁体端部			0.30	
	支座垫石			0.50	
预应力混凝土梁	梁体竖向裂缝			不允许	
	梁体纵向裂缝			0.20	
砖、石、混凝土拱	拱圈横向			0.30	裂缝高度小于截面高度的 1/2
	拱圈纵向			0.50	裂缝长度小于跨径的 1/8
	拱波与拱肋结合处			0.20	
墩台	墩台帽			0.30	不允许贯通墩身截面的 1/2
	墩台身	经常受侵蚀性水影响	无筋	0.20	
			无筋	0.30	
		常年有水，但无侵蚀性水影响	无筋	0.25	
			无筋	0.35	
		干沟或季节性有水河流		0.40	
	有冻结作用部分			0.20	

注：表中所列除特指外适用于一般条件；对于潮湿环境和空气中含有较强腐蚀性气体条件下的缝宽限值应要求严格一些；预应力混凝土梁指全预应力或部分预应力 A 类结构。

（五）地基与基础

当试验荷载作用下墩台沉降、水平位移及倾角均较小，符合上部结构检算要求，卸载后变位基本恢复时，可认为地基与基础在检算荷载作用下能正常工作。

当试验荷载作用下墩台沉降、水平位移、倾角较大或不稳定，卸载后变位不能恢复时，应进一步对地基、基础进行探查、检算，必要时应对地基、基础进行加固处理。

六、静载荷试验报告的编制

在全部试验资料整理与分析的基础上编写桥梁结构静载荷试验报告，其主要内容应该包括下列各项。

（一）桥梁概况

简要介绍被试验桥梁的结构形式、构造特点、施工概况。若为旧桥，则说明旧桥的外观状况等。对于鉴定性试验，要说明在设计与施工中存在的技术问题及其对桥梁使用的影响等。对于科研性试验，还要说明设计中需要解决的计算理论问题等，同时还要附上必要的结构简图。

（二）试验目的

根据试验对象的特点，要针对性地说明结构静载荷试验所要达到的目的和要求。

（三）试验方案设计

根据载荷试验的目的，在试验方案设计中要说明以下主要内容：

（1）确定测试项目和测试方法、测点布置和仪器配备情况，并附以简图。

（2）试验荷载的形成情况（是标准车列或汽车荷载，还是模拟的等代荷载）。

（3）根据桥梁结构专用分析程序（或结构力学方法）在测试项目中的控制截面（内力、挠度、变形）影响线或影响面上，分别布置标准设计荷载和试验荷载，从而确定试验荷载效率 η_q，并通过调整试验荷载的布置（如载重车质量、车辆间距等）来满足 η_q 在 0.8 ~ 1.05 的要求。

（4）确定试验荷载工况种类，并分别以简图示出。

（四）试验日期和过程

说明具体组织桥梁静载荷试验的起讫日期，试验准备阶段的情况，整个试验阶段的特殊问题及其解决办法，试验加载控制情况等。

（五）各项试验达到的精度

试验中使用的各种仪器仪表的类型、精度（最小读数）需列表说明，同时还要说明试验中可能用到的夹具对试验精度的影响。

（六）试验资料整理与分析

资料分析时，将理论计算值、实测值以及有关的参考限值进行对比，说明理论与实践二者的符合程度，从中得出试验桥梁所具有的实际承载能力、抗裂性及使用的安全度，以及从试验中所发现的新问题。从现场检查的综合情况，说明试验桥梁的施工质量。对于一些科研性试验，还要从综合分析中说明设计计算理论的正确性和实用性，以及尚未解决的问题。如果资料丰富，还可能经综合分析，提出简化计算公式等。

（七）试验记录摘录

将试验中所得的实测控制数据以列表或曲线的形式表达出来。

（八）技术结论

根据综合分析的结果，得出最后的技术结论，对试验桥梁作出科学的评价。同时，根据存在的问题，对新建桥梁提出改进设计或加强养护方面的建议，对旧桥提出加固方案或维修养护方面的建议。

（九）经验总结

从桥梁载荷试验的角度，对本次试验的计划、程序、测试方法指出不足并提出改进意见。

（十）图表信息

在报告的最后一般要附上有关具有代表性的图表、照片等。

第三节　桥梁动载荷试验

桥梁结构是承受以自重和各种车辆为主要荷载的结构物。桥梁的振动主要是由车辆荷载以一定速度在桥上通过而产生的，同时，车辆驶过桥梁时，桥面起伏不平或发动机的振动等会使桥梁振动加剧。此外，人群荷载、风力、地震力、漂浮物或其他物体的撞击作用也会引起桥梁的振动。

桥梁的振动问题，影响因素复杂，只靠理论分析不易得到实用的结果。一般需采用与试验相结合的研究方法，而振动测试正是解决桥梁工程振动问题必不可少的手段。

桥梁的动载荷试验是利用某种激振方法激起桥梁结构的振动，测定桥梁结构的固有频率、阻尼比、振型、动力冲击系数、动力响应（加速度、动挠度）等参数，从而宏观地判断桥梁结构的整体刚度、运营性能。

但桥梁的动载荷试验与静载荷试验相比具有特殊性。首先，引起结构振动的振源（又称输入，例如车辆、人群、阵风或地震力等）和结构的振动响应（又称输出），都是随时间而变化的，而且结构在动荷载作用下的响应与结构本身的动力特性有密切关系。动荷载产生的动力效应一般大于相应的静力效应；有时，甚至在一个不大的动力作用下，也可能使结构受到严重的损坏。因此，用动载荷试验来确定桥梁在车辆荷载下的动力效应以及使用条件，从而进一步对桥梁作出评价是十分重要的。

一、动载荷试验的目的

桥梁动载荷试验目的与静载荷试验目的基本一致，主要表现在以下几个方面：

（1）检验桥梁设计与施工的质量（新建桥）。施工中从事施工监控和监测，成桥后进行现场荷载试验，竣工验收中提供重要资料。

（2）判断桥梁结构的实际承载能力（旧桥）。为超龄、超载、有损伤旧桥加固改造提供依据。

（3）验证桥梁结构设计理论和方法（新桥型）。为新桥型和桥梁中的新结构、新材料和新工艺创新发展提供实测数据。

二、动载荷试验仪器设备及选择

动载荷试验时量测动应变可采用动态电阻应变仪并配以记录仪器，量测振动可选用低频拾振器并配低频测振放大器及记录仪器，量测动挠度可选用电阻应变位移计配动态电阻应变仪及记录仪器。动载荷试验常用仪器及技术参数见表15-8。

表15-8　动载荷试验常用仪器及技术参数

测量内容	测量系统		数据采集分析系统		说明
	仪器名称	适用范围	仪器名称	技术参数	
应变	电阻应变计及动态应变仪	测量范围：±10 000 με 频率响应：0～10 kHz 可用于行车试验、跳车试验	（1）由计算机与相应软件构成的采集系统； （2）磁带记录仪	（1）输入电压范围：0～±5（10）V。 （2）频率响应：0～5 kHz。 （3）采样频率不低于1 kHz。 （4）可监视信号质量	可预埋或后装
	光纤应变计及调制解调器	测量范围：±10 000 με 频率响应：0～10 kHz 可用于行车试验、跳车试验			
位移	电阻应变式位移计及动态应变仪	测量范围：±10 000 με 频率响应：0～10 kHz 可用于行车试验、跳车试验			拉触式测量，需要表架
	光电位移测量装置	测量距离：500 m 测量范围：±25 m（当最大测距时） 频率响应：20 Hz 可用于行车试验、跳车试验			非接触式测量
动力特性参数	磁电式拾振器及放大器	测量范围：位移±20 mm 加速度：±0.5*g* 频率响应：0.3～20 Hz 可用于行车试验、跳车、脉动试验			
	应变式加速度计及动态应变仪	测量范围：±0.5*g* 频率响应：0～100 Hz 可用于行车试验、跳车试验			
	压电式加速度计及电荷放大器	测量范围：±0.5*g* 频率响应：0.5～1 kHz 可用于行车试验、跳车试验，高灵敏度的也可用于脉动试验			
	伺服式加速度计及放大器	测量范围：±0.5*g* 频率响应：0～100 Hz 可用于行车试验、跳车试验、脉动试验			

动载荷试验的测试系统，一般可采用电磁式测试系统、压电式测试系统、电阻应变式测试系统或光电测试系统。在选择测试系统时，应注意选择测振仪器的技术指标，使传感器、放大器、记录装置组成的测试系统的灵敏度、动态范围、幅频特性和幅值范围等技术指标满

足被测结构动力特性范围的要求。测试仪表应不大于预计测量值的10%。

试验前,应对测试系统进行灵敏度、幅频特性、相频特性线性度等进行标定。标定测振仪的方法较多,常用的方法有分部标定法和系统标定法等。

分部标定法是按传感器、放大器、记录器三部分分别标定其灵敏度 K_S、K_F、K_R,则测试系统总的灵敏度 K 可按下式计算

$$K = K_S K_F K_R \tag{15-20}$$

分部标定工作比较麻烦,但使用较灵活,标定时应注意各级仪器之间的匹配;否则会增大误差。

系统标定法是把传感器、放大器、记录仪看成是一个整体,标定输入振动量与输出电量或记录值的关系,得到整套仪器的灵敏度和频率特性关系等,一般在振动台上进行。系统标定法工作简单,结果可靠,误差小。但一旦标定好,传感器、放大器、记录仪的对应关系不能改变,使用时不够灵活。

在动载荷试验中,安装和使用仪器设备时应注意以下几点:

(1)动态测试仪器,由于存在频响、阻抗匹配及相位等问题,应至少保证一年整机标定一次。在振动台等条件具备的情况下,最好是在测试前后各标定一次,以便取得准确的响应值,标定内容至少应做频响特性、幅值线性两项试验,并绘成图形。

(2)每次动态测试前应进行现场的灵敏度比对和相位一致性试验。

(3)振动测量应尽量测定位移(动位移)值和加速度值。前者反映刚度,后者反映动荷载。因此,尽量采用位移传感器和加速度传感器,尽量少用微积分线路(尤其避免二次微积分),以提高测定值精度。

(4)振动测量应包括三维空间值,即桥轴水平向、横桥水平向和横桥垂直向。在记录与分析中亦应明确标明,工况记录要详细准确。

(5)在正式测试之时,项目负责人应检查无载状态下应变仪各测点的零状态是否良好,其变化不超过 $\pm 5\ \mu\varepsilon$。

三、动载荷试验方法及过程

(一)准备工作

动载荷试验前,首先应按照试验方案进行准备工作,其内容包括:

(1)收集与试验桥梁有关的设计资料和图纸,详细研究,慎重选择或确定试验荷载。

(2)现场调查桥上和桥两端线路状态、线路容许速度、车辆和列车实际过桥速度和其他激振措施状态。

(3)了解有关试验部位情况,以确定测试脚手架搭设位置、导线的布设方法及仪器安放位置。

(4)对拟测试的项目和测试断面,应按实际荷载和截面尺寸预先算出应力、位移、结构内振频率等,以便及时与实测值进行比较。

(二)动载荷试验加载方案与实施

桥梁动载荷试验的激振方法应根据桥梁的结构形式和剐度,选择效果好、易实施的方法。桥梁常用的激振方法主要有:

(1)自振法(瞬态激振法)。自振法是使桥梁产生有阻尼的自由衰减振动,记录到的振

动图形是桥梁的衰减振动曲线。

(2)共振法(强迫振动法)。共振法是利用激振器对结构施加激振力,使结构产生强迫振动,改变激振力的频率而使结构产生共振现象,并借助共振现象来确定结构的动力特性。

(3)脉动法。脉动法是利用附近车辆或机器等的振动而引起结构微小和不规则振动的方法。脉动法能够明显地反映出结构的固有频率,常用于大跨度悬吊结构、索塔以及具有分离式拱肋的大跨度下承式或中承式拱桥。

1. 动载荷试验内容

桥梁动载荷试验一般包括跑车试验、跳车试验、制动试验和脉动试验。试验时,宜从动力响应小的测试项目做起,即首先进行脉动试验,其次进行跑车试验,最后进行跳车试验,有需要时再进行制动试验。以下详细介绍这四种测试方法。

1)跑车试验(无障碍行车试验)

图 15-18　跑车试验现场

跑车试验的荷载,采用接近于标准荷载的单辆载重汽车(见图 15-18)。试验时,让单辆载重汽车分偏载和中载两种情形,以不同车速匀速通过桥跨结构,以测定桥跨结构主要控制截面测点的动应力和动挠度时间历程响应曲线。

动载荷试验一般安排标准汽车车列(对小跨径桥也可用单排车)在不同车速时的跑车试验,跑车速度一般定为在最高设计车速下的若干等级,比如 5 km/h、10 km/h、20 km/h、30 km/h、40 km/h、50 km/h、60 km/h 等。当车在桥上时为车桥联合振动,当车跨出桥后为自由衰减振动,应测量不同行驶速度下控制断面(一般取跨中或支点处)的动应变和动挠度,记录时间一般以波形完全衰减为止。测试时需记录轴重、车速,并在时程曲线上标出首车进桥和尾车出桥的对应时间。动载测试一般应试验三组,在临界速度时可增跑几趟,全面记录动应变和动位移。

进行跑车试验时,要较准确地控制试验车辆的车速,并根据测试传感器的布置,确定试验车辆行驶途中进行数据采集的起止位置,以免测试数据产生遗漏。

2)跳车试验(有障碍行车)

在预定激振位置设置一块 15 cm 高的直角三角木,斜边朝向汽车。一辆满载重车以不同速度行驶,后轮越过三角木由直角边落下后,立即停车。此时桥跨结构的振动是带有一辆满载重车附加质量的衰减振动。在数据处理时,附加质量的影响应加以修正。跳车的动力效应与车速和三角木放置的位置有关。随着车速的增加,桥跨结构的动位移、动应力会增加,从而冲击系数也会加大,跳车记录时间与跑车相同。

3)制动试验

按实际情况,有时需进行制动试验,测定桥梁结构在制动力作用下的响应,以了解桥梁承受活载水平力的性能。制动试验是以行进车辆突然停止作为激振源,可以以不同车速停在预定位置。制动可以顺桥向和横桥向进行。一般,横桥向由于桥面较窄,难以加速到预定车速。制动试验数据同样需要进行附加质量影响的修正。制动的位移时程曲线可读取自振特性和阻尼特性数据。不过此时是有车的质量参与衰减振动,阻尼也非单纯桥跨结构的阻尼。制动试验的记录项目与跑车试验的相同，对记录的信号（包括振幅、应变或挠度等）进行频谱分析，可以得到相应的强迫振动频率等一系列参数。在进行制动试验时，对车辆荷载的行驶速度及制动位置等均应作专门的考虑。

4）脉动试验

脉动试验是在桥面无任何交通荷载以及桥址附近无规则振源的情况下，测定桥跨结构由于桥址处风荷载、地脉动、水流等随机荷载激振而引起桥跨结构的微幅振动响应，测得结构的自振频率、振型和阻尼比等动力学特征。

脉动试验是使用高灵敏度的传感器和放大器测量结构在环境振动作用下的振动，然后对其进行谱分析，求出结构自振特性的一种方法，其记录时间一般不宜少于 40 min。环境振动是随机的、多种振动的叠加，它输出的能量在相当宽的频段是差不多相等的，而结构在环境（如风、水流、机动车、人的活动等引起的振动）的激励下振动时，由于相位的原因，使得和结构自振频率相同或接近的振动被放大，所以对记录到的数据进行多次平均谱分析，即可得到结构的自振频率及振型。

为了尽可能测出高阶频率，应当先估算结构振型，以便在结构的敏感点布置拾振器。为了进行动力分析或风、地震响应分析，对不同桥型，测量自振频率的阶数可以不同：斜拉桥、悬索桥不少于 15 阶，简支梁、连续梁、刚构和拱桥不少于 9 阶。

2. 加载时截面内力的控制

动载荷试验的效率为

$$\eta_d = \frac{S_d}{S} \tag{15-21}$$

式中　S_d——动载荷试验荷载作用下控制截面最大计算内力值；

S——标准汽车荷载作用下控制截面最大计算内力值（不计入汽车荷载冲击系数）。

η_d 值一般采用 1，动载荷试验的效率不仅取决于试验车型及车重，而且取决于实际跑车时的车间距。因此，在动载荷试验跑车时应注意保持试验车辆之间的车间距，并应实际测定跑车时的车间距，以作为修正动载荷试验的效率 η_d 的计算依据。

（三）测点布置与观测

在桥梁结构动载荷试验中，应根据现有仪器设备和试验人员的实践经验，按照动载荷试验的要求和目的及桥梁结构具体形式综合确定。在变位和应变较大的部位应布置测点，用于测记结构振动响应的测点应尽可能避开振型的节点。

动应变测点一般应布置在结构产生最大拉应变的截面处，并注意温度补偿。具体布置原则与静应变测点布置相同，只是动应变测点数较静应变少。

测定桥梁结构振型时可采用以下两种方法布设拾振器：

（1）在所要测定桥梁结构振型的峰、谷点上布设测振传感器（拾振器），用放大特性相同的多路放大器和记录特性相同的多路记录仪，同时测记各测点的振动响应信号。

（2）将结构分成若干段，选择某一分界点作为参考点，在参考点和各分界点分别布置测振传感器（拾振器），用放大特性相同的多路放大器和记录特性相同的多路记录仪，同时测记各测点的振动响应信号。

四、试验数据分析

桥梁结构的动力特性常用的分析处理方法可以分为时域分析和频域分析两种。时域分析是直接对时程曲线进行分析,可以得到阻尼比、振型、冲击系数等参数;频域分析是把时域信号通过傅里叶变换进行数学处理,从而确定结构的频率和频率分布特性。

(一)荷载效率

行车试验的动力试验荷载效率可按下式计算

$$\eta_{dyn} = \frac{S_{dyn}}{S} \tag{15-22}$$

式中 S_{dyn}——动力试验荷载作用下控制截面最大内力或变位计算值;

S——标准汽车荷载作用下控制截面最大内力或变位计算值(不计汽车荷载冲击系数)。

(二)动力增大系数

实测的活载动力增大系数$(1+\mu)$可根据记录的测点动挠度或动应变时间历程曲线进行整理分析,按下式计算

$$1+\mu = \frac{S_{max}}{S_{mean}} \tag{15-23}$$

式中 S_{max}——在动力荷载作用下该测点最大挠度(或应变)值;

S_{mean}——相应的静荷载作用下该测点最大挠度(或应变)值。

$$S_{mean} = \frac{1}{2}(S_{max} + S_{min}) \tag{15-24}$$

式中 S_{min}——与S_{max}对应的最小挠度(或应变)值。

(三)冲击系数

实测的活载冲击系数可按下式计算

$$\mu = \frac{S_{max} - S_{min}}{S_{mean} + S_{min}} \tag{15-25}$$

式中各符号意义同前。

根据不同车速的活载冲击系数或动力增大系数,绘制活载冲击系数或动力增大系数与车速的关系曲线,并求出活载冲击系数的最大值。

(四)自振频率

(1)结构自振频率,可根据桥梁跳车激振试验测记的测点余振响应信号分析而得,也可根据脉动试验测记的测点随机振动响应信号分析而得,还可根据跑车试验测记的测点动挠度或动应变余振曲线分析而得。

(2)对跳车激振试验,当激振荷载对结构振动具有附加质量影响时,可按下式计算结构自振频率

$$f_0 = f\sqrt{\frac{M_0 + M}{M_0}} \tag{15-26}$$

式中 f_0——结构自振频率;

f——有附加质量影响的实测自振频率;

M_0——结构在激振处的换算质量;

M——附加质量。

(五)阻尼比

(1)桥梁结构的阻尼比,可根据跳车激振试验或跑车试验测记的测点余振相应信号(振

动衰减曲线），按下式进行计算

$$D_{r} = \frac{1}{2m\pi}\ln\frac{A_{i}}{A_{i+m}} \tag{15-27}$$

式中 D_r——测点阻尼比；

m——在振动衰减曲线上量取的波形数；

A_i——在振动衰减曲线上量取的第 i 个波形的幅值；

A_{i+m}——在振动衰减曲线上量取的第 $i+m$ 个波形的幅值。

（2）桥梁结构阻尼比也可根据频谱分析得出的测点自功率谱图，用半功率点宽带按下式计算

$$D_{r} = \frac{B_{i}}{2f_{i}} \tag{15-28}$$

式中 B_i——第 i 阶自振频率相应的半功率点宽带，即 0.707 倍功率谱峰值所对应的频率差；

f_i——第 i 阶自振频率。

（六）振型

结构的振型是结构相应于各阶固有频率的振动形式，一个振动系统振型的数目与其自由度数目相等。桥梁结构是一个具有连续分布质量的体系，也就是说，是一个无限多自由度体系，因此其固有频率及相应的振型也有无限多个。但是，对于一般的桥梁结构，第一固有频率即基频对结构的动力分析才是重要的。对于较复杂的动力分析问题，也仅需前面几个固有频率。

五、动载荷试验成果分析

（1）当动载荷试验的效率 η_d 接近 1 时，不同车速下实测的冲击系数最大值可用于结构的强度和稳定性检算。

（2）实测的活载冲击系数应满足下列条件

$$\mu_{t}\eta_{dyn} \leqslant \mu_{c} \tag{15-29}$$

式中 μ_c——设计采用的冲击系数；

μ_t——跑车试验实测的最大冲击系数；

其他符号意义同前。

（3）跑车试验实测的桥跨结构最大变位控制测点的垂直振幅标准值 A_{ct}（等于局部离差平方的二次根）宜小于表 15-9 所列限值。

表 15-9 桥跨结构振幅标准值限值

桥型及跨度	允许振幅标准值（mm）
跨度 20 m 以下的钢筋混凝土梁桥	0.3
跨度为 20～45 m 的预应力混凝土梁桥	1.0
跨度为 60～70 m 的连续梁桥和 T 形刚构	3.0～5.0
跨度为 30～125 m 的钢梁桥和组合梁桥	2.0～3.0

(4)结构的自振频率、活载强迫振动频率及阻尼系数等对桥梁承载能力的影响可参考其他有关资料进行分析。实测的简支梁桥桥跨结构的一阶竖弯自振频率一般不应大于3.0 Hz,否则认为桥跨总体刚度较差。

六、动载荷试验报告的编制

一般情况下,桥梁载荷试验报告应同时包括静载荷试验与动载荷试验两部分内容。在静载荷试验报告内容的基础上,另外增加动载荷试验内容,从而形成完整的载荷试验报告。

在全部动载荷试验资料整理与分析处理的基础上,编写桥梁结构动载荷试验部分报告。其主要内容应该包括下列各项。

(一)试验目的

根据试验对象的特点,要有针对性地说明结构动载荷试验所要达到的目的和要求。

(二)试验依据

说明结构动载荷试验所依据的相关规范、规程或技术文件。

(三)试验方案

根据动载荷试验的目的,在试验方案设计中要说明以下主要内容:

(1)测试项目和测试方法、测点布置和仪器配备情况,并附以简图。

(2)试验荷载的形式(标准车列或汽车荷载)以及选择何种激振方法(试验汽车跳车,其他激振形式)。

(3)根据桥梁结构动力分析专用程序计算动力试验荷载效率 η_d,并通过调整动力试验荷载的布置(如载车重量、车辆间距等),满足 $\eta_d \approx 1.0$ 的要求。

(四)试验过程说明

按照试验计划大纲的内容,简要介绍试验实施概况,说明具体组织桥梁动载荷试验的起讫日期、试验准备阶段的情况、整个试验阶段的特殊问题及其解决办法。

(五)各项试验达到的精度

将试验中使用的各种仪器、仪表的类型、参数、检定证书、测量精度(最小读数)、标定情况等列表说明,同时还要说明试验中可能使用的夹具、传感器等对试验精度的影响程度。

(六)试验成果与分析

依据桥梁结构动载荷试验项目,对试验成果进行分析与评定,将理论计算值与实测值进行对比,说明理论与实践二者的符合程度,从中得出试验桥梁所具有的实际结构动力特性及桥梁营运状况,以及从试验中所发现的问题。绘制结构振型图、冲击系数与不同车速的关系分析图等。

(七)试验记录摘录

将试验中所实测的控制数据以列表或曲线的形式表达出来。

(八)技术结论

根据综合分析的结果,得出最后的技术结论,对试验桥梁作出科学的评价,同时根据存在的问题,对新建桥提出改进设计或加强养护方面的建议;对旧桥提出加固方案或维修养护,甚至拆除重建方面的建议。

(九)图表信息

在报告的最后,一般应附上具有代表性的动载荷记录图表。

第四节　桥梁载荷试验实例

一、桥梁概况

某桥梁位于浙江省杭州市千岛湖镇老城区的东面，桩号 K1 + 136.540 ~ K1 + 346.460，桥全长 210 m，桥宽 20.5 m。桥面布置为 0.25 m（栏杆）+2.1 m（人行道）+0.4 m（防撞墙）+15 m（机非混行车道）+0.4 m（防撞墙）+2.1 m（人行道）+0.25 m（栏杆）。

大桥桥跨布置为 55 m + 100 m + 55 m = 210 m，上部结构采用后张法预应力 C60 混凝土连续梁桥，截面形式为单箱双室，箱梁桥墩处梁高为 6.5 m，跨中为 2.8 m，梁底纵向线形为二次抛物线。箱梁顶板厚 250 mm，腹板厚 500 mm，底板厚 200 ~ 850 mm，主梁采用三向预应力体系。桥墩为高桩承台，为减轻自重，采用部分空心的实体桥墩；桥台采用重力式 U 形桥台。

桥下通航净空满足Ⅴ级航道通航标准。

桥梁设计荷载为城市 - A 级，人群荷载：3 kN/m^2。

大桥总体布置图如图 15-19 所示。

图 15-19　大桥总体布置图

二、载荷试验依据、目的、内容及方法

（一）载荷试验依据及准则

（1）中华人民共和国行业标准《公路工程技术标准》（JTG B01—2003）。

（2）中华人民共和国行业标准《城市道路工程设计规范》（CJJ 37—2012）。

（3）中华人民共和国行业标准《城市桥梁荷载设计标准》（CJJ 77—98）。

（4）中华人民共和国行业标准《城市桥梁设计规范》（CJJ 11—2011）。

（5）中华人民共和国行业标准《公路工程质量检验评定标准》（JTG F80—2004）。

（6）中华人民共和国交通部标准《公路桥涵设计通用规范》（JTG D60—2004）。

（7）中华人民共和国交通部标准《公路钢筋混凝土及预应力混凝土桥涵设计规范》（JTG D62—2004）。

（8）中华人民共和国交通部标准《公路桥涵地基与基础设计规范》（JTG D63—2007）。

（9）中华人民共和国行业标准《公路桥涵施工技术规范》（JTG/T F50—2011）。

（10）《大跨径混凝土桥梁的试验方法》（1982）。

（11）《道路工程（0 + 620 ~ 1 + 687.875）施工图设计（桥梁分册）》（2006），上海市城市建设设计研究院。

（12）浙江省交通厅质量监督站《关于规范桥梁荷载及试桩试验行为的通知》（浙交监[1999]231 号）。

（13）现场初始调查资料。

（14）《主墩盖梁缺陷处理材料》（2007），上海市城市建设设计研究院等设计、施工、监理、监控各方相关方案及总结。

(15)已有施工资料。

(二)载荷试验目的

(1)检验施工质量,确定工程可靠性,为交工验收提供技术依据。

(2)检验结构主要构件在设计荷载作用下的工作状态及承载能力。

(3)通过动力试验了解桥梁结构的固有振动特性及其动力性能。

(4)通过载荷试验建立桥梁技术状况初始档案。

(三)载荷试验内容及方法

1.静载荷试验

(1)主梁正应力及其沿梁高、梁宽的分布规律。

在箱梁内粘贴阻值为120 Ω的应变计,测试试验荷载作用下应变沿桥宽及截面高的分布情况。由静态应变测试仪DH3815N采集信息,通过电脑自动记录。为排除测试过程中大气温度变化带来的影响,采用搁置在测点附近事先贴好应变计的混凝土块件,实现温度补偿。

(2)主梁根部剪力及主拉应力。

在主梁根部侧面粘贴阻值为120 Ω的45°直角应变花,由静态应变测量仪DH3815N采集信息,同样利用混凝土块上粘贴的补偿应变计,实现温度补偿。

(3)主梁竖向挠度。

采用精密水准仪在桥面上沿行车道上下游边缘线,采用定点定站水准测量。

(4)结构扭转变形及扭矩效应。

在主梁横截面方向设置2个几何测点,测量主梁的扭转变形,确定其扭矩效应。

(5)主梁偏载效应及其增大系数。

主梁主要荷载试验工况分别测试中载工况及偏载工况,进而分析出偏载效应,通过与理论计算值的比较,确定偏载增大系数。

(6)结构温度。

采用测温箱测试控制截面结构表面的温度。

(7)裂缝观测。

控制截面处如有裂缝,采用裂缝观测仪测试结构裂缝宽度、长度及加载过程中裂缝变化,并注意观测是否有新裂缝出现。

2.动载荷试验

1)动载荷试验项目

(1)无障碍行车试验。

动载荷是以给定的不同车速,匀速通过桥跨结构,测定桥跨结构在运行车辆荷载作用下的动载反应。

工况一:无障碍行车,汽车以20 km/h匀速通过。

工况二:无障碍行车,汽车以30 km/h匀速通过。

工况三:无障碍行车,汽车以40 km/h匀速通过。

工况四:无障碍行车,汽车以50 km/h匀速通过。

(2)有障碍行车试验。

在无障碍行车测量效果不理想的时候,可采用有障碍行车试验作为备选方案。有障碍行车试验方案如下：

在桥跨结构的 $L/2$（L 为桥跨长）截面处桥面上设置高度分别为 5 cm 和 7.5 cm 的障碍物，模拟桥面铺装局部损伤状态，用两辆载重汽车（重 300 kN），以不同的速度通过桥跨结构，测定桥跨结构在桥面不良状态时运行车辆荷载作用下的动载荷反应。

工况五：有障碍行车，汽车以 5 km/h 匀速通过。

工况六：有障碍行车，汽车以 10 km/h 匀速通过。

工况七：有障碍行车，汽车以 20 km/h 匀速通过。

工况八：有障碍行车，汽车以 30 km/h 匀速通过。

2）动载荷试验测试内容及处理方法

A. 动力特性测试

采用重车激振余振法进行自振测试，利用 DH610 高精度超低频加速度传感器作拾振器，在频域和时域中进行谱分析和时程分析。

（1）自振特性测试。

拟采用重车激振余振法进行自振测试，由加速度传感器作拾振器，通过数据线传送到电脑中储存，在程序界面窗口即时显示，然后进行信号回放处理，在频域和时域中进行谱分析和时程分析。测试实施中采用 DH610 高精度超低频加速度传感器进行测量，用 D－P 低频加速度传感器作校核。

测定内容为桥跨结构在一辆 300 kN 试验车匀速过桥后余振而引起的桥跨结构微幅振动响应。

（2）频率分析。

对回放信号进行谱分析，根据自相关谱、互相关谱、各点相位及相干系数确定各阶频率。

（3）阻尼分析。

结构阻尼系数可用阻尼比 D_n 表示为

$$D_n = \ln(A_n/A_{n+1})/(2\pi)$$

式中　A_n——第 n 次振动时的振幅。

试验中采用频谱图中的半功率谱带宽来计算阻尼比 D_n

$$D_n = \ln(f_n/f_{n+1})/f_n$$

式中　f_n——第 n 阶频率；

　　f_{n+1}——第 n 阶半功率带宽频率。

（4）振型分析。

振型分析主要采用信号回放在频域和时域中寻找相位差、幅值比和相干系数来确定各测点的幅值大小和相位，从而得到结构的振型。

B. 动应变测试

主梁动应变测试位置选择在主跨跨中截面，试验中由动态数据采集仪器（DH5922）配便携计算机测试测点变位在时域中的变化，并根据应力影响线和动应变时程曲线波动来计算应变动态效应增大系数。

$$1 + \mu = \frac{\varepsilon_{\mathrm{dmax}}}{\varepsilon_{\mathrm{smax}}} \tag{15-30}$$

式中　$\varepsilon_{\mathrm{dmax}}$——动载荷作用下最大动应变值；

ε_{smax}——静载荷作用下最大动应变值。

三、桥梁上部结构静载荷试验

(一)试验荷载的确定原则

静载荷试验采用载重汽车进行等效加载。就具体检验项目而言,相应的加载车辆的数量及位置应使该检验项目的荷载效率系数 η 满足 $0.8\leqslant\eta\leqslant1.05$;根据浙江省交通厅质量监督站《关于规范桥梁荷载及试桩试验行为的通知》的有关规定,静力试验荷载的效率系数 η 取值范围为 $0.9\leqslant\eta\leqslant1.05$。在实际加载过程中,为了减少试验时间及简化工况,在保证主要检验项目荷载效率系数满足要求的前提下,可适当减小或加大某些项目的荷载效率系数,但荷载效率系数的增大必须保证结构的安全。

该桥设计荷载为城市-A 级,经过计算,本试验采用的加载车为红岩(或斯太尔、东风)自卸车,单车总重为 300 kN,轴重分配为 60 kN、120 kN、120 kN 的车型,具体计算时以各车实际称重为准,实际加载车过磅磅单见附录四。加载车型尺寸及轴重分配情况见图 15-20 和图 15-21。

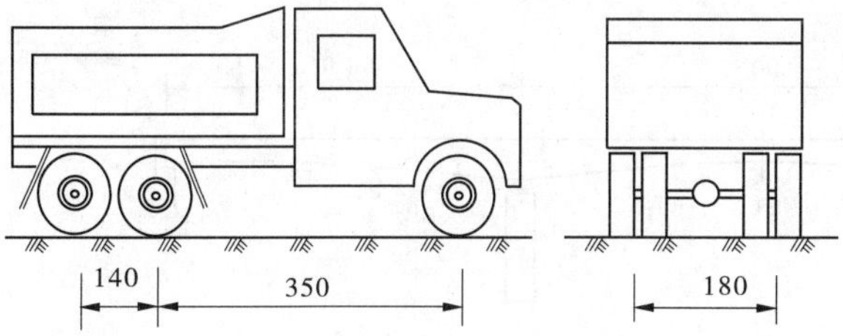

图 15-20 加载车型尺寸 (单位:cm)

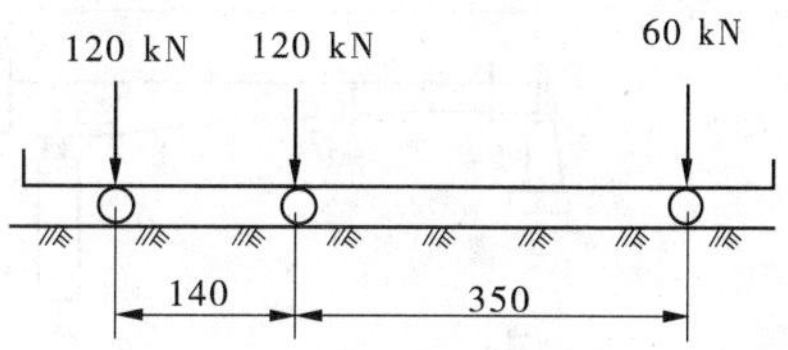

图 15-21 加载车型轴重示意 (单位:cm)

(二)加载工况和测点布置

1. 加载工况

主桥各工况的加载车荷载布置详见附录二附图 3 ~ 附图 8。

测试孔为一侧边孔和中孔,与试验内容对应,分为 10 种工况,其一是按中孔跨中(105 m 处)截面(S1 截面)最不利正弯矩布载(中载);其二是按中孔跨中(105 m 处)截面(S1 截面)最不利正弯矩布载(偏载);其三是按距中孔支座中心点右侧 4 m 处(S2 截面)最不利负弯矩布载(中载);其四是按距中孔支座中心点右侧 4 m 处(S2 截面)最不利负弯矩布载(偏载);其五是按边孔距桥台 $0.4L$ (22 m 处)(S3 截面)最不利正弯矩布载(中载);其六是按边孔距桥台 $0.4L$ (22 m 处)(S3 截面)最不利正弯矩布载(偏载);其七是按距中孔左支座中心点右侧 4 m 处(S2 截面)最不利剪力布载(偏载);其八是按距桥头边支座中心点右侧 4 m 处(S4 截面)最不利剪力布载(偏载);其九是按 2# 墩墩顶最不利支反力布载(偏载);其十是按 1# 墩墩顶最不利支反力布载(偏载)。具体工况见表 15-10。

2. 测点布置

通过对该桥主要承重结构细致地进行理论分析和计算,确定各测试截面和测点布置,总体截面位置及几何测点、模态测点布置和应变片的位置见附录二附图 1 和附图 2。具体测点(应变片)位置及编号见图 15-22 ~图 15-27。

表 15-10　静载荷试验加载工况

工况	观测项目	车数
一(中载)	S1 截面最不利正弯矩布载	9
二(偏载)	S1 截面最不利正弯矩布载	9
三(中载)	S2 截面最不利负弯矩布载	12
四(偏载)	S2 截面最不利负弯矩布载	12
五(中载)	S3 截面最不利正弯矩布载	9
六(偏载)	S3 截面最不利正弯矩布载	9
七(偏载)	S2 截面最不利剪力布载	12
八(偏载)	S4 截面最不利剪力布载	9
九(偏载)	2#墩墩顶最不利支反力布载	14
十(偏载)	1#墩墩顶最不利支反力布载	14

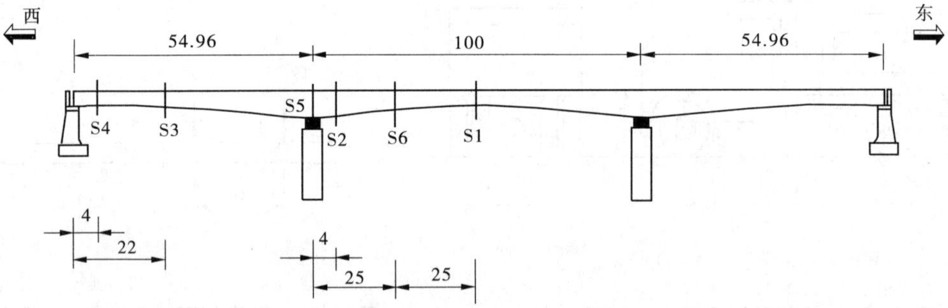

图 15-22　测试截面纵向布置　(单位:m)

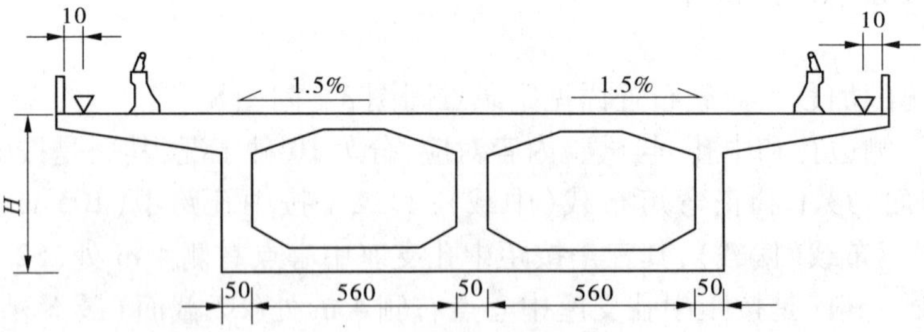

图 15-23　S1、S3、S6 挠度测试截面布置　(单位:cm)

(三)主要测试仪器

应变量测采用 100×6 胶基电阻应变片,并配以 DH3815N 静态应变测量系统,该系统是一种高灵敏度、低漂移多点巡回采样的数据采集系统,具有自动调平衡、自动扫描、控制点监视、过载报警,以及将测试结果自动保存等功能。其扫描箱可接 60 个测点,可同时完成扫描箱所接测点的应变记录任务。

挠度测量采用精密水准仪。

裂缝测量采用裂缝观测仪、钢卷尺。

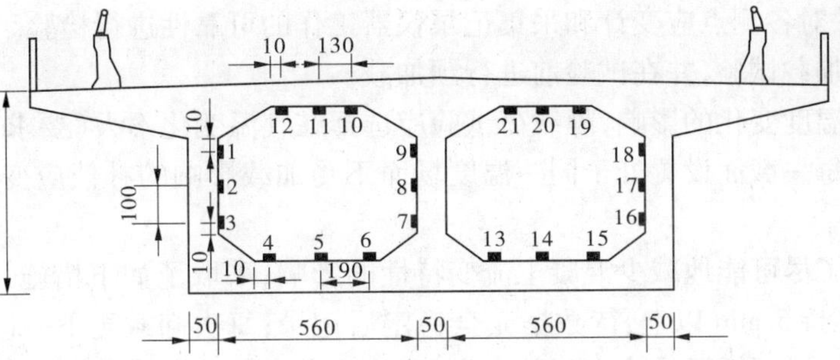

图 15-24　应变测试(应变片)S1 截面布置　(单位:cm)

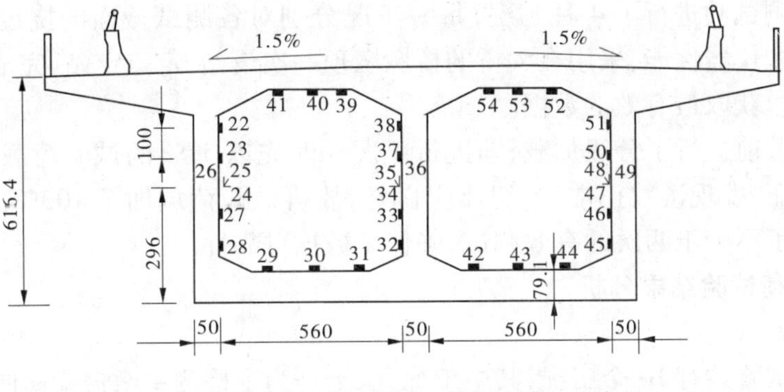

图 15-25　应变测试(应变片)S2 截面布置　(单位:cm)

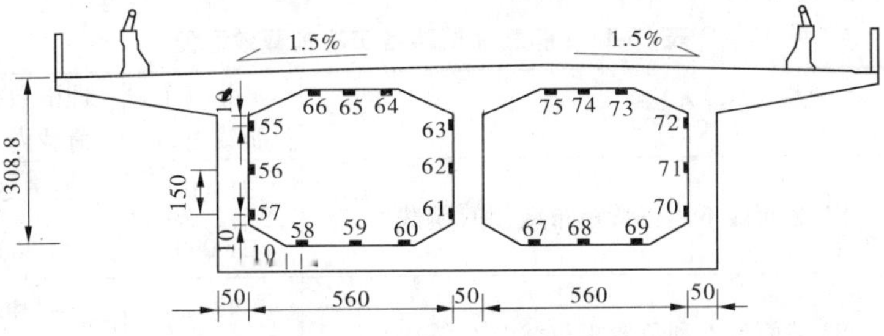

图 15-26　应变测试(应变片)S3 截面布置　(单位:cm)

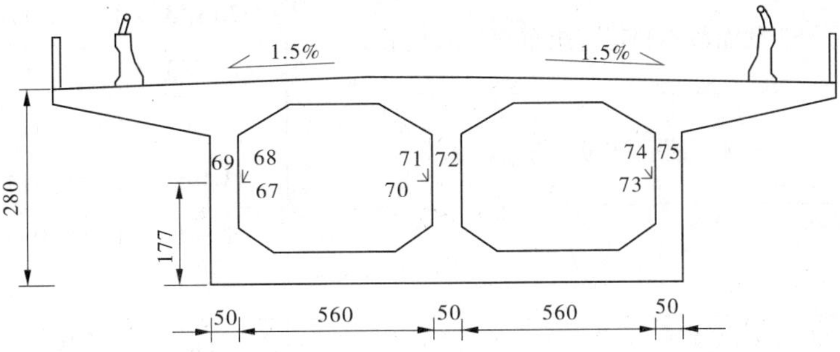

图 15-27　应变测试(应变片)S4 截面布置　(单位:cm)

按照桥梁试验方法,试验仪表在试验前均进行了标定。

(四)试验过程

先对试验桥实施测点打底找平,粘贴应变片,并作防潮处理,焊接导线及联机调试等前期准备工作，并对各测点应变计和采集记录仪器工作的可靠性进行检验。经检验无误后，进行正式的荷载加载试验，并在试验前进行预加载。

为了减小温度变化的影响，静载荷试验应选择在气温变化不大（要求 $\Delta t < 3$ ℃）的时间间隔内完成。每一截面设置处于同一温度场而不受加载影响的补偿应变片，通过导线接入接线箱。

试验中为了尽可能地减少混凝土流变特性的影响，采取了如下措施：荷载到位后，关闭汽车发动机，维持 5 min 以上，待数据完全稳定后记录；每次卸载至下一次加载的时间间隔均不小于 5 min，以便桥梁结构恢复其变形，消除残余应变。依照以上措施进行试验，以保证试验测试结果的精度及可靠性。

本次挠度测试共进行了 4 种工况，每一工况分别对各测试截面的挠度测点进行观测。结合实际情况和仪器性能，采用在大桥的桥墩墩顶一次设站，定点定站，完成全部观测，做到在最短的时间里获取最有效的数据。

在正式加载前进行了分级加载，即进行工况一时先以 50% 的试验荷载预压，再以 75% 的试验荷载预压，发现读数正常，一切反应良好，故将试验荷载加至 100%。试验过程中每种工况均进行了不少于两次的有效测试，确保了数据可靠性。

（五）静载荷试验结果分析

1. 加载效率

该桥载荷试验共有 10 个工况，其中工况九、十是为了检测主墩盖梁横向应力所增加的，各工况加载效率值 η 见表 15-11。

表 15-11　静载荷试验各工况加载效率值

工况名称		实际汽车加载内力	理论数据荷载内力	加载效率（%）
工况一、二	S1 截面最不利正弯矩布载（中、偏载）	21 410	23 625	0.906
		21 099	23 360	0.903
工况三、四	S2 截面最不利负弯矩布载（中、偏载）	-43 431	-47 462	0.915
		-42 121	-46 120	0.913
工况五、六	S3 截面最不利正弯矩布载（中、偏载）	20 943	22 001	0.952
		20 783	21 760	0.955
工况七	S2 截面最不利剪力布载（偏载）	3 135	3 414	0.919
		3 198	3 514	0.91
工况八	S4 截面最不利剪力布载（偏载）	1 846	2 034	0.907
		1 791	1 989	0.9
工况九	2#墩墩顶最不利支反力布载（偏载）	4 662	5 505	0.847
		4 720	5 580	0.846
工况十	1#墩墩顶最不利支反力布载（偏载）	4 662	5 505	0.847
		4 720	5 580	0.846

注：单位：剪力，kN；弯矩，kN · m。

由表15-11可知,10个工况的加载效率基本满足$0.9\leq\eta\leq1.05$,符合《大跨径混凝土桥梁的试验方法》及浙江省交通厅质量监督站《关于规范桥梁荷载及试桩试验行为的通知》的规定,表明该桥试验加载有效。

2. 应变计算及测试结果分析

为了确保结构分析的准确性和可靠性,采用桥梁结构软件MIDAS6.71计算出试验桥在试验荷载作用下的应力和变形,计算模型见图15-28,由此计算出的应力值和挠度值均具有相当高的准确性。

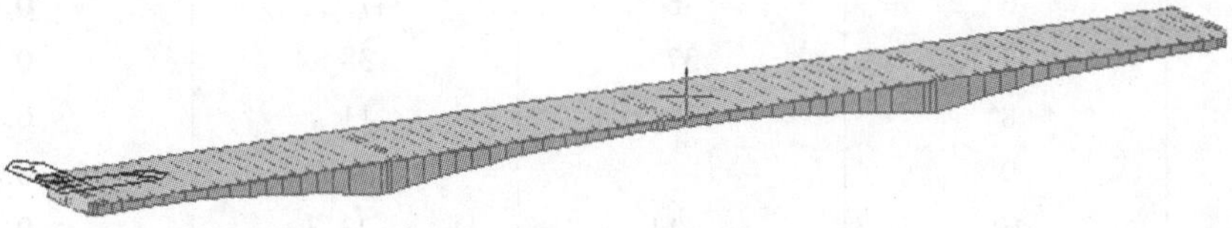

图15-28　桥梁计算模型

根据理论计算的内力值,各测点的应变值可按下式求得

$$\varepsilon = \left(\frac{N}{A} \pm \frac{M}{I}y\right)/E \tag{15-31}$$

对于主应变,通过计算三个方向的正应变,结合材料力学公式,计算测试截面的主应变,计算公式如下

$$\varepsilon = \frac{1}{1-v}A + \frac{1}{1+v}\sqrt{B^2 + C^2} \tag{15-32}$$

式中　$A=\dfrac{\varepsilon_0+\varepsilon_{90}}{2}, B=\dfrac{\varepsilon_0-\varepsilon_{90}}{2}, C=\dfrac{2\varepsilon_{45}-\varepsilon_0-\varepsilon_{90}}{2}$;

ε_0、ε_{45}、ε_{90}——0°、45°、90°方向的正应变。

各工况应变计算及结果分析如下:

工况一下测试截面各测点应变的实测值、理论值及其比值见表15-12及图15-29。

其他工况下测试截面各测点应变的实测值、理论值及其比值略。

由相关数据可以看出:结构在工况一作用下,中跨跨中S1截面最大正弯矩应变校验系数均值为0.751;在工况二作用下,中跨跨中S1截面最大正弯矩应变校验系数均值为0.748;在工况三作用下,2#墩西侧4 m处S2截面应变校验系数均值为0.786;在工况四作用下,2#墩西侧4 m处S2截面应变校验系数均值为0.767;在工况五作用下,边跨0.4L处S3截面应变校验系数均值为0.775;在工况六作用下,边跨0.4L处S3截面应变校验系数均值为0.777;在工况七作用下,2#墩西侧4 m处S2截面剪切应变校验系数均值为0.772;在工况八作用下,3#墩西侧4 m处S4截面剪切应变校验系数均值为0.786。除个别测点外,绝大部分测点及各个工况应变校验系数均值均明显低于《大跨径混凝土桥梁的试验方法》中所规定的1.05的上限,说明桥跨结构强度满足正常使用阶段要求。

3. 挠度计算及测试结果分析

根据连续箱梁的结构特点,本次试验选择了3个截面进行挠度测试,分别为中跨跨中S1截面,中跨$L/4$的S6截面(距东侧桥台80 m),边跨0.4L的S3截面(距东侧桥台22 m)。试验中分4个工况对这些截面进行了测试,具体为工况一、五分级加载,工况二、六一次性加载。测试结果分析如下:

表 15-12 工况一中跨跨中应变校验系数 （单位：με）

截面位置	应变测点编号	实测值 ①	理论值 ②	应变校验系数①/②
S1	1	—	-9.5	—
	2	12	11	1.091
	3	37	38	0.974
	4	—	47.2	—
	5	41	47.2	0.869
	6	46	47.2	0.975
	7	37	38	0.974
	8	10	11	0.909
	9	-7	-9.5	0.738
	10	-11	-23.3	0.473
	11	-10	-23.3	0.43
	12	-14	-23.3	0.602
	13	37	47.2	0.784
	14	36	47.2	0.763
	15	44	47.2	0.933
	16	31	38	0.816
	17	10	11	0.909
	18	-4	-9.5	0.422
	19	—	-23.3	—
	20	-10	-23.3	0.43
	21	-10	-23.3	0.43
校验系数平均值				0.751

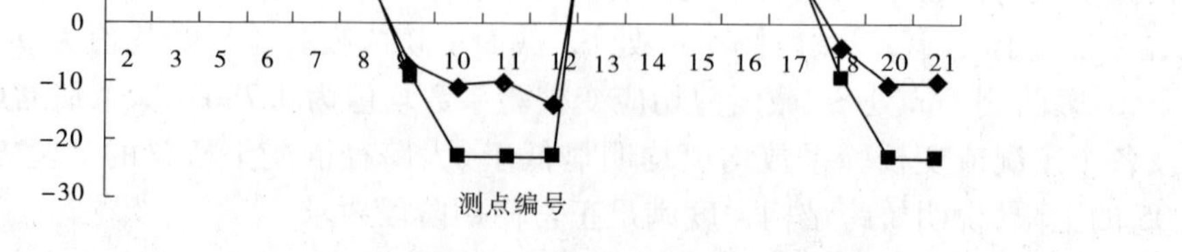

图 15-29 工况一中跨跨中应变图

工况一下各测试截面挠度的实测值、理论值及其比值见表 15-13 及图 15-30。

其他工况下各测试截面挠度的实测值、理论值及其比值略。

表 15-13　工况一挠度校验系数

截面	逐级加载车辆数	挠度测点	实测值①（mm）	理论值②（mm）	挠度校验系数①/②
S1 截面最大挠度	6	北侧	-8	-12.9	0.620
		南侧	-9	-12.9	0.698
	7	北侧	-10	-14.9	0.671
		南侧	-11	-14.9	0.738
	9	北侧	-14	-18.9	0.741
		南侧	-14	-18.9	0.741
S1 截面校验系数平均值					0.701
S3 截面最大挠度	6	北侧	2	3.7	0.541
		南侧	3	3.7	0.811
	7	北侧	3	4.2	0.714
		南侧	3	4.2	0.714
	9	北侧	4	5.2	0.769
		南侧	4	5.2	0.769
S3 截面校验系数平均值					0.720
S6 截面最大挠度	6	北侧	-4	-6.6	0.606
		南侧	-5	-6.6	0.758
	7	北侧	-5	-7.8	0.641
		南侧	-6	-7.8	0.769
	9	北侧	-6	-10.3	0.583
		南侧	-8	-10.3	0.777
S6 截面校验系数平均值					0.689
工况一下各截面校验系数平均值					0.703

在工况六作用下，中跨跨中 S1 截面挠度校验系数均值为 0.638，边跨 0.4L 处 S3 截面挠度校验系数均值为 0.653，中跨 $L/4$ 处 S6 截面挠度校验系数均值为 0.784，工况六下各截面的挠度校验系数均值为 0.692。各个工况挠度校验系数均值均小于《大跨径混凝土桥梁的试验方法》中所规定的上限 1.05，说明桥跨结构刚度满足设计及正常使用阶段要求。

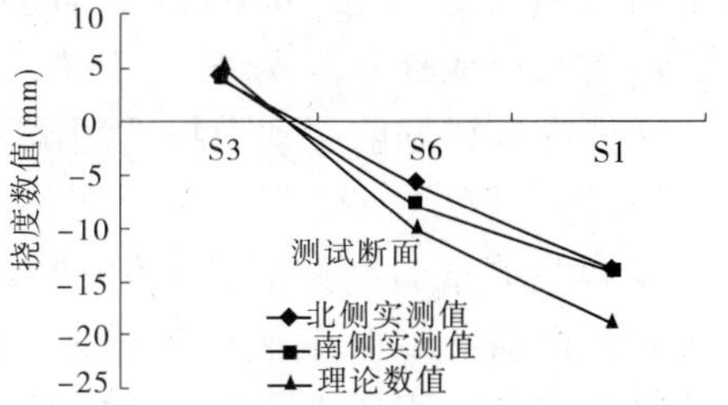

图 15-30　工况一下各截面挠度

（六）静载荷试验小结

（1）静载荷试验 10 个工况加载效率基本满足 $0.9 \leq \eta \leq 1.05$ 的要求，符合《大跨径混凝土桥梁的试验方法》及浙江省交通厅质量监督站《关于规范桥梁荷载及试桩试验行为的通知》的规定，表明该桥试验加载有效。

（2）由相关数据可以看出：结构在工况一作用下，中跨跨中 S1 截面最大正弯矩应变校验系数均值为 0.751；在工况二作用下，中跨跨中 S1 截面最大正弯矩应变校验系数均值为

0.748；在工况三作用下，2#墩西侧 4 m 处 S2 截面应变校验系数均值为 0.786；在工况四作用下，2#墩西侧 4 m 处 S2 截面应变校验系数均值为 0.767；在工况五作用下，边跨 0.4*L* 处 S3 截面应变校验系数均值为 0.775；在工况六作用下，边跨 0.4*L* 处 S3 截面应变校验系数均值为 0.777；在工况七作用下，2#墩西侧 4 m 处 S2 截面剪切应变校验系数均值为 0.772；在工况八作用下，3#墩西侧 4 m 处 S4 截面剪切应变校验系数均值为 0.786。除个别测点外，绝大部分测点及各个工况应变校验系数均值均明显低于《大跨径混凝土桥梁的试验方法》中所规定的 1.05 的上限，说明桥跨结构强度满足正常使用阶段要求。

（3）在工况五作用下，中跨跨中 S1 截面挠度校验系数均值为 0.726，边跨 0.4*L* 处 S3 截面挠度校验系数均值为 0.679，中跨 *L*/4 处 S6 截面挠度校验系数均值为 0.702，工况五下各截面的挠度校验系数均值为 0.702；在工况六作用下，中跨跨中 S1 截面挠度校验系数均值为 0.638，边跨 0.4*L* 处 S3 截面挠度校验系数均值为 0.653，中跨 *L*/4 处 S6 截面挠度校验系数均值为 0.784，工况六下各截面的挠度校验系数均值为 0.692；各个工况挠度校验系数均值均小于《大跨径混凝土桥梁的试验方法》中所规定的上限 1.05，说明桥跨结构刚度满足设计及正常使用阶段要求。

四、桥梁上部结构动载荷试验

（一）试验内容

1. 测试截面和测点布置

主桥振型测试纵向布置 9 个测点，横向布置 2 个测点，共 11 个测点，详见附录二附图 9。

2. 试验荷载

试验荷载采用 300 kN 标准载重汽车。

3. 主要测试仪器

自振特性测试仪器采用 DH5936 动态信号测试系统，传感器采用 BK8318 高精度超低频加速度传感器，其灵敏度高，性能稳定。动应变测试采用日产 6M92 型动态应变仪。结果分析采用美国大型 32 位 Disylab5.6 动态分析软件，其精度高，可靠性强。

4. 动载荷试验测试方法

详细内容详见前文动力特性测试。

5. 试验过程

在静载荷试验结束后，调整安装动态测试仪器及设备。试验车辆居中驶入，进入试验孔以前将车速调到要求值匀速通过。

（二）动载荷试验结果分析

1. 主梁自振特性测试

1）自振频率测试结果

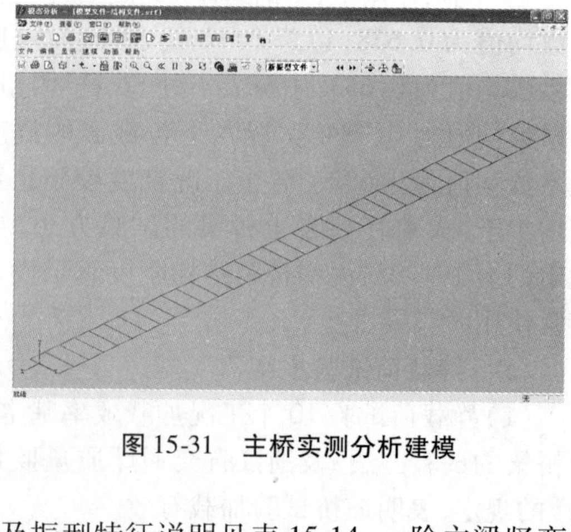

图 15-31　主桥实测分析建模

主桥实测分析建模如图 15-31 所示，主梁典型脉动信号、幅频曲线见图 15-32 ~ 图 15-35，用 DHMA2.56 分析的自振频率、阻尼及振型特征说明见表 15-14，一阶主梁竖弯振动四视图及立体图见图 15-36、图 15-37。

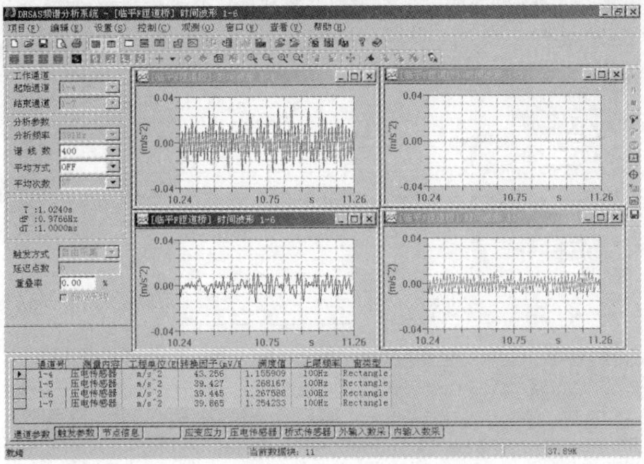

图 15-32　桥面竖向归一化历时曲线

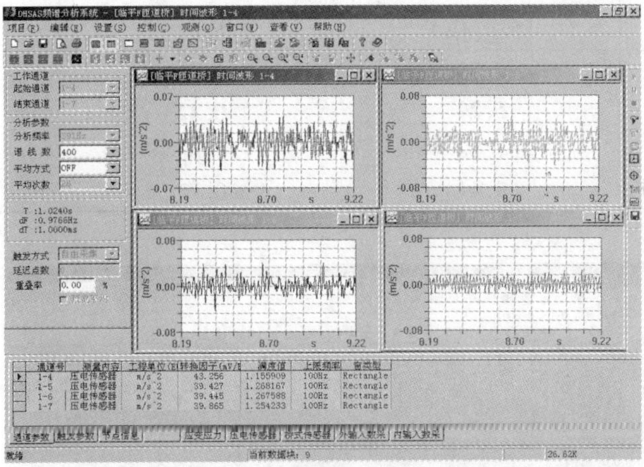

图 15-33　桥面横向归一化历时曲线

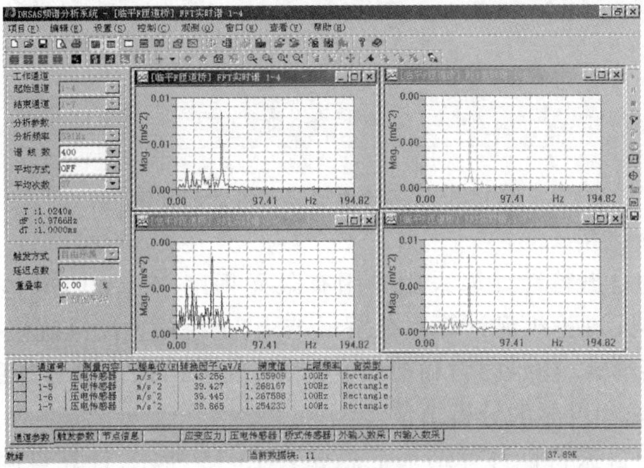

图 15-34　桥面竖向振动幅频特性曲线

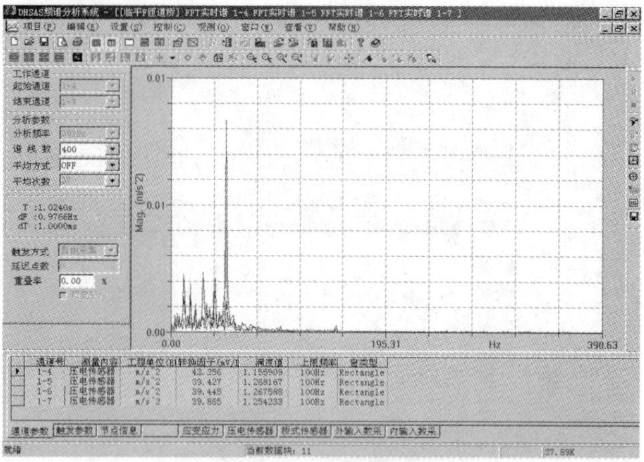

图 15-35　桥面竖向振动幅频特性曲线

表 15-14　主桥实测自振频率、阻尼及振型特征

序号	主桥振动		振型说明
	频率(Hz)	阻尼(%)	
1	2.73	0.55	主桥竖弯
2	5.20	0.32	主桥竖弯
3	7.22	0.88	主桥竖弯
4	8.44	0.73	主桥侧弯

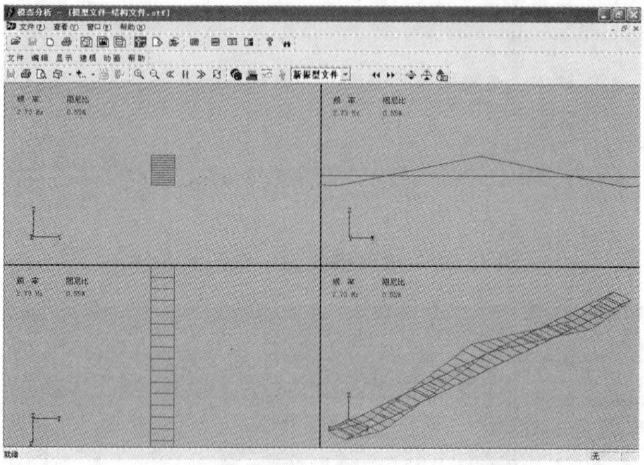

图 15-36　一阶主梁竖弯振动四视图

2)自振频率理论计算

临平 F 匝道桥的自振特性计算采用专用有限元程序 Midas/Civil 进行建模。模型采用梁单元组成的组合单元理论模型计算复杂桥梁结构,全桥模型能准确模拟构件的空间位置、尺寸、材料特性、连接形式、初始内力和初始变形等,确定结构仿真分析的初始形态。因此,可得到相对详尽、精确和可靠的分析结果。

临平 F 匝道桥的自振特性计算结果汇总如表 15-15 所示,计算自振频率和振型图式见图 15-38(一阶)。

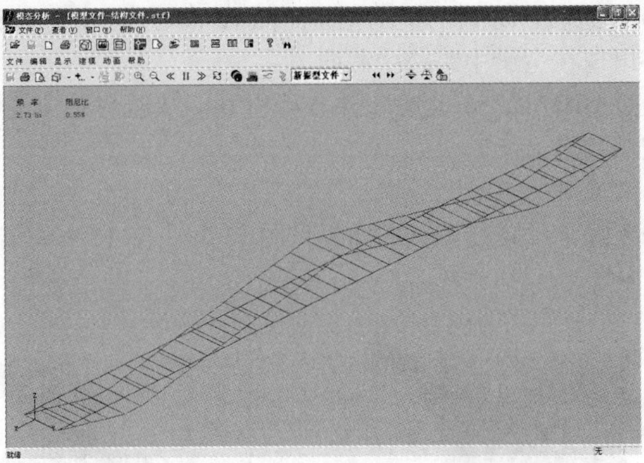

图 15-37　一阶主梁竖弯振动立体图

表 15-15　计算自振频率、周期和主要振型说明

阶次	周期(s)	频率(Hz)	振型特点
1	0.808	1.237	主桥竖弯
2	0.395	2.526	主桥竖弯
3	0.282	3.537	主桥竖弯
4	0.246	4.056	主桥侧弯

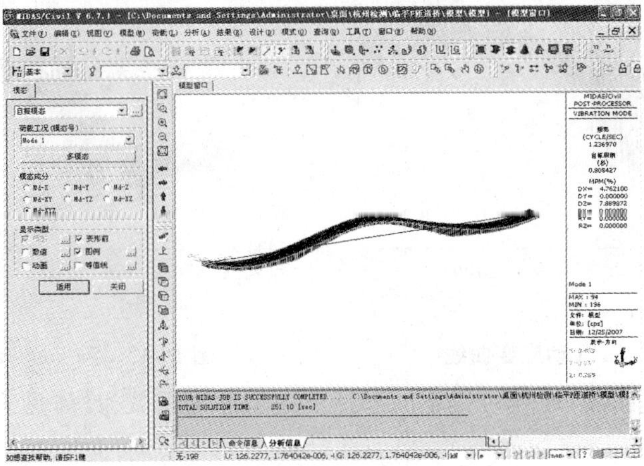

图 15-38　一阶主梁竖弯立体图

3)实测结果与理论计算对比分析

实测频率与理论计算频率比较见表 15-16。从表 15-16 中可以看出:实测值均大于理论值较多,说明实际结构刚度较大。

表 15-16　实测频率与理论计算频率比较和主要振型说明

阶次	计算频率(Hz)	实测频率(Hz)	振型特点
1	1.237	2.73	主桥竖弯
2	2.526	5.20	主桥竖弯
3	3.537	7.22	主桥竖弯
4	4.056	8.44	主桥侧弯

采用 DHMA2.56 模态软件分析的实测振型见图 15-38,从图中可以看出,侧弯一阶及竖弯一阶振型主梁峰值出现在主梁中跨跨中截面。

实测结构阻尼通过 DHMA2.56 模态软件分析得到。从阻尼比来看,其阻尼系数很小,说明桥梁结构振动衰减较慢。

4)动应变实测结果及冲击系数的计算

跑车试验中四个工况下动应变测试的结果见图 15-39 ~ 图 15-42。

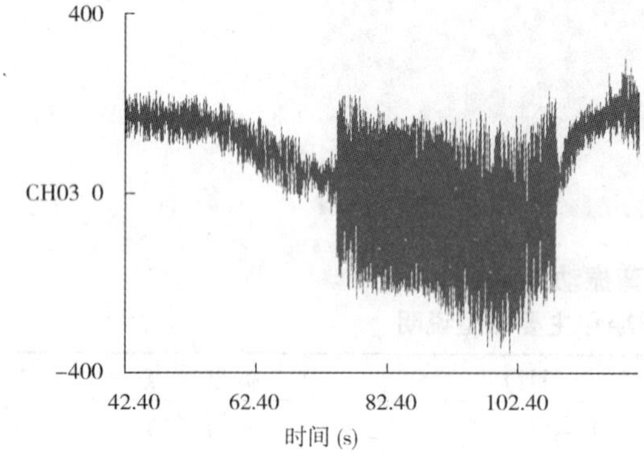

图 15-39　20 km/h 动应变曲线

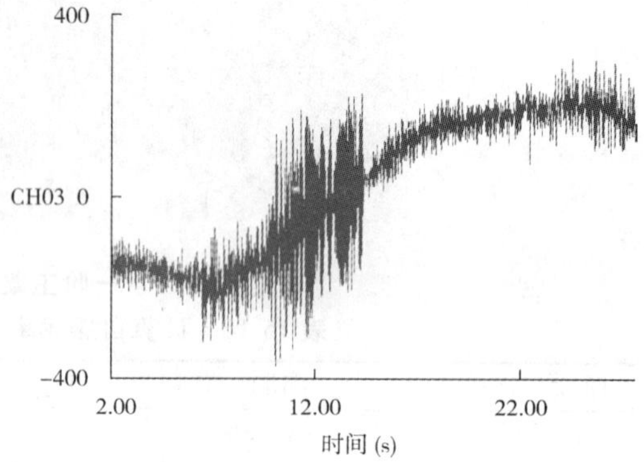

图 15-40　30 km/h 动应变曲线

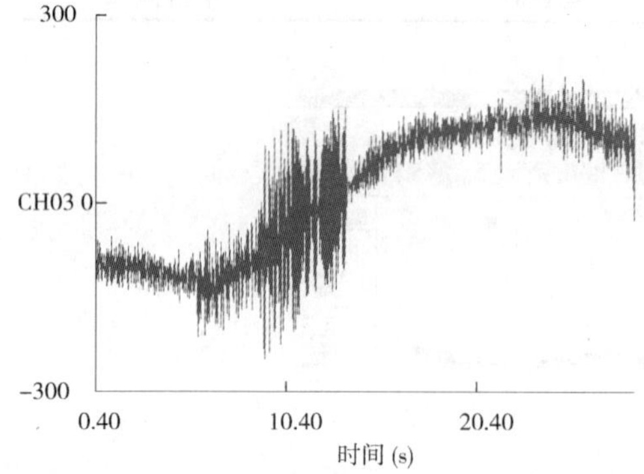

图 15-41　40 km/h 动应变曲线

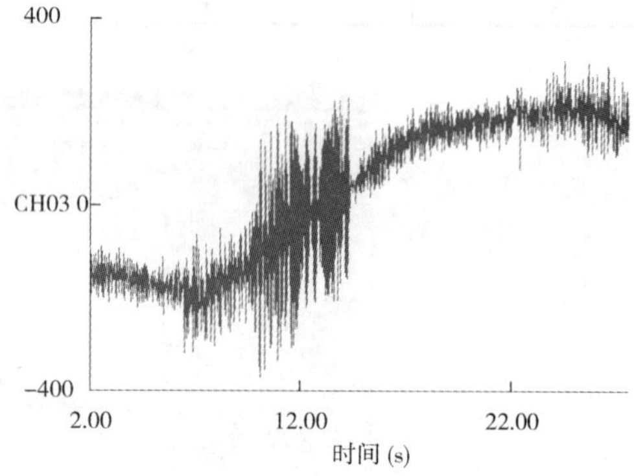

图 15-42　50 km/h 动应变曲线

根据以上动应变曲线,计算可得不同车速下主桥冲击系数,具体见表 15-17。

$$1 + \mu = \frac{\varepsilon_{dmax}}{\varepsilon_{smax}} \tag{15-33}$$

式中　ε_{dmax}——最大动应变值;

ε_{smax}——最大静应变值。

表 15-17　不同行车速度下主桥冲击系数

行车速度(km/h)	20	30	40	50
冲击系数	1.02	1.03	1.01	1.01

由结构理论模型计算的频率,根据规范要求计算出桥梁结构的理论冲击系数如下

$$1 + \mu = 1.05 \tag{15-34}$$

（三）动载荷试验小结

（1）由加速度幅频曲线可以看出，实测频率为2.73，理论频率为1.237，实测频率大于理论频率，即该桥动刚度满足使用要求。

（2）由时域曲线分析结果可以看出，桥梁振动阻尼系数较小，结构振动衰减正常。

（3）结构实测冲击系数最大为1.03，最小为1.01，均小于按照规范计算的理论冲击系数1.05，说明结构行车条件较好。

五、主要结论

（一）桥跨结构静载荷试验结论

（1）静载荷试验10个工况加载效率基本满足$0.9 \leqslant \eta \leqslant 1.05$的要求，符合《大跨径混凝土桥梁的试验方法》及浙江省交通厅质量监督站《关于规范桥梁荷载及试桩试验行为的通知》的规定，表明该桥试验加载有效。

（2）在各种工况下，由中跨跨中应变检验系数表中数据可得：结构在工况一作用下，中跨跨中S1截面最大正弯矩应变校验系数均值为0.751；在工况二作用下，中跨跨中S1截面最大正弯矩应变校验系数均值为0.748；在工况三作用下，2#墩西侧4 m处S2截面应变校验系数均值为0.786；在工况四作用下，2#墩西侧4 m处S2截面应变校验系数均值为0.767；在工况五作用下，边跨0.4*L*处S3截面应变校验系数均值为0.775；在工况六作用下，边跨0.4*L*处S3截面应变校验系数均值为0.777；在工况七作用下，2#墩西侧4 m处S2截面剪切应变校验系数均值为0.772；在工况八作用下，3#墩西侧4 m处S4截面剪切应变校验系数均值为0.786。除个别测点外，绝大部分测点及各个工况应变校验系数均值均明显低于《大跨径混凝土桥梁的试验方法》中所规定的1.05的上限，说明桥跨结构强度满足正常使用阶段要求。

（3）应变测试各工况残余变形均远小于规范规定的20%，表明试验荷载作用下结构基本处于弹性受力阶段。

（4）由各种工况下挠度检验系数表中数据可以看出，桥跨结构在工况一作用下，中跨跨中S1截面挠度校验系数均值为0.701，边跨0.4*L*处S3截面挠度校验系数均值为0.720，中跨*L*/4处S6截面挠度校验系数均值为0.689，工况一下各截面的挠度校验系数均值为0.703；在工况二作用下，中跨跨中S1截面挠度校验系数均值为0.670，边跨0.4*L*处S3截面挠度校验系数均值为0.686，中跨*L*/4处S6截面挠度校验系数均值为0.623，工况二下各截面的挠度校验系数均值为0.669；在工况五作用下，中跨跨中S1截面挠度校验系数均值为0.726，边跨0.4*L*处S3截面挠度校验系数均值为0.679，中跨*L*/4处S6截面挠度校验系数均值为0.702，工况五下各截面的挠度校验系数均值为0.702；在工况六作用下，中跨跨中S1截面挠度校验系数均值为0.638，边跨0.4*L*处S3截面挠度校验系数均值为0.653，中跨*L*/4处S6截面挠度校验系数均值为0.784，工况六下各截面的挠度校验系数均值为0.692；各个工况挠度校验系数均值均小于《大跨径混凝土桥梁的试验方法》中所规定的上限1.05，说明桥跨结构刚度满足设计及正常使用阶段要求。

（5）偏载工况实测应变值与相应中载工况的实测应变值相差不大，结构偏载效应不明显；偏载工况实测挠度与相应中载工况的挠度相差略大，结构整体扭转相对明显。

(二)动载荷试验结论

(1)由加速度幅频曲线可以看出,一阶至四阶实测频率均大于理论频率,说明该桥刚度满足使用要求。

(2)由时域曲线分析结果可以看出,结构振动衰减正常。

(3)结构实测冲击系数最大为1.03,最小为1.01,均小于按照规范计算的理论冲击系数1.05,说明结构行车条件较好。

综上所述,桥梁有轻微病害(主要是合龙段顶板底面纵向裂缝)存在,但结构总体达到设计荷载城市-A级承载力及刚度要求。

复习思考题

1. 三跨连续梁在荷载试验时应考虑哪些工况?

2. 安装位移计的步骤及注意事项是什么?

3. 怎样标定位移计?

4. 简述粘贴电阻应变片的主要步骤及注意事项。

5. 简述应变片与测量导线的焊接步骤。

6. 什么是电阻应变片的温度效应?简述消除温度效应的方法。

7. 简述应变片与测量导线焊接的基本步骤及注意事项。

8. 以单箱单室三跨三向预应力混凝土连续箱梁桥(大跨径桥)为例,简述中跨跨中截面应力测点的布置原则,并画出此断面的应力测点布置图。

9. 以桥梁静载荷试验为例,简述试验前在仪器设备准备中应注意的内容。

10. 以钢筋混凝土简支T梁为例,简述静力加载试验过程的裂缝观测内容、一般步骤及注意事项。

11. 简述静载荷试验过程中混凝土裂缝观测的基本步骤。

第十六章　桥梁全桥检查

内容简介

本章主要介绍了全桥检查的目的、意义及其检测内容和工作程序；桥梁一般调查的目的、内容及要点，检查后的评定；桥梁详细检查的目的、内容，详细检查后的鉴定和详细检查的报告内容。

知识目标

1. 了解：桥梁全桥检查的目的和意义，全桥检查的工作程序。

2. 熟悉：桥梁一般检查的目的、内容及要点，桥梁详细检查的目的、内容。

3. 掌握：一般检查后的评定与报告内容，详细检查后的鉴定与报告内容。

能力目标

1. 进行旧桥的外观普查，填写相应报告表格。

2. 能够利用各种检测仪器进行成桥的无破损检测。

3. 能够根据设计资料进行相关检验计算，判断桥梁结构的安全承载能力及评价桥梁的营运质量。

第一节　概　述

一、桥梁全桥检查的目的及意义

随着交通事业的飞速发展，公路交通作为我国经济建设中重点投资建设的行业，正以前所未有的规模和速度向前发展。在加快公路桥梁建设的同时，桥梁工程质量成为必须高度重视的重大问题，为了保证桥梁工程的质量，除加强对勘察、设计和施工的管理外，对竣工桥梁实行全桥检查是最为直接有效的方法。

另外，大量的在役桥梁状况各异，有的已经接近或达到设计使用年限，有的结构性能发生了巨大变化，有的桥梁出现了不同程度的损伤，有的承载能力已大大降低而演变成险桥、危桥，在役桥梁能否继续使用已成为公路管理决策部门的一件大事。为了对这类桥梁进行综合评定，为桥梁养护、维修加固及拆除改建提供决策支持，对桥梁进行全桥检查是必不可少的工作。

所以，无论是新建桥梁还是在役桥梁，对其进行检查检测评价都具有十分重要的意义。总之，全桥检查对推动我国桥梁建设水平，确保桥梁工程施工质量，提高建设投资效益，保障人民生命财产安全，都具有十分重要的意义。

二、全桥检查的内容

全桥检查一般包含以下四方面的内容：①桥梁调查；②桥梁一般检查；③桥梁详细检查；④桥梁载荷试验。

三、全桥检查工作程序

全桥检查工作应按规定程序进行,其一般程序如图 16-1 所示。

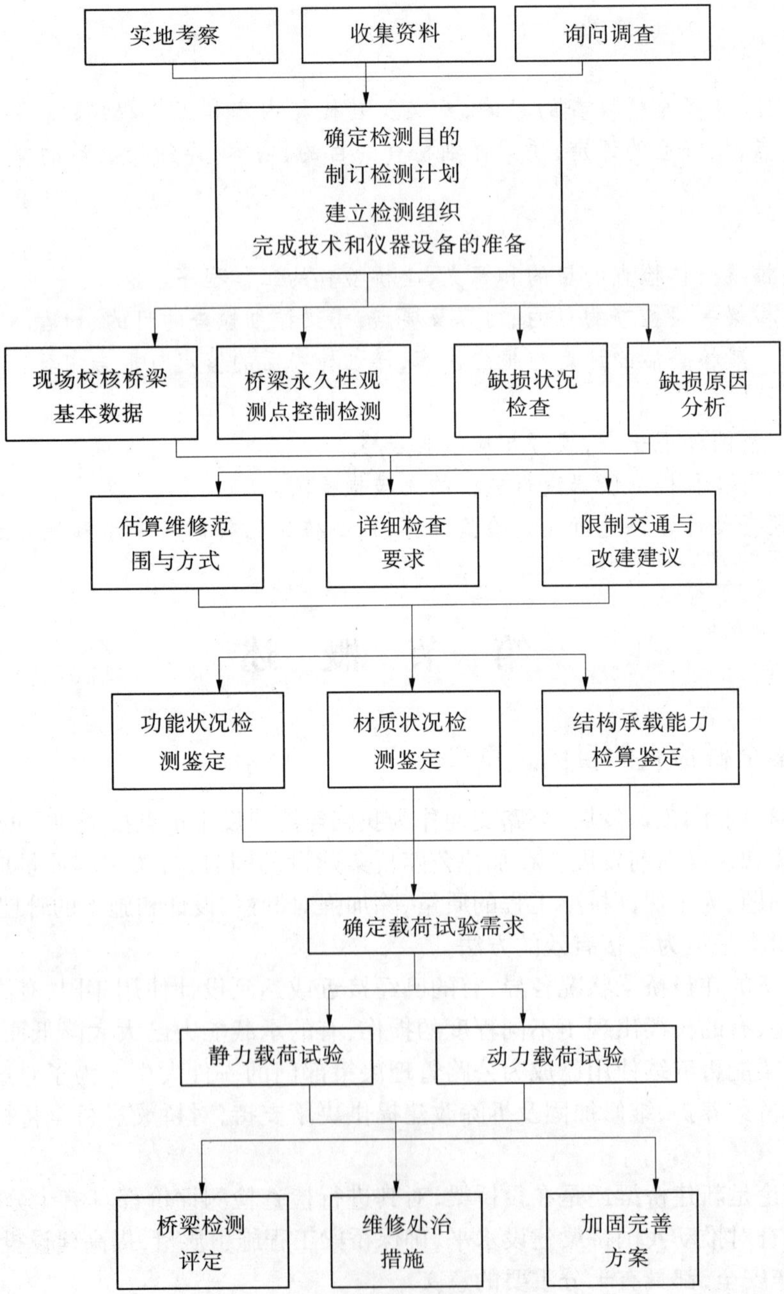

图 16-1　全桥检查工作程序

第二节　桥梁一般检查

一、桥梁调查

(1)对需要鉴定的桥梁应进行实地考察,以初步了解桥梁的技术状况和存在的主要问题。

(2)应全面收集有关桥梁设计、施工、监理和运营、养护、试验检测以及维修加固等方面的技术资料。

(3)应向相关人员调查了解桥梁病害史、使用中的特别事件、限重限速原因、交通状况、今后改扩建计划及水文、气候、环境等方面的情况。

二、桥梁一般检查

桥梁一般检查,又称桥梁普查,是对结构及其附属设施的所有构件或部位进行彻底系统的检查,记录所缺损的部位、范围和程度。

(一)桥梁一般检查的目的

桥梁一般检查以目测观察为主,辅以测量仪器,必须按照规范程序接近各部件,仔细检查其缺损情况,并完成以下工作:

(1)现场校核桥梁基本数据。

(2)记录各部件缺损状况并作出技术状况评分。

(3)判断缺损原因,估定维修范围及方式。

(4)对难以判断损坏原因和程度的部件,提出详细检查(特殊检查)的要求。

(5)对损坏严重、危及安全运行的桥梁,提出限制交通或改建的建议。

(6)根据桥梁的技术状况,确定下次检查时间。

在进行大中型桥梁的一般检查时,应设立永久性观测点进行控制检测。大中型桥梁控制检测的项目及永久性检测点见表16-1。

表16-1　桥梁永久性检测点和检测项目

检测项目		检测点	说明
1	墩、台身、索塔、锚碇的高程	墩、台身(距地面或常水位0.5~2 m)、桥台侧墙尾部顶面和锚碇的上、下游各1~2点	
2	墩、台身、索塔倾斜度	墩、台身(距地面或常水位0.5~2 m)上、下游两侧各1~2点	
3	桥面高程	沿行车道两边(靠缘石处),按每孔跨中、$L/4$、支点等不少于5个位置(10个点),测点应固着于桥面板上	
4	拱桥桥台、吊桥锚碇水平位移	在拱座及锚碇的上、下游两侧各1点	
5	吊桥索卡滑移	在索卡处设1点	

注:1. 上下行分离式桥按两座桥分别设点;

2. 倾斜度测点应用上下相距0.5~1 m的两点标记检测;

3. 永久性测点宜用统一规格的圆头锚钉和在铝板上用钢印编号,或靠地固着于被测部位上;

4. 所有测点的位置和编号,以及检测数据必须在桥梁总体图和数据表中注明,并归档。

(二)桥梁一般检查的内容与要点

1. 桥面系构造的检查

(1)桥面铺装层纵、横坡是否顺适,有无严重的裂缝(龟裂,纵、横裂缝)、坑槽、波浪、桥头跳车、防水层漏水。

(2)伸缩缝是否有异常变形、破损、脱落、漏水,是否造成明显的跳车。

(3)人行道构件、栏杆、护栏有无撞坏、断裂、错位、缺件、剥落、锈蚀等。

(4)桥面排水是否顺畅,泄水管是否完好、畅通,桥头排水沟功能是否完好,锥坡有无冲蚀、塌陷。

(5)桥上交通信号、标志、标线、照明设施是否腐蚀、老化、失效,是否需要更换,是否适用。

(6)桥上避雷装置是否完善,检测避雷系统性能是否良好。

(7)桥上航空灯、航道灯是否完好,能否保证经常照明。结构物内供养护、检修的照明系统是否完好。

(8)桥上的通信、供电线路及设备是否完好。

2. 钢筋混凝土桥和预应力混凝土桥的检查

(1)梁端头、底面是否清洁,是否生长苔藓、杂草等植物,箱形梁的腹腔内是否有积水,通风是否良好。

(2)混凝土有无裂缝、挂白、表面风化、剥落、露筋和钢筋锈蚀,有无活性集料硅碱反应引起的整体龟裂现象。

(3)预应力钢束锚固区段混凝土有无开裂,沿预应力筋的混凝土表面有无纵向裂缝,有无严重碳化。

(4)梁(板)式结构主要检查梁(板)跨中、支点、变截面处、悬臂端牛腿或中间铰部位;刚构和桁架结构主要检查刚构固结处与桁架节点部位的混凝土开裂及钢筋锈蚀等缺损状况。

(5)装配式梁桥应注意联结部位的缺损状况。

①组合梁的桥面板与梁的结合部位,以及桥面板之间的接头处混凝土有无开裂、渗水;

②梁(板)接缝、跨中、支点、变截面处、悬臂端牛腿或中间铰部混凝土有无开裂和钢筋锈蚀;

③横向联结构件是否开裂,连接钢板的焊缝有无锈蚀、断裂,边梁是否有横移或向外倾斜。

3. 拱桥的检查

(1)主拱圈的拱板或拱肋是否开裂。钢筋混凝土拱有无露筋、钢筋锈蚀等缺损状况。圬工拱桥砌块有无压碎、局部掉块,砌缝有无脱离或脱落、渗水,表面有无苔藓、草木滋生,拱铰工作是否正常。空腹拱的小拱有无变形、开裂、错位,立墙或立柱有无倾斜、开裂。

(2)拱上立柱(或立墙)上下端、盖梁和横系梁的混凝土有无开裂、剥落、露筋和锈蚀。中、下承式拱桥的吊杆上下锚固区的混凝土有无开裂、渗水,吊杆锚头附近有无锈蚀现象,外罩是否有裂纹,锚头夹片、楔头是否发生滑移,吊杆钢索有无断丝。用型钢或钢管混凝土芯的劲性骨架拱桥还要检查混凝土是否沿骨架出现纵向或横向裂缝。

(3)拱的侧墙与主拱圈间有无脱落,侧墙有无鼓突、变形、开裂,实腹拱拱上填料有无沉陷。肋拱桥的肋间是否有横向联结开裂,表面剥落,钢筋外露、锈蚀等缺损。

(4)双曲拱桥还应注意检查拱肋间横向联结拉杆是否松动或断裂,拱波与拱肋结合处是否开裂、脱开,拱波之间砂浆是否松散脱落,拱波顶是否开裂、渗水等。

(5)薄壳拱桥应检查壳体纵、横向及斜向裂缝,系杆裂缝等。

(6)系杆拱还应检查系杆是否开裂,无混凝土包裹的系杆是否有锈蚀。

(7)钢管混凝土拱桥裸露部分的钢管及构件检查参见钢桥检查的有关内容,同时还应检查混凝土是否填充密实,通常可用敲击法,以手锤敲击四周依次延及全拱,判断管内混凝土是否填充密实、黏附良好。

4. 钢桥的检查

(1)构件(特别是受压构件)是否扭曲变形、局部损伤。

(2)铆钉和螺栓有无松动、脱落或断裂,节点是否滑动错裂。

(3)焊缝边缘(热影响区)有无裂纹或脱开。

(4)油漆层是否有裂纹、起皮、脱落,构件有无腐蚀生锈。

(5)钢箱梁腹腔等封闭环境的湿度是否符合要求,除湿设施是否正常工作。

5. 跨线桥与高架桥的检查

跨线桥、高架桥的结构检查同其他一般公路桥梁。跨线桥还应检查通道内有无积水,机械排水的泵站是否完好,排水系统是否畅通。高架桥还应检查防抛网、隔音墙是否完好。跨线桥和高架桥下的道路面是否完好,有无非法占用情况等。

6. 支座的检查

(1)支座组件是否完好、清洁、断裂、错位、脱空。

(2)活动支座是否灵活,实际位移量是否正常,固定支座的锚销是否完好。

(3)支承垫石是否有裂缝。

(4)简易支座的油毡是否老化、破裂或失效,垫层厚度是否满足位移要求。

(5)橡胶支座是否老化、开裂,有无过大的剪切变形和压缩变形。

(6)四氟板支座是否脏污、老化,四氟乙烯板是否完好,橡胶块是否滑出钢板。

(7)盆式橡胶支座的固定螺栓是否剪断,螺母是否松动,钢盆外露部分是否锈蚀,防尘罩是否完好。

(8)组合式钢支座是否干涩、锈蚀,固定支座板的锚栓是否紧固,销板或销钉是否完好。

(9)摆柱支座各组件相对位置是否准确,受力是否均匀;辊轴支座的辊轴是否出现不允许的爬动、歪斜;摇轴支座的辊轴是否倾斜。

(10)钢筋混凝土摆柱支座的柱体有无混凝土脱皮、开裂、露筋,钢筋及钢板有无锈蚀。

7. 墩台与基础的检查

(1)是否有滑动、倾斜、下沉或冻胀。

(2)台背填土有无沉降、裂缝或挤压隆起。

(3)混凝土墩台及帽梁有无冻胀、风化、腐蚀、开裂、剥落、露筋等。

(4)石砌墩台有无砌块断裂、通缝脱开、变形,砌体泄水孔是否堵塞,防水层是否损坏。

(5)墩台顶面是否清洁,有无泥土杂物堆积、滋生草木,伸缩缝处是否漏水。

(6)基础下是否发生不许可的冲刷或淘空现象。扩大基础的地基有无侵蚀;桩基顶段在水位涨落、干湿交替变化处有无冲刷磨损、颈缩、露筋,有无环状冻裂现象,有无受到污水、咸水或生物的腐蚀。必要时,对大桥、特大桥的深水基础应派潜水员潜水检查。

8. 调治构造物的检查

调治构造物的检查包括结构是否完好,功能是否适用,桥位段河床是否有明显的冲淤及漂浮物堵塞现象。

桥梁检查中常见的各种缺损均应在现场用油漆等将其范围及日期标记清楚。发现三类以上桥梁和有严重缺损及难以判断损坏原因与程度的桥梁,应做影像记录,并附病害状况说明。

(三)桥梁一般检查后应提交的文件

(1)典型缺损和病害的影像记录及说明。缺损状况的描述应采用专业标准术语,说明缺损的部位、类型、性质、范围、数量和程度等。

(2)两张总体照片。一张桥面正面照片,一张桥梁上游侧立面照片。桥梁改建后应重新照一次。如果桥梁拓宽改造后,上、下游桥梁结构不一致,还要有下游侧立面照片。

(3)一般检查报告,具体应包括下列内容:

①桥梁的小修保养情况;

②桥梁的表观缺损情况与存在的主要问题;

③需要大中修或改建的桥梁计划,说明修理的项目,拟用的修理方案,估计费用和实施时间;

④详细检查(特殊检查)的需求,说明检验的项目和理由;

⑤需限制桥梁交通的建议报告。

三、一般评定

全桥技术状况评定方法及等级评定分类参见本书第十七章桥梁技术状况评定。

四、混凝土旧桥常见病害

各种桥梁在制造及运营期间都可能产生不同的缺损(亦称缺陷)。普通钢筋混凝土及预应力钢筋混凝土是桥梁结构中常用的材料,在制造和运营期间可能产生裂缝、保护层剥落、露筋、蜂窝、麻面、防水层及伸缩缝失效等。它们的危害程度与缺损的类型、发展性质及出现的部位有关,有时对结构的耐久性及载重等级影响较大。了解混凝土的病害特征,加强日常养护、维修,有利于提高桥梁耐久性。现将混凝土旧桥的常见病害归纳如下。

(一)裂缝

裂缝是钢筋混凝土桥梁及圬工拱桥中普遍存在的一种缺陷和主要病害。一般裂缝有两种类型:一种是由于桥梁结构承载力或刚度不足,在荷载作用下产生的裂缝,通常有纵向裂缝和横向裂缝两种;另一种是施工时由于质量缺陷而出现的裂缝,这种裂缝通常产生在钢筋混凝土桥梁中及石拱桥的灰缝部位。由于裂缝是桥梁的重大病害之一,因此不管是哪一种裂缝,只要裂缝的宽度和数量超出规范允许的范围和限度,都会导致结构恶化,影响到桥梁的承载能力和使用寿命,应该引起高度重视,及时进行修补。

1. 裂缝成因

分析裂缝的成因,为裂缝的危害性评定及裂缝修复提供依据。混凝土开裂的原因很多,但归纳起来基本上有设计考虑不周、材料使用不当、施工质量达不到要求及外界环境的不良影响等。为了提高混凝土结构的质量,在表16-2中,列出了混凝土结构裂缝形成的主要原因,以便从各方面努力,减少裂缝的产生。

表 16-2 混凝土结构裂缝形成的主要原因

类别			序号	原因
荷载及计算	荷载	永久荷载	1	超过设计荷载
		可变荷载	2	载货量增大,超载
	构造、设计、计算		3	结构形式或桥形布置不合理
			4	断面急变,各部分比例不当
			5	使用计算程序或输入数据不妥,计算有误
材料施工	水泥		6	水泥质量不好、凝结、膨胀不正常
			7	大体积混凝土水化热高
	集料		8	材料不合格或级配不良
			9	含泥量过高,清洗不充分
			10	碱-集料反应
	混凝土		11	混凝土中的外加剂不当或过量
			12	混凝土的质量不好,有沉缩或泌水现象
			13	混凝土的收缩
	混凝土	拌和	14	拌和料拌和不均匀
		运输	15	混凝土运输时间过长、水分蒸发过多
		浇筑	16	浇筑顺序不当
			17	浇筑速度过快
		振捣	18	振捣不密实、不均匀
			19	硬化前受振动或过早受力
		养护	20	养护初期急剧干燥、失水
			21	养护初期受冻
		接头	22	接头处理不当
	钢筋		23	钢筋质量欠佳或数量不够
			24	保护层厚度不足或厚度过大
	模板		25	模板刚度不足,变形过大
			26	漏浆或渗水
			27	过早拆模
	支架		28	支架间距过大或产生不均匀沉降
使用环境	湿度与温度		29	温度或湿度急剧变化
			30	构件两面温、湿度相差过大,内、外温差过大
	化学作用		31	酸或盐类的化学作用
			32	碳化引起的钢筋锈蚀
			33	氯化物引起的钢筋锈蚀

2. 梁式桥的常见裂缝

桥梁裂缝是桥梁缺陷的集中表现,也是桥梁中最常见的病害。大量的工程实践和理论分析表明,钢筋混凝土构件基本上都是带缝工作的。在桥梁结构中,当受拉区的应力超过混凝土或砂浆的实际抗拉强度时,必然会出现裂缝。只是一般的裂缝很细很短,对结构的使用没有大的危害,混凝土有了细小裂缝,钢筋才能发挥作用。裂缝宽度的限值应满足《公路桥涵养护规范》(JTG H11—2004)的相关要求,裂缝限值见表 16-3。

表 16-3　裂缝限值

<table>
<tr><th>结构类型</th><th colspan="2">裂缝部位</th><th>允许最大缝宽(mm)</th><th>原　因</th></tr>
<tr><td rowspan="5">钢筋混凝土梁</td><td colspan="2">主筋附近竖向裂缝</td><td>0.25</td><td></td></tr>
<tr><td colspan="2">腹板斜向裂缝</td><td>0.30</td><td></td></tr>
<tr><td colspan="2">组合梁结合面</td><td>0.50</td><td></td></tr>
<tr><td colspan="2">横隔板与梁体端部</td><td>0.30</td><td></td></tr>
<tr><td colspan="2">支座垫石</td><td>0.50</td><td>不允许贯通结合面</td></tr>
<tr><td rowspan="2">预应力混凝土梁</td><td colspan="2">梁体竖向裂缝</td><td>不允许</td><td></td></tr>
<tr><td colspan="2">梁体纵向裂缝</td><td>0.20</td><td></td></tr>
<tr><td rowspan="3">砖、石、混凝土拱</td><td colspan="2">拱圈横向</td><td>0.30</td><td></td></tr>
<tr><td colspan="2">拱圈纵向</td><td>0.50</td><td></td></tr>
<tr><td colspan="2">拱波与拱肋结合处</td><td>0.20</td><td></td></tr>
<tr><td rowspan="7">墩台</td><td colspan="2">墩台帽</td><td>0.30</td><td>裂缝高小于界面高 1/2</td></tr>
<tr><td rowspan="5">墩台</td><td>0.20</td><td>0.20</td><td>裂缝长小于 1/8 跨长</td></tr>
<tr><td>0.30</td><td>0.30</td><td></td></tr>
<tr><td>0.25</td><td>0.25</td><td></td></tr>
<tr><td>0.35</td><td>0.35</td><td></td></tr>
<tr><td>0.40</td><td>0.40</td><td></td></tr>
<tr><td colspan="2">有冻结作用部分</td><td>0.20</td><td></td></tr>
</table>

当裂缝宽度在限定值以内时,大气中的水分一般是难以大量渗透到钢筋上的,因而钢筋不会遭到严重锈蚀,结构的耐久性也不会因此而受到明显影响。当裂缝超过规范要求时应进行修补,以保证结构的耐久性。

在预应力混凝土梁中,裂缝的危害性更大,水分渗透到钢丝上,引起钢丝锈蚀。由于钢丝的直径比钢筋的直径小得多,因此锈蚀对钢丝的影响比钢筋厉害得多,因此在预应力混凝土梁中对裂缝控制更加严格。当潮湿的空气中含有较多腐蚀性气体时,缝宽的限制亦应要求严格一些。由于裂缝的影响而降低结构的承载能力,在桥梁实践中是司空见惯的。

梁式桥中可能出现的裂缝很多,下面主要以钢筋混凝土简支梁(板)桥为例,介绍梁式桥常见的裂缝。

(1)梁(板)受拉区的竖向裂缝。简支梁(板)的竖向裂缝,是由正弯矩引起的,一般在梁(板)的跨中附近,从梁(板)的受拉区边缘,大致与主筋垂直的方向向上延伸。缝宽度一般在 0.03 ~ 0.2 mm 之间,裂缝之间的最小间距为 0.05 ~ 0.2 mm。

对于连续梁，除跨中附近有自下而上的竖向裂缝外，中间支点附近会出现自上而下的由负弯矩引起的竖向裂缝。

上述裂缝主要是梁(板)受荷载作用产生的弯曲裂缝。根据桥梁荷载试验的实际观察，在较大的加载下，原来延伸较长的裂缝，长度和宽度都有缓慢的增加。卸载之后，这些裂缝的宽度基本上可以恢复到原来的状态。

竖向裂缝，是钢筋混凝土梁式桥中不可避免的。一般认为，只要这类裂缝在梁(板)侧面的延伸长度达不到计算截面的中性轴，而其最大宽度又在0.2 mm的范围内，应属正常裂缝。对于图中的正弯矩裂缝，一般可不进行处理，但对负弯矩裂缝，因易受雨水的影响，即使裂缝小于0.2 mm，亦应采取防水措施，避免因雨水侵蚀而加速钢筋锈蚀。当桥台沉陷时，连续梁中墩顶部的负弯矩裂缝，更应给予足够的重视。

(2)斜裂缝。梁式桥中的斜裂缝有两种：一种是由主拉应力引起的梁腹板上的斜裂缝，另一种是由于斜截面抗弯能力较弱所引起的斜裂缝。

第一种斜裂缝多发生在梁支点附近的腹板上，主要是由主拉应力过大而产生的。裂缝一般从端横隔板内侧开始，沿45°~60°方向的斜线向上攀升。裂缝的宽度是两头小而中间大，在到达梁的上下缘之前就消失了。因为梁的上下缘一般都有较多的纵向主筋(或纵向钢束)，它有抑制斜裂缝的作用，因而斜裂缝在到达这些主筋或钢束之前，一般都会消失。

上述裂缝产生的原因是：在车辆荷载作用下，在靠近支点的腹板上，剪力大而弯矩小，由于产生的主拉应力超过了混凝土的抗拉强度，则在梁的腹板中出现斜裂缝，这类裂缝在预应力钢筋混凝土梁中特别危险，可以明显降低梁的承载能力。

造成斜裂缝宽度较大的主要原因是斜筋(或箍筋)不足，对于预应力钢筋混凝土梁，则往往是斜向钢束起弯过早，梁端缺少斜向钢束所致。在前一个时期，有一些预应力梁(主要是连续梁)，梁端出现了比较严重的斜裂缝，给修复加固造成了较大的困难，今后必须予以重视。

第二种斜裂缝，又称弯剪斜裂缝，是由斜截面抗弯能力较弱所引起的。它与主拉应力产生的斜裂缝有明显的不同，弯剪斜裂缝与由梁中正弯矩产生的竖向裂缝相似，裂缝由梁底向腹板延伸，裂缝的宽度是下面大、上面小，而不像主拉应力所产生的斜裂缝是中间大、两头小。

(3)钢筋锈蚀引起的顺筋裂缝。由于混凝土质量较差或保护层厚度不足，二氧化碳侵蚀碳化至钢筋表面，使钢筋周围混凝土碱度降低，或由于氯化物侵入，钢筋周围氯离子含量较高，均可引起钢筋表面氧化膜破坏，钢筋中铁离子与侵入到混凝土中的氧气和水分发生腐蚀反应，其锈蚀物氢氧化铁体积比原来增长2~4倍，导致保护层混凝土开裂，沿钢筋纵向产生裂缝，其最大延伸长度可达到梁跨度的一半，裂缝宽度可达4 mm，危害极大。

3. 拱式桥的常见裂缝

拱式桥的形式很多，但裂缝较多而又有代表性的是双曲拱桥。拱桥中有共性的裂缝，双曲拱桥基本上都有，而双曲拱桥中的有些裂缝其他拱桥则没有。下面以双曲拱桥为例，介绍拱式桥中常见的裂缝。

(1)拱桥的径向裂缝。拱桥径向裂缝经常发生在拱脚和拱顶两个部位，其方向与拱轴线垂直。

拱脚附近的径向裂缝是由负弯矩引起的，上宽下窄，垂直于拱轴线向下延伸。当拱背布置有纵向钢筋时，从拱脚截面上缘开始，可出现几条大致平行的裂缝。裂缝宽度最大的一条在拱脚，向 1/4 跨方向逐渐减小。如裂缝宽度超过 0. 25 mm，应视为不正常裂缝。当拱背无钢筋时，裂缝的宽度往往较大，但裂缝数较少。

拱顶附近的径向裂缝是由正弯矩引起的。裂缝下宽上窄，沿竖直方向向上延伸。裂缝宽度拱顶较大，向 1/4 跨方向逐渐减小以至消失。这种裂缝还会引起拱顶下沉。

拱圈的径向裂缝是拱桥中最常见的裂缝。建造拱桥时，应提高质量，采取有效措施，避免产生裂缝。但在已建成的拱桥中，拱脚、拱顶出现了径向裂缝时，不要看得过于严重，只要拱脚、拱顶处的径向裂缝没有到达截面的中性轴，不会明显降低拱的承载能力，并无垮塌的危险，一般可以(或者通过加同)继续利用。拱圈有径向裂缝，未经论证，不能作为拆除拱桥的理由。

径向裂缝产生的主要原因有：①截面整体性差；②温度下降、混凝土收缩和墩台变位的影响。

(2)拱圈的纵向裂缝。拱圈宽度较大(8 ~ 10 m 以上)的圬工拱桥和双曲拱桥中，常见拱圈出现纵向裂缝，这种裂缝通常在桥面中线附近顺跨径方向延伸，严重时有贯通全桥、将拱圈一分为二之势。当拱圈宽度很大(≥20 m)时，还可能出现第二条纵向裂缝。

产生这种裂缝的主要原因是：①拱圈截面的形式不够合理，截面不能适应热胀冷缩变化规律；②横向联系比较薄弱，荷载横向分布很不均匀；③拱圈的砌筑质量不符合要求。

(3)拱肋与拱波结合面上的环向裂缝。拱肋与拱波结合面上的环向裂缝，仅发生在双曲拱桥中。环向裂缝的最大宽度一般是在拱脚和拱顶，从拱脚和拱顶向 1/4 跨裂缝逐渐减小以至消失。不同部位的环向裂缝由不同的原因所形成。拱脚附近的环向裂缝主要是由于肋波间的抗剪能力很弱，拱脚剪力较大，而拱顶附近的环向裂缝，则是由于拱肋受拉时产生了径向拉力，而肋、波间抗拉能力很小所产生的。

早期采用矩形拱肋的双曲拱桥，肋、波、板的结合面非常薄弱，特别是采用无支架吊装施工时，在吊装过程中施工人员需要在拱肋上来回行走，使拱肋顶面不清洁甚至沾上了油污，截面实际抗剪和抗拉的能力都很小，因而在这个结合面上很容易出现环向裂缝。严重时拱肋与拱波完全脱开，使按组合截面计算的主拱圈变成了叠合截面，大大降低了桥梁的承载能力，其后果比较严重。

后期采用倒 T 形拱肋的双曲拱桥，肋、波、板结合较好，只要桥台无明显变位，施工时又能保证质量，采用这种截面形式可以避免肋、波之间出现环向裂缝。

4. 裂缝评定

对于旧桥，试验荷载作用下绝大部分裂缝宽度应不大于表 16-3 规定的允许值。当结构具有足够的承载能力但裂缝宽度超过表 16-3 中的规定时，应采取防护措施，以保证结构的耐久性。当结构裂缝发展严重或裂缝仍在继续发展时，应从上部构造本身和地基基础两方面查明原因，对桥梁采取有效的加固措施。

(二)桥面系常见病害

桥面系直接承受车辆荷载，最容易产生病害，也是设计时最容易忽略的部位。桥面系不但影响着桥梁的美观，还决定着桥梁的耐久性，尤其是对于预制梁的上部结构，桥面铺装的损坏、伸缩缝的损坏都会引起梁体的损坏，引起单梁受力甚至破坏。现将桥面系的几种常见病害介绍如下。

1. 桥面铺装层损坏

沥青类铺装层所产生的缺陷，主要有泛油、松散、露骨、裂缝、拥包、车辙、拉断和脱落等；水泥混凝土铺装层所产生的主要缺陷是磨光、裂缝、脱皮及松散破碎等。

2. 人行道构件损坏

人行道构件损坏主要包括人行道铺装的开裂、破损及缺失等。

3. 栏杆或防撞墙损坏

栏杆或防撞墙损坏主要包括栏杆的断裂，混凝土脱落、剥落及钢管锈蚀等。

4. 伸缩缝损坏失效

伸缩缝损坏主要包括伸缩缝的缺失、软性填料的老化脱落、钢板断裂及钢板和角钢的焊缝破裂等。

（三）上部结构常见病害

1. 上部主要承重构件破损

上部主要承重构件破损主要表现在由于钢筋锈蚀严重，T梁腹板下缘、翼缘底部、空心板底面及拱肋底部由于钢筋锈蚀引起纵向通长裂缝，并引起混凝土大面积胀鼓、钢筋保护层剥落；承重构件混凝土表面侵蚀严重，呈现疏松、风化现象。

2. 上部一般承重构件破损

上部主要承重构件破损主要表现在横隔梁缺失；横隔梁钢板连接处混凝土剥落，钢板外露或连接横隔梁钢板锈蚀损坏。

（四）下部结构常见病害

下部结构的常见病害表现在墩台表面裂缝、混凝土表面侵蚀、蜂窝麻面现象、基础外露、侵蚀严重等。

五、桥梁承载能力检算

（一）遵循的规范

桥梁的承载能力检算，主要应按照交通运输部颁布的《公路桥涵设计通用规范》（JTG D60—2004）、《公路圬工桥涵设计规范》（JTG D61—2005）、《公路钢筋混凝土及预应力混凝土桥涵设计规范》（JTG D62—2004）、《公路桥涵地基与基础设计规范》（JTG D63—2007）及其他有关规范（以下简称“规范”）进行，也可应用已被科研证实能挖掘桥梁潜力的、可靠的分析计算方法。

（二）检算荷载的采用

一般应按桥梁运行路线近期载重要求（汽车与人群、平板挂车、履带车），按交通运输部颁布的《公路工程技术标准》（JTG B01—2003）的荷载等级进行检算。

当桥梁需要临时通过特殊重型车辆荷载，且重型车辆产生的荷载效应大于该桥近期要求达到的标准荷载等级的荷载效应时，可按重型车辆的载重要求直接检算桥梁。

（三）承载能力检算

为了充分利用旧桥，如按规范要求布置挂车或履带车检算桥梁承载能力不能通过，也可采取限制车辆的运行路线（如加大车轮边缘与路缘石的间距）、车间距、车速等措施进行承载能力检算。

（四）检算要点

根据桥梁的实际状况，参考以往的设计计算资料，着重进行结构主要控制截面、结构薄弱部位的检算。除结构裂缝发展严重、刚度显著降低的旧桥外，一般可不必检算桥梁的刚度。对多孔桥结构相同、跨径相同的孔，应选择受力最不利与损坏较严重的孔进行检算。

检算时应以实际调查的结构各部尺寸及材料强度为依据，若实际调查值与设计值相差不大，仍可按设计值进行检算。对质量问题严重的构件，应根据检查资料进行强度折减。

梁式桥桥面铺装混凝土与梁体结合较好时，可考虑其参与共同受力。组合梁桥如结合面产生开裂、错位等现象，应对其组合截面进行适当的折减。

钢筋混凝土梁桥缺乏主梁配筋资料时，可参考同年代类似桥梁及图纸进行承载能力估算。最好以仪器探测的主筋尺寸、位置及数量作为检算依据。

砖石及混凝土拱桥主拱圈如已开裂，应检算开裂处的局部受力，当裂缝高度超过截面中性轴时，内力计算时开裂处应作为铰接点处理。

拱桥拱上建筑的联合作用应予以考虑。可根据拱上建筑的类型、完好程度及所检算的截面位置等区别对待。

当墩、台发生不均匀沉降、滑移或倾斜时，应对地基承载能力进行检算，并检算对超静定上部结构内力的影响。

计算永久荷载时，应采用桥梁经养护、维修、加固后的实际恒载重量。

第三节　桥梁详细检查

一、桥梁详细检查的目的

仅通过桥梁普查，并不能够对旧桥材料状况及结构整体耐久性进行评定，尤其是对那些原始设计资料不足的旧桥。所以，在旧桥检测中还需要对桥梁结构采用一些专门的技术和检测设备进行深入而细致的检测，即桥梁详细检查，简称桥梁详查，包括通过无损和半破损的技术来检测混凝土的强度、确定混凝土中钢筋分布和保护层厚度、混凝土内部缺陷的超声法检测、钢筋锈蚀电位的检测及钢结构的无损检测等。

二、详细检查的内容

（1）结构材料及缺损状况的检测。主要包括结构缺损程度检测、材料物理与力学性能检测和材料腐蚀状况及化学性能测试等。

（2）结构功能状况检测。主要包括结构固有模态参数测定、结构几何形态测量、荷载变异状况调查及墩台基础变位调整等。

公路旧桥常见的检测项目如表 16-4 所示。

三、详细检查后做出的鉴定

详细检查应根据桥梁的破损状况和性质，采用仪器和设备进行专门的检测与检验，针对桥梁现状进行检算分析，形成结论性鉴定意见。

（1）桥梁结构材料缺损状况，包括对材料物理性能、化学性能、材料损坏程度及缺损原因的测试鉴定。

表 16-4 公路旧桥常见检测项目

序号	常见检测项目	序号	常见检测项目
1	桥梁结构重力变异状况调查	9	混凝土电阻率的检测
2	桥梁几何形态参数的测定	10	混凝土碳化深度测量
3	结构构件表观状况详细检查	11	混凝土结构中钢筋分布状况及保护层厚度的检测
4	结构构件材质强度检测	12	桥梁结构模态参数的测定
5	结构构件内部缺陷与表层损伤的测定	13	索结构索力的测定
6	裂缝深度检测	14	桥梁基础与墩台变位情况的调查
7	钢筋锈蚀电位测量	15	地基与基础的检验
8	混凝土中氯离子含量的测定		

(2)桥梁结构承载能力,包括对结构强度、稳定性和刚度的验算分析与荷载试验需求确定。

(3)桥梁防灾能力,包括桥梁抗洪水、抗流冰能力以及地质灾害影响的检测鉴定。

桥梁材料缺损状况鉴定,可根据鉴定要求和缺损的类型、位置,选择表面测量、无破损检测技术和局部取试样等可靠有效的方法,试样应在有代表性构件的次要部位获取;桥梁结构承载能力鉴定,一般采用在详细检查的基础上通过结构检算分析,必要时结合荷载试验的方法;桥梁抗灾能力鉴定,一般采用现场测试和检算的方法,对特别重要的桥梁可进行模拟试验。

四、详细检查报告的内容

(1)概述检查的一般情况,包括桥梁的基本情况,检查的组织、时间、背景和工作过程等。

(2)目前桥梁技术状况的描述,包括现场调查、检测项目及方法、检测数据与分析结果、桥梁技术状况评价等。

(3)结构材料缺损状况鉴定、桥梁结构承载能力鉴定、桥梁抗灾能力鉴定等情况。

(4)详细阐述检查部位的损坏程度及原因,并提出结构部件和总体的维修、加固或改建的建议方案。

复习思考题

1. 简述全桥检查的内容。
2. 桥梁一般检查的目的是什么?一般检查后应提交的文件报告包括哪些内容?
3. 在什么情况下要做桥梁详细检查?详细检查包括哪些内容?
4. 桥梁详细检查后做出何种鉴定?详细检查报告包括哪些内容?

第十七章　桥梁技术状况评定

内容简介

本章主要介绍了在用桥梁技术状况评定方法及等级分类,桥梁技术状况评定计算,各结构形式桥梁部件分类,5类桥梁技术状况单项控制指标。

知识目标

1. 了解:各结构形式桥梁部件分类,5类桥梁技术状况单项控制指标。
2. 熟悉:桥梁技术状况评定工作流程。
3. 掌握:桥梁技术状况评定方法及等级分类。

能力目标

会进行桥梁技术状况评定计算。

第一节　概　述

桥梁技术状况评定的目的是通过全面描述桥梁各部件的缺陷,评价桥梁技术状况,记录桥梁基本特征,建立健全桥梁技术档案,提供桥梁养护、维修和加固的决策支持,使桥梁长期处于良好的工作状态,最终体现在对营运的桥梁进行有效管理和状况监控。

公路桥梁技术状况评定工作的依据是《公路桥梁技术状况评定标准》(JTG/T H21—2011),同时还应符合现行国家和行业有关标准的规定。

公路桥梁技术状况的检测采用目测与仪器相结合的方法。公路桥梁技术状况评定采用分层综合评定与单项指标控制(关键病害的控制)相结合的方法。公路桥梁技术状况评定的技术资料应归入桥梁养护技术文档和公路桥梁管理系统。

桥梁技术状况评定常用的术语如下:

(1)桥梁构件,指组成桥梁结构的最小单元,如一片梁、一个桥墩等。

(2)桥梁部件,指结构中同类构件的统称,如梁、桥墩等。

(3)蜂窝,指混凝土局部不密实或松散,混凝土表面多砂少浆,呈蜂窝状孔洞。

(4)麻面,指混凝土表面局部缺浆、粗糙,或有大量小凹坑的现象。

(5)剥落,指混凝土表层脱落、粗集料外露的现象,严重时,呈片状脱落,钢筋外露。

(6)掉角,指构件角边处混凝土局部掉落,或出现不规整缺陷。

(7)裂缝,指构件表面的开裂现象。混凝土中裂缝的严重程度,可依据裂缝的产生原因、长度与宽度的大小及其是否随时间而增加等因素来判断。构件上下底面裂缝根据性状不同分为网状裂缝、纵向裂缝、横向裂缝、斜向裂缝。侧立面裂缝根据性状不同分为网状裂缝、竖向裂缝、斜向裂缝、水平裂缝。

(8)跨中挠度,指桥梁结构或构件在荷载作用下跨中截面产生的竖向位移。

(9)结构位移,指由于基础移动、超载、碰撞、火灾、冲刷等引起的结构或构件位置的移动或截面的转动。

(10)涂层缺陷,指钢结构表面涂层出现流痕、气泡、白化、起皱、起皮等现象。

(11)磨损,指构件在车辆、水流等外界作用下出现的集料和砂浆的表面磨耗脱损现象。

(12)桥梁基础冲刷淘空,指在水流作用下,基础周围埋置物被冲刷淘空的现象。

第二节 评定方法及等级分类

一、桥梁技术状况评定方法

(1)评定内容:把各类桥梁均划分为桥面系、上部结构和下部结构三个部分,公路桥梁技术状况评定包括桥梁构件、部件、桥面系、上部结构、下部结构和全桥评定。

(2)评定方法:公路桥梁技术状况评定应采用分层综合评定与5类桥梁单项控制指标相结合的方法。

(3)评定顺序:公路桥梁技术状况评定应先对桥梁各构件进行评定,因为对各构件检测指标进行评定是整个技术状况评定工作的关键和基础;其次对桥梁各部件进行评定;再次对桥面系、上部结构和下部结构分别进行评定;最后根据桥面系、上部结构和下部结构的技术状况进行桥梁总体技术状况的评定。桥梁检查评定记录表可按《公路桥梁技术状况评定标准》(JTG/T H21—2011)附录A的要求执行。评定指标如图17-1所示。

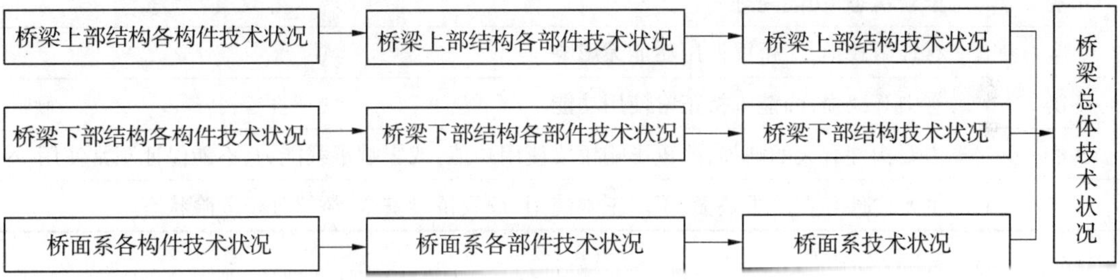

图17-1 桥梁技术状况评定指标

当单个桥梁存在不同结构形式时,可根据结构形式的分布情况划分评定单元,分别对各评定单元进行桥梁技术状况的等级评定,然后以技术状况等级评定结果最差的一个评定单元作为全桥的评定结果。

【例17-1】 某座大型桥梁,全桥总长为760 m,桥跨布置为:15×16 m(箱梁)+9×20 m(箱梁)+2×50 m(斜拉桥)+4×20 m(箱梁)+9×16 m(箱梁)。请进行全桥技术状况评定。

此桥由两种结构形式(梁桥和斜拉桥)组成,可将其分成主桥和引桥两个单元分别进行评定。假如按照标准要求,采用分层综合法的评定结果为:主桥单元斜拉桥部分最终评定为四类,引桥箱形梁桥单元最终评定为三类。全桥技术状况等级评定结果以最差的一个评定单元作为全桥的评定结果,即按照主桥评定结果,全桥技术状况最终评定为四类。

二、桥梁技术状况等级分类

由于不同的桥梁部件对桥梁技术状况影响程度不同,将桥梁部件分成两大部分,分别为主要部件和次要部件。各结构类型桥梁主要部件见表 17-1，其他部件为次要部件。

表 17-1　各结构类型桥梁主要部件

序号	结构类型	主要部件
1	梁式桥	上部承重构件、桥墩、桥台、基础、支座
2	板拱桥（圬工、混凝土）、肋拱桥、箱形拱桥、双曲拱桥	主拱圈、拱上结构、桥面板、桥墩、桥台、基础
3	刚架拱桥、桁架拱桥	刚架（桁架）拱片、横向联结系、桥面板、桥墩、桥台、基础
4	钢－混凝土组合拱桥	拱肋、横向联结系、立柱、吊杆、系杆、行车道板（梁）、支座
5	悬索桥	主缆、吊索、加劲梁、索塔、锚碇、桥墩、桥台、基础、支座
6	斜拉桥	斜拉索（包括锚具）、主梁、索塔、桥墩、桥台、基础、支座

桥梁总体技术状况评定等级分为 1 类、2 类、3 类、4 类、5 类，如表 17-2 所示。

表 17-2　桥梁总体技术状况评定等级

技术状况评定等级	桥梁技术状况描述
1 类	全新状态，功能完好
2 类	有轻微缺损，对桥梁使用功能无影响
3 类	有中等缺损，尚能维持正常使用功能
4 类	主要构件有大的缺损，严重影响桥梁使用功能；或影响承载能力，不能保证正常使用
5 类	主要构件存在严重缺损，不能正常使用，危及桥梁安全，桥梁处于危险状态

桥梁主要部件技术状况评定标度分为 1 类、2 类、3 类、4 类、5 类，如表 17-3 所示。

表 17-3　桥梁主要部件技术状况评定标度

技术状况评定标度	桥梁技术状况描述
1 类	全新状态，功能完好
2 类	功能良好，材料有局部轻度缺损或污染
3 类	材料有中等缺损，或出现轻度功能性病害，但发展缓慢，尚能维持正常使用功能
4 类	材料有严重缺损，或出现中等功能性病害，且发展较快；结构变形小于或等于规范值，功能明显降低
5 类	材料严重缺损，出现严重的功能性病害，且有继续扩展现象；关键部位的部分材料强度达到极限，变形大于规范值，结构的强度、刚度、稳定性不能达到安全通行的要求

桥梁次要部件技术状况评定标度分为 1 类、2 类、3 类、4 类，如表 17-4 所示。

表 17-4　桥梁次要部件技术状况评定标度

技术状况评定标度	桥梁技术状况描述
1 类	全新状态，功能完好；或功能良好，材料有轻度缺损、污染等
2 类	有中等缺损或污染
3 类	材料有严重缺损，出现功能降低，进一步恶化将不利于主要部件，影响正常交通
4 类	材料有严重缺损，失去应有功能，严重影响正常交通；或原无设置，而调查需要补设

三、桥梁技术状况评定工作流程

首先，根据制订的桥梁检查评定计划进行桥梁现场检查，对各构件检测指标的技术状况进行现场评定（1～5 类），并依据各检测指标的技术状况评定结果按照桥梁评定模型计算桥梁构件的技术状况；其次，依次计算桥梁各部件以及上部结构（下部结构、桥面系）的技术状况；最后，根据上部结构、下部结构、桥面系的技术状况计算全桥技术状况。在现场评定时，若桥梁符合 5 类桥梁单项控制指标，则桥梁总体技术状况直接可以评定为 5 类。最后需要将检查以及评定的结果按照相关规定归档。桥梁技术状况评定工作流程如图 17-2 所示。

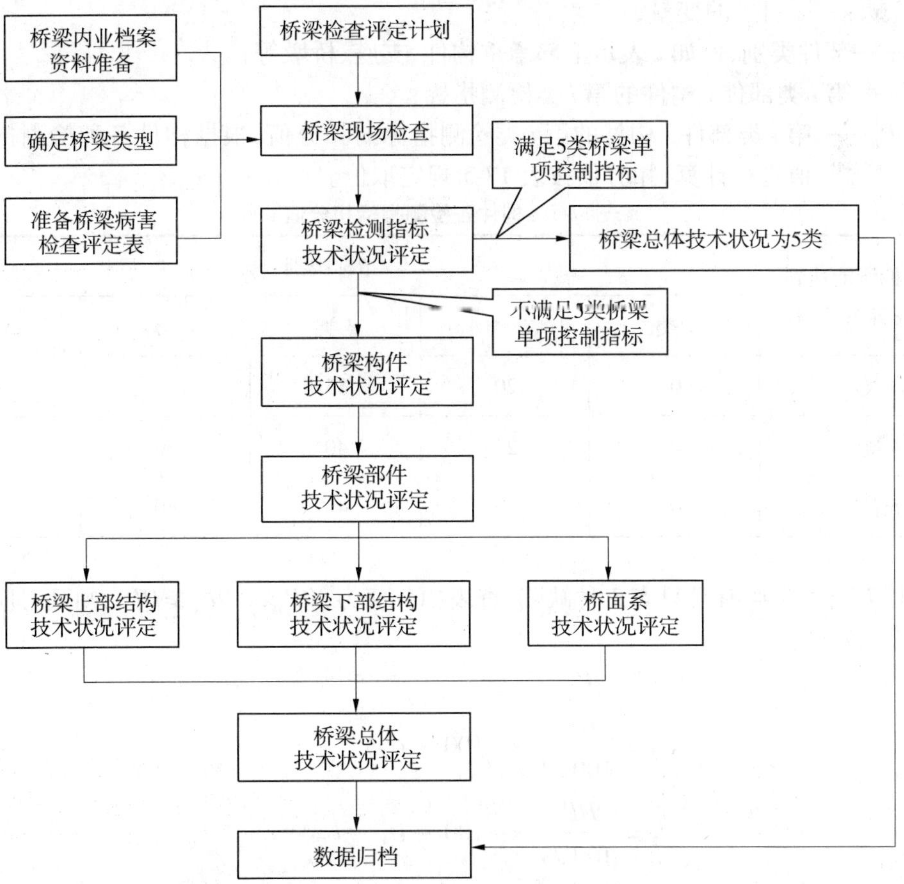

图 17-2　桥梁技术状况评定工作流程

第三节　桥梁技术状况评定

一、桥梁技术状况评定计算

(1)桥梁构件的技术状况评分按式(17-1)计算。

$$\left.\begin{aligned}&PMCI_l(BMCI_l\text{ 或 }DMCI_l)=100-\sum_{x=1}^{k}U_x\\&\text{当 }x=1\text{ 时},U_1=DP_{il}\\&\text{当 }x\geqslant 2\text{ 时},U_x=\frac{DP_{ij}}{100\sqrt{x}}\times\left(100-\sum_{y=1}^{x-1}U_y\right)\\&PMCI_l(BMCI_l\text{ 或 }DMCI_l)=0\end{aligned}\right\}\tag{17-1}$$

式中　$PMCI_l$——上部结构第 i 类部件 l 构件的得分,值域为 0 ~ 100 分;

$BMCI_l$——下部结构第 i 类部件 l 构件的得分,值域为 0 ~ 100 分;

$DMCI_l$——桥面系第 i 类部件 l 构件的得分,值域为 0 ~ 100 分;

k——第 i 类部件 l 构件出现扣分的指标的种类数;

U、x、y——引入的变量;

i——部件类别,例如 i 表示上部承重构件、支座、桥墩等;

j——第 i 类部件 l 构件的第 j 类检测指标;

DP_{ij}——第 i 类部件 l 构件的第 j 类检测指标的扣分值,根据构件各种检测指标扣分值进行计算,扣分值按表 17-5 规定取值。

表 17-5　构件各检测指标扣分值

检测指标所能达到的最高等级类别	指标类别				
	1 类	2 类	3 类	4 类	5 类
3 类	0	20	35	—	—
4 类	0	25	40	50	—
5 类	0	35	45	60	100

【例 17-2】　某梁有且只有 3 种缺陷,查表扣分值为:$DP_1\geqslant DP_2\geqslant DP_3$,则其对应的实际扣分值依次为

$$U_1=DP_1$$

$$U_2=\frac{DP_2}{100\sqrt{2}}\times(100-U_1)$$

$$U_3=\frac{DP_3}{100\sqrt{3}}\times(100-U_1-U_2)$$

$$PMCI=100-\sum_{j=1}^{3}U_j=100-U_1-U_2-U_3$$

(2)桥梁部件的技术状况评分按式(17-2)计算。

$$\left.\begin{aligned} PCCI_i &= \overline{PMCI} - (100 - PMCI_{\min})/t \\ BCCI_i &= \overline{BMCI} - (100 - BMCI_{\min})/t \\ DCCI_i &= \overline{DMCI} - (100 - DMCI_{\min})/t \end{aligned}\right\} \tag{17-2}$$

式中 $PCCI_i$——上部结构第 i 类部件的得分,值域为 0 ~ 100 分,当上部结构中的主要部件某一构件评分值 $PMCI_l$ 在[0,60)区间时,其相应的部件评分值 $PCCI_i = \overline{PMCI_l}$;

$\overline{PMCI}$——上部结构第 i 类部件各构件的得分平均值,值域为 0 ~ 100 分;

$BCCI_i$——下部结构第 i 类部件的得分,值域为 0 ~ 100 分,当下部结构中的主要部件某一构件评分值 $BMCI_l$ 在[0,60)区间时,其相应的部件评分值 $PCCI_i = BMCI_l$;

$\overline{BMCI}$——下部结构第 i 类部件各构件的得分平均值,值域为 0 ~ 100 分;

$DCCI_i$——桥面系第 i 类部件的得分,值域为 0 ~ 100 分;

$\overline{DMCI}$——桥面系第 i 类部件各构件的得分平均值,值域为 0 ~ 100 分;

$PCCI_{\min}$——上部结构第 i 类部件中分值最低的构件得分值;

$BCCI_{\min}$——下部结构第 i 类部件中分值最低的构件得分值;

$DCCI_{\min}$——桥面系第 i 类部件中分值最低的构件得分值;

t——随构件的数量而变化的系数,见表 17-6。

表 17-6 t 值

n(构件数)	t	n(构件数)	t
1	∞	20	6.6
2	10	21	6.48
3	9.7	22	6.36
4	9.5	23	3.24
5	9.2	24	6.12
6	8.9	25	6.00
7	8.7	26	5.88
8	8.5	27	5.76
9	8.3	28	5.64
10	8.1	29	5.52
11	7.9	30	5.4
12	7.7	40	4.9
13	7.5	50	4.4
14	7.3	60	4.0
15	7.2	70	3.6

续表 17-6

n(构件数)	t	n(构件数)	t
16	7.08	80	3.2
17	6.96	90	2.8
18	6.84	100	2.5
19	6.72	≥200	2.3

【例 17-3】 某桥有两个桥台。按照标准对两个桥台逐一进行评定,得分分别为 80、60 分。该桥台的最终得分为

$$BCCI_{桥台} = \overline{BMCI} - (100 - BMCI_{\min})/t = \frac{80+60}{2} - \frac{100-60}{10} = 66(分)$$

【例 17-4】 某桥梁有十片梁。按照标准对十片梁逐一进行评定,得分分别为 100、46、100、100、100、75、80、100、100、100 分。

当主要部件的某一构件的评分值在[0,60)区间内时,其相应的部件评分值等于该构件的评分值。

$$PCCI_{梁} = PMCI_{\min} = 46$$

(3)桥梁上部结构、下部结构、桥面系的技术状况评分按式(17-3)计算。

$$SPCI(SBCI 或 BDCI) = \sum_{i=1}^{m} PCCI_i(BCCI_i 或 DCCI_i) \times w_i \tag{17-3}$$

式中 $SPCI$——桥梁上部结构技术状况评分,值域为 0 ~ 100 分;

$SBCI$——桥梁下部结构技术状况评分,值域为 0 ~ 100 分;

$BDCI$——桥面系技术状况评分,值域为 0 ~ 100 分;

m——上部结构(下部结构或桥面系)的部件种类数;

w_i——第 i 类部件的权重,按表 17-8 ~ 表 17-11 规定取值,对于桥梁中未设置的部件,应根据此部件的隶属关系,将其权重值分配给各既有部件,分配原则按照各既有部件权重在全部既有部件权重中所占比例进行分配。

(4)桥梁总体的技术状况评分按式(17-4)计算。

$$D_r = BDCI \times w_D + SPCI \times w_{SP} + SBCI \times w_{SB} \tag{17-4}$$

式中 D_r——桥梁总体技术状况评分,值域为 0 ~ 100 分;

w_D——桥面系在全桥中的权重,按表 17-12 规定取值;

w_{SP}——桥梁上部结构在全桥中的权重,按表 17-12 规定取值;

w_{SB}——桥梁下部结构在全桥中的权重,按表 17-12 规定取值;

其他符号意义同前。

(5)桥梁技术状况分类界限宜按表 17-7 规定执行。

表 17-7 桥梁技术状况分类界限

技术状况评分	技术状况等级				
	1 类	2 类	3 类	4 类	5 类
(SPCI、SBCI、BDCI)	[95,100)	[80,95)	[60,80)	[40,60)	[0,40)

(6)在进行桥梁技术状况评定时，当满足5类桥梁技术状况单项控制指标中规定的任一情况时，桥梁总体技术状况应评为5类。

(7)当上部结构和下部结构技术状况等级为3类、桥面系技术状况等级为4类，且桥梁总体技术状况评分为40分≤D_r<60分时，桥梁总体技术状况等级应评定为3类。

(8)进行全桥总体技术状况等级评定时，当主要部件评分达到4类或5类且影响桥梁安全时，可按照桥梁主要部件最差的缺损状况评定。

二、各结构形式桥梁部件分类及权重值

(1)梁式桥各部件权重值宜按表17-8的规定取值。

表17-8　梁式桥各部件权重值

部位	类别	评价部件	权重
上部部件	1	上部承重构件(主梁、挂梁)	0.70
	2	上部一般构件(湿接缝、横隔板等)	0.18
	3	支座	0.12
下部部件	4	翼墙、耳墙	0.02
	5	锥坡、护坡	0.01
	6	桥墩	0.30
	7	桥台	0.30
	8	墩台基础	0.28
	9	河床	0.07
	10	调治构造物	0.02
桥面系	11	桥面铺装	0.40
	12	伸缩缝装置	0.25
	13	人行道	0.10
	14	栏杆、护栏	0.10
	15	排水系统	0.10
	16	照明、标志	0.05

(2)拱式桥各部件权重值宜按表17-9的规定取值。

表17-9　板拱桥、肋拱桥、箱形拱桥、双曲拱桥各部件权重值

部位	类别	评价部件	权重
上部部件	1	主拱圈	0.70
	2	拱形结构	0.20
	3	桥面板	0.10

续表 17-9

部位	类别	评价部件	权重
下部部件	4	翼墙、耳墙	0.02
	5	锥坡、护坡	0.01
	6	桥墩	0.30
	7	桥台	0.30
	8	墩台基础	0.28
	9	河床	0.07
	10	调治构造物	0.02
桥面系	11	桥面铺装	0.40
	12	伸缩缝装置	0.25
	13	人行道	0.10
	14	栏杆、护栏	0.10
	15	排水系统	0.10
	16	照明、标志	0.05

(3)悬索桥各部件权重值宜按表 17-10 的规定取值。

表 17-10　悬索桥各部件权重值

部位	类别	评价部件	权重
上部结构	1	加劲梁	0.15
	2	索塔	0.20
	3	支座	0.05
	4	主鞍	0.04
	5	主缆	0.25
	6	索夹	0.04
	7	吊索及钢护筒	0.17
	8	锚杆	0.10
下部结构	9	锚碇	0.40
	10	索塔基础	0.30
	11	散索鞍	0.15
	12	河床	0.10
	13	调治构造物	0.05

续表 17-10

部位	类别	评价部件	权重
桥面系	14	桥面铺装	0.40
	15	伸缩缝装置	0.25
	16	人行道	0.10
	17	栏杆、护栏	0.10
	18	排水系统	0.10
	19	照明、标志	0.05

(4)斜拉桥各部件权重值宜按表 17-11 的规定取值。

表 17-11　斜拉桥各部件权重值

部位	类别	评价部件	权重
上部部件	1	斜拉索系统（斜拉索、锚具、拉索护套、减震装置等）	0.40
	2	主梁	0.25
	3	索塔	0.25
	4	支座	0.10
下部部件	5	翼墙、耳墙	0.02
	6	锥坡、护坡	0.01
	7	桥墩	0.30
	8	桥台	0.30
	9	墩台基础	0.28
	10	河床	0.07
	11	调治构造物	0.02
桥面系	12	桥面铺装	0.40
	13	伸缩缝装置	0.25
	14	人行道	0.10
	15	栏杆、护栏	0.10
	16	排水系统	0.10
	17	照明、标志	0.05

(5)桥梁结构组成权重值宜按表 17-12 的规定取值。

表 17-12　桥梁结构组成权重值

桥梁部位	权重
上部结构	0.40
下部结构	0.40
桥面系	0.20

【例 17-5】　某桥桥跨组合为 3×13 m，上部结构为每跨 8 片预应力混凝土简支空心板，桥面连续，在两桥台处各有一道裂缝，双柱式桥墩，重力式桥台。桥梁评价构件、部件及数量见表 17-13。经检查，上部构件中有 3 片梁存在缺陷，上部一般构件、支座、下部构件和桥面系均完好。请进行桥梁总体技术状况评定。

表 17-13　桥梁结构组成权重值

部位	构件数 n	评价部件	权重
上部结构	24	上部承重构件(主梁)	0.70
	21	上部一般构件(企铰缝)	0.18
	96	支座	0.12
下部结构	4	翼墙、耳墙	0.02
	4	锥坡、护坡	0.01
	2	桥墩	0.30
	2	桥台	0.30
	4	墩台基础	0.28
	1	河床	0.07
	1	调治构造物	0.02
桥面系	3	桥面铺装	0.40
	2	伸缩缝装置	0.25
	2	人行道	0.10
	2	栏杆、护栏	0.10
	1	排水系统	0.10
	1	照明、标识	0.05

第一步：构件评分计算。

(1)第一片梁只有混凝土剥落一种病害，剥落评定标度为“3”，查表扣分值为 40 分，则第一片梁的得分为：

$U_{11}=DP_{11}=40$

$PMCI_1=100-U_{11}=100-40=60$

(2)第二片梁有裂缝和剥落两种病害，其中裂缝病害标度为“2”，查表扣分值为 35 分；

剥落病害标度为“2”,查表扣分值为25分,则

$$U_{21}=DP_{21}=35$$

$$U_{22}=\frac{DP_{22}}{100\sqrt{2}}\times(100-U_{21})=\frac{25}{100\sqrt{2}}\times(100-35)=11.49$$

$$PMCI_2=100-U_{21}-U_{22}=100-35-11.49=53.51$$

(3)第三片梁有裂缝、剥落、蜂窝3种病害。其中裂缝病害标度为“3”,查表扣分值为45分;剥落病害标度为“2”,查表扣分值为25分;蜂窝病害标度为“2”,查表扣分值为20分,则有

$$U_{31}=DP_{31}=45$$

$$U_{32}=\frac{DP_{32}}{100\sqrt{x}}\times(100-U_{31})=\frac{25}{100\sqrt{2}}\times(100-45)=9.72$$

$$U_{33}=\frac{DP_{33}}{100\sqrt{x}}\times(100-U_{31}-U_{32})=\frac{20}{100\sqrt{3}}\times(100-45-9.72)=5.23$$

$$PMCI_3=100-U_{31}-U_{32}-U_{33}=100-45-9.72-5.23=40.05$$

结果:24片梁中,有缺陷的三片梁的得分分别为60、53.51、40.05分,其余为满分。

第二步:部件评分计算。

由于梁为主要部件,并且第三片梁的评分值为40.05,在区间[0,60)内,所以部件梁的评分值为40.05。企绞缝和支座均无病害,所以它们的评分值均为100,即

$$PCCI_{梁}=40.05$$

$$PCCI_{企绞缝}=100$$

$$PCCI_{支座}=100$$

第三步:结构计算。

上部结构:$SPCI=40.05\times0.7+100\times0.18+100\times0.12=58.04$

下部结构得分:$SBCI=100$

桥面系得分:$BDCI=100$

第四步:全桥计算。

$$D_r=58.04\times0.4+100\times0.4+100\times0.2=83.22$$

第五步:全桥评定。

该桥评定为2类桥。

三、5类桥梁技术状况单项控制指标

在桥梁技术状况评价中,有下列情况之一时,整座桥应评为5类桥:

(1)上部结构有落梁,或有梁、板断裂现象。

(2)梁式桥上部承重构件控制截面出现全截面开裂,或组合结构上部承重构件结合面开裂贯通,造成截面组合作用严重降低。

(3)梁式桥上部承重构件有严重的异常位移,存在失稳现象。

(4)结构出现明显的永久变形,变形大于规范值。

(5)关键部位混凝土出现压碎或杆件失稳倾向,或桥面板出现严重塌陷。

(6)拱式桥拱脚严重错台、位移,造成拱顶挠度大于限值,或拱圈严重变形。

(7)圬工拱桥拱圈大范围砌体断裂，脱落现象严重。

(8)腹拱、侧墙、立墙或立柱产生破坏，造成桥面板严重塌落。

(9)系杆或吊杆出现严重锈蚀或断裂现象。

(10)悬索桥主缆或多根吊索出现严重锈蚀、断丝。

(11)斜拉桥拉索钢丝出现严重锈蚀、断丝，主梁出现严重变形。

(12)扩大基础冲刷深度大于设计值，冲空面积达20%以上。

(13)桥墩(桥台或基础)不稳定，出现严重滑动、下沉、位移、倾斜等现象。

(14)悬索桥、斜拉桥索塔基础出现严重沉降或位移，或悬索桥锚碇有水平位移或沉降。

四、桥梁技术状况评定工作流程总结

(1)桥梁技术资料的调查。

(2)制订现场检查计划，包括桥梁结构划分(根据桥梁的实际结构类型将其划分成若干个部件，每个部件划分成若干个构件，并进行编号)、现场人员组织、仪器设备的准备调试(需要时准备桥检车)、现场记录表格的准备等。

(3)按照检查计划，对实桥每一构件进行详细检查，对缺陷部位、范围、程度进行记录并拍照。

(4)对每一构件的每种缺陷进行评定，查《公路桥梁技术状况评定标准》(JTG/T H21—2011)第5～10章对应表格，确定每种缺陷的评定标度值及该种缺陷的总标度值。

(5)构件技术状况评定。即按构件查表得到其上存在的每种缺陷的扣分值，按照由大到小的顺序依次排列，计算其所对应的实际扣分值和构件评分值。

(6)计算部件技术状况评分值，进行部件技术状况的评定。

(7)结构(桥面系、上部结构、下部结构)的技术状况评定。

(8)桥梁总体技术状况评定。

复习思考题

1. 简述桥梁技术状况评定方法及等级分类。

2. 简述桥梁技术状况评定的工作流程。

3. 某桥梁有10片梁，按照标准对10片梁逐一进行评定，得分分别为100、65、100、100、100、75、80、100、100、100分。请计算桥梁梁板部件的技术状况评分。

4. 某桥桥跨组合为3×13 m，上部结构为每跨8片预应力混凝土简支空心板，桥面连续，在两桥台处各有一道裂缝，双柱式桥墩，重力式桥台。桥梁评价构件、部件及数量见表17-13。经检查计算，24片梁中，有6片梁的得分分别为40、60、70、75、65、70分，其余为满分；21个上部一般构件中，有4个构件得分分别为80、75、60、65分，其余为满分；支座均完好。请进行桥梁技术状况评定。

附　录

附录一　大桥静载荷试验相关照片

中载

偏载

附录二　大桥载荷试验及状况调查附图

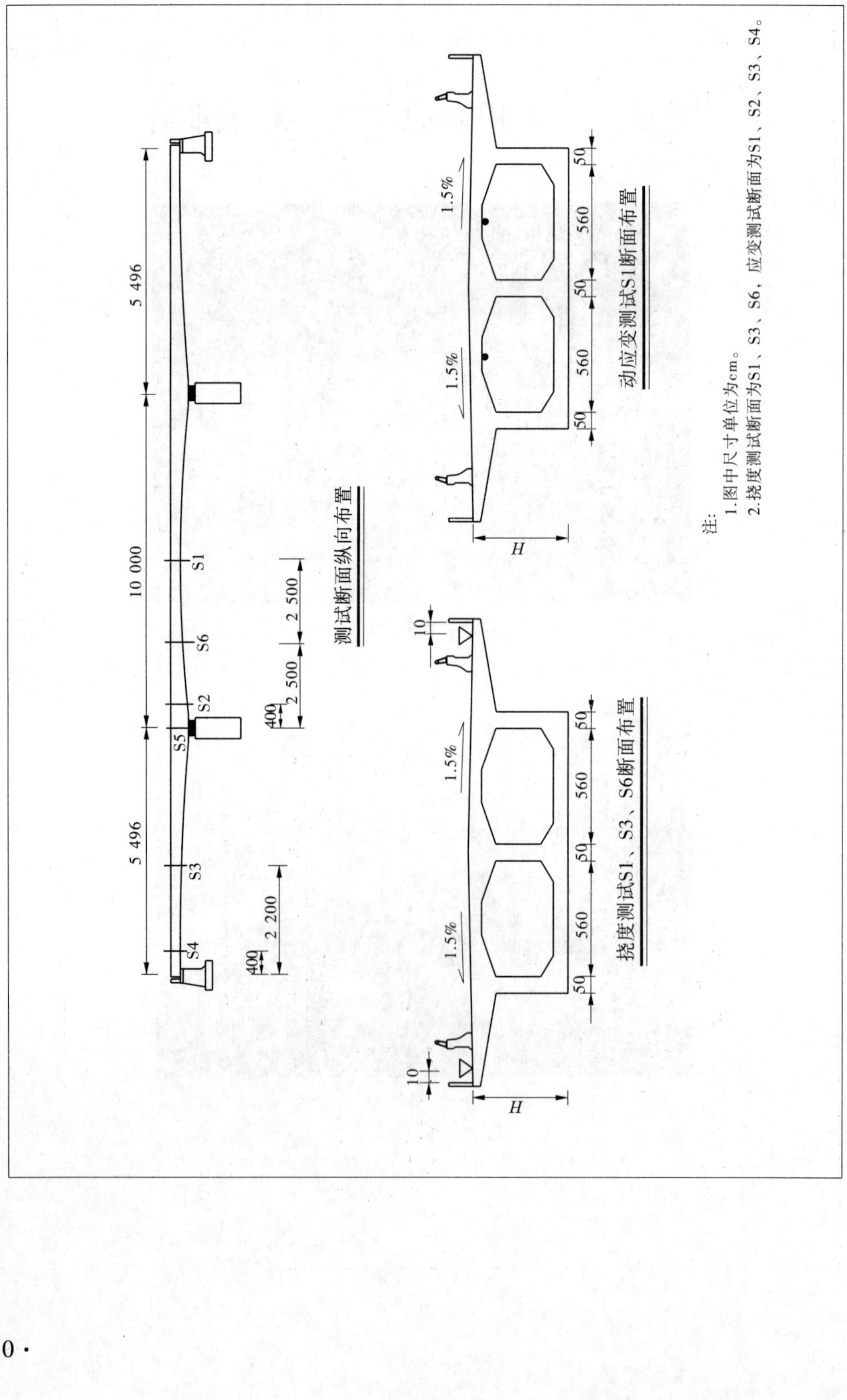

附图 1　测试断面及挠度测点布置

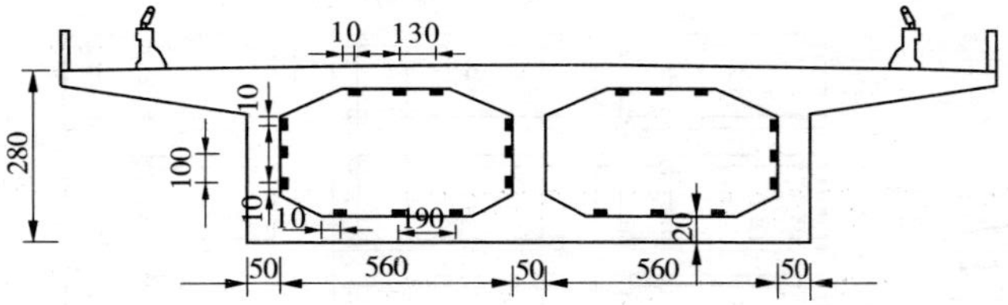

应变测试S1断面布置

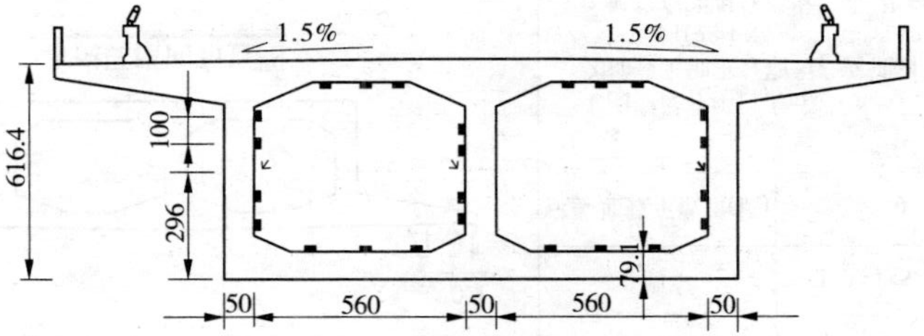

应变测试S2断面布置

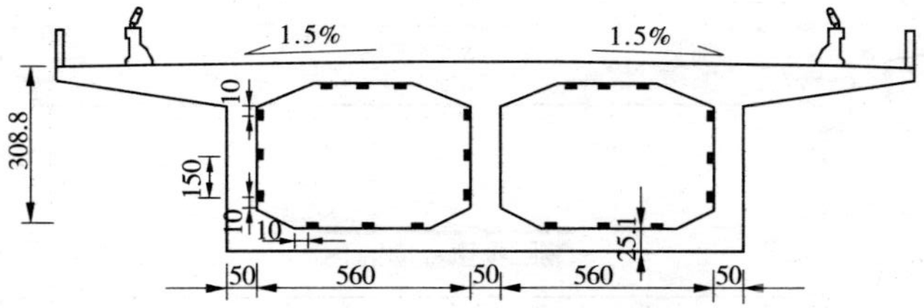

应变测试S3断面布置

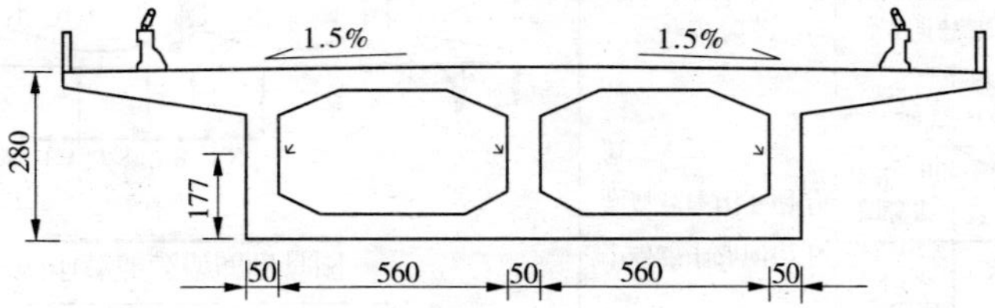

应变测试S4断面布置

注：

图中尺寸单位为cm。

附图 2　应变测点布置

加载工况	加载位置	备注
工况一、二	(见下)	(见下)

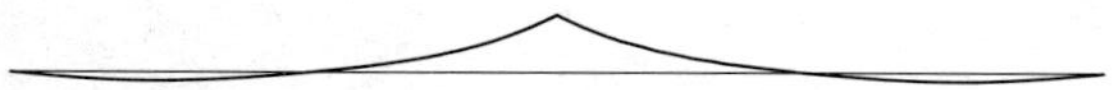

距起点距离	0	14	26	39	55	80
影响线坐标	0	-1.0	-1.4	-1.0	0	2.7
距起点距离	105	130	155	184	196	210
影响线坐标	10.6	2.7	0	-1.4	-1.0	0

S1截面弯矩影响线

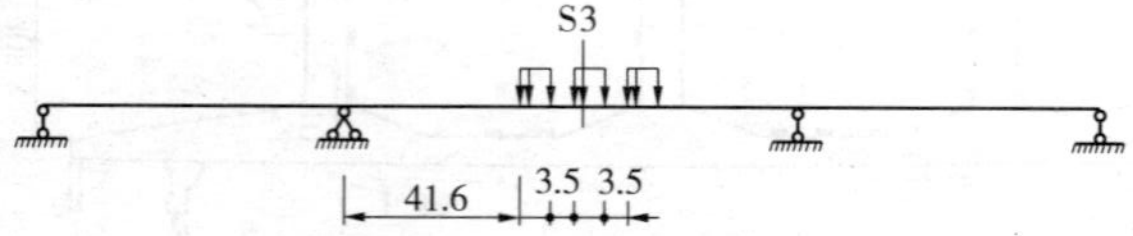

工况一、二荷载纵向布置图

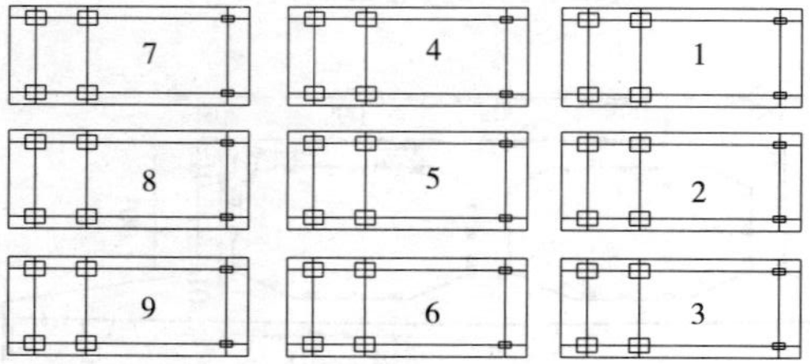

平面位置示意图

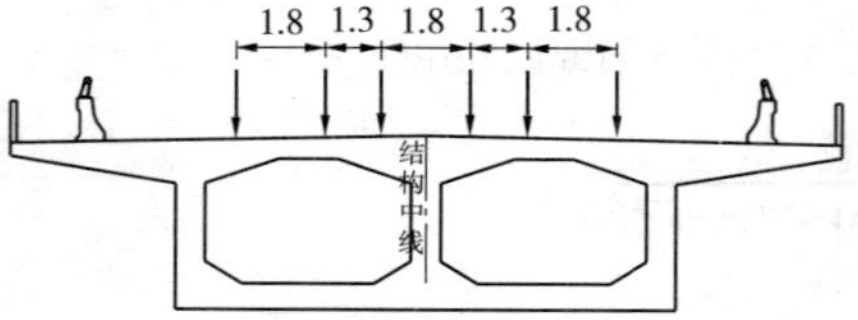

中载荷载横向布置图

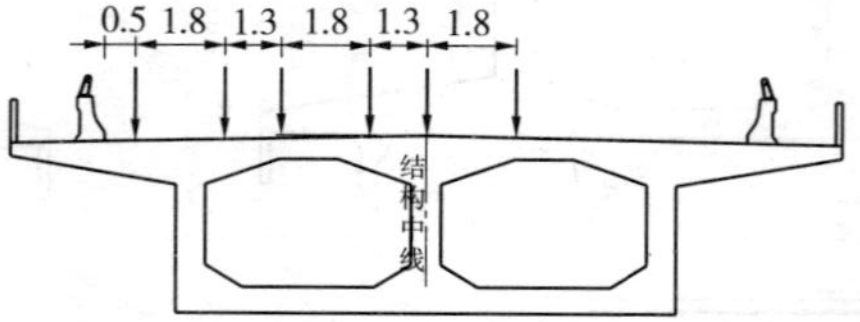

偏载荷载横向布置图

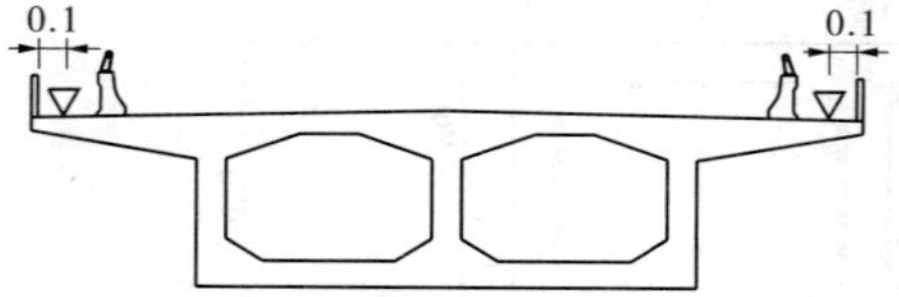

挠度横向布置图

备注：

观测项目	试验荷载效率	
中跨跨中断面最不利荷载作用下挠度值	理论值(cm)	2.90 / 2.74
	加载值(cm)	2.61 / 2.53
	加载效率	0.90 / 0.92
中跨跨中断面最不利荷载作用下内力值	理论值(kN·m)	23 625 / 23 360
	加载值(kN·m)	21 410 / 21 099
	加载效率	0.91 / 0.90
分级加载	加载车编号	
6辆车	4 5 6 7 8 9	
7辆车	4 5 6 7 8 9 2	
9辆车	1 2 3 4 5 6 7 8 9	
试验加载车数量(辆)	9	

注：

1.图中尺寸单位为m。

2.加载车轴重分别为：前轴64 kN，中轴与后轴128 kN。

3.加载车轴距分别为：前–中轴3.5 m，中–后轴1.4 m。

附图 3　工况一、二试验荷载布置图

加载工况	加载位置	备注

工况三、四

距起点距离	0	14	26	39	55	80
影响线坐标	0	-4.1	-5.6	-3.2	0	-10.1
距起点距离	105	130	155	184	196	210
影响线坐标	-12.4	-5.5	0	2.9	2.1	0

S2截面弯矩影响线

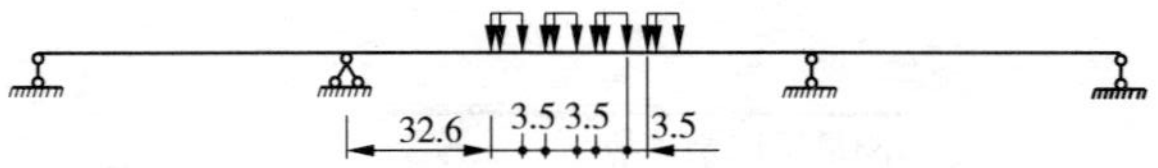

工况三、四荷载纵向布置图

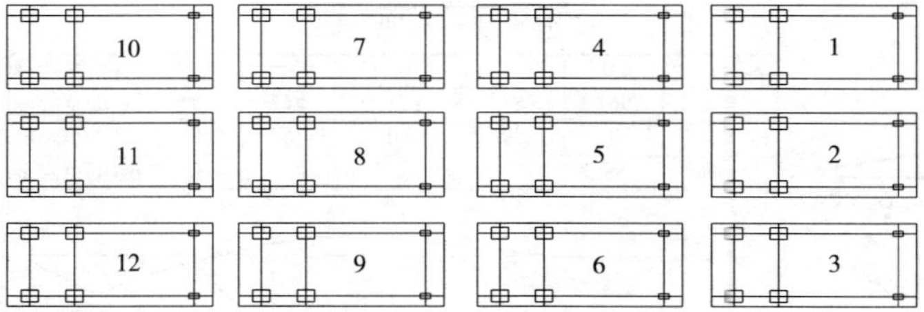

平面位置示意图

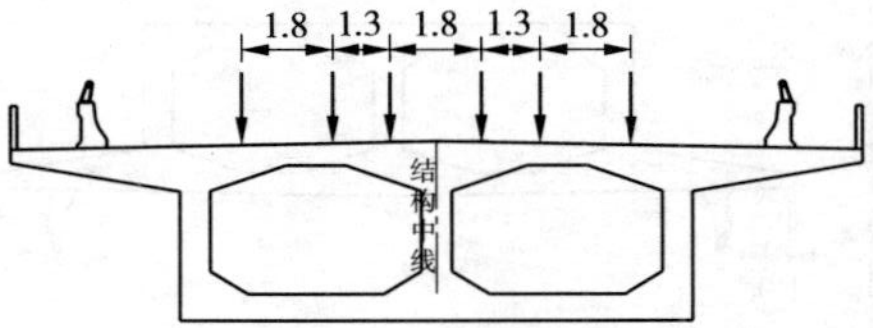

中载荷载横向布置图

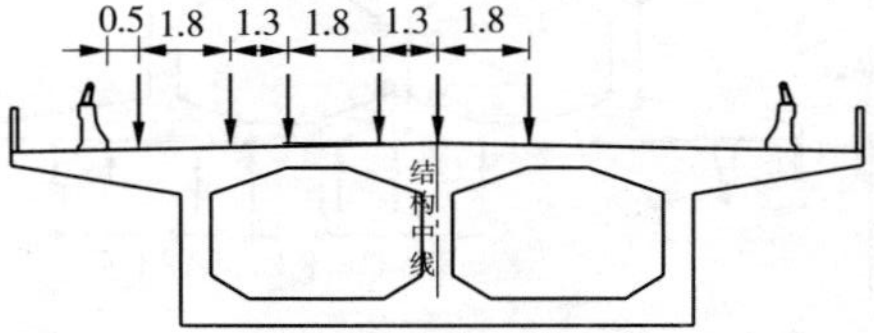

偏载荷载横向布置图

观测项目	试验荷载效率	
中跨距支点1/2梁高断面最不利荷载作用下内力值	理论值(kN·m)	-47 462 / -46 120
	加载值(kN·m)	-43 431 / -42 121
	加载效率	0.91 / 0.91
分级加载	加载车编号	
6辆车	1 2 3 4 5 6	
9辆车	1 2 3 4 5 6 7 8 9	
12辆车	1 2 3 4 5 6 7 8 9 10 11 12	
试验加载车数量(辆)	12	

注：

1.图中尺寸单位为m。

2.加载车轴重分别为：前轴64 kN，中轴与后轴128 kN。

3.加载车轴距分别为：前–中轴3.5 m，中–后轴1.4 m。

附图 4　工况三、四试验荷载布置图

加载工况	加载位置
工况五、六	(see below)

加载位置

距起点距离	0	14	22	36	55	80
影响线坐标	0	6.3	10.6	5.4	0	-5.2
距起点距离	94	114	155	182	196	210
影响线坐标	-6.2	-4.6	0	1.3	0.7	0

S3截面弯矩影响线

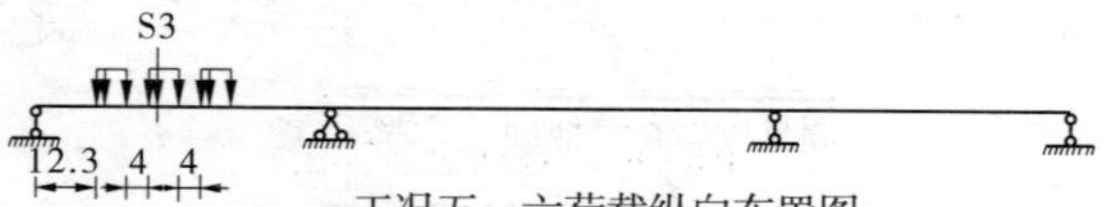

工况五、六荷载纵向布置图

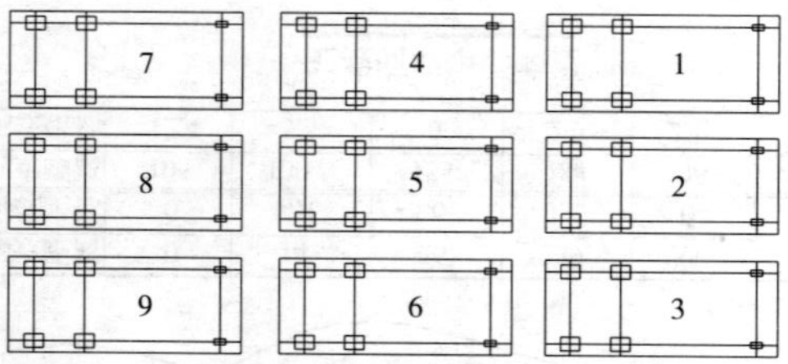

平面位置示意图

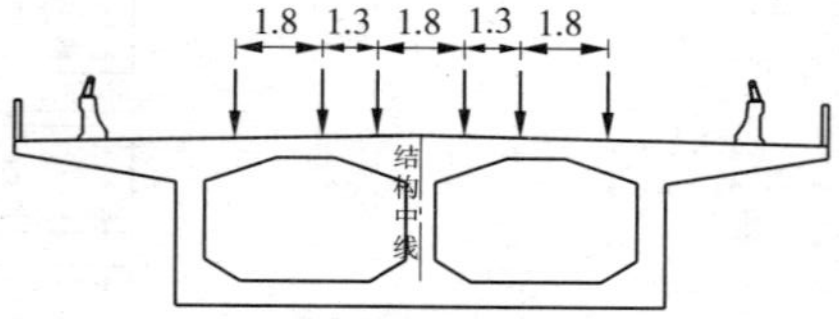

中载荷载横向布置图

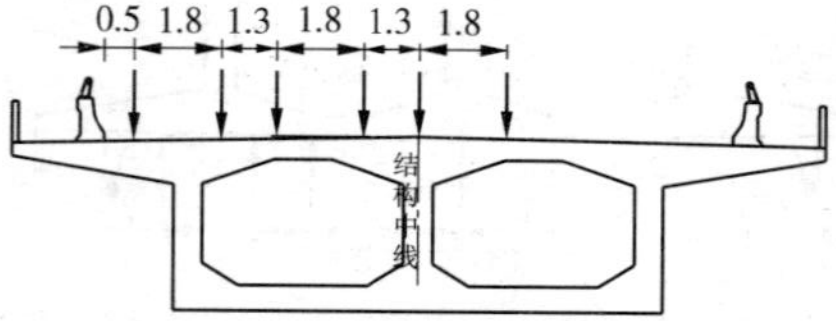

偏载荷载横向布置图

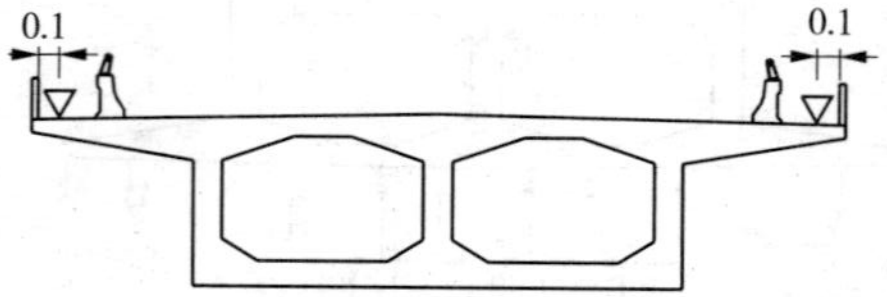

挠度横向布置图

备注

观测项目		试验荷载效率
边跨0.4L处在最不利荷载作用下挠度值	理论值(cm)	0.82 / 0.79
	加载值(cm)	0.75 / 0.71
	加载效率	0.92 / 0.90
边跨0.4L处在最不利荷载作用下内力值	理论值(kN · m)	22 001 / 21 760
	加载值(kN · m)	20 943 / 20 783
	加载效率	0.95 / 0.96
分级加载		加载车编号
6辆车		4 5 6 7 8 9
7辆车		3 4 5 6 7 8 9
9辆车		1 2 3 4 5 6 7 8 9
试验加载车数量(辆)		9

注:
1.图中尺寸单位为m。
2.加载车轴重分别为：前轴64 kN，中轴与后轴128 kN。
3.加载车轴距分别为：前–中轴3.5 m，中–后轴1.4 m。

附图5 工况五、六试验荷载布置图

加载工况	加载位置	备注
工况七	(见下图)	(见下表及注)

加载位置：

距起点距离	0	28	55	56	62
影响线坐标	0	0.1	0	-0.01	-0.9
距起点距离	84	126	155	180	210
影响线坐标	0.8	0.2	0	-0.1	0

S2截面剪力影响线

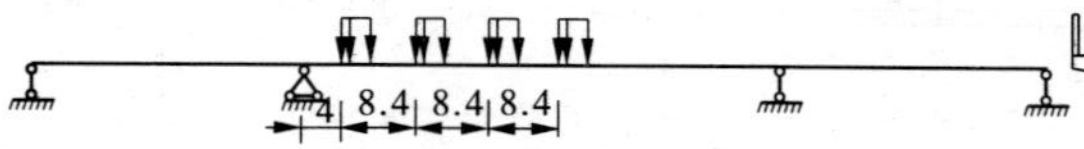

工况七荷载纵向布置图

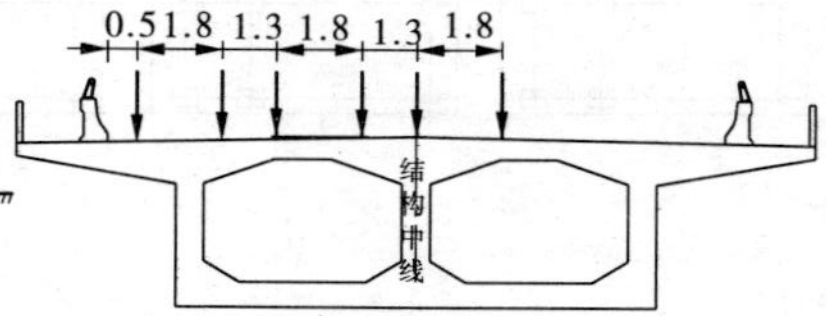

偏载荷载横向布置图

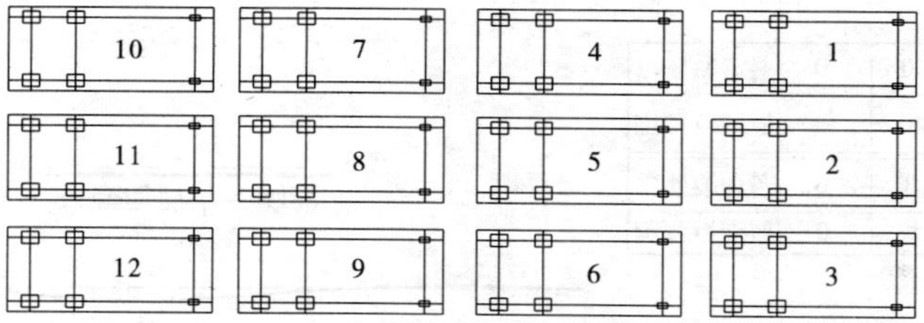

平面位置示意图

备注：

观测项目		试验荷载效率
中跨支点在最不利荷载作用下的剪力值	理论值(kN)	3 414 / 3 514
	加载值(kN)	3 135 / 3 198
	加载效率	0.92 / 0.91
分级加载		加载车编号
6辆车		1 2 3 4 5 6
9辆车		1 2 3 4 5 6 7 8 9
12辆车		1 2 3 4 5 6 7 8 9 10 11 12
试验加载车数量(辆)		12

注：
1.图中尺寸单位为m。
2.加载车轴重分别为：前轴60 kN，中轴与后轴120 kN。
3.加载车轴距分别为：前–中轴3.5 m，中–后轴1.4 m。

附图6　工况七试验荷载布置图

加载工况	加载位置	备注
工况八	见下列各图	见下表及注

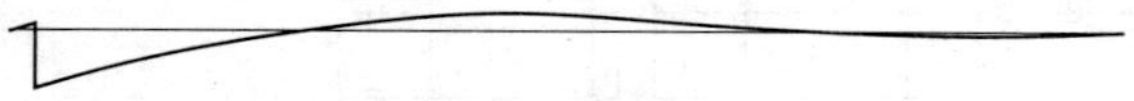

S4截面剪力影响线

距起点距离	0	4	4	22	42
影响线坐标	0	0.1	-0.9	-0.5	-0.2
距起点距离	55	94	155	184	210
影响线坐标	0	0.3	0	-0.1	0

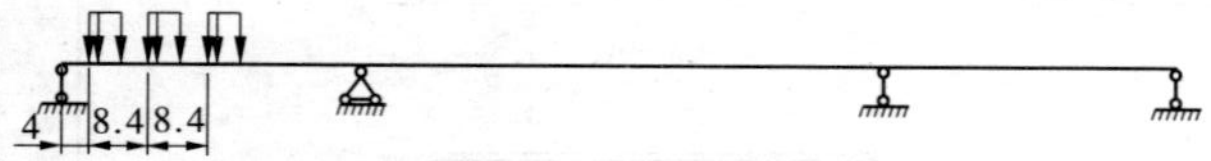

工况八荷载纵向布置图

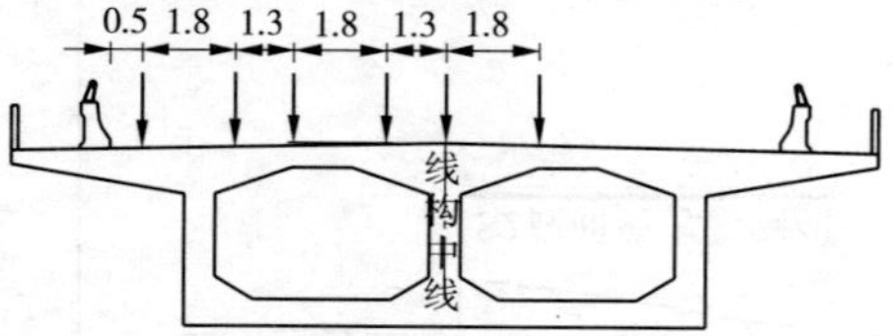

偏载荷载横向布置图

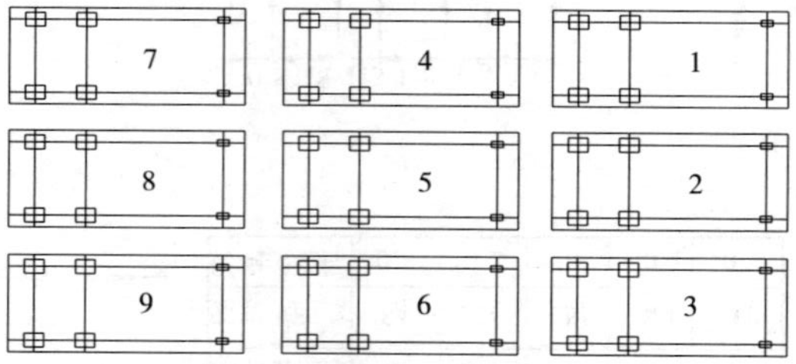

平面位置示意图

观测项目	试验荷载效率	
中跨支点在最不利荷载作用下剪力值	理论值(kN)	2 034 / 1 989
	加载值(kN)	1 846 / 1 791
	加载效率	0.91 / 0.90
分级加载	加载车编号	
6辆车	4 5 6 7 8 9	
7辆车	4 5 6 7 8 9 2	
9辆车	1 2 3 4 5 6 7 8 9	
试验加载车数量(辆)	9	

注：
1.图中尺寸单位为m。
2.加载车轴重分别为：前轴60 kN，中轴与后轴120 kN。
3.加载车轴距分别为：前-中轴3.5 m，中-后轴1.4 m。

附图7　工况八试验荷载布置图

加载工况	加载位置	备注
工况九、十	(见下)	(见下)

加载位置

S5截面支反力影响线

距起点距离	0	14	20	36	42
影响线坐标	0	0.1	0.3	0.5	0.8
距起点距离	55	69	155	184	210
影响线坐标	1	1.1	0	-0.2	0

工况九、十荷载纵向布置图

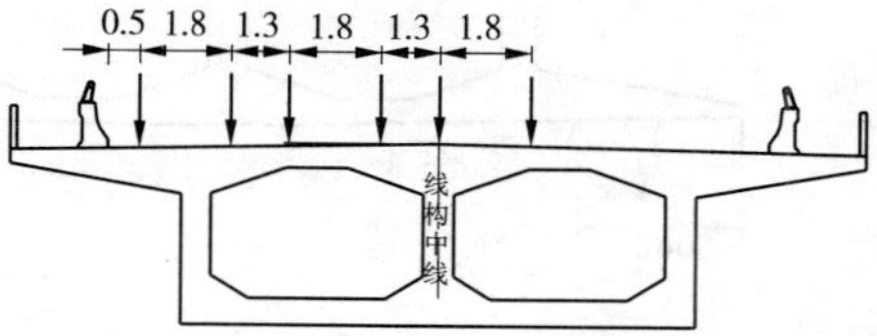

偏载荷载横向布置图

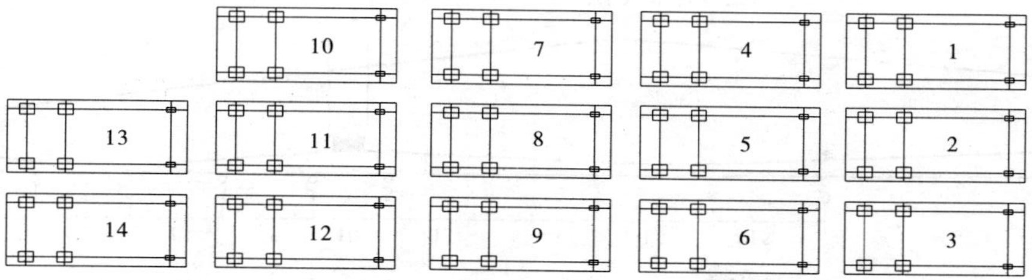

平面位置示意图

备注

观测项目	试验荷载效率	
中跨支点在最不利荷载作用下剪力值	理论值(kN)	4 781 / 4 756
	加载值(kN)	3 960 / 3 898
	加载效率	0.83 / 0.82
分级加载	加载车编号	
6辆车	1 2 3 4 5 6	
9辆车	1 2 3 4 5 6 7 8 9	
14辆车	1 2 3 4 5 6 7 8 9 10 11 12 13 14	
试验加载车数量(辆)	14	

注：

1.图中尺寸单位为m。

2.加载车轴重分别为：前轴60 kN，中轴与后轴120 kN。

3.加载车轴距分别为：前-中轴3.5 m，中-后轴1.4 m。

附图8　工况九、十试验荷载布置图

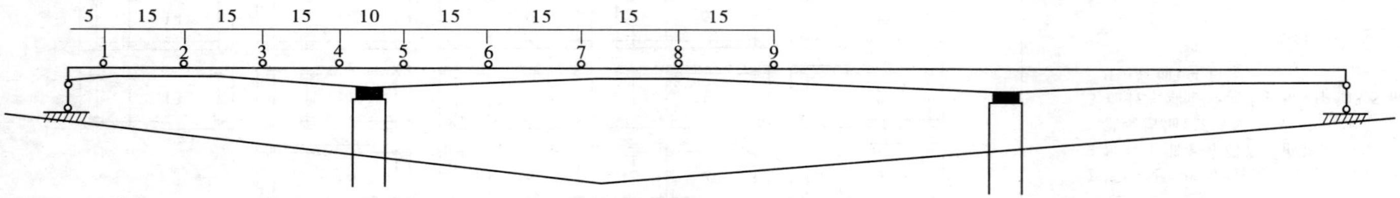

模态测点纵向布置图

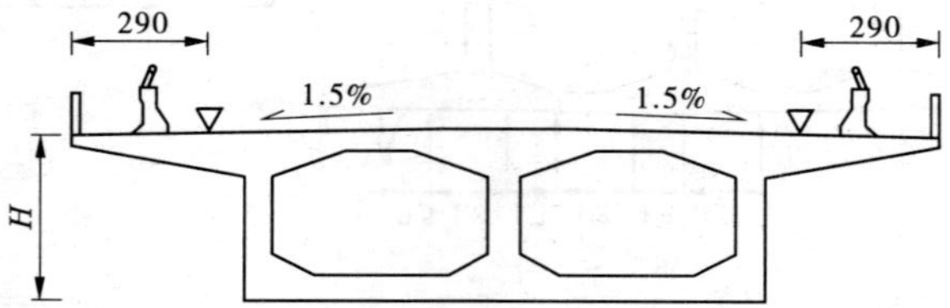

模态测点横向布置图

注：
1.图中尺寸单位为m。
2.图中1~9为测试断面编号，横桥向设置2个测点。

附图9　模态测点布置

附录三　裂缝位置示意

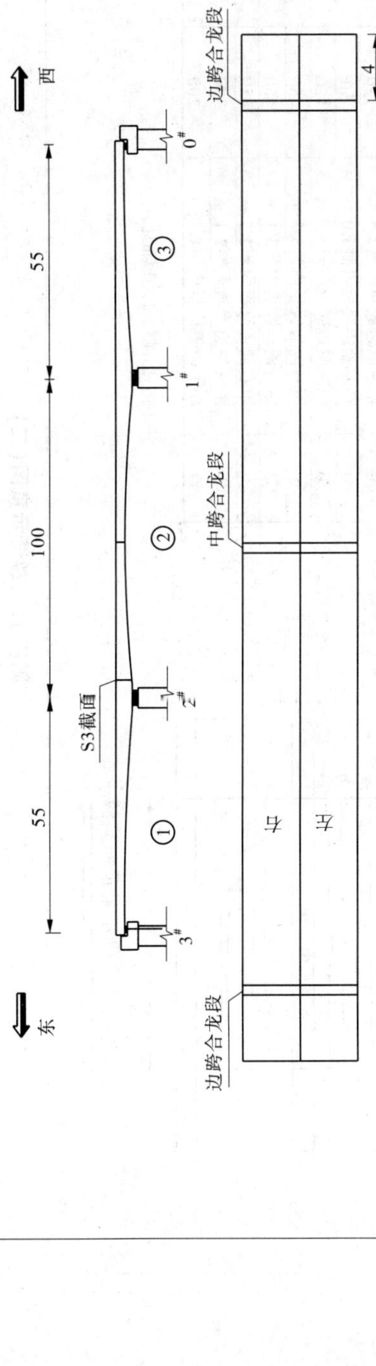

城中湖南路一号大桥立面布置

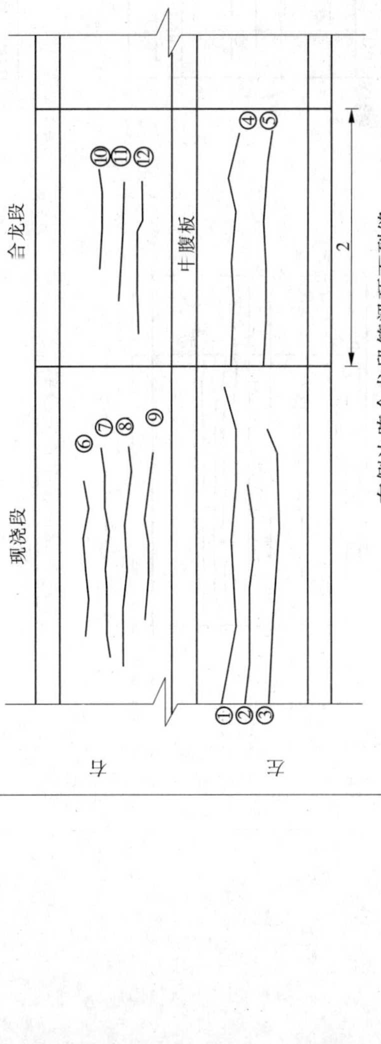

东侧边跨合龙段箱梁顶面裂缝

裂缝观测记录表

裂缝编号	裂缝位置	裂缝长度(cm)	裂缝宽度(mm)
①	距左侧边腹板内侧3 m	400	0.16
②	距左侧边腹板内侧3.4 m	200	0.14
③	距左侧边腹板内侧4.1 m	150	0.14
④	距左侧边腹板内侧2.4 m	250	0.12
⑤	距左侧边腹板内侧3.2 m	200	0.12
⑥	距右侧边腹板内侧4.2 m	100	0.10
⑦	距右侧边腹板内侧3.4 m	200	0.13
⑧	距右侧边腹板内侧2.1 m	210	0.10
⑨	距右侧边腹板内侧1.1 m	170	0.10
⑩	距右侧边腹板内侧3.1 m	90	0.04
⑪	距右侧边腹板内侧2.3 m	120	0.10
⑫	距右侧边腹板内侧1.5 m	130	0.10

注:图中标注尺寸均以m计。

附图10　裂缝示意图(一)

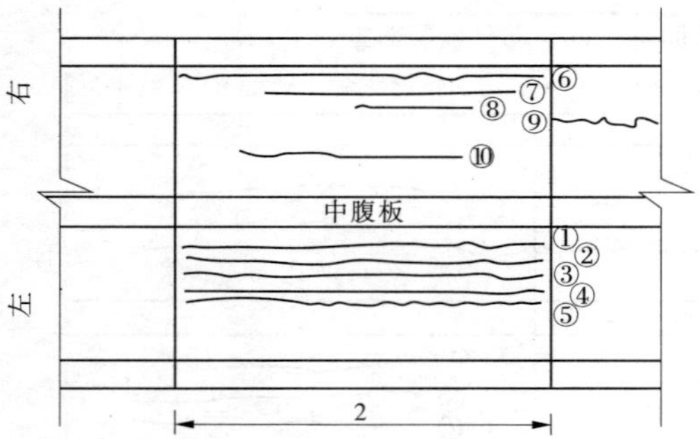

中跨合龙段箱梁顶面裂缝

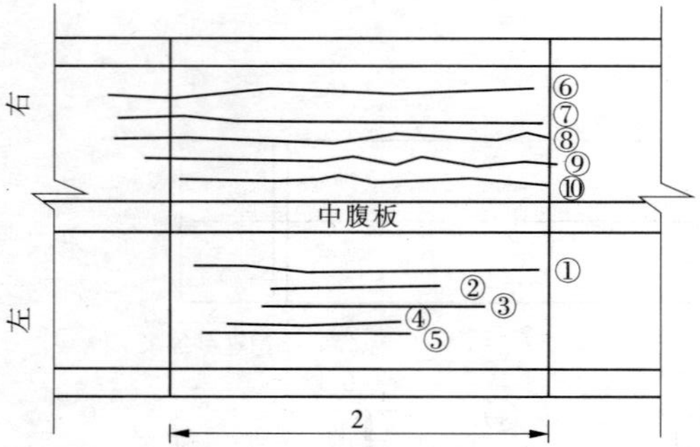

东边跨合龙段箱梁顶面裂缝

裂缝观测记录表

裂缝编号	裂缝位置	裂缝长度(cm)	裂缝宽度(mm)
①	距左侧边腹板内侧0.7 m	200	0.15
②	距左侧边腹板内侧1.8 m	200	0.18
③	距左侧边腹板内侧3.1 m	200	0.13
④	距左侧边腹板内侧3.5 m	200	0.04
⑤	距左侧边腹板内侧3.8 m	200	0.05
⑥	距中腹板侧0.7 m	200	0.12
⑦	距中腹板侧1.0 m	180	0.13
⑧	距中腹板侧1.2 m	150	0.07
⑨	距中腹板侧3.0 m悬浇段	360	0.05
⑩	距中腹板侧3.5 m	180	0.04

裂缝观测记录表

裂缝编号	裂缝位置	裂缝长度(cm)	裂缝宽度(mm)
①	距左侧边腹板内侧2.2 m	200	0.12
②	距左侧边腹板内侧2.35 m	90	0.12
③	距左侧边腹板内侧2.6 m	120	0.20
④	距左侧边腹板内侧3.0 m	50	0.14
⑤	距左侧边腹板内侧3.4 m	120	0.10
⑥	距右侧边腹板内侧3.5 m	450	0.19
⑦	距右侧边腹板内侧3.1 m	450	0.14
⑧	距右侧边腹板内侧2.5 m	450	0.14
⑨	距右侧边腹板内侧2.1 m	300	0.20
⑩	距下游侧腹板内侧1.45 m	200	0.08

注:图中标注尺寸均以m计。

附图 11　裂缝示意图(二)

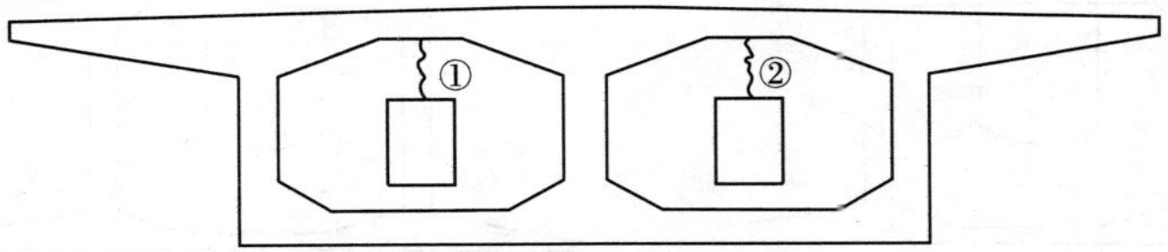

0#桥台人孔边缘端横隔板裂缝

裂缝观测记录表

裂缝编号	裂缝位置	裂缝长度(cm)	裂缝宽度(mm)
①	人孔顶缘中间	50	0.3
②	人孔顶缘中间	50	0.13

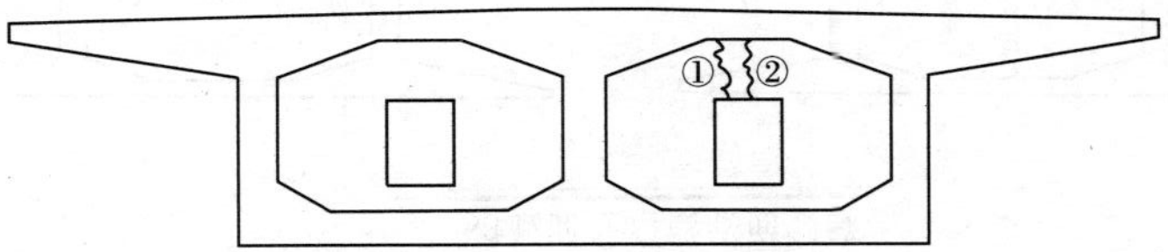

3#桥台人孔边缘端横隔板裂缝

裂缝观测记录表

裂缝编号	裂缝位置	裂缝长度(cm)	裂缝宽度(mm)
①	人孔顶缘中间偏左	50	0.1
②	人孔顶缘中间	50	0.08

附图 12　裂缝示意图(三)

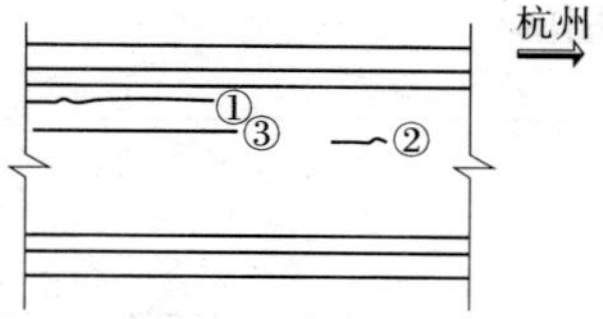

S3截面处箱梁底面裂缝

裂缝观测记录表

裂缝编号	裂缝位置	裂缝长度(cm)	裂缝宽度(mm)
①	距外侧腹板内侧1.25 m	177	0.05
②	距外侧腹板内侧1.83 m	200	0.06
③	距外侧腹板内侧2.13 m	56	0.04

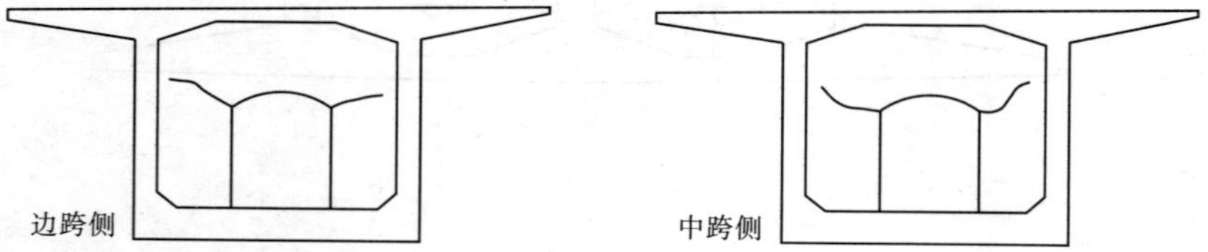

1#墩人孔边缘横隔板裂缝

裂缝观测记录表

裂缝编号	裂缝位置	裂缝长度(cm)	裂缝宽度(mm)
①	距外侧腹板内侧5.90 m	23	0.04
②	距外侧腹板内侧5.10 m	40	0.06
③	距外侧腹板内侧5.10 m	26	0.04
④	距外侧腹板内侧5.90 m	53	0.05

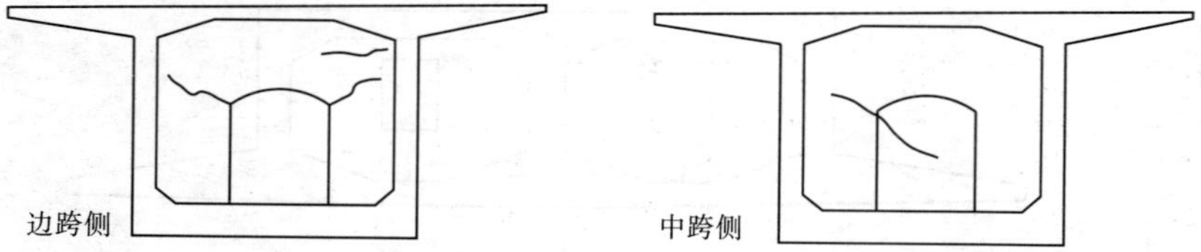

2#墩人孔边缘横隔板裂缝

裂缝观测记录表

裂缝编号	裂缝位置	裂缝长度(cm)	裂缝宽度(mm)
①	距外侧腹板内侧4.36 m	74	0.05
②	距外侧腹板内侧5.90 m	79	0.06
③	距外侧腹板内侧6.63 m	32	0.04
④	距外侧腹板内侧3.99 m	111	0.05

附图 13　裂缝示意图(四)

附录四　加载车称重

（单位：t）

编号	车牌号	轴组 1	轴组 2	总重
1	浙 AF 1144	6.21	22.86	29.07
2	浙 AF 1130	6.28	23.51	29.79
3	浙 AF 1570	6.46	24.12	30.58
4	浙 AF 1176	5.55	25.57	31.12
5	皖 RO 1460	5.11	26.09	31.20
6	浙 AF 2519	7.51	22.93	30.44
7	浙 AF 1135	5.88	25.01	30.89
8	浙 AF 2616	8.77	21.76	30.53
9	浙 AF 1188	5.13	24.15	29.28
10	浙 AF 1092	4.37	25.33	29.70
11	豫 PB 0121	4.99	25.64	30.63
12	浙 AF 1183	6.98	24.06	31.04
13	浙 AF 1107	5.57	23.99	29.56
14	浙 AF 1171	4.63	24.94	29.57

附录5　教学参考意见

1. 本课程与相关课程的联系与分工：

本课程主要讲授公路工程试验检测所需的基础知识、路基路面现场检测技术及桥梁工程现场检测技术，公路工程中使用到的原材料、混合料检验检测在《道路建筑材料》课程中讲授，本课程不再赘述。

学习本课程前，学生应当已经学习过工程数学、土质与土力学、道路建筑材料、基础工程、路基路面工程、桥梁工程等相关专业基础课或专业课。

2. 本课程可根据各学校教学安排需要，分两个学期进行教学，第一学期教学第一篇基础知识和第二篇路基路面检测，第二学期教学第三篇桥梁工程检测，且课时量宜适当加大。

3. 考虑到高职学生特点，在讲授过程中，可补充讲解与本课程相关专业基础课或专业课的知识。

4. 为满足《公路工程检测》课程实训的需要，本课程教材编写了配套的《公路工程检测实训指导书》，在教学中注意配套使用。

5. 课程目标

学习完本课程后学生能够：

(1) 掌握公路工程检测的基础知识、学会公路工程常规项目检测实际操作技能和数据处理分析方法。

(2) 利用检测仪器，独立完成公路与桥梁工程常规项目的质量检测及质量评定。

(3) 独立填写检测记录、编写检测报告。

(4) 利用数理统计基本知识，进行试验检测数据的处理。

6. 教学方法建议

本课程宜采用理论教学与实践教学相结合的方式，理论教学为实践教学服务。

理论教学在课堂讲授，主要讲授基本理论知识和试验检测数据处理分析知识，尽量采用多媒体教学，依据教材制作出有良好的交互用户界面的多媒体课件，通过图、文、声音、动画和视频等形式将复杂的基础理论知识以直观的形式展现出来，有效地刺激学生的感官功能，帮助学生在较短的时间以较轻松的方式掌握理论知识和实际操作技能。此外，还可以结合国内外试验检测的新设备、新技术的资料介绍，更好地激发学习者的学习热情，以丰富课堂教学，提高教学质量。

实践教学如具备实训教学条件则在现场进行，主要教学生认识和操作仪器设备，教师示范检测过程，学生动手操作演练。如没有实训条件，通过收集制作图片、动画和视频等形式以直观的形式把实训内容展现给学生。

7. 课时分配

篇章号	教学内容	教学时数 80 学时		
		小计	讲授 54 学时	实训 26 学时
第一篇	**基础知识**	8	8	0
第一章	试验检测基础知识	2	2	0
第二章	试验检测数据处理	4	4	0
第三章	公路工程质量评定与竣(交)工验收	2	2	0
第二篇	**路基路面检测**	36	20	16
第四章	路基路面几何尺寸检测	6	4	2
第五章	路基路面压实度检测	6	2	4
第六章	路基路面承载能力和强度检测	6	4	2
第七章	水泥混凝土路面强度检测	4	2	2
第八章	路面平整度检测	4	2	2
第九章	路面抗滑性能检测	4	2	2
第十章	沥青路面渗水系数和车辙测试	4	2	2
第十一章	公路技术状况评定	2	2	0
第三篇	**桥梁工程检测**	36	26	10
第十二章	桥梁地基检测	6	4	2
第十三章	桥梁基桩检测	8	4	4
第十四章	桥梁结构及构件检测	12	8	4
第十五章	桥梁载荷试验	6	6	0
第十六章	桥梁全桥检查	2	2	0
第十七章	桥梁技术状况评定	2	2	0

参 考 文 献

[1] 张美珍.桥梁工程检测技术[M].北京:人民交通出版社,2007.
[2] 罗骐先,王五平.基桩工程检测手册[M].3版.北京:人民交通出版社,2010.
[3] 周东久.土力学与地基基础[M].2版.北京:人民交通出版社,2009.
[4] 徐维钧.桩基施工手册[M].北京:人民交通出版社,2007.
[5] 王建华,孙胜江.桥涵工程试验检测技术[M].2版.北京:人民交通出版社,2010.
[6] 金桃,张美珍.公路工程检测技术[M].2版.北京:人民交通出版社,2005.
[7] 孙忠义,王建华.公路工程试验检测工程师手册[M].2版.北京:人民交通出版社,2006.
[8] 赵卫平.路基路面检测技术[M].北京:人民交通出版社,2006.
[9] 张超,郑南翔,王建设.路基路面试验检测技术[M].北京:人民交通出版社,2004.
[10] 刘自明.桥梁工程检测手册[M].北京:人民交通出版社,2002.
[11] 和松.《路基路面现场测试规程》释义手册[M].北京:人民交通出版社,2008.
[12] 交通运输部基本建设质量监督总站,交通专业人员资格评价中心.公路工程试验检测人员考试用书——桥梁[M].北京:人民交通出版社,2011.
[13] 张宇峰,朱晓文.桥梁工程试验检测技术手册[M].北京:人民交通出版社,2009.
[14] 范立础.桥梁工程[M].北京:人民交通出版社,1988.
[15] 刘自明.桥梁工程养护与维修手册[M].北京:人民交通出版社,2004.
[16] 胡大林.桥涵工程试验检测手册[M].北京:人民交通出版社,2000.
[17] 王国鼎,袁海庆,陈开利,等.桥梁检测与加固[M].北京:人民交通出版社,2003.
[18] 夏连学,宁金成.公路与桥梁结构检测[M].郑州:黄河水利出版社,1999.
[19] 胡钊芳,谌润水.公路桥梁荷载试验[M].北京:人民交通出版社,2003.
[20] 李有丰,林安彦.桥梁检测评估与补强[M].北京:机械工业出版社,2003.
[21] 宋一凡.公路桥梁荷载试验与结构评定[M].北京:人民交通出版社,2002.
[22] 林元培.斜拉桥[M].北京:人民交通出版社,1994.
[23] 张俊平,姚玲森.桥梁检测[M].北京:人民交通出版社,2002.
[24] 朱芳芳.桥涵工程检测技术[M].北京:人民交通出版社,2010.
[25] 交通部公路科学研究所.公路旧桥承载能力鉴定方法[M].北京:人民交通出版社,1998.
[26] 交通部公路科学研究所.大跨径混凝土桥梁试验方法[M].北京:人民交通出版社,1982.
[27] 交通部公路科学研究院.STG/T J21—2011 公路桥梁承载能力检测评定规程[S].北京:人民交通出版社,2011.
[28] 国家认证认可监督管理委员会.实验室资质认定工作指南[M].北京:中国计量出版社,2007.
[29] 中国标准化研究院.GB/T 8170—2008 数值修约规则与极限数值的表示与判定[S].北京:中国标准出版社,2009.
[30] 中华人民共和国住房和城乡建设部.GB 50007—2011 建筑地基基础设计规范[S].北京:中国建筑工业出版社,2010
[31] 上海市建设和管理委员会.GB 50202—2002 建筑地基基础工程施工质量验收规范[S].北京:中国计划出版社,2004.
[32] 中国建筑科学研究院.GB/T 50081—2002 普通混凝土力学性能试验方法标准[S].北京:中国建筑工业出版社,2003.

[33] 中华人民共和国住房和城乡建设部. GB 50021—2001 岩土工程勘察规范(2009 年版)[S]. 北京:中国建筑工业出版社,2009.

[34] 中国建筑科学研究院. JGJ 106—2003 建筑基桩检测技术规范[S]. 北京:中国建筑工业出版社,2003.

[35] 交通部公路科学研究所. JTG F80/1—2004 公路工程质量检验评定标准[S]. 北京:人民交通出版社,2004.

[36] 中交公路规划设计院有限公司. JTG D63—2007 公路桥涵地基与基础设计规范[S]. 北京:人民交通出版社,2007.

[37] 交通运输部,中交第一公路工程局有限公司. JTG/T F50—2011 公路桥涵施工技术规范[S]. 北京:人民交通出版社,2011.

[38] 交通部公路科学研究院. JTG E60—2008 公路路基路面现场测试规程[S]. 北京:人民交通出版社,2008.

[39] 浙江省交通厅工程质量监督站. JTG/T F81-01—2004 公路工程基桩动测技术规程[S]. 北京:人民交通出版社,2004.

[40] 南京水利科学研究院. SL 237—1999 土工试验规程[S]. 北京:中国水利水电出版社,1999.

[41] 陕西省建筑科学研究设计院,上海同济大学. CECS 21:2000 超声法检测混凝土缺陷技术规程[S]. 北京:中国工程建设标准化办公室,2000.

[42] 陕西省建筑科学研究设计院. JGJ T23—2011 回弹法检测混凝土抗压强度技术规程[S]. 北京:人民交通出版社,2011.

[43] 中交公路规划设计院. JTG D62—2004 公路钢筋混凝土及预应力混凝土桥涵设计规范[S]. 北京:人民交通出版社,2004.

[44] 建设部城市建设研究院. CJJ 77—98 城市桥梁设计荷载标准[S]. 北京:中国建筑工业出版社,1998.

[45] 交通运输部公路科学研究院. JTG/T H21—2011 公路桥梁技术状况评定标准[S]. 北京. 人民交通出版社,2011.

全国高等职业教育道路与桥梁专业“十二五”规划教材

公路工程检测实训
指导书

主　编　王立军　周广宇　朱铁增

主　审　蔡龙成

黄 河 水 利 出 版 社

·郑州·

前　言

为满足公路工程检测课程实训的需要，培养学生的动手操作能力以及实践工作能力，编者依据教学及从事工程实践的经验，编写了《公路工程检测实训指导书》作为教材配套用书。

本书依据我国最新的公路工程技术标准、规范及规程编写，结合公路桥梁目前最常见的检测项目，并考虑了各学校实训条件的限制，共选编了 10 类实训项目，24 个实训任务，其主要内容有路基路面几何尺寸检测，路基路面压实度检测、路基路面承载能力和强度检测，水泥混凝土路面强度检测，路面平整度检测，路面抗滑性能检测，沥青路面渗水系数和车辙测试，桥梁地基检测，桥梁基桩检测，桥梁结构及构件检测等。

本书按基本知识、仪具与材料、方法与步骤、数据处理与结果分析四个步骤介绍各检测项目，要求学生学习本实训指导书后，能理解所实训试验检测项目的目的、适用范围及原理，认识和熟练操作仪器设备，能独立完成该项目的质量检测及质量评定。每个检测项目后都附有在工程实践中实际使用的试验检测表格，并要求学生模拟工程实际中利用数理统计基本知识，进行试验检测数据的处理，填写检测记录和编制检测报告，具有较强的实用性和可操作性。本书可作为道路与桥梁工程技术、公路监理、高等级公路维护与管理等专业公路工程检测实训指导书。

参与本书编写的人员及分工如下：江西交通职业技术学院王立军编写实训一至实训四、实训十，山东水利职业学院周广宇编写实训五、实训六，河南交通职业技术学院朱铁增编写实训七至实训九。本书由王立军、周广宇、朱铁增任主编，由江西交通职业技术学院蔡龙成任主审。

由于编者水平有限及时间仓促，错误和遗漏之处在所难免，敬请使用本书的老师和同学提出宝贵意见，使本指导书不断完善。

编　者

2012 年 4 月

目　录

实训规定

一、实训前掌握基本知识

每个检测项目实训前必须认真复习教材和阅读本实训指导书,掌握各检测项目的基本理论知识,明确检测的目的和适用范围,熟悉检测仪器、工具及材料,了解试验的基本过程和数据处理与结果分析方法。

二、实训中掌握试验过程及方法

实训过程中要服从实训指导老师安排,有序进行检测。认真听老师讲解,仔细观察老师演示试验,积极动手操作,勤于思考,不懂多问。

按照试验规程要求规范地做试验,一丝不苟。按照仪器操作规程操作仪器,认真填写试验原始记录。

实训结束时必须清理试验现场,仪器、工具及材料放回原位。

三、实训后掌握数据处理及分析方法

实训结束后要独立认真编制检测报告,及时上交实训检测报告。

实训一　路基路面几何尺寸检测

任务一　路面厚度检测

一、基本知识

(一)试验目的

检验路基路面各层施工完成后的厚度及工程交工验收检查厚度。

(二)适用方法

(1)基层或砂石路面的厚度可用挖坑法测定。

(2)沥青面层及水泥混凝土路面的厚度应用钻孔法测定。

二、仪具与材料

(1)挖坑用镐、铲、凿子、锤子、小铲、毛刷。

(2)路面取芯钻机及钻头、冷却水。

(3)量尺:钢板尺、钢卷尺、卡尺。

(4)补坑材料:与检查层位的材料相同。

(5)补坑用具:夯、热夯、水等。

(6)其他:搪瓷盘、棉纱等。

三、方法与步骤

(一)用挖坑法测定厚度的步骤

(1)根据现行规范的要求,按公路路基路面现场测试随机选点的方法,随机取样决定挖坑检查的位置。

(2)选一块面积约为40 cm×40 cm的平坦表面作为试验地点,用毛刷将其清扫干净。

(3)根据材料坚硬程度,选择镐、铲、凿子等适当的工具,开挖这一层材料直至层位底面。

(4)用毛刷清扫坑底,确认为下一层的顶面。

(5)将钢板尺平放横跨于坑的两边,用另一把钢尺或卡尺等量具在坑的中部位置垂直伸至坑底,测量坑底至钢板尺的距离,此距离即为检查层的厚度,以mm计,精确至1 mm 。

(二)用钻孔法测定厚度的步骤

(1)根据现行规范的要求,按公路路基路面随机取样选点的方法,确定钻孔检查的位置。

(2)用路面取芯钻机钻孔,芯样的直径应符合要求,钻孔深度必须达到层厚。

(3)仔细取出芯样,清除底面灰土,找出与下层的分界面。

(4)用钢板尺或卡尺沿圆周对称的十字方向四处量取表面至上下层界面的高度,取其平均值,即为该层的厚度,精确至1 mm。

(三)试坑或钻孔填补方法

(1)适当清理坑中残留物,钻孔时留下的积水应用棉纱吸干。

(2)对无机结合料稳定层及水泥混凝土路面板,应按相同配比用新拌的材料分层填补,并用小锤压实。水泥混凝土中宜掺加少量快凝早强的外掺剂。

(3)对无结合料粒料基层,可用挖坑时取出的材料,适当加水拌和后分层补填,并用小锤压实。

(4)对正在施工的沥青路面,用相同级配的热拌沥青混合料分层填补,并用加热的铁锤或热夯压实。旧路钻孔也可用乳化沥青混合料修补。

(5)所有补坑结束时,宜比原面层略鼓出少许,用重锤或压路机压实平整。

注:补坑工序如有疏忽、遗留或补得不好,易成为隐患而导致开裂,因此所有挖坑钻孔均应仔细做好。

四、数据处理与结果分析

(1)计算实测厚度与设计厚度之差。

(2)计算一个评定路段检测的厚度的平均值、标准偏差、变异系数,并计算代表厚度。

(3)检测报告。

路面厚度检测原始记录表(钻孔法)

任务书编号：

工程名称		施工单位		检测依据	
样品名称		检测仪器		检测环境	
检测方法		仪器编号		检测日期	

序号	取样位置		层次	芯样总厚(cm)	芯样各层厚(cm)				芯样描述
	桩号	横距			1	2	3	4	
备注									

检测：　　　　　　　记录：　　　　　　　计算：　　　　　　　校核：

任务二　路面错台测试

一、基本知识

(一)试验目的

评价路面行车的舒适性能,并作为计算维修工作量的依据。

(二)适用范围

测定路面、人工构造物端部接头,水泥混凝土路面接缝或桥梁的伸缩缝,以及沥青混凝土路面的裂缝两侧由于沉降所造成的错台(台阶)高度。

二、仪具与材料

(1)皮尺。

(2)精密水准仪。

(3)3 m 直尺。

(4)其他:钢板尺、钢卷尺或粉笔等。

三、方法与步骤

(一)准备工作

在检测之前,应选择需要测定的部位断面,记录检测位置及桩号,并详细描述发生错台的原因。非经注明,错台的测定位置以行车道错台最大处纵断面为准,根据需要也可以其他代表性纵断面为测定位置。

(二)构造物端部接头处的错台

(1)将精密水准仪架在距构造物端部不远的路面平顺处调平。

(2)从构造物端部无沉降或鼓包的断面位置起,沿路线纵向用皮尺量取一定距离作为测点,在该处立起塔尺,测量高程。再向前量取一定距离作为测点,测量高程。如此反复,直至无明显沉降的断面。无特殊需要时,从构造物端部起的 2 m 内,应每隔 0.2 m 量测 1 次,2 ~5 m宜每隔 0.5 m 量测 1 次,5 m 以上可每隔 1 m 量测 1 次,由此得出的沉降纵断面及最大沉降值,即为最大错台高度(D_m),精确至 1 mm。

(三)水泥混凝土路面接缝、桥梁伸缩缝及沥青混凝土路面裂缝处的错台

对于水泥混凝土路面接缝、桥梁伸缩缝及沥青混凝土路面横向开裂造成的接缝错台和裂缝错台,可按上述方法用水准仪测定接缝或裂缝两侧一定范围内的道路纵断面,确定最大错台位置及高度 D_m,精确至 1 mm。

当发生错台变形的范围不足 3 m 时,可在错台最大位置沿路线纵向用 3 m 直尺架在路面上,其一端位于错台高出的一侧,另一端位于无明显沉降变形处,作为基准线。用钢板尺或钢卷尺每隔 0.2 m 量取路面与基准线之间的高度 D,同时测记最大错台高度 D_m,精确至 1 mm。

四、数据处理与结果分析

以测定的错台读数 D 与各测点的距离所成的纵断面图作为测定结果,图中应标明相应断面的设计纵断面高程、最大错台的位置与高度 D_m，精确至 1 mm。

对于新建水泥混凝土路面错台的测定：按每条胀缝 2 点，每 200 m 抽纵、横接缝各 2 条，每条 2 点进行。允许偏差：高速公路、一级公路为 2 mm，等级公路为 3 mm。

测试报告应记录如下事项：

(1)路线名，测定日期，天气情况。

(2)测定地点，桩号路面及构造物概况。

(3)道路交通情况及造成错台的原因初步分析。

(4)最大错台高度 D_m 及错台纵断面图。

路面错台测试记录表(一)

任务书编号:

工程名称		起止桩号	
检测依据	JTG E60—2008	测试日期	
仪器或工具	皮尺、精密水准仪、3 m 直尺、钢板尺、钢卷尺、粉笔	天气情况	

断面位置	错台高度 D(mm)														最大错台高度 D_m(mm)及错台原因	
	1	2	3	4	5	6	7	8	9	10	11	12	13	14	15	D_m	错台初步原因

检测: 记录: 计算: 校核:

路面错台测试记录表(二)

任务书编号:

工程名称		起止桩号	
检测依据	JTG E60—2008	测试日期	
仪器或工具	皮尺、精密水准仪、3 m 直尺、钢板尺、钢卷尺、粉笔	天气情况	

断面位置	错台纵断面图															最大错台位置	最大错台高度 D_m
	1	2	3	4	5	6	7	8	9	10	11	12	13	14	15		

检测: 记录: 计算: 校核:

实训二　路基路面压实度检测

任务三　灌砂法测定压实度试验

一、基本知识

(一)基本原理

灌砂法测定压实度就是在试验地点挖出一个试坑,称量从试坑挖出的材料质量 m,然后利用均匀颗粒的砂去置换试坑的体积 V,m 除以 V 就得湿密度,然后求出干密度,干密度除以最大干密度就是压实度。

(二)适用范围

灌砂法适用于在现场测定基层(或底基层)、砂石路面及路基土的各种材料压实层的密度和压实度,也适用于沥青表面处治、沥青贯入式路面层的密度和压实度检测,但不适用于填石路堤等有大孔洞或大孔隙材料的压实度检测。

二、仪具与材料

(1)灌砂筒。

(2)金属标定罐。

(3)基板。

(4)玻璃板。

(5)试样盘或塑料袋。

(6)电子秤:称量 10 ~ 15 kg,感量不大于 1 g;电子天平:对细粒土、中粒土、粗粒土宜分别为 0.01 g、0.1 g、1.0 g。

(7)含水量测定器具:如铝盒、烘箱等。

(8)量砂:粒径为 0.30 ~ 0.60 mm 清洁干燥的均匀砂,质量一般为 20 ~ 40 kg。

(9)盛砂的容器:塑料桶等。

(10)其他:凿子、螺丝刀、铁锤、长把勺、长把小簸箕、毛刷等。

三、方法与步骤

(1)按现行试验方法对检测对象试样用同种材料进行击实试验,得到最大干密度 ρ_c 及最佳含水量 ω_0(对同一种材料只要做一次)。

(2)按规定选用适宜的灌砂筒。

(3)按下列步骤标定灌砂筒下部圆锥体内砂的质量:

①在灌砂筒筒口高度上,向灌砂筒内装砂至距筒顶的距离为 15 mm 左右,称取筒内砂的质量 m_1,精确至 1 g,以后每次标定及试验都应该维持装砂高度与质量不变。

②将开关打开,使灌砂筒筒底的流砂孔、圆锥形漏斗上端开口圆孔及开关铁板中心的圆

孔上下对准重叠在一起，让砂自由流出，并使流出砂的体积与工地所挖试坑内的体积相当（或等于标定罐的容积），然后关上开关。

③不晃动灌砂筒中的砂，轻轻地将灌砂筒移至玻璃板上，将开关打开，让砂流出，直到筒内砂不再流下时，将开关关上，并细心地取走灌砂筒。

④收集并称量留在玻璃板上的砂或称量筒内的砂，精确至1 g。玻璃板上的砂就是填满筒下部圆锥体的砂（m_2）。

⑤重复上述测量三次，取其平均值。

（4）按下列步骤标定量砂的松方密度 ρ_s（g/cm^3）：

①用水确定标定罐的容积 V，精确至1 mL。

②在灌砂筒中装入质量为 m_1 的砂，并将灌砂筒放在标定罐上，将开关打开，让砂流出。在整个流砂过程中，不要碰动灌砂筒，直到灌砂筒内的砂不再流下时，将开关关闭。取下灌砂筒，称取筒内剩余砂的质量（m_3），精确至1 g。

③计算填满标定罐所需砂的质量 m_a（g），计算式为

$$m_a = m_1 - m_2 - m_3$$

式中 m_a——标定罐中砂的质量，g；

m_1——装入灌砂筒内的砂的总质量，g；

m_2——灌砂筒下部圆锥体内砂的质量，g；

m_3——灌砂入标定罐后，筒内剩余砂的质量，g。

④重复上述测量三次，取其平均值。

⑤计算量砂的松方密度 ρ_s，计算式为

$$\rho_s = \frac{m_a}{V}$$

式中 ρ_s——量砂的松方密度，g/cm^3；

V——标定罐的体积，cm^3。

（5）试验步骤：

①在试验地点，选一块平坦表面，并将其清扫干净，使其面积不小于基板面积。

②将基板放在平坦表面上。当表面粗糙度较大时，则将盛有量砂（m_5）的灌砂筒放在基板中间圆孔上。将罐砂筒的开关打开，让砂流入基板的中孔内，直到灌砂筒内的砂不再流下时关闭开关。取下灌砂筒，并称量筒内砂的质量（m_6），精确至1 g。

③取走基板，并将留在试验地点的量砂收回，重新将表面清扫干净。

④将基板放回清扫干净的表面上（尽量放在原处），沿基板中孔凿洞（洞的直径与灌砂筒一致）。在凿洞的过程中，应注意不使凿出的材料丢失，并随时将凿松的材料取出装入塑料袋中，也可放在大试样盆内，不要使水分蒸发。试洞的深度等于测定层厚度，但不得有下层材料混入，最后将洞内的试调深度全部凿松材料取出，对土基或基层，为防止试样盘内材料的水分蒸发，可分几次称取材料的质量，全部取出材料的总质量为 m_w，精确至1 g。

注：当需要检测厚度时，应先测量厚度后再进行这一步骤。

⑤从挖出的全部材料中取有代表性的样品，放在铝盒或洁净的搪瓷盘中，测定其含水量 ω（以%计）。样品的数量如下：用小灌砂筒测定时，对于细粒土，不少于100 g；对于各种中粒土，不少于500 g。用大灌砂筒测定时，对于细粒土，不少于200 g；对于各种中粒土，不少于1 000 g；对于粗粒土或水泥、石灰、粉煤灰等无机结合料稳定材料，宜将取出的全部材料

烘干，且不少于 2 000 g，称其质量（m_d），精确至 1 g。

⑥将基板安放在试坑上，将灌砂筒安放在基板中间（灌砂筒内放满砂到要求质量 m_1），使灌砂筒的下口对准基板的中孔及试洞，打开灌砂筒的开关，让砂流入试坑内，在此期间，应注意勿碰动灌砂筒。直到灌砂筒内的砂不再流下时，关闭开关，仔细取走灌砂筒，并称量筒内剩余砂的质量（m_4），精确至 1 g。

⑦如清扫干净的平坦表面的粗糙度不大，也可省去步骤②、③的操作。在试洞挖好后，将灌砂筒直接对准放在试坑上，中间不需要放基板，打开灌砂筒开关，让砂流入试坑内，在此期间，应注意勿碰动灌砂筒。直到灌砂筒内的砂不再流下时，关闭开关。仔细取走灌砂筒，并称量筒内剩余砂的质量（m_4'），精确至 1 g。

⑧仔细取出试筒内的量砂，以备下次试验时再用。若量砂的湿度已发生变化或量砂中混有杂质，则应该重新烘干、过筛，并放置一段时间，使其与空气的湿度达到平衡后再用。

四、数据处理与结果分析

（1）计算填满试坑所用的砂的质量 m_b（g），计算式为

$$m_b = m_1 - m_4 - m_2$$

式中 m_b——填满试坑的砂的质量，g；

m_1——灌砂前灌砂筒内砂的质量，g；

m_2——灌砂筒下部圆锥体内砂的质量，g；

m_4——灌砂后，灌砂筒内剩余砂的质量，g。

（2）计算试坑材料的湿密度 ρ_w（g/cm³），计算式为

$$\rho_w = \frac{m_w}{m_b} \times \rho_s$$

式中 m_w——试坑中取出的全部材料的质量，g；

ρ_s——量砂的单位质量，g/cm³。

（3）计算试坑材料的干密度 ρ_d（g/cm³），计算式为

$$\rho_d = \frac{\rho_w}{1 + 0.01\omega}$$

式中 ω——试坑材料的含水量（%）。

（4）在水泥、石灰、粉煤灰等无机结合料稳定土的场合，计算试坑材料的干密度 ρ_d（g/cm³），计算式为

$$\rho_d = \frac{m_d}{m_b} \times \rho_s$$

式中 m_d——试坑中取出的稳定土的烘干质量，g。

（5）计算施工压实度，计算式为

$$K = \frac{\rho_d}{\rho_c} \times 100$$

式中 K——测试地点的施工压实度（%）；

ρ_d——试样的干密度，g/cm³；

ρ_c——由击实试验得到的试样的最大干密度，g/cm³。

（6）编写试验报告。

压实度试验原始记录表(灌砂法)

任务书编号:

工程名称		检测依据		检测环境	
路面类型		检测仪器		检测日期	
检测方法		仪器编号		量砂密度 (g/cm³)	

桩号及位置						
筒+砂质量	g					
筒+余砂质量	g					
圆锥体及基板和地面粗糙表面间砂的合计质量	g					
坑内砂质量	g					
试坑体积	cm^3					
试坑土质量	g					

盒　号											
盒质量	g										
盒+湿土质量	g										
盒+干土质量	g										
水分质量	g										
干土质量	g										
含水量	%										

平均值	%					
土湿密度	g/cm^3					
土干密度	g/cm^3					
击实最大干密度	g/cm^3					
压实度	%					
备注				压实度要求(%)		

检测:　　　　　　记录:　　　　　　计算:　　　　　　校核:

任务四　环刀法测定压实度试验

一、基本知识

环刀法是测量现场密度的传统方法，适用于测定细粒土及无机结合料稳定细粒土的密度。但对无机结合料稳定细粒土，其龄期不宜超过2 d，且宜用于施工过程中的压实度检验。用环刀法测得的密度是环刀内土样所在深度范围内的平均密度，它不能代表整个碾压层的平均密度。因此，在用环刀法测定土的密度时，应使所得密度能代表整个碾压层的平均密度。

二、仪具与材料

(1)人工取土器：包括环刀、环盖、定向筒和击实锤系统（导杆、落锤、手柄）。

(2)天平：感量0.1 g（用于取芯头内径小于70 mm样品的称量），或1.0 g（用于取芯头内径100 mm样品的称量）。

(3)其他：镐、小铁锹、修土刀、毛刷、直尺、钢丝锯、凡士林、木板及测定含水量设备等。

三、方法与步骤

(1)按有关试验方法对检测试样用同种材料进行击实试验，得到最大干密度ρ_c及最佳含水量ω_0。

(2)用人工取土器测定黏性土及无机结合料稳定细粒土密度的步骤：

①擦净环刀，称取环刀质量(m_2)，精确至0.1 g。

②在试验地点，将面积约30 cm×30 cm的地面清扫干净，并铲去压实层表面浮动及不平整的部分，达一定深度，使环刀打下后能达到要求的取土深度，但不得将下层扰动。

③将定向筒齿钉固定于铲平的地面上，依次将环刀、环盖放入定向筒内且与地面垂直。

④将导杆保持垂直状态，用取土器落锤将环刀打入压实层中，至环盖顶面与定向筒上口齐平为止。

⑤去掉击实锤和定向筒，用镐将环刀试样挖出。

⑥轻轻取下环盖，用修土刀自边至中削去环刀两端余土，用直尺检测，直至修平。

⑦擦净环刀壁，用天平称取环刀及试样的合计质量(m_1)，精确至0.1 g。

⑧自环刀中取出试样，取具有代表性的试样，测定其含水量(ω)。

(3)用人工取土器测定砂性土或砂层密度时的步骤：

①如为湿润的砂土，试验时不需要使用击实锤和定向筒。在铲平的地面上，细心挖出一个直径较环刀外径略大的砂土柱，将环刀刃口向下，平置于砂土柱上，用两手平稳地将环刀垂直压下，直至砂土柱突出环刀上端约2 cm。

②削掉环刀口上的多余砂土，并用直尺刮平。

③在环刀口上盖一块平滑的木板，一只手按住木板，另一只手用小铁锹将试样从环刀底部切断，然后将装满试样的环刀反转过来，削去环刀刃口上的多余砂土，并用直尺刮平。

④擦净环刀外壁，称取环刀与试样的合计质量(m_1)，精确至0.1 g。

⑤自环刀中取具有代表性的试样测定其含水量。
⑥干燥的砂土不能挖成砂土柱时,可直接将环刀压入或打入土中。
(4)本试验须进行两次平行测定,其平行差值不得大于0.03 g/cm³。

四、数据处理与结果分析

(1)计算试样的湿密度 ρ 及干密度 ρ_d,计算式为

$$\rho = \frac{4 \times (m_1 - m_2)}{\pi d^2 h}$$

$$\rho_d = \frac{\rho_w}{1 + 0.01\omega}$$

(2)计算施工压实度,计算式为

$$K = \frac{\rho_d}{\rho_c} \times 100$$

(3)编写试验报告。
试验报告应包括土的鉴别分类、含水量、湿密度、干密度、最大干密度、压实度等。

压实度试验原始记录表(环刀法)

任务书编号：

样品编号			检测依据						检测环境			
路面类型			检测仪器						检测日期			
检测方法			仪器编号						压实度要求(%)			
取样位置												
环刀号												
环刀质量(g)												
环刀体积(cm^3)												
土+环刀质量(g)												
土样质量(g)												
湿密度(g/cm^3)												
盒　号												
盒质量(g)												
盒+湿土质量(g)												
盒+干土质量(g)												
水分质量(g)												
干土质量(g)												
含水量(%)												
平均含水量(%)												
干密度(g/cm^3)												
平均干密度(g/cm^3)												
最大干密度(g/cm^3)												
压实度(%)												
备注												

检测：　　　　记录：　　　　计算：　　　　校核：

任务五　核子密湿度仪测定压实度试验

一、基本知识

(一)试验目的

在现场用核子密湿度仪以散射法或直接透射法测定路基或路面材料的密度和含水量,并计算施工压实度。

(二)试验方法

(1)散射法:用于测定沥青混合料面层的压实度时,在表面用散射法测定,所测定沥青面层的层厚应不大于根据仪器性能决定的最大厚度。

(2)直接透射法:用于测定土基或基层材料的压实度及含水量时,打洞后用直接透射法测定,测定层的厚度不宜大于 20 cm。

(三)适用范围

本方法适用于施工质量的现场快速评定,不宜用做仲裁试验或评定验收的依据。

(四)注意事项

(1)仪器工作时,所有人员均应退至距离仪器 2 m 以外的地方。

(2)仪器不使用时,应将手柄置于安全位置,仪器应装入专用的仪器箱内,放置在符合核辐射安全规定的地方。

(3)仪器应由经有关部门审查合格的专人保管、专人使用,对从事仪器保管及使用的人员,应遵照有关核辐射检测的规定,不符合核防护规定的人员,不宜从事此项工作。

二、仪具与材料

(1)核子密湿度仪,它主要包括下列部件:

①γ 射线源:双层密封的同位素放射源,如铯—137 、钴—60 或镭— 226 等。

②中子源:如镅(241)—铍等。

③探测器:γ 射线探测器,如 G—M 计数管、氦—3 管、闪烁晶体或热中子探测器等。

④读数显示设备:如液晶显示器、脉冲计数器、数率表或直接读数表。

⑤标准板:提供检验仪器操作和散射计数参考标准用。

⑥安全防护设备:符合国家规定要求的设备。

⑦刮平板、钻杆、接线等。

(2)细砂:粒径为 0.15 ~0.3 mm。

(3)天平。

三、方法与步骤

(一)准备工作

(1)每天使用前按下列步骤用标准板测定仪器的标准值:

①接通电源,按照仪器使用说明书建议的预热时间,预热测定仪。

②在测定前,应检查仪器性能是否正常。在标准板上取 3 ~ 4 个读数的平均值,建立

原始标准值，并与使用说明书提供的标准值核对。若标准读数超过仪器使用说明书规定的限界，应重复此项标准的测量；若第二次标准读数仍超出规定的限界，需视做故障并进行仪器检查。

（2）在进行沥青混合料压实层密度测定前，应用核子密湿度仪对钻孔取样的试件进行标定；测定其他材料密度时，宜与挖坑灌砂法的结果进行标定。标定的步骤如下：

①选择压实的路表面，按要求的测定步骤用核子密湿度仪测定密度，并读数。

②在测定的同一位置用钻机钻孔法或挖坑灌砂法取样，量测厚度，按规定的标准方法测定材料的密度。

③对同一种路面厚度及材料类型，在使用前至少测定 15 处，求取两种不同方法测定的密度的相关关系，其相关系数应不小于0.9。

（3）测试位置的选择：

①按照随机取样的方法确定测试位置，但与路面边缘或其他物体的最小距离不得小于30 cm。核子密湿度仪距其他的射线源不得小于10 m。

②当用散射法测定时，用细砂填平测试位置路表结构凹凸不平的空隙，使路表面平整，能与仪器紧密接触。

③当使用直接透射法测定时，在表面上用钻杆打孔，孔深略深于要求测定的深度，孔应竖直圆滑并稍大于射线源探头。

（4）按照规定的时间，预热仪器。

（二）测定步骤

（1）当用散射法测定时，应将核子密湿度仪平稳地置于测试位置上。

（2）当用直接透射法测定时，应将放射源棒放下并插入已预先打好的孔内。

（3）打开仪器，测试员应退至仪器 2 m 以外，按照选定的测定时间进行测量，达到测定时间后，读取显示的各项数值，并迅速关机。

四、数据处理与结果分析

（1）计算施工干密度及压实度

$$\rho_d = \frac{\rho_w}{1+\omega}$$

$$K = \frac{\rho_d}{\rho_0} \times 100$$

（2）编写试验报告。

压实度试验原始记录表（核子密湿度仪法）

承包单位： 合同段：

监理单位： 工程编号：

工程名称		施工路段		试验单位	
土场名称		试样名称		试验工程	
试样描述		用途		试验负责人	
填土层次			总层次		
核子密湿度仪型号、编号、厂家：					
干密度修正相关方程或修正系数：					

测点桩号及位置	测点标高（m）	湿密度（g/cm^3）	含水量（%）	干密度（g/cm^3）	修正后干密度（g/cm^3）	最大干密度（g/cm^3）	测点压实度（%）	最佳含水量（%）

结论：	备注：

试验： 复核： 监理工程师： 日期：

任务六　钻芯法测定压实度试验

一、基本知识

(1)本方法适用于检验从压实的沥青路面上钻取的沥青混合料芯样试件的密度,以评定沥青面层的施工压实度。

(2)压实沥青混合料面层的施工压实度是指按规定方法采取的混合料试样的毛体积密度与标准密度之比,以百分率表示。

二、仪具与材料

(1)路面取芯钻机。

(2)天平:感量不大于0.1 g。

(3)水槽。

(4)吊篮。

(5)石蜡。

(6)其他:卡尺、毛刷、小勺、取样袋(容器)、电风扇。

三、方法与步骤

(1)根据现行的《公路沥青路面施工技术规范》(JTJ F40—2004)的规定,确定计算压实度的标准密度。

(2)钻取芯样。

按“路面取样方法”钻取路面芯样,芯样直径不宜小于 100 mm 。当一次钻孔取得的芯样包含有不同层位的沥青混合料时,应根据结构组合情况用切割机将芯样沿各层结合面锯开分层进行测定。

(3)测定试件密度。

①将试件在水中用毛刷轻轻刷净黏附的粉尘,如试件边角有浮松颗粒,应仔细清除。

②将试件晾干或用电风扇吹干不少于 24 h ,直至恒重。

③按现行《公路工程沥青及沥青混合料试验规程》(JTG E20—2011)的沥青混合料试验方法测定试件毛体积密度 ρ_f。当试件的吸水率小于 2% 时,采用表干法测定(如果用表观密度代替毛体积密度,那么,表观密度 ρ_s 采用水中重法测定);当试件的吸水率大于 2% 时,用蜡封法测定;对空隙率很大的透水性混合料及开级配混合料,用体积法测定。

四、数据处理与结果分析

(1)当计算压实度的标准密度采用每天试验室实测的马歇尔击实试件成型密度或试验路段钻孔取样密度时,沥青面层的压实度按下式计算

$$K = \frac{\rho_s}{\rho_0} \times 100$$

式中　K——沥青面层某一测定部位的压实度(%);

ρ_s——沥青混合料芯样试件的实际密度，g/cm^3；

ρ_0——沥青混合料的标准密度，g/cm^3。

(2)当计算压实度的标准密度采用最大理论密度时，沥青面层的压实度应按下式计算

$$K = \frac{\rho_s}{\rho_t} \times 100$$

式中 ρ_s——沥青混合料芯样试件的实际密度，g/cm^3；

ρ_t——沥青混合料的最大理论密度，g/cm^3。

(3)编写试验报告。

压实度试验原始记录表(钻芯－水中重法)

任务书编号：

工程名称		施工单位		检测依据	
样品编号		检测仪器		检测环境	
样品名称		仪器编号		检测日期	
检测方法		压实度标准(%)		极值要求(%)	

序号	取样位置		层次	厚度(cm)	空中重(g)	水中重(g)	表干重(g)	体积(cm^3)	实测密度(g/cm^3)	标准密度(g/cm^3)	压实度(%)
	桩号	横距									

序号	1	2	3	4	5	6	7	8	9	10
稳定度(kN)										
修正后稳定度(kN)										
流值(mm)										
备注										

检测：　　　　记录：　　　　计算：　　　　校核：

压实度试验原始记录表(钻芯－蜡封法)

任务书编号：

样品编号		检测依据		检测环境	
样品名称		检测仪器		检测日期	
检测方法		仪器编号		样品描述	

桩号及位置										
试件质量		g								
蜡封试件质量		g								
蜡封试件水中质量		g								
水的温度		℃								
水的密度		g/cm^3								
蜡封试件体积		cm^3								
蜡体积		cm^3								
试件体积		cm^3								
含水量测定	湿土质量	g								
	干土质量	g								
	含水量	%								
	平均值	%								
土湿密度		g/cm^3								
土干密度		g/cm^3								
击实最大干密度		g/cm^3								
压实度		%								
备注										

检测：　　　　记录：　　　　计算：　　　　校核：

实训三　路基路面承载能力和强度检测

任务七　贝克曼梁测定路基路面回弹弯沉试验

一、基本知识

(1)本方法适用于测定各类路基路面的回弹弯沉,用以评定其整体承载能力。

(2)沥青路面的弯沉值以路表温度 20 ℃ 时为准,在其他温度测试时,对厚度大于 5 cm 的沥青路面,弯沉值应予温度修正。

二、仪具与材料

(1)标准车:双轴、后轴双侧 4 轮的载重车,其标准轴荷载、轮胎尺寸、轮胎间隙及轮胎气压等主要参数应符合表 3-1 的要求。测试车应采用后轴 10 t 标准轴载 BZZ-100 的汽车。

表 3-1　测定弯沉用的标准车参数

主要参数	标准轴载等级
	BZZ-100
后轴标准轴载 P(kN)	100 ±1
一侧双轮荷载(kN)	50 ±0.5
轮胎充气压力(MPa)	0.70 ±0.05
单轮传压面当量圆直径(cm)	21.30 ±0.5
轮隙宽度	应满足能自由插入弯沉仪测头的测试要求

(2)路面弯沉仪(长 5.4 m):由贝克曼梁、百分表及表架组成。

(3)接触式路表温度计:端部为平头,分度不大于 1 ℃。

(4)其他:皮尺、口哨、白油漆或粉笔、指挥旗等。

三、方法与步骤

(一)准备工作

(1)检查并保持测定用标准车的车况及刹车性能良好,轮胎符合规定充气压力。

(2)向汽车车槽中装载铁块等骨料,并在地磅上称量后轴质量,符合要求的轴重规定。汽车行驶及测定过程中,轴重不得变化。

(3)测定轮胎接地面积:在平整光滑的硬质路面上用千斤顶将汽车后轴顶起,在轮胎下方铺一张新的复写纸,轻轻落下千斤顶,即在方格纸上印上轮胎印痕,用求积仪或数方格的方法测算轮胎接地面积,精确至 0.1 cm^2。

(4)检查弯沉仪百分表测量灵敏情况。

(5)当在沥青路面上测定时,用路表温度计测定试验时气温及路表温度(一天中气温不断变化,应随时测定),并通过气象台了解前5 d的平均气温(日最高气温与最低气温的平均值)。

(6)记录沥青路面修建或改建时的材料、结构、厚度、施工及养护等情况。

(二)测试步骤

(1)在测试路段布置测点,其距离随测试需要而定。测点应在路面行车车道的轮迹带上,并用白漆或粉笔画上标记。

(2)将试验车后轮轮隙对准测点后3~5 cm的位置上。

(3)将弯沉仪插入汽车后轮之间的缝隙处,与汽车方向一致,梁臂不得碰到轮胎,弯沉仪测头置于测点上(轮隙中心前方3~5 cm处),并安装百分表于弯沉仪的测定杆上。百分表调零,用手指轻轻叩打弯沉仪,检查百分表是否稳定回零。弯沉仪可以是单侧测定,也可以是双侧同时测定。

(4)测定者吹口哨发令指挥汽车缓缓前进,百分表随路面变形的增加而持续向前转动。当表针转动到最大值时,迅速读取初读数 L_1 。汽车仍在继续前进,表针反向回转,待汽车驶出弯沉影响半径(3 m以上)后,吹口哨或挥动指挥旗,汽车停止前进。待表针回转稳定后,再次读取终读数 L_2 。汽车前进的速度宜为5 km/h左右。

四、数据处理与结果分析

(1)路面测点的回弹弯沉值依下式计算

$$L_T = (L_1 - L_2) \times 2$$

(2)计算每一个评定路段的代表弯沉值,计算式为

$$L_r = \overline{L} + Z_\alpha S$$

(3)编写试验报告。

试验报告应包括下列内容:

①弯沉测定表、支点变形修正值,测试时的路面温度及温度修正值。

②每一个评定路段的各测点弯沉的平均值、标准偏差及代表弯沉值。

路面弯沉试验原始记录表

任务书编号：

工程名称		施工单位		检测依据	
检测位置		检测仪器		检测环境	
路面类型		仪器编号		检测日期	
检测方法		汽车型号		后轴载重	
前5 d平均气温		路面厚度		路面温度	

序号	桩号	左侧(单位:0.01 mm)				右侧(单位:0.01 mm)			
		初读数	终读数	读数差	修正后弯沉值	初读数	终读数	读数差	修正后弯沉值

各测点修正后弯沉的平均值 L	
全部测点弯沉的标准偏差 S	
保证率系数 Z_{α}	
代表弯沉值 L_r(0.01 mm)	
备注	

检测：　　　　记录：　　　　计算：　　　　校核：

任务八　土基现场 *CBR* 值测试

一、基本知识

土基现场 *CBR* 值测试试验用于在公路现场测定各种土基材料的现场 *CBR* 值，同时也适用于基层、底基层砂类土、天然砂砾、级配碎石等材料 *CBR* 值的测定。所用试样的最大骨料粒径小于 19.0 mm，最大不得超过 31.5 mm。

二、仪具与材料

(1) 荷重装置：装载有铁块或骨料等重物的载重汽车，后轴重不小于 60 kN，在汽车大梁的后轴之后设有一加劲横梁作反力架用。

(2) 现场测试装置：由千斤顶（机械或液压）、测力计（测力环或压力表）及球座组成。

(3) 贯入杆：直径 50 mm、长约 200 mm 的金属圆柱体。

(4) 承载板：每块 1.25 kg，直径 150 mm，中心孔眼直径 52 mm，不少于 4 块，并沿直径分为两个半圆块。

(5) 贯入量测定装置：由平台及百分表组成，百分表量程 20 mm，精度 0.01 mm，数量 2 个，对称固定于贯入杆上，端部与平台接触，平台跨度不小于 50 cm。此设备也可用两台贝克曼梁弯沉仪代替。

(6) 细砂：洁净干燥的细干砂，粒径为 0.3 ~ 0.6 mm。

(7) 其他：铁铲、盘、直尺、毛刷、天平等。

三、方法与步骤

（一）准备工作

(1) 将试验地点直径约 30 cm 范围的表面找平，用毛刷刷净浮土。如表面为粗粒土，应撒布少许洁净的干砂填平，但不能覆盖全部土基，避免形成一层。

(2) 装置测试设备，设置贯入杆及千斤顶，千斤顶顶在汽车后轴上且调节至高度适中，贯入杆应与土基表面紧密接触。

(3) 安装贯入量测定装置，将支架平台、百分表（或两台贝克曼梁弯沉仪）安装好。

（二）测试步骤

(1) 在贯入杆位置安放 4 块 1.25 kg 的分开成半圆的承载板（共 5 kg）。

(2) 试验贯入前，先在贯入杆上施加 45 N 荷载后，将测力计及贯入量百分表调零，记录初始读数。

(3) 启动千斤顶，使贯入杆以 1 mm/min 的速度压入土基，当相应贯入量为 0.5 mm、1.0 mm、1.5 mm、2.0 mm、2.5 mm、3.0 mm、4.0 mm、5.0 mm、6.5 mm、10.0 mm 及 11.5 mm 时，分别读取测力计读数。根据情况，也可在贯入量达 6.5 mm 时结束试验。

用千斤顶连续加载，两个贯入量百分表及测力计均应在同一时刻读数。当两个百分表读数差值不超过平均值的 30% 时，以其平均值作为贯入量；当两个百分表读数差值超过平均值的 30% 时，应停止试验。

(4)卸除荷载,移去测定装置。

(5)在试验点下取样,测定材料含水量。取样数量如下:最大粒径不大于 4.75 mm,试样质量约 120 g;最大粒径不大于 19.0 mm,试样质量约 250 g;最大粒径不大于 31.5 mm,试样质量约 500 g。

(6)在紧靠试验点旁边的适当位置,用灌砂法或环刀法等测定土基的密度。

四、数据处理与结果分析

(1)将贯入试验得到的各等级荷载数除以贯入断面面积(19.625 cm^2),得各级压强(MPa),绘制荷载压强—贯入量关系曲线,如教材图 6-11 所示。当图中曲线在起点处有明显下凹的情况时,应在曲线的拐弯处作切线延长作贯入量修正,以与坐标轴相交的点 O' 作原点,得到修正后的压强—贯入量关系曲线。

(2)从压强—贯入量关系曲线上读取贯入量为 2.5 mm 及 5.0 mm 时的荷载压强 P_1,按公式计算现场 *CBR* 值。*CBR* 值一般以贯入量 2.5 mm 时的测定值为准,当贯入量为 5.0 mm 时的 *CBR* 值大于贯入量为 2.5 mm 时的 *CBR* 值时,应重新试验。如重新试验仍然如此,则以贯入量为 5.0 mm 的 *CBR* 值为准。

$$CBR = \frac{P_1}{P_0} \times 100\%$$

式中 P_1 ——荷载压强,MPa;

P_0 ——标准压强,当贯入量为 2.5 mm 时为 7 MPa,当贯入量为 5.0 mm 时为 10.5 MPa。

(3)编写试验报告。

试验报告应包括的内容有:

①土基含水量(%)。

②测点的干密度(g/cm^3)。

③现场 *CBR* 值及相应的贯入量。

土基现场 *CBR* 值测试记录表

任务书编号：

工程名称		施工单位		检测依据	
检测位置		检测仪器		检测环境	
路面类型		仪器编号		检测日期	

路线和编号：　　　　路面结构：

测定层位：

承载板直径(cm)：　　　　测定日期：　　年　　月　　日

	预定贯入量(mm)	贯入量百分表读数(0.01 mm)			测力计读数	压强(MPa)
		1	2	平均		
加载记录	0					
	0.5					
	1.0					
	1.5					
	2.0					
	2.5					
	3.0					
	3.5					
现场 *CBR* 值计算	贯入断面面积：　　　cm^2 相当于贯入量为2.5 mm时的荷载压强：标准压强＝7 MPa　$CBR_{2.5}$＝　　　（%） 相当于贯入量为5.0 mm时的荷载压强：标准压强＝10.5 MPa　$CBR_{5.0}$＝　　　（%） 试验结果现场 *CBR*＝　　　（%）					

		湿土质量(g)	干土质量(g)	水质量(g)	含水量(%)	平均含水量(%)
含水量计算	1					
	2					
		试样湿质量(g)	试样干质量(g)	体积(cm^3)	干密度(g/cm^3)	平均干密度(g/cm^3)
密度计算	1					
	2					

结论：	备注：

检测：　　　　记录：　　　　计算：　　　　校核：

实训四　水泥混凝土路面强度检测

任务九　钻孔取芯法测定水泥混凝土路面的强度

一、基本知识

钻孔取芯法是利用钻机，从结构混凝土中钻取芯样，以检测混凝土强度或观察混凝土内部质量的方法。用钻孔取芯法检测水泥混凝土的强度、裂缝、接缝、分层、孔洞或离析等缺陷，具有直观、精度高等特点。

水泥混凝土路面的强度控制指标主要是弯拉强度和劈裂强度，由于弯拉强度试验方法比较复杂，不适宜推广，现多用劈裂强度试验来代替。

二、仪具与材料

(1)钻芯机。

(2)芯样切割机。

(3)人造金刚石空心薄壁钻头。

(4)压力试验机。

(5)磨平机。

(6)劈裂夹具、木质三台板垫层等。

三、方法与步骤

(一)钻芯前的准备

调查了解工程质量情况，准备钻芯机具及选择钻头直径，确定芯样的数量，选择取芯的位置。

(二)芯样钻取

先将钻机安放稳固并调至水平后，安装好钻头，接通水源，启动电动机，然后操作加压手柄，使钻头慢慢接触混凝土表面。当混凝土表面不平时，下钻更应特别小心，待钻头入槽稳定后，方可适当加压进钻。

在进钻过程中应保持冷却水的畅通，水流量宜为 3 ~ 5 L/min，出口水温不宜过高。水流量的大小与进钻速度和直径成正比，以达到料屑能快速排出，又不致四处飞溅为宜。当钻头钻至芯样要求长度后，退钻至离混凝土表面 20 ~ 30 mm 时停电、停水，然后将钻头全部退出混凝土表面。如停电、停水过早，则容易发生卡钻现象，尤其在深孔作业时更应特别注意。

移开钻机后，用带弧度的钢钎插入圆形槽并用锤敲击，此时由于弯矩的作用，芯样在底部与结构断离，然后将芯样提出。取出的芯样应及时编号，并检查外观质量情况，作好记录后，妥善保管，以备割成标准尺寸的芯样试件。

（三）芯样加工

（1）芯样切割加工与端面的修整。

芯样切割：采用切割机和人造金刚石圆锯片进行切割加工。为了强度试验的方便，在满足试件尺寸要求的前提下，同一批试件应尽可能切割成同样的高度。

芯样端面的修整：如芯样端面的平整度及垂直度不满足试件尺寸的要求，需采用专用机具进行磨平或补平处理。

（2）芯样尺寸要求及测量方法。

测量芯样高度（见教材图 7-7（a））：抗压芯样试件高度用钢卷尺进行测量，精确至 1 mm；芯样高径比（h/d）宜为 1.00，当芯样试件的实际高径比小于要求高径比的 0.95 或大于 1.05 时，相应的测试数据无效。

测量端面平整度（见教材图 7-7（b））：用钢板尺紧靠在芯样端面上，一面转动钢板尺，一面用塞尺测量与芯样之间的缝隙，在 100 mm 长度范围内不超过 0.05 mm 为合格。

测量垂直度（见教材图 7-7（c））：用游标量角器分别测量两个端面与轴线间的夹角，在 90° ±2°范围内时为合格，测量精度为 0.1°。承压线凹凸不应大于 0.25 mm。

测量平均直径（见教材图 7-7（d））：用游标卡尺测量芯样中部，在互相垂直的两个位置上取两次测量的算术平均值作为平均直径，测量精度为 0.5 mm。

（3）芯样检查。每个芯样应详细进行外观检查，描述有无裂缝、接缝、分层、麻面或离析等情况。

（四）芯样养护

试验前试件应在（20 ±2 ）℃的水中浸泡 40 h，从水中取出后立即进行试验。如有专门要求，可用其他养护或湿度控制条件。

（五）劈裂抗拉强度试验步骤

（1）试件从养护地点取出后，擦拭干净，测量尺寸，检查外观，在试件中部画出劈裂面位置线。劈裂面与试件成型时的顶面垂直，尺寸测量精确至 1 mm。

（2）将试件、劈裂夹具、垫条和垫层放在压力机上，借助夹具两侧杆将试件对中。

（3）开动压力机，当压力机压板与夹具垫条接近时，调整球座使压力均匀接触试件。当压力加到 5 kN 时，将夹具的侧杆抽出，以（60 ±4）N/s 的速度连续、均匀加荷，直至试件劈裂，记下破坏荷载，精确至 0.01 kN。

四、数据处理与结果分析

芯样劈裂抗拉强度 R_{ct} 按下式计算

$$R_{ct} = \frac{2P}{A\pi} = \frac{2P}{\pi d_m L_m}$$

式中 R_{ct}——芯样劈裂抗拉强度，MPa，精确至 0.1 MPa；

P——极限荷载，N；

A——芯样劈裂面面积，m^2；

d_m——芯样截面的平均直径，mm；

L_m——芯样平均长度，mm。

水泥混凝土路面钻孔取芯及强度试验记录表

任务书编号：

工程名称		施工单位		检测依据	
检测位置		检测仪器		检测环境	
取芯时间		仪器编号		检测日期	
设计标号		设计厚度		试验负责人	

试件制作方法： 芯样养护方法：

试件编号	取芯位置	外观检查		芯样尺寸		劈裂抗拉试验		抗压试验		
		骨料均匀情况	密实性	平均厚度（cm）	平均直径（cm）	极限荷载（N）	劈裂抗拉强度（MPa）	试件尺寸直径（mm）	极限荷载（N）	抗压强度（MPa）

结论：

检测： 记录： 计算： 校核：

实训五 路面平整度检测

任务十 3 m 直尺测定平整度

一、基本知识

(一)试验目的

用3 m直尺测定路面的平整度,定义3 m直尺基准面距离路表面的最大间隙为路基路面的平整度,以mm计。

(二)适用范围

本试验适用于测定压实成型的路表面的平整度,以评定路面的施工质量,也可用于路基表面成型后的施工平整度检测。

二、仪具与材料

(1)3 m直尺。

(2)楔形塞尺。

(3)其他:皮尺或钢尺、粉笔等。

三、方法与步骤

(一)准备工作

(1)按有关规范规定选择测试路段。

(2)测试路段的测试地点选择:当为沥青路面施工过程中的质量检测时,测试地点应选在接缝处,以单杆测定评定;除高速公路外,还可用于其他等级公路路基路面工程质量检查验收或进行路况评定,每200 m测2处,每处连续测量10尺。除特殊需要外,应以行车道一侧车轮轮迹(距车道线0.8~1.0 m)作为连续测定的标准位置。对旧路已形成车辙的路面,应取车辙中间位置为测定位置,用粉笔在路面上作好标记。

(3)清扫路面测定位置处的污物。

(二)测试步骤

(1)施工过程中检测时,根据需要确定的方向,将3 m直尺摆在测试地点的路面上。

(2)目测3 m直尺底面与路面之间的间隙情况,确定最大间隙的位置。

(3)用有高度标线的塞尺塞进间隙处,量测其最大间隙的高度(m),或者用深度尺在最大间隙位置量测直尺上顶面距地面的深度,该深度减去尺高即为测试点的最大间隙的高度,精确至0.2 mm。

四、数据处理与结果分析

单杆检测路面的平整度计算,以3 m直尺基准面距离路面的最大间隙表示路基路面的平整度;单尺检测应随时记录测试位置及检测结果。连续测定10尺时,判断每个测定值是否合格,根据要求,计算合格百分率,并计算10个最大间隙的平均值。

平整度检测原始记录表(3 m 直尺法)

任务书编号:

工程名称		施工单位		检测依据	
检测方法		检测仪器		检测环境	
允许值(mm)		仪器编号		检测日期	

测量范围	最大间隙(mm)	实测值									
备注											

检测: 记录: 计算: 校核:

任务十一　连续式平整度仪测定平整度

一、基本知识

(一)试验目的

用连续式平整度仪量测路面的不平整度的标准偏差 σ，以表示路面的平整度，以 mm 计。

(二)适用范围

此试验方法适用于测定路面的平整度，评定路面的施工质量和使用质量，但不适用于在已有较多坑槽、破损严重的路面上测定。

二、仪具与材料

(1)连续式平整度仪。

(2)牵引车:小面包车或其他小型牵引汽车。

(3)皮尺或测绳。

三、方法与步骤

(一)准备工作

(1)选择测试路段。

(2)当为施工工程中质量检测需要时，测试地点根据需要确定；当为路面工程质量检查验收或进行路况评定需要时，通常以行车道一侧车轮轮迹带作为连续测定的标准位置。

(3)清扫路面测定位置处的杂物。

(4)检查仪器检测箱各部分是否完好、灵敏，并将各连接线接妥，安装记录设备。

(二)测试步骤

(1)将连续式平整度仪置于测试路段路面起点上。

(2)在牵引汽车的后部，将连续式平整度仪与牵引汽车连接好，按照仪器使用手册依次完成各项操作。

(3)启动牵引车，沿道路纵向行驶，横向位置保持稳定。

(4)确认连续式平整度仪工作正常。牵引连续式平整度仪的速度应保持匀速，速度宜为 5 km/h，最大不得超过 12 km/h。

当测试路段较短时，亦可用人力拖拉连续式平整度仪测定路面的平整度，但拖拉时应保持匀速前进。

四、数据处理与结果分析

(一)计算

连续式平整度仪测定后，按每 10 cm 间距采集的位移值自动计算每 100 m 计算区间的平整度标准偏差(mm)，还可记录测试长度(m)。

每一计算区间的路面平整度以该区间测定结果的标准偏差表示，按下式计算

$$\sigma_i = \sqrt{\frac{\sum d_i^2 - \frac{(\sum d_i)^2}{N}}{N - 1}}$$

式中 σ_i ——各计算区间的平整度计算值,mm;

d_i ——以 100 m 为一个计算区间,每隔一定距离(自动采集间距为 10 cm,人工采集间距为 1.5 m)采集的路面凹凸偏差位移值,mm;

N ——计算区间用于计算标准偏差的测试数据个数。

计算每一个评定路段内各区间平整度标准偏差的平均值、标准偏差、变异系数及合格率。

(二)编写试验报告

试验应列表报告每一个评定路段内各测定区间的平整度标准偏差,各评定路段平整度的平均值、标准偏差、变异系数及不合格区间数。

平整度检测记录表(连续式平整度仪法)

任务书编号:

工程名称		施工单位		检测依据	
检测方法		检测仪器		检测环境	
允许值(mm)		仪器编号		检测日期	
起止桩号			仪器名称、型号		
每 100 m 的起止桩号及车道	输出结果		每 100 m 的起止桩号及车道	输出结果	
	σ(mm)	*IRI*(m/km)		σ(mm)	*IRI*(m/km)
σ 的允许偏差: mm *IRI* 的允许偏差: mm					
100 m 段落数 n = 合格段落数 m = 合格率(%):					
说明:当合格率小于 70% 时,得 0 分;仪器自动输出数据可贴在 A4 纸上,作为附件					
备注:					

检测: 记录: 计算: 校核:

实训六　路面抗滑性能检测

任务十二　手工铺砂法测定路面构造深度试验

一、基本知识

(1)路表构造深度,即一定面积的路面凹凸不平的开口空隙的平均深度,即宏观构造深度 TD,以 mm 计。

(2)本方法适用于测定沥青路面及水泥混凝土路面表面的构造深度,用以评定路面表面的宏观粗糙度、路面表面的排水性能及抗滑性能。

二、仪具与材料

(1)人工铺砂仪:由量砂筒、推平板、刮平尺组成。

①量砂筒:容积为(25 ±0.15) mL,可通过称量砂筒中水的质量,以确定其容积 V,并调整其高度,使其容积符合规定要求,并带一专门的刮尺,将筒口砂刮平。

②推平板:推平板应为木制或铝制,直径 50 mm,底面粘一层厚 1.5 mm 的橡胶片,上面有一圆柱把手。

③刮平尺:可用 30 cm 钢板尺代替。

(2)量砂:足够数量的干燥洁净的匀质砂,粒径为 0.15 ~0.3 mm。

(3)量尺:钢板尺、钢卷尺。

(4)其他:装砂容器(小铲)、扫帚或毛刷、挡风板等。

三、方法与步骤

(一)准备工作

(1)量砂准备:取洁净的细砂晾干、过筛,取粒径为 0.15 ~0.3 mm 的砂置于适当的容器中备用。量砂只能在路面上使用一次,不宜重复使用。回收砂必须干燥,过筛处理后方可使用。

(2)按公路路基路面现场测试随机选点的方法,对测试路段进行随机取样选点,确定测点所在横断面的位置。测点应选在行车道的轮迹带上,距路面边缘不应小于 1 m。

(二)试验步骤

(1)用扫帚或毛刷将测点附近的路面清扫干净,面积不小于 30 cm ×30 cm。

(2)用小铲将砂沿筒向圆筒中注满砂,手提圆筒上方,在硬质路面上轻轻叩打 3 次,使砂密实,补足砂面,用钢尺一次刮平。

注:不可直接用量砂筒装砂,以免影响量砂密度的均匀性。

(3)将砂倒在路面上,用底面粘有橡胶片的推平板,由里向外重复做摊铺运动,稍稍用力，将砂细心地、尽可能地向外摊开，使砂填入凹凸不平的路表面的空隙中，尽可能将砂摊成圆形，并不得在表面上留有浮动余砂。注意：摊铺时不可用力过大或向外推挤。

（4）用钢板尺测量所构成圆的两个垂直方向的直径，取其平均值，精确至5 mm。

（5）按以上方法，同一处平行测定不少于3次，3个测点均位于轮迹带上，测点间距3～5 m。该处的测定位置以中间测点的位置表示。

四、数据处理与结果分析

（1）计算公式。

路面表面构造深度计算式为

$$TD = \frac{1\,000V}{\frac{\pi D^2}{4}} = \frac{31\,831}{D^2}$$

式中 TD——路面表面的构造深度，mm；

V——砂的体积，25 cm^3；

D——摊开砂的平均直径，mm。

（2）每一处均取3次路面构造深度测定结果的平均值作为试验结果，精确至0.1 mm。

（3）计算每一个评定区间路面构造深度的平均值、标准偏差、变异系数。

（4）编写试验报告。

试验报告应包括如下内容：

①列表逐点报告路面构造深度的测定值及3次测定的平均值，当平均值小于0.2 mm时，试验结果以小于0.2 mm表示。

②每一个评定区间路面构造深度的平均值、标准偏差、变异系数。

路面构造深度试验原始记录表(手工铺砂法)

任务书编号:

<table>
<tr><td>工程名称</td><td></td><td colspan="2">施工单位</td><td colspan="2"></td><td>检测依据</td><td></td></tr>
<tr><td>路面类型</td><td></td><td colspan="2">检测仪器</td><td colspan="2"></td><td>检测环境</td><td></td></tr>
<tr><td>检测方法</td><td></td><td colspan="2">仪器编号</td><td colspan="2"></td><td>检测日期</td><td></td></tr>
<tr><td colspan="2">测点位置</td><td rowspan="2">砂的体积(cm^3)</td><td colspan="2">铺砂直径 D(mm)</td><td colspan="2">构造深度 TD(mm)</td><td rowspan="2">备注</td></tr>
<tr><td>桩号</td><td>横距(m)</td><td>1</td><td>2</td><td>单值</td><td>平均</td></tr>
<tr><td rowspan="3"></td><td rowspan="3"></td><td rowspan="3"></td><td></td><td></td><td></td><td rowspan="3"></td><td rowspan="3"></td></tr>
<tr><td></td><td></td><td></td></tr>
<tr><td></td><td></td><td></td></tr>
<tr><td rowspan="3"></td><td rowspan="3"></td><td rowspan="3"></td><td></td><td></td><td></td><td rowspan="3"></td><td rowspan="3"></td></tr>
<tr><td></td><td></td><td></td></tr>
<tr><td></td><td></td><td></td></tr>
<tr><td rowspan="3"></td><td rowspan="3"></td><td rowspan="3"></td><td></td><td></td><td></td><td rowspan="3"></td><td rowspan="3"></td></tr>
<tr><td></td><td></td><td></td></tr>
<tr><td></td><td></td><td></td></tr>
<tr><td rowspan="3"></td><td rowspan="3"></td><td rowspan="3"></td><td></td><td></td><td></td><td rowspan="3"></td><td rowspan="3"></td></tr>
<tr><td></td><td></td><td></td></tr>
<tr><td></td><td></td><td></td></tr>
<tr><td rowspan="3"></td><td rowspan="3"></td><td rowspan="3"></td><td></td><td></td><td></td><td rowspan="3"></td><td rowspan="3"></td></tr>
<tr><td></td><td></td><td></td></tr>
<tr><td></td><td></td><td></td></tr>
<tr><td rowspan="3"></td><td rowspan="3"></td><td rowspan="3"></td><td></td><td></td><td></td><td rowspan="3"></td><td rowspan="3"></td></tr>
<tr><td></td><td></td><td></td></tr>
<tr><td></td><td></td><td></td></tr>
<tr><td rowspan="3"></td><td rowspan="3"></td><td rowspan="3"></td><td></td><td></td><td></td><td rowspan="3"></td><td rowspan="3"></td></tr>
<tr><td></td><td></td><td></td></tr>
<tr><td></td><td></td><td></td></tr>
<tr><td rowspan="3"></td><td rowspan="3"></td><td rowspan="3"></td><td></td><td></td><td></td><td rowspan="3"></td><td rowspan="3"></td></tr>
<tr><td></td><td></td><td></td></tr>
<tr><td></td><td></td><td></td></tr>
<tr><td>评定</td><td colspan="2">平均值(mL/min)</td><td></td><td>标准偏差</td><td></td><td>变异系数(%)</td><td></td></tr>
<tr><td>备注</td><td colspan="7"></td></tr>
</table>

检测: 记录: 计算: 校核:

任务十三　摆式仪测定路面摩擦系数试验

一、基本知识

(1)路面的抗滑值:用标准的手提式摆式摩擦系数测定仪(摆式仪)测定路面在潮湿条件下对摆的摩擦阻力,即摆值 F_B。

(2)本方法适用于以摆式摩擦系数测定仪测定沥青路面、标线及其他材料试件的抗滑值,用以评定路面或路面材料试件在潮湿状态下的抗滑能力。

二、仪具与材料

(1)摆式仪。

(2)橡胶片。

(3)滑动长度量尺。

(4)喷水壶。

(5)硬毛刷。

(6)路面温度计。

(7)其他:皮尺或钢卷尺、扫帚、粉笔等。

三、方法与步骤

(一)准备工作

(1)检查摆式仪的调零灵敏情况。

(2)对测试路段进行随机取样选点,测点应选在行车车道的轮迹带上,距路面边缘不应小丁1 m。

(二)测定步骤

(1)仪器调平。

①将仪器置于路面测点上,并使摆的摆动方向与行车方向一致。

②转动底座上的调平螺栓,使水准泡居中。

(2)调零。

①放松上、下两个紧固把手,转动升降把手,使摆升高并能自由摆动,然后旋紧紧固把手。

②将摆向右运动,按下安装于悬臂上的释放开关,使摆上的卡环进入开关槽,放开释放开关,摆即处于水平位置,并把指针抬至与摆杆平行处。

③按下释放开关,使摆向左带动指针摆动,当摆达到最高位置后下落时,用左手将摆杆接住,此时指针应指向零。若不指零,可稍旋紧或放松摆的调节螺母,重复本项操作,直至指针指零。调零允许误差为 ±1*BPN*。

(3)校核滑动长度。

①用扫帚扫净路面表面,并用橡胶刮板清除摆动范围内路面上的松散粒料。

②让摆自由悬挂,提起摆头上的举升柄,将底座上的垫块置于定位螺丝下面,使摆头上

的滑溜块升高，放松紧固把手，转动立柱上升降把手使摆缓缓下降。当滑块上的橡胶片刚刚接触路面时，即将紧固把手旋紧，使摆头固定。

③首先提起举升柄，取下垫块，使摆向右运动。其次，手提举升柄使摆慢慢向左运动，直至橡胶片的边缘刚刚接触路面。在橡胶片的外边摆动方向设置标准尺，尺的一端正对准该点。再用手提起举升柄，使滑溜块向上抬起，并使摆继续运动至左边，使橡胶片返回落下，再一次接触地面，橡胶片两次同路面接触点的距离应在 126 mm（即滑动长度）左右。若滑动长度不符合标准，则升高或降低仪器底正面的调平螺丝来校正，但需调平水准泡，重复此项校核，直至滑动长度符合要求，而后，将摆和指针置于水平释放位置。

校核滑动长度时应以橡胶片长边刚刚接触路面为准，不可借摆的力量向前滑动，以免标定的滑动长度过长。

（4）用喷壶的水浇洒测试路面，并用橡胶刮板刮除表面泥浆。

（5）再次洒水，并按下释放开关，使摆在路面滑过，指针即可指示出路面的摆值。但第一次测定，不作记录。当摆杆回落时，用左手接住摆，右手提起举升柄使滑溜块升高，将摆向右运动，并使摆杆和指针重新置于水平释放位置。

（6）重复步骤（5）的操作测定 5 次，并读记每次测定的摆值，即 *BPN*，5 次数值中最大值与最小值的差值不得大于 3 *BPN*。如差值大于 3 *BPN*，应检查产生的原因，并再次重复上述各项操作，至符合规定为止。取 5 次测定的平均值作为每个测点路面的抗滑值（即摆值），取整数，以 *BPN* 表示。

（7）在测点位置上用路表温度计测记潮湿路面的温度，精确至 1 ℃。

（8）按以上方法，同一处平行测定不少于 3 次，3 个测点均位于轮迹带上，测点间距 3 ~ 5 m。该处的测定位置以中间测点的位置表示。每一处均取 3 次测定结果的平均值作为试验结果，精确至 1*BPN*。

四、数据处理与结果分析

（1）抗滑值的温度修正。当路面温度为 T 时测得的值为 BPN_T，必须换算成标准温度 20 ℃的摆值 BPN_{20}。

$$BPN_{20} = BPN_T + \Delta BPN$$

式中　ΔBPN——温度修正值，见表 6-1。

表 6-1　温度修正值

温度 T（°C）	0	5	10	15	20	25	30	35	40
温度修正值 ΔBPN	−6	−4	−3	−1	0	+2	+3	+5	+7

（2）检测报告。

①测试日期、测点位置、天气情况、洒水后潮湿路面的温度，并描述路面类型外观、结构类型等。

②列表逐点报告路面抗滑值的测定值 BPN_T、经温度修正后的 BPN_{20} 及 3 次测定的平均值。

③每一个评定路段路面抗滑值的平均值、标准偏差、变异系数。

路面抗滑值试验原始记录表

任务书编号：

工程名称		施工单位		检测依据	
路面类型		检测仪器		检测环境	
检测方法		仪器编号		检测日期	

序号	桩号	横距（m）	路面温度（℃）	现场测试值（*BPN*）						平均值（*BPN*）	温度修正值Δ*BPN*	换算后的摆值（*BPN*）
				1	2	3	4	5	平均值			

评定	平均值（BPN）		标准偏差		变异系数（%）	
备注						

检测：　　　　　　　　记录：　　　　　　　　计算：　　　　　　　　校核：

实训七　沥青路面渗水系数和车辙测试

任务十四　沥青路面渗水系数测试

一、基本知识

沥青路面渗水性能通常用渗水系数表征，所以路面渗水系数已成为评价路面使用性能的一个重要指标列入相关的技术规范中。渗水系数是指在规定的初始水头压力下，单位时间内渗入路面规定面积的水的体积，以 mL/min 计。它适用于在路面现场测定沥青路面的渗水系数。

二、仪具与材料

(1)路面渗水仪，附不锈钢亚重钢圈 2 个。

(2)水筒及大漏斗。

(3)秒表。

(4)密封材料：防水腻子、油灰或橡皮泥。

(5)其他：水、粉笔、塑料圈、刮刀、扫帚等。

三、方法与步骤

(一)准备工作

(1)在测试路段的行车道路面上，按公路路基路面现场测试随机选点方法，确定测试位置，每一个检测路段应测定 5 个测点，并用粉笔画上测试标记。

(2)试验前，首先用扫帚清扫表面，并用刷子将路面表面的杂物刷去。

(二)测试步骤

(1)将塑料圈置于试件中央或者路面表面的测点上，用粉笔分别沿着塑料圈的内侧和外侧画上圈，在外环和内环之间的部分就是需要用密封材料密封的区域。

(2)用密封材料对环状密封区域进行密封处理，注意不要使密封材料进入内圈。如果密封材料不小心进入内圈，必须用刮刀将其刮走。然后将搓成拇指粗细的条状密封材料摞在环状密封区域的中央，并且摞成一圈。

(3)将渗水仪放在试件或者路面表面的测点上，注意使渗水仪的中心尽量和圆环中心重合，然后略微用力将渗水仪压在条状密封材料表面，再将配重加上，以防压力水从底座与路面间流出。

(4)将开关关闭，向量筒中注满水，然后打开开关，使量筒中的水流下，排出渗水仪底部的空气，当量筒中水面下降速度变慢时，用双手轻压渗水仪，使渗水仪底部的气泡全部排出。关闭开关，并再次向量筒中注满水。

(5)将开关打开,待水面下降至100 mL刻度时,立即开动秒表开始计时,每间隔60 s,读记仪器管刻度一次,至水面下降至500 mL时为止。测试过程中,如水从底座与密封材料间渗出,说明底座与路面密封不好,应移至附近干燥路面处重新操作。当水面下降速度很慢,则测定3 min渗水量即可停止;如果水面下降速度较快,在不到3 min时间内达到了500 mL刻度线,则记录达到500 mL刻度线时的时间;若水面下降至一定程度后基本保持不动,说明基本不透水或根本不透水,则在报告中注明。

(6)按以上步骤在同一个检测路段选择5个测点测定渗水系数,取其平均值作为检测结果。

四、数据处理与结果分析

(1)计算时以水面从100 mL下降至500 mL所需的时间为标准,若渗水时间过长,也可以采用3 min通过的水量计算

$$C_w = \frac{V_2 - V_1}{t_2 - t_1} \times 60$$

(2)计算一个检测路段渗水系数的平均值,以平均值作为检测结果。若路面不透水,则在报告中注明渗水系数为0。

沥青路面渗水试验原始记录表

任务书编号：

工程名称		施工单位		检测依据	
路面类型		检测仪器		检测环境	
检测方法		仪器编号		检测日期	

检测路段	桩号	横距(m)	外观描述	渗水情况读数(mL)			渗水系数(mL/min)	
				1 min 末	2 min 末	3 min 末	单值	平均值
评定		平均值(mL/min)		标准偏差		变异系数(%)		
备注								

检测：　　　　记录：　　　　计算：　　　　校核：

任务十五　沥青路面车辙测试

一、基本知识

(一)试验目的

测定沥青路面的车辙,供评定路面使用状况及计算维修工作量时使用。

(二)适用范围

本试验适用于在路面现场测定沥青路面的车辙。

二、仪具与材料

(1)路面横断面仪。

(2)激光或超声波车辙仪。

(3)横断面尺。

(4)量尺:钢板尺、卡尺、塞尺。

(5)其他:皮尺、粉笔等。

三、方法与步骤

(一)确定车辙测定的基准测量宽度及车辙测定的间距

(1)对高速公路及一级公路,以发生车辙的一个车道两侧标线宽度中点到中点的距离为基准测量宽度。

(2)对二级及二级以下公路,有车道区画线时,以发生车辙的一个车道两侧标线宽度中点到中点的距离为基准测量宽度;无车道区画线时,以形成车辙部位的一个设计车道宽度作为基准测量宽度。

(3)以一个评定路段为单位,用激光车辙仪连续检测时,测定断面间隔不大于 10 m。用其他方法非连续测定时,在车道上每隔 50 m 作为一测定断面,用粉笔画上标记进行测定。根据需要也可按公路路基路面现场测试规程中随机选点方法在行车道上随机选取测定断面,在特殊需要的路段(如交叉口前后)可予以加密。

(二)用激光或超声波车辙仪的测试步骤

(1)将检测车辆就位于测定区间起点前。

(2)启动并设定检测系统参数。

(3)启动车辙和距离测试装置,开动测试车沿车道轮迹位置且平行于车道线平稳行驶,测试系统自动记录出每个断面和距离数据。

(4)到达测定区间终点后,结束测定。

(5)系统处理软件按规定的模式通过各横断面相对高程数据计算车辙深度。

(三)采用路面横断面仪的测试步骤

(1)将路面横断面仪就位于测定断面上,方向与道路中心线垂直,两端支脚立于测定车道的两侧边缘,记录断面桩号。

(2)调整两端支脚高度,使其等高。

(3)移动路面横断面仪的测量器,从测定车道的一端移到另一端,记录出断面形状。

(四)采用横断面尺的测试步骤

(1)将横断面尺就位于测定断面上,两端支脚置于测定车道两侧。

(2)沿横断面尺每隔 20 cm 一点,用量尺垂直立于路面上,用目平视测记横断面尺顶面与路面之间的距离,精确至 1 mm。如断面的最高处或最低处明显不在测定点上,应加测该点距离。

(3)记录测定读数,绘出断面图,最后连接成圆滑的横断面曲线。

(4)横断面尺也可用线绳代替。

(5)当不需要测定横断面,仅需要测定最大车辙时,亦可用不带支脚的横断面尺架在路面上由目测确定最大车辙位置,用尺量取。

四、数据处理与结果分析

(1)根据断面线画出横断面图及顶面基准线。

(2)在图上确定车辙深度 D_1 及 D_2,读至 1 mm。以其中最大值作为断面的最大车辙深度。

(3)求取各测定断面最大车辙深度的平均值作为该评定路段的平均车辙深度。

实训八　桥梁地基检测

任务十六　动力触探法检测黏性土地基承载力

一、基本知识

(一)试验目的

检测黏性土地基承载力。

(二)适用范围

动力触探法适用于强风化、全风化的硬质岩石,各种软质岩石及各类土。轻型动力触探法检测一般用于贯入深度小于 4 m 的一般黏性土和黏性素填土层。

二、仪具与材料

圆锥动力触探仪:由落锤、探头和触探杆(包括锤座和导向杆)组成。圆锥动力触探类型见表 8-1。

表 8-1　圆锥动力触探类型

类型	锤质量(kg)	落距(cm)	探头规格		探杆外径(mm)	触探指标(贯入一定深度的锤击数)
			锥角(°)	底面面积(cm^2)		
轻型	10	50	60	12.6	25	贯入 30 cm 锤击数 N_{10}
	10	30	45	4.9	12	贯入 10 cm 锤击数 N_{10}
中型	28	80	60	30	33.5	贯入 10 cm 锤击数 N_{28}
重型	63.5	76	60	43	42	贯入 10 cm 锤击数 $N_{63.5}$
超重型	120	100	60	43	60	贯入 10 cm 锤击数 N_{120}

三、方法与步骤(轻型动力触探法)

(1)先用轻便钻具钻至试验土层标高以上 0.3 m 处,然后对所需试验土层进行连续触探。

(2)试验时,穿心锤落距为(0.50 ±0.02)m,记录每打入 0.30 m 所需的锤击数。

(3)如想取样,则需把触探杆拔出,换钻头进行取样。

(4)遇坚硬土层,当贯入 0.30 m 锤击数大于 100 击或贯入 0.15 m 锤击数大于 50 击时,即可停止试验。如需对下卧土层进行试验,可用钻具穿透坚实土层后再贯入。

(5)本试验一般用于贯入深度小于 4 m 的土层,必要时也可在贯入 4 m 后,用钻具清孔后继续贯入 2 m。

四、数据处理与结果分析

(1)检查核对现场记录。

在每个动探孔完成后，应在现场及时核对所记录的击数、尺寸是否有错漏，项目是否齐全；核对完毕后，在记录表上签上记录者的名字和测试日期。

(2)实测击数的校正(轻型动力触探法)。

①轻型动力触探法不考虑锤击数修正，根据每贯入 30 cm 的实测击数绘制 $N_{10} \sim h$ 曲线图。

②根据每贯入 30 cm 的锤击数对地基土进行力学分层，然后计算每层实测击数的算术平均值。

计算每层实测击数的算术平均值，计算式如下

$$N'_{10} = \frac{1}{n}\sum_{i=1}^{n} N_{10}$$

式中 N'_{10}——N_{10}的算数平均值；

N_{10}——实测锤击数；

n——参加统计的测点数。

对于轻型动力触探为每贯入 30 cm 的锤击数，重型、超重型动力触探为每贯入 10 cm 的锤击数。

(3)绘制动力触探击数沿深度分布曲线。

以杆长校正后的击数为横坐标，以贯入深度为纵坐标绘制曲线图。因为采集的数据表示每贯入某一深度的锤击数，故曲线图一般绘制成沿深度方向的直方图。在某一地区进行多次勘测实践后，就可以建立起当地土类与锤击数的关系。

(4)测试成果整理。

①求锤击数 N。如土层不太硬，并能较容易地贯穿 0.30 m 的试验段，则取贯入 0.30 m 的锤击数 N。如土层很硬，不宜强行打入，可用下式换算相应于贯入 0.30 m 的锤击数 N

$$N = \frac{0.3n}{\Delta S}$$

式中 n——所选取的贯入深度的锤击数；

ΔS——对应锤击数 n 的贯入深度，m。

②绘制 $N \sim h$ 关系曲线。

地基承载力(轻型动力触探法)试验原始记录表

任务书编号：

工程名称		检测依据		检测方法	
施工桩号		检测仪器		检测环境	
结构物名称		仪器编号		检测日期	
土质类别		设计承载力（kPa）		锤质量（kg）	

锤入深度（cm）	30		60		90		120	
检测点数	锤击数（击）	承载力（kPa）	锤击数（击）	承载力（kPa）	锤击数（击）	承载力（kPa）	锤击数（击）	承载力（kPa）
1								
2								
3								
4								
5								
6								
7								
8								
9								
10								
11								
12								
13								
14								
平均								
结果评定								
备注								

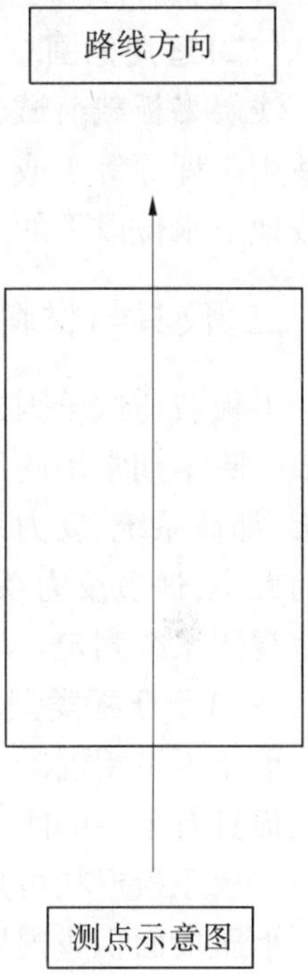

检测：　　　　　　记录：　　　　　　计算：　　　　　　校核：

任务十七　承载板法检测砂性土地基承载力

一、基本知识

（一）试验目的

载荷试验是在保持地基土的天然状态下，在一定面积的刚性承压板上向地基土逐级施加荷载，并观测每级荷载下地基土的变形，它是测定地基土的压力与变形特性的一种原位测试方法。测试所反映的是承压板下1.5～2.0倍承压板直径或宽度范围内地基土强度、变形的综合性状，确定地基的承载力和变形特性。

（二）适用范围

浅层平板载荷试验适用于地表浅层地基土（包括各种填土和碎石土），深层平板载荷试验适用于埋深等于或大于3 m和地下水位以上的地基土，螺旋板载荷试验适用于深层地基土或地下水位以下的地基土。

二、仪具与材料

平板载荷试验因试验土层软硬程度、压板大小和试验面深度等不同，采用的测试设备也很多。除早期常用的压重加荷台试验装置外，目前国内采用的试验装置大体可归纳为由承压板、加荷系统、反力系统、量测系统四部分组成，其各部分机能是：加荷系统控制并稳定加荷的大小，通过反力系统反作用于承压板，承压板将荷载均匀地传递给地基土，地基土的变形由观测系统测定。

（一）承压板类型、尺寸和面积

承压板可用混凝土、钢筋混凝土、钢板、铸铁板等制成，多以肋板加固的钢板为主。要求承压板具有足够的刚度，不破损、不挠曲，压板底部光平，尺寸和传力重心准确，搬运和安置方便。承压板形状可加工成正方形或圆形，其中圆形压板受力条件较好，使用最多。

承压板面积我国勘察规范规定一般宜采用0.25～0.50 m^2，对均质密实的土，可采用0.1 m^2；对软土和人工填土，不应小于0.5 m^2。

（二）加荷系统

加荷系统是指通过承压板对地基施加荷载的装置，大体有：

（1）压重加荷装置。

一般将规则方正或条形的钢锭、钢轨、混凝土件等重物，依次对称置放在加荷台上，逐级加荷，此类装置费时、费力且控制困难，已很少采用。

（2）千斤顶加荷装置。

根据试验要求，采用不同规格的手动液压千斤顶加荷，并配备不同量程的压力表或测力计，控制加荷值。

（三）反力系统

一般反力系统由主梁、平台、堆载体（锚桩）等构成。

（四）量测系统

量测系统包括基准梁、位移计、磁性表座、油压表（测力环）。

现场载荷试验装置见图 8-1。

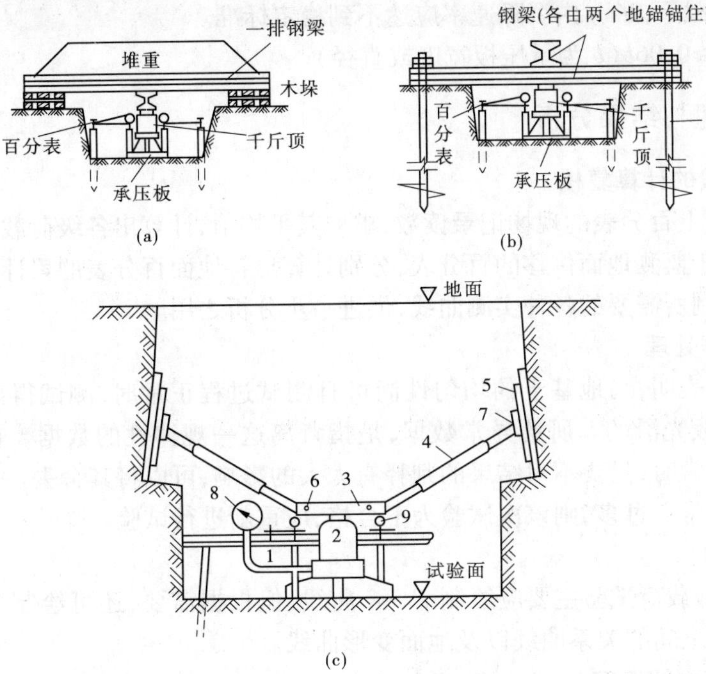

1—承压板;2—千斤顶;3—支承板;4—斜撑杆;5—斜撑板;6、7—销钉;8—压力表;9—千分表

图 8-1　现场载荷试验装置示意

三、方法与步骤

(一)试验方法

在建筑场地选择有代表性的部位,挖坑到待测土层。坑底宽度应大于载荷板宽度的 3 倍。坑底铺设厚为 2 cm 的粗砂垫层,并有防水、排水等措施。

首先用千斤顶通过承压板向地基施加第一级压力,利用稳定器保持这一压力值不变,用百分表测量承压板的位移,即地基的沉降量,当沉降量稳定后,再提高载荷到第二级压力,同样观测载荷板的位移,这样便可测得载荷板位移 S 与 P 之间的一组数据(P_i,S_i)($i=1$, $2,\cdots,n$)。根据这些数据便可绘制出基底压力 P 与沉降量的关系曲线。

(二)加荷及观测标准

(1)加荷等级不少于 8 级,第一级荷载取试验坑底面处的自重应力;其后每级荷载增量 ΔP,对较松软土取 10 ~25 kPa,对较密实的土取 50 kPa;最大加载值 P_{max}不应小于地基承载力设计值的 2 倍,并应尽量接近预估的地基极限荷载 P_u。

(2)每加一级荷载后,按时间间隔 10 min、10 min、10 min、15 min、15 min 及以后每隔 30 min 读一次沉降量,如果连续 2 h 内,每小时的沉降量小于 0.1 mm,则认为变形已经稳定,可施加荷载到下一级。

(三)破坏标准

当达到下列情况之一时,认为土已达到极限状态,即地基土破坏,应终止加载:

(1)承载板周围的土明显侧向挤出(砂土)或发生裂缝(黏性土和粉土)。

(2)沉降量 S 急剧增大,$P\sim S$ 曲线出现陡降阶段。

(3)在某级荷载下,24 h 内沉降速率应达不到稳定标准。

(4)沉降量 $S\geqslant 0.06b$(b 为承压板宽度或直径)。

四、数据处理与结果分析

(一)原始读数的计算复核

对位于承压板上百分表的现场记录读数,求取其平均值,计算出各级荷载下各观测时间的累计沉降量;对于监测地面位移的百分表,分别计算出各地面百分表的累计升降量。经确认无误后,可以绘制所需要的各种实测曲线,供进一步分析之用。

(二)异常数据处理

大量实测结果表明,当地基土的均匀性尚可且测试过程正常时,测试得出的主要曲线($P\sim S$ 曲线)是比较光滑的。所谓异常数据,是指背离这一规律性的数据。在资料分析阶段发现个别点据异常时,只要不对结果的判释有太大的影响,可以将其舍去。

若测试中的异常点过多,则该次试验为不合格,应重新进行试验。

(三)曲线绘制

一般地,地基静载荷试验主要应绘制 $P\sim S$ 曲线,但根据需要,还可绘制各级荷载作用下的沉降量和时间之间的关系曲线以及地面变形曲线。

(四)地基承载力的确定

根据现场载荷试验所确定的 $P\sim S$ 曲线,可以确定地基承载力基本值 f_0。

(五)地基土的变形模量 E_0

根据现场载荷试验所确定的 $P\sim S$ 曲线,可以确定地基土的变形模量 E_0。

地基静载荷试验原始记录表

任务书编号：

工程名称		检测方法		检测依据	
施工桩号		检测仪器		检测环境	
结构物名称		仪器编号		检测日期	

荷载		时间观测		百分表读数				沉降量(mm)	
kN	kPa	时间	间隔(min)	表1	表2	表3	表4	本次	累计
备注									

检测：　　　　记录：　　　　计算：　　　　校核：

实训九　桥梁基桩检测

任务十八　超声波法检测灌注桩完整性

一、基本知识

(一)试验目的

检测灌注桩桩身混凝土的均匀性、桩身缺陷及其位置和影响程度,判定桩身完整性类别。

(二)适用范围

超声波法适用于直径不小于800 mm的混凝土灌注桩的完整性检测,它包括跨孔透射法和单孔折射法。

二、仪具与材料

(1)超声检测仪。凡符合超声仪国家标准的仪器均能使用,不管是数字式超声仪还是模拟式超声仪。

(2)检测仪系统应包括信号放大器、数据采集及处理存储器、径向振动换能器等。

三、方法与步骤

(一)准备工作

(1)声测管的埋设应符合下列规定:

①当桩径不大于1 500 mm时,应埋设3根管;当桩径大于1 500 mm时,应埋设4根管,布置见教材图13-8。

②声测管宜采用金属管,其内径应比换能器外径大15 mm,管的连接宜采用螺纹连接,且不漏水。

③声测管应牢固焊接或绑扎在钢筋笼的内侧,且互相平行、定位准确,并埋设至桩底,管口宜高出桩顶顶面300 mm以上。

④声测管管底应封闭,管口应加盖。

⑤声测管的布置以路线前进方向的顶点为起始点,按顺时针旋转方向进行编号和分组,每两根编为一组。

(2)检测前的准备应符合下列规定:

①了解灌注桩有关技术资料及施工情况。了解桩的类型、尺寸、标高、成孔方法及工艺,地质资料,有关的设计参数,混凝土参数,混凝土施工工艺、过程及施工中出现的问题等。

②被检桩的混凝土龄期应大于14 d。

③桩顶应凿至新鲜混凝土面,把声测管割平,管口建议高出桩顶300~500 mm,且各声

测管管口高度一致，再往声测管内灌满清水，且保证畅通。

④标定超声检测仪发射至接收的系统延迟时间 t_0 。

⑤准确量测声测管的内、外径和两相邻声测管外壁间的距离，量测精度为 ±1 mm。

⑥取芯孔的垂直度误差不应大于 0.5%，检测前应进行孔内清洗。

(二)现场测试

(1)设置仪器参数。

(2)常规对测。

如教材图 13-9 所示，将发、收换能器分别置于两个声测管中，从管顶(或管底)开始，以一定间距同步升降发、收换能器，进行等高度的逐点对测。测试间距各测试规程有所不同。

测试中通常采用自动测读模式。当探头升到指定测点，观察自动判读线正确地对准首波起点和波谷(峰)后，再按下确认键、存储键进行测读。当测量中受到干扰或接收信号弱，自动判读线来回跳动或未能对准首波起点和波谷(峰)时，必须启动手动测量模式进行手动测读。

一对声测管测完后，再转到另一对声测管测量。

测试的参数包括声时、振幅和主频率，重点是声时和振幅，必要时也可注意观察和记录波形的变化。

(3)重点部位的加密测量和斜测。

当在常规的对测中发现某测点测值异常时，首先在该测点上下加密测点，即以 10 ~ 20 cm 的间距测量。一方面验证常规对测的结果，另一方面可以借此确定异常部位的范围。在确定此处测值异常后，应采用斜测法进行进一步的探测，如教材图 13-10 所示。

所谓斜测，就是将发、收换能器彼此错开一定距离进行测量。错开距离一般为 1 ~ 2 m，如果测试中信号有足够幅度，错开距离大一点有利于对缺陷的判断。斜测的间距宜为 10 ~ 20 cm。通过斜测可对缺陷性质、严重情况作出判断。

①局部缺陷：如教材图 13-10(a)所示，在对测中发现某测线测值异常(图中用实线表示)，进行斜测，在多条斜测线中，如果仅有一条测线(实线)测值异常，其余皆正常，则可以判断这只是一个局部的缺陷，位置就在两条实线的交点处。

②缩颈或声测管附着泥团：如教材图 13-10(b)所示，在对测中发现某(些)测线测值异常(实线)，进行斜测。如果斜测线中通过异常对测点发收处的测线测值异常，而穿过两声测管连线中间部位的测线测值正常，则可判断桩中心部位是正常混凝土，缺陷应出现在桩的边缘，声测管附近，有可能是缩颈或声测管附着泥团。当某根声测管陷入缺陷包围时，由它构成的两个测试面在该高程处都会出现异常测值。

③层状缺陷(断桩)：如教材图 13-10(c)所示，在对测中发现某(些)测线测值异常(实线)，进行斜测。如果斜测线中除通过异常对测点发收处的测线测值异常外，所有穿过两声测管连线中间部位的测线测值均异常，则可判定该两声测管间缺陷是连成一片的。如果三个测试面均在此高程处出现这样情况，若不是在桩的底部，测值又低下严重，则可判定是整个断面的缺陷，如夹泥层或疏松层，即断桩。

说到整个桩断面的缺陷，有个例外的情况需要注意。如果上述情况出现在桩的底部，则往往是桩底沉渣所造成的。但在判断沉渣高度时，有时会遇到这样的情况：孔底沉渣如果有一定厚度，当混凝土从浇筑导管冲出时，有可能将沉渣挤向四周，形成锅底形状，如教材

图 13-11所示。由于声测管被分布于孔边沿的沉渣所包裹,在这些高程上对测时也会出现3个测试面测试数据异常低下的情况,由于在桩的底部,斜测布点数量有限,在判断沉渣厚度上,如果遇到这种情况,有可能将沉渣厚度判为图 13-11 中的 h,需要注意。

斜测有两面斜测和一面斜测。最好进行两面斜测,以便相互印证,特别是像教材图 13-10(b)那种缩颈或包裹声测管的缺陷,两面斜测可以避免误判。

④扇形扫描测量:为减少换能器的升降次数,作为一种辅助手段,也可采用扇形扫描测量,如教材图 13-10(d)所示。一只换能器固定在某高程不动,另一只换能器逐点移动,测线呈扇形。需要注意的是,扇形测量中测距是各不相同的,虽然波速可以计算,且相互比较,但振幅测值却没有相互可比性,只能根据相邻测点测值的突变来发现测线是否遇到缺陷。

测试中还要注意声测管接头的影响。当换能器正好位于接头处时,有时接头会使声学参数测值明显降低,特别是振幅测值。其原因是接头处存在空气夹层,强烈反射声波能量。当遇到这种情况时,判断的方法是将换能器移开 10 cm,测值立刻正常,反差极大,往往属于这种情况。另外,通过斜测也可作出判断。

(4)检测方法应符合下列要求:

①测点间距不宜大于250 mm。发、收换能器应以相同标高同步升降,其累计相对高差不应大于 20 mm(平测),或保持固定高差同步升降(斜测),并随时校正。

②在对同一根桩的检测过程中,声波发射电压和仪器设置参数应保持不变。

③将多根声测管以两根为一个检测剖面进行全组合,分别对所有检测剖面完成检测。

④对于声时值和波幅值出现异常的部位,应采用水平加密、等差同步或扇形扫测等方法进行细测,结合波形分析确定桩身混凝土缺陷的位置及其严重程度。

四、数据处理与结果分析

(一)数据处理

(1)声时修正值可按下式计算

$$t' = \frac{D - d}{v_t} + \frac{d - d'}{v_w}$$

式中 t'——声时修正值,μs;

D——声测管外径,mm;

d——声测管内径,mm;

d'——换能器外径,mm;

v_t——声测管壁厚度方向声速值,km/s;

v_w——水的声速值,km/s。

(2)声时值、声速值和声速平均值应按下列公式计算,并绘制声速—深度曲线、波幅—深度曲线。

$$t = t_i - t_0 - t'$$

$$v_i = \frac{l}{t}$$

$$v_m = \sum_{i=1}^{n} \frac{v_i}{n}$$

式中　t——声时值,μs;

t_i——超声波第 i 个测点声时值,μs;

t_0——声波检测系统延迟时间,μs;

t'——声时修正值,μs;

v_i——第 i 个测点声速值,km/s;

l——两根检测管外壁间的距离,mm;

v_m——声速平均值,km/s;

n——测点数。

(二)桩身混凝土缺陷综合判定

1. 声速判据

当实测混凝土声速值低于声速临界值时,应将其作为可疑缺陷区。

$$v_i < v_D$$

式中　v_i——第 i 个测点声速值,km/s;

v_D——声速临界值,km/s。

声速临界值采用正常混凝土声速平均值与 2 倍声速标准偏差之差,即

$$v_D = \bar{v} - 2\sigma_v$$

$$\bar{v} = \sum_{i=1}^{n} \frac{v_i}{n}$$

$$\sigma_v = \sqrt{\sum_{i=1}^{n} \frac{(v_i - \bar{v})^2}{n-1}}$$

式中　$\bar{v}$——正常混凝土声速平均值,km/s;

σ_v——正常混凝土声速标准偏差;

v_i——第 i 个测点声速值,km/s;

n——测点数。

当检测剖面 n 个测点的声速值普遍偏低且离散性很小时,宜采用声速低限值判据,即实测混凝土声速值低于声速低限值时,可直接判定为异常。

$$v_i < v_L$$

式中　v_i——第 i 个测点声速值,km/s;

v_L——声速低限值,km/s。

声速低限值应由预留同条件混凝土试件的抗压强度与声速对比试验结果,结合本地区实际经验确定。

2. 波幅判据

用波幅平均值减 6 dB 作为波幅临界值,当实测波幅低于波幅临界值时,应将其作为可疑缺陷区。

$$A_D = A_m - 6$$

$$A_m = \sum_{i=1}^{n} \frac{A_i}{n}$$

式中　A_D——波幅临界值,dB;

A_m——波幅平均值,dB;

A_i——第 i 个测点相对波幅值，dB；

n——测点数。

3. PSD 判据

采用斜率法作为辅助异常判据，当 PSD 值在某测点附近变化明显时，应将其作为可疑缺陷区。

$$PSD = \frac{(t_i - t_{i-1})^2}{z_i - z_{i-1}}$$

式中 t_i——第 i 个测点声时值，μs；

t_{i-1}——第 $i-1$ 个测点声时值，μs；

z_i——第 i 个测点深度，m；

z_{i-1}——第 $i-1$ 个测点深度，m。

对于混凝土声速和波幅值出现异常并判为可疑缺陷区的部位，应按要求确定桩身混凝土缺陷的位置及影响程度。

（三）桩身完整性类别判定

（1）Ⅰ类桩：各声测剖面每个测点的声速、波幅均大于临界值，波形正常。

（2）Ⅱ类桩：某一声测剖面个别测点的声速、波幅略小于临界值，但波形基本正常。

（3）Ⅲ类桩：某一声测剖面连续多个测点或某一深度桩截面处的声速、波幅小于临界值，PSD 值变大，波形畸变。

（4）Ⅳ类桩：某一声测剖面连续多个测点或某一深度桩截面处的声速、波幅明显小于临界值，PSD 值突变，波形严重畸变。

（四）编制检测报告

（1）工程名称、地点，委托方，建设、勘察、设计、监理和施工单位。

（2）检测目的，检测依据，检测数量，检测日期等。

（3）地质条件描述。

（4）受检桩的桩号、桩位和相关施工记录。

（5）检测方法、原理、仪器设备和过程叙述。

（6）检测报告应符合《公路工程基桩动测技术规程》（JTG/T F81-01—2004）的规定。

（7）声测管布置图，应包括每根被检桩各剖面的声速—深度、波幅—深度曲线及各自的临界值，声速、波幅的平均值，桩身缺陷位置及程度的分析说明。

（8）与检测内容相应的检测结论。

（9）必要的说明和建议，比如对扩大或验证检测的建议。

基桩超声波透射法现场记录表

任务书编号： 第 页 共 页

工程名称				建设单位		
设计单位				监理单位		
施工单位				仪器型号/编号		
换能器型号/编号				检测日期		
检测依据	《建筑基桩检测技术规范》(JGJ 106—2003) 《公路工程基桩动测技术规程》(JTG/T F81-01—2004)					
相关资料	□设计文件 □地质资料 □施工记录(成孔、灌注) □其他					
声测管布置示意图	桩号		桩径(m)		设计桩长(m)	
路线前进方向 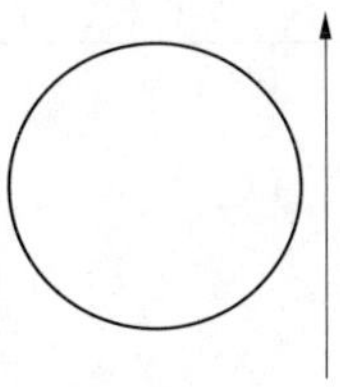	测区	测管距离(mm)	混凝土设计等级		实测桩长(m)	
	AB		成桩日期		接桩/系梁(m)	
	AC		声测管内/外径		桩顶/底标高	
	BC					
	AD		备注：			
	BD					
	CD					
声测管布置示意图	桩号		桩径(m)		设计桩长(m)	
路线前进方向 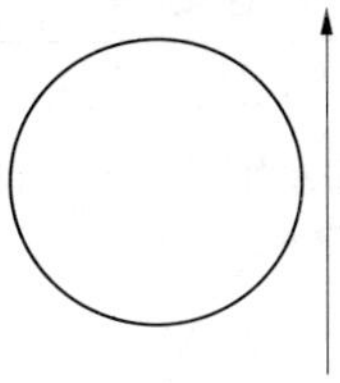	测区	测管距离(mm)	混凝土设计等级		实测桩长(m)	
	AB		成桩日期		接桩/系梁(m)	
	AC		声测管内/外径(mm)		桩顶/底标高	
	BC					
	AD		备注：			
	BD					
	CD					
桩位平面布置图						

检测： 记录： 复核：

基桩完整性检测报告

任务书编号：　　　　　　　　　　　　　　　　　　　　第　页　共　页

工程名称		基桩编号	
建设单位		设计桩长(m)	
设计单位		设计桩径(m)	
监理单位		混凝土设计标号	
施工单位		混凝土龄期(d)	
检测依据	《建筑基桩检测技术规范》(JGJ 106—2003) 《公路工程基桩动测技术规程》(JTG/T F81-01—2004)		

检测方法	声波透射法	测试仪器	RS－ST01C 非金属超声波检测仪	
检测人员			检测日期	年　月　日

检测结果	波速(m/s)	实测桩长(m)
	桩身质量描述： 该桩　　　　　　　　　　,为　　　　类桩。 （报告专用章） 签发日期：　　　　年　月　日	

	备注	测桩方位示意图
基桩平面布置示意图 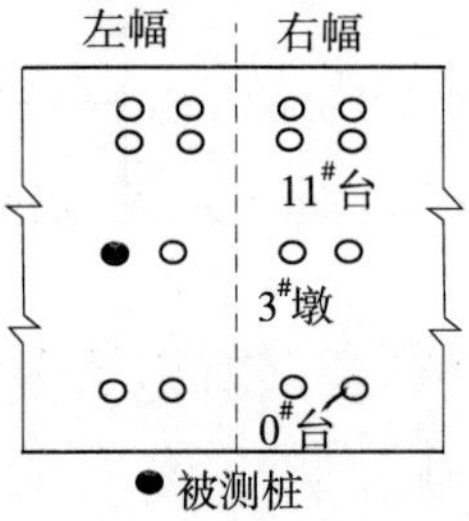	1. 声测管埋设示意图如右。 2. 基桩平面布置示意图如左。 3. 超声波检测曲线附后。	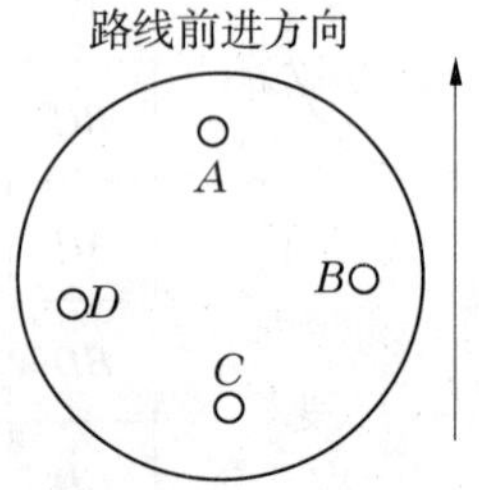

主检：　　　　　　校对：　　　　　　审核：　　　　　　批准：

任务十九　低应变反射波法检测预制桩完整性

一、基本知识

(一)试验目的

本方法是通过分析实测桩顶速度响应信号的特征来检测桩身的完整性,判断桩身缺陷位置及影响程度,判断桩端嵌固情况。

(二)适用范围

本试验适用于混凝土灌注桩和预制桩等刚性材料桩的桩身完整性检测。

(三)抽检数量

桩身完整性检测的抽检数量应综合考虑工程的重要性、抗震设防等级、地质条件、成桩工艺、检测目的、施工水平,以及承台下桩的数量等情况来确定。

二、仪具与材料

低应变反射波法检测桩身完整性原理简单,检测设备相对也比较简单。目前,国内在这方面使用的测桩仪器品种很多,有进口仪器,也有国产仪器,仪器的主要组成部分基本相同,即信号采集及处理仪、传感器、激振设备和专用附件。低应变检测仪器操作流程见教材图 13-13。

(一)信号采集及处理仪

信号采集及处理仪应具有现场显示、记录、存储和分析功能。

(二)传感器

传感器安装点、锤击点布置见教材图 13-4。

(三)激振设备

根据桩型和检测目的,宜选择不同材质和质量的力锤或力棒,以获得所需的激振频率和能量。瞬态激振设备应包括能激发宽脉冲和窄脉冲的力锤和锤垫,力锤可装有力传感器,稳态激振设备应包括激振力可调、扫频范围为 10～2 000 Hz 的电磁式稳态激振器。

三、方法与步骤

(一)试验准备工作

(1)被检工程应进行现场调查,收集工程地质资料、基桩设计图纸和施工记录、监理日志等,了解施工工艺及施工过程中出现的异常情况。

(2)根据现场实际情况选择合适的激振设备、传感器及检测仪,检查测试系统各部分之间是否连接良好,确认整个测试系统处于正常工作状态。

(3)桩顶应凿至新鲜混凝土面,并用打磨机将测点和激振点磨平。

(4)应测量并记录桩顶截面尺寸。

(5)混凝土灌注桩的检测宜在成桩 14 d 以后进行。

(6)打入或静压式预制桩的检测应在相邻桩打完后进行。

(二)现场测试

在桩顶选择好位置,用牛油或胶泥等黏结材料安装固定好传感器。检测过程中要求做到传感器不产生滑动，信号线不抖动，不能用手扶持传感器和信号线，并保证传感器安装平面与桩的中心轴线垂直。用手锤敲击桩顶，激起的纵向应力波以波速 C 由桩顶沿桩身向桩底传播，当桩身阻抗发生变化（如断桩、缩颈、裂缝等）时，部分应力波在阻抗变化处向上发生反射，其余以透射波的形式继续向桩底传播，在桩底反射后又沿桩身向上传播，这些向上传播的应力波被安装在桩顶上的加速度（或速度）传感器接收，由专用计算机通过 A/D 转换并被积分成速度信号存储起来。试验人员根据测得的速度时域曲线进行各种处理分析，最终对桩身完整性和桩身混凝土质量作出判断。

（1）传感器安装应符合下列规定：①传感器的安装可采用石膏、黄油、橡皮泥等耦合剂，黏结应牢固，并与桩顶面垂直。②对混凝土灌注桩，传感器宜安装在距桩中心的 1/2 ~ 2/3 半径处，且距离桩的主筋不宜小于 50 mm。当桩径不大于 1 000 mm 时不宜少于 2 个测点，当桩径大于 1 000 mm 时不宜少于 4 个测点。③对混凝土预制桩，当边长不大于 600 mm 时不宜少于 2 个测点，当边长大于 600 mm 时不宜少于 3 个测点。④对预应力混凝土管桩不应少于 2 个测点。

（2）激振时应符合下列规定：①混凝土灌注桩、混凝土预制桩的激振点宜在桩顶中心部位；预应力混凝土管桩的激振点和传感器安装点与桩中心连线的夹角不应小于 45°。②激振锤和激振参数宜通过现场对比试验选定。短桩或浅部缺陷桩的检测宜采用轻锤短脉冲激振；长桩、大直径桩或深部缺陷桩的检测宜采用重锤宽脉冲激振，也可采用不同的锤垫来调整激振脉冲宽度。③采用力棒激振时，应自由下落；采用力锤敲击时，应使其作用力方向与桩顶面垂直。

（3）检测工作应遵守下列规定：①采样频率和最小的采样长度应根据桩长和波形分析确定。②各测点的重复检测次数不应少于 3 次，且检测波形具有良好的一致性。③当干扰较大时，可采用信号增强技术进行重复激振，提高信噪比；当信号一致性差时，应分析原因，排除人为和检测仪器等干扰因素，重新检测。④对存在缺陷的桩应改变检测条件重复检测，相互验证。

四、数据处理与结果分析

（1）桩身完整性分析宜以时域曲线为主，辅以频域分析，并结合施工情况、岩土工程勘察资料和波形特征等因素进行综合分析判定。

（2）桩身波速平均值的确定：

①当桩长已知、桩端反射信号明显时，选取相同条件下不少于 5 根 Ⅰ 类桩的桩身波速，并按下式计算其平均值

$$c_m = \frac{1}{n}\sum_{i=1}^{n} c_i$$

$$c_i = \frac{2L \times 1\,000}{\Delta T} = 2L\Delta f$$

式中 c_m——桩身波速平均值，m/s；

c_i——第 i 根桩的桩身波速计算值，m/s；

L——完整桩桩长，m；

ΔT——时域信号第一峰与桩端反射波波峰间的时间差，ms；

Δf——幅频曲线桩端相邻谐振峰间的频差，Hz，计算时不宜取第一峰与第二峰；

n——基桩数量，$n \geqslant 5$。

②当桩身波速平均值无法按上款确定时，可根据本地区相同桩型及施工工艺的其他桩基工程的测试结果，并结合桩身混凝土强度等级与实践经验综合确定。

(3)桩身缺陷位置应按下式计算

$$x = \frac{1}{2\,000}\Delta t_x c = \frac{1}{2}\frac{c}{\Delta f_x}$$

式中 x——测点至桩身缺陷之间的距离，m；

Δt_x——时域信号第一峰与缺陷反射波波峰间的时间差，ms；

Δf_x——幅频曲线所对应缺陷的相邻谐振峰间的频差，Hz；

c——桩身波速，m/s，无法确定时用 c_m 值替代。

(4)混凝土灌注桩采用时域信号分析时，应结合有关施工和岩土工程勘察资料，正确区分由扩径处产生的二次同相反射与因桩身截面渐扩后急速恢复至原桩径处的一次同相反射，以避免对桩身完整性的误判。

(5)对于嵌岩桩，当桩端反射信号为单一反射波且与锤击脉冲信号同相时，应结合岩土工程勘察和设计等有关资料以及桩端同相反射波波幅的相对高低来推断嵌岩桩质量，必要时采取其他合适方法进行校验。

(6)桩身完整性的分析当出现下列情况之一时，宜结合其他检测方法：①超过有效检测长度范围的超长桩，其测试信号不能明确反映桩身下部和桩端情况；②桩身截面渐变或多变，且变化幅度较大的混凝土灌注桩；③桩长的推算值与实际桩长明显不符，且又缺乏相关资料加以解释或验证；④实测信号复杂、无规律，无法对其进行准确的桩身完整性分析和评价；⑤对于预制桩，时域曲线在接头处有明显反射，但又难以判定是断裂错位还是接桩不良。

(7)桩身完整性类别应按下列原则判定：①Ⅰ类桩：桩端反射较明显，无缺陷反射波，振幅谱线分布正常，混凝土波速处于正常范围；②Ⅱ类桩：桩端反射较明显，但有局部缺陷所产生的反射信号，混凝土波速处于正常范围；③Ⅲ类桩：桩端反射不明显，可见缺陷二次反射波信号，或有桩端反射但波速明显偏低；④Ⅳ类桩：无桩端反射信号，可见因缺陷引起的多次强反射信号，或按平均波速计算的桩长明显短于设计桩长。

(8)检测报告应符合《公路工程基桩动测技术规程》(JTG/T F81-01—2004)的规定，并应包括下列内容：①工程概述；②岩土工程条件；③检测方法、原理、仪器设备和过程叙述；④相关的施工记录；⑤桩身混凝土波速值；⑥桩身完整性描述，包括缺陷位置、性质及类别；⑦时域曲线图，并注明桩底反射位置；⑧桩位编号及平面布置示意图、地质柱状图；⑨时域信号时段所对应的桩身长度标尺、指数或线性放大的范围及倍数，或幅频信号曲线分析的频率范围、桩底或桩身缺陷对应的相邻谐振峰间的频差；⑩必要的说明和建议，比如对扩大或验证检测的建议。

基桩低应变反射波法现场记录表

任务书编号： 第 页 共 页

工程名称		建设单位	
设计单位		监理单位	
施工单位		仪器型号/编号	
换能器型号/编号		检测日期	
检测依据	《建筑基桩检测技术规范》(JGJ 106—2003) 《公路工程基桩动测技术规程》(JTG/T F81-01—2004)		
相关资料	□设计文件 □地质资料 □施工记录(成孔、灌注) □其他		

测点布置示意图	桩号		桩径(m)		设计桩长(m)	
路线前进方向 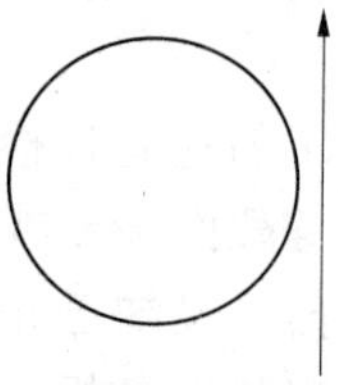	测点	采样点数	混凝土设计等级		实测桩长(m)	
	1		成桩日期		接桩/系梁(m)	
	2		成孔方式		桩顶/底标高	
	3		灌注方法			
	4		备注：			
	5					
	6					

测点布置示意图	桩号		桩径(m)		设计桩长(m)	
路线前进方向 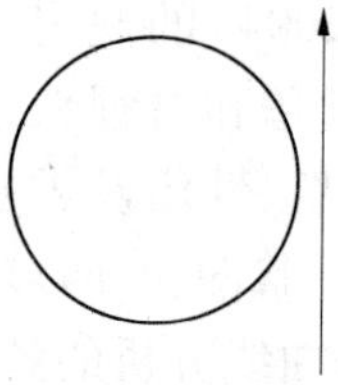	测点	采样点数	混凝土设计等级		实测桩长(m)	
	1		成桩日期		接桩/系梁(m)	
	2		成孔方式		桩顶/底标高	
	3		灌注方法			
	4		备注：			
	5					
	6					

桩位平面布置图

检测： 记录： 复核：

基桩完整性检测报告

任务书编号：　　　　　　　　　　　　　　　　　　　　　　　　　　　第　页　共　页

<table>
<tr><td>工程名称</td><td colspan="3"></td><td>基桩编号</td><td></td></tr>
<tr><td>建设单位</td><td colspan="3"></td><td>设计桩长(m)</td><td></td></tr>
<tr><td>设计单位</td><td colspan="3"></td><td>设计桩径(m)</td><td></td></tr>
<tr><td>监理单位</td><td colspan="3"></td><td>混凝土设计等级</td><td></td></tr>
<tr><td>施工单位</td><td colspan="3"></td><td>混凝土龄期(d)</td><td></td></tr>
<tr><td>检测依据</td><td colspan="5">《建筑基桩检测技术规范》(JGJ 106—2003)
《公路工程基桩动测技术规程》(JTG/T F81-01—2004)</td></tr>
<tr><td>检测人员</td><td></td><td colspan="2">检测日期</td><td colspan="2">年　月　日</td></tr>
<tr><td>检测方法</td><td>低应变反射波法</td><td colspan="2">测试仪器</td><td colspan="2">RS－1616K(S)基桩动测仪</td></tr>
<tr><td>桩型</td><td>钻孔灌注桩</td><td>波速(km/s)</td><td></td><td>实测桩长(m)</td><td></td></tr>
<tr><td rowspan="2">检测结果</td><td colspan="5">原始测试曲线：</td></tr>
<tr><td colspan="5">桩身质量描述：

（报告专用章）

签发日期：　年　月　日</td></tr>
<tr><td>备注</td><td colspan="5"></td></tr>
</table>

主检：　　　　　　校核：　　　　　　审核：　　　　　　批准：

任务二十　基桩竖向抗压承载力测试

一、基本知识

（一）试验目的

确定单桩承载能力和荷载与位移的关系，以及校核动力公式的准确程度。判断竖向抗压承载力是否满足设计要求。

（二）适用范围

本试验适用于检测单桩的竖向抗压承载力；当在桩身埋设有测量桩身应力、应变，桩底反力的传感器或位移杆时，可以测定桩的分层侧阻力和端阻力或桩身截面的位移量。

二、仪具与材料

静载荷试验设备主要由主梁、次梁、锚桩或压重等反力装置，千斤顶、油泵等加载装置，压力表、压力传感器或荷重传感器等荷载测量装置，百分表等沉降测量装置组成。

（一）加载装置

单桩竖向抗压静载荷试验一般采用单台或多台同型号、同规格千斤顶并联加载，千斤顶的合力中心应与桩轴线重合。千斤顶加载反力装置可根据现有条件选用下列三种形式之一。

1. 锚桩横梁反力装置

锚桩横梁反力装置能提供的反力应不小于预估最大试验荷载的 1.3 ~ 1.5 倍（《公路桥涵施工技术规范》（JTG/T F50—2011）规定）。锚桩至少需要 4 根。用灌注桩作锚桩时，其钢筋笼要通长配置。如用预制长桩，要加强接头的连接。锚桩按抗拔桩的规定计算确定，并应对试验过程中锚桩上拔量进行监测。横梁的刚度、强度与锚桩拉筋断面在试验前要进行验算，试验布置如教材图 13-12 所示。在大承载力桩试验中，横梁自重很大，需要以其他工程桩作支撑点，且基准梁亦应放在其他工程桩上较为稳妥。该方案不足之处是进行大吨位灌注桩试验时无法随机抽样。

2. 堆重平台反力装置

堆载材料一般为铁锭、混凝土块或砂袋，堆载重力不得小于预估试桩破坏荷载的 1.2 倍。堆载最好在试验前一次加上，并均匀稳固地放置于平台上，如教材图 13-13 所示。在软土地基上大量堆载将引起地面较大下沉，基准梁要支撑在其他工程桩上，并远离沉降影响范围。作为基准梁的工字钢应尽量长些，但其高跨比宜大于 1/40。堆载的优点是可对试桩随机抽样，适合不配筋或少配筋的桩。

3. 锚桩堆重联合反力装置

当试桩最大加载量超过锚桩的抗拔能力时，在锚桩上或横梁上配重，由锚桩与堆载共同承受千斤顶反力。

静载荷试验加载反力装置可根据现场条件选择锚桩横梁反力装置、堆重平台反力装置、锚桩堆重联合反力装置、地锚反力装置等。

（二）荷载测量装置

荷载测量可采用以下两种形式：一是通过用放置在千斤顶上的荷重传感器直接测定；二

是通过并联于千斤顶油路的压力表或压力传感器测定油压,根据千斤顶率定曲线换算荷载。传感器的测量误差不应大于1%,压力表精度应优于或等于0.4级。

目前,市场上用于静载荷试验的油压表的量程主要有25 MPa、40 MPa、60 MPa、100 MPa,应根据千斤顶的配置和最大试验荷载要求合理选择油压表。试验用压力表、油泵、油管在最大加载时的压力不应超过仪器规定工作压力的80%。

(三)沉降测量装置

测量仪表必须精确,一般使用1/20 mm光学仪器或力学仪表。支承仪表的基准架应有足够的刚度和稳定性。基准梁的一端在其支承上可以自由移动,不受温度影响引起上拱或下挠。沉降测量一般采用百分表或电子位移计,设置在桩的2个正交直径方向,对称安装4个,小直径桩可安装2个或3个。沉降测定平面离开桩顶的距离不应小于0.5倍桩径。固定和支承百分表的夹具和横梁在构造上应确保不受气温、振动及其他外界因素的影响而发生竖向变位。为了防止堆载引起的地面下沉影响测读精度,应用水准仪对基准梁系统进行监控。

三、方法与步骤

(一)试验准备工作

1. 桩头处理

1)预制桩

预制方桩和预应力管桩,如果未进行截桩处理,桩头质量正常,单桩设计承载力合理,可不进行处理。预应力管桩,尤其是进行了截桩处理的预应力管桩,可采用填芯处理,填芯高度h一般为1~2 m,可放置钢筋也可不放钢筋,填芯用的混凝土宜按C25~C30配制,也可用特制夹具箍住桩头。

2)灌注桩

灌注桩桩头处理应先凿掉桩顶部的松散破碎层和低强度混凝土,露出主筋,冲洗干净桩头后再浇筑桩帽。

2. 系统检查

在所有试验设备安装完毕之后,应进行一次系统检查。其方法是:对试桩施加一较小的荷载进行预压,目的是消除整个量测系统和被检桩本身由于安装、桩头处理等人为因素造成的间隙而引起的非桩身沉降;排除千斤顶和管路中的空气;检查管路接头、阀门等是否漏油等。如一切正常,卸载至零,待百分表显示的读数稳定后,记录百分表初始读数,即可开始进行正式加载。

(二)加载方法

加载方法一般采用慢速维持荷载法,即逐级加载,每级荷载达到相对稳定后,再加下一级荷载,直到试桩破坏,然后卸载到零。

另外,还有多循环加卸载法(每级荷载达到相对稳定后卸载到零)及等贯入速率法。此法的加荷速率常取0.5 mm/min,加载至总贯入量为50~70 mm,或荷载不再增大为止。

(三)慢速维持荷载法

1. 加载要求

进行单桩竖向抗压静载荷试验时,试桩的加载应满足以下要求:

（1）对于以桩身承载力控制极限承载力的工程桩试验，加载至设计承载力的1.5～2.0倍。

（2）对于嵌岩桩，当桩顶沉降量很小时，最大加载量不应小于设计承载力的2倍。

（3）当堆载为反力时，堆载重力应不小于试桩预估极限承载力的1.2倍。

（4）加载重心应与试桩轴线相一致。

2. 荷载分级

加载时应分级进行，使荷载传递均匀，无冲击。加载过程中，荷载不能超过每级的规定值。按试桩的预计最大试验加载量等分为10～15级进行逐级等量加载，也可将沉降变化较小的第一、二级加载合并，预估的最后一级加载和在试验过程中提前出现临界破坏的那一级荷载也可分成两次加载，这对判定极限承载力精度将有所帮助。

3. 测读桩沉降的间隔时间

（1）下沉未达到稳定状态不得进行下一级加载。

（2）每级加载的观测时间规定为：每级加载完毕后，每隔15 min观测一次；累计1 h后，每隔30 min观测一次。

4. 稳定标准

每级加载下沉量，在下列时间内如不大于0.1 mm即可认为稳定：

（1）桩端下为巨粒土、砂类土、坚硬黏质土，最后30 min。

（2）桩端下为半坚硬的细粒土，最后1 h。

5. 加载终止条件

（1）总位移量大于或等于40 mm，本级荷载的下沉量大于或等于前一级荷载下沉量的5倍时，加载即可终止。取此终止时荷载小一级的荷载为极限荷载。

（2）总位移量大于或等于40 mm，本级荷载加上后24 h未达稳定，加载即可终止。取此终止时荷载小一级的荷载为极限荷载。

（3）巨粒土、密实砂类土以及坚硬的黏质土中，总下沉量小于40 mm，但荷载已大于或等于设计荷载设计规定的安全系数，加载即可终止。取此时的荷载为极限荷载。

（4）施工过程中的检验性试验，一般加载应继续至桩的2倍设计荷载为止。如果桩的总沉降量不超过40 mm，及最后一级加载引起的沉降量不超过前一级加载引起的沉降量的5倍，则该桩可以停止试验。

6. 卸载规定

（1）卸载应分级进行，每级卸载量为加载增量的2倍。卸载后隔15 min测读一次，读两次后，隔0.5 h再读一次，即可卸下一级荷载。

（2）卸载到零后，至少在2 h内每30 min观测一次，如果桩尖下为砂类土，则开始30 min内，每15 min观测一次；如果桩尖下为黏质土，第一小时内，每15 min观测一次。全部卸载后，隔3～4 h再读一次。

四、数据处理与结果分析

（一）数据整理

为了便于应用与统计，所有试验数据应及时填写记录。

桩静载荷试验概况表

工程名称		建设单位		施工单位	
工程地点		设计单位		工程桩总数	
委托单位		勘察单位		混凝土强度等级	
桩型		持力层		单桩承载力特征值(kN)	
桩径(mm)		设计桩长(m)		试验最大荷载量(kN)	
千斤顶编号及校准公式				压力表编号	
百分表编号					
试验序号	工程桩号	试验前桩头观察情况	试验后桩头观察情况	试验异常情况	
1					

其他情况说明:

桩静载荷试验记录表

工程名称: 日期: 桩号: 试验序号:

油压表读数(MPa)	荷载(kN)	读数时间	时间间隔(min)	读数(mm)					沉降量(mm)		备注
				表1	表2	表3	表4	平均	本次	累计	

桩静载荷试验结果汇总表

序号	荷载(kN)	历时(min)		沉降量(mm)	
		本级	累计	本级	累计

试验记录: 校对: 审核: 页次:

(二)绘制曲线

绘制有关试验成果曲线,一般绘制 $Q \sim S$(按整个图形比例横:竖 =2:3取 Q、S 的坐标比例)、$S \sim \lg t$、$S \sim \lg Q$ 曲线以及其他辅助分析所需曲线。

（三）成果分析

1. 试桩竖向极限承载力的确定

在工程实践中，除遵循有关的规范规程外，可参照下列标准确定极限承载力：

（1）当 $Q \sim S$ 曲线的陡降段明显时，取相应于陡降段起点的荷载。

（2）对于缓变型 $Q \sim S$ 曲线，一般可取 $S = 40 \sim 60$ mm 对应的荷载。

（3）对于细长桩（$L/D > 80$）和超长桩（$L/D > 100$），一般可取桩沉降量 $S = 2QL/(3E_c A_p) + 20$ mm 所对应的荷载或取 $S = 60 \sim 80$ mm 所对应的荷载。

（4）取 $S \sim \lg t$ 曲线尾部出现明显向下弯曲的前一级荷载。

（5）对于摩擦型灌注桩，取 $S \sim \lg Q$ 曲线出现陡降直线段的起始点所对应的荷载值。

（6）对于大直径钻孔灌注桩，取桩端沉降 $S_b = 0.025D$ 所对应的荷载为极限承载力；国内建议取 $S = (0.03 \sim 0.06)D$（大直径桩取低值，小直径桩取高值）所对应的荷载为极限承载力。

（7）当桩顶沉降量尚小，但因受荷条件的限制而提前终止试验时，其极限承载力一般应取最大加荷值；在桩身材料破坏的情况下，其极限承载力可取破坏前一级的荷载值。

2. 单桩竖向抗压极限承载力标准值的确定

单桩竖向抗压极限承载力的标准值应根据试桩位置、实际地质条件、施工情况等综合确定。当各试桩条件基本相同时，单桩竖向抗压极限承载力标准值可按下面的方法确定：

（1）计算试桩结果的统计特征值，其方法是：

①确定正常条件下几根试桩的极限承载力实测值 Q_{ui}。

②计算几根试桩实测极限承载力平均值 Q_{um}，计算公式为

$$Q_{um} = \frac{1}{n}\sum_{i=1}^{n} Q_{ui}$$

③计算每根试桩的极限承载力实测值与平均值之比 a_i，计算公式为

$$a_i = \frac{Q_{ui}}{Q_{um}}$$

④按下式计算 a_i 的标准偏差 S_n

$$S_n = \sqrt{\sum_{i=1}^{n} \frac{(a_i - 1)^2}{n - 1}}$$

（2）确定单桩竖向抗压极限承载力标准值 Q_{uk}，此时应分两种情况分别进行：

当 $S_n \leqslant 0.15$ 时，$Q_{uk} = Q_{um}$；当 $S_n > 0.15$ 时，$Q_{uk} = \lambda Q_{um}$。

单桩竖向抗压极限承载力标准值折减系数 λ 可由变量 a_i 按下面的方法确定：

①当试桩数 $n = 2$ 时，按表 9-1 确定。

②当试桩数 $n = 3$ 时，按表 9-2 确定。

表 9-1　单桩竖向抗压极限承载力标准值折减系数 λ（$n = 2$）

$a_2 - a_1$	0.21	0.24	0.27	0.30	0.33	0.36	0.39	0.42	0.45	0.48	0.51
λ	1.00	0.99	0.97	0.96	0.94	0.93	0.91	0.90	0.90	0.88	0.85

表 9-2 单桩竖向抗压极限承载力标准值折减系数 λ($n=3$)

a_2	a_3-a_1							
	0.30	0.33	0.36	0.39	0.42	0.45	0.48	0.51
0.84	—	—	—	—	—	—	0.93	0.92
0.92	0.99	0.98	0.98	0.97	0.96	0.95	0.94	0.93
1.00	1.00	0.99	0.98	0.97	0.96	0.95	0.93	0.92
1.08	0.98	0.97	0.95	0.97	0.93	0.91	0.90	0.88
1.16	—	—	—	—	—	—	0.86	0.84

③当试桩数 $n\geqslant4$ 时,按下式计算

$$A_0+A_1\lambda+A_2\lambda+A_3\lambda+A_4\lambda=0$$

$$A_0=\sum_{i=1}^{n-m}a_i^2+\frac{1}{m}\left(\sum_{i=1}^{n-m}a_i\right)^2$$

$$A_1=-\frac{2n}{m}\sum_{i=1}^{n-m}a_i$$

$$A_2=0.127-1.127n+\frac{n^2}{m}$$

$$A_3=0.147(n-1)$$

$$A_4=-0.042(n-1)$$

取 $m=1,2,\cdots$满足式 $A_0+A_1\lambda+A_2\lambda+A_3\lambda+A_4\lambda=0$ 的 λ 即为所求。

(四)填写检测报告

检测报告应包括以下信息:

(1)工程名称、地点,委托方,建设、勘察、设计、监理和施工单位。

(2)检测目的,检测依据,检测数量,检测日期等。

(3)地质条件描述。

(4)受检桩的桩号、桩位和相关施工记录。

(5)检测方法、原理、仪器设备和过程叙述。

(6)受检桩的检测数据,实测与计算分析曲线、表格和汇总结果。

(7)与检测内容相应的检测结论。

(8)必要的说明和建议,比如对扩大或验证检测的建议。

实训十　桥梁结构及构件检测

任务二十一　结构混凝土强度检测(回弹法)

一、基本知识

回弹法用于测定混凝土厚度不小于 10 cm、测试温度不低于 10 ℃时的混凝土结构表面的回弹值,经碳化深度修正后可以换算得混凝土抗压强度值,其结果仅供参考。

二、仪具与材料

(1)混凝土回弹仪。
(2)酚酞酒精溶液。
(3)钢砧。
(4)手提式砂轮。
(5)其他:卷尺、钢尺、凿子、锤、毛刷等。

三、方法与步骤

(一)测点测区要求

1. 测点要求

(1)按单个构件测试时,应在构件上均布测区不少于 10 个。

(2)对于同批构件抽样检测时,构件抽样不少于同批构件的 30%,且不少于 10 件,单件测区不少于 10 个。

(3)对于长度小于 3 m,且高度小于 0.6 m 的构件,测区数量不少于 5 个。

2. 测区要求

(1)测区均匀布置,相邻测区间的间距不大于 2 m,测区距边缘不小于 0.5 m。

(2)测区应避开钢筋密集区和预埋构件。

(3)测区尺寸宜为 20 cm×20 cm,每一测区 16 个点相邻距离不小于 3 cm。

(二)试验步骤

(1)用混凝土回弹仪测混凝土结构表面的回弹值,同一测区的两个侧面用回弹仪测 8 点,同一测区的单个侧面用回弹仪测 16 点。

(2)混凝土碳化深度的测试。

回弹后即测量构件的碳化深度,用合适的工具在测区的表面形成直径约为 15 mm 的孔洞(其深度略大于混凝土的碳化深度),清除洞中粉末和碎屑后(注意不能用液体冲洗孔洞)立即用酚酞酒精溶液滴在混凝土孔洞内壁的边缘处,垂直测量未变色部分的深度(未碳化部分变成玫瑰红色),该距离即为混凝土的碳化深度值,精确至 0.5 mm。

一个测区选择 1 ~ 3 处测量混凝土的碳化深度值。当相邻测区的混凝土质量或回弹值与它基本相同时，也可以代表相邻测区的碳化深度值。

四、数据处理与结果分析

（一）检测数据的处理

1. 测区回弹值的计算

当回弹仪水平方向测试混凝土浇筑侧面时，应从每一测区的16个回弹值中剔除3个最大值和3个最小值，取余下10个回弹值的平均值作为该测区的平均回弹值，取一位小数。计算公式为

$$\overline{N}_s = \frac{\sum_{i=1}^{n} N_i}{10}$$

式中 $\overline{N}_s$——测区平均回弹值，计算结果精确至0.1；

N_i——第i个测点的回弹值。

1）测试角度修正

当回弹仪非水平方向测试混凝土浇筑侧面时，应将测得的数据按下式进行修正，计算非水平方向测定的修正回弹值

$$\overline{N}_a = \overline{N}_s + \Delta N_a$$

式中 $\overline{N}_a$——经非水平测定修正的测区平均回弹值；

$\overline{N}_s$——回弹仪实测的测区平均回弹值；

ΔN_a——由教材表14-1查出的不同测试角度的修正回弹值，精确至0.1。

2）测试面修正

当回弹仪水平方向测试混凝土浇筑表面或底面时，应将测得数据参照公式 $\overline{N}_s = \frac{\sum_{i=1}^{n} N_i}{10}$ 求出测区平均回弹值 $\overline{N}_s$ 后，按下式进行修正

$$\overline{N}_{ma} = \overline{N}_a + \Delta N_m$$

式中 $\overline{N}_{ma}$——回弹仪测混凝土浇筑表面或底面时测区平均回弹值；

ΔN_m——由教材表14-2查出的不同浇筑面的修正回弹值。

如果测试仪器既非水平方向而又非混凝土浇筑侧面，则应对回弹值先进行角度修正，然后进行浇筑面修正。

3）碳化深度的计算

每一测区的平均碳化深度值，按下式计算

$$\overline{L} = \frac{\sum_{i=1}^{n} L_i}{n}$$

式中 $\overline{L}$——测区的平均碳化深度值，精确至0.5 mm；

L_i——第i次测量的碳化深度值，mm；

n——测区的碳化深度测量次数。

如平均碳化深度值小于或等于0.4 mm，按无碳化深度处理（即平均碳化深度为0）；如

大于或等于 6 mm，取 6 mm；对于新浇筑混凝土龄期不超过 3 个月者，可视为无碳化。

4）测区混凝土强度值的测定

根据每一测区的回弹平均值及碳化深度值，查阅专用曲线，或地区曲线，或统一曲线编制的测区混凝土强度换算表，所查出的强度值即为该测区混凝土的强度。当强度低于 50 MPa 或高于 10 MPa 时，教材表 14-3 中未列出的测区强度值，可用内插法求得。

2. 结构（或构件）混凝土抗压强度的推定

（1）结构（或构件）混凝土强度的平均值按下式计算

$$\overline{R}_n = \frac{\sum R_{ni}}{n}$$

式中 $\overline{R}_n$——结构（或构件）混凝土强度的平均值，MPa，精确至 0.1 MPa；

R_{ni}——第 i 个测区结构混凝土的抗压强度，MPa；

n—— 测区数，对于单个评定的结构（或构件），取一个试件的测区数，对于抽样评定的结构（或构件），取抽样试样测区数之和。

（2）当测区数 $n \geqslant 10$ 时，按下式计算标准偏差

$$S_n = \sqrt{\frac{\sum_{i=1}^{n}(R_{ni} - \overline{R}_n)^2}{n-1}}$$

式中 S_n——结构（或构件）混凝土强度标准值，MPa，精确至 0.01 MPa；

其他符号意义同前。

3. 结构（或构件）混凝土强度的评定

用回弹法检测的混凝土结构（或构件）多属于重要结构，应用数理统计方法进行评定。

结构（或构件）的混凝土强度推定值（R_n）应按下列公式确定：

当该结构（或构件）的测区数 $n < 10$ 时

$$R_n = (R_{ni})_{\min}$$

式中 $(R_{ni})_{\min}$ ——构件中最小的测区混凝土强度值。

当该结构（或构件）的测区强度值中出现小于 10.0 MPa 的值时

$$R_n < 10.0\ \text{MPa}$$

当该结构（或构件）测区数 n 不小于 10 或按批量检测时，应按下式计算

$$R_n = \overline{R}_n - 1.645 S_n$$

对按批量检测的构件，当该批构件混凝土强度标准值出现下列情况之一时，则该批构件应全部按单个构件检测：

当该批构件混凝土强度平均值小于 25 MPa 时

$$S_n > 4.5\ \text{MPa}$$

当该批构件混凝土强度平均值不小于 25 MPa 时

$$S_n > 5.5\ \text{MPa}$$

（二）填写检测报告

试验报告应包括：测区混凝土平均回弹值，各测区的抗压强度推定结果，推定的混凝土抗压强度平均值、标准偏差、变异系数。

回弹法混凝土强度检测原始记录表

任务书编号：

工程名称		工程部位		检测依据	
样品名称		检测仪器		检测环境	
检测方法		仪器编号		检测日期	
测面状态	侧面（ ），表面（ ），底面（ ），风干（ ），潮湿（ ），光洁（ ），粗糙（ ）				
测试角度	水平（ ），向上（ ），向下（ ）				

测点 编号	1	2	3	4	5	6	7	8	9	10	11	12	13	14	15	16	R_m	碳化深度（mm）
1																		
2																		
3																		
4																		
5																		
6																		
7																		
8																		
9																		
10																		

测区号 项目		1	2	3	4	5	6	7	8	9	10
回弹值 N	测区平均值										
	角度修正值										
	角度修正后										
	浇筑面修正值										
	浇筑面修正后										
平均碳化深度值（mm）											
测区强度值 R_{ni}（MPa）											
强度平均值（MPa）					标准偏差		变异系数（%）				
备注											

检测：　　　　记录：　　　　计算：　　　　校核：

任务二十二　结构混凝土表观及内部缺陷检测

一、基本知识

超声检测法是混凝土无损检测技术中一项十分重要的检测方法，检测范围非常广泛，既可以检测混凝土的强度，又可以检测混凝土裂缝、混凝土均匀性、混凝土综合面质量、混凝土中不密实区和孔洞、混凝土破坏层厚度和混凝土弹性参数等，其探测距离已达 20 m，是一种极具生命力的检测方法。

利用超声波在技术条件相同（指混凝土原材料、配合比、龄期和测试距离一致）的混凝土中传播的时间（或速度）、接收波的振幅和频率等声学参数的变化，来判断混凝土的缺陷。

二、仪具与材料

（一）超声波检测仪

超声波检测仪应满足下列要求：

（1）具有波形清晰、显示稳定的示波装置。

（2）声时最小分度为 0.1 μs。

（3）具有最小分度为 1 dB 的衰减系统。

（4）接收放大器频响范围 10 ~ 50 kHz，总增益不小于 80 dB，接收灵敏度（在信噪比为 3:1时）不大于 50 μV。

（二）换能器

换能器应满足下列要求：

（1）常用换能器有厚度振动式和径向振动式两种类型，可根据不同测试需要选用。

（2）厚度振动式换能器的频率宜采用 20 ~ 250 kHz。径向振动式换能器的频率宜选用 20 ~ 60 kHz，直径不宜大于 32 mm。

三、测前准备工作

（一）测前应掌握和取得的资料

（1）工程和结构名称。

（2）混凝土原材料品种和规格。

（3）混凝土浇筑和养护情况。

（4）结构尺寸和配筋施工图。

（5）结构外观资料及存在的问题。

（二）对检测面的要求

测取混凝土表面应清洁、平整，必要时可用砂轮磨平或用高强度等级快凝砂浆抹平。换能器应通过耦合剂与结构表面接触，耦合层中不得夹泥沙或空气。

（三）测点间距

普通的测点间距宜为 200 ~ 500 mm（平测法例外），对出现可疑数据的区域，应加密布点，进行细测。

(四)换能器频率选择

换能器频率选择见表 10-1。

表 10-1　换能器频率选择

测距(cm)	选用换能器频率(kHz)	最小截面尺寸(cm)	测距(cm)	选用换能器频率(kHz)	最小截面尺寸(cm)
10~20	200~500	10	300~500	30~50	30
20~100	200~500	20	>500	20	50
100~300	50	20			

(五)换能器的布置方法

接收换能器检测出最早到达的脉冲分量,这一分量通常是纵向振动的前缘。尽管所传播的最大能量的方向是垂直发射换能器的表面,但是可能在其他的一些方向检测到通过混凝土传播的脉冲。因此,可以按教材图 14-3 来布置两只换能器,以测量脉冲速度。

(1)直测法:两只换能器对面布置(直接传播)。

(2)斜测法:两只换能器在相邻面布置(半直接传播)。

(3)平测法:两只换能器布置在同一表面(间接传播或表面传播)。

(4)钻孔法:两只换能器分别置于两个对应钻孔中,采用孔中对测、孔中斜测和孔中平测。

四、混凝土相对均匀性检测

构建内部或各构件之间的混凝土不均匀性可引起脉冲速度的差异,这种差异又和质量的差别相连。脉冲速度的测量为研究匀质性提供了手段。

(一)适用要求

需要了解结构混凝土各部位的相对均匀性。

(二)检测要求

(1)被检测的部位具有相对平行的测试面。

(2)测点在被检测部位均匀布置,测点的间距一般为 200~500 mm。

(3)测点布置时,应避开与声波传播方向一致的主钢筋。

(三)检测方法

(1)在检测部位的测试面上画间距为 200~500 mm 的网格并编号。

(2)用钢卷尺测量两个换能器之间的距离,误差不应超过 ±1%。

(3)逐点测量声时值 $t_1, t_2, t_3, \cdots, t_n$。

(四)数据处理判定

(1)各测点的混凝土声速值应按下式计算

$$v_i = \frac{l_i}{t_{ci}}$$

(2)各测点混凝土声速的平均值和离散系数按下式分别计算

$$m_v = \frac{1}{n}\sum_{i=1}^{n} v_i$$

$$c_v = \frac{s_v}{m_v}$$

(3)根据声速的标准偏差和离散系数的大小,可以相对比较相同测距的同类结构或各部位混凝土质量均匀性的优劣。

(五)注意问题

(1)构件上各点声速值波动变化反映了混凝土质量的波动变化,因此用声速统计的声速均方差及偏差系数也反映了均匀性。但是由于混凝土的声速与其强度之间并非线性关系,以声速统计的值和以强度统计的值标准不一致,因此只能作为混凝土均匀性的相对比较,而不能用于均匀性等级的评定。

(2)当具有超声测强曲线时,可先计算出测点混凝土强度值,然后进行匀质性评价。

五、混凝土表面损伤层检测

冻害、高温或化学腐蚀会引起混凝土表面层损伤。检测表面损伤层厚度时,被测部位和测点的确定应满足下列要求:

(1)根据构件的损伤情况和外观质量选取有代表性的部位布置测位。

(2)构件被测部位表面应平整并处于自然干燥状态,且无接缝和饰面层。

(3)检测时,为保证检测结果的可靠性,宜做局部破损验证。

(一)测试方法

(1)用超声法检测混凝土表面损伤层厚度的方法大致有两种:一是单面平测法,二是逐层穿透法。

(2)单面平测法。此法可应用于仅有一个可测表面的结构,也可应用于损伤层位于两个对应面上的结构或构件。如教材图 14-4 所示,将发射换能器 T 置于测试面某一点保持不动,再将接收换能器 R 以测距 l_i = 30 mm、60 mm、90 mm…依次置于各点,读取相应的声时值 t_i。每一测位的测点数不得少于 6 个。当损伤厚度较厚时,应适当增加测点数;当构件的损伤层厚度不均匀时,应适当增加测位数量。

(3)逐层穿透法。在损伤结构的一对平行表面上,分别钻出一对不同深度的测试孔,孔径为 50 mm 左右,然后用直径小于 50 mm 的平面式换能器,分别在不同深度的一对测孔中进行测试,读取声时值和测试距离,并计算其声速值,或者在结构同一位置先测一次声速,然后凿开一定深度的测孔,在孔中测一次声速,再将测孔增加一定深度,再测声速,直至两次测得的声速之差小于 2% 或接近于最大值,如教材图 14-5 所示。

(4)表层损伤层平测法检测时,宜选用 30 ~ 50 kHz 的低频厚度振动式换能器。

(二)数据处理及判断

(1)当采用单面平测时,将各测点的声时测值 t_i 和相应的测距值 l_i 绘制"时—距"坐标图。如教材图 14-4 所示,由图可求得声速改变所形成的转折点,该点前、后分别表示损伤和未损伤混凝土的 l 与 t 相关直线,用回归分析法分别求出损伤、未损伤混凝土 l 与 t 的回归直线方程:

损伤混凝土 $$l_f = a_1 + b_1 t_f$$

未损伤混凝土 $l_a = a_2 + b_2 t_a$

式中 l_f、l_a——拐点前、后各测点的距离,mm;

t_f、t_a——拐点前、后各测点的声时值,μs;

a_1、b_1、a_2、b_2——回归系数,即损伤和未损伤混凝土直线的截距和斜率。

(2)采用单面平测法检测的损伤层厚度 h_f(mm)可按下式进行计算

$$l_0 = (a_1 b_2 - a_2 b_1)/(b_2 - b_1)$$

$$h_f = l_0/2\sqrt{(b_2 - b_1)/(b_2 + b_1)}$$

(3)当采用逐层穿透法检测时,可将每次测量的声速值(v_i)和测孔深度值(h_i)绘制成"$v \sim h$"曲线,如教材图14-5所示,声速值趋于基本稳定时的测孔深度,便是混凝土损伤层的厚度 h_f。

六、混凝土表面浅裂缝检测

(一)适用情况

适用于当结构混凝土开裂深度小于或等于500 mm的情况。

(二)检测要求

(1)需要检测的裂缝中,不得充水和泥浆。

(2)如有主钢筋穿过裂缝且与收、发换能器的连线大致平行,布置测点时应使收、发换能器的连线至少与该钢筋轴线相距1.5倍的裂缝预计深度。

(三)检测方法

1. 平测法

当结构的裂缝部位只有一个可测表面时,可采用平测法。平测时应在裂缝的被测部位以不同的测距同时按跨缝和不跨缝布置测点进行声时测量,其测试步骤应为:

(1)不跨缝声时测量,将T、R换能器置于裂缝同一侧,以两个换能器内边缘间距(l')等于100 mm、150 mm、200 mm、250 mm…分别读取声时值(t_i),绘制"时—距"坐标图,如教材图14-6所示,用统计的方法求出两者的关系式。

测距与声时的理论关系为

$$l'_i = a + bt_i$$

考虑仪器设备的声时修正,每测点超声波实际传播的距离应为

$$l_i = l'_i + |a|$$

式中 l_i——第 i 点的超声波实际传播距离,mm;

l'_i——第 i 点的R、T换能器内边缘间距,mm;

a——"时—距"图中 l' 轴的截距或回归直线方程的常数项,mm;

b——不跨缝平测的混凝土声速值,即为

$$v = \frac{l'_n - l'_1}{t'_n - t'_1} \quad (\text{km/s})$$

$$v = b \quad (\text{km/s})$$

式中 l'_n、l'_1——第 n 点和第1点的距离,mm;

t'_n、t'_1——第 n 点和第1点的声时值,μs。

(2)跨缝声时测量。如教材图14-7所示,将T、R换能器对称置于裂缝同一侧,两换能

器中心连线垂直于裂缝走向，以两个换能器内边缘间距(l')等于 100 mm、150 mm、200 mm、250 mm、3 000 mm…分别读取声时值(t_i^0)，同时观察首波相位的变化。

(3)平测法检测。裂缝深度按下式计算

$$h_{ci} = \frac{l_i}{2}\sqrt{\left(\frac{t_i^0 v}{l_i}\right)^2 - 1}$$

$$m_{bc} = \frac{1}{n}\sum_{i=1}^{n} h_{ci}$$

式中 l_i——不跨缝平测时第 i 点的超声波实际传播距离，mm；

h_{ci}——第 i 点计算的裂缝深度值，mm；

t_i^0——第 i 点跨缝平测的声时值，μs；

m_{bc}——各测点计算裂缝深度的平均值，mm；

n——测点数。

(4)裂缝深度的确定方法如下：

①三点平均值法。跨缝测试在某测点发现首波反相时，用该测点及其相邻测点的声时测量值分别计算，取此三点的平均值作为该裂缝的深度。

②平均值加剔除法。当跨缝测量难以发现首波反相时，可先求出各测点计算深度的平均值 m_{bc}，再将各测点 l_i 与 m_{bc} 比较，如 $l_i < m_{bc}$ 和 $l_i > 3m_{bc}$，剔除其深度值，然后取余下 h_{ci} 的平均值作为该裂缝的深度值(h_c)。

2. 双面斜测法

当结构的裂缝部位具有两个相互平行的测试表面时，可采用斜测法检测(见教材图 14-8)。将 T、R 换能器分别置于对应测点 1、2、3…的位置，读取相应声时值 t_i 和波辐值 A_i 及主频率值 f_i。

如 T、R 换能器的连线通过裂缝，则接收信号的波幅和频率明显降低。根据波幅和频率的突变，可以判定裂缝深度及是否在平面方向贯通。

3. 注意问题

(1)当需要检测的裂缝中有水或泥浆时，上述检测方法不能使用。因为以声时推算浅裂缝深度，是假定裂缝中充满了气体，声波绕过裂缝末端传播。若裂缝有水或泥浆，则声波经水介质耦合穿过裂缝，首波到达时间不反映裂缝深度。

(2)采用斜测法时，必须保持 T、R 换能器的连线通过和不通过裂缝的测试距离相等，在倾斜角一致的条件下，读取相应的声时、波幅和频率值。

七、混凝土表面深裂缝检测

(一)适用条件

对于大体积混凝土，适用于预计开裂深度大于 500 mm 的情况。

(二)检测要求

(1)允许在裂缝两旁钻测试孔。

(2)裂缝中不得充水或泥浆。

(3)孔径应比换能器直径大 5 ~ 10 mm。

(4)孔深应至少比裂缝预计深度深 700 mm，经测试，如浅于裂缝深度，则应加深钻孔。

（5）对应的两个测试孔必须始终位于裂缝两侧，其轴线应保持平行。

（6）两个对应测试孔的间距宜为 2 000 mm，同一结构的各对应测孔间距应相同。

（7）如教材图 14-9 所示，宜在裂缝一侧多钻一个较浅的孔，测试无缝混凝土的声学参数，供对比判别之用。

（8）孔中粉末、碎屑应清理干净。

（三）检测方法

（1）选用频率为 20 ~ 60 kHz 的径向振动式换能器，并在其接线上作出等距离标志（一般间隔 100 ~ 500 mm）。

（2）测试前应先向测试孔中注满清水，然后将 T、R 换能器分别置于裂缝两侧的对应孔中，以相同高程等间距地从上至下同步移动，逐点读取声时、波幅和换能器所处的深度。

（四）裂缝深度判断

以换能器所处深度（h）与对应的波幅值（A）绘制 $h \sim A$ 坐标图（见教材图 14-10）。随着换能器的下移，波幅逐渐增大，当换能器下移至某一位置后，波幅达到最大值并基本稳定，该位置所对应的深度便是裂缝深度 h_c。

（五）注意的问题

（1）向测孔中灌的水必须是清水，无悬浮泥沙。

（2）测点间距宜为 20 cm 左右，深度大的裂缝测量间距可适当大一些，换能器上下移动到位后，使其处于钻孔中心，为此换能器应套上橡皮的“扶正器”再置于钻孔中使用。

（3）当放置 T、R 换能器的测孔之间的混凝土质量不均匀或者存在不密实区和孔洞时，将使 $h \sim A$ 曲线偏离原来趋向，此时应注意识别和判断，以免产生误判。

（4）由于大体积混凝土本身存在较大的体积变形，当温度升高而膨胀时，其裂缝变窄甚至完全闭合。结构混凝土在外力作用下，其受压区的裂缝也会产生类似变化，在此种情况下进行超声检测，难以正确判断裂缝宽度。因此，最好在气温较低的季节或结构卸荷状态下进行裂缝检测。

（5）当有主钢筋穿过裂缝且靠近一对测孔，T、R 换能器又处于该钢筋的高度时，大部分超声波将沿钢筋传播到接收换能器，波幅值难以反映裂缝的存在，检测时应注意判别。

（6）当裂缝中充满水时，绝大部分超声波经水穿过裂缝传播到接收换能器，使得有无裂缝的波幅值无明显差异，难于判断裂缝深度。因此，检测时被测裂缝中不应填充水或泥浆。

八、不密实区和孔洞检测

（一）适用情况

当结构混凝土因振动不够、漏浆或十字架空等原因造成混凝土局部区域呈蜂窝状、孔洞等缺陷时。

（二）检测要求

（1）被测部位应具有一对（或两对）相互平行的测试面。

（2）测区的范围应大于有怀疑的区域。

（3）在测区布置测点时，应避免 T、R 换能器的连线与附近的主钢筋轴线平行。

（三）检测方法

（1）根据被测结构实际情况，可按下列方法之一布置换能器：

①结构具有两对互相平行的测试面时可采用对测法。在测区的两对相互平行的测试面上，分别画间距为 200 ~ 300 mm 的网格，并编号、确定对应的测点位置，如教材图 14-11 所示。

②采用斜测法，即在测区的两个相互平行的测试面上，分别画出交叉测试的两组结构中只有一对相互平行的测试面时的可测点位置，如教材图 14-12 所示。

③当结构的测试距离较大时，为了提高测试灵敏度，可在测区适当位置钻出平行于侧面的测试孔（见教材图 14-13）。测孔直径宜比换能器直径大 5 ~ 10 mm，预埋管或钻孔间距宜为 2 ~ 3 mm，其深度视测试需要而定。检测时可用两个径向振动式换能器分别置于两测孔中进行测试，或用一个径向振动式换能器分别置于测孔中和平行于测孔的侧面进行测试。结构侧面采用厚度振动式换能器，用黄油耦合。测孔中有用径向振动式换能器，用水耦合的。

(2) 按规定测量每一测点的声时、波幅、频率和测距。

(四) 数据处理与判断

测区混凝土声时（或声速）、波幅、频率测量值的平均值（m_x）和标准偏差（S_x）应按下式计算

$$m_x = \frac{1}{n}\sum_{i=1}^{n} x_i$$

$$S_x = \sqrt{\frac{\sum_{i=1}^{n} x_i^2 - n m_x^2}{n-1}}$$

式中 x_i——第 i 点的声时（或声速）、波幅、频率的测量值；

n——测区参与统计的测点数。

测区中的异常数据可按以下方法判别：

(1) 将一测区各测点的声时值由小至大按顺序排列，即 $x_1 \leqslant x_2 \leqslant \cdots \leqslant x_n \leqslant x_{n+1}$，将排在后面明显大的数据视为可疑数据，再将这些可疑数据中最小的一个（假定 x_n）连同其前面的数据计算出 m_x 及 S_x，并算出异常情况的判断值（x_0）。

$$x_0 = m_x - \lambda_1 S_x$$

式中 λ_1——异常值判定系数，应按表 10-2 查。

表 10-2　统计数的个数 n 与对应的 λ_1、λ_2 和 λ_3 的值

n	20	22	24	26	28	30	32	34	36	38
λ_1	1.65	1.69	1.73	1.77	1.80	1.83	1.86	1.89	1.92	1.94
λ_2	1.25	1.27	1.29	1.31	1.33	1.34	1.36	1.37	1.38	1.39
λ_3	1.05	1.07	1.09	1.11	1.12	1.14	1.16	1.17	1.18	1.19
n	40	42	44	46	48	50	52	54	56	58
λ_1	1.96	1.98	2.00	2.02	2.04	2.05	2.07	2.09	2.10	2.12
λ_2	1.41	1.42	1.43	1.44	1.45	1.46	1.47	1.48	1.49	1.49
λ_3	1.20	1.22	1.23	1.25	1.26	1.27	1.28	1.29	1.30	1.31

把 x_0 值与可疑数据中最大值(x_n)相比较,如 x_n 大于或等于 x_0,则 x_n 及排在其后的各声时值均为异常值;当 x_n 小于 x_0 时,应再将 x_{n+1} 放进去重新进行统计计算和判别。

(2)将一测区各测点的波幅、频率由大到小按顺序排列,即 $x_1 \geqslant x_2 \geqslant \cdots\cdots \geqslant x_n \geqslant x_{n+1}$,将排在后面明显小的数据视为可疑,再将这些可疑数据中最大的一个(假定 x_n)连同其前面的数据计算出 m_x 及 S_x,并算出异常情况的判断值(x_0)。

当测区中某些测点被判为异常值时,可结合异常测点的分布,按下式进一步判别其相邻测点是否异常

$$x_0 = m_x - \lambda_2 S_x \quad 或 \quad x_0 = m_x - \lambda_3 S_x$$

式中,λ_2、λ_3 按表 10-2 取值。当测点布置为网格状时取 λ_2,当单排布置测点时取 λ_3。

当测区中某些测点的声时值(或声速值)、波幅值(或频率值)被判为异常值时,可结合异常测点的分布及波形状况确定混凝土内部存在不密实区和孔洞的范围。

(五)孔洞尺寸估算方法

当判定缺陷是孔洞时,可按以下的方法估算其尺寸。

如教材图 14-14 所示,设检测距离为 l,孔洞中心(在另一对测试面上,声时最长的测点位置)距一个测试面的垂直距离为 l_k,声波在孔洞附近无缺陷混凝土中传播的时间平均值为 m_{ta},绕孔洞传播的时间(孔洞处的最大声时)为 t_h,孔洞半径为 r。

根据 $\frac{l_h}{l}$ 值和 $(t_h - m_{ta})/m_{ta} \times 100\%$ 值,查表 10-3 孔洞半径 r 与测距 l 的比值,再计算孔洞大致尺寸 r。

表 10-3　孔洞半径 r 与测距 l 的比值

y	z												
	0.05	0.08	0.10	0.12	0.14	0.16	0.18	0.20	0.22	0.24	0.26	0.28	0.30
0.10(0.9)	1.42	3.77	6.26	—	—	—	—	—	—	—	—	—	
0.15(0.85)	1.00	2.56	4.06	5.97	8.39	—	—	—	—	—	—	—	—
0.20(0.8)	0.78	2.03	3.18	4.62	6.36	8.44	10.9	13.9	—	—	—	—	—
0.25(0.75)	0.67	1.72	2.69	3.90	5.34	7.03	8.98	11.2	13.8	16.8	—	—	—
0.30(0.7)	0.60	1.53	2.40	3.46	4.73	6.21	7.91	9.38	12.0	14.4	17.1	20.1	23.6
0.35(0.65)	0.55	1.41	2.21	3.19	4.35	5.70	7.25	9.00	10.9	13.1	15.5	18.1	21.0
0.40(0.6)	0.52	1.34	2.09	3.02	4.12	5.39	6.84	8.48	10.3	12.3	14.5	16.9	19.8
0.45(0.55)	0.50	1.30	2.03	2.92	3.99	5.22	6.62	8.20	9.95	11.9	14.0	16.3	18.8
0.50	0.50	1.28	2.02	2.89	3.94	5.16	6.55	8.11	9.84	11.8	13.3	16.1	18.6

注:表中 $x = (t_h - m_{ta})/m_{ta} \times 100\%$,$y = l_h/l$,$z = r/l$;$m_{ta}$ 为无缺陷区的平均声时值,μs。

如被测部位只有一对可供测试的表面，孔洞尺寸可用下式计算

$$r = \frac{1}{2}\sqrt{\left(\frac{t_h}{m_{ta}}\right)^2 - 1}$$

式中 r——孔洞半径，mm；

t_h——缺陷处的最大声时值，μs；

m_{ta}——无缺陷区的平均声时值，μs。

（六）注意问题

（1）一般情况下用波幅、频率和声时的差异来判别不密实区和孔洞等缺陷较为有效。

（2）若耦合条件保证不了测幅稳定，则波幅值不能作为统计法的判据。

（3）有时由于一个构件的整体质量差，各测点的声速、波幅测量值的标准偏差较大，如按上述判据易产生漏判，此时，可利用一个同条件（混凝土的材料、龄期、配合比及配筋相同，测距一致）混凝土的声速、波幅的平均值和标准偏差来判别。

九、混凝土结合面质量检测

用超声法检测两次浇筑的混凝土结合面的质量时，应先查明结合面的位置及走向，明确被测部位及范围。若构件的被测部位具有声波垂直或斜穿结合面的测试条件，可采用对测法与斜测法进行检测。换能器的具体布置方法如教材图14-15所示。

（一）测点布置

（1）使测试范围覆盖全部结合面或有怀疑的部位。

（2）各对 $T-R_1$（声波传播不经过结合面）和 $T-R_2$（声波传播经过结合面）换能器连线的倾斜角测距应相等。

（3）测点间距应根据被测结构尺寸结合面的外观质量情况确定，一般为100～300 mm，间距过大易造成缺陷漏检。

（二）声时、波幅和主频率测量

按布置好的测点分别测出各点的声时、波幅和主频率。

（三）数据处理及判定

（1）将同一测位各点声时、波幅和主频率分别按数理统计进行计算。

（2）当测点数无法满足统计法判断条件时，可将 $T-R_2$ 的声时、波幅等声学参数与 $T-R_1$ 进行比较，若 $T-R_2$ 声学参数比 $T-R_1$ 显著低，则该点可判为异常测点。

（3）当通过结合面的某些测点的数据被列为异常数据，并查明无其他因素影响时，可判定混凝土结合面在该部位结合不良。

结构混凝土表观及内部缺陷检测记录表
(不密实及孔洞)

任务书编号:

工程名称						工程部位/用途			
试验依据						样品编号			
样品描述						试验条件			
主要仪器设备									
测点的声学参数(声时、波幅、主频率、测距)									
测点	测距	声时	波幅	主频率	测点	测距	声时	波幅	主频率
内部缺陷描述									
换能器布置方式									

检测:　　　　记录:　　　　计算:　　　　校核:

结构混凝土表观及内部缺陷检测记录表
（裂缝长度及宽度）

任务书编号：

<table>
<tr><td>工程名称</td><td colspan="4"></td><td>工程部位/用途</td><td></td></tr>
<tr><td>试验依据</td><td colspan="4"></td><td>样品编号</td><td></td></tr>
<tr><td>样品描述</td><td colspan="4"></td><td>试验条件</td><td></td></tr>
<tr><td>主要仪器设备</td><td colspan="6"></td></tr>
<tr><td>裂缝
编号</td><td>测试
时间</td><td>起点坐标
（m）</td><td>止点坐标
（m）</td><td>长度
（m）</td><td>与水平方向
角度（°）</td><td>最大裂缝
宽度（mm）</td></tr>
<tr><td></td><td></td><td></td><td></td><td></td><td></td><td></td></tr>
<tr><td></td><td></td><td></td><td></td><td></td><td></td><td></td></tr>
<tr><td></td><td></td><td></td><td></td><td></td><td></td><td></td></tr>
<tr><td></td><td></td><td></td><td></td><td></td><td></td><td></td></tr>
<tr><td></td><td></td><td></td><td></td><td></td><td></td><td></td></tr>
<tr><td></td><td></td><td></td><td></td><td></td><td></td><td></td></tr>
<tr><td></td><td></td><td></td><td></td><td></td><td></td><td></td></tr>
<tr><td></td><td></td><td></td><td></td><td></td><td></td><td></td></tr>
<tr><td></td><td></td><td></td><td></td><td></td><td></td><td></td></tr>
<tr><td></td><td></td><td></td><td></td><td></td><td></td><td></td></tr>
<tr><td></td><td></td><td></td><td></td><td></td><td></td><td></td></tr>
<tr><td></td><td></td><td></td><td></td><td></td><td></td><td></td></tr>
<tr><td>裂缝图
标描述</td><td colspan="6"></td></tr>
</table>

检测：　　　　　　　　记录：　　　　　　　　计算：　　　　　　　　校核：

结构混凝土表观及内部缺陷检测记录表
(裂缝深度)

任务书编号：

<table>
<tr><td>工程名称</td><td colspan="5"></td><td colspan="2">工程部位/用途</td><td></td></tr>
<tr><td>试验依据</td><td colspan="5"></td><td colspan="2">样品编号</td><td></td></tr>
<tr><td>样品描述</td><td colspan="5"></td><td colspan="2">试验条件</td><td></td></tr>
<tr><td>主要仪器设备</td><td colspan="8"></td></tr>
<tr><td rowspan="12">裂缝深度
$h \leq 500$ mm</td><td>裂缝编号</td><td colspan="7">换能器内边缘间距(mm)及对应声时(μs)</td></tr>
<tr><td rowspan="4"></td><td></td><td></td><td></td><td></td><td></td><td></td><td></td></tr>
<tr><td></td><td></td><td></td><td></td><td></td><td></td><td></td></tr>
<tr><td></td><td></td><td></td><td></td><td></td><td></td><td></td></tr>
<tr><td></td><td></td><td></td><td></td><td></td><td></td><td></td></tr>
<tr><td colspan="2">平均声速(km/s)</td><td colspan="6"></td></tr>
<tr><td>裂缝编号</td><td colspan="7">换能器间距(mm)、对应声时(μs)及裂缝深度(mm)</td></tr>
<tr><td rowspan="4"></td><td></td><td></td><td></td><td></td><td></td><td></td><td></td></tr>
<tr><td></td><td></td><td></td><td></td><td></td><td></td><td></td></tr>
<tr><td></td><td></td><td></td><td></td><td></td><td></td><td></td></tr>
<tr><td></td><td></td><td></td><td></td><td></td><td></td><td></td></tr>
<tr><td colspan="2">裂缝深度(mm)</td><td colspan="6"></td></tr>
<tr><td rowspan="6">裂缝深度
$h > 500$ mm</td><td>裂缝编号</td><td colspan="7">换能器从上至下提升距离(mm)及波幅(dB)</td></tr>
<tr><td rowspan="4"></td><td></td><td></td><td></td><td></td><td></td><td></td><td></td></tr>
<tr><td></td><td></td><td></td><td></td><td></td><td></td><td></td></tr>
<tr><td></td><td></td><td></td><td></td><td></td><td></td><td></td></tr>
<tr><td></td><td></td><td></td><td></td><td></td><td></td><td></td></tr>
<tr><td colspan="2">裂缝深度(mm)</td><td colspan="6"></td></tr>
<tr><td>裂缝
图标
描述</td><td colspan="8"></td></tr>
</table>

检测：　　　　记录：　　　　计算：　　　　校核：

任务二十三　结构混凝土钢筋位置及保护层厚度检测（电磁感应法）

一、基本知识

（一）目的与适用范围

钢筋的混凝土保护层厚度关系到结构的承载力、耐久性、防火等性能，必须抽取一定数量的梁、板类构件进行钢筋保护层厚度的测试作为结构实体检验的一项内容。电磁感应法因对被检测结构无损伤，适用于大量结构构件、大面积检测，但其检测准确性受仪器精度、检测人员经验等影响较大。

（二）检测原理

仪器的传感器产生交变电磁场，该电磁场作用于被测结构构件时，若遇到结构构件内部的金属介质，则产生较为强烈的感生电磁场，仪器传感器接收到感生电磁场并转化为电信号，从而可以判断钢筋的位置、保护层厚度和钢筋直径等。

二、仪具与材料

（1）钢筋保护层测定仪。

（2）磨石。

（3）其他：卷尺、钢尺、毛刷等。

三、方法与步骤

（1）检测前，应对仪器进行预热和调零。检测过程中，应适时核查仪器的零点状态。

（2）进行钢筋位置检测前，宜结合设计资料了解钢筋布置状况。检测时，应避开钢筋接头和绑扎丝，钢筋间距应满足仪器的要求。探头在检测面上移动，直到仪器保护层厚度示值最小，此时探头中心线与钢筋轴线应重合，在相应位置作好标记。按上述步骤将相邻的其他钢筋位置逐一标出。

（3）钢筋位置确定后进行保护层厚度的检测：

①设定仪器量程范围及钢筋直径，沿被测钢筋轴线选择相邻钢筋影响较小的位置，并应避开钢筋接头和绑扎丝，读取保护层厚度检测值。在每根钢筋的同一位置重复检测 1 次，读取数值。

②当同一处读取的 2 个保护层厚度值相差大于 1 mm 时，该组检测数据无效，并应查明原因，在该处重新进行检测，如 2 个保护层厚度值相差仍大于 1 mm，则应该更换检测仪器或采用钻孔、剔凿的方法核实。

注：大多数仪器要求钢筋直径已知，方能准确地检测保护层的厚度，此时仪器必须按照钢筋实际直径对其进行设置。

③当实际保护层厚度值小于仪器最小示值时，应采用在探头下附加垫块的方法进行检测。垫块对仪器检测结果不应产生干扰，表面应光滑、平整，其各方向厚度值偏差不应大于

0.1 mm。所加垫块厚度 C_0 在计算保护层厚度时应予扣除。

(4)检测钢筋间距时,应将设计间距相同的连续相邻钢筋一一标出,不得遗漏,并不宜少于7根钢筋,然后量测所有相邻钢筋的间距 s_i,并记录其间隔数。

(5)遇到下列情况之一时,应选取不少于30%的已测钢筋且不应少于6处(当实际检测数量不到6处时应全部抽取),采用钻孔、剔凿等方法验证:

①认为相邻钢筋对检测结果有影响;

②钢筋实际直径未知或有异议;

③钢筋实际根数、位置与设计有较大偏差;

④在构件饰面层未清除的情况下检测钢筋保护层厚度;

⑤钢筋以及混凝土材质与校准试件有显著差异。

四、数据处理与结果分析

(一)钢筋位置检测

钢筋位置检测主要是为了了解其间距,如楼板中纵向受力钢筋间距是影响其承载能力的重要因素。钢筋间距的计算相对较为简单,可以根据一定长度内有几根钢筋(几个间隔)来计算平均间距。如钢筋分布不均匀,最好将所测部位的钢筋分布以绘图形式记录下来,并记录每根钢筋间距,以便整改。

(二)钢筋保护层厚度检测

1. 抽样方法

对于梁类、板类构件,应各抽取构件数量的2%且不少于5个构件进行检验;当有悬挑构件时,抽取的构件中悬挑梁类、板类构件所占比例均不宜小于50%。

结构部位,应由监理(建设)、施工等各方根据结构构件的重要性共同选定。

2. 检测部位

对于梁类构件,应对全部纵向受力钢筋的保护层厚度进行检验;对于板类构件,应抽取不少于6根纵向受力钢筋的保护层厚度进行检验;对于每根钢筋,应在有代表性的部位测量1点。

3. 检测方法

可采用非破损或者局部破损的方法,也可采用非破损方法并用局部破损方法进行校准。检测误差应不大于1 mm。

4. 指标要求

纵向受力钢筋的允许偏差,对梁类构件为 −7 ~ 10 mm,对板类构件为 −5 ~ 8 mm。

5. 结果评定

对于梁类、板类构件,纵向受力钢筋的保护层厚度应分别进行验收,符合下列要求可按合格验收:

(1)当全部钢筋保护层厚度检验的合格点率不小于90%时,判定合格。

(2)当全部钢筋保护层厚度检验的合格点率小于90%但不小于80%时,可再抽取同样数量的构件进行检验,同时两次抽样总和计算的合格点率必须不小于90%,才能判定为合格。

(3)每次抽样检验结果中不合格点的最大偏差均不应大于规范允许偏差的1.5倍。对于梁类构件,也就是说,不能大于 −10.5 ~ 15 mm;对于板类构件,不能大于 −7.5 ~ 12 mm。

(三)检测报告

钢筋位置、保护层厚度及钢筋直径检测记录表

任务书编号:

工程部位/用途		试验依据		检测环境	
检测仪器		仪器编号		检测日期	

测点号	检测位置			钢筋位置	保护层厚度(mm)				钢筋直径(mm)	
	参照点	x	y	实测偏差值	实测1	实测2	测定值	设计值	实测	设计值

备注:

检测:　　　　记录:　　　　计算:　　　　校核:

任务二十四　预制成品梁(板)的质量检验

为了检验钢筋混凝土和预应力钢筋混凝土单片成品梁的实际承载能力,以及校核在设计荷载下梁的强度、刚度及抗裂性能,针对理论极限状态的计算结果,对单梁进行加载试验,确定单梁的承载能力是否满足设计要求,从而确保整桥的承载能力。

一、设计、施工资料收集

(一)设计资料

设计资料主要包括设计标准、设计主要荷载类型、结构特点、桥梁设计图纸、桥梁计算书及设计原始资料等。

(二)施工资料

施工资料包括材料试验报告、钢筋骨架验收记录、阶段施工质量检查验收记录、竣工图纸及各项施工记录。

在收集和分析试验梁的各项资料的同时,还应对梁体的几何尺寸、材料状况、施工质量、表面缺陷等进行认真细致的检查。

二、梁板试验检测仪器操作与调试

(一)电阻应变仪的操作与调试

正确地操作和使用电阻应变仪,是获取准确试验数据的关键步骤,为此必须做好下列工作:

(1)操作前的准备工作及注意事项。选好电阻应变仪的安放位置,尽量远离各种电磁干扰源,如大功率电动机、电焊机和高压线等。

(2)电阻应变仪要接地良好,注意模拟信号地线、数字信号地线以及电源地线之间的隔离。

(3)电阻应变仪所有电源必须稳定可靠,输入电压(220 V)的变化范围应保持在 -10% ~ 5%之内。

(4)测点的连接导线尽量远离电源线,以免交变电源的干扰耦合到连接导线内,对测点信号造成干扰,影响测量精度。

(5)必须固定连接好连接测点与电阻应变仪的导线,不允许随风摆动,以免导线的电阻变化,影响测量精度。

(6)补偿片与工作片必须规格相同,补偿片贴在与被测试件材料相同且不受力的试件上(补偿块),并且有补偿片的试件应与被测试件放置在一起,使它们处于同一温度场。

(7)再次确认前期准备工作的质量,如电阻应变片对地的绝缘电阻,电阻应变片及连接导线是否开路或短路等。

(8)将测点连接线接入电阻应变仪,进行扫描,观察是否所有测点均可调整平衡,对不能平衡的重要测点应及时查找原因,采取处理补救措施。

(二)百分表的操作与调试

使用时,百分表装在表座上,表架安装在临时专门搭设的支架上,支架应具有一定的刚度，并与被测结构物分开。

（三）用位移计测挠度与变位

用位移计测挠度或某点的位移时，要注意位移的相对性，位移计的定点（表壳）和动点（测杆）必须分别和相对位移的两点连接。

位移计可装在各种表架上，通常用颈箍夹住表的轴颈，也可用其他方式将表壳或轴颈固定在某一个定点，测杆可直接顶住试件测点。

（四）裂缝宽度观测仪

一般地，检查裂缝出现的方法是借助于放大镜用肉眼观察，裂缝出现后，裂缝宽度可采用读数显微镜量测。读数显微镜是由光学透镜与游标刻度玻片等组成的复合仪器，其最小刻度值要求不大于0.05 mm。另外，也有用印刷有不同宽度线条的裂缝标准宽度板（裂缝卡）与裂缝对比量测；或用一组具有不同标准厚度的塞尺进行试插对比，刚好插入裂缝的塞尺厚度，即裂缝宽度。后两种方法比较粗略，但能满足一般测试要求。

三、梁板试验检测现场准备工作

（一）试验梁的基本情况

了解试验梁的桥名、设计长度、梁号、混凝土设计强度等级，业主、施工单位、监理单位、设计单位，并记录。

（二）摆梁的加载装置

1. 龙门吊吊配载梁加载装置摆梁

对预制场采用龙门吊吊梁的桥，可用龙门吊吊配载梁加载，一片梁自重不够时可用两片，在试验梁 $L/2$ 截面两侧横向对称放置两根分配梁，分配梁为钢轨，间距1.0 m，其作用是使 $L/2$ 截面受纯弯矩作用，分配梁上沿梁纵向放置钢轨，在钢轨上放置千斤顶及荷载传感器，反顶配重梁。梁加载装置示意如教材图14-20所示。

需准备的辅助材料有：短钢轨2根，2 m长枕木6根，橡胶支座4块，支承刚性主梁的垫块若干。

2. 堆载法加载装置摆梁

在试验前准确称量堆载物重，在跨中左右一定长度范围内按一定荷载加载。具体堆载布置示意见教材图14-21。

3. 用预制梁配载加载装置摆梁

需准备辅助材料：6 m长刚性钢梁1根（亦可由3根45型或50型钢轨组成），2 m长的枕木8根，橡胶支座4块。在试验梁跨中顶面放置方钢（或钢轨）作分配梁，再在分配梁上放置千斤顶及荷载传感器，反顶加载横主梁（由工字钢、钢轨或贝雷架等组成），并用钢丝绳栓住配载梁端吊钩（无吊钩可兜梁底），两片梁重量不够时可补堆其他重物，形成扁担式加载装置。本方法最好在预制场进行，不宜在已架好的桥梁上进行，加载装置见教材图14-22。

（三）测点布置

1. 应变测点布置

在试验梁底 $L/2$ 截面处布置2个混凝土应变测点，在试验梁 $L/2$ 截面处腹板布置6个混凝土应变测点，共布置8个应变测点检测混凝土应变。

将测点打磨平整，并擦洗干净，再分别将应变片护铜板粘贴在测点位置，然后将应变片和信号线焊接在护铜板上，最后将信号线另一头与电阻应变仪连接、编号。

2. 挠度测点布置

在试验梁 $L/2$ 截面、一侧 $L/4$ 截面各布置2根竖向测试标尺，利用精密水准仪检测挠度，同时 $L/2$ 截面利用百分表进行核对。

3. 支座沉陷测点布置

在试验梁两端支座处各布置2根竖向测试标尺，利用精密水准仪检测支座沉陷。具体测点布置示意见教材图14-23。

（四）电阻应变片的贴片技术

电阻应变片的粘贴是应变电测技术中的一个关键环节，粘贴质量的好坏直接影响测量结果。贴片技术包括应变片选择、试件表面处理、贴片、固化及防潮处理、焊接导线、质量检查等技术。

1. 应变片选择

用放大镜检查应变片有无缺陷和破损。同批试验应选用灵敏系数和阻值相同的应变片，采用兆欧表或万用表对其阻值进行测量，保证误差不大于0.5 Ω。

2. 试件表面处理

先初步画出贴片的位置，用砂布或打磨机将贴片位置打磨平整，混凝土表面无浮浆、麻面与气泡，必要时涂底胶（如66胶水），待固化后再次打磨。在打磨平整的部位准确画出测点的纵、横中心及贴片方向。

3. 贴片

用砂纸以45°方向将打磨平整的部位再次进行打磨，然后用镊子夹脱脂棉球蘸取无水酒精（或丙酮）将贴片位置轻轻擦洗干净。用手捏住应变片引出线，在其背面均匀涂抹一层502胶水，然后放在测点上，调整应变片的位置，使其准确定位。在应变片上覆盖小片玻璃纸，用手轻轻滚压，挤出多余的胶水和气泡，注意不要使应变片位置移动。用手指轻按1～2 min，待胶水初步固化后，即可松手。粘贴质量好的应变片，应胶层均匀、位置准确。

4. 固化及防潮处理

干燥才能固化。对于气温较高、相对湿度较低的短期试验，可用自然干燥，时间一般1～2 d。人工干燥12 h后，用红外线灯烘烤，温度不要高于50 ℃，还要避免温度骤热，烘干到绝缘电阻符合要求时为止。

根据实际环境要求，应变片有时需要进行防潮（例如可用703胶涂抹在应变片上，切勿将胶水粘到应变片引出线上）和防止机械损伤。

5. 应变片与电阻应变仪的连接

在连接之前首先将信号线两端编号，然后将护铜板用502胶水粘贴到应变片引出线一侧，注意保持适当的距离，再用电烙铁分别将引出线和信号线一端焊接在护铜板上。焊接完毕，将电阻应变仪与静态电阻预调平衡箱连接，信号线与静态电阻预调平衡箱连接，调试电阻应变仪及静态电阻预调平衡箱。

四、梁板加载与试验测试

（一）试验荷载

试验荷载的确定包括荷载图式、荷载大小和加载程序三个方面。

1. 荷载图式

试验荷载图式最好能与设计计算的荷载图式相同，这样就可以使试验梁的工作情况与设计相符。但在试验中荷载量较大时，为了简化试验装置及便于试验进行，有时也采用与设计不同的荷载图式。但这种荷载图式必须与设计荷载图式等效，才能保证不会因荷载图式的改变而影响梁的工作和试验结果的分析。

2. 荷载大小

荷载的大小应根据试验目的来确定。非破坏性试验的荷载量，可按控制设计的弯矩值推算。若需进行超载试验，可乘以适当的超载系数。对于预应力混凝土梁，还要考虑试验时尚未完成的预应力损失对梁体构成的抵抗力矩的作用。若进行破坏性试验，则在加载量达到设计吨位后，仍应继续加载到梁体破坏或不能再使用时为止。

3. 加载程序

加载程序是指试验中荷载与时间的关系，如加载速度、间歇时间、分级荷载量的大小及加卸载循环次数等。只有正确地确定荷载程序，才能正确反映梁的承载能力与变形性质。

加载可分三个阶段进行：

（1）预载阶段加载程序为：$0 \to 10\ \text{kN} \to 0.5P \to P \to 0$。

（2）设计荷载阶段加载程序为：$0 \to 10\ \text{kN} \to 0.2P \to 0.4P \to 0.6P \to 0.8P \to P \to 0.5P \to 0$，循环次数少于两次。

（3）开裂荷载阶段加载程序为：$0 \to 10\ \text{kN} \to 0.25P \to 0.5P \to 0.75P \to P \to (P_{裂} - 30\ \text{kN}) \to P_{裂} \to P \to 0.5P \to 0$。

第二次循环为：$0 \to 10\ \text{kN} \to P \to P_{裂} \to 0$，以后每级增加 $0.2P$ 直至出现裂缝。

（二）观测项目及量测仪器

预应力混凝土简支梁单片梁载荷试验的观测项目如下。

1. 挠度

梁在各级荷载下的挠度，不仅可以反映出梁的刚度、梁的弹性和非弹性变形，而且还能反映出梁体在荷载下整体工作状况。挠度观测是梁的静载荷试验的主要测量项目。在缺乏必要的测量仪器的情况下，梁的静载荷试验也可仅取挠度观测这一项。

梁的挠度可用精密水准仪和百分仪测定。测点一般可设置在跨中、支点和四分点处，对较大跨径的梁在八分点处应增设测点。

试验时，应量测构件跨中位移和支座沉陷。对宽度较大的构件，应在每一测截面的两边或两肋布置测点，并取其量测结果的平均值为该处的位移。

2. 跨中断面沿梁高混凝土应变的测定

在荷载作用下，简支梁中断面沿梁高混凝土正应变的分布情况，是验证设计计算合理性与正确性的重要指标。测点可沿梁高等距离布置，也可布置成外密里疏，以便比较准确地测定较大的应变力。

测量梁体混凝土应变的测点数一般不少于 5 ~ 7 个。如梁的高度比较大,测点还应增加。因为测点越多,就越能准确地测定出中性轴的位置。

引伸仪的标距不宜太小,一般要大于混凝土粗骨料粒径的 2 ~ 4 倍,一般引伸仪的标距为15 ~ 20 cm。

3. 裂缝出现的观测

梁体混凝土在荷载的作用下出现的裂缝能直接反映出梁的抗裂性能。将第一条裂缝出现的开裂荷载与设计的抗裂荷载加以比较,就可以得出梁的抗裂安全度的大小。因此,及时发现受拉区出现第一条裂缝时的开裂荷载是十分重要的。

如在试验过程中,某处应变计的示值跳跃式地增长,表示梁体混凝土在该处开裂;与此同时,相邻的应变计示值往往会下降。

可采用放大镜观察裂缝的出现。若试验中未能及时观察到正截面裂缝的出现,也可取荷载—挠度曲线上的转折点(曲线第一弯段两端点切线的交点)的荷载值作为梁体的开裂荷载实测值。

4. 裂缝宽度的观测

裂缝宽度可采用精度为 0.05 mm 的刻度放大镜等仪器进行观测,一般只需测量几条严重的裂缝尺寸。对正截面裂缝,应量测受拉主筋处的最大裂缝宽度;对斜截面裂缝,应量测腹部裂缝的最大裂缝宽度。当确定受拉主筋处的裂缝宽度时,应在梁的侧面量测。

(三)加载实施

试验前,填好电阻应变仪应变观测记录表及挠度观测记录表,画出示意图。试验时,检查试验梁是否有裂缝并用智能裂缝宽度观测仪进行量测和记录,然后进行 80% 加载量的预压,消除塑性变形,使梁内材料协同工作。试验加载分四级(50%、80%、90%、100%)、卸载分两级(50%、0%)进行。逐级加载,观测应变值、挠度值,读数稳定后,记录应变值、挠度值。

在每级荷载下出现的裂缝或原有裂缝的开展都要在结构上标明,用软铅笔在离裂缝 1 ~ 3 mm处平行地描绘出裂缝的走向、长度和宽度,并注明荷载吨位,试验结束时,根据结构上的裂缝绘出裂缝开展图。

加载过程中应对结构控制点位移(或应变)、结构整体行为或薄弱部位破损实行监控,随时向指挥人员汇报,随时将控制点实测数值与计算结果比较。如实测值超过计算值较多,应暂停加载,查明原因后再决定是否继续加载。

在发生下列情况时终止加载:

(1)控制测点应力值已达到或超过用弹性理论按规范安全条件反算的控制应力值。

(2)控制测点应变或挠度超过规范允许值。

(3)由于加载,使结构裂缝的长度、宽度急剧增加,新裂缝大量出现,缝宽超过允许值的裂缝大量增多,对结构使用寿命造成较大的影响。

(4)拱桥加载时沿跨长方向的实测挠度曲线分布规律与计算值相差过大,或实测挠度超过计算值过多。

(5)发生其他损坏,影响桥梁的承载力或正常使用。

在每一级加载试验过程中及时拍照，收集影响资料。试验结束，检查、整理和收集仪器设备。

五、试验结果分析与检测报告的编写

（一）试验资料的整理和试验结果处理

（1）根据原始记录整理或计算出观测项目的各相应值。

（2）找出各观测项目的有代表性的数值。

（3）将上述有代表性的数值用图或表的形式列出，并与理论值进行比较，具体如下：

①设计荷载作用下，各梁跨中测点实测挠度与计算挠度的比较。

②根据跨中实测挠度值，推算出混凝土实际弹性模量。

③几次加载后，列出梁的残余挠度值，并在备注中说明梁的弹性恢复性能。

④绘制梁的挠度—荷载关系曲线。

参照梁的挠度—荷载关系曲线图，就可以推断梁在各级荷载作用下的工作状况。通过梁的实测最大挠度与跨径的比值，就可以鉴定出梁的刚度是否能满足设计要求。

⑤绘制梁在各加载阶段跨中断面的荷载—混凝土正应变关系曲线，找出梁截面实测中性轴位置，分析梁的工作状况，并通过实测各点应变与计算应力换算应变的比较，说明梁的强度是否满足设计要求。

⑥试验过程中，将观测到的梁在各荷载作用下各测点的挠度连成曲线，得出梁在各级荷载作用下的挠度曲线。

⑦在裂缝观测记录中，找出梁的实测开裂荷载（第一条裂缝出现时的荷载），并计算出实际抗裂弯矩 $M_{抗裂}$。梁体的实测抗裂安全度用下式计算

$$K_{实测} = \frac{M_{抗裂}}{M_{设计}}$$

式中　$K_{实测}$——梁的实测抗裂安全度；

$M_{抗裂}$——梁的实测抗裂弯矩；

$M_{设计}$——梁的设计抗裂弯矩；

梁的实测抗裂安全度若大于或等于设计安全度，说明梁的抗裂安全度满足设计要求；反之，则不安全。

⑧对允许出现裂缝的构件，其裂缝宽度的检验结果应符合规范的要求。

（二）试验报告的编写

试验报告的内容有：

（1）试验的原因和目的。

（2）梁在试验前的状况。

（3）试验方法。

（4）梁在试验后的状况。

（5）试验结果及其整理分析。

（6）技术结论。

（7）附录，包括试验方案和全部试验资料、原始记录等。

桥梁挠度检测原始记录表

任务书编号：

工程名称		施工单位		检测依据	
检测仪器		监理单位		检测环境	
仪器编号		检测方法		检测日期	
位移传感器编号					
挠度值 / 加载等级					
0					
1/3					
1/2					
2/3					
5/6					
100%					
卸 1/2					
0					
备注					

检测：　　　　记录：　　　　计算：　　　　校核：

桥梁应变检测原始记录表

任务书编号：

工程名称		施工单位			检测依据	
检测仪器		监理单位			检测环境	
仪器编号		检测方法			检测日期	
应变计编号						
应变值／加载等级						
0						
1/3						
1/2						
2/3						
5/6						
100%						
卸 1/2						
0						
备注						

检测：　　　　　　记录：　　　　　　计算：　　　　　　校核：

单梁裂缝观测原始记录表

任务书编号：

工程名称		施工单位		检测依据	
检测仪器		监理单位		检测环境	
仪器编号		检测方法		检测日期	

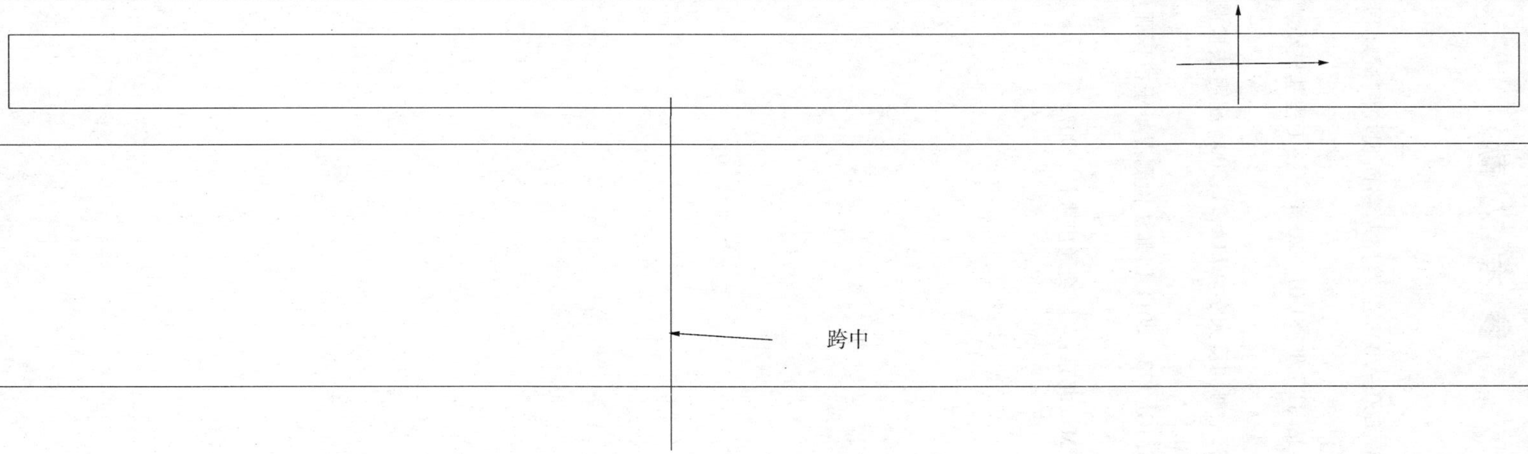

备注	

检测：　　记录：　　计算：　　校核：

参考文献

[1] 交通部公路科学研究院. JTG E60—2008 公路路基路面现场测试规程[S]. 北京:人民交通出版社,2008.

[2] 浙江省交通厅工程质量监督站. JTG/T F81-01—2004 公路工程基桩动测技术规程[S]. 北京:人民交通出版社,2004.

[3] 陕西省建筑科学研究设计院,上海同济大学. CECS 21:2000 超声法检测混凝土缺陷技术规程[S]. 中国工程建设标准化协会,2000.

[4] 陕西省建筑科学研究设计院. JGJ T23—2011 回弹法检测混凝土抗压强度技术规程[S]. 北京:人民交通出版社,2011.

[5] 张美珍. 桥梁工程检测技术[M]. 北京:人民交通出版社,2007.